Studien zum
Handels-, Arbeits- und Wirtschaftsrecht

Herausgegeben von

Prof. Dr. Dr. Klaus J. Hopt
Prof. Dr. Manfred Lieb
Prof. Dr. Harm Peter Westermann

Band 43

Dr. Ulrich Franz

Der Einwendungsdurchgriff gemäß § 9 Absatz 3 Verbraucherkreditgesetz

Nomos Verlagsgesellschaft
Baden-Baden

Die Deutsche Bibliothek – CIP-Einheitsaufnahme

Franz, Ulrich:
Der Einwendungsdurchgriff gemäß § 9 Absatz 3 Verbraucherkreditgesetz / Ulrich Franz. – 1. Aufl. – Baden-Baden : Nomos Verl.-Ges., 1996
(Studien zum Handels-, Arbeits- und Wirtschaftsrecht ; Bd. 43)
Zugl.: München, Univ., Diss., 1995
ISBN 3-7890-4184-X
NE: GT

1. Auflage 1996

VORWORT

Die vorliegende Arbeit beruht bei lediglich geringfügigen Änderungen auf einer Dissertation gleichen Titels, mit der der Verfasser im Sommersemester 1995 an der Ludwig-Maximilians-Universität in München zum Dr. jur. promovierte. Rechtsprechung und Literatur bis einschließlich August 1995 konnten berücksichtigt werden.

In erster Linie gebührt mein Dank meinem Doktorvater Prof. Dr. Dr. Klaus J. Hopt, der das Thema anregte und mir für Fragen und Problemlösungen stets zur Seite stand. Bedanken möchte ich mich ferner bei den Mitherausgebern Prof. Dr. Harm Peter Westermann und Prof. Dr. Manfred Lieb für die Aufnahme der Arbeit in diese Reihe.

Großer Dank gilt ferner Herrn Framke, Leiter der Rechtsabteilung der WKV-Bank München und Ministerialrat Rebmann, Bundesministerium der Justiz, für ausführliche Interviews und Unterstützung mit Materialien. Daneben haben mir die am Entstehungsprozeß des Verbraucherkreditgesetzes beteiligten Verbände und Sachverständigen ihre unveröffentlichten Stellungnahmen überlassen, die mit deren freundlichen Genehmigungen im Anhang dieser Arbeit abgedruckt wurden. Ihnen allen sei gedankt.

Gedankt sei ferner dem Bankenfachverband e.V. für die großzügige Gewährung eines Druckkostenzuschusses. Die notwendige EDV-mäßige Unterstützung erhielt ich von meiner Schwester Dipl.-Kauffrau Karola Franz, der dafür gedankt sei.

Gewidmet ist dieses Buch meiner Frau Virginie und meinen Eltern Annemargret und Dipl. Ing. Herbert Franz für ihre jahrelange Unterstützung während der Studien-, Referendar- und Promotionszeit.

München, im Oktober 1995 *Dr. Ulrich Franz*

INHALTSÜBERSICHT

INHALTSVERZEICHNIS

ABKÜRZUNGSVERZEICHNIS

a.A.	-	anderer Ansicht
aaO.	-	am angegebenen Ort
ABl. der EG	-	Amtsblatt der Europäischen Gemeinschaften
Abs.	-	Absatz
AbzG	-	Gesetz betreffend die Abzahlungsgeschäfte vom 16.5.1894 (RGBl. S. 450; BGBl. III, Nr. 402 -2), zuletzt geändert durch die Vereinfachungsnovelle vom 3.12.1976 (BGBl. I, S. 3281) und außer Kraft getreten am 1.1.1991 durch Art. 10 Abs. 1 S. 2 Verbraucherkreditgesetz
AcP	-	Archiv für die civilistische Praxis
a.E.	-	am Ende
a.F.	-	alte Fassung
AG	-	Aktiengesellschaft, Amtsgericht
AGB	-	Allgemeine Geschäftsbedingungen
AGB-Banken	-	Allgemeine Geschäftsbedingungen der Banken (Fassung vom 1.1.1993)
AGBG	-	Gesetz zur Regelung des Rechts der Allgemeinen Geschäftsbedingungen vom 9.12.1976 (BGBl. I, S. 3317; BGBl. III, Nr. 402-28), zuletzt geändert durch das Gesetz zur Neuordnung des Postwesens und der Telekommunikation vom 14.9.1994 (BGBl. I, S. 2325)
AGB-Sparkassen	-	Allgemeine Geschäftsbedingungen der Sparkassen (Fassung vom 1.1.1993)
AgV	-	Arbeitsgemeinschaft der Verbraucherverbände e.V.
allg.	-	allgemeine, -r
Alt.	-	Alternative
Anl.	-	Anlage
Anm.	-	Anmerkung
AnwBl.	-	Anwaltsblatt
Art.	-	Artikel
AT	-	Allgemeiner Teil

BB	-	Betrieb-Berater
BDI	-	Bundesverband der Deutschen Industrie e.V.
Begr.	-	Begründer, Begründung
bezügl.	-	bezüglich
BGB	-	Bürgerliches Gesetzbuch vom 18. August 1896 (RGBl. S. 195; BGBl. III, Nr. 400-2), zuletzt geändert durch das Einführungsgesetz zur Insolvenzordnung vom 5.10.1994 (BGBl. I, S. 2911)
BGBl.	-	Bundesgesetzblatt
BGH	-	Bundesgerichtshof
BGHZ	-	Amtliche Sammlung des Bundesgerichtshofs in Zivilsachen
BI	-	Bankinformation
BR	-	Bundesrat
BT	-	Besonderer Teil, Bundestag
BürgR	-	Bürgerliches Recht
bzgl.	-	bezüglich
bzw.	-	beziehungsweise
c.i.c.	-	culpa in contrahendo
DAR	-	Deutsches Autorecht
DB	-	Der Betrieb
dens.	-	denselben
ders.	-	derselbe
d.h.	-	das heißt
dies.	-	dieselbe, -n
DIHT	-	Deutscher Industrie- und Handelstag e.V.
DM	-	Deutsche Mark
DS	-	Drucksache
DStR	-	Deutsches Steuerrecht
DuR	-	Demokratie und Recht
ECU	-	European Currency Unit
EG	-	Europäische Gemeinschaft (-en)
Einl.	-	Einleitung
etc.	-	et cetera

EuZW	-	Europäische Zeitschrift für Wirtschaftsrecht
e.V.	-	eingetragener Verein
evtl.	-	eventuell
EWiR	-	Entscheidungen zum Wirtschaftsrecht (Aktuelle Rechtsprechung mit Kurzkommentaren für die Praxis)
f.	-	folgende, -r
ff.	-	fortfolgende
fin.	-	finanziert
FLF	-	Finanzierung, Leasing, Factoring
Fn.	-	Fußnote
Forts.	-	Fortsetzung
FS	-	Festschrift
GewO	-	Gewerbeordnung in der Fassung der Bekanntmachung vom 1.1.1987 (BGBl. I, S. 425; BGBl. III, Nr. 7100-1), zuletzt geändert durch Art. 1 des Gesetzes zur Änderung der GewO und sonstiger gewerberechtlicher Vorschriften vom 23.11.1994 (BGBl. I, S. 3475)
ggf.	-	gegebenenfalls
ggs.	-	gegenseitig
GmbH	-	Gesellschaft mit beschränkter Haftung
HaustürWG	-	Gesetz über den Widerruf von Haustürgeschäften und ähnlichen Geschäften vom 16.1.1986 (BGBl. I, S. 122; BGBl. III, Nr. 402-30), zuletzt geändert durch Art. 3 Verbraucherkreditgesetz vom 17.12.1990 (BGBl. I, S. 2840)
HGB	-	Handelsgesetzbuch vom 10.5.1897 (RGBl. S. 219; BGBl. III, Nr. 4100-1), zuletzt geändert durch das Gesetz zur Bereinigung des Umwandlungsrechts vom 28.10.1994 (BGBl. I, S. 3210)
hM	-	herrschende Meinung
Hrsg.	-	Herausgeber
Hs.	-	Halbsatz

i.d.R.	-	in der Regel
i.H.v.	-	in Höhe von
insbes.	-	insbesondere
i.S.v.	-	im Sinne von
i.V.m.	-	in Verbindung mit
JA	-	Juristische Arbeitsblätter
JR	-	Juristische Rundschau
Jura	-	Juristische Ausbildung
JuS	-	Juristische Schulung
JW	-	Juristische Wochenschrift
JZ	-	Juristen-Zeitung
Kfz.	-	Kraftfahrzeug
KG	-	Kammergericht, Kommanditgesellschaft
KGaA	-	Kommanditgesellschaft auf Aktien
KJ	-	Kritische Justiz
KO	-	Konkursordnung vom 10.2.1877 (RGBl. S. 351) in der Fassung der Bekanntmachung vom 20.5.1898 (RGBl. S. 612; BGBl. III, Nr. 311-4), zuletzt geändert durch das Gesetz zur Schaffung von Partnerschaftsgesellschaften und zur Änderung anderer Gesetze vom 25.7.1994 (BGBl. I, S. 1744)
LG	-	Landgericht
lit.	-	litera (lateinisch: Buchstabe)
LSW	-	Lexikon des Steuer- und Wirtschaftsrechts
MDR	-	Monatsschrift für Deutsches Recht
Mio.	-	Million, -en
MittBayNot	-	Mitteilungen des Bayerischen Notarvereins
Mrd.	-	Milliarde, -n
m.w.N.	-	mit weiteren Nachweisen
neubearb.	-	neubearbeitet
n.F.	-	neue Fassung
NJW	-	Neue Juristische Wochenschrift

NJW-RR	-	NJW-Rechtsprechungs-Report Zivilrecht
Nr.	-	Nummer, -n
o.ä.	-	oder ähnliches
ÖBA	-	Österreichisches Bankarchiv
o.g.	-	oben genannt
OLG	-	Oberlandesgericht
PAngV	-	Verordnung zur Regelung der Preisangaben vom 14.3.1985 (BGBl. I, S. 580; BGBl. III, Nr. 720-17-1), zuletzt geändert durch die 2. ÄndVO vom 14.10.1992 (BGBl. I, S. 1765)
pVV	-	positive Vertrags- (Forderungs-) verletzung
RabelsZ	-	Zeitschrift für ausländisches und internationales Privatrecht, begründet von Ernst Rabel
RdNr.	-	Randnummer, -n
RefE	-	Referentenentwurf
RegE	-	Regierungsentwurf
RevMC	-	Revue du marché commun
RG	-	Reichsgericht
RGBl.	-	Reichsgesetzblatt
RGZ	-	Amtliche Sammlung des RG in Zivilsachen
s.	-	siehe
S.	-	Satz, Seite
SchuldR	-	Schuldrecht
s.o.	-	siehe oben
sog.	-	sogenannte, -r
sonst.	-	sonstige, -r
s.u.	-	siehe unten
SZ	-	Süddeutsche Zeitung
TZW	-	Teilzahlungswirtschaft (Vorläufer der FLF)
u.a.	-	unter anderem
u.ä.	-	und ähnliches

u.U.	-	unter Umständen
VerbrKrG	-	Verbraucherkreditgesetz vom 17.12.1990 (BGBl. I, S. 2840; BGBl. III, Nr. 402-6), geändert durch das Bauhandwerkersicherungsgesetz vom 27.4.1993 (BGBl. I, S. 509)
versch.	-	verschiedene
vgl.	-	vergleiche
Voraufl.	-	Vorauflage
Vorb.	-	Vorbemerkung, -en
Vors.	-	Vorsitzende, -r
VuR	-	Verbraucher und Recht
WM	-	Zeitschrift für Wirtschafts- und Bankrecht, Wertpapier-Mitteilungen Teil IV (früher WPM)
WuB	-	Zeitschrift für Wirtschafts- und Bankrecht
ZAP	-	Zeitschrift für Anwaltspraxis
z.B.	-	zum Beispiel
ZBB	-	Zeitschrift für Bankrecht und Bankwirtschaft
ZHR	-	Zeitschrift für das gesamte Handels- und Wirtschaftsrecht
ZIP	-	Zeitschrift für Wirtschaftsrecht
zit.	-	zitiert
ZKA	-	Zentraler Kreditausschuss Bundesverband deutscher Banken e.V.
ZKW	-	Zeitschrift für das Kreditwesen
ZPO	-	Zivilprozeßordnung in der Fassung vom 12.9.1950 (BGBl. S. 533; BGBl. III 310-4), zuletzt geändert durch das siebzehnte Gesetz zur Änderung des Abgeordnetengesetzes und das vierzehnte Gesetz zur Änderung des Europaabgeordnetengesetzes vom 4.11.1994 (BGBl. I, S. 3346)
ZRP	-	Zeitschrift für Rechtspolitik
z.T.	-	zum Teil
ZVP	-	Zeitschrift für Verbraucherpolitik
z.Z.	-	zur Zeit

§ 1 Einführung

A. Die Geschichte des finanzierten Abzahlungskaufs und seine Problematik[1]

Bereits in den 20er Jahren dieses Jahrhunderts tauchten erstmals in Deutschland die finanzierten Abzahlungskäufe auf, vornehmlich in der Automobilbranche und importiert aus den Vereinigten Staaten[2]. Erhebliche Bedeutung kam dieser Finanzierungstechnik aber erst nach dem zweiten Weltkrieg zu[3]. Durch den Verlust aller privatwirtschaftlichen Reserven bestand für die Käufer keine Möglichkeit, Konsumgüter, insbesondere Automobile, Möbel, Küchen, Haushaltsgeräte und zunehmend technische Geräte aus der HiFi-, TV- und Videobranche durch Barkäufe zu erwerben. Gleichzeitig war der Nachholbedarf und Warenhunger bei ihnen enorm. Die von der Kapitalarmut ebenfalls erfaßten und nur mit eingeschränkten Refinanzierungsmöglichkeiten ausgestatteten Verkäufer (Hersteller, Groß- und Einzelhändler usw.) waren nicht in der Lage, den Käufern einen Kredit in Form eines normalen Abzahlungsgeschäfts (Kauf auf Raten) zu ermöglichen. Gleichwohl waren sie am Massenabsatz ihrer Produkte interessiert. Zur Lösung dieses Problems wurden Kreditinstitute eingeschaltet, die sog. Teilzahlungs- oder Ratenkreditbanken. Diese eigens zu diesem Zweck geschaffenen Banken übernahmen die Finanzierung des Kaufpreises. Aus einem Zwei- wurde ein Dreipersonenverhältnis; der normale bilaterale Abzahlungskauf zwischen Verkäufer und Käufer wurde mehr und mehr vom finanzierten Abzahlungskauf verdrängt[4].

Herausgebildet hatten sich mehrere Geschäftsformen, die als A-Geschäft, B-Geschäft in Form der Abtretungs- und der Darlehenskonstruktion und als C-Geschäft in Erscheinung traten[5]. Durchgesetzt hatte sich allein das B-Geschäft in Form der Darlehenskonstruktion[6] oder auch Berliner System, so genannt, weil in Berlin im Jahre 1929 zum ersten

---

1 Zur Geschichte *Hörter*, Der finanzierte Abzahlungskauf, S. 14 ff.; *Marschall v. Bieberstein*, Der finanzierte Abzahlungskauf, S. 11 ff.; *Hadding*, Gutachten, S. 33 ff.; *Scholz*, Verbraucherkreditverträge, RdNr. 26 f. (S. 15 f.); *Derleder*, KJ 1991, 275, 276 ff. und ausführlich *Gundlach*, Konsumentenkredit, S. 36 ff.

2 Zur Geschichte der Kauffinanzierung in der nordamerikanischen Automobilindustrie nach dem 1. Weltkrieg *Schuberth*, FLF 1991, 27, 29 f. m.w.N.

3 MüKo-*Habersack*, § 9 VerbrKrG, RdNr. 8.

4 *Dauner-Lieb*, WM-Sonderbeilage 6/1991, S. 7.

5 Zu den Erscheinungsformen und der rechtlichen Einordnung der verschiedenen Modelle umfassend *Hopt/Mülbert*, Kreditrecht, Vorb. zu §§ 607 ff. BGB, RdNr. 391 - 400.

6 Zutreffend *Emmerich*, in: Graf v. Westphalen/Emmerich/Kessler, § 9 VerbrKrG, RdNr. 14. Deshalb sollen die anderen Geschäftsformen auch nicht untersucht und im folgenden mit finanzierten Abzahlungskauf das B-Geschäft in Form der Darlehenskonstruktion und in diese Richtung tendierende Geschäftsformen bezeichnet werden.

Mal in Erscheinung getreten[7]: Zwischen einem Kreditgeber und einem Verkäufer bestand ein Rahmenvertrag, in dem sich der Kreditgeber innerhalb eines bestimmten Kreditvolumens verpflichtete, Kunden des Verkäufers Kredite zur Finanzierung des Kaufpreises zu gewähren. Der Kunde kaufte eine Sache beim Verkäufer, leistete regelmäßig eine Anzahlung und beantragte über diesen gleichzeitig einen Kredit zur Begleichung des (Rest-) Kaufpreises für die im Kaufvertrag bezeichnete Ware. Der Verkäufer führte die Kreditantragsformulare mit sich, half beim Ausfüllen und reichte diese beim Kreditgeber ein. Mit diesem Kreditantrag verpflichtete sich der Käufer/Kreditnehmer, das Darlehen zuzüglich Kreditkosten und Zinsen in Raten an den Kreditgeber zurückzuzahlen, und gab darüber hinaus sein Einverständnis zur Direktauszahlung der Valuta an den Verkäufer. Der Kreditgeber prüfte den Antrag und überwies im Falle der Annahme die Valuta zu Lasten des Käufers/Kreditnehmers an den Verkäufer. Häufig wurde der Kredit durch eine antezipierte Sicherungsübereignung des finanzierten Gegenstandes zugunsten des Kreditgebers und eine bereits im Rahmenvertrag vereinbarte Mithaftung des Verkäufers (Ausfallbürgschaft, selbstschuldnerische Bürgschaft, Schuldbeitritt, Garantie) sowie die Einbehaltung eines bestimmten Teils des Darlehensbetrags auf Sperrkonten gesichert[8].

Natürlich war die Gewährung des Kredits durch die Teilzahlungsbanken in einem marktwirtschaftlichen System wie der der Bundesrepublik Deutschland kein Akt der Sozialpolitik, sondern Inhalt ihres Geschäfts[9]. Neben kräftigen Zinssätzen war der finanzierte Abzahlungskauf für sie vor allem deshalb lohnend, weil sie sich Werbung und die Schaffung eines kostenintensiven Zweigstellennetzes oder Außendienstes ersparen konnten[10]. Vor allem aber erschlossen sie sich durch den finanzierten Abzahlungskauf ganz neue Kundenkreise[11]. Für den Verkäufer kam neben dem verstärkten Absatz seiner Güter der Vorteil hinzu, daß er die erlangte Valuta sogleich wieder als Betriebskapital umsatz- und expansionsfördernd einsetzen konnte[12] und von aufwendigen Verwaltungs- bzw. Rechtsverfolgungs- und Vollstreckungskosten befreit war[13].

Zur neuen Rechtslage MüKo-*Habersack*, § 9 VerbrKrG, RdNr. 41 (zum A-Geschäft), RdNr. 42 (zur Abtretungskonstruktion) und RdNr. 39 sowie § 10 VerbrKrG, RdNr. 11 ff. (zum C-Geschäft). Zur alten Rechtslage *Hopt/Mülbert*, Kreditrecht, Vorb. zu §§ 607 ff. BGB, RdNr. 579 ff. (zum C-Geschäft), RdNr. 591 ff. (zum A-Geschäft) und RdNr. 596 ff. (zur Abtretungskonstruktion).

7 *Gundlach*, Konsumentenkredit, S. 17, Fn. 23.

8 S. zum Ganzen, insbes. auch zur sachenrechtlichen Problematik, die Darstellung bei *Logothetis*, in: Chiotellis/Fikentscher, Rechtstatsachenforschung, S. 209, 214 ff.

9 *Gilles*, JZ 1975, 305, 307.

10 Zu dieser Arbeitsteilung zwischen Handel und Kreditgewerbe aus betriebswirtschaftlicher Sicht *Scholz*, Verbraucherkreditverträge, RdNr. 62 ff. (S. 34 ff.).

11 *Gundlach*, Konsumentenkredit, S. 41.

12 *Gilles*, JZ 1975, 305, 307.

13 *H. Weber*, ZRP 1982, 305, 306.

Der finanzierte Abzahlungskauf war damit durch die Aufspaltung eines an sich einheitlichen wirtschaftlichen Vorgangs in zwei rechtliche getrennte Verträge gekennzeichnet: Ein normaler Abzahlungskauf wurde aufgespalten in einen Barkauf mit dem Verkäufer und einen Kreditvertrag mit dem Kreditgeber; die beim zweiseitigen Abzahlungskauf bestehende synallagmatische Verknüpfung von Warenleistungs- und Ratenzahlungspflicht wurde aufgelöst. Dabei teilten sich Verkäufer und Kreditgeber die Funktionen des Abzahlungsverkäufers und verschafften in ihrem kooperativen, aufeinander abgestimmten Zusammenwirken dem Käufer die Möglichkeit, der er haben wollte: Eine Sache nur gegen Ratenzahlung zu erwerben, d.h. die Ware sofort in Besitz nehmen und nutzen zu können, ohne sofortigen eigenen Kapitaleinsatz tätigen oder die sonst erforderliche Ansparzeit abwarten zu müssen. Dafür übernahm der Verkäufer die Warenlieferung und der Kreditgeber die Kreditgewährung. Vor allem wirtschaftlich schwachen Käuferschichten ermöglichte der finanzierte Abzahlungskauf die Anschaffung auch hochwertiger Wirtschaftsgüter und damit den ersten Schritt zu wirtschaftlicher und sozialer Verselbständigung[14].

Diese Aufspaltung erwies sich für den Käufer/Kreditnehmer einerseits dann als besonders gefährlich, wenn er bestimmte Käuferschutzrechte, die er im normalen Abzahlungsverhältnis gehabt hätte, wegen der Personen- und Vertragsmehrheit nun verlor[15]. So galt die durch einen Zahlungsverzug des Abzahlungskäufers ausgelöste Ansichnahme der finanzierten Sache durch den Verkäufer als Vorbehaltseigentümer gemäß § 5 AbzG als fingierter Rücktritt. Dieser führte zu einer besonderen und die allgemeinen Regeln der §§ 346 ff. BGB verdrängenden Rückabwicklung des Kaufvertrages gemäß §§ 1 - 3 AbzG. Danach war der Käufer insbesondere nicht mehr zur Restzahlung verpflichtet, sondern hatte vielmehr einen Anspruch auf Herausgabe der bisher geleisteten Raten. Der Käufer sollte vor dem gleichzeitigen Verlust von Ware und Geld geschützt werden. Damit war das Abzahlungsgesetz vom 16.5.1894, das bereits Jahrzehnte vor dem Auftauchen des finanzierten Abzahlungskaufs bestand und allein auf den bilateralen Abzahlungskauf zugeschnitten war, das älteste deutsche Gesetz, das eine ausdrückliche verbraucherschützende Tendenz verfolgte: Gerade wirtschaftlich schwache und unerfahrene Käufer sollten vor den Gefahren des Ratenkaufs geschützt werden[16]. Daneben bedurfte

14 *Gilles*, JZ 1975, 305, 307.

15 Zur Terminologie: Zur alten Rechtslage wird im folgenden immer vom "Käufer/Kreditnehmer" gesprochen, zur neuen Rechtslage vom "Verbraucher", auch wenn er weiterhin Käufer und Kreditnehmer in einer Person bleibt.

16 Die Norm des § 5 war Hauptzweck bei der Schaffung des Abzahlungsgesetzes gewesen. Auslöser waren die Geschäftspraktiken der Firma Singer Ende des 19. Jahrhunderts gewesen: Hausfrauen wurden zum Nebenverdienst Nähmaschinen gegen Ratenzahlung verkauft. Kamen diese "Hausschneiderinnen" bzw. "Subunternehmerinnnen der Textilfabrikanten" einer Ratenzahlung nicht

der Kaufvertrag seit 1.9.1969[17] gemäß § 1 a Abs. 1 AbzG der Schriftform, vor allem unter Angabe des Bar- und des Teilzahlungspreises sowie des effektiven Jahreszinses. Darüber hinaus war seit 1.10.1974[18] der Kaufvertrag gemäß § 1 b AbzG bei ordnungsgemäßer Belehrung innerhalb einer Woche frei widerruflich. Bei Ausübung dieses Widerrufsrechts fand ebenfalls eine besondere Rückabwicklung gemäß § 1 d AbzG statt. Alle diese besonderen Käuferschutznormen konnten beim finanzierten Abzahlungskauf eigentlich nicht angewendet werden. Denn der Kaufvertrag isoliert als solcher war kein Abzahlungsgeschäft mehr i.S.v. § 1 Abs. 1 S. 1 AbzG, also ein *Kauf einer beweglichen Sache gegen Teilzahlungsabrede*, sondern Barkauf. Und der Kreditvertrag war und blieb ein Darlehen gemäß § 607 BGB.

Die Aufspaltung des einheitlichen Geschäfts erwies sich für den Käufer/Kreditnehmer vor allem aber dann als besonders gefährlich, wenn ihm auf Grund des Kaufvertrages Einwendungen gegen den Verkäufer zustanden, insbesondere wegen Sachmängel, Nichtigkeit des Kaufvertrages und Nichtlieferung der finanzierten Sache. Denn die Valuta wurde regelmäßig vom Kreditgeber an den Verkäufer überwiesen und damit der Kaufvertrag sofort erfüllt, so daß der Käufer/Kreditnehmer gegen den Verkäufer kein Zurückbehaltungsrecht mehr hatte. Vielmehr war er verpflichtet, den Kredit an den Kreditgeber zurückzuzahlen. In diesem rechtlich selbständigen Vertragsverhältnis trat aber eine Störung überhaupt nicht ein. In den Formularverträgen und Allgemeinen Geschäftsbedingungen wurde darüber hinaus deutlich auf die rechtliche Selbständigkeit beider Verträge und eine hieraus abgeleitete Unzulässigkeit eines Einwendungsdurchgriffs hingewiesen. Insofern blieb dem Käufer/Kreditnehmer nichts anderes übrig, als unter Fortzahlung des Kredits seine Rechte gegenüber dem Verkäufer durchzusetzen. Das Problem kulminierte dann, wenn, wie in vielen Fällen geschehen, diese Rechtsverfolgung aussichtslos war, weil der Verkäufer in Konkurs gefallen oder sonst zahlungsunfähig war.

Zu diesen Aufspaltungsrisiken, die zu einer Schlechterstellung des Käufers/Kreditnehmers gegenüber dem normalen Abzahlungskäufer führten, gesellte sich eine Gefahr, die durch die besondere Ausgestaltung des Zahlungsvorgangs hervorgerufen wurde. Denn oftmals erfolgte die Auszahlung der Valuta vom Kreditgeber an den Verkäufer bereits vor Lieferung der Ware, so daß die Sicherungsfunktion der Zug-um-Zug-Leistung (Ware

---

nach, nahm die Firma Singer den Frauen auf Grund ihres Sicherungseigentums die Nähmaschine weg, die dann natürlich die restlichen Raten erst recht nicht mehr erwirtschaften und bezahlen konnten. In diesem Fall war die Sache und infolge einer Verwirkungsklausel auch das bereits geleistete Geld verloren. Zur Geschichte des Abzahlungsgesetzes *Ostler/Weidner*, Einl. zum AbzG, Anm. 17; *Marschall v. Bieberstein*, Gutachten, S. 39 ff. und *Scholz*, FLF 1994, 148 ff.

17 Gesetz zur Änderung des AbzG vom 1.9.1969, BGBl. I (1969), S. 1541.

18 Zweites Gesetz zur Änderung des AbzG vom 15.5.1974, BGBl. I (1974), S. 1169.

gegen Geld) ausgeschaltet wurde, und der Käufer/Kreditnehmer auch noch schlechter als der Barkäufer stand.

Die finanzierten Abzahlungskäufe, die zweifellos einen erheblichen Anteil am Wiedererstarken der deutschen Wirtschaft nach dem 2. Weltkrieg hatten, nahmen bis in die 60er Jahre hinein einen derart enormen Umfang an, daß teilweise von einer epidemischen Krankheit gesprochen wurde[19]. Seitdem vollzog sich eine andauernde Rückläufigkeit zugunsten anderer Kreditformen, insbesondere des freien Ratenkredits (= Barkredit, freier Personalkredit). Bei diesem Direktkreditgeschäft der Banken führt der Kunde unmittelbar die Kreditverhandlungen ohne Zwischenschaltung des Verkäufers. Beim persönlichen Kleinkredit (echter Personalkredit) handelt es sich um ein Darlehen in Höhe von wenigen Tausend DM, das teilweise ohne Sicherheiten, teilweise nur gegen Abtretung des pfändbaren Einkommens gewährt wird[20]. Die Valuta wird dem Kunden bar zur freien Verfügung ausgezahlt oder auf seinem Girokonto gutgeschrieben. In vielen Fällen hat die Bank noch nicht einmal Kenntnis vom konkreten Verwendungszweck. Dieser freie Ratenkredit bildet somit den Fixpunkt einer Typenreihe, an dessen anderem Ende das B-Geschäft in seiner klassischen Form steht[21].

Dazwischen liegen eine ganze Reihe von Grenz- und Übergangsformen, insbesondere das sog. Anschaffungsdarlehen (unechter Personalkredit)[22], das nicht zu Unrecht als "Kreuzung aus Kaufkredit und Kleinkredit"[23] bezeichnet worden ist. Dieses Darlehen wird in der Regel zur Finanzierung größerer Ausgaben für den privaten oder gewerblichen Bereich in Höhe bis zum Zehnfachen mehr als beim persönlichen Kleinkredit und gegen Sicherheiten (z.B. Sicherungsübereignung des zu finanzierenden Gegenstandes) gewährt. Dort besteht eine Zweckbindung insofern, als der Kreditnehmer die Valuta nur zum Erwerb bestimmter Gegenstände erwerben darf. Jedoch ist er bei der Auswahl des Verkäufers frei. Regelmäßig erfolgt eine Direktüberweisung der Valuta an den Verkäufer. Zum Teil entsteht beim Anschaffungsdarlehen der geschäftliche Kontakt zwischen Kreditgeber und Kreditnehmer auch durch eine Vermittlung des Verkäufers, der den

19 Nachweise bei *Hörter*, Der finanzierte Abzahlungskauf, S. 18 ff. Danach stieg das Kreditvolumen der finanzierten Abzahlungskäufe von 600 Mio. DM im Jahre 1951 auf 5, 5 Mrd. DM im Jahre 1961 (Höchststand) an.

20 Dazu *Hopt/Mülbert*, Kreditrecht, Vorb. zu §§ 607 ff. BGB, RdNr. 391, 397 und 611 ff. sowie *Hörter*, Der finanzierte Abzahlungskauf, S. 53 ff. (bis 1969) und *Gundlach*, Konsumentenkredit, S. 55 ff. (bis 1979).

21 *Canaris*, Bankvertragsrecht, RdNr. 1497. Noch weiter *Leenen*, Typus und Rechtsfindung, S. 145 f., der eine Typenreihe vom Barkauf bis zum freien Darlehen aufstellte.

22 Dazu *Hopt/Mülbert*, Kreditrecht, Vorb. zu §§ 607 ff. BGB, RdNr. 391, 397 und 614 f. sowie *Hörter*, Der finanzierte Abzahlungskauf, S. 56 ff. (bis 1969) und *Gundlach*, Konsumentenkredit, S. 57 ff. (bis 1979).

23 *Hörter*, Der finanzierte Abzahlungskauf, S. 56.

Kunden entweder direkt an die Bank als möglichen Kreditgeber verweist oder ihm sogar die erforderlichen Antragsformulare aushändigt[24]. Im letzten Fall besteht zum klassischen B-Geschäft nur der Unterschied, daß ein Rahmenvertrag zwischen Kreditgeber und Verkäufer fehlt.

Die Ursachen für diesen Umschwung hin zum freien Ratenkredit lagen in Kostenersparnisgründen, der gestiegenen Finanzkraft privater Haushalte, der unsicheren Rechtsprechung zum finanzierten Abzahlungskauf[25], einer veränderten Kundenmentalität, d.h. der Kunde wollte gegenüber dem Verkäufer wegen zusätzlicher Vorteile (z.B. Skonto) als Barkäufer auftreten, aber auch in einem verstärkten Interesse der anderen Kreditinstitute einschließlich der Großbanken, neue und mittlerweile als kreditwürdig angesehene Kundenschichten durch billige Kleinkredite zu erschließen[26]. Damit setzte ein Konzentrationsprozeß ein, der zu einem Sterben der Teilzahlungsbanken führte[27]. Heute sind die Teilzahlungsbanken alle Tochter- oder Enkelgesellschaften von Großbanken oder anderen Instituten[28] und haben sich mehr und mehr zu Universalbanken entwickelt. Deshalb löste die Deutsche Bundesbank die statistische Bankengruppe "Ratenkreditbanken" am 31.12.1986 auf und teilte sie entsprechend ihren Rechtsformen in die anderen Kategorien Großbanken, Regionalbanken, Sparkassen und Girozentralen, Genossenschaftsbanken und Genossenschaftszentralbanken und andere Institute ein[29]. Die Frage der wirtschaftlichen Bedeutung des finanzierten Abzahlungskaufs, insbesondere des dargestellten B-Geschäfts war bis in die 80er Jahre hinein heftig umstritten[30].

---

24 *Gundlach*, Konsumentenkredit, S. 59.

25 Dazu gleich S. 31 ff.

26 *Logothetis*, in: Chiotellis/Fikentscher, Rechtstatsachenforschung, S. 209, 213.

27 *Hörter*, Der finanzierte Abzahlungskauf, S. 25 ff. Im Jahre 1962 gab es noch 243 Teilzahlungsbanken, s. die Statistik bei *Hörter*, aaO., S. 21. Nach *Auge*, FLF 1990, 94, 95 verringerte sich die Zahl dieser Institute von 121 im Jahre 1980 auf 72 bis Ende 1986.

28 Das bekannteste Beispiel ist wohl das des damaligen Marktführers unter den Teilzahlungsbanken, der KKB KGaA, die von der New Yorker Citibank N.A. übernommen wurde und in der Citibank Privatkunden AG aufging. S. zu diesen Verflechtungen *Beier/Jacob*, Konsumentenkredit, S. 246 ff. (allerdings Stand Ende 1983).

29 S. Statistische Beihefte der Deutschen Bundesbank, Reihe 1, Mai 1987, S. 69.

30 S. die Zahlen für die 60er Jahre bei *Esser*, in: FS für Kern, S. 87, 94, Fn. 9 und *Hörter*, Der finanzierte Abzahlungskauf, S. 20 ff.; die Auseinandersetzung zwischen *Scholz*, JZ 1975, 727 ff. ("Das B-Geschäft ist tot") und *Gilles*, JZ 1975, 729 f. ("Das B-Geschäft lebt"); die Untersuchung der wirtschaftlichen Bedeutung insbes. des B-Geschäfts für das Berichtsjahr 1975 durch *Gundlach*, Konsumentenkredit, S. 76 - 83; die Feststellung des ständigen Rückgangs des B-Geschäfts bis hin zur Bedeutungslosigkeit durch *Hadding*, Gutachten, S. 57; die rechtstatsächliche Untersuchung 1979/1980 durch *Holzscheck/Hörmann/Daviter*, Die Praxis des Konsumentenkredits, S. 265 ff. mit dem Ergebnis, daß der finanzierte Abzahlungskauf insgesamt einen 24 % - Anteil an allen bankmäßigen Konsumentenratenkrediten habe (aaO., S. 269), während das klassische B-Geschäft nur mit einem Anteil von 3 % vertreten sei, was aber immerhin zu einer Stückzahl von etwa 350.000 Verträgen pro Jahr führe (aaO., S. 272), und die Zusammenfassung über die ganze Auseinandersetzung von *Logothetis*, in: Chiotellis/Fikentscher, Rechtstatsachenforschung, S. 209, 212 ff. Zur neuen Rechtslage unten S. 60 ff.

B. Lösung durch die Rechtsprechung des Bundesgerichtshofs[31]

Die oben gezeigte doppelte Verschlechterung der Stellung des Käufers/Kreditnehmers beim finanzierten Abzahlungskauf im Vergleich zum normalen Abzahlungskäufer, nämlich Verlust der besonderen Käuferschutzrechte aus dem Abzahlungsgesetz und Weiterzahlungspflicht trotz Störungen aus dem Kaufvertrag sowie die Belastung mit den besonderen Gefahren des Zahlungsvorgangs wurde allgemein als unbillig und der Interessenlage nicht angemessen angesehen[32]. Denn dem Käufer/Kreditnehmer kam es nur darauf an, eine mangelfreie Sache gegen Ratenzahlung zu erwerben, so daß es ihm letztendlich gleichgültig war, ob die Kreditierung durch den Verkäufer oder einen selbständigen Kreditgeber gewährt wurde. Darüber hinaus handelte es sich i.d.R. um geschäftsunerfahrene Käuferschichten, die die mit dem finanzierten Abzahlungskauf verbundenen Risiken, die es zu einem gefährlichen Geschäft machten, überhaupt nicht erfaßten. Vielmehr wurden sie durch eine verlockende Werbung für die "günstige Finanzierungsmöglichkeit" bewußt den Gefahren des Klauselwerks von Verkäufer und Kreditgeber ausgesetzt.

I. Die Anwendung des Abzahlungsgesetzes über § 6 AbzG

Die Rechtsprechung war aufgerufen, die Problematik des finanzierten Abzahlungskaufs zu lösen. Die erste höchstrichterliche Entscheidung zum finanzierten Abzahlungskauf in Form des klassischen B-Geschäfts stammte vom Bundesgerichtshof[33]. Mit seinem Urteil vom 9.10.1951 entschied das Gericht, daß bei Vorliegen einer wirtschaftlichen Einheit

31 Die Entscheidungen des Bundesgerichtshofs sollen der Übersichtlichkeit und Vollständigkeit halber - soweit möglich - allein aus der WM zitiert werden. Eine hilfreiche Synopse findet sich bei *Ostler/Weidner*, AbzG, XXIV - XXIX (1951 - 1969) und bei *Klauss/Ose*, Verbraucherkreditgeschäfte, S. 405 - 415 (1970 bis März 1988).

32 S. nur *Larenz*, in: FS für Michaelis, S. 193, 201 und *Vollkommer*, in: FS für Larenz 1973, S. 703, 706.

33 *Marschall v. Bieberstein*, Der finanzierte Abzahlungskauf, S. 19.
Vor dem 2. Weltkrieg tauchte die Problematik des finanzierten Abzahlungskaufs auch schon in der Rechtsprechung auf, s. das erste Urteil des Reichsgerichts vom 15.2.1929 RGZ 128, 251 ff.; dann RGZ 131, 213 ff. und RGZ 152, 283 ff. In den ersten beiden Entscheidungen ging es aber vor allem um die Sittenwidrigkeit der Kreditverträge und nur kurz um die Rechte aus dem Abzahlungsgesetz. Diese wurden in allen drei Fällen lediglich unter dem Aspekt des Strohmanns und der totalen wirtschaftlichen Abhängigkeit des Kreditgebers vom Verkäufer bzw. der Personalunion untersucht. Nur vom KG JW 1931, 75 ff. wurde die Anwendbarkeit des Abzahlungsgesetzes über § 6 im Falle eines klassischen B-Geschäftes entscheidungserheblich bejaht, wobei aber ebenfalls die Besonderheit des Falles hervorgehoben wurde, daß das Finanzierungsinstitut zum Konzern des Herstellers, der GENERAL MOTORS Company gehörte, der Verkäufer Vertragshändler der deutschen GENERAL MOTORS GmbH war und deswegen eine wirtschaftliche Identität bejaht werden konnte. Zu diesen Entscheidungen der Vorkriegsrechtsprechung *Ostler/Weidner*, Anhang zu § 6 AbzG, Anm. 117, 118.

zwischen Kauf- und Kreditvertrag die Norm des § 6 AbzG auf den finanzierten Abzahlungskauf Anwendung finde[34]. Danach galt das Abzahlungsgesetz auch für Umgehungsgeschäfte, so daß das Gericht die speziellen Käuferschutzrechte aus diesem Gesetz, insbesondere die aufgezeigten §§ 1 a , 1 b und 5 auch dem Käufer/Kreditnehmer beim finanzierten Abzahlungskauf zubilligen konnte. Dabei wurde von Anfang an die Vorschrift über den Wortlaut hinaus angewendet. Denn § 6 AbzG sollte nur verhindern, daß das Abzahlungsgesetz durch Verträge einer anderen *Rechtsform* (z.B. Miete) umgangen wird. Dies stand beim finanzierten Abzahlungskauf aber überhaupt nicht in Frage. Denn beim finanzierten Abzahlungskauf wurde lediglich die Finanzierungsfunktion des normalen Abzahlungsverkäufers von einem selbständigen Dritten (Finanzierungsinstitut) übernommen. Der Käufer/Kreditnehmer geriet allein durch die Verbindung von Kauf- und Kreditvertrag in die dem normalen Abzahlungskäufer entsprechende Situation.

§ 6 AbzG konnte nur dann bejaht werden, wenn sich der finanzierte Abzahlungskauf im Rahmen des persönlichen und sachlichen Anwendungsbereichs des Abzahlungsgesetzes hielt. Dazu mußten zum einen Kauf- und Kreditvertrag Teilstücke eines wirtschaftlich einheitlichen Vorgangs mit dem Ziel sein, dem Kreditnehmer zum Erwerb eines beweglichen Gegenstandes gegen Teilzahlungen (§ 1 Abs. 1 S. 1 AbzG) zu verhelfen, letzteres in Form der Kreditrückzahlung an den Kreditgeber. Zum anderen durfte der Käufer/Kreditnehmer gemäß § 8 AbzG nicht als Kaufmann ins Handelsregister eingetragen sein[35]. Wichtigste Voraussetzung war das Vorliegen einer wirtschaftlichen Einheit zwischen Kauf- und Kreditvertrag. Diese wurde bejaht, wenn bestimmte objektive Verbindungselemente vorlagen, die dem Käufer/Kreditnehmer subjektiv den Eindruck einer Einheit von Kauf- und Kreditvertrag vermittelten[36]. Mit dem Tatbestandsmerkmal der wirtschaftlichen Einheit wurde in allen Fällen eine klare Abgrenzung zum freien Ratenkredit oder "Kredit auf eigene Faust" gezogen[37]. Lag letzterer vor, so kamen die Grundsätze zum finanzierten Abzahlungskauf nicht zur Anwendung. In diesem Fall mußte der Kreditnehmer nicht geschützt werden, weil die Verträge nichts miteinander zu tun hatten. Er allein trug das Verwendungsrisiko der Valuta in voller Höhe, mußte also trotz Störungen aus dem Kaufvertrag den Kredit bis zum Ende tilgen.

---

34 BGHZ 3, 257, 259 f. und gleich im Anschluß die Urteile vom 27.3.1952, BGH LM Nr. 2 zu § 6 AbzG (= DB 1952, 412), und vom 16.4.1952, BGHZ 5, 373 ff.

35 S. insbes. BGH WM 1962, 574, 575 (zum Einwendungsdurchgriff).

36 S. nur BGH WM 1982, 658. Näheres unter § 3, S. 72 ff.

37 S. BGH WM 1962, 574, 575; BGH WM 1967, 467 ff.; BGH WM 1983, 786, 787 und zuletzt BGH WM 1990, 1234 f.

II. Der Einwendungsdurchgriff

Dagegen konnte bei den funktionellen Störungen aus dem Kaufvertrag, insbesondere bei Nichtlieferung, mangelhafter Lieferung und Nichtigkeit des Kaufvertrages, auch das Abzahlungsgesetz über § 6 nicht weiterhelfen, da es zu diesen allgemeinen zivilrechtlichen Einwendungen überhaupt keine Regelung enthielt und auch keine Regelung enthalten konnte. Denn das Abzahlungsgesetz war von seiner Konzeption allein auf ein bilaterales Rechtsverhältnis zwischen Abzahlungskäufer und Abzahlungsverkäufer zugeschnitten, so daß dort die problematischen Fälle bereits über die allgemeinen Vorschriften (§§ 320 ff., 459 ff., 812 ff. BGB) gelöst werden konnten[38].

Zur Verhinderung, daß sich das spezifische Aufspaltungsrisiko realisierte, trotz Störungen aus dem Kaufvertrag die Kreditraten an den Kreditgeber weiterzahlen zu müssen, schuf die Rechtsprechung des Bundesgerichtshofs in einer langen Entwicklung nach anfänglichen Unsicherheiten[39] das Institut des Einwendungsdurchgriffs[40]. Vergleichsmaßstab und Orientierungspunkt war immer der normale Abzahlungskauf gewesen[41], bei dem der Abzahlungskäufer mit der Entdeckung der Einwendung die weitere Kaufpreisratenzahlung sofort einstellen konnte.

1. Gegenanspruch des Käufers/Kreditnehmers aus culpa in contrahendo wegen Verletzung der Aufklärungspflicht

Rechtsgrundlage für den Einwendungsdurchgriff war anfangs ein Schadensersatzanspruch aus culpa in contrahendo mit dem Argument gewesen, daß der Kreditgeber den Käufer/Kreditnehmer über das spezifische Aufspaltungsrisiko, den Kredit auch bei Störungen aus dem Kaufvertrag zurückzahlen zu müssen, aufzuklären habe[42]. Denn der durchschnittliche Käufer erfasse das Risiko, das sich aus der Einschaltung des Kreditinstituts ergebe, nicht oder nicht hinreichend. Vielmehr werde bei ihm durch das einheitliche Auftreten von Verkäufer und Kreditgeber der Eindruck hervorgerufen, es handele

38 Das wurde vom BGH sofort erkannt, s. BGH WM 1956, 126 und BGH WM 1956, 1542, 1543. S. auch die immer noch lesenswerten Ausführungen zu dieser Frage von BGH WM 1971, 1265, 1267.

39 *Marschall v. Bieberstein*, Der finanzierte Abzahlungskauf, S. 21 f. m.w.N.

40 Erstmals für den Sachmängelfall BGH WM 1956, 1542, 1545 und noch ohne dogmatische Grundlage.

41 S. nur BGH WM 1971, 1265, 1267.

42 BGH WM 1960, 1351, 1353; BGH WM 1960, 1381, 1383; BGH WM 1962, 761, 763; BGH WM 1967, 446, 447; BGH WM 1967, 448, 449; BGH WM 1971, 1265, 1268; BGH WM 1971, 1297, 1299; BGH WM 1973, 233, 235; BGH WM 1979, 489, 490 f. und BGH WM 1980, 1111, 1113 f.

sich nur um einen geringfügig modifizierten Abzahlungskauf, nicht aber um zwei getrennte Rechtsverhältnisse mit zwei verschiedenen Vertragspartnern[43].

Diese Grundsätze griffen insbesondere bei dem Sonderproblem der Abgabe einer unrichtigen Empfangsbestätigung durch den Käufer/Kreditnehmer ein, also bei einer Vorausquittung über den Erhalt der Ware, die aber dann nie geliefert wurde. Gerade vor der Abgabe einer solchen Erklärung mußte der Kreditgeber den Kreditnehmer fortan in schockierender Weise warnen[44]. Der Verkäufer wurde im Rahmen dieser Pflicht als Erfüllungsgehilfe i.S.v. § 278 BGB angesehen[45]. Später wurde diese Aufklärungspflicht auf die gesamte vertragliche Willensbildung ausgedehnt[46]. Auf eine konkrete Kausalität kam es nicht an. Vielmehr oblag es dem Kreditgeber zu beweisen, daß der Käufer/Kreditnehmer den Kreditvertrag auch bei gehöriger Aufklärung abgeschlossen hätte[47]. Der Kreditgeber war bei einer Verletzung der Aufklärungspflicht verpflichtet, den Käufer/Kreditnehmer im Wege der Naturalrestitution so zu stellen, als sei die Valuta an den Verkäufer nicht ausgezahlt worden und damit eine Verpflichtung des Käufers/Kreditnehmers zur Rückzahlung nicht entstanden.

2. § 242 BGB

Parallel zu diesem Aufklärungsgedanken und in der Folgezeit mehr und mehr wurde der Einwendungsdurchgriff vom Bundesgerichtshof auf § 242 BGB gestellt, zuerst in den Fällen der mangelhaften Leistung, dann aber auch bei der Nichtigkeit des Kaufvertrages[48]. Zwar seien beim finanzierten Abzahlungskauf Kauf- und Kreditvertrag trotz ihrer engen Verbindung zwei rechtlich selbständige Verträge[49]. Dennoch könne der Käufer/Kreditnehmer unter besonderen Umständen nach dem Grundsatz von Treu und Glauben dem Darlehensrückzahlungsanspruch begründete Einwendungen aus dem Kaufvertrag entgegensetzen, wenn sonst die Risiken des - jedenfalls wirtschaftlich - einheitlichen

43 S. insbes. BGH WM 1960, 1381, 1383.
44 BGH WM 1960, 1381, 1384 und BGH WM 1967, 450, 453.
45 BGH WM 1960, 1381, 1384; BGH WM 1967, 450, 453 und BGH WM 1980, 1111, 1114.
46 BGH WM 1971, 1265 ff.; dazu ausführlich unten § 3, S. 105 ff.
47 BGH WM 1971, 1265, 1268; BGH WM 1978, 1038, 1042 (finanzierte Arbeitnehmerbeteiligung) und BGH WM 1979, 489, 491.
48 BGH WM 1962, 574, 575; BGH WM 1967, 455, 457; BGH WM 1973, 233, 234 f.; BGH WM 1975, 1298; BGH WM 1979, 489, 491; BGH WM 1979, 1180, 1182; BGH WM 1980, 80, 81 ff.; BGH WM 1980, 327, 328 f.; BGH WM 1980, 1111, 1113; BGH WM 1982, 658; BGH WM 1983, 212 und BGH WM 1985, 1307, 1308.
49 S. insbes. die Begründungen von BGH WM 1973, 233, 234 und BGH WM 1978, 459, 460 ("1. Waschsalonentscheidung").

Geschäfts nicht angemessen verteilt wären. Der Käufer/Kreditnehmer dürfe beim finanzierten Abzahlungskauf nicht schlechter als der normale Abzahlungskäufer, jedenfalls aber nicht rechtlos stehen, da er die Aufspaltung des wirtschaftlich einheitlichen Vorgangs in zwei rechtlich selbständige Verträge nicht erkenne, im allgemeinen kein Interesse an der Aufspaltung habe, und die Einschaltung des Kreditgebers ihm kein Vorteil bringe. In einigen Urteilen wurde dieser Durchgriffsgedanke mit dem Aufklärungsgedanken zu einer Einheit verbunden und die Berechtigung des Käufers/Kreditnehmers zur Rückzahlungsverweigerung auf beide Gesichtspunkte gestützt[50].

Dabei war der Einwendungsdurchgriff grundsätzlich subsidiär, d.h. der Käufer/Kreditnehmer konnte ihn nur erheben, wenn eine Inanspruchnahme des Verkäufers unmöglich oder aber ihm unzumutbar war[51]. Formularmäßige Ausschlußklauseln im Kreditvertrag, mit denen gleichzeitig als Trennungsklausel versucht werden sollte, den subjektiven Eindruck des Käufers/Kreditnehmers von der wirtschaftlichen Einheit zu zerstören, wurden als unangemessene Benachteiligung und damit als Verstoß gegen § 9 Abs. 2 Nr. 2 AGBG angesehen[52].

3. *Der Einwendungsdurchgriff als allgemeines Rechtsinstitut*

Dieser auf Treu und Glauben gestützte Einwendungsdurchgriff wurde immer mehr als allgemeines Rechtsinstitut anerkannt und galt nicht nur beim finanzierten Abzahlungskauf, sondern auch bei anderen Dreieckskonstellationen fremdfinanzierter Verträge, sofern eine gleichartige Interessenlage bestand, also der erforderliche innere Zusammenhang zwischen beiden Verträgen gegeben war und die Umstände des Einzelfalls es erforderten, das Risiko der Erfüllung des finanzierten Vertrags dem Kreditgeber aufzubürden[53]. Grundsätzlich bejaht wurde der Einwendungsdurchgriff vom Bundesgerichtshof erstmals im Urteil vom 9.2.1978 zum finanzierten Kauf eines Waschsalons, also eines gewerblichen Unternehmens[54], dann bei der finanzierten Arbeitnehmerbeteiligung[55],

50 Insbes. BGH WM 1971, 1265 ff. und BGH WM 1971, 1297 ff.
51 Seit BGH WM 1973, 233, 235 ständige Rechtsprechung. Dazu unten § 6, S. 167 ff. ausführlich.
52 BGH WM 1982, 658, 659 (für den Individualrechtsstreit) und BGH WM 1985, 1307, 1308 f. (im Rahmen einer AGB-Verbandsklage).
53 Zur Verdeutlichung: Die Urteile zu den sonstigen drittfinanzierten Rechtsgeschäften werden im folgenden im Text oder in den Fußnoten immer mit einem Schlagwort hervorgehoben, während die Urteile zum finanzierten Abzahlungskauf nicht besonders gekennzeichnet werden.
54 BGH WM 1978, 459 ff. und BGH WM 1981, 869 f. ("1. und 2. Waschsalonentscheidung"). Bei BGH WM 1971, 1265 ff. und BGH WM 1971, 1297 ff. wurde nur eine Waschsaloneinrichtung, also Maschinen und damit bewegliche Gegenstände verkauft (= finanzierter Abzahlungskauf).
55 BGH WM 1978, 1038 ff.

beim finanzierten Mitarbeiter- bzw. Organisationsleitervertrag im Rahmen des sog. Schneeballsystems[56], beim finanzierten Waschmittelvertretervertrag[57], beim finanzierten Werkvertrag über die Errichtung eines Tennisplatzes[58] oder eines Fertighauses[59], beim finanzierten Kauf eines Privatschulbetriebs[60], und beim finanzierten Franchisevertrag[61]. Der Bundesgerichtshof argumentierte in diesen Fällen, daß schon die Normen des Abzahlungsgesetzes den Einwendungsdurchgriff nicht begründen könnten, dieser vielmehr als allgemeines Rechtsinstitut aus Treu und Glauben davon unabhängig sei[62]. Eine Beschränkung auf Rechtsgeschäfte, die der Beschaffung von Konsumgütern dienten, wurde ausdrücklich abgelehnt[63]. So kam der Einwendungsdurchgriff auch bei Verträgen zur Anwendung, deren Zweck die langfristige Vermögensbildung war. Während der sachliche Rahmen des Abzahlungsgesetzes in diesen Entscheidungen verlassen wurde, orientierte sich der Bundesgerichtshof gleichwohl weiterhin an dessen persönlichen Anwendungsbereich, d.h. der Einwendungsdurchgriff kam bei anderen fremdfinanzierten Verträgen nicht in Betracht, wenn der Leistungsempfänger/Kreditnehmer als Kaufmann ins Handelsregister eingetragen war (§ 8 AbzG)[64]. In allen Entscheidungen hing der Erfolg von den Tatbestandsvoraussetzungen, also dem Vorliegen einer wirtschaftlichen Einheit, der Schutzwürdigkeit (keine Eintragung ins Handelsregister), dem Bestand einer Einwendung und der Erfüllung des Subsidiaritätsprinzips ab.

Schon erhebliche Zeit vor dieser Rechtsprechung des Bundesgerichtshofs hatten verschiedene Instanzgerichte den Einwendungsdurchgriff auf andere drittfinanzierte Verträge ausgedehnt, die dem finanzierten Abzahlungskauf vergleichbar waren. So wurde der Einwendungsdurchgriff grundsätzlich bejaht beim finanzierten Werkvertrag über eine Heizungsanlage[65], beim finanzierten Dienstvertrag über eine Schlankheitskur[66] oder einen Fernkurs[67] sowie beim finanzierten Ehe- bzw. Partnerschaftsvermittlungsvertrag[68].

---

56 BGH WM 1979, 299 f. und BGH WM 1980, 620 ff. ("Golden-Products-Affäre").
57 BGH WM 1979, 1035 ff.
58 BGH WM 1982, 150 f.
59 OLG Hamm und BGH WM 1984, 634 ff.; BGH WM 1984, 986 ff. und BGH WM 1986, 1054 ff.
60 BGH WM 1987, 401 f.
61 OLG Schleswig NJW 1988, 3024.
62 BGH WM 1978, 459, 460 ("1. Waschsalonentscheidung"). Dagegen fand nach BGH WM 1980, 8 ff. das Abzahlungsgesetz mit seinen Schutzvorschriften keine Anwendung auf den finanzierten Kauf eines selbständigen Unternehmensteils.
63 BGH WM 1984, 986, 988 (finanzierter Werkvertrag über die Errichtung eines Fertighauses).
64 S. insbes. die "1. Waschsalonentscheidung" BGH WM 1978, 459 ff. Dort war der Käufer/Kreditnehmer Tankstellenpächter und nur Minderkaufmann i.S.v. § 4 HGB gewesen.
65 OLG Hamburg NJW 1958, 1781 f.
66 LG Augsburg NJW 1972, 637 ff. ("Sherry-Lynn-Affäre").
67 LG Augsburg NJW 1973, 1704 ff.
68 Dazu gab es eine Unzahl von instanzgerichtlichen Entscheidungen. Der Einwendungsdurchgriff wurde z.B. bejaht vom LG Fulda NJW 1971, 2229 ff. (Einwendung in Form der Klagbarkeitssperre des § 656 BGB) und vom OLG Schleswig NJW 1974, 648 ff. (Einwendung in Form der

Gleichzeitig versuchte der Bundesgerichtshof abstrakt-generelle Bereichsausnahmen zu diesem allgemeinen Zivilrechtsinstitut in den Fällen zu entwickeln, in denen er eine den Einwendungsdurchgriff rechtfertigende Schutzwürdigkeit des Kreditnehmers nicht erkennen konnte[69]. Entschieden abgelehnt wurde der Einwendungsdurchgriff in allen Fällen, in denen der Kreditnehmer an der Aufspaltung des wirtschaftlich einheitlichen Geschäfts in rechtlich selbständige Verträge insbesondere aus Steuergründen selbst interessiert war, namentlich beim finanzierten Beitritt zu einer Abschreibungsgesellschaft[70] und beim finanzierten Bauherren-[71] bzw. Ersterwerbermodell[72]. In allen Entscheidungen wurde betont, daß es bei diesen Geschäften nicht um die Beschaffung von Konsumgütern, sondern um langfristige Vermögensanlage von Besserverdienenden gehe[73]. Darüber hinaus seien die beteiligten Personen auch in der Regel nicht wirtschaftlich und rechtsgeschäftlich unerfahren. Vielmehr würden sie klar erkennen, daß es sich beim Partner des finanzierten Geschäfts und der kreditgebenden Bank um zwei selbständige Rechtsträger handele. Vielfach würden sie zum eigenen Schutz Steuer- oder Anlageberater miteinschalten bzw. hätten jedenfalls die Möglichkeit dazu. Insofern könne von einer Aufspaltung eines an sich einheitlichen Geschäftes in zwei selbständige Verträge nicht gesprochen werden. Die Bank sei am Geschäft auch nicht beteiligt, sondern beschränke sich regelmäßig auf ihre Rolle als Kreditgeber. Im übrigen entfalte der Anleger auch eine eigene unternehmerische Tätigkeit, die Vorteile biete, aber auch Risiken mit sich bringen könne; für eine nachträgliche Risikoverlagerung zu Lasten der Bank sei kein Raum. Aus den gleichen Gründen wurde auch eine Aufklärungspflicht der Bank bezüglich des spezifischen Aufspaltungsrisikos verneint.

Abgelehnt wurde der Einwendungsdurchgriff mit ähnlicher Begründung ferner in den Fällen, in denen dem Kreditnehmer aus anderen Gründen die rechtliche Trennung der beiden Verträge nicht verborgen bleiben konnte, wie insbesondere beim Grundstücks-

Kündigung des Vertrages). S. dazu die ausführlichen Nachweise bei *Compensis/Reiserer*, BB 1991, 2457, 2461, Fn. 71 - 73.

69 *Habersack*, ZHR 156 (1992) 45, 48 ff.

70 BGH WM 1980, 1446 ff.

71 BGH WM 1985, 221 ff.

72 BGH WM 1986, 1561 ff. Zu diesen verschiedenen Steuersparmodellen ergingen insbes. in den Jahren 1985, 1986 und danach eine ganze Flut von Entscheidungen, s. die Nachweise bei *v. Heymann*, Bankenhaftung bei Immobilienanlagen, S. 167 ff.
Beim Finanzierungsleasing wurde der Einwendungsdurchgriff von BGH WM 1977, 447 ff. nur diskutiert, die Entscheidung letztendlich aber offengelassen.

73 S. nur BGH WM 1980, 1446, 1448 (finanzierter Beitritt zu einer Abschreibungsgesellschaft).

erwerb, bei dem ein Notar eingeschaltet war[74], oder infolge fachlicher Beratung[75] bzw. unmißverständlicher individueller Aufklärung durch die Bank[76].

Ausnahmsweise konnte der Einwendungsdurchgriff auch in diesen Fällen in Betracht kommen, wenn der Kreditgeber sich nicht auf seine Rolle als Kreditgeber beschränkte, sondern (z.B. zugleich als Globalkreditgeber des Partners des finanzierten Geschäfts) in einer darüber hinausgehenden Weise am finanzierten Geschäft beteiligt war und Funktionen des Partners des finanzierten Geschäfts im Zusammenwirken mit diesem wahrgenommen hatte[77], wenn sich der Kreditgeber in einen schwerwiegenden Interessenkonflikt verwickelte, wenn er einen konkreten Wissensvorsprung vor dem Kreditnehmer hatte oder einen zu den allgemeinen wirtschaftlichen Risiken des Steuersparmodells hinzutretenden speziellen Gefährdungstatbestand für den Anleger schaffte bzw. begünstigte[78].

4. *Zusätzlicher Schutz des Käufers/Kreditnehmers über die erweiterte Arglistanfechtung gemäß § 123 Abs. 2 BGB*

Flankiert wurden diesen Grundsätze von der Möglichkeit des Käufers/Kreditnehmers, bei einer arglistigen Täuschung durch den Verkäufer den Kreditvertrag selbst anzufechten[79]. Regelmäßig mußte sich dabei der Kreditgeber das Verhalten des Verkäufers zurechnen

---

74 BGH WM 1970, 1362 f. (finanzierter Grundstücks- und Fertighauserwerbsvertrag). Offenlassend, aber mit eindeutig ablehnender Tendenz BGH WM 1979, 1054 ff. (finanzierter Bauträgervertrag über die Errichtung einer Eigentumswohnung).
In der ersten Entscheidung wurde die Nichtübertragbarkeit der Grundsätze zum Einwendungsdurchgriff noch formal mit dem Abzahlungsgesetz (Kauf einer *beweglichen* Sache gegen Teilzahlungsabrede) erklärt, i.ü. die Tatbestandsvoraussetzungen verneint. Erst die zweite Entscheidung stellte entscheidend darauf ab, daß der Gedanke, daß die Trennung eines an sich einheitlichen Geschäfts in zwei selbständige Teile nicht zu Lasten des Käufers/Kreditnehmers gehen solle, regelmäßig zurücktrete, weil der Käufer/Kreditnehmer auch als rechtsunkundiger Laie die unterschiedliche Rechtsträgerschaft von Grundstücksveräußerer und Bank erkenne und i.ü. ein Irrtum über die mit dem Vertragsschluß verbundenen Risiken durch die notarielle Aufklärung vermieden werde.

75 BGH WM 1990, 1234 f. (finanzierter Kauf einer Computeranlage durch einen fachlich beratenen Zahnarzt für seine Praxis; dort aber bereits Verneinung der objektiven Verbindungselemente).

76 BGH WM 1992, 1355, 1358 (finanzierte Altersversorgung über eine Beteiligungsgesellschaft, Altfall).

77 BGH WM 1979, 1054, 1055 (finanzierter Bauträgervertrag über die Errichtung einer Eigentumswohnung). Das Gericht ließ die Entscheidung über den Einwendungsdurchgriff mangels hinreichender Sachaufklärung über diese Fragen offen.

78 BGH WM 1985, 993, 994 (finanzierter Beitritt zu einer Abschreibungsgesellschaft, allerdings dort unter dem Aspekt der Schadensersatzpflicht wegen Verletzung einer Aufklärungspflicht). Auch hier ließ der BGH die Entscheidung mangels hinreichender Sachaufklärung offen. Weitere Nachweise bei *v. Heymann*, Bankenhaftung bei Immobilienanlagen, S. 169 ff.

79 BGH WM 1956, 358 ff. (zulässige Anfechtung des "Kaufkredits"); BGH WM 1960, 1351, 1352 f.; BGH WM 1962, 761, 763; BGH WM 1967, 450, 452 f.; BGH WM 1978, 1154, 1155 und BGH WM 1979, 429, 431 (jeweils zulässige Anfechtung des Kreditvertrages).

lassen, weil jener nicht als Dritter i.S.v. § 123 Abs. 2 BGB angesehen wurde. Denn die Eigenschaft als Dritter wurde nicht nur beim Stellvertreter oder beauftragten Verhandlungsgehilfen, sondern auch bei dem am Zustandekommen des Geschäfts Beteiligten verneint, wenn er wegen seiner engen Beziehungen zum Erklärungsgegner als dessen Vertrauensperson erschien und damit der Verhandlungs- und Risikosphäre des Erklärungsgegners zugeordnet werden konnte. Dies konnte immer und unabhängig von einer ständigen Geschäftsbeziehung dann bejaht werden, wenn der Verkäufer[80], ein gemeinsamer Vertreter von Kreditgeber und Verkäufer[81] oder ein Kreditvermittler[82] die Kreditantragsformulare des Kreditgebers bei sich hatte, und der Käufer/Kreditnehmer allein mit dieser Person in unmittelbaren persönlichen Kontakt trat[83].

C. Überblick über die Literatur zur alten Rechtslage

I. Die Kritik der Literatur an der Rechtsprechung des Bundesgerichtshofs

In der Literatur fanden sich zum finanzierten Abzahlungskauf ganze Bibliotheken von Lehrmeinungen, Konstruktionen und dogmatischen Erklärungsversuchen[84]. Die Anwendung des Abzahlungsgesetzes auf den finanzierten Abzahlungskauf fand allgemeine Billigung[85]. Aber auch beim zweiten Schutzproblem, nämlich dem des Einwendungsdurchgriffs, bestand abgesehen von wenigen Stimmen aus der Literatur[86] weitgehender Konsens in dem von der Rechtsprechung des Bundesgerichtshofs gefundenen Ergebnis, daß der Käufer/Kreditnehmer beim finanzierten Abzahlungskauf geschützt werden müsse[87].

80 BGH WM 1967, 450, 452 f.

81 BGH WM 1978, 1154, 1155.

82 BGH WM 1979, 429, 431.

83 Darüber hinaus ging BGH WM 1979, 429, 431, wonach die erweiterte Arglistanfechtung unabhängig davon sei, ob Kauf- und Kreditvertrag zu einem finanzierten Abzahlungskauf verbunden waren, und deshalb auch bei einem freien Personalkredit eingreifen könne.

84 Zutreffend *Scholz*, Verbraucherkreditverträge, RdNr. 342 (S. 164). *Reifner*, Alternatives Wirtschaftsrecht, S. 167 zählte bereits 1979 mehr als 14 versch. dogmatische Konstruktionen.

85 S. nur *Canaris*, Bankvertragsrecht, RdNr. 1406.

86 Insbesondere *Weitnauer*, JZ 1968, 201, 208; Erman-*Weitnauer/Klingsporn* (8. Aufl.), Vorb. III zum AbzG, RdNr. 47 und *dies.* (7. Aufl.), Vorb. III zum AbzG, RdNr. 31 f. ("übertriebener Käuferschutz"); *Sperl*, ZKW 1978, 759 f. ("Eines Schutzes nach Vertragsabschluß bedarf der Käufer dagegen nicht.") und *Dauner-Lieb*, Verbraucherschutz, S. 82 ff., 105 ff. (Beschränkung auf Aufklärung). Einschränkend auch *Müller-Laube*, Teilzahlungskredit und Umsatzgeschäft, S. 234 f. Ebenso unter der neuen Rechtslage *Lwowski/Peters/Gößmann*, Verbraucherkreditgesetz, S. 184 f. und *Steppeler*, Vordruck-Leitfaden, S. 101 f. ("... zeigt sich, daß vernünftige sachliche Gründe für solche Regelungen wie in § 9 nicht mehr bestehen.").

87 Zutreffend *Emmerich*, in: Graf v. Westphalen/Emmerich/Kessler, § 9 VerbrKrG, RdNr. 77.

Fast geschlossen wurden aber die dogmatischen Begründungen des Einwendungsdurchgriffs durch die Rechtsprechung kritisiert, insbesondere die Doppelspurigkeit von Aufklärungsgedanken und Einwendungsdurchgriff gemäß § 242 BGB, deren Verhältnis zueinander nie richtig geklärt worden sei[88]. So wurde geltend gemacht, daß eine Belehrung über das Risiko der Aufspaltung des einheitlichen Geschäfts nur dann bedeutsam sein könne, wenn man die Auswirkung der Aufspaltung anerkennt und infolgedessen einen Einwendungsdurchgriff ablehnt. Dies sei aber deshalb unbillig, weil nach allgemeiner Lebenserfahrung derartige Belehrungen, wenn sie überhaupt gelesen werden, nicht ernst genommen oder nicht in ihrer Tragweite erfaßt werden[89]. Lasse man dagegen den Einwendungsdurchgriff zu, so entstünden dem Käufer/Kreditnehmer keine Gefahren, über die er orientiert werden müßte.

Gegen die Schadensersatzpflicht aus culpa in contrahendo wurde darüber hinaus eingewandt, daß es an der erforderlichen Kausalität zwischen Pflichtverletzung und Schadenseintritt fehle, da die Kreditnehmer den Kreditvertrag regelmäßig auch bei hinreichender Aufklärung abgeschlossen haben würden, und der Bundesgerichtshof insofern mit einer Fiktion arbeiten würde[90]. Vor allem aber der Umstand, dem Kreditgeber die Beweislast aufzubürden und von ihm einen Negativbeweis zu verlangen, versetze diesen im Verhältnis zum bestreitenden Käufer/Kreditnehmer in einen Beweisnotstand, der ihm so gut wie keine Chance lasse[91]. Im übrigen käme der Aufklärungsgedanke nur dort in Betracht, wo der aufgeklärte Käufer die Möglichkeit habe, auf andere Vertragspartner auszuweichen, welche bessere Bedingungen, d.h. den Einwendungsdurchgriff anbieten würden. Das sei nur denkbar bei tatsächlichem oder potentiellem Anbieterwettbewerb. Weder das eine noch das andere sei beim finanzierten Abzahlungskauf der Fall[92]. Der Aufklärungsansatz unterstelle mithin eine Auswahlfreiheit, die real gar nicht existiere. Der Kunde habe allein die Möglichkeit, die Verträge unter den genannten Bedingungen abzuschließen oder von dem Geschäft insgesamt abzusehen ("take it or leave it")[93].

Gegen den Rückgriff auf die Generalklausel von Treu und Glauben gemäß § 242 BGB wurde vorgebracht, daß er selbst nur "beredter Ausdruck der Ratlosigkeit" darstelle[94].

---

88 Zusammenfassend *Canaris*, Bankvertragsrecht, RdNr. 1423 und 1431.

89 *Canaris*, Bankvertragsrecht, RdNr. 1423, 1431 und *Hopt/Mülbert*, Kreditrecht, Vorb. zu §§ 607 ff. BGB, RdNr. 415.

90 *Löwe*, NJW 1971, 2303, 2305 und *Hopt/Mülbert*, Kreditrecht, Vorb. zu §§ 607 ff. BGB, RdNr. 414.

91 *Gernhuber*, Das Schuldverhältnis, § 31 II 10 (S. 723 f.).

92 Ausführlich *Reifner*, Alternatives Wirtschaftsrecht, S. 197 ff.

93 *Baudenbacher*, JZ 1985, 661, 663.

94 *Gernhuber*, in: FS für Larenz 1973, S. 455, 460.

Alle Formulierungen des Bundesgerichtshofs wie z.B. "Die rechtliche Aufspaltung des wirtschaftlich einheitlichen Geschäfts und seine besondere formularmäßige Ausgestaltung dürfen nicht dazu führen, den Käufer schlechter zu stellen, als er ohne die Aufspaltung stehen würde."[95], ein gegenteiliges Ergebnis könne "nach allgemeinen Rechtsgrundsätzen nicht hingenommen werden"[96], sei "nach den Grundsätzen von Treu und Glauben unerträglich"[97] bzw. "rechtsethisch untragbar"[98], seien selbst noch keine Begründungen, sondern nur gefühlsmäßige Billigkeitsäußerungen, die ihrerseits noch einer Begründung im geltenden Recht bedürfen[99]. Kritisiert wurde auch, daß die Lösung über § 242 BGB i.ü. zu einer Einzelfallrechtsprechung führe und damit mit dem Bedürfnis nach Rechtssicherheit kollidiere, die gerade im auf Massengeschäft ausgerichteten Kreditrecht in erhöhtem Maße erforderlich sei[100]. Auch die Beschränkung des persönlichen Anwendungsbereichs des Einwendungsdurchgriffs nach Maßgabe des § 8 AbzG wurde als unverständlich angesehen[101]. Am Ende entspräche der Gedanke von der Aufspaltung eines einheitlichen wirtschaftlichen Vorgangs in zwei Rechtsgeschäfte nicht den wirtschaftlichen Gegebenheiten. Die Entwicklung weg vom bilateralen Abzahlungskauf und hin zum finanzierten Abzahlungskauf hätte im Interesse aller Beteiligten gelegen und sei das Ergebnis eines objektiven ökonomischen Entwicklungsprozesses gewesen, eine Erscheinung, die für eine Industriegesellschaft mit weit fortgeschrittener Arbeitsteilung und Massenproduktion charakteristisch seien[102].

II. Die einzelnen Modelle der Literatur

So tobte der Kampf in der Literatur vor allem bei der dogmatischen Begründung des Einwendungsdurchgriffs und seinen einzelnen tatbestandlichen Voraussetzungen[103]. Die von der Literatur angebotenen, mehr oder weniger originellen Begründungsversuche[104] ließen sich in drei Grundmodelle einteilen: Ein großer Teil der Literatur ging von der

---

95 BGH WM 1962, 574, 575.

96 BGH WM 1956, 1542, 1545.

97 BGH WM 1967, 455, 458.

98 BGH WM 1973, 233, 235.

99 *Esser*, in: FS für Kern, S. 87, 99 und *Larenz*, in: FS für Michaelis, S. 193, 199.
A.A. aber *Coester*, NJW 1973, 1042: "... dogmatisch den Lösungsvorschlägen der Literatur zumindest ebenbürtig." und RGRK-*Kessler*, Anhang nach § 455 BGB, § 6 AbzG, RdNr. 40: "Es besteht daher kein rechtssystematisches Hindernis, den Einwendungsdurchgriff unmittelbar auf § 242 zu stützen."

100 *Canaris*, Bankvertragsrecht, RdNr. 1424 und 1479.

101 Z.B. von *Canaris*, Bankvertragsrecht, RdNr. 1446 f. ("dogmengeschichtliches Relikt") und von *Hopt/Mülbert*, Kreditrecht, Vorb. zu §§ 607 ff. BGB, RdNr. 492.

102 *Thomas Raiser*, RabelsZ 33 (1969), 457, 469 und *Gilles*, JZ 1975, 305, 311.

103 Zutreffend *Marschall v. Bieberstein*, Der finanzierte Abzahlungskauf, S. 8, Fn. 6.

104 *Hopt/Mülbert*, Kreditrecht, Vorb. zu §§ 607 ff. BGB, RdNr. 419.

generellen Schutzbedürftigkeit des Käufers/Kreditnehmers aus und versuchte den Schutz über die Einheitstheorie zu erreichen, nach der Kauf- und Kreditvertrag in irgendeiner Form auch rechtlich miteinander verbunden seien[105]. *Emmerich* dachte an eine eigenartig strukturierte BGB-Gesellschaft von Verkäufer und Kreditgeber, also Einheit des Geschäfts durch Einheit der Vertragspartei[106]. *Gernhuber* entwickelte in Anlehnung an das in den §§ 320 ff. BGB niedergelegte Synallagma eines zweiseitigen Vertrages eine ganz neue Dogmatik eines multilateralen rechtsgeschäftlichen Verbunds mehrerer Verträge, verknüpft durch einen Finalnexus[107]. *Vollkommer* sah als Leitbild des finanzierten Abzahlungskaufs ein Vertragsgebilde sui generis im Sinne eines dreiseitigen Vertrages ("do, ut des, ut det") und begründete den Einwendungsdurchgriff über die Inhaltskontrolle von Allgemeinen Geschäftsbedingungen[108]. Am weitesten ging *Reifner*[109]. Bewußt systemüberschreitend (und wohl auch ideologisch präfixiert[110]) kam er über die Vergesellschaftung der Verbraucherrisiken zu einem sozialen Verbraucherschutzmodell, bei dem in der Leistungspflicht des Kreditgebers bei jedem Verbraucherkredit der Konsumzweck (sog. causa consumendi) integriert sei, so daß er den Einwendungsdurchgriff bei Nichterreichen des Konsumzwecks unmittelbar aus §§ 320 ff. BGB des Kreditvertrages ableiten konnte[111].

Diametral entgegengesetzt ging ein anderer Teil der Literatur von der strengen Trennungstheorie aus, nach der Kauf- und Kreditvertrag zwei rechtlich selbständige Verträge darstellen, gleichwohl aber der Käufer/Kreditnehmer ausnahmsweise geschützt werden müsse. *Esser* wollte den Zweck der Leistung des Kreditgebers in der Tilgung der Kaufpreisschuld sehen mit der Folge, daß dieser Zweck im Falle der Unwirksamkeit oder des Wegfalls des Kaufvertrages unerreichbar und der Kreditvertrag damit wegen Zweck-

---

105 Nachweise für Einheitsmodelle der älteren Literatur aus den 50er und 60er Jahren bei *Hörter*, Der finanzierte Abzahlungskauf, S. 203 ff.

106 JuS 1971, 273 ff., insbes. 279 ff. und *Otto*, Stellung der Banken bei der Finanzierung von Immobilienanlagen, S. 99 ff., 109 ff. Ebenso, allerdings aus strafrechtlicher Sicht *Nöcker*, DB 1972, 370 ff.

107 In: FS für Larenz 1973, S. 455 ff., insbes. S. 469 ff.; *ders.*, Das Schuldverhältnis, § 31 (S. 708 ff.); *ders.*, BürgR, § 17 (S. 156 ff.). Als Schritt in die richtige Richtung betrachtend *Baudenbacher*, JZ 1985, 661, 664. Zu Gernhubers Modell näher unten § 7, S. 215 ff.

108 In: FS für Larenz 1973, S. 703 ff., insbes. S. 711 ff. und *Vollkommer/Koch*, Jura 1980, 469, 477 ff. Ihm folgend *Fikentscher*, SchuldR (8. Aufl.), § 72 II 3 (S. 470).
Allein über die Inhaltskonstrolle Allgemeiner Geschäftsbedingungen *Löwe*, NJW 1971, 2303, 2305; *Reich/Tonner*, DB 1974, 1146, 1149 f.; *Reich/Tonner/Wegener*, Verbraucher und Recht, Ziffer 65 (S. 200 f.); AK-*Reich*, § 6 AbzG, RdNr. 17; *Graf v. Westphalen*, WM 1983, 1230 ff. und Palandt-*Putzo* (bis 50. Aufl.), Anhang zu § 6 AbzG, RdNr. 12.

109 Alternatives Wirtschaftsrecht, S. 148 ff., insbes. S. 226 ff. S. auch die schöne Zusammenfassung über Reifners Thesen von *Dauner-Lieb*, Verbraucherschutz, S. 133 - 139.

110 So *Gernhuber*, Das Schuldverhältnis, § 31 II 13 h (S. 729, Fn. 45), wohl zu Recht.

111 S. auch *Reifners* Entwurf eines Konsumentenkreditgesetzes (KKG), aaO., S. 429 ff.

verfehlung i.S.v. § 306 BGB nichtig sei[112]. *Gundlach* brachte die Lehre von der causa ins Spiel[113]. Nicht nur die Wirksamkeit, sondern auch die ordnungsgemäße Durchführung des Kaufvertrages sei causa des Kreditvertrages. Insbesondere *Canaris* begründete den Einwendungsdurchgriff mit dem Wegfall der Geschäftsgrundlage, d.h. der Kaufvertrag sei Geschäftsgrundlage des Kreditvertrages mit der Folge, daß letzterer bei nicht zu behebenden Störungen des Kaufvertrages ipso iure hinfällig werde[114]. Mit der Geschäftsgrundlagenlehre kombiniert oder auch alleinstehend angewendet wurde die Lehre von der Verknüfung der beiden Verträge mittels einer Zwecksetzung, die dem Käufer/Kreditnehmer gegebenenfalls den Zugang zur Lehre von der condictio ob rem eröffnen sollte[115]. Bei allen diesen Konstruktionen sollte anschließend eine Rückabwicklung des gesamten Dreipersonenverhältnisses nach Bereicherungsrecht stattfinden.

Andere Anhänger der Trennungstheorie betrachteten den Kreditvertrag als ein zum Kaufvertrag akzessorisches Sicherungsgeschäft[116], als erfüllungsrechtliches Nebenschuldverhältnis[117], als entgeltliche Erfüllungsübernahme, die im Verhältnis zum Verkäufer zur Schuldübernahme werde[118], oder den Kreditgeber gar als Bürgen für alle Ansprüche des Käufers/Kreditnehmers gegen den Verkäufer[119]. *Hopt* begründete den Einwendungsdurchgriff mit der Sanktion berufsrollenwidrigen Verhaltens[120]. Danach treffe jeden professionellen Kreditgeber die (Berufs-) Pflicht zur Neutralität gegenüber dem Kreditnehmer, die er verletze, wenn er wie beim finanzierten Abzahlungskauf mit dem Verkäufer zusammenarbeite und einseitig die Verkäufertätigkeit fördere. Der richtige dogmatische Ansatzpunkt sei der Gedanke des venire contra factum proprium[121]. Der jüngste Vorschlag stammte von *Abeltshauser*, der den Einwendungsdurchgriff in die allgemeine Lehre von der Vertrauenshaftung zu integrieren versuchte[122].

112 In: FS für Kern, S. 87 ff., insbes. S. 108 ff. und noch *Esser/Weyers*, SchuldR BT, § 9 III 3 a (S. 109 f.).

113 Konsumentenkredit, S. 210 ff.

114 In: FS für Larenz 1973, S. 799, 838 ff.; *ders.*, Bankvertragsrecht, RdNr. 1420; *ders.*, ÖBA 1990, 882, 884 f. Vor *Canaris* bereits *Strätz*, JR 1972, 95, 98 f.; *Larenz*, in: FS für Michaelis, S. 193, 203 ff.; *ders.*, SchuldR II, § 63 I a (S. 442) sowie die Nachweise bei *Hörter*, Der finanzierte Abzahlungskauf, S. 224 ff.

115 *Hörter*, Der finanzierte Abzahlungskauf, S. 224 ff.; *Ostler/Weidner*, Anhang zu § 6 AbzG, Anm. 156 und 164; *W. Baur*, NJW 1975, 2008, 2009; *v. Reinersdorff*, Einwendungsdurchgriff, S. 91 und MüKo-*H.P. Westermann*, § 6 AbzG, RdNr. 49 f.

116 *H. Weber*, ZRP 1982, 305, 310 f.

117 *Ernst Wolf*, SchuldR BT, S. 60 ff.

118 *Müller-Laube*, Teilzahlungskredit, S. 153, 159 ff.

119 *Kupisch*, Bereicherungsrecht, S. 90 ff. und *Denck*, MDR 1980, 709 ff.

120 In: FS für Stimpel, S. 265, 280 ff.; *Hopt/Mülbert*, Kreditrecht, Vorb. zu §§ 607 ff. BGB, RdNr. 428 ff.; *Baumbach/Hopt*, HGB, Bankgeschäfte (7), RdNr. G/34 und 36.

121 So auch *v. Reinersdorff*, Einwendungsdurchgriff, S. 97.

122 ZIP 1990, 693, 698 ff.

Zwischen diesen beiden grundsätzlichen Standpunkten lag Autoren, die zwar auch von der Trennungstheorie ausgingen, sich aber mit ihren Konstruktionen den Einheitsmodellen weitgehend annäherten. Dazu gehörte der Vorschlag von *Larenz*, Kauf- und Kreditvertrag als dasselbe rechtliche Verhältnis anzusehen, und dem Käufer/Kreditnehmer den Einwendungsdurchgriff über eine analoge Anwendung des § 273 BGB zu geben[123]. Oder man wandte gerade für die Fälle der Nichtigkeit eines Vertrages § 139 BGB analog an[124]. Für das Nichtzustandekommen des einen Vertrages wurde eine wechselseitige Abhängigkeit durch eine (aufschiebende oder auflösende) Bedingung i.S.v. § 158 BGB vorgeschlagen[125]. *Marschall v. Bieberstein* sah das Darlehen als verhüllt abgetretene Kaufpreisforderung an und wollte deshalb § 404 BGB analog anwenden[126].

Am Ende standen Autoren, die sich, was eine saubere dogmatische Einordnung anging, zu einer offenen Sprachlosigkeit bekannten und eine richterliche Rechtsfortbildung forderten. *Thomas Raiser* wollte dem Käufer/Kreditnehmer den Einwendungsdurchgriff unter Einordnung von Kreditgeber und Verkäufer aus dem Funktionszusammenhang des Wirtschaftslebens als eine Person "unter Verzicht auf juristische Taschenspielertricks oder vage Billigkeitserwägungen nach § 242 BGB" zukommen lassen[127]. *Gilles* plädierte für den Einwendungsdurchgriff auf Grund einer interessengerechten Risikoverteilung nach einem eindeutigen Wertungsergebnis[128]. *Koller* wollte den Einwendungsdurchgriff mit dem Beherrschbarkeits- und Absorptionsvorsprung der Bank in Verbindung mit dem Gedanken des sozialen Verbraucherschutzes begründen[129]. Andere Stimmen appellierten mehr oder weniger verzweifelt an den Gesetzgeber[130].

---

123 In: FS für Michaelis, S. 193 ff., insbes. S. 202 ff.; *ders.*, SchuldR II, § 63 I a (S. 446). Zustimmend *Löwe*, NJW 1971, 2303, 2305.

124 *Strätz*, JR 1972, 95, 98 f.; *Fikentscher*, SchuldR (bis 4. Aufl.), § 71 V 6 b (S. 420). *ders.*, SchuldR (8. Aufl.), § 72 II 3, Fn. 10 (S. 468 f.); *Schmelz/Klute/Bender*, Der Verbraucherkredit, RdNr. 420 (S. 166 f.) sowie die Nachweise auf die ältere Literatur bei *Hörter*, Der finanzierte Abzahlungskauf, S. 220, Fn. 786.

125 Z.B. *Esser*, in: FS für Kern, S. 87, 104 und *Reinicke/Tiedtke*, Kaufrecht (4. Aufl.), S. 390 f.

126 Das Abzahlungsgeschäft, S. 133 ff., insbes. S. 151 ff., genauer: Lehre von der Unzulässigkeit eines Verzichts auf die Rechte nach § 404 BGB. Ähnlich *Neumayer*, Das finanzierte Abzahlungsgeschäft, S. 52 ff.

127 RabelsZ 33 (1969), 457 ff., insbes. 470 ff. Ähnlich *Klaas*, NJW 1968, 1502, 1505 unter dem Aspekt einer Risikogemeinschaft zwischen Verkäufer und Kreditgeber.

128 JZ 1975, 305, 310 ff. So auch *Logothetis*, in: Chiotellis/Fikentscher, Rechtstatsachenforschung, S. 209, 229 f. (interessengerechte Risikoverteilung als "empirische" bzw. "rechtstatsächliche" Frage) und Soergel-*Hönn*, Anhang zu § 6 AbzG, RdNr. 43.

129 Risikozurechnung, S. 351 ff.

130 *Löwe*, NJW 1971, 2303, 2305; *Hadding*, Gutachten, S. 356 und *Logothetis*, in: Chiotellis/Fikentscher, Rechtstatsachenforschung, S. 209, 231 ff.

Angesichts dieser Fülle von dogmatischen Erklärungsversuchen, die aber jeweils nur eine Mindermeinung, oft sogar nur die Meinung eines Verfassers darstellten[131], mochte die Literatur wenig einladend und für den Prozeß einer Konsensbildung eher noch störend als nützlich erscheinen[132], zumal die Autoren sich auch noch gegenseitig vorwarfen, ihre Theorie würde dem Parteiwillen Gewalt antun[133], sie sei "Ausdruck eines schon fast quälerischen Bemühens um einen rational faßbaren Rahmen für das mehr irrational als richtig Empfundene"[134], "bei all ihrem Scharfsinn gekünstelt"[135] oder methodisch "zumindest sehr kühn"[136], bzw. sie alle vermittelten "einen faszinierenden Blick in den Irrgarten des Ideenreichtums juristischer Konstruktionen, von denen einige an Kunststücke der Akrobatik heranreichen"[137]. Kein Lösungsvorschlag ist auch ohne überzeugende Kritik geblieben[138].

Um so verständlicher war es, daß die Rechtsprechung nicht in einem einzigen Urteil auf die angebotenen Literaturstimmen einging, sondern mit einer gewissen Beharrlichkeit an ihren Grundsätzen festhielt, diese immer weiter ausbaute und festigte. Dabei wurde der Bundesgerichtshof in diesem ganzen Bereich als Gesetzgeber tätig und war sich dieser Rolle durchaus auch bewußt[139]. Das beweist die Serie der acht Entscheidungen zum finanzierten Abzahlungskauf vom 20.2.1967 (alle Fälle wurden an zwei Tagen zusammen verhandelt)[140], mit denen der Bundesgerichtshof quasi ein "Gesetzbuch zum finanzierten Abzahlungskauf" verschiedete[141]. Unmittelbar im Anschluß an diese Urteilsserie folgte in einem Aufsatz eine authentische Interpretation mit praktischen Hinweisen vor allem für die Kreditgeber vom damaligen Senatsvorsitzenden[142].

---

131 Zutreffend *Reifner*, Alternatives Wirtschaftsrecht, S. 176.

132 *Gilles*, JZ 1975, 305, 310, 312.

133 So *Canaris*, Bankvertragsrecht, RdNr. 1397 und *Logothetis*, in: Chiotellis/Fikentscher, Rechtstatsachenforschung, S. 209, 217 über die Thesen von *Gernhuber* und *Vollkommer*.

134 So *Gernhuber*, in: FS für Larenz 1973, S. 455, 468 über die Theorie von *Emmerich*.

135 So *Vollkommer*, in: FS für Larenz 1973, S. 703, 710 über die Theorie von *Marschall v. Bieberstein*.

136 So *Canaris*, Bankvertragsrecht, RdNr. 1422 über die Theorie von *Larenz*.

137 So *Neumayer*, Das finanzierte Abzahlungsgeschäft, S. 28, 57.

138 Zutreffend *Baudenbacher*, JZ 1985, 661, 663 f.

139 Zutreffend *Vollkommer*, in: FS für Merz, S. 595.

140 BGH WM 1967, 446 ff.; 448 ff.; 450 ff.; 455 ff.; 458 ff.; 461 ff.; 464 ff.; 467 ff.

141 Zutreffend *Reifner*, Alternatives Wirtschaftsrecht, S. 194.

142 *Pagendarm*, WM 1967, 434 ff. Fortgesetzt wurde diese authentische Kommentierung der Entscheidungen zum finanzierten Abzahlungskauf 13 Jahre später von *Eckhard Wolf* (Richter am BGH), WM 1980, 998 ff. sowie mit Einschränkungen von *Diederichs/Rixecker*, WM-Sonderbeilage 7/1985, S. 13 ff. und *Halstenberg* (Richter am BGH), WM-Sonderbeilage 4/1988, S. 14 f.

D. Vom Abzahlungsgesetz zum Verbraucherkreditgesetz[143]

I. Nationale Reformbestrebungen

Die Reformbestrebungen zur Regelung des finanzierten Abzahlungskaufs reichen bis in die 60er Jahre und weiter zurück[144]. Bei der Verabschiedung des Zweiten Änderungsgesetzes zum Abzahlungsgesetz zur Einführung eines generellen Widerrufsrechtes gemäß § 1 b AbzG am 12.12.1973 forderte der Deutsche Bundestag die Bundesregierung auf, einen Gesetzentwurf über den finanzierten Abzahlungskauf zu erarbeiten[145]. Vorbereitet von einem Gutachten von *Marschall v. Bieberstein*[146] trug die Bundesregierung dieser Entschließung mit einem Entwurf eines Gesetzes über finanzierte Rechtsgeschäfte und über Maklerverträge vom 11.5.1979 z.T. Rechnung, mit dem ein § 607 a BGB zur Regelung des Einwendungsdurchgriffs eingefügt werden sollte[147].

Kurze Zeit später widmete sich die zivilrechtliche Abteilung des 53. Deutschen Juristentages vom 16. - 19.9.1980 in Berlin dem umfassenderen Thema "Welche Maßnahmen empfehlen sich zum Schutze des Verbrauchers auf dem Gebiet des Konsumentenkredits ?"[148], bei dem der finanzierte Abzahlungskauf und der Regierungsentwurf zu § 607 a BGB ein zentraler Diskussionsgegenstand war[149]. Die dort geforderte "große Lösung" nach der Schaffung eines Verbraucherkreditgesetzes[150] wurde in den Beschlüssen abgelehnt[151]. Der Regierungsentwurf zu § 607 a BGB konnte wegen des Endes der

---

143 Die besten Darstellungen über dieses komplexe Thema finden sich bei *Gilles*, ZRP 1989, 299 ff.; *Schmelz/Klute*, ZIP 1989, 1509 ff.; *Hadding*, in: Hadding/Hopt, Verbraucherkreditrecht, AGB-Gesetz und Kreditwirtschaft, S. 17 - 22; Soergel-*Hönn*, Einl. zum AbzG, RdNr. 16 - 21 und in den Einleitungen der Kommentare zum Verbraucherkreditgesetz.

144 Nachweise über Regierungs- und Oppositionsentwürfe bei *Ostler/Weidner*, Einl. zum AbzG, Anm. 22 - 24 d. Interessant ist dabei, daß nach Angaben von *Ostler/Weidner*, aaO., Anm. 22 bereits am 9.9.1938 von der Reichswirtschaftskammer ein Gesetzentwurf über Kreditkäufe vorgelegt wurde.

145 S. den Antrag des Rechtsausschusses, BT-DS 7/1398, S. 6 und den Stenographischen Bericht über die 70. Sitzung des Deutschen Bundestages vom 12.12.1973, 7. Wahlperiode, S. 4286, 4291.

146 Gutachten, vorgelegt im August 1976, aber erst 1978 veröffentlicht.

147 BT-DS 8/3212, S. 4 (= Anhang, S. 417). Einzelheiten bei den jeweiligen Problemfällen.

148 So auch der Name des den Juristentages vorbereitenden Gutachtens von *Hadding* vom März 1980, das auf dem Gutachten von *Marschall v. Bieberstein* aufbaute.

149 S. Verhandlungen des 53. Deutschen Juristentages, Band II (Sitzungsberichte) sowie die Anträge und Beschlüsse zu diesem Thema, aaO., K 247 f. und K 257 f. unter IX.

150 *Hadding*, Gutachten, S. 79 ff., insbes. S. 89 sowie S. 346. Ebenso *Stauder*, ZRP 1980, 217 ff. und bereits *Marschall v. Bieberstein*, Gutachten, S. 135 ff. und S. 213.

151 Verhandlungen des 53. Deutschen Juristentages, Band II (Sitzungsberichte), K 254 unter I. (1) a) und I. (2) a). Zum Tagungsverlauf und zum massiven Einfluß der Kreditgeberseite auf den Juristentag s. den Bericht in der NJW 1980, 2505 f.; *Sendler*, ZRP 1980, 289, 292 f.; *Knauth*, Die

Legislaturperiode nicht mehr verabschiedet werden[152]. In den nachfolgenden Entwürfen eines Gesetzes über Maklerverträge wurde er mit dem Argument nicht mehr weiterverfolgt, daß wegen der europäischen Harmonisierung auf dem Gebiet des Verbraucherkredits und der rechtspolitischen Diskussion eine umfassendere Regelung angestrebt sei, in die das Problem des Einwendungsdurchgriffs bei drittfinanzierten Geschäften integriert werden solle[153].

II. Die Richtlinie des Rates vom 22.12.1986 zur Angleichung der Rechts- und Verwaltungsvorschriften der Mitgliedsstaaten über den Verbraucherkredit (87/102/EWG)

Nicht nur Bonn, sondern auch Brüssel hatte die Regelungsbedürftigkeit der finanzierten Rechtsgeschäfte entdeckt. Am 14.4.1975 nahm der Ministerrat der Europäischen Gemeinschaften das Erste Programm für eine Politik zum Schutz und zur Unterrichtung der Verbraucher an[154]. Dieses Programm sah in Nummer 18, 19 i, 20 und 21 u.a. vor, daß vorrangig legislative Maßnahmen auf Gemeinschaftsebene zu ergreifen seien, um zu einer Harmonisierung der allgemeinen Bedingungen für den Verbraucherkredit zu gelangen und den Verbraucher vor mißbräuchlichen Kreditbedingungen zu schützen. Nach über zwölfjähriger Arbeit[155] mit mehreren Vorentwürfen[156] wurde am 22.12.1986 vom Ministerrat endlich die Richtlinie zur Angleichung der Rechts- und Verwaltungsvorschriften der Mitgliedsstaaten über den Verbraucherkredit (87/102/EWG) verabschiedet[157]. Vor allem die deutsche Bundesregierung leistete gegen die Verabschiedung der

---

Bank, 1980, 480 ff.; *Tonner*, DuR 1981, 81 ff. sowie *Reich*, ZVP 1980, 335 ff. mit einer Replik von *Scholz*, ZVP 1981, 134 ff.

152 Allg. Meinung, s. nur *Hadding*, Gutachten, S. 18, Fn. 63a und *H. Weber*, ZRP 1982, 305, 306. Dagegen scheiterte das "Reförmchen" des § 607 a BGB nach Ansicht von *Gilles*, ZRP 1989, 299, 300 kläglich am Widerstand der Banken.

153 S. Begründung der Entwürfe eines Gesetzes über Maklerverträge der Bundesregierung vom 7.5.1982, BT-DS 9/1633, S. 8. und vom 16.2.1984, BT-DS 10/1014, S. 8.

154 ABl. der EG Nr. C 92 /1-12 vom 25.4.1975.

155 *Reifner*, VuR 1987, 82 behauptet sogar, daß die EG-Richtlinie 15 Jahre vor sich hinschlummerte. Richtig ist, daß eine von Regierungsexperten der Mitgliedsstaaten gebildete Arbeitsgruppe Verbraucherkredit ab April 1974 über Vorentwürfe der Kommission beriet, s. BT-DS 8/2953, S. 7.

156 Als wichtigste Entwürfe sind zu nennen der Kommisssionsvorschlag vom 27.2.1979, ABl. der EG Nr. C 80/4 - 8 vom 27.3.1979 (= Anhang, S. 410 in Auszügen) und der Änderungsvorschlag der Kommission vom 22.6.1984, ABl. der EG Nr. C 183/4 - 16 vom 10.7.1984 (= Anhang, S. 412 f. in Auszügen). Zu den Vorentwürfen 1974 - 1977 *Marschall v. Bieberstein*, Gutachten, S. 112 ff. m.w.N. und *Gundlach*, Konsumentenkredit, S. 102 ff.

157 ABl. der EG Nr. L 42/48 - 53 vom 12.2.1987, im folgenden nur noch EG-Richtlinie genannt; abgedruckt auch in NJW 1988, 1959 ff. und in Auszügen im Anhang, S. 414.

EG-Richtlinie heftigsten Widerstand[158]. Sie betrieb damit eine "doppelte Blockadepolitik", d.h. sie zögerte auf der einen Seite die Verabschiedung der EG-Richtlinie durch fortwährenden Widerstand hinaus, während sie auf der anderen Seite die Schaffung eines nationalen Verbraucherkreditgesetzes mit der stetigen Begründung der baldigen Verabschiedung der EG-Richtlinie verhinderte[159]. Da sich die Mitgliedsstaaten bei der Verabschiedung der EG-Richtlinie noch nicht über die Berechnungsmethode bezüglich des effektiven Jahreszinses einigen konnten, wurde dieser Punkt offengelassen und erst durch die Änderungsrichtlinie des Rates 90/88/EWG vom 22.2.1990 geregelt[160].

Die EG-Richtlinie bezweckt die Errichtung eines gemeinsamen europäischen Verbraucherkreditmarktes und die Vereinheitlichung des Verbraucherschutzes bei Konsumentenkrediten jeder Art. Wettbewerbsverzerrungen unter den Kreditgebern infolge unterschiedlicher nationaler Rechtsvorschriften[161] sollten beseitigt und sichergestellt werden, daß die Verbraucher im angestrebten Binnenmarkt zwischen den Angeboten aus sämtlichen Mitgliedsstaaten frei wählen können, ohne deshalb eine Verminderung ihres Rechtsschutzes befürchten zu müssen[162]. Dieses Ziel strebt die EG-Richtlinie vor allem auf zwei Wegen an: Einmal durch die Gewährleistung einer umfassenden Information der Verbraucher über alle für sie wichtigen Einzelheiten des Vertrags (Transparenz der Kreditbedingungen), zum anderen durch das Verbot einer Reihe von mißbräuchlicher

---

158 *Reifner*, in: Hörmann, Verbraucherkredit und Verbraucherinsolvenz, S. 621 unter Berufung auf den zuständigen Beamten der EG-Kommission; *Hörmann*, in: Verbraucherschutz im Kreditgewerbe, S. 29 und *Kirschen*, RevMC 1990, 621, 622 bezüglich der verschiedenen Berechnungsmethoden für den effektiven Jahreszinssatz.

159 S. die bereits erwähnten Entwürfe über Maklerverträge, BT-DS 9/1633, S. 8 und BT-DS 10/1014, S. 8. Dies wird von allen Seiten, also sowohl von Verbraucherschützern als auch von Bankenseite anerkannt: *Scholz*, MDR 1988, 730; *Gilles*, ZRP 1989, 299, 302; *Schmelz/Klute*, ZIP 1989, 1509, 1511 und *Emmerich*, FLF 1991, 140. Nach *Schmelz/Klute*, aaO., wurde die Bundesregierung dabei von den Teilzahlungsbanken unterstützt. Der Begriff "doppelte Blockadepolitik" stammt von *Tonner*, KJ 1985, 107, 113 für die parallele "Strategie" der Bundesregierung bei der nationalen Regulierung der Haustürgeschäfte und der Produzentenhaftung.

160 ABl. der EG Nr. L 61/14 - 18 vom 10.3.1990. Dazu *Kirschen*, RevMC 1990, 621 ff.

161 Dies wurde festgestellt durch die von der EG-Kommission in Auftrag gegebene Studie von *Reich/Micklitz*, Verbraucherschutzrecht in den EG-Staaten, S. 154 ff., insbes. S. 183 f.

162 S. die umfangreiche Prämisse der EG-Richtlinie, ABl. der EG Nr. L 42/48 und 49 vom 12.2.1987. Interessant ist in diesem Zusammenhang die Kritik von *Münstermann*, in: Hörmann, Verbraucherkredit und Verbraucherinsolvenz, S. 610, 611 an der Prämisse der EG-Richtlinie. *Münstermann* geht davon aus, daß es eine grenzüberschreitende Gewährung von Verbraucherkrediten nicht gebe, und zwar einzig und allein deshalb, weil die unterschiedlichen Währungen und das hierdurch entstehende Kursrisiko, nicht aber die unterschiedlichen Rechtsvorschriften den Verbraucher von einer Kreditaufnahme in einem anderen Land abhalte. Ähnlich *Scholz*, FLF 1987, 83 und MDR 1988, 730, 731, nach dem weniger die unterschiedlichen Rechtsvorschriften als vielmehr andere Umstände wie Sprachbarrieren, Meldewesen, Arbeitsmarktsituation usw. dafür verantwortlich seien, daß es einen grenzüberschreitenden Konsumentenkredit nicht gebe.

Klauseln und damit durch eine Einschränkung der Vertragsfreiheit aus Gründen des Verbraucherschutzes[163].

Zum letzteren gehört die Regelung über die finanzierten Rechtsgeschäfte in Art. 11, ein Problem, das neben dem des effektiven Jahreszinses und des persönlichen und sachlichen Anwendungsbereiches zu den zentralen Fragen der Kommission und den umstrittesten Punkten innerhalb der Gemeinschaft gehörte[164]. Gemäß Art. 11 Abs. 1 darf das Bestehen des Kreditvertrages für die Fälle der Nichtlieferung und der mangelhaften Lieferung die Rechte des Verbrauchers gegenüber dem Lieferanten nicht beeinträchtigen[165]. Gemäß Art. 11 Abs. 2 S. 1, Abs. 3 sollen dem Verbraucher für die Fälle der teilweisen bzw. vollständigen Nichtleistung und der mangelhaften Leistung Rechte gegenüber dem Kreditgeber eingeräumt werden, wenn dem Verbraucher ein Kredit für den Bezug von Waren oder Dienstleistungen im Rahmen einer vorherigen Abmachung zwischen Kreditgeber und Lieferant bzw. Erbringer von Dienstleistungen gewährt wird, wonach Kredite an Kunden zur Finanzierung des Bezugs von Leistungen ausschließlich von dem beschaffenden Kreditgeber bereitgestellt werden, und der Verbraucher seine Rechte gegen den Lieferanten bzw. Erbringer von Dienstleistungen erfolglos geltend gemacht hat, es sei denn, daß der Betrag des betreffenden Einzelgeschäfts unter einem Gegenwert von 200 ECU liegt[166]. Gemäß Art. 11 Abs. 2 S. 2 bestimmen die Mitgliedsstaaten, wie weit und unter welchen Bedingungen der Verbraucher diese Rechte geltend machen kann[167].

Von Kreditgeberseite, Verbraucherschützern und wissenschaftlicher Literatur wurde einhellig anerkannt, daß der gemäß Art. 11 Abs. 2 S. 1 unter diesen restriktiven und kumulativen Voraussetzungen dem Verbraucher zustehende Einwendungsdurchgriff wesentlich hinter den gefestigten Grundsätzen der Rechtsprechung des Bundesgerichtshofs zurückbleibt[168]. Daneben begnügte sich die EG-Richtlinie auf der Rechtsfolgenseite mit der Festlegung ziemlich allgemein gehaltener Prinzipien ("Rechte gegen den Kreditgeber"), gestattete aber dafür den Mitgliedsstaaten gemäß Art. 11 Abs. 2 S. 2 einen weiten Gestaltungsspielraum bei der Umsetzung[169]. Diese Beschränkung auf ziemlich allgemein gehaltene Prinzipien und die Vorgabe eines abstrakten Regelungszieles ent-

---

163 Die Zurückstellung des Verbraucherschutzes hinter dem vorrangigen Ziel der Angleichung der nationalen Rechtsvorschriften über den Verbraucherkredit und der Schaffung eines gemeinsamen Marktes fiel vor allem *Gilles*, ZRP 1989, 299, 302 und *Schmelz/Klute*, ZIP 1989, 1509, 1511 auf.

164 So *Scholz*, FLF 1987, 83; *ders.*, MDR 1988, 730, 736.

165 ABl. der EG Nr. L 42/51 vom 12.2.1987 (= Anhang, S. 414).

166 AaO.

167 AaO.

168 *Scholz*, MDR 1988, 730, 733; *Reifner*, Handbuch des Kreditrechts, § 44, RdNr. 2 (S. 416) und *Hopt/Mülbert*, Kreditrecht, Vorb. zu §§ 607 ff. BGB, RdNr. 646.

169 Erman-*Klingsporn/Rebmann*, Einl. zum VerbrKrG, RdNr. 12.

sprach der seit 1985 von der EG-Kommission vorgestellten "Neuen Strategie", zur raschen Realisierung des Binnenmarktes Richtlinien nicht mehr detailliert auszuformulieren, sondern nur Ziele für die umsetzende Ausfüllung durch die jeweiligen nationalen Rechte vorzugeben[170].

Die EG-Richtlinie ist aber nicht nur an dieser Stelle, sondern insgesamt als bloße Minimal-Richtlinie konzipiert[171]. Nach Art. 15 war es aber keinem Mitgliedsstaat versagt, weitergehende Vorschriften zum Schutz der Verbraucher aufrechtzuerhalten oder zu erlassen[172], eine im Hinblick auf das o.g. Ziel der EG-Richtlinie, nämlich Harmonisierung der nationalen Rechtsvorschriften über den Verbraucherkredit eigentlich erstaunliche Regelung[173].

Das Urteil auf die EG-Richtlinie fiel dementsprechend unterschiedlich aus. Während die Kreditgeberseite die Durchsetzung "marktwirtschaftlich orientierter Regelungen" anstelle von "perfektionistischen und dirigistischen Regelungen" insbesondere durch die deutsche Delegation begrüßte[174], erfuhr die EG-Richtlinie von Verbraucherschützern[175] und von der wissenschaftlichen Literatur[176] wegen der Verbindlicherklärung eines bloßen Minimalschutzes für den Verbraucher erhebliche Kritik. Und selbst der "Vater" der EG-Richtlinie *Latham* beschrieb diese als bloßen Minimalschutz, rechnete mit Verbesserungen durch neue EG-Initiativen und hoffte darauf, daß die Mitgliedsländer bei der Umsetzung der EG-Richtlinie in ein nationales Gesetz über den dortigen Verbraucherschutz hinausgehen würden[177]. Dazu hatten die Mitgliedsstaaten gemäß Art. 16 Abs. 1 S. 1 bis zum 1.1.1990 Zeit[178].

---

170 *Mülbert*, WM 1990, 1357; *ders.*, in: Hopt, Europäische Integration, S. 105, 110.

171 Allg. Meinung, s. nur Erman-*Klingsporn/Rebmann*, Einl. zum VerbrKrG, RdNr. 12.
Nach ZIP aktuell 1995, Heft 7, A 39/102 plant die Kommission nach Vorlage eines Berichts über die Umsetzungspraxis der ersten fünf Jahre im Sommer 1995 ein Änderung der Richtlinie mit diversen Verschärfungen.

172 ABl. der EG Nr. L 42/52 vom 12.2.1987 (= Anhang, S. 414).

173 Zutreffend *Schmelz/Klute*, ZIP 1989, 1509, 1515.

174 Z.B. *Scholz*, FLF 1987, 83, 87.

175 Z.B. *Reifner*, VuR 1987, 82.

176 Z.B. *Gilles*, ZRP 1989, 299, 302 und *Schmelz/Klute*, ZIP 1989, 1509, 1511.

177 RevMC 1988, 219, 302. Der Engländer *Patrick Latham*, zuständiger Beamter bei der EG-Kommission, gilt allgemein als "Vater" der EG-Richtlinie, die deshalb im ausländischen Schrifttum häufig auch "Lathams Law" genannt wird, so *Emmerich*, in: Graf v. Westphalen/Emmerich/Kessler, Einl. zum VerbrKrG, RdNr. 21, Fn. 50.

178 ABl. der EG Nr. L 42/52 vom 12.2.1987 (= Anhang, S. 414).
Weitere Einzelheiten zur Geschichte und zum Inhalt der EG-Richtlinie bei *Scholz*, FLF 1987, 83 ff.; *ders.*, MDR 1988, 730 ff.; *Latham*, RevMC 1988, 219 ff.; *Hopt/Mülbert*, Kreditrecht, Vorb. zu §§ 607 ff. BGB, RdNr. 637 - 649; *Emmerich*, in: Graf v. Westphalen/Emmerich/Kessler, Einl. zum VerbrKrG, RdNr. 12 - 25; Erman-*Klingsporn/Rebmann*, Einl. VerbrKrG, RdNr. 8 - 14 und *Grimm*, Das neue Verbraucherkreditgesetz, S. 82 ff., insbes. S. 100 ff.

III. Die Entstehung des Verbraucherkreditgesetzes

Die Schaffung des Verbraucherkreditgesetzes verlief in Bonn dann relativ schnell[179]. Vom Bundesjustizministerium wurde am 10.6.1988 ein 1. Referentenentwurf vorgelegt[180]. Dieser wurde nach Anhörung der Verbände und verschiedenen Stellungnahmen aus der Wissenschaft[181] durch einen zweiten und dritten Referentenentwurf vom März bzw. April 1989 modifiziert[182]. Die Bundesregierung brachte dann am 11.8.1989 einen aus diesen Vorarbeiten resultierenden Regierungsentwurf in das Gesetzgebungsverfahren ein[183]. In diesem war unter § 8 die als § 9 Gesetz gewordene Vorschrift über die verbundenen Geschäfte mit identischem Inhalt enthalten[184]. Der Regierungsentwurf hatte die Realisierung dreier Anliegen zum Ziel[185]: In erster Linie ging es um die fristgerechte Umsetzung der EG-Richtlinie. Daneben sollten über deren Vorgaben hinaus einige zur Verbesserung der Lage der in Not geratenen Schuldner seit langem erhobene rechtspolitische Forderungen erfüllt werden (Problematik des "modernen Schuldturms")[186]. Und als letztes ging es um die Aufhebung und Einarbeitung des Abzahlungsgesetzes in das neue Verbraucherkreditgesetz[187].

---

179 Ausführlich zum Gesetzgebungsverfahren Bruchner/Ott/Wagner-Wieduwilt, Einl. zum VerbrKrG, RdNr. 8 ff. und Erman-*Klingsporn/Rebmann*, Einl. zum VerbrKrG, RdNr. 15 - 20. Zur Gesetzgebungstechnik *Grimm*, Das neue Verbraucherkreditgesetz, S. 121 ff.

180 Abgedruckt in FLF 1988, 214 ff. (ohne Begründung) und in ZIP 1988, 1215 ff. (mit Allgemeinbegründung) sowie im Anhang dieser Arbeit, S. 418 ff. (mit vollständiger Einzelbegründung zu den verbundenen Geschäften).

181 *Klauss/Ose*, Verbraucherkreditgeschäfte, Einl. zum AbzG, RdNr. 19 - 26; *Reifner*, VuR 1988, 183 ff.; *Wagner-Wieduwilt*, Die Bank 1988, 685 ff.; *Steppeler*, Sparkasse 1989, 76 ff.; *Schebesta*, BI 1989, 23 ff. und *Hopt/Mülbert*, Kreditrecht, Vorb. zu §§ 607 ff. BGB, RdNr. 616 - 636. Die unveröffentlichten Stellungnahmen der Verbände finden sich in Auszügen im Anhang, S. 421 ff.

182 Diese sind lediglich in ZIP-Aktuell 1989, A 69 Nr. 254 im Kurzüberblick erwähnt. Deswegen wurde der 3. RefE vom 12.4.1989 in Auszügen im Anhang, S. 428 f. abgedruckt. Dazu *Emmerich*, FLF 1989, 168 ff. und 206 ff.
Hörmann, in: Verbraucherschutz im Kreditgewerbe, S. 30 spricht von einer Serie von über 10 Entwürfen bis zur Verabschiedung des Gesetzes.

183 BR-DS 427/89 = BT-DS 11/5462, Anl. 1 (S. 4 - 33); abgedruckt auch in ZIP 1989, 1615 ff. (ohne Begründung) und in Auszügen im Anhang dieser Arbeit, S. 432 ff. S. dazu aus der wissenschaftlichen Literatur *Gilles*, ZRP 1989, 299 ff.; *Wagner-Wieduwilt*, Die Bank 1989, 566 ff.; *Scholz*, MDR 1989, 1054 ff.; *Schmelz/Klute*, ZIP 1989, 1509 ff.; *Ose*, FLF 1990, 28 ff.; *Graf v. Westphalen*, WM 1990, 624; *Reinking/Bexen*, DAR 1990, 289 ff. und die Stellungnahme des Bankenfachverbandes, FLF 1990, 31 ff. (= Anhang S. 435 ff.).

184 BT-DS 11/5462, S. 6 (= Anhang S. 432). Näheres zur Entstehungsgeschichte von § 9 VerbrKrG und zur Kritik von Verbänden und Wissenschaft bei den einzelnen Problembereichen.

185 S. die Zielsetzung und Lösung des Regierungsentwurfs sowie die Einführung in die Allgemeinbegründung, BT-DS 11/5462, S. 1, 2 und 11.

186 Die Bundesregierung wurde vom Bundesrat (Beschluß vom 16.11.1984, BR-DS 346/84) und von der Justizministerkonferenz vom 18. - 20.9.1984 (s. Begr. RegE BT-DS 11/5462, S. 13) aufgefordert, die Lage der Schuldner von Ratenkrediten zu überprüfen und Vorschläge zur Verbesserung des Verbraucherschutzes in diesem Bereich zu machen.

187 Interessant ist in dieser Hinsicht der Hinweis von *Gilles*, ZRP 1989, 299, 303, nach dem der Entwurf in taktisch kluger Zurückhaltung einleitend die Umsetzung der EG-Richtlinie zum eigentlichen Anliegen der Neuregelung erklärt, um sogleich bei der Beschreibung der Zielsetzun-

Nach Stellungnahme des Bundesrates vom 22.9.1989 mit 22 Änderungsvorschlägen[188] und Gegenäußerung der Bundesregierung vom 24.10.1989 mit vereinzelter Zustimmung zu den Änderungsvorschlägen[189] wurde der Regierungsentwurf am 25.10.1989 in den Bundestag eingebracht[190] und dort in erster Lesung am 6.12.1989 an den federführenden Rechtsausschuß überwiesen[191]. Dieser beriet über den Vorschlag an fünf Sitzungstagen[192] und veranstaltete am 1.6.1990 eine öffentliche Anhörung, an dem zwölf Vertreter der Wissenschaft und der maßgeblich betroffenen Verbände und Wirtschaftskreise teilnahmen[193]. Der Rechtsausschuß beschloß am 24.10.1990 mit den Stimmen der Fraktionen von CDU/CSU, FDP und SPD und gegen die Stimmen der Fraktion DIE GRÜNEN/Bündnis 90 die Annahme des Gesetzentwurfs in einer teilweise vom Regierungsentwurf abweichenden Form[194]. Die Vorschrift über die verbundenen Geschäfte wurde abgesehen von einer rein technischen Neunummerierung nicht geändert[195].

Selbst für Insider überraschend[196] verabschiedete der Deutsche Bundestag den Entwurf in der Beschlußempfehlung des Rechtsausschusses bereits am 30.10.1990 in zweiter und dritter Lesung mit den Stimmen der Koalition und der SPD und gegen die Stimmen der Fraktion DIE GRÜNEN/Bündnis 90[197]. Der Bundesrat folgte dem mit seinem Beschluß vom 14.12.1990[198], und die Ausfertigung und Verkündung des Gesetzes durch den Bundespräsidenten erfolgte am 17.12.1990[199].

---

gen der EG-Richtlinie entgegen deren Intention und mit einer bemerkenswerten Akzentverschiebung die Sicherung eines angemessenen Verbraucherschutzes *vor* der Errichtung eines gemeinsamen Verbraucherkreditmarktes zu nennen, und in der Allgemeinbegründung dann überhaupt nur noch den Verbraucherschutz zu betonen.

188 BR-DS 427/89 (Beschluß) = BT-DS 11/5462, Anl. 2 (S. 34 - 40). S. dazu auch die Plenarprotokolle über die 604. Sitzung des Bundesrates vom 22.9.1989, S. 367 mit den Erklärungen zu Protokoll von Minister *Einert* (NRW), Anl. 25 und von Staatsminister *Stavenhagen* (Bundeskanzleramt), Anl. 26, aaO., S. 394 - 397.

189 BT-DS 11/5462, Anl. 3 (S. 41 - 46).

190 BT-DS 11/5462, S. 1 - 3.

191 S. den stenographischen Bericht über die 181. Sitzung des Deutschen Bundestages vom 6.12.1989, 11. Wahlperiode, S. 13926 f.

192 66., 67., 95., 97. und 98. Sitzung am 17.1., 24.1., 19.9., 10.10. und 24.10.1990, s. den Bericht der Abgeordneten *Hörster* und *Pick*, BT-DS 11/8274, S. 19.

193 S. den Bericht der Abgeordneten *Hörster* und *Pick*, BT-DS 11/8274, S. 19; den ZRP-Gesetzgebungsreport 1990, 327 f.; *Reifner*, VuR 1990, 185 ff. und den vom Rechtsausschuß herausgegebenen Fragenkatalog, die Antworten der Beteiligten und den Sitzungsbericht im unveröffentlichten stenographischen Protokoll der 86. Sitzung des Rechtsausschusses (in Auszügen im Anhang, S. 437 ff.).

194 Beschlußempfehlung und Bericht des Rechtsausschusses, BT-DS 11/8274.

195 AaO., S. 10, 11.

196 *Scholz*, MDR 1991, 191; *ders.*, DB 1991, 215.

197 BR-DS 833/90 und stenographischer Bericht über die 233. Sitzung des Deutschen Bundestages vom 30.10.1990, 11. Wahlperiode, S. 18638 - 18643.

198 BR-DS 833/90 (Beschluß) und Plenarprotokolle des Bundesrates, 625. Sitzung vom 14.12.1990, S. 673 f. mit der Erklärung zu Prot. von Minister *Krumsiek* (NRW), Anl. 3, aaO., S. 696 - 698.

199 BGBl. I (1990), S. 2840 - 2846.

Damit wurde das Gesetz vor allem unter der Sogwirkung der schnellen Wiedervereinigung (3.10.1990) und des emotional mit der Angst vor einer hemmungslosen Überschuldung der neuen Bundesbürger geführten Wahlkampfes[200] und unterstützt von den Verbraucherschützern[201] in geradezu atemberaubender Weise durchgepeischt[202]. Und dies, obwohl die Bundesregierung noch im Regierungsentwurf ein Jahr zuvor eine angemessene Übergangsfrist einräumen wollte, um der Kreditwirtschaft eine Einstellung auf die neuen Vorschriften zu ermöglichen[203]. Bestätigt wird diese Angst durch den Bericht des Rechtsausschusses[204], durch Ausführungen der an der Entstehung des Gesetzes maßgeblich Beteiligten[205], vor allem aber durch die parlamentarische Debatte bei der Verabschiedung des Verbraucherkreditgesetzes im Deutschen Bundestag am 30.10.1990[206]. Indes traf die Befürchtung der Politiker nicht zu, d.h. die Verschuldensneigung der neuen Bundesbürger war jedenfalls im Jahr nach der Wiedervereinigung und der Währungsumstellung (1991) eher gering[207].

Neben dieser innenpolitischen Frage spielte wohl auch die Angst vor dem Verfall des Gesetzes wegen des Endes der Legislaturperiode und vor einer Neueinbringung mit ungewissem Ausgang eine Rolle[208]; ferner die Angst vor einer Klage der EG-Kommission wegen der ohnehin schon nicht rechtzeitigen Umsetzung und der damit gleichzeitig bestehenden Möglichkeit der Berufung der Verbraucher auf die unmittelbare Geltung der EG-Richtlinie[209]. So konnte das Gesetz noch zum 1.1.1991, also gerade einmal zwei Wochen (!) nach seiner Verabschiedung, aber dennoch mit einjähriger Verspätung im Hinblick auf die Umsetzungsfrist der EG-Richtlinie in Kraft treten. Gleichzeitig wurde das fast 100-jährige Abzahlungsgesetz vom 16.5.1894 aufgehoben[210]. Es gilt gemäß

200 *Huff*, WM 1990, 1988; *Canaris*, EuZW 1991, 257 und *Scholz*, MDR 1991, 191.
201 *Hörmann* (AgV), in: Hadding/Hopt, Verbraucherkreditrecht, AGB-Gesetz und Kreditwirtschaft, S. 59 f.
202 Zutreffende Prognose bereits von *Schmelz/Klute*, ZIP 1989, 1509, 1515.
203 BT-DS 11/5462, S. 33.
204 BT-DS 11/8274, S. 20 und 24.
205 *Seibert*, WM 1991, 1445, 1448 (Regierungsdirektor im Bundesministerium der Justiz) und *Helmrich* (Helmrich/Seeliger), AnwBl. 1992, 103, 105 (Vorsitzender des Rechtsausschusses des Deutschen Bundestages z.Z. der Entstehung des Verbraucherkreditgesetzes).
206 Stenographischer Bericht über die 233. Sitzung vom 30.10.1990, 11. Legislaturperiode, S. 18638 ff., insbes. die Ausführungen der Abgeordneten *Marschewski* (CDU/CSU), *Pick* (SPD) und des (damaligen) Bundesministers der Justiz *Engelhard* (FDP). Allein der Abgeordnete *Funke* (FDP) befürwortete das Inkrafttreten des Gesetzes erst zum 1.4.1991, aaO., S. 18641; *ders.*, AnwBl. 1992, 108, 109.
207 *Seibert*, WM 1991, 1445, 1448 und *Brandner*, in: Hadding/Hopt, Verbraucherkreditrecht, AGB-Gesetz und Kreditwirtschaft, S. 31, 32, Fn. 5.
208 So *Reinking/Nießen*, ZIP 1991, 79 und *Canaris*, EuZW 1991, 257 (Grundsatz der Diskontinuität). Bestätigt von *Helmrich* (Helmrich/Seeliger), AnwBl. 1992, 103, 105.
209 So *Huff*, WM 1990, 1988. Dazu *Grimm*, Das neue Verbraucherkreditgesetz, S. 87 f.
210 Art. 10 Abs. 1 S. 2 VerbrKrG. Siehe auch den Nachruf von *Scholz*, FLF 1994, 148 ff.

Art. 9 Abs. 1 nur noch für vor dem 1.1.1991 abgeschlossene Altverträge. Nur Art. 6 VerbrKrG, mit dem das Mahnverfahren in der ZPO geändert wurde, trat gemäß Art. 10 Abs. 2 VerbrKrG erst am 1.1.1992 in Kraft, damit die Justizverwaltungen eine ausreichende Zeit für die Umstellung ihrer EDV-Programme hatten. Mit Art. 2 des Bauhandwerkersicherungsgesetzes wurde das Verbraucherkreditgesetz mit Wirkung zum 1.5.1993 an verschiedenen Stellen bereits technisch novelliert[211].

IV. Der Aufbau des Verbraucherkreditgesetzes

Das Verbraucherkreditgesetz gliedert sich in 10 Artikel, von denen Art. 1 das eigentliche Verbraucherkreditgesetz mit 18 Paragraphen enthält, während die übrigen Artikel lediglich Änderungen anderer Gesetze sowie Übergangs- und Inkrafttretungsregelungen enthalten. Das eigentliche Verbraucherkreditgesetz läßt sich grob in 4 Teile einteilen: In §§ 1 - 3 ist der persönliche und sachliche Anwendungsbereich des Gesetzes mit seinen Teil- und Totalausnahmen geregelt. §§ 4 - 8 enthalten die wichtigen Vorschriften zur Sicherung der Entschließungsfreiheit des Verbrauchers in der Vertragsabschlußphase, insbesondere § 4 über die Form des Kreditvertrages (Information des Verbrauchers) und § 7 über das Widerrufsrecht des Kreditvertrages (freie Entscheidung des Verbrauchers). §§ 9 bis 17 sollen den Verbraucher vor besonders gefährlichen Vertragsgestaltungen oder Bedingungen schützen, die ihn in nicht gerechtfertigter Weise benachteiligen. Dazu gehören die Vorschriften über die verbundenen Geschäfte (§ 9), über den Einwendungsverzicht und das Wechsel- und Scheckverbot (§ 10), über die Verzugszinsen, Kündigung, Rücktritt und die vorzeitige Zahlung (§§ 11 - 14) sowie die Vorschriften über den Kreditvermittlungsvertrag (§§ 15 - 17). § 18 enthält schließlich als vierter Teil eine Unabdingbarkeitsnorm und ein Umgehungsverbot.

---

211 BGBl. I (1993), S. 509 - 511. Die sachlichen Änderungen betreffen §§ 3 und 4 VerbrKrG (dazu § 2, S. 70 f.); in §§ 6, 7, 8 und 14 VerbrKrG wurden lediglich Verweisungen umgestellt. Zu dieser Novelle *Drescher*, WM 1993, 1445 ff.; *Bülow*, NJW 1993, 1617 ff. und *Scholz*, BB 1993, 1161 f. Die Änderungen basieren auf Vorschläge des Bundesrats (BT-DS 12/1836, S. 13 ff. = ZIP 1992, 288 ff.), die der Rechtsausschuß übernahm und ergänzte (Bericht des Rechtsausschusses, BT-DS 12/4526, S. 12 ff. = ZIP 1993, 476 ff. mit einer Einführung von *Graf v. Westphalen*).

V. Die Kritik am Verbraucherkreditgesetz[212]

Die Kritik gegen das Verbraucherkreditgesetz aus Wissenschaft und Praxis richtete sich in erster Linie gegen die extrem kurze Umsetzungsfrist von zwei Wochen[213]. Eingewandt wurde, daß die Kreditgeber wegen der teilweise strengen Form- und Widerrufsvorschriften in der Vertragsabschlußphase mit einschneidenden Sanktionen und in einem nicht eindeutigen Geltungsbereich des Gesetzes in unzumutbarer, nach einigen[214] sogar in geradezu rechtsstaatswidriger Weise benachteiligt wurden, ein Einwand, der angesichts Neuerstellung von Vertragsformularen, Druck derselben, EDV-Umstellung und einer entsprechenden Einweisung der Mitarbeiter, und dies alles auch noch in den Weihnachtstagen (!), nicht von der Hand zu weisen war. Vielen Kreditinstituten war am Stichtag 1.1.1991 noch nicht einmal der Gesetzestext verfügbar[215]. Auch die Ungleichbehandlung gegenüber der Justiz, der gerade für die Umstellung ihrer EDV-Programme im Mahnverfahren ein ganzes Jahr Zeit gegeben wurde, erzeugte verständlichen Unmut[216]. Erhebliche Kritik wurde auch deshalb laut, weil der Gesetzgeber in letzter Minute den Anwendungsbereich des Gesetzes erheblich weitergefaßt hatte als ursprünglich im Regierungsentwurf vorgesehen war[217]. So fällt z.B. das Finanzierungsleasing jetzt generell unter das Verbrauchkreditgesetz (Umkehrschluß aus § 3 Abs. 2 Nr. 1), während es ursprünglich nur dann als Kreditvertrag angesehen wurde, wenn die Leasingsache ihrer Substanz nach endgültig auf den Verbraucher übertragen werden sollte[218]. Kritik gab es auch bezüglich des formalen Charakters des Verbraucherkreditgesetzes als erneutes Sondergesetz zum BGB[219].

Die Hauptkritik fiel aber von allen Seiten auf den materiellen Inhalt des Gesetzes ein[220]. Insbesondere den Vertretern der Banken[221] ging das Gesetz bereits viel zu weit, hielten

---

212 Ausführlich dazu, allerdings erklärtermaßen verbraucherpolitisch orientiert, *Grimm*, Das neue Verbraucherkreditgesetz, S. 429 - 498.

213 *Huff*, WM 1990, 1988; *Steppeler*, Sparkasse 1990, 547; *ders.*, Vordruck-Leitfaden, S. 19; *Canaris*, EuZW 1991, 257; *Scholz*, MDR 1991, 191; *ders.*, FLF 1991, 47, 50; *Driessen*, ZKW 1991, 202; *Hadding*, in: Hadding/Hopt, Verbraucherkreditrecht, AGB-Gesetz und Kreditwirtschaft, S. 17, 18; *Schlaus/v. Rottenburg*, ebenda, S. 41, 50 f.; *Hadding*, in: Hadding/Hopt, Das neue Verbraucherkreditgesetz, S. 5, 6 und *Lieb*, ebenda, S. 91 (= WM 1991, 1533).

214 Z.B. *Lieb*, in: Hadding/Hopt, Das neue Verbraucherkreditgesetz, S. 91 (= WM 1991, 1533).

215 *Lieb*, aaO., Fn. 1.

216 *Scholz*, DB 1991, 215.

217 *Marloth-Sauerwein*, Leasing und das Verbraucherkreditgesetz, S. 2.

218 § 1 Abs. 2 S. 2 RegE, BT-DS 11/5462, S. 4.

219 Vehement ablehnend *Gilles*, ZRP 1989, 299, 303 f.; *Schmelz/Klute*, ZIP 1989, 1509, 1515 f. und vor allem *Emmerich*, FLF 1989, 168, 169; *ders.*, in: Emmerich/Münstermann/Wagner-Wieduwilt, Praktische Umsetzung, S. 3. Begrüßend dagegen *Hadding*, in: Hadding/Hopt, Verbraucherkreditrecht, AGB-Gesetz und Kreditwirtschaft, S. 17, 21 f.

220 In dieser Untersuchung kann die massive Kritik nur bei den einzelnen Problembereichen innerhalb des Themas "Einwendungsdurchgriff" dargestellt werden.

sie es teilweise sogar in seiner Gänze für entbehrlich. Dagegen blieb es für engagierte Verbraucherschützer weit hinter ihren Erwartungen zurück und führt nach ihnen sogar zu deutlichen Verschlechterungen im Vergleich zur bisherigen Rechtslage[222]. Zwischen diesen Positionen beurteilt eine starke Meinung vornehmlich aus der wissenschaftlichen Literatur das Gesetz als vernünftigen Kompromiß zwischen den divergierenden Interessen der Beteiligten, ein Kompromiß mit punktuellen Verbesserungen und Fortschritten, der summa summarum doch zu einem verstärkten Verbraucherschutz geführt habe[223].

Weitgehende Einigkeit besteht allein in dem Punkt, daß "dieses Gesetz selbst mit allzu heißer Nadel genäht worden war und die Kreditwirtschaft mit ganz erheblichen Unklarheiten, technischen Schwierigkeiten und teilweise sogar Ungereimtheiten des neuen Gesetzes zu kämpfen hat"[224]. Noch drastischer wird das Verbraucherkreditgesetz sogar insgesamt "als ein 'Arbeitsbeschaffungsprogramm' für juristische Verlage, Rechtsanwälte und Gerichte sowie als ein 'Verunsicherungsprogramm' für Verbraucher" bezeichnet[225] bzw. als "hochperfektionistische gemeinte Sammlung von Definitionen, Verweisungen und komplexen Sonderregelungen, deren Verständnis auch dem akademisch gebildeten Leser ein höheres Maß an Anstrengungen aufbürdet als selbst der inhaltsreichste Schachtelsatz von William Faulkner"[226]. Und selbst einer der an der Entstehung des Gesetzes maßgeblich Beteiligten spricht bei "seinem" Gesetz von "schwindelnder Abstraktionshöhe"[227]. So war es kaum überraschend, daß bereits ein halbes Jahr nach Inkrafttreten des Gesetzes am 28.6.1991 eine spezielle, außerturnusmäßige Veranstal-

---

221 Z.B. *Wagner-Wieduwilt*, Die Bank 1988, 685 ff.; *ders.*, Die Bank 1989, 566 ff. und *Steppeler*, Sparkasse 1989, 76 ff. (beide zu den versch. RefE und zum RegE).

222 Zu den verschiedenen Entwürfen *Klauss/Ose*, Verbraucherkreditgeschäfte, Einl. zum AbzG, RdNr. 19 ff.; *Reifner*, VuR 1988, 183 ff.; *Schmelz/Klute/Bender*, Der Verbraucherkredit, RdNr. 16 (S. 7); vehement *Reinking/Bexen*, DAR 1990, 289 ff. und am ausführlichsten *Schmelz/Klute*, ZIP 1989, 1509 ff. (aaO., S. 1525: "Die behaupteten 'Verbesserungen im Verbraucherschutz' durch den VerbrKrG-Entwurf erweisen sich bei genauerem Hinsehen ausnahmslos als Rückschritte."). Nach Inkrafttreten des Gesetzes *Bender*, VuR 1991, 197 ff.; *Hörmann*, in: Verbraucherschutz im Kreditgewerbe, S. 28 ff.; *Derleder*, KJ 1991, 275, 296 ff.; *Reinicke/Tiedtke*, ZIP 1992, 217, 228; *dies.*, Kaufrecht, S. 469 und nochmals *Reifner*, VuR 1991, 91 ff.

223 Z.B. *Gilles*, ZRP 1989, 299, 307 (zum RegE); *Emmerich*, in Graf v. Westphalen/Emmerich/Kessler, Einl. zum VerbrKrG, RdNr. 56 ff.; *Funke*, AnwBl. 1992, 108, 109; *Helmrich/Seeliger*, AnwBl. 1992, 103 ff.; MüKo-*Ulmer*, vor § 1 VerbrKrG, RdNr. 20; *Vortmann*, Einl. zum VerbrKrG, RdNr. 17; *Scholz*, MDR 1991, 191, 194 f.; *ders.*, FLF 1991, 47, 50 f. und *Medicus*, Jura 1991, 561, 566.

224 S. nur das Vorwort von *Hadding/Hopt*, Das neue Verbraucherkreditgesetz.

225 *Bender*, VuR 1991, 197, 208.

226 *Derleder*, KJ 1991, 275 f. Ähnlich auch *Huff*, WM 1990, 1988; *Driessen*, ZKW 1991, 202; *Reinking/Nießen*, ZIP 1991, 79, 80 und *Scholz*, MDR 1991, 191, 195; *ders.*, FLF 1991, 47, 50 f.; *ders.*, DB 1991, 215, 219.

227 *Seibert* (Regierungsdirektor im Bundesministerium der Justiz), Vorwort zum VerbrKrG.

tung der Bankrechtlichen Vereinigung zum Verbraucherkreditgesetz in Frankfurt mit überwältigender Resonanz stattfand[228].

E. Die Grundkonzeption der gesetzlichen Regelungen über die verbundenen Geschäfte

Der finanzierte Abzahlungskauf und die finanzierten Rechtsgeschäfte sind in § 9 VerbrKrG, einer der zentralen Vorschriften des neuen Gesetzes[229], geregelt. Der Gesetzgeber begründet seine diesbezügliche Regelungskompetenz mit der seinerzeitigen Verpflichtung durch den Deutschen Bundestag aus dem Jahre 1973[230] (also vor 18 Jahren !), der angestrebten Einarbeitung des Abzahlungsgesetzes in das Verbraucherkreditgesetz sowie an letzter Stelle[231] mit der Verpflichtung auf Grund Art. 11 Abs. 2 der EG-Richtlinie[232]. Gleichzeitig beruft er sich auf die dort eingeräumte Gestaltungsfreiheit bezüglich der Voraussetzungen und der Rechtsfolgen der verbundenen Geschäfte. Das Gesetz lehnt sich in § 9 VerbrKrG an die bisherigen Rechtsprechungsgrundsätze an[233] und hat sie zum großen Teil kodifiziert. Der Gesetzgeber selbst bescheinigt der bisher praktizierten und bewährten Rechtsprechung[234] ausdrücklich zu angemessenen Lösungen gekommen zu sein[235]. Aber auch Anlehnungen an den seinerzeitigen Regierungsentwurf zu § 607 a BGB vom 11.5.1979 sind nicht zu übersehen[236]. Der Gesetzgeber selbst zitiert diesen in seiner Begründung zum Regierungsentwurf des Verbraucherkreditgesetzes[237]. Das bedeutet, daß für jede praktische Auslegungsfrage sowohl die bisherigen Grundsätze der Rechtsprechung als auch die Vorgaben der EG-Richtlinie und der nicht realisierte Regierungsentwurf zu § 607 a BGB herangezogen werden müssen. Gleichzeitig muß aber auch darauf geachtet werden, daß bei allen auftauchenden Auslegungsfragen nicht uneingeschränkt und undifferenziert eine Regel vom "in dubio pro

228 Die dort gehaltenen Vorträge wurden als Band 2 der Schriftenreihe der Bankrechtlichen Vereinigung mit dem Titel *Hadding/Hopt* (Hrsg.), Das neue Verbraucherkreditgesetz veröffentlicht. Zum Tagungsablauf der Veranstaltung *Habersack*, WM 1991, 1449 ff.

229 *Emmerich*, in: Hadding/Hopt, Das neue Verbraucherkreditgesetz, S. 67.

230 S.o. S. 46.

231 Man beachte diese Akzentuierung.

232 Begr. RegE, BT-DS 11/5462, S. 23 (= Anhang, S. 433).

233 AaO., S. 12 (= Anhang, S. 433).

234 AaO., S. 12 (= Anhang, S. 433).

235 AaO., S. 23 (= Anhang, S. 433).

236 Zutreffend *Ott*, in: Bruchner/Ott/Wagner-Wieduwilt, § 9 VerbrKrG, RdNr. 13 und Erman-*Klingsporn/Rebmann*, Einl. zum VerbrKrG, RdNr. 3.

237 AaO., S. 23 (= Anhang, S. 433).

consumatore"[238] aufgestellt wird[239]. Zwar wollte der Gesetzgeber mit dem Verbraucherkreditgesetz den Verbraucherschutz stärken und über die Minimalkonzeption der EG-Richtlinie hinausgehen. In vielen Einzelfragen sind aber auch Beschneidungen im Vergleich zur alten Rechtslage auszumachen, und zwar deshalb, weil die Realisierung eines Maximums an Verbraucherschutz zu einer zu starken Einschränkung der Privatautonomie beider Vertragspartner und der legitimen wirtschaftlichen Interessen der Kreditgeberseite zur Folge gehabt hätte[240]. Insofern ist dem Verbraucherschutz bei der Auslegung zwar ein gewisser Vorrang einzuräumen; keinesfalls muß dieser aber von vornherein überwiegen.

Die Regelungen von § 9 VerbrKrG sind am Prototyp des finanzierten Abzahlungskaufs in Form des klassischen B-Geschäftes ausgerichtet[241], beanspruchen aber gleichwohl entsprechende Geltung für alle anderen drittfinanzierten Leistungen. Deshalb soll zur Vereinfachung im folgenden immer vom Kaufvertrag gesprochen werden, es sei denn, daß sich ein Thema ausdrücklich auf ein sonstiges verbundenes Geschäft bezieht. Die Vorschrift ist dazu bestimmt, den Verbraucher vor den Risiken zu schützen, die ihm durch die Aufspaltung eines normalen bilateralen Abzahlungskaufs in einen Barkauf und ein Finanzierungsdarlehen drohen[242]. Nach der neuen Rechtslage ist der Einstieg ein grundsätzlich anderer als noch der des Abzahlungsgesetzes[243]: Nicht der Kauf ist primärer Regelungsgegenstand, sondern der Kreditvertrag mit einem Verbraucher gemäß § 1 Abs. 1 und 2 VerbrKrG. Dieser unterliegt als Zentralthema des neuen Gesetzes ohnehin dessen allgemeinen Vorschriften, namentlich über die Form gemäß § 4 VerbrKrG und das Widerrufsrecht gemäß § 7 VerbrKrG. In § 9 VerbrKrG wird lediglich der Besonderheit Rechnung getragen, daß ein Kauf- oder sonstiger Leistungsvertrag mit einem Kreditvertrag verbunden ist. Damit fällt sofort auf, daß nach der neuen Rechtslage der Kreditvertrag das führende Rechtsgeschäft darstellt[244]. Der Gesetzgeber selbst bezeichnet im Zusammenhang mit der einschlägigen Formvorschrift beim finanzierten Abzahlungskauf den Kreditvertrag als das "ausschlaggebende Geschäft"[245].

---

238 "Im Zweifel für den Verbraucher", dazu *Reich*, in: Hadding/Hopt, Das neue Verbraucherkreditgesetz, S. 29 ff.

239 Zutreffend *Scholz*, Verbraucherkreditverträge, RdNr. 2 (S. 1 f.). A.A. *Emmerich*, in: Graf v. Westphalen/Emmerich/Kessler, Einl. zum VerbrKrG, RdNr. 58: "Bei allen Zweifelsfragen muß daher der umfassend verstandene Verbraucherschutz für die Auslegung maßgeblich sein. In besonderem Maße gilt das für die zahlreichen Fragen, die das Gesetz - bewußt oder unbewußt - offengelassen hat."

240 *Scholz*, Verbraucherkreditverträge, RdNr. 2 (S. 1 f.).

241 Erman-*Klingsporn/Rebmann*, § 9 VerbrKrG, RdNr. 1.

242 MüKo-*Habersack*, § 9 VerbrKrG, RdNr. 1. Zur Aufspaltungsproblematik bereits oben S. 27 ff.

243 *Coester*, Jura 1992, 617.

244 *Seibert*, § 9 VerbrKrG, RdNr. 4.

245 Begr. RegE, BT-DS 11/5462, S. 19.

§ 9 Abs. 1 S. 1 VerbrKrG formuliert den *Regelungstatbestand*[246] des verbundenen Geschäfts: Ein Kaufvertrag bildet ein mit dem Kreditvertrag verbundenes Geschäft, wenn der Kredit der Finanzierung des Kaufpreises dient und beide Verträge als wirtschaftliche Einheit anzusehen sind. § 9 Abs. 1 S. 2 VerbrKrG gibt ein Regelbeispiel[247] für das Vorliegen einer wirtschaftlichen Einheit an. Eine solche ist insbesondere dann anzunehmen, wenn sich der Kreditgeber bei der Vorbereitung oder dem Abschluß des Kreditvertrages der Mitwirkung des Verkäufers bedient. Wichtig ist, daß mit dem Begriff "verbundenes Geschäft" nicht eine gedachte Sachgesamtheit von Kauf- und Kreditvertrag, nicht also das Dreipersonenverhältnis des finanzierten Abzahlungskaufs insgesamt gemeint ist, sondern allein der dem Kreditvertrag *zugeordnete Kauf- bzw. sonstige Leistungsvertrag*[248]. Dies ergibt sich aus dem Wortlaut aller Vorschriften über die verbundenen Geschäfte in §§ 9 und 13 Abs. 3 S. 2 1. Hs. VerbrKrG. Deshalb wird im folgenden terminologisch nur vom verbundenen Kaufvertrag oder sonstigen Leistungsvertrag gesprochen, wenn dieser bzw. der Tatbestand des § 9 Abs. 1 VerbrKrG auch gemeint ist. Dagegen soll das gesamte Dreipersonenverhältnis Kreditgeber-Verbraucher-Verkäufer wie bisher als finanzierter Abzahlungskauf bezeichnet werden[249].

An den Tatbestand des verbundenen Geschäfts knüpft das Gesetz an drei Stellen, nämlich in § 9 Abs. 2 und 3 und § 13 Abs. 3 S. 2 1. Hs. VerbrKrG ganz unterschiedliche Rechtsfolgen: Wird der Kreditvertrag gemäß § 7 Abs. 1 VerbrKrG wirksam widerrufen, verliert auch der mit ihm verbundene Kaufvertrag gemäß § 9 Abs. 2 S. 1 VerbrKrG seine Rechtswirkungen, so daß hier von einem besonderen genetischen *Entstehungszusammenhang* gesprochen werden kann[250]. Die in § 7 Abs. 1 VerbrKrG zum Ausdruck kommende Vertragsentschließungsfreiheit zugunsten des Verbrauchers durch Einräumung eines einwöchigen Widerrufsrechts soll nicht dadurch entwertet werden, daß der Verbraucher bei Widerruf des Kreditvertrags gleichwohl noch an den verbundenen Kaufvertrag und damit an die Zahlungspflicht gebunden ist[251]. Wirkungen und Rechtsfolgen des Widerrufs werden in § 9 Abs. 2 S. 2 - 4 VerbrKrG im Unterschied zur allgemeinen Regelung des § 7 Abs. 2 - 5 VerbrKrG modifiziert und an das Dreipersonenverhältnis angepaßt.

---

246 Zutreffender Begriff von *Coester*, Jura 1992, 617.

247 Begr. RegE, BT-DS 11/5462, S. 23 (= Anhang, S. 433) ausdrücklich.

248 Einzig erkannt von Erman-*Klingsporn/Rebmann*, § 9 VerbrKrG, RdNr. 4.

249 Die meisten Autoren nehmen diese terminologische Vorgabe aus dem Gesetz nicht so genau, beispielshaft *Emmerich*, SchuldR BT, § 6 III 1 (S. 79): "Kennzeichen des finanzierten Abzahlungskaufs, vom Gesetz in § 9 Abs. 1 heute verbundenes Geschäft genannt, ..."

250 Zutreffend *Coester*, Jura 1992, 617.

251 Begr. RegE, BT-DS 11/5462, S. 24 (= Anhang, S. 434 f.).

Die mit Abstand am wichtigste Rechtsfolge ist die weitgehende Zulassung des Einwendungsdurchgriffs in § 9 Abs. 3 VerbrKrG[252]: Gemäß § 9 Abs. 3 S. 1 VerbrKrG kann der Verbraucher die Rückzahlung des Kredits verweigern, soweit Einwendungen aus dem verbundenen Kaufvertrag ihn gegenüber dem Verkäufer zur Verweigerung seiner Leistung berechtigen würden. Hier kann von einem *Funktionszusammenhang* gesprochen werden[253]. § 9 Abs. 3 S. 2 und 3 VerbrKrG statuieren von dem grundsätzlich sofortigen Einwendungsdurchgriff drei gesetzliche Ausnahmen. Gemäß § 9 Abs. 4 gelten §§ 9 Abs. 1 - 3 VerbrKrG entsprechend für Kredite, die zur Finanzierung des Entgelts für eine andere Leistung als die Lieferung einer Sache gewährt werden.

Der Gefahr schließlich, daß der Verbraucher bei Zahlungsverzug auf Grund des dem Kreditgeber zustehenden Sicherungseigentums den Sachbesitz verliert, er aber gleichwohl zur Weiterzahlung der Kreditraten verpflichtet bleibt, begegnet die Vorschrift des § 13 Abs. 3 S. 2 1. Hs. VerbrKrG. Danach gilt die Ansichnahme der finanzierten Sache durch den Kreditgeber auch beim finanzierten Abzahlungskauf als Ausübung des Rücktrittsrechts i.S.v. § 13 Abs. 3 S. 1 VerbrKrG, so daß der Kreditvertrag gemäß §§ 13 Abs. 3 S. 2 2. Hs., Abs. 2 S. 1 VerbrKrG i.V.m. §§ 346 ff. BGB rückabgewickelt wird.

Mehr Regelungen hat der Gesetzgeber über die verbundenen Geschäfte nicht getroffen. Vor allem mußte der Gesetzgeber nicht Art. 11 Abs. 1 der EG-Richtlinie[254] umsetzen, da nach bundesdeutschen Recht bei der Drittfinanzierung keine Nachteile für den Verbraucher im Verhältnis zum Verkäufer eintreten können[255].

F. Die wirtschaftliche Bedeutung der finanzierten Rechtsgeschäfte, insbesondere des finanzierten Abzahlungskaufs

Bis heute fehlt in Deutschland eine systematische und umfassende Statistik des Konsumentenkredits einschließlich der Kredite für die verbundenen Geschäfte, obwohl der Konsumentenkredit eine erhebliche betriebs- und volkswirtschaftliche Bedeutung hat und seit Jahrzehnten auch Gegenstand intensiver rechtspolitischer Diskussion ist[256]. Es gibt

252 *Münstermann/Hannes*, Verbraucherkreditgesetz, RdNr. 514 sprechen vom Kernstück des § 9 VerbrKrG; *Emmerich*, SchuldR BT, § 6 III 5 b (S. 84) darüber hinaus von einem der Schwerpunkte des gesamten Verbraucherkreditgesetzes.

253 Zutreffend *Coester*, Jura 1992, 617.

254 ABl. der EG Nr. L 42/51 vom 12.2.1987 (= Anhang, S. 414).

255 Zutreffend *Hopt/Mülbert*, Kreditrecht, Vorb. zu §§ 607 ff. BGB, RdNr. 645.

256 *Scholz*, Verbraucherkreditverträge, RdNr. 71 (S. 38).

nur verschiedene Einzelerhebungen[257]. Fest steht allein, daß die Bereitschaft der Verbraucher, Autos, Möbel, sonstige Einrichtungsgegenstände, Haushaltsgeräte, Unterhaltungselektronik, Computer, Fernreisen, teure Camping- und Freizeitausrüstungen und andere langlebige Verbrauchsgüter durch Ratenkredite zu finanzieren, nach wie vor sehr hoch ist[258]. Dabei darf aber auch unter der neuen Rechtslage nicht übersehen werden, daß die bei weitem vorherrschende Kreditform der bei der Bank aufgenommene freie Ratenkredit darstellt, und zwar sowohl nach Gesamtvolumen als auch nach Stückzahl und Höhe der Einzelkredite[259]. Daneben haben Dispositionskredite und Kreditkarten enorme Wachstumsraten zu verzeichnen[260].

Gleichwohl besteht für die neue Rechtslage weitgehend Einigkeit darüber, daß dem finanzierten Abzahlungskauf und den sonstigen finanzierten Rechtsgeschäften große wirtschaftliche Bedeutung zukommt[261], ja daß er geradezu eine Rennaissance erlebt. Dies ist in der Tat zutreffend, wenn man bedenkt, daß heute nahezu jeder Automobilhersteller über eine eigene Finanzierungsbank verfügt, die neben Finanzierungsleasing gerade den finanzierten Autokauf anbieten[262]. So führte der einigungsbedingte Autoboom 1990 bis 1992 allein bei den Autobanken zu einer Steigerung ihres Kreditvolumens von 19, 5 Mrd. DM (1990) über 28, 8 Mrd. DM (1991) auf 35 Mrd. DM (1992)[263].

---

257 Hervorgehoben sei die rechtstatsächliche Untersuchung von *Holzscheck/Hörter/Daviter*, Die Praxis des Konsumentenkredits aus den Jahren 1979/80. Zur wirtschaftlichen Bedeutung des finanzierten Abzahlungskaufs unter der alten Rechtslage s.o. die Nachweise S. 30, Fn. 30.

258 Das bestätigen die Auszüge aus den Jahresberichten des Bankenfachverbandes 1988 - 1994 in FLF 1989, 84 ff.; FLF 1990, 91 ff.; FLF 1991, 160 ff.; FLF 1992, 127 ff.; FLF 1993, 143 ff.; FLF 1994, 126 ff.; FLF 1995, 128 ff. sowie aus der Praxis *Auge*, FLF 1990, 94 f.; *Schuberth*, FLF 1991, 27 f.; *Kiefer*, FLF 1994, 129 f. und *Scholz*, Verbraucherkreditverträge, RdNr. 54 (S. 29 f.).

259 Erman-*Klingsporn/Rebmann*, Einl. zum VerbrKrG, RdNr. 2 und *Scholz*, Verbraucherkreditverträge, RdNr. 40 (S. 21).

260 Erman-*Klingsporn/Rebmann*, aaO. (6 Mio. Kreditkarten bis Mitte 1991); *Auge*, FLF 1990, 94, 98 f. und *Schuberth*, FLF 1991, 27, 31. Nach Angaben der AgV-Broschüre "Geld, Kredit, Versicherungen in Europa", S. 30 gab es Mitte 1992 schon 6, 5 Mio. Kreditkarten in Deutschland.

261 *Seibert*, § 9 VerbrKrG, RdNr. 2; *Münstermann/Hannes*, Verbraucherkreditgesetz, RdNr. 458; *Emmerich*, in: Graf v. Westphalen/Emmerich/Kessler, § 9 VerbrKrG, RdNr. 16 und 42; *Scholz*, Verbraucherkreditverträge, RdNr. 5 (S. 3 f.) und 351 (S. 166); MüKo-*Habersack*, § 9 VerbrKrG, RdNr. 8; Erman-*Klingsporn/Rebmann*, Einl. zum VerbrKrG, RdNr. 2 ("Das einfache und das drittfinanzierte Abzahlungsgeschäft ... wird ... nach wie vor millionenfach abgeschlossen"); *dies.*, § 9 VerbrKrG, RdNr. 1.
A.A. *Lwowski/Peters/Gößmann*, Verbraucherkreditgesetz, S. 184 f., nach denen sich die Kreditgeber wegen der weitreichenden Risikotragung in zunehmenden Maße vom finanzierten Abzahlungskauf verabschieden werden und die Verbraucher auf für sie teurere Kreditarten (Kreditierung durch den Verkäufer, der sich selbst refinanzieren muß) bzw. auf verwendungsfreie Kredite, die nicht jedem Verbraucher gewährt werden können, zurückgreifen müssen, eine durch die Praxis nicht bestätigte Behauptung.

262 Zum Vordringen der "non and near-banks" zu Lasten der (Teilzahlungs-) Banken in diesem Bereich *Auge*, FLF 1990, 94, 95.

263 Aus den Jahresberichten 1991 und 1992 des Bankenfachverbandes, FLF 1992, 127, 129 f. und FLF 1993, 143 f.

1991 wurden 682.000 Kreditverträge im Gesamtwert von 10, 6 Mrd. DM abgeschlossen. Diese Geschäftsentwicklung war u.a. auf die "florierende Sparte Händlerfinanzierungen" zurückzuführen[264]. Schon im Jahre 1988 nutzten 24 % der Neuwagenkäufer die Aufnahme eines Kredits[265], wobei die Drittfinanzierung in Form des B-Geschäftes klar vor dem freien Ratenkredit rangiert[266]. Und trotz starker Absatzeinbußen in der Automobilindustrie im Jahre 1993 (rund 725000 weniger Neuzulassungen als 1992) wurde das Kreditvolumen der Autobanken nochmals auf 37, 6 Mrd. DM gesteigert[267], um sich im Jahr 1994 auf 42,2 Mrd. DM auszuweiten[268].

In diesen Fällen wird das Angebot zum "Finanzkauf", wie der finanzierte Abzahlungskauf in der Werbung häufig bezeichnet wird, sogar als gezieltes Marketinginstrument benutzt, mit denen die normalen Banken überhaupt nicht konkurrieren können[269]. So haben die von den herstellernahen Kreditinstituten angebotenen Kredite oft sehr niedrige effektive Jahreszinssätze, die erheblich unter denen der normalen freien Ratenkredite der Banken oder der sonstigen Kredite im Rahmen finanzierter Abzahlungskäufe liegen[270]. Da auch die Autobanken sich wie jedes Kreditinstitut refinanzieren müssen, liegt der Verdacht einer internen Subventionierung nahe[271], die wettbewerbsrechtlich nicht unproblematisch

---

264 Aus dem Jahresbericht 1991 des Bankenfachverbandes, FLF 1992, 127, 129.

265 *Reinking/Bexen*, DAR 1990, 289 unter Berufung auf DAT-Gebrauchtwagenreport 1988/1989, S. 57. Nach *Auge*, FLF 1990, 94, 96 wird bei mancher Autofirma fast jeder zweite Pkw von der konzerneigenen Auto-Kreditbank finanziert. Nach *Scholz*, Verbraucherkreditverträge, RdNr. 72 (S. 39) liegt der Anteil der Ratenkredite in der Automobil-, Möbel-, Elektro- und anderen Branchen mit langlebigen und teureren Wirtschaftsgütern bei teilweise 30 - 50 % des Umsatzes. Dagegen ist Minister *Einert* (NRW), Plenarprotokoll der 604. Sitzung des Bundesrates vom 22.9.1989, Anlage 25, S. 394, 395 der Ansicht, daß beim Autokauf das Finanzierungsleasing den normalen und den finanzierten Abzahlungskauf inzwischen weitgehend abgelöst habe.

266 *Reinking/Eggert*, Der Autokauf, RdNr. 214 (S. 66).

267 Aus dem Jahresbericht 1993 des Bankenfachverbandes, FLF 1994, 126, 128 sowie *Kiefer*, FLF 1994, 129.

268 Aus dem Jahresbericht 1994 des Bankenfachverbandes, FLF 1995, 128, 130.

269 *Auge*, FLF 1990, 94, 95 und *Becker*, ZBB 1992, 214, 216.

270 Aus Werbung und telefonischen Anfragen gewonnene *Beispiele* vom Dezember 1993 (keine repräsentative oder statistischen Regeln entsprechende Umfrage): Versch. Modelle von ALFA-ROMEO und FIAT 3, 33 %; alle FORD-Modelle 5, 9 %; alle MAZDA-Modelle 3, 9 %; NISSAN-Modelle zwischen 1, 99 und 5, 99 %; versch. OPEL Vectra- und Omega-Modelle 3, 9 %; PEUGEOT 306 3, 9 %; sonst. PEUGEOT-Modelle zwischen 3, 9 und 8, 9 %; alle RENAULT-Modelle 3, 9 %; SEAT Toledo 4, 4 %; SEAT Marbella 4, 9 %; TOYOTA-Modelle zwischen 3, 9 und 9, 9 %; alle VW Golf- und Vento-Modelle 3, 9 %. Bei BMW lag der effektive Jahreszins dagegen bei 12, 5 %; bei MERCEDES BENZ werden die Angebote individuell ausgerechnet.
Dagegen betrug der durchschnittliche effektive Zinssatz von 7 Münchener Kreditinstituten für einen Ratenkredit über 10.000 DM mit 36-monatiger Laufzeit 13, 57 % (s. den Zinsspiegel im Münchener Stadtanzeiger vom 16.12.1993, S. 9). Bei 3 Warenhäusern, die "Finanzkäufe" anbieten, lag der effektive Zinssatz zwischen 9, 99 und 13, 9 %.

271 *Auge*, FLF 1990, 94, 95 und *Scholz*, Verbraucherkreditverträge, RdNr. 64 (S. 34 f.).

ist[272]. Damit fällt es den Automobilherstellern auch ungleich leichter, schwer absetzbare Auslaufmodelle an den Mann zu bringen[273]. Verstärkt werden diese Bemühungen in Zeiten einer degressiven Konjunktur wie im Jahre 1993. Hier wächst das Interesse von Herstellern und Händlern an der Absatzfinanzierung zum Lagerabbau enorm[274]. Wer dann ein mit einem unter der Inflationsrate liegenden Niedrigstzins von 1, 9 % verpacktes Angebot auch bei normalen Modellen[275] nicht annimmt, vielmehr den Wagen mit Eigenmitteln bar bezahlen will, zeichnet sich nicht gerade durch wirtschaftliche Vernunft aus. Der den Amerikanern so geläufige Satz "to save go in debt"[276] ist bei solchen Angeboten überzeugender denn je.

Aber nicht nur die Automobilhersteller, sondern auch ein Großteil der Waren- und Versandhäuser verfügt heute über eigene Finanzierungsinstitute[277]. Und selbst bei den übrigen Warenumsatzgeschäften arbeiten nach wie vor viele mittelständische und kleinere Verkäufer mit Banken zusammen[278]. Hinzu kommt, daß auch die wirtschaftliche Bedeutung der sonstigen Fremdfinanzierung, insbesondere von Dienstleistungen, Werk- oder Reiseverträgen über § 9 Abs. 4 VerbrKrG in Zukunft wachsen wird[279]. Nachdem der Bundesgerichtshof die Klagbarkeitssperre des § 656 Abs. 1 S. 1 BGB schrittweise vom eigentlichen Anwendungsbereich des Ehemaklervertrages auf Eheanbahnungsdienstverträge[280] und zuletzt auch auf Partnerschaftsvermittlungs- und Partnerschaftsanbahnungs-

---

272 Nach *Scholz*, aaO., übernehmen die Händler/Hersteller einen Teil der Kreditkosten. Dies aber nur ggü. konzerneigenen Finanzierungsbanken, wodurch unabhängige Institute sich diskriminiert fühlen. Ausführlich zur wettbewerbsrechtlichen Problematik *Zimmer*, ZHR 157 (1993) 400 ff.

273 *Auge*, FLF 1990, 94, 95.

274 Dies wird bestätigt durch die Jahresberichte 1992, 1993 und 1994 des Bankenfachverbandes, FLF 1993, 143, 144, FLF 1994, 126, 128 und FLF 1995, 128, 130.

275 Angebot der AKB Bank AG in der Süddeutschen Zeitung vom 11.12.1993, S. 60 für alle (sic !) Neu- und Vorführwagen von HONDA und der RENAULT-Bank (telefonisch) für die RENAULT-Modelle Clio, Twingo und R 19 (Sonderaktion bis 31.12.1993). Dagegen betrug die Inflationsrate für den Monat November 1993 in Westdeutschland 3, 6 %, s. SZ vom 10.12.1993, S. 1. Das Ende der Dumpingzinssätze ist mittlerweile erreicht. In der SZ vom 7.4.1995 wurde folgende Werbung entdeckt: *"Hyundai schafft die Zinsen ab: 0,0% effektiver Jahreszins, Anzahlung 20%, Laufzeit 36 Monate."* Nach BGH WM 1994, 1346 ff. liegt in der Gewährung dieser Niedrigstzinssätze kein Verstoß gegen die Zugabeverordnung, § 1 UWG und das Rabattgesetz vor.

276 "Willst du sparen, mache Schulden !"

277 *Auge*, FLF 1990, 94, 95. S. auch die von *Seibert*, § 9 VerbrKrG, RdNr. 2 angeführten Beispiele: Kaufhof: KAUFHOF-KREDITBANK; Quelle: NORIS VERBRAUCHERBANK; Horten: EFGEE; Otto-Versand: HANSEATIC BANK.

278 Nach Auskunft des Justitiars der WKV-Bank München, einer auf Südbayern regional beschränkten Bank, betrug für 1993 die Anzahl der abgeschlossenen Kredite, die unter Einordnung durch die Bank für verbundene Geschäfte gewährt wurden, 7.888 Stück mit einem Volumen von knapp 23 Mio. DM, was zu einem Anteil an allen Gesamtkreditgeschäft von doch 11 % führt (nicht inbegriffen Realkredite). Man kann sich ungefähr vorstellen, welche Stückzahl und welches Gesamtvolumen in ganz Deutschland vorliegen muß.

279 Zutreffend *Seibert*, § 9 VerbrKrG, RdNr. 15.

280 BGH NJW 1983, 2817 ff.

verträge[281] ausgedehnt hat, kann diese gesamte Branche, ca. 700 Unternehmen mit einem Umsatz von mehreren 100 Mio. DM pro Jahr[282], nur noch gegen Vorkasse tätig werden. Und das bedeutet für den wohl häufigsten Fall, daß der Kunde nicht die erforderlichen Barmittel besitzt, daß diese Verträge durch einen Dritten finanziert werden müssen[283].

Am Eindrucksvollsten bestätigt der Jahresbericht des Bankenfachverbandes die Renaisance des finanzierten Abzahlungskaufs für das Jahr 1992[284]. Danach hatten die dort zusammengeschlossenen Kreditinstitute[285] im Privatkundengeschäft eine 20 %ige (sic !) Steigerung ihres Kreditvolumens von 33, 22 Mrd. DM auf 39, 75 Mrd. DM zu verzeichnen, *doppelt so hoch wie der Zuwachs bei allen Kreditinstituten zusammen*[286].

Nach diesen Ausführungen dürfte für die Zukunft die Prognose gewagt werden, daß die jahrzehntelange Entwicklung vom bilateralen Abzahlungskauf über den finanzierten Abzahlungskauf hin zum freien Ratenkredit wieder zurück in Richtung finanzierter Abzahlungskauf pendeln wird. Der finanzierte Abzahlungskauf ist und bleibt ein wichtiges Finanzierungsinstrument für den Absatz von Konsumgütern u.ä. und wird in einem bestimmten Umfang die seit den 60er Jahren an die freien Ratenkredite stark verlorenen Marktanteile wiedergewinnen. Dies gilt um so mehr, als die Verbraucher zunehmend Kreditarten bevorzugen, die den Entscheidungsweg zum Konsumgut zeitlich und formal wesentlich verkürzen, so daß die Entscheidungsakte des Kaufs und der nachgelagerten

281 BGH NJW 1990, 2550 ff.

282 *Peters*, NJW 1990, 2552 f.

283 Nach *Gilles*, JZ 1975, 305, 306 wurden bereits im Jahre 1972 beim branchenführenden Ehe- bzw. Partnerschaftsvermittlungsinstitut 80 - 90 % der Verträge (35000 vertragliche Mitglieder) durch Teilzahlungsbanken finanziert.

284 FLF 1993, 143 ff.

285 Das sind im wesentlichen die ehemaligen Teilzahlungsbanken, die auf Konsumentenkredite spezialisiert sind und nach eigenen Angaben die mittleren und kleineren Einkommensbezieher bedienen (s. Auszug aus dem Jahresbericht 1989, FLF 1990, 91, 92).

286 Erklärt wird dies in FLF 1993, 143 wie folgt: "Diese hohe Steigerungsrate erreichten die Mitgliedsinstitute vor allem durch eine Zunahme der Absatzfinanzierungen im Fachhandel. Händlerorganisationen und auch größere Einzelhandelsunternehmen setzten Absatzfinanzierungen verstärkt als verkaufsfördernde Maßnahmen ein, um den nachlassenden Absatz zu stimulieren. Dies galt im Berichtsjahr vor allem für das Automobilgeschäft, in dem das Käuferinteresse im Vergleich zum Vorjahr nahezu unverändert stark anhielt. Aber auch im Warengeschäft, hier vor allem im Handel mit Möbeln sowie brauner und weißer Ware, wurden deutlich mehr Absatzfinanzierungen in Anspruch genommen als im Vorjahr. Eine Ausweitung der Absatzfinanzierungen erreichten die Mitgliedsinstitute erneut in Ostdeutschland, wo sich der noch bestehende Nachholbedarf auf das Kfz-Geschäft und auch auf das Warengeschäft positiv auswirkte. Anders verlief dagegen das direkte Kreditgeschäft. Die rückläufige Beschäftigung, die höhere Abgabenlast und der anhaltende Preisauftrieb wirkten dämpfend auf die private Konsumnachfrage. Folglich ließ auch das Interesse an der Aufnahme neuer Kredite im Direktgeschäft spürbar nach."

Kreditaufnahme immer mehr zeitlich zusammenfallen[287]. Der Weg erst zum Verkäufer zwecks Objektaussuche und Preisvergleichs, dann zum Kreditgeber zwecks Aufnahme eines freien Ratenkredits, um dann mit dem "Geld in der Tasche" zum Verkäufer als barzahlender Kunde zurückzukommen, dürfte in der Zukunft erheblich an Attraktivität verlieren. Der Erfolg der Kreditkarte in den letzten Jahren hat dies deutlich gezeigt.

G. Gegenstand und Gang der Untersuchung

Gegenstand dieser Untersuchung ist der Einwendungsdurchgriff gemäß § 9 Abs. 3 VerbrKrG. Die Arbeit verfolgt das Ziel, die wichtigsten offenen Fragen der gesetzlichen Regelung zu klären, Licht in die auch jetzt schon wieder zerstrittene Literatur zu bringen und soweit möglich konkrete Hinweise für die Praxis zu geben.

Im ersten Teil werden die Voraussetzungen des Einwendungsdurchgriffs, insbesondere der Tatbestand des verbundenen Geschäfts gemäß § 9 Abs. 1 VerbrKrG dargestellt. Der zweite Teil behandelt die gesetzliche Regelung des Einwendungsdurchgriffs gemäß § 9 Abs. 3 VerbrKrG mit seinen Grundprinzipien, Fallgrupppen, Sonderproblemen und Ausnahmen im einzelnen. Der Hauptteil der Arbeit bildet der dritte Teil mit den umstrittensten Fragen der Rechtsfolgen des Einwendungsdurchgriff und der gesamten Rückabwicklungsproblematik.

Nicht Gegenstand der Arbeit ist der finanzierte Abzahlungskauf als solcher einschließlich der Widerrufsregelung gemäß § 9 Abs. 2 VerbrKrG und der Rücktrittsregelung gemäß § 13 Abs. 3 S. 2 VerbrKrG. Auch die vielfältigen Sonderprobleme beim Anwendungsbereich des verbundenen Geschäfts gemäß §§ 9 Abs. 1 und 4 VerbrKrG können nicht behandelt werden. Dies gilt insbesondere für die Kreditkarte, den bargeldlosen Zahlungsverkehr (POS-Systeme), das Zweipersonenverhältnis, den drittfinanzierten Immobilien- und Beteiligungserwerb, die drittfinanzierten Versicherungen, vor allem aber für das Finanzierungsleasing. Nicht Gegenstand der Arbeit ist ferner die Frage, ob es den Einwendungsdurchgriff als allgemeines Rechtsinstitut außerhalb des Verbraucherkreditgesetzes gibt.

287 *Auge*, FLF 1990, 94, 96.

ERSTER TEIL

DIE VORAUSSETZUNGEN DES EINWENDUNGSDURCHGRIFFS

§ 2 Anwendbarkeit des Verbraucherkreditgesetzes

A. Persönlicher und sachlicher Anwendungsbereich gemäß § 1 VerbrKrG

Bevor sich die Frage nach den Voraussetzungen des Einwendungsdurchgriffs gemäß § 9 Abs. 1 VerbrKrG überhaupt stellt, muß das Verbraucherkreditgesetz anwendbar sein. Das ist dann der Fall, wenn jemand als Verbraucher i.S.v. § 1 Abs. 1 VerbrKrG mit einem Kreditgeber i.S.v. § 1 Abs. 1 VerbrKrG einen Kreditvertrag gemäß § 1 Abs. 2 VerbrKrG abschließt. Bezüglich der beiden letzten Voraussetzungen wird es kaum problematische Fälle geben. In der Dreieckskonstellation des finanzierten Abzahlungskaufs schließt der Käufer regelmäßig mit einem in Ausübung seiner gewerblichen Tätigkeit handelnden Kreditgeber gemäß § 1 Abs. 1 VerbrKrG[1] einen entgeltlichen Kreditvertrag in Form eines Darlehens (Finanzierungsdarlehen in Raten) gemäß § 1 Abs. 2 1. Alt. VerbrKrG ab[2]. Dagegen ist beim finanzierten Abzahlungskauf der Kaufvertrag weder Kreditvertrag i.S.v. § 1 Abs. 2 VerbrKrG[3] noch schließt der Käufer einen solchen mit einem Kreditgeber i.S.v. § 1 Abs. 1 VerbrKrG ab[4]. Das ist nur beim bilateralen, händlerfinanzierten Abzahlungskauf der Fall. Denn hier fällt zum einen der Kaufvertrag mit der Teilzahlungsabrede unter den Begriff "Zahlungsaufschub" und ist damit selbst entgeltlicher Kreditvertrag gemäß § 1 Abs. 2 2. Alt. VerbrKrG[5]. Gleichzeitig ist der bilaterale Abzahlungskauf Kreditvertrag gemäß § 4 Abs. 1 S. 2 Nr. 2 VerbrKrG, der die Lieferung einer bestimmten Sache oder die Erbringung einer bestimmten anderen Leistung gegen

---

1 Erman-*Klingsporn/Rebmann*, § 1 VerbrKrG, RdNr. 35 und 36.

2 Erman-*Klingsporn/Rebmann*, § 1 VerbrKrG, RdNr. 11. Zu erwähnen ist lediglich, daß § 9 VerbrKrG auf die in § 2 geregelten Verträge über die Lieferung in Teilleistungen oder über wiederkehrende Leistungen als solche nicht anwendbar ist, weil diese Verträge nur partiell einem Kreditvertrag gleichgestellt werden. Wenn diese Raten- oder Sukzessivlieferungsverträge dagegen durch einen separaten Kreditvertrag finanziert werden, kommt § 9 VerbrKrG voll zur Anwendung, s. MüKo-*Habersack*, § 9 VerbrKrG, RdNr. 6.

3 Erman-*Klingsporn/Rebmann*, § 1 VerbrKrG, RdNr. 11.

4 Erman-*Klingsporn/Rebmann*, § 1 VerbrKrG, RdNr. 36.

5 Erman-*Klingsporn/Rebmann*, § 1 VerbrKrG, RdNr. 22.

Teilzahlungen zum Gegenstand hat[6]. Zum anderen gewährt in diesem Fall der Verkäufer den Kredit in Ausübung seiner gewerblichen Tätigkeit und ist damit selbst Kreditgeber[7].

Da nach der neuen Rechtslage der Anknüpfungspunkt der Verbraucherkredit und nicht mehr der Abzahlungskauf darstellt[8], ist der finanzierte Abzahlungskauf nicht mehr an *Raten*kredite gebunden. Auch Kredite anderer Rückzahlungsart können mit einem Kaufvertrag verbunden werden[9].

Etwas problematischer als die Voraussetzungen Kreditgeber und Kreditvertrag ist hingegen der Begriff des Verbrauchers. Verbraucher ist gemäß § 1 Abs. 1 VerbrKrG eine natürliche Person, es sei denn, daß der Kredit nach dem Inhalt des Vertrages für ihre bereits ausgeübte gewerbliche oder selbständige berufliche Tätigkeit bestimmt ist. Geschützt werden damit alle natürlichen Personen[10], die einen Kredit zu privaten Zwekken aufnehmen. Aber auch unselbständige Arbeitnehmer oder Beamte, die den Kreditvertrag ganz oder überwiegend zu beruflichen Zwecken abschließen, fallen in den persönlichen Anwendungsbereich des Gesetzes[11]. Das wird für den finanzierten Abzahlungskauf vor allem relevant, wenn sich diese Personen für eine Verwendung am Arbeitsplatz einen Computer oder für ihre Fahrten zum Arbeitsplatz ein Automobil mit Hilfe eines Kredits beschaffen wollen[12]. Dagegen fallen Gewerbetreibende, d.h. insbesondere Kaufleute i.S.v. §§ 1 ff. HGB sowie Selbständige im Rahmen ihrer gewerblichen bzw. beruflichen Tätigkeit nicht unter das Gesetz[13]. Der Gesetzgeber begründet dies damit, daß diese Personen durch Ausbildung und Berufserfahrung in der Lage seien, die Tragweite ihrer Vertragsentschließung zu übersehen[14]. Anwendbar ist es für diese Personengruppen allein für die sog. Existenzgründungskredite. Dies ergibt sich daraus, daß die grundsätzlich nicht geschützten Personen (Gewerbetreibende, Selbständige) eine "bereits ausgeübte" gewerbliche oder selbständige berufliche Tätigkeit haben müssen[15]. Weil die gewerbliche oder berufliche Zweckbestimmung in § 1 Abs. 1 letzter Hs. VerbrKrG

---

6 Erman-*Klingsporn/Rebmann*, § 4 VerbrKrG, RdNr. 8.

7 Erman-*Klingsporn/Rebmann*, § 1 VerbrKrG, RdNr. 36.

8 S.o. § 1, S. 58 f.

9 *Scholz*, Verbraucherkreditverträge, RdNr. 348 (S. 166). Ebenso schon im RegE zu § 607 a BGB, BT-DS 8/3212, S. 4 (= Anhang, S. 417) mit entsprechender Begründung auf S. 12. Dazu *Hadding*, Gutachten, S. 330; *Münstermann*, TZW 1980, 48, 49 (begrüßend) und *Scholz*, BB 1980, 556, 558 (ablehnend).

10 Dazu Erman-*Klingsporn/Rebmann*, § 1 VerbrKrG, RdNr. 40.

11 Begr. RegE, BT-DS 11/5462, S. 17.

12 Erman-*Klingsporn/Rebmann*, § 1 VerbrKrG, RdNr. 43.

13 Dazu Erman-*Klingsporn/Rebmann*, § 1 VerbrKrG, RdNr. 42 f.

14 Begr. RegE, BT-DS 11/5462, S. 17.

15 Erman-*Klingsporn/Rebmann*, § 1 VerbrKrG, RdNr. 39.

bewußt als Ausnahmetatbestand formuliert ist, trägt der Kreditgeber die Darlegungs- und Beweislast für die Nichtanwendbarkeit des Gesetzes[16].

Der persönliche Anwendungsbereich des Verbraucherkreditgesetzes ist damit erheblich enger als der des Abzahlungsgesetzes[17]. Denn nach § 8 AbzG fand das Gesetz nur keine Anwendung auf die im Handelsregister eingetragenen Kaufleute, so daß alle zu Recht oder zu Unrecht nicht eingetragene Gewerbetreibende sowie alle Freiberufler den Schutz des Abzahlungsgesetzes genießen konnten. Diese Grenze galt nach ständiger Rechtsprechung des Bundesgerichtshofs auch für den Einwendungsdurchgriff[18], obwohl sich dieser nicht aus dem Abzahlungsgesetz herleiten ließ[19]. Selbst im nicht realisierten Gesetzentwurf zu § 607 a BGB vom 11.5.1979 sollte diese Grenze noch beibehalten werden[20].

Dieser eingeschränkte persönliche Anwendungsbereich des neuen Gesetzes gehörte zu den Hauptkritikpunkten aus Wissenschaft und Praxis[21]. Auch der Bundesrat wollte die Minderkaufleute und Kleingewerbetreibenden in den Schutzbereich des Gesetzes einbeziehen[22]. Er drang mit diesem Vorstoß nach der ablehnenden Gegenäußerung der Bundesregierung[23] im Rechtsausschuß aber nur insoweit durch, als alle Gewerbetreibende und Selbständige in der Existenzgründungsphase geschützt werden[24]. Ob es nach der neuen Rechtslage den Einwendungsdurchgriff als ein auf § 242 BGB gestütztes allgemeines Rechtsinstitut[25] außerhalb von § 9 Abs. 3 VerbrKrG namentlich für die Minderkaufleute gibt, ist heftig umstritten[26]. Diese Frage ist aber nicht Gegenstand der vorliegenden Untersuchung.

---

16 Erman-*Klingsporn/Rebmann*, § 1 VerbrKrG, RdNr. 41.

17 So auch die Begr. RegE, BT-DS 11/5462, S. 17 ausdrücklich.

18 S. insbes. die "1. Waschsalonentscheidung" BGH WM 1978, 459, 460 und BGH WM 1980, 80, 81, in denen die Käufer/Kreditnehmer Minderkaufleute waren, bzw. BGH WM 1973, 233 ff., in der der Käufer/Kreditnehmer nicht eingetragener Bauunternehmer war (eigentlich ein Sollkaufmann gemäß § 2 HGB), gleichwohl allen die Möglichkeit des Einwendungsdurchgriffs grundsätzlich gegeben wurde, weil § 8 AbzG nicht erfüllt war.

19 S.o. § 1, S. 33.

20 In Form der Einfügung eines § 348 a Abs. 1 HGB, BT-DS 8/3212, S. 7 mit der entsprechenden Begründung auf S. 25. Kritisch der Deutsche Bundesrat, aaO., S. 32 mit der Replik der Bundesregierung, aaO., S. 36 sowie aus der wissenschaftlichen Literatur z.B. *Münstermann*, TZW 1979, 97, 100; *Jung*, BB 1979, 1690, 1694; *Marschall v. Bieberstein*, Der finanzierte Abzahlungskauf, S. 41 f. und *Scholz*, MDR 1980, 184, 187 f.; *ders.*, BB 1980, 556, 558.

21 S. nur *Reinking/Bexen*, DAR 1990, 289, 290 ("... Schritt zurück in die Eiszeit des Verbraucherrechts") und *Bender*, VuR 1991, 197, 199 f. Naturgemäß begrüßend dagegen aus der Kreditwirtschaft z.B. die Stellungnahme des Bankenfachverbandes zum RegE, FLF 1990, 31.

22 Beschluß vom 22.9.1989, BR-DS 427/89, S. 1 f. = BT-DS 5462/11, S. 34 (Anl. 2).

23 BT-DS 11/5462, S. 41 (Anl. 3).

24 S. Beschlußempfehlung und Bericht des Rechtsausschusses, BT-DS 11/8274, S. 4 f. und 19 f.

25 Grundlegend dazu *v. Reinersdorff*, Einwendungsdurchgriff.

26 Bejahend *Hopt/Mülbert*, Kreditrecht, § 607 BGB, RdNr. 381; *Ose*, FLF 1990, 28, 29; Soergel-*Hönn*, Anhang zu § 6 AbzG, RdNr. 80; *Emmerich*, in: Emmerich/Münstermann/Wagner-

B. Ausnahmen gemäß § 3 VerbrKrG

Sind die Voraussetzungen des persönlichen und sachlichen Anwendungsbereiches gegeben, müssen die Ausnahmen gemäß § 3 VerbrKrG überprüft werden. Bei den Vollausnahmen des § 3 Abs. 1 VerbrKrG haben vor allem Nr. 1 und Nr. 2 für den finanzierten Abzahlungskauf Bedeutung. Danach findet das Gesetz insgesamt keine Anwendung auf Kreditverträge mit einem Nettokreditbetrag von unter 400,-- DM sowie bei Existenzgründungskrediten von Gewerbetreibenden und Freiberuflern mit einen Nettokreditbetrag von über 100.000,-- DM.

Bei den Teilausnahmen des § 3 Abs. 2 VerbrKrG hat vor allem Nr. 2 Bedeutung. Danach ist der gesamte § 9 VerbrKrG über die verbundenen Geschäfte nicht anwendbar auf grundpfandrechtlich abgesicherte Kreditverträge im Sinne "echter Grundstückskredite" (= Realkredite) und Bauspardarlehen[27]. Diese Ausnahme wird damit begründet, daß die meisten Vorschriften auf diese Kredite nicht passen würden[28]. Kein echter Grundstückskredit liegt z.B. dann vor, wenn der Verbraucher einen normalen finanzierten Abzahlungskauf zum Erwerb eines Automobils abschließt und der Kreditvertrag vorsieht, daß der Kreditnehmer, sofern er Eigentümer eines Grundstückes ist, zur Bestellung eines

---

Wieduwilt, Praktische Umsetzungen, S. 93, 98; *ders.*, in: Hadding/Hopt, Das neue Verbraucherkreditgesetz, S. 67, 73 f.; *ders.*, in: Graf v. Westphalen/Emmerich/Kessler, § 9 VerbrKrG, RdNr. 44 f.; *Reinking/Eggert*, Der Autokauf, RdNr. 266 (S. 80) und 275 (S. 83); *Reinking*, FLF 1993, 174, 175; *Canaris*, ZIP 1993, 401, 411 f.; *Larenz/Canaris*, SchuldR II/2, § 66 IV 3 e (S. 120); Empfehlung des 31. Deutschen Verkehrsgerichtstages vom 27. bis 29.1.1993 in Goslar, DAR 1993, 112, 114 (unter 5.); *Bülow*, § 9 VerbrKrG, RdNr. 54a; *Mülbert*, ÖBA 1993, 186, 188; *Lwowski/Peters/Gößmann*, Verbraucherkreditgesetz, S. 207; Palandt-*Putzo*, § 9 VerbrKrG, RdNr. 11 und Palandt-*Heinrichs*, Einf. v. § 305 BGB, RdNr. 18; *Baumbach/Hopt*, HGB, Bankgeschäfte (7), RdNr. G/35 ff.; *Dürbeck*, Einwendungsdurchgriff, S. 109 ff.

Verneinend *Dauner-Lieb*, WM-Sonderbeilage 6/1991, S. 17; MüKo-*Habersack*, § 9 VerbrKrG, RdNr. 79; *ders.*, ZHR 156 (1992) 45, 59, Fn. 51; *Scholz*, Verbraucherkreditverträge, RdNr. 377 (S. 179 f.) und ausführlich *Lieb*, in: Hadding/Hopt, Das neue Verbraucherkreditgesetz, S. 91, 109 ff. (= WM 1991, 1533, 1540 ff.).

Offenlassend *H.P. Westermann*, in: Hadding/Hopt, Verbraucherkreditrecht, AGB-Gesetz und Kreditwirtschaft, S. 69, 70 f. und *Medicus*, SchuldR BT, § 94 II 2 (S. 139); *ders.*, BürgR, RdNr. 776 (S. 473).

Das Problem nicht diskutierend, aber von einer Weitergeltung des auf § 242 BGB gestützten Einwendungsdurchgriffs ausgehend LG Saarbrücken WM 1994, 1974 ff. und BGH WM 1994, 2075, 2077. In der BGH-Entscheidung heißt es ausdrücklich: "Die rechtliche Trennung von Kredit- und Kaufvertrag, von der beim finanzierten Kauf nach DDR-Recht ebenso wie nach den BGB-Vorschriften auszugehen ist, kann zwar gemäß § 242 BGB durchbrochen werden, wenn anderenfalls die Risiken der an einem solchen Geschäft Beteiligten nicht angemessen verteilt wären...; für einen Teilbereich hat der Einwendungsdurchgriff inzwischen in § 9 VerbrKrG eine spezialgesetzliche Regelung erfahren."

27 Dazu Erman-*Klingsporn/Rebmann*, § 3 VerbrKrG, RdNr. 7.

28 Begr. RegE, BT-DS 11/5462, S. 18.

Grundpfandrechtes verpflichtet ist[29]. Entscheidend ist nämlich vom Wortlaut des § 3 Abs. 2 Nr. 2 VerbrKrG, daß zum einen die grundpfandrechtliche Sicherung unabdingbare Voraussetzung für die Kreditgewährung war. Zum anderen muß der Kredit nach seinem gesamten Erscheinungsbild, insbesondere aber nach den Kreditkosten, die i.d.R. deutlich niedriger als bei Ratenkrediten sind, den üblichen Bedingungen eines Grundstückskredits entsprechen. Beide Voraussetzungen sind in dem geschilderten Fall zweifellos nicht gegeben. Insofern ist die Ausnahme in § 3 Abs. 2 Nr. 2 VerbrKrG enger als der seinerzeitige Ausnahmetatbestand im Regierungsentwurf zu § 607 a BGB vom 11.5.1979[30]. Denn danach kam es für den Ausschluß des Einwendungsdurchgriffs allein und unabhängig vom Kaufgegenstand darauf an, daß das Darlehen grundpfandrechtlich abgesichert wurde oder abgesichert werden sollte, so daß jeder informierte Kreditgeber dem Einwendungsdurchgriff beim finanzierten Abzahlungskauf durch eine entsprechende Sicherung hätte entgehen können, auch wenn kein "echter Grundstückskredit" vorlag[31].

Schon kurze Zeit nach Inkrafttreten des Verbraucherkreditgesetzes wurde diskutiert, ob die Ausnahme des § 3 Abs. 2 Nr. 2 VerbrKrG auch für Zwischenfinanzierungen von Grundstückskrediten gelte, die selbst aber nicht grundpfandrechtlich abgesichert sind[32]. Der Gesetzgeber nahm sich dieses Problems an und korrigierte auf Vorschlag des Bundesrates[33] § 3 Abs. 2 Nr. 2 VerbrKrG mit Wirkung vom 1.5.1993 durch Art. 2 des Bauhandwerkersicherungsgesetzes[34]. Danach ist § 9 VerbrKrG ebenfalls nicht auf solche Kreditverträge anwendbar, die der Zwischenfinanzierung von Grundstückskrediten dienen.

Sehr strittig war auch die Frage, ob der finanzierte Wertpapierkauf als Zweipersonenhältnis (Personenidentität von Kreditgeber und Verkäufer) unter § 9 Abs. 1 VerbrKrG subsumierbar sei mit der Folge, daß der Verbraucher bei richtiger Widerrufsbelehrung

---

29 Erman-*Klingsporn/Rebmann*, § 3 VerbrKrG, RdNr. 7.

30 S. § 607 a Abs. 3 BGB, BT-DS 8/3212, S. 4 (= Anhang, S. 417) mit der entsprechenden Begründung auf S. 12. Dagegen ist *Habersack*, ZHR 156 (1992) 45, 51 f. der Ansicht, daß die Ausschlußnormen übereinstimmen.

31 *Marschall v. Bieberstein*, Der finanzierte Abzahlungskauf, S. 40 f. und *Münstermann*, TZW 1980, 48, 50 f. (beide ablehnend). Ebenso kritisch zum Wortlaut des § 607 a Abs. 3 RegE *Hadding*, Gutachten, S. 331.

32 Dafür z.B. *v. Heymann*, WM 1991, 1285, 1287 f.; *Münstermann/Hannes*, Verbraucherkreditgesetz, RdNr. 463 ("Versehen des Gesetzgebers") und ausführlich *Bruchner*, in: Bruchner/Ott/Wagner-Wieduwilt, 1. Auflage, § 3 VerbrKrG, RdNr. 102 ff. sowie *Ott*, ebenda, § 9 VerbrKrG, RdNr. 165 ff., insbes. 184 f.
Dagegen z.B. *Graf v. Westphalen*, in: Graf v. Westphalen/Emmerich/Kessler, § 3 VerbrKrG, RdNr. 139.

33 BT-DS 12/1836, S. 14 f. mit ausführlicher Begründung (= ZIP 1992, 288 f.).

34 BGBl. I (1993), S. 509, 510.

gemäß § 9 Abs. 2 S. 1 VerbrKrG eine Woche und bei unrichtiger Widerrufsbelehrung ein ganzes Jahr auf Kosten der Bank hätte spekulieren können[35]. Auch hier hat der Gesetzgeber diesmal auf Vorschlag des Rechtsausschusses[36] durch Art. 2 des Bauhandwerkersicherungsgesetzes Klarheit geschaffen und eine neue Ausnahme als § 3 Abs. 2 Nr. 4 VerbrKrG eingefügt[37]. Danach findet allein die Vorschrift des § 9 VerbrKrG keine Anwendung auf Kreditverträge, die der Finanzierung des Erwerbs von Wertpapieren, Devisen oder Edelmetallen dienen[38].

Zu erwähnen ist schließlich die Ausnahme gemäß § 3 Abs. 2 Nr. 3 VerbrKrG, nach der für Kreditverträge in gerichtlichen Protokollen oder notariellen Urkunden nur die Widerrufsregelung des § 9 Abs. 2 VerbrKrG keine Anwendung findet, so daß in diesen Fällen bei Vorliegen der Voraussetzungen des § 9 Abs. 1 VerbrKrG der Einwendungsdurchgriff eingreifen kann.

---

35 Dafür z.B. *Habersack*, ZHR 156 (1992) 45, 60 ff.; *Coester*, Jura 1992, 617 und ausführlich *Claussen*, NJW 1993, 564 ff.
Dagegen z.B. *Münstermann/Hannes*, Verbraucherkreditgesetz, RdNr. 471; *Seibert*, in: Hadding/Hopt, Das neue Verbraucherkreditgesetz, S. 11, 15 f.; ausführlich *Vortmann*, NJW 1992, 1865 ff.; *ders.*, Aktuelle Rechtsfragen, RdNr. 24 ff. und unter teleologischer Reduktion *Dauner-Lieb*, WM-Sonderbeilage 6/1991, S. 17 f.
Zu den praktischen Problemen für die Kreditgeber *Wagner-Wieduwilt*, Die Bank 1992, 338, 340 ff. und nach Änderung der Rechtslage *Drescher*, Verbraucherkreditgesetz, RdNr. 82 ff.; *Lwowski/Peters/Gößmann*, Verbraucherkreditgesetz, S. 85 ff. und *Ott*, in: Bruchner/Ott/Wagner-Wieduwilt, § 9 VerbrKrG, RdNr. 159 ff.

36 Bericht des Rechtsausschusses, BT-DS 12/4526, S. 13 (= ZIP 1993, 476, 448).

37 BGBl. I (1993), S. 509, 510.

38 Problematisch ist nach der Änderung des Gesetzes, ob die jetzt geregelten Ausnahmefälle (Zwischenfinanzierung von Grundstückskrediten und finanzierte Wertpapierkäufe u.ä.) nach der zwischenzeitlichen Rechtslage (1.1.1991 bis 30.4.1993) unter § 9 VerbrKrG fielen oder nicht, also ob es sich bei der Änderung des Gesetzes um eine rein rechtstechnische Novellierung im Sinne einer Klarstellung oder um eine echte materiellrechtliche Änderung handelte. Nach *Bülow*, NJW 1993, 1617, 1618 und *Lwowski/Peters/Gößmann*, Verbraucherkreditgesetz, S. 83 f. ist die Hereinnahme der Zwischenfinanzierung in den Ausnahmekatalog lediglich eine Klarstellung, so daß § 9 VerbrKrG auch schon auf derartige, vor dem 1.5.1993 abgeschlossene Kreditverträge nicht anwendbar war. Dagegen handelt es sich nach *Bülow*, aaO., bei der Hereinnahme der Spekulationsgeschäfte in den Ausnahmekatalog um eine wirkliche Änderung der Rechtslage, so daß es bei vor dem 1.5.1993 abgeschlossenen Geschäften bei der Anwendung von § 9 VerbrKrG bleibe (zweifelnd dagegen *Drescher*, WM 1993, 1445, 1446 und *Lwowski/Peters/Gößmann*, Verbraucherkreditgesetz, S. 88 f.). Nach Bruchner/Ott/Wagner-Wieduwilt, Einl. zum VerbrKrG, RdNr. 23 handelt es sich bei beiden Änderungen um eine Bestätigung der ohnehin schon bestehenden Rechtslage.
Auch nach der neuen Rechtslage bleibt die Problematik bestehen bezüglich anderer Spekulationsgeschäfte wie z.B. für die Finanzierung von Optionen an der Deutschen Terminbörse. *Drescher*, Verbraucherkreditgesetz, RdNr. 83 und 257 schlägt hier eine analoge Anwendung von § 3 Abs. 2 Nr. 4 VerbrKrG vor.

§ 3 Das verbundene Geschäft gemäß § 9 Abs. 1 VerbrKrG

A. Überblick über die Verbindungsvoraussetzungen unter der alten Rechtslage nach der Rechtsprechung des Bundesgerichtshofs[1]

I. Grundsätze

Der Bundesgerichtshof wandte die Grundsätze zum finanzierten Abzahlungskauf, insbesondere das Schutzinstrument des Einwendungsdurchgriffs nur dann an, wenn Kauf- und Kreditvertrag Teilstücke eines wirtschaftlich einheitlichen Vorgangs mit dem Ziel waren, den Erwerb des Kaufgegenstandes gegen Ratenzahlungen zu ermöglichen. Eine eindeutige Abgrenzung wurde in allen Fällen zum freien Ratenkredit gemacht, den sich der Käufer aus eigenem Antrieb und durch selbständige, vom Verkäufer unabhängige Verhandlungen "auf eigene Faust" besorgt hatte[2], wobei aber die Übergänge angesichts der Vielgestaltigkeit der möglichen Erscheinungsformen in der wirtschaftlichen Realität fließend waren[3]. Die erforderliche wirtschaftliche Einheit wurde bejaht, wenn die beiden Geschäfte über ein Zweck-Mittel-Verhältnis hinaus innerlich derart miteinander verbunden waren, daß keines ohne das andere geschlossen worden wäre bzw. jeder der Verträge seinen Sinn erst durch den anderen erhielt[4]. Diese Feststellung setzte voraus, daß bestimmte objektive Umstände - Verbindungselemente - vorlagen und dadurch beim Käufer/Kreditnehmer subjektiv der Eindruck erweckt wurde, Verkäufer und Kreditgeber ständen ihm als einheitlicher Vertragspartner gegenüber. Waren anfangs noch bestimmte Verbindungselemente wie insbesondere die dauerhafte Geschäftsbeziehung zwischen Kreditgeber und Verkäufer[5] und die Sicherungsübereignung des finanzierten Gegenstandes[6] unabdingbare Voraussetzung, gab der Bundesgerichtshof in Reaktion auf die Praxis der Kreditgeber diese Rechtsprechung zunehmend auf[7]. So gelangte er in den

---

1 Ausführlich dazu *Hopt/Mülbert*, Kreditrecht, Vorb. zu §§ 607 ff. BGB, RdNr. 439 ff.

2 S. insbes. BGH WM 1967, 467 ff.; BGH WM 1983, 786 ff. und BGH WM 1990, 1234 f.

3 *Emmerich*, in: Hadding/Hopt, Das neue Verbraucherkreditgesetz, S. 67, 69.

4 S. nur BGH WM 1982, 658 (zum Einwendungsdurchgriff) und BGH WM 1984, 649 (zur Anwendung von § 1 b AbzG).

5 BGH WM 1960, 1351, 1352; BGH WM 1962, 574, 575; BGH WM 1967, 455, 458 und noch BGH WM 1970, 1362, 1363 (alle Entscheidungen zum Einwendungsdurchgriff).

6 BGH WM 1967, 467, 470.

7 Das Merkmal der dauerhaften Geschäftsbeziehung wurde bei der § 123 Abs. 2 - Problematik bereits von BGH WM 1967, 450, 453 und bei der Anwendbarkeit des AbzG von BGH WM 1967, 458, 459 und BGH WM 1967, 467, 470 aufgegeben. Bezüglich des Einwendungsdurchgriffs folgte dem nach einer erster Andeutung von BGH WM 1970, 219, 220 dann ausdrücklich BGH

80er Jahren zu einem beweglichen System der objektiven Verbindungselemente[8], d.h. diese wurden nicht abschließend umschrieben, sondern konnten im Einzelfall verschieden sein[9]. Entscheidend war immer das Gesamtbild aller Indizien. Auch wenn die Gewichtung der Verbindungselemente durchaus verschieden war, war keines für die Annahme einer wirtschaftlichen Einheit unverzichtbar[10]. Vielmehr lehnte der Bundesgerichtshof mit seinem Urteil vom 20.2.1967 die Entwicklung eines abschließenden Katalogs von Merkmalen ausdrücklich als "zur Zeit nicht angebracht" ab[11]. Daran hatte sich bis zuletzt nichts geändert[12]. Damit wurde der Begriff der wirtschaftlichen Einheit bewußt elastisch gehalten, vor allem, "um künftige tatsächliche Entwicklungen 'einfangen' zu können und eine 'Flucht' der Kreditgeber aus den 'Fesseln' des verbundenen Geschäfts zu vermeiden"[13].

II. Fallgruppen

Im Rahmen dieses beweglichen Systems ließen sich die objektiven Verbindungselemente (mit gewissen Überschneidungen) in vier Gruppen einteilen: Elemente aus dem rechtlichen oder nur faktischen Verhältnis zwischen Kreditgeber und Verkäufer, Elemente aus tatsächlichen Umständen, insbesondere der Art des Zustandekommens der Verträge, Elemente aus der Gesamtheit von Kauf- und Kreditvertrag sowie Elemente aus dem Kreditvertrag allein[14].

Zur ersten Gruppe gehörten eine dauerhafte Geschäftsbeziehung zwischen Verkäufer und Kreditgeber[15], kulminierend in einem Rahmenvertrag[16] mit einer Mithaftungsverein-

---

WM 1971, 1265, 1267 f. und BGH WM 1971, 1297, 1299. Das Merkmal der Sicherungsübereignung wurde nach einem Anstoß durch das OLG Stuttgart WM 1977, 1338, 1339 für den Einwendungsdurchgriff von BGH WM 1979, 1180, 1181 und für die Anwendbarkeit des AbzG von BGH WM 1980, 159, 160 ausdrücklich aufgegeben.

8 MüKo-*Habersack*, § 9 VerbrKrG, RdNr. 26 und bereits *Canaris*, Bankvertragsrecht, RdNr. 1478. Zum Aspekt des typologischen Denkens beim finanzierten Abzahlungskauf *Leenen*, Typus und Rechtsfindung, S. 77 f. und S. 145 f.

9 So ausdrücklich BGH WM 1980, 159, 160 und BGH WM 1982, 658. S. auch die die bisherige Rechtsprechung zusammenfassenden jüngsten Urteile BGH WM 1990, 1234 und BGH WM 1992, 1355, 1358 (finanzierte Altersversorgung über eine Beteiligungsgesellschaft).

10 MüKo-*Habersack*, § 9 VerbrKrG, RdNr. 26.

11 BGH WM 1967, 467, 470.

12 Zutreffend bereits *Canaris*, Bankvertragsrecht, RdNr. 1478, Fn. 145.

13 Zutreffende Analyse von *Scholz*, Verbraucherkreditverträge, RdNr. 351 (S. 167).

14 Im folgenden sollen, soweit möglich, Beispiele der jüngsten Rechtsprechung des Bundesgerichtshofs aus den 80er Jahren zitiert werden.

15 Z.B. BGH WM 1984, 649.

16 Z.B. BGH WM 1980, 159, 160.

barung des Verkäufers[17] und der Überlassung der Kreditantragsformulare an den Verkäufer[18] (klassisches B-Geschäft) sowie die personelle (aber nicht rechtliche) Einheit zwischen Kreditgeber und Verkäufer[19] oder die Zugehörigkeit von Kreditgeber und Verkäufer zu einem Konzern[20].

Zur Gruppe der tatsächlichen Umstände gehörten die alleinigen Vertragsverhandlungen des Käufers/Kreditnehmers mit dem Verkäufer[21], der Abschluß der beiden Verträge am gleichen Tag[22], die Inanspruchnahme der vom Verkäufer nachgewiesenen Kreditmöglichkeit[23], gerade auch, weil der Käufer/Kreditnehmer keine Möglichkeit hatte, den Kaufpreis aus eigenen Mitteln aufzubringen[24] oder einen freien Ratenkredit zu erhalten[25], sowie die Begleitung und Einführung des Käufers/Kreditnehmers beim Kreditgeber durch den Verkäufer[26].

Zu den objektiven Verbindungselementen, die sich aus der Gesamtheit von Kauf- und Kreditvertrag ergaben, gehörten die gegenseitige Bezugnahme der Verträge in den Vertragsurkunden[27], die Einigkeit der Parteien, daß der beantragte Kredit allein der Finanzierung des Kaufvertrages dienen solle (Zweckbestimmung)[28], die Verknüpfung der Verträge durch eine Klausel, daß die Gültigkeit des Kaufvertrages vom Abschluß eines Kreditvertrages abhängig sei[29] und die Übernahme einer Bürgschaft für Kauf- und Darlehensforderung durch einen Freund des Käufers/Kreditnehmers[30].

Zur letzten Gruppe der Elemente, die sich allein aus dem Kreditvertrag ergaben, gehörten die Sicherungsübereignung der finanzierten Sache an den Kreditgeber[31], die Direkt-

---

17 Z.B. BGH WM 1980, 80, 81.
18 Z.B. BGH WM 1984, 649.
19 Z.B. BGH WM 1982, 150, 151 (finanzierter Werkvertrag - Tennisplatz).
20 Z.B. BGH WM 1981, 677, 678 (OPEL).
21 Z.B. BGH WM 1987, 401, 402 (finanzierter Kauf einer Privatschule).
22 Z.B. BGH WM 1980, 327, 328.
23 Z.B. BGH WM 1984, 649.
24 Z.B. BGH WM 1985, 358.
25 Z.B. BGH WM 1980, 620, 622 (finanzierter Organisationsleitervertrag).
26 Z.B. BGH WM 1984, 649.
27 Z.B. BGH WM 1980, 327, 328 (Bezugnahme auf den Kreditvertrag in der Kaufvertragsurkunde); BGH WM 1987, 365, 366 (Benutzung eines besonderen Darlehensformulars für finanzierte Abzahlungskäufe); BGH WM 1980, 80, 81 (gegenseitige Bezugnahme in Kauf- und Kreditvertrag und Bezeichnung der finanzierten Sache im Kreditvertrag) und BGH WM 1982, 658, 659 (Bezeichnung des Kunden als "Käufer und Darlehensnehmer" im Kreditvertrag).
28 Z.B. BGH WM 1984, 649.
29 Z.B. BGH WM 1988, 1328.
30 Z.B. BGH WM 1985, 358.
31 Z.B. BGH WM 1984, 649.

überweisung der Valuta an den Verkäufer und der Ausschluß des Kreditnehmers von der freien Verfügbarkeit über das Darlehen[32] sowie die Behandlung des Kreditvertrages als Teilstück des finanzierten Abzahlungskaufs durch Belehrung über das Widerrufsrecht[33]. In allen Entscheidungen des Bundesgerichtshofs, in denen die Voraussetzungen der wirtschaftlichen Einheit bejaht wurden, lagen stets mehrere objektive Verbindungselemente vor. Dies wurde auch ausdrücklich verlangt[34].

Unerheblich, d.h. nicht zur Ablehnung der wirtschaftlichen Einheit führten Umstände wie die Bezeichnung des Kredits als "Barkredit" o.ä.[35], der nachträgliche Austausch des finanzierten Gegenstandes[36], die Einschaltung eines Kreditvermittlers[37], die Nichtangabe des Verwendungszwecks im Kreditvertrag[38], die Tatsache, daß ein Teil des Kredits dem Käufer/Kreditnehmer zur freien Verfügung stand[39], der Umstand, daß der für die Darlehensverbindlichkeit mithaftende Ehegatte nicht auch Partner des finanzierten Vertrages war[40], die Einigung der Parteien, daß der Käufer sich zunächst selbst um eine Finanzierungsmöglichkeit bemüht[41] und der Verkäufer nur "notfalls" einen Kredit vermitteln sollte[42], die tatsächlich bestehende, aber vom Käufer letztlich nicht in Anspruch genommene andere Finanzierungsmöglichkeit[43], die Bereitschaft des Verkäufers zum Vertragsabschluß auch ohne Einschaltung der mit ihm zusammenarbeitenden Bank[44], die von vornherein bestehende Billigung des Käufers/Kreditnehmers mit dem Ausschluß von der freien Verfügbarkeit über die Valuta[45] und am Ende das (auch erhebliche) zeitliche Auseinanderfallen zwischen Abschluß des Kaufvertrages und Abschuß des Kreditvertrages mit erst nachträglicher Vertragsverbindung[46].

---

32 Z.B. BGH WM 1984, 649.

33 Z.B. BGH WM 1982, 658, 659.

34 S. BGH WM 1988, 1328 (Hervorhebungen vom Verfasser): "Eine *hinreichende Zahl von Verbindungselementen* rechtfertigt die Feststellung, daß Inventarkauf und Darlehensvereinbarung trotz ihrer rechtlichen Selbständigkeit eine wirtschaftliche Einheit im Sinne der Rechtsprechung des Bundesgerichtshofs zu § 6 AbzG und zum Einwendungsdurchgriff bildeten ..."

35 BGH WM 1970, 219, 220.

36 Z.B. BGH WM 1984, 649 f.

37 Z.B. BGH WM 1980, 620, 622 (finanzierter Organtionsleitervertrag).

38 Z.B. BGH WM 1983, 212.

39 Z.B. BGH WM 1984, 1046, 1047 unter Betonung der Tatsache, daß der Kredit überwiegend der Finanzierung des Kaufpreises diente (nämlich zu ca. 2/3).

40 Z.B. BGH WM 1980, 620, 622 (finanzierter Organisationsleitervertrag).

41 Z.B. BGH WM 1982, 150, 151 (finanzierter Werkvertrag - Tennisplatz).

42 Z.B. BGH WM 1981, 677, 678.

43 Z.B. BGH WM 1983, 212.

44 Z.B. BGH WM 1990, 1234.

45 Z.B. BGH WM 1982, 658, 659.

46 Z.B. OLG Hamm und BGH WM 1985, 1100 ff. (fast 2 Monate).

B. Die Grundkonzeption des § 9 Abs. 1 VerbrKrG

Gemäß § 9 Abs. 1 S. 1 VerbrKrG bildet ein Kaufvertrag mit einem Kreditvertrag ein verbundenes Geschäft, wenn der Kredit der Finanzierung des Kaufvertrags dient und beide Verträge als wirtschaftliche Einheit anzusehen sind. In § 9 Abs. 1 S. 2 VerbrKrG findet sich ein gesetzliches Regelbeispiel[47] für das Vorliegen der wirtschaftlichen Einheit. Danach ist diese insbesondere dann anzunehmen, wenn sich der Kreditgeber bei der Vorbereitung oder dem Abschluß des Kreditvertrages der Mitwirkung des Verkäufers bedient. Wann im Einzelfall eine wirtschaftliche Einheit anzunehmen ist, bestimmt das Gesetz dagegen nicht. Hier muß auf die bereits dargestellten Grundsätze der Rechtsprechung des Bundesgerichtshofs zurückgegriffen werden[48]. Dies gilt um so mehr, als der Gesetzgeber selbst der Ansicht ist, daß er mit § 9 Abs. 1 VerbrKrG den Begriff des verbundenen Geschäfts in Übereinstimmung mit der höchstrichterlichen Rechtsprechung definiert hat[49]. Jedoch darf die Betrachtung dort nicht stehenbleiben. Denn möglicherweise hat das Gesetz die Akzente in einzelnen Beziehungen anders gesetzt als die bisherige Rechtsprechung, die überdies keineswegs gradlinig und in sich widerspruchsfrei verlief[50].

Nach der neuen Rechtslage müssen für das Vorliegen eines verbundenen Geschäfts beide Tatbestandsmerkmale gegeben sein[51]: Zunächst die finale Verknüpfung von Kauf- und Kreditvertrag (Zweckbestimmung) und über dieses Zweck-Mittel-Verhältnis hinaus eine wirtschaftliche Einheit[52]. War nach der alten Rechtslage die Zweckbestimmung lediglich ein Indiz für das Vorliegen einer wirtschaftlichen Einheit, ist sie nach der neuen Rechts-

---

47 Begr. RegE, BT-DS 11/5462, S. 23 ausdrücklich (= Anhang, S. 433).

48 Unstrittig, s. nur MüKo-*Habersack*, § 9 VerbrKrG, RdNr. 25.

49 Begr. RegE, BT-DS 11/5462, S. 23 (= Anhang, S. 433). In der Allgemeinbegründung, aaO., S. 12 (= Anhang, S. 432 f.) ist von "Anlehnung an die höchstrichterliche Rechtsprechung" die Rede.

50 *Emmerich*, in: Hadding/Hopt, Das neue Verbraucherkreditgesetz, S. 67, 69 und *Ott*, in: Bruchner/Ott/Wagner-Wieduwilt, § 9 VerbrKrG, RdNr. 24.

51 Ganz hM: *Vortmann*, § 9 VerbrKrG, RdNr. 11; *Münstermann/Hannes*, Verbraucherkreditgesetz, RdNr. 464 und 465; *Bülow*, § 9 VerbrKrG, RdNr. 21; *Ott*, in: Bruchner/Ott/Wagner-Wieduwilt, § 9 VerbrKrG, RdNr. 22 f.; *Lieb*, in: Hadding/Hopt, Das neue Verbraucherkreditgesetz, S. 91, 95 (= WM 1991, 1533, 1534 f.); *ders.*, ebenda, S. 115, 117; *Emmerich*, ebenda, S. 67, 71; *ders.*, in: Graf v. Westphalen/Emmerich/Kessler, § 9 VerbrKrG, RdNr. 38; MüKo-*Habersack*, § 9 VerbrKrG, RdNr. 23; *Reinking/Eggert*, Der Autokauf, RdNr. 289 (S. 87); Erman-*Klingsporn/Rebmann*, § 9 VerbrKrG, RdNr. 4; *Lwowski/Peters/Göβmann*, Verbraucherkreditgesetz, S. 192; *Karollus*, JuS 1993, 820, 821; *Reinking*, FLF 1993, 174; Palandt-*Putzo*, § 9 VerbrKrG, RdNr. 4 und OLG Köln WM 1995, 611.
A.A. allein *Coester*, Jura 1992, 617, 619 (dazu sogleich).

52 Erman-*Klingsporn/Rebmann*, § 9 VerbrKrG, RdNr. 4.

lage selbständiges Tatbestandsmerkmal, das stets positiv festgestellt werden muß[53]. Keinesfalls ist sie etwa nur ein Beispiel für das Vorliegen der wirtschaftlichen Einheit wie etwa § 9 Abs. 1 S. 2 VerbrKrG[54]. Der Gesetzgeber hat damit entgegen seiner Absicht den Tatbestand des § 9 Abs. 1 VerbrKrG also nicht in Übereinstimmung mit der höchstrichterlichen Rechtsprechung definiert. Mit dieser Konzeption bestimmt das Gesetz, daß sowohl das Rechtsverhältnis zwischen Verbraucher und Kreditgeber als auch das Rechts- bzw. tatsächliche Verhältnis zwischen Kreditgeber und Verkäufer für die Bejahung des § 9 Abs. 1 VerbrKrG herangezogen werden müssen: Die Zweckbestimmung ergibt sich allein aus dem Kreditvertrag, während sich die wirtschaftliche Einheit in erster Linie (vgl. § 9 Abs. 1 S. 2 VerbrKrG) aus dem Verhältnis zwischen Kreditgeber und Verkäufer bestimmt[55].

Eine weitere Neuerung im Vergleich zur bisherigen Rechtslage ergibt sich daraus, daß bei Vorliegen der in § 9 Abs. 1 S. 2 VerbrKrG genannten Voraussetzung zwingend von einer wirtschaftlichen Einheit auszugehen ist. Denn wegen der Formulierung "... ist insbesondere anzunehmen, wenn ..." hat § 9 Abs. 1 S. 2 VerbrKrG nicht nur Indizwirkung für das Vorliegen einer wirtschaftlichen Einheit[56]. Vielmehr wird diese unwiderlegbar vermutet[57], so daß andere, darüber hinausgehende Kriterien nicht erforderlich sind. Damit hat sich das Gesetz vom beweglichen System der objektiven Verbindungselemente des Bundesgerichtshofs distanziert[58]. Gleichzeitig ist der Gesetzgeber aber auch erheb-

---

53 Zutreffend *Emmerich*, in: Graf v. Westphalen/Emmerich/Kessler, § 9 VerbrKrG, RdNr. 38; MüKo-*Habersack*, § 9 VerbrKrG, RdNr. 21; *ders.*, ZHR 156 (1992) 45, 54; *Reinking/Eggert*, Der Autokauf, RdNr. 289 (S. 87) und bereits *Hopt/Mülbert*, Kreditrecht, Vorb. zu §§ 607 ff. BGB, RdNr. 624 zum 1. RefE.
Dagegen war beim RegE zu § 607 a BGB vom 11.5.1979, BT-DS 8/3212, S. 4 (= Anhang, S. 417) die Zweckbestimmung auch nur ein Indiz (s. die Begründung, aaO., S. 12), obwohl die Norm in § 607 a Abs. 1 S. 1 BGB folgendermaßen eingeleitet werden sollte: "Dient ein Darlehen dem Kauf eines Gegenstandes, ...".

54 So aber *Coester*, Jura 1992, 617, 619, der die Zweckbestimmung lediglich als ein typisches Merkmal für das Vorliegen einer wirtschaftlichen Einheit ansieht und auf der gleichen Stufe wie das gesetzliche Regelbeispiel in § 9 Abs. 1 S. 2 VerbrKrG ansiedelt. Offenlassend von *Emmerich*, in: Graf v. Westphalen/Emmerich/Kessler, § 9 VerbrKrG, RdNr. 38, der zwar anfangs noch davon ausgeht, daß die Zweckbestimmung eigenes Tatbestandsmerkmal und daher stets positiv festzustellen sei, dann aber die Möglichkeit nahelegt, der Zweckbestimmung neben dem Erfordernis der wirtschaftlichen Einheit jede eigenständige Bedeutung abzusprechen und immer zugleich anzunehmen, wenn eine wirtschaftliche Einheit vorliege.

55 Ob die wirtschaftliche Einheit ausschließlich durch das Rechts- oder tatsächliche Verhältnis zwischen Kreditgeber und Verkäufer bestimmt wird, wird unten S. 89 ff. untersucht.

56 So aber *Reinking/Nießen*, ZIP 1991, 79, 83 und *Bülow*, § 9 VerbrKrG, RdNr. 24.

57 Zutreffend *Compensis/Reiserer*, BB 1991, 2457, 2462; MüKo-*Habersack*, § 9 VerbrKrG, RdNr. 27; Palandt-*Putzo*, § 9 VerbrKrG, RdNr. 6 und *Baumbach/Hopt*, HGB, Bankgeschäfte (7), RdNr. G/37.

58 MüKo-*Habersack*, § 9 VerbrKrG, RdNr. 26.

lich über die Vorgabe der EG-Richtlinie hinausgegangen. Denn nach Art. 11 Abs. 2 S. 1 lit. b sollte der Verbraucher nur geschützt werden, wenn zwischen Kreditgeber und Lieferanten eine *vorherige* Abmachung bestand, nach der Kredite an die Kunden des Lieferanten *ausschließlich* von dem betreffenden Kreditgeber bereitgestellt werden[59]. Auf diese Merkmale kommt es beim gesetzlichen Regelbeispiel gemäß § 9 Abs. 1 S. 2 VerbrKrG nicht an[60]. Dieses Hinausgehen war angesichts der in Art. 11 Abs. 2 S. 2 eingeräumten Gestaltungsfreiheit und der Vorschrift des Art. 15 möglich, nach der die Mitgliedsstaaten weitergehende Vorschriften zum Schutz der Verbraucher aufrechterhalten bzw. erlassen können[61].

Gemäß § 9 Abs. 1 VerbrKrG können alle Kaufverträge mit einem Kreditvertrag verbunden werden. Das bedeutet, daß anders als unter der alten Rechtslage unter dem Abzahlungsgesetz, das nur für den *Kauf einer beweglichen Sache gegen Teilzahlungsabrede* galt, eine Einschränkung hinsichtlich des Kaufgegenstands nach der neuen Rechtslage nicht möglich ist[62]. Auch Kaufverträge bezüglich unbeweglicher Sachen (Immobilien) und Rechte können unter § 9 Abs. 1 S. 1 VerbrKrG fallen. Orientiert an einer bereits im nicht realisierten Regierungsentwurf zu § 607 a BGB entsprechenden Regelung vom 11.5.1979[63] ist der Gesetzgeber damit auch an dieser Stelle über die EG-Richtlinie hinausgegangen, die in Art. 11 Abs. 2 S. 1 lit. a lediglich den Schutz des *Waren*empfängers vorsah[64]. Beim Kauf von Immobilien ergibt sich die Nichtanwendbarkeit des § 9 VerbrKrG aber regelmäßig aus § 3 Abs. 2 Nr. 2 VerbrKrG[65].

---

59 ABl. der EG Nr. L 42/51 vom 12.2.1987 (= Anhang, S. 414).

60 Insofern erscheint die Ansicht von MüKo-*Habersack*, § 9 VerbrKrG, RdNr. 26 und ZHR 156 (1992) 45, 55, daß der Gesetzgeber mit § 9 Abs. 1 S. 2 VerbrKrG der Vorgabe der EG-Richtlinie Rechnung tragen wollte, etwas zweifelhaft.

61 Nach *Scholz*, MDR 1989, 1054, 1056 entfernt sich § 8 RegE, der als § 9 VerbrKrG Gesetz wurde, am stärksten von der Vorgabe der EG-Richtlinie.

62 *Ott*, in: Bruchner/Ott/Wagner-Wieduwilt, § 9 VerbrKrG, RdNr. 35.

63 BT-DS 8/3212, S. 4 (= Anhang, S. 417) mit der entsprechenden Begründung auf S. 12. Dort war in § 607 a Abs. 1 S. 1 vom "Kauf eines Gegenstandes" die Rede.

64 ABl. der EG Nr. L 42/51 vom 12.2.1987 (= Anhang, S. 414).

65 Dazu bereits oben § 2, S. 69 f.

C. Die Verbindungsvoraussetzung der Zweckbestimmung

Erste Verbindungsvoraussetzung ist die Zweckbestimmung: Der Kreditvertrag muß der Finanzierung des Kaufvertrags dienen, d.h. es muß vereinbart werden, daß der Kredit ganz oder teilweise zur Erfüllung einer Verpflichtung des Verbrauchers aus einem bereits geschlossenen oder noch abzuschließenden Bargeschäft eingesetzt wird[66]. Die Funktion des Tatbestandsmerkmals der Zweckbestimmung liegt in einer ersten Abgrenzung des finanzierten Abzahlungskaufs zum "Kredit auf eigene Faust", bei dem eine derartige Zweckbestimmung regelmäßig nicht erfolgt und der Verbraucher das Verwendungsrisiko der Valuta allein übernommen hat[67].

Die Zweckbestimmung ist eine wirtschaftliche, nicht eine rechtliche Zweckbindung im Sinne einer Bedingung gemäß § 158 BGB[68]. In vielen Fällen wird sie bereits im Kreditvertrag aufgeführt sein. Notwendig ist dies aber nicht. Denn die Zweckbestimmung gehört weder zu den Pflichtangaben gemäß § 4 Abs. 1 S. 2 VerbrKrG noch zu den sonstigen Vertragsbestandteilen, die gemäß § 4 Abs. 1 S. 1 VerbrKrG der Schriftform unterliegen[69]. Noch nicht einmal die viel grundlegendere Angabe der privaten oder gewerblichen Zweckbestimmung bei der Prüfung des persönlichen Anwendungsbereiches gemäß § 1 Abs. 1 VerbrKrG gehört zu den Angaben, die der Schriftform unterliegen[70]. So reicht nicht nur die schriftliche, aber nicht in der eigentlichen Kreditvertragsurkunde aufgenommene Zweckbestimmung[71], sondern auch die mündliche Zweckbestimmung aus[72]. Die Kenntnis der Bank oder die bloße Billigung des Verwendungszwecks genügt dagegen nicht[73]. Dabei kann offenbleiben, ob sich die Kreditgeber im eigenen Interesse im Hinblick auf den persönlichen Anwendungsbereich des Gesetzes (Kredit für eine natürliche Person zu privaten Zwecken) vom Verwendungszweck eines jeden Kreditvertrages Klarheit verschaffen und den privaten Zweck zukünftig in jeder Kreditvertrags-

66 MüKo-*Habersack*, § 9 VerbrKrG, RdNr. 22.

67 In diesem Sinne *Ott*, in: Bruchner/Ott/Wagner-Wieduwilt, § 9 VerbrKrG, RdNr. 39.

68 Zutreffend *Bülow*, § 9 VerbrKrG, RdNr. 22. Zur genetischen Verknüpfung von Kauf- und Kreditvertrag über einen Bedingungszusammenhang § 11, S. 373 ff.

69 MüKo-*Habersack*, § 9 VerbrKrG, RdNr. 22.

70 Begr. RegE, BT-DS 11/5462, S. 17; *Seibert*, § 1 VerbrKrG, RdNr. 3; *Slama*, FLF 1993, 83.

71 S. den Fall bei BGH WM 1980, 159, 160, bei dem die Zweckbestimmung aus dem Zahlungsauftrag (Direktüberweisung der Valuta an den Verkäufer) entnommen werden konnte.

72 *Bülow*, § 9 VerbrKrG, RdNr. 22; MüKo-*Habersack*, § 9 VerbrKrG, RdNr. 22 und *Lwowski/Peters/Göβmann*, Verbraucherkreditgesetz, S. 194. So auch schon BGH WM 1983, 212.

73 *Ott*, in: Bruchner/Ott/Wagner-Wieduwilt, § 9 VerbrKrG, RdNr. 44; MüKo-*Habersack*, § 9 VerbrKrG, RdNr. 23, 25; *Coester*, Jura 1992, 617, 619, Fn. 30 und bereits BGH WM 1962, 574, 575. *Coester*, aaO., weist daneben zutreffend darauf hin, daß damit die rechtsgeschäftliche Qualität der Zweckbestimmung über der des § 812 Abs. 1 S. 2 2. Alt. BGB (Kondiktion wegen Zweckbestimmung) liegt.

urkunde aufnehmen werden oder nicht[74]. Auch eine einseitige subjektive Zweckbestimmung durch den Verbraucher genügt nicht, anderenfalls dieses Merkmal bei nahezu jedem Kredit erfüllt wäre[75]. Vielmehr muß die Zweckbestimmung durch übereinstimmenden Willen von Verbraucher und Kreditgeber getroffen werden. Ist dagegen ein Kreditvermittler eingeschaltet, wird, sofern die Voraussetzungen der wirtschaftlichen Einheit vorliegen, die Anwendung des § 9 Abs. 1 VerbrKrG nicht ausgeschlossen, auch wenn der Kreditgeber keine nähere Kenntnis vom Verwendungszweck des Kredits hat. Das Wissen und Verhalten des Vermittlers wird ihm regelmäßig zugerechnet[76].

Dagegen ist die Beteiligung des Verkäufers etwa im Sinne eines Einverständnisses für die Zweckbestimmung nicht erforderlich[77]. Dies ergibt sich daraus, daß das Merkmal der Zweckbestimmung allein aus dem Rechtsverhältnis zwischen Kreditgeber und Verbraucher zu entnehmen ist[78] und der Verkäufer sich gegen die auch ihn belastenden Wirkungen der Vertragsverbindung (§ 9 Abs. 2 S. 1 VerbrKrG) dadurch schützen kann, daß er die zur wirtschaftlichen Einheit führenden objektiven Verbindungsvoraussetzungen vermeidet. Auch der konkrete Kaufgegenstand muß nicht feststehen, so daß Auswechslungen möglich sind[79]. Unerheblich ist am Ende auch die zeitliche Reihenfolge des Abschlusses der Verträge und der Zeitpunkt der Zweckbestimmung, so daß sich ein bereits abgeschlossener Barkauf nachträglich, auch erhebliche Zeit später in ein verbundenes Geschäft umwandeln kann und umgekehrt[80].

---

74 Bejahend *Dauner-Lieb*, WM-Sonderbeilage 6/1991, S. 11; *Ott*, in: Bruchner/Ott/Wagner-Wieduwilt, § 9 VerbrKrG, RdNr. 44 und auch MüKo-*Habersack*, § 9 VerbrKrG, RdNr. 23. Anders noch *ders.*, Voraufl., § 9 VerbrKrG, RdNr. 16. Nach Auskunft des Justitiars der WKV-Bank München wird nach dem Verwendungszweck von freien Ratenkrediten nicht gefragt, es sei denn, es handelt sich um ein Anschaffungsdarlehen oder es drängt sich ein Verdacht auf, daß es sich um einen gewerblichen Kredit handeln könnte.

75 *Ott*, in: Bruchner/Ott/Wagner-Wieduwilt, § 9 VerbrKrG, RdNr. 38; *Coester*, Jura 1992, 617, 619.

76 *Scholz*, Verbraucherkreditverträge, RdNr. 355 (S. 169) m.w.N.

77 *Vortmann*, § 9 VerbrKrG, RdNr. 9 und *Emmerich*, in: Graf v. Westphalen/Emmerich/Kessler, § 9 VerbrKrG, RdNr. 41.
A.A. *Coester*, Jura 1992, 617, 619.

78 *Ott*, in: Bruchner/Ott/Wagner-Wieduwilt, § 9 VerbrKrG, Rdnr. 39 und 46.

79 MüKo-*Habersack*, § 9 VerbrKrG, RdNr. 22 und 24 sowie bereits BGH WM 1982, 658 (für die Nichtnennung des finanzierten Gegenstandes) und BGH WM 1984, 649 f. (für die Auswechslung des Kaufgegenstandes).

80 Ganz hM, s. nur MüKo-*Habersack*, § 9 VerbrKrG, RdNr. 24.
Zum zeitlichen Auseinanderfallen von Kauf- und Kreditvertrag zur alten Rechtslage mit u.U. nachträglicher Umwandlung eines Barkaufs in einen finanzierten Abzahlungskauf BGH WM 1980, 159, 161; BGH WM 1984, 649 und vor allem OLG Hamm und BGH WM 1985, 1100 ff. (Abschluß des Kreditvertrages fast 2 Monate nach Abschluß des Kaufvertrages); BGH WM 1987, 365, 366 (4 Wochen später) und für die neue Rechtslage LG Trier WM 1994, 436 (fast 8 Monate) mit Anmerkung von *Peters*, WuB I E 2 c. - 2.94; zur nachträglichen Umwandlung eines finanzierten Abzahlungskaufs in einen Barkauf mit einem "Kredit auf eigene Faust" BGH WM 1985, 358 f. Zu den einzelnen Fallgestaltungen nach der neuen Rechtslage MüKo-*Habersack*, aaO.

Das Merkmal der Zweckbestimmung ist nicht gleichzusetzen mit dem Ausschluß des Verbrauchers von der freien Verfügung über den Kredit[81]. Die Zweckbestimmung weist lediglich auf die Finanzierungsfunktion des Kredits hin und beschreibt die nicht notwendigerweise auf einem entsprechenden Sicherungsverlangen des Kreditgebers beruhende Verwendung der Valuta für Konsumzwecke (deskriptives Merkmal)[82]. Sie ist vergleichbar mit der den Existenzgründungskrediten eigenen und in § 3 Abs. 1 Nr. 2 VerbrKrG zum Ausdruck kommenden Verwendungsbestimmung. Demgegenüber bedeutet der Ausschluß von der freien Verfügung über den Kredit, daß der Anspruch des Verbrauchers unter Abweichung vom gesetzlichen Leitbild des Darlehens von vornherein nicht auf Überlassung der Valuta zur freien Disposition gerichtet ist[83]. Dieses Merkmal geht damit qualitativ weit über die reine Zweckbestimmung hinaus. Gleichwohl wird in allen Fällen, in denen das Merkmal des Ausschlusses von der freien Verfügbarkeit über die Valuta gegeben ist, eine entsprechende Zweckbestimmung als dessen "minus" vorliegen. Dagegen läßt sich aus der Direktüberweisung der Valuta von Kreditgeber an den Verkäufer eine Zweckbestimmung allein nicht entnehmen[84]. Denn diese kann auch bei jedem freien Ratenkredit aus reinen Praktikabilitätsgründen auf Wunsch des Verbrauchers angeordnet worden sein.

Beim klassischen B-Geschäft ist die Zweckbestimmung immer gegeben[85]. Aber auch beim Anschaffungsdarlehen bzw. unechten Personalkredit wird die Zweckbestimmung regelmäßig vorliegen[86]. Denn dort erhält der Verbraucher die Valuta nur mit der Maßgabe, diese für ein bestimmtes Rechtsgeschäft mit einem bestimmten oder noch auszu-

---

81 MüKo-*Habersack*, § 9 VerbrKrG, RdNr. 21, 35 und ausführlich *ders.*, ZHR 156 (1992) 45, 53 ff. Ebenso *Dürbeck*, Einwendungsdurchgriff, S. 51 ff.
A.A. die überwiegende Meinung, s. *Ott*, in: Bruchner/Ott/Wagner-Wieduwilt, § 9 VerbrKrG, RdNr. 40 f. und 44; *ders.*, WuB I E 2. § 9 VerbrKrG; *Münstermann/Hannes*, Verbraucherkreditgesetz, RdNr. 464 und 469; *Bülow*, § 9 VerbrKrG, RdNr. 22; *Lwowski/Peters/Gößmann*, Verbraucherkreditgesetz, S. 193; Palandt-*Putzo*, § 9 VerbrKrG, RdNr. 5; OLG Köln WM 1995, 611, 612 und wohl auch *Hopt/Mülbert*, Kreditrecht, Vorb. zu §§ 607 ff. BGB, RdNr. 624 zum 1. RefE.

82 *Habersack*, ZHR 156 (1992) 45, 53 ff.

83 Dazu näher unten S. 98 ff.

84 *Ott*, in: Bruchner/Ott/Wagner-Wieduwilt, § 9 VerbrKrG, RdNr. 45; *ders.*, WuB I E 2. § 9 VerbrKrG 1.95 und *Lwowski/Peters/Gößmann*, Verbraucherkreditgesetz, S. 194. A.A. *Karollus*, JuS 1993, 820, 821; *Münstermann/Hannes*, Verbraucherkreditgesetz, RdNr. 464 ("in der Regel") und OLG Köln WM 1995, 611, 612.

85 *Ott*, in: Bruchner/Ott/Wagner-Wieduwilt, § 9 VerbrKrG, RdNr. 40. Vgl. dazu das Kreditvertragsformular der WKV-Bank München oben rechts (s. Anhang, S. 448). "Hiermit schließe/n ich/wir mit der WKV-Bank GmbH (nachfolgend WKV) einen Kreditvertrag ausschließlich zur Bezahlung der bei der Verkäuferfirma bestellten Gegenstände zu folgenden Konditionen ab: ..." Daneben findet sich auf dem Kreditvertragsformular der Firmenstempel/Unterschrift des Verkäufers und die genaue Bezeichnung der Kaufgegenstände.

86 *Ott*, in: Bruchner/Ott/Wagner-Wieduwilt, § 9 VerbrKrG, RdNr. 40.

suchenden Verkäufer zu verwenden, und wird regelmäßig durch die Direktüberweisung der Valuta an den Verkäufer von der freien Verfügung über den Kredit ausgeschlossen. Wenn nicht, dann wird eine schuldrechtliche Zweckbindung bei der Barauszahlung an den Verbraucher festgelegt[87]. Dagegen liegt eine Zweckbestimmung beim freien Ratenkredit, insbesondere beim persönlichen Kleinkredit regelmäßig nicht vor[88]. Hier erhält der Verbraucher die Valuta ohne jede Bindung an ein bestimmtes Konsumgeschäft. Er kann mit dem Geld machen, was er will: Einen Gegenstand kaufen, das Geld verschenken, zu Hause aufbewahren, in die Spielbank tragen und dergleichen mehr. Liegt in diesen Fällen dennoch eine Zweckbestimmung vor, so besagt das allein für das Vorliegen eines verbundenen Geschäfts noch nicht viel. In jedem Fall, und das gilt vor allem auch für das Anschaffungsdarlehen, muß darüber hinaus noch die wirtschaftliche Einheit zwischen Kauf- und Kreditvertrag hinzukommen[89].

D. Die Verbindungsvoraussetzung der wirtschaftlichen Einheit

I. Grundsätzliches

Das zweite und weitaus bedeutendere Tatbestandsmerkmal der Vertragsverbindung ist das Vorliegen einer wirtschaftlichen Einheit zwischen Kauf- und Kreditvertrag. Dieser von der Rechtsprechung übernommene Schlüsselbegriff[90] ist das entscheidende Abgrenzungsmerkmal zum "Kredit auf eigene Faust"[91] und in Abgrenzung und als minus zur rechtlichen Einheit zu sehen[92]. Mit diesem Tatbestandsmerkmal werden Vertragsrisiken

---

87 S. dazu *Hopt/Mülbert*, Kreditrecht, Vorb. zu §§ 607 ff. BGB, RdNr. 397 und 614 f.

88 *Ott*, in: Bruchner/Ott/Wagner-Wieduwilt, § 9 VerbrKrG, RdNr. 41. A.A. *Dürbeck*, Einwendungsdurchgriff, S. 57 ohne Begründung.

89 MüKo-*Habersack*, § 9 VerbrKrG, RdNr. 23.

90 Erman-*Klingsporn/Rebmann*, § 9 VerbrKrG, RdNr. 4.

91 MüKo-*Habersack*, § 9 VerbrKrG, RdNr. 25.

92 Ungenau die Begr. RegE, BT-DS 11/5462, S. 23 (= Anhang, S. 433) und übernommen von Palandt-*Putzo*, § 9 VerbrKrG, RdNr. 4; *Seibert*, § 9 VerbrKrG, RdNr. 3; *Compensis/Reiserer*, BB 1991, 2457, 2462 und MüKo-*Habersack*, § 9 VerbrKrG, RdNr. 25 (Hervorhebung vom Verfasser): "Kauf und Darlehensvertrag müssen eine so enge Verbindung aufweisen, daß sich beide als Teilstücke einer *rechtlichen* oder wenigstens wirtschaftlich-tatsächlichen Einheit eng ergänzen." Dieser sprachlichen Ungenauigkeit liegt die Entscheidung BGH WM 1980, 159, 160 zugrunde (s. Begr. RegE, aaO.).
Zur Frage, ob die beiden Verträge beim Vorliegen einer wirtschaftlichen Einheit in jedem Fall auch rechtlich verbunden sind, und ob der gesetzlichen Regelung die Einheits- oder die Trennungstheorie zugrunde liegt ausführlich unten § 7, S. 215 ff.

dem Verbraucher abgenommen und auf die Partner des finanzierten Abzahlungskaufs übertragen, und zwar einerseits auf den Verkäufer, weil der Bestand des Kaufvertrages untrennbar an den Bestand des widerruflichen Kreditvertrags geknüpft wird (§ 9 Abs. 2 S. 1 VerbrKrG), andererseits und vor allem aber auf den Kreditgeber, weil er über den Einwendungsdurchgriff gemäß § 9 Abs. 3 VerbrKrG fortan das Risiko funktioneller Störungen aus dem verbundenen Kaufvertrag und damit das Risiko der Verkäuferinsolvenz trägt[93]. Daneben trägt der Kreditgeber das Insolvenzrisiko des Verkäufers auch im Widerrufsfall wegen der besonderen Rückabwicklungsregelung in § 9 Abs. 2 S. 4 VerbrKrG[94]. Diese Risikoverteilung in Durchbrechung des Grundsatzes der Relativität der Schuldverhältnisse ist nur dann gerechtfertigt, wenn sowohl der Verkäufer als auch und vor allem der Kreditgeber die Möglichkeit haben, auf die Risiken Einfluß nehmen bzw. sie ganz vermeiden zu können. Dieser von der Rechtsfolgenseite her bestimmte Gedanke muß Leitbild für alle Auslegungsfragen bei der Bestimmung der wirtschaftlichen Einheit sein[95].

II. Das gesetzliche Regelbeispiel gemäß § 9 Abs. 1 S. 2 VerbrKrG

1. *Das B-Geschäft*

Gemäß § 9 Abs. 1 S. 2 VerbrKrG ist eine wirtschaftliche Einheit zwischen Kauf- und Kreditvertrag insbesondere dann anzunehmen, wenn sich der Kreditgeber bei der Vorbereitung oder dem Abschluß des Kreditvertrages der Mitwirkung des Verkäufers bedient. Der Regelung liegt damit das arbeitsteilige Zusammenwirken zwischen Kreditgeber und Verkäufer zugrunde, das besonders beim klassischen B-Geschäft anzutreffen ist[96]: Verkäufer und Kreditgeber haben einen Rahmenvertrag abgeschlossen, in dem sich der Kreditgeber verpflichtet, Kunden des Verkäufers Kredite zur Finanzierung des Kaufpreises zu gewähren. Der Verkäufer führt die Kreditantragsformulare oder sogar die fertigen (Kauf-) Kreditverträge mit sich, hilft dem Verbraucher beim Ausfüllen und sendet diese an den Kreditgeber zurück. Dieser prüft den Antrag und überweist bei positivem Ergebnis die Valuta direkt an den Verkäufer. So kommt es, daß Verbraucher und Kreditgeber

---

93 *Ott*, in: Bruchner/Ott/Wagner-Wieduwilt, § 9 VerbrKrG, RdNr. 47. Ausführlich, insbes. zum Umfang der Risikotragung §§ 5 - 10.

94 Näheres dazu § 7, S. 238 ff.

95 Ähnlich *Coester*, Jura 1992, 617, 619.

96 So die Begr. RegE, BT-DS 11/5462, S. 23 (= Anhang, S. 434) ausdrücklich.

einen Kreditvertrag abschließen, obwohl sie sich nie persönlich begegnet sind. In diesem Fall ist das gesetzliche Regelbeispiel eindeutig gegeben, unerheblich, ob die Mitwirkung des Verkäufers bloß bei der Vorbereitung oder gar beim Abschluß des Kreditvertrages erfolgte[97].

2. *Der Konzernverbund*

Diese Grundsätze gelten ebenso, wenn der Kreditgeber zwar rechtlich selbständig, aber wirtschaftlich und organisatorisch in den Bereich des Verkäufers bzw. Herstellers eingegliedert ist[98], wie dies insbesondere bei den Kauf- und Versandhäusern und in der Automobilbranche mit teilweiser Namens- bzw. Firmengleichheit anzutreffen ist und in diesen Fällen sogar eine wirtschaftliche Identität bejahen werden kann[99]. Hier ist das Vorliegen einer wirtschaftlichen Einheit gemäß § 9 Abs. 1 S. 2 VerbrKrG regelmäßig selbst dann anzunehmen, wenn die Form eines freien Ratenkredits gewählt wurde[100]. Voraussetzung ist in jedem Fall, daß der Verkäufer beim Abschluß des Kreditvertrages irgendwie mitgewirkt hat.

3. *Die dauerhafte faktische Geschäftsbeziehung*

Aber nicht nur dann, wenn Kreditgeber und Verkäufer auf Grund eines Rahmenvertrages oder eines wirtschaftlich-organisatorischen "Konzernverbunds" arbeitsteilig zusammenwirken, sondern auch bei der auf Dauer angelegten faktischen Geschäftsbeziehung ist § 9

---

97 Unstrittig, s. nur *Münstermann/Hannes*, Verbraucherkreditgesetz, RdNr. 466 und MüKo-*Habersack*, § 9 VerbrKrG, RdNr. 38.

98 *Dauner-Lieb*, WM-Sonderbeilage 6/1991, S. 14 und Palandt-*Putzo*, § 9 VerbrKrG, RdNr. 6. Zur alten Rechtslage bereits *Gundlach*, Konsumentenkredit, S. 19 f.; MüKo-*H.P. Westermann*, § 6 AbzG, RdNr. 81 und *Hopt/Mülbert*, Kreditrecht, Vorb. zu §§ 607 ff. BGB, RdNr. 395.

99 S. bereits § 1, S. 60 ff. und die Urteile BGH WM 1971, 1437 ff. (FORD); BGH WM 1981, 677 f. (OPEL); OLG Karlsruhe NJW-RR 1989, 179 f. (RENAULT) sowie bereits vor dem 2. Weltkrieg RGZ 128, 251 ff. (H-Automobilwerke) und KG JW 1931, 75 ff. (GENERAL MOTORS). Nach Ansicht von BGH WM 1971, 1437, 1439 wurde in dem dort zu entscheidenden Fall die wirtschaftliche Einheit "... nicht zuletzt durch den Geschäftszweck der Streithelferin, wie er bereits in dem Firmennamen zum Ausdruck kommt, bestätigt." Das LG Braunschweig NJW 1994, 2701 bejahte unter der neuen Rechtslage das Vorliegen einer wirtschaftlichen Einheit u.a. mit dem Umstand der Namensidentität zwischen Autohersteller (nicht Verkäufer !) und finanzierender Autobank.

100 Zutreffend MüKo-*Habersack*, § 9 VerbrKrG, RdNr. 40 und bereits MüKo-*H.P. Westermann*, § 6 AbzG, RdNr. 81 und *Hopt/Mülbert*, Kreditrecht, Vorb. zu §§ 607 ff. BGB, RdNr. 395 a.E. zur alten Rechtslage.

Abs. 1 S. 2 VerbrKrG gegeben[101]. Das Eingreifen der gesetzlichen Regelung ist nicht davon abhängig, daß die Parteien einen wirksamen Rahmenvertrag geschlossen haben. So bedient sich der Kreditgeber des Verkäufers bei der Vorbereitung des Kreditvertrages auch dann, wenn jener eine eigene Identitätsprüfung des Käufers vornimmt oder bloß dessen Personalien aufnimmt, um dem Kreditgeber eine Schufa-Abfrage zu ermöglichen[102]. Von einer Mitwirkung beim Abschluß des Kreditvertrages muß gesprochen werden, wenn der Verkäufer den Verbraucher in seinen Geschäftsräumen ein Kreditantragsformular oder gar einen fertigen (Kauf-) Kreditvertrag unterzeichnen läßt[103].

4. *Die erstmalige Zuführung eines Kunden durch den Verkäufer*

Dagegen greift § 9 Abs. 1 S. 2 VerbrKrG nicht ein, wenn der Verkäufer dem Kreditgeber ohne vorherige Absprache erstmals einen Kunden zuführt, sei es, daß er dem Verbraucher nur den Hinweis auf den Kreditgeber gibt und dieser sich dann "auf eigene Faust" einen Kredit besorgt, sei es, daß er den Verbraucher zum Kreditgeber begleitet und ihm dort beim Ausfüllen der Formulare hilft[104]. Abgesehen davon, daß diese Fälle der erstmaligen Zuführung ohne Wissen des Kreditgebers sehr selten sind[105], kann man von einem "bedienen" i.S.v. § 9 Abs. 1 S. 2 VerbrKrG nur sprechen, wenn eine vorherige Absprache zwischen Kreditgeber und Verkäufer stattgefunden hat und der Kreditgeber dadurch (jedenfalls abstrakt) die Möglichkeit hatte, die Solvenz und die Lauterkeit des Verkäufers zu überprüfen und sich eine vertragliche Regreßmöglichkeit vorzubehalten[106]. Nicht alleine die Vermittlungstätigkeit des Verkäufers und die damit verbundene Umsatzsteigerung des Kreditgebers rechtfertigen, daß der Kreditgeber mit den Rechtsfolgen der §§ 9 Abs. 2 S. 4 und Abs. 3 VerbrKrG belastet wird und das Verwendungsrisiko der Valuta und das Insolvenzrisiko des Verkäufers trägt. Erforderlich ist vielmehr das in einer freiwilligen und bewußten Risikoübernahme zum Ausdruck kommende spezifische Eigeninteresse des Kreditgebers am finanzierten Rechtsgeschäft, sollen ihm über

---

101 *Dauner-Lieb*, WM-Sonderbeilage 6/1991, S. 14 und MüKo-*Habersack*, § 9 VerbrKrG, RdNr. 27.

102 Beispiel von *Münstermann/Hannes*, Verbraucherkreditgesetz, RdNr. 466.

103 *Münstermann/Hannes*, Verbraucherkreditgesetz, RdNr. 466.

104 *Vortmann*, Aktuelle Rechtsfragen, RdNr. 220 f. und ausführlich MüKo-*Habersack*, § 9 VerbrKrG, RdNr. 28 ff. m.w.N.; *ders.*, ZHR 156 (1992) 45, 55.
A.A. für den Fall, daß der Verkäufer den Verbraucher zum Kreditgeber begleitet und ihm dort bei der Abwicklung der Modalitäten behilflich ist, *Dauner-Lieb*, WM-Sonderbeilage 6/1991, S. 14; *Dürbeck*, Einwendungsdurchgriff, S. 58 ff. und wohl auch *Bülow*, § 9 VerbrKrG, RdNr. 24.

105 So auch *Dauner-Lieb*, WM-Sonderbeilage 6/1991, S. 14.

106 Zutreffend MüKo-*Habersack*, § 9 VerbrKrG, RdNr. 29.

§ 9 Abs. 1 S. 2 VerbrKrG die beschriebenen Risiken *zwingend* zugerechnet werden[107]. Somit kann § 9 Abs. 1 S. 2 VerbrKrG zwar auch im Einzelfall eingreifen. Dies aber nur, wenn eine vorherige Absprache stattgefunden hat. In den übrigen Fällen kann die wirtschaftliche Einheit nur auf Grund zusätzlicher Verbindungselemente bejaht werden[108]. Dies entspricht der bisherigen Rechtsprechung des Bundesgerichtshofs zur alten Rechtslage, die das Vorliegen einer wirtschaftlichen Einheit bei einem im Einzelfall und ohne vorherige Absprache erfolgten arbeitsteiligen Zusammenwirken zwischen Kreditgeber und Verkäufer nur in Kumulation mit anderen Verbindungselementen bejaht hatte[109].

III. Allgemein akzeptierte Indizien für das Vorliegen einer wirtschaftlichen Einheit

1. Geeignete Indizien

Ausgangspunkt ist, daß das klassische B-Geschäft, an dem sich das gesetzliche Regelbeispiel orientiert, bereits unter der alten Rechtslage nicht mehr unbedingt typisch war, und der Bundesgerichtshof seit langem den Begriff der wirtschaftlichen Einheit weit über den Anwendungsbereich einer vertraglichen Beziehung zwischen Kreditgeber und Verkäufer ausgedehnt hatte[110]. Das in § 9 Abs. 1 S. 2 VerbrKrG zum Ausdruck kommende arbeitsteilige Zusammenwirken zwischen Kreditgeber und Verkäufer kann aber auch noch durch andere Indizien als dem Vorliegen eines Rahmenvertrages belegt werden. Hier ist vorrangig auf die objektiven Verbindungselemente der zweiten und dritten Gruppe zurückzugreifen, also auf die Merkmale, die sich aus tatsächlichen Umständen, insbesondere aus dem Zustandekommen der Verträge bzw. die sich aus der Gesamtheit von Kauf- und Kreditvertrag ergeben[111]. Eine wenigstens dauerhafte faktische

---

107 MüKo-*Habersack*, § 9 VerbrKrG, RdNr. 29. Gegen die Ansicht, in der Zusammenarbeit liege eine bewußte und freiwillige Risikoübernahme aber *Lwowski/Peters/Gößmann*, Verbraucherkreditgesetz, S. 184 f.

108 So auch OLG Köln WM 1995, 611, 612.

109 S. BGH WM 1983, 786, 787 (zu dieser Entscheidung unten S. 102 f. ausführlich).

110 Einhellige Meinung, s. nur *Dauner-Lieb*, WM-Sonderbeilage 6/1991, S. 6.

111 Ähnlich MüKo-*Habersack*, § 9 VerbrKrG, RdNr. 31.
Interessant und immer zu beherzigen sind die Hinweise von *Derleder*, KJ 1991, 275, 278 f., wonach selbst bei Kooperation von Verkäufer und Kreditgeber eine typische Vertragspraxis bestehe, den Kaufvertrag unter Ignorierung des Kreditvertrages und den Kreditvertrag unter Ignorierung des Kaufvertrages, dafür aber auch noch einen separaten Sicherungsvertrag abzuschließen, mit dem der Kaufgegenstand der Bank zur Sicherheit übereignet werde. Klage der Kreditgeber die Rückzahlung des Kredits ein, so werde der Sicherungsvertrag dem Gericht normalerweise nicht

Geschäftsbeziehung zwischen Kreditgeber und Verkäufer ist Voraussetzung, wenn diese gemeinsame oder aufeinander abgestimmte Formulare verwenden[112], oder wenn der Verkäufer in Besitz von Kreditantragsformularen ist und diese benutzt[113]. Weiter sind geeignete Kriterien das alleinige Verhandeln des Verbrauchers mit dem Verkäufer[114], der Umstand, daß der Kreditgeber spezielle Formulare für finanzierte Rechtsgeschäfte hat und diese verwendet[115], der enge örtliche und zeitliche Zusammenhang zwischen dem Abschluß der Verträge[116] und eine Mithaftung dcs Verkäufers für die Darlehensschuld des Verbrauchers[117].

2. *Weniger geeignete und indifferente Indizien*

Geringeren Indizwert haben dagegen die Sicherungsübereignung der finanzierten Sache[118], die Übereinstimmung von auszuzahlendem Nettokreditbetrag und Kaufpreis[119] sowie die Direktauszahlung der Valuta an den Verkäufer als solche, die ohne gleichzeitigen Ausschluß von der freien Verfügbarkeit über die Valuta eine rein technische Modalität der Zahlungsabwicklung darstellt[120]. Allen diesen Kriterien ist gemeinsam, daß sie auch beim freien Ratenkredit, und zwar nicht nur beim Anschaffungsdar-

---

gezeigt, so daß es sich auf dem Papier um einen freien Ratenkredit handele, während in Wirklichkeit der Verbraucher einem Tip des Verkäufers gefolgt war und bei diesem evtl. schon ein Formular ausgefüllt hatte. Sowohl Anwälte der Verbraucher als auch die Gerichte würden nach Ansicht von *Derleder* allzu oft die Prüfung versäumen, ob es sich entgegen der vorgelegten Urkunden nicht doch um einen finanzierten Abzahlungskauf mit all seinen Folgen handele.

112 MüKo-*Habersack*, § 9 VerbrKrG, RdNr. 31; *Ott*, in: Bruchner/Ott/Wagner-Wieduwilt, § 9 VerbrKrG, RdNr. 51 und *Dauner-Lieb*, WM-Sonderbeilage 6/1991, S. 15.

113 *Seibert*, § 9 VerbrKrG, RdNr. 3; MüKo-*Habersack*, § 9 VerbrKrG, RdNr. 31 und *Dauner-Lieb*, WM-Sonderbeilage 6/1991, S. 15.

114 *Seibert*, aaO.; MüKo-*Habersack*, aaO. und *Dauner-Lieb*, aaO.

115 MüKo-*Habersack*, aaO. Vgl. das speziell auf finanzierte Abzahlungskäufe zugeschnittene Kreditvertragsformular der WKV-Bank München im Anhang, S. 448.

116 *Seibert*, § 9 VerbrKrG, RdNr. 3; *Ott*, in: Bruchner/Ott/Wagner-Wieduwilt, § 9 VerbrKrG, RdNr. 51; Erman-*Klingsporn/Rebmann*, § 9 VerbrKrG, RdNr. 5 und OLG Köln WM 1995, 611, 612. Zu großzügig OLG Stuttgart VuR 1994, 94, wonach ein verbundenes Geschäft bereits dann vorliegen soll, wenn zwei Vertragsanträge gleichzeitig eingereicht werden. Dort bestand allerdings die Besonderheit der Personenidentität von Partnerschaftsvermittlungsinstitut und ratenzahlungsgewährendem Kreditgeber (Zweipersonenverhältnis).

117 *Dauner-Lieb*, WM-Sonderbeilage 6/1991, S. 15.

118 MüKo-*Habersack*, § 9 VerbrKrG, RdNr. 32 und *Ott*, in: Bruchner/Ott/Wagner-Wieduwilt, § 9 VerbrKrG, RdNr. 52. Als Indiz vollständig ablehnend *Dauner-Lieb*, WM-Sonderbeilage 6/1991, S. 15 und *Lieb*, in: Hadding/Hopt, Das neue Verbraucherkreditgesetz, S. 91, 96, Fn. 18 (= WM 1991, 1533, 1535, Fn. 18).

119 MüKo-*Habersack*, § 9 VerbrKrG, RdNr. 32. Als Indiz vollständig ablehnend *Dauner-Lieb*, WM-Sonderbeilage 6/1991, S. 15. Für die Berücksichtigung dagegen *Seibert*, § 9 VerbrKrG, RdNr. 3.

120 *Ott*, in: Bruchner/Ott/Wagner-Wieduwilt, § 9 VerbrKrG, RdNr. 52 und *Dauner-Lieb*, WM-Sonderbeilage 6/1991, S. 16.

lehen, sondern auch beim echten Personalkredit vorliegen können. Daneben ist zu erwähnen, daß die Sicherungsübereignung heute nicht mehr so häufig anzutreffen ist wie noch in den ersten Jahrzehnten des finanzierten Abzahlungskaufs, als sie noch zu dessen wesentlichen Tatbestandsmerkmalen gehörte[121].

Der Umstand, daß der Verbraucher sich anderweitig einen freien Ratenkredit hätte beschaffen können und auf den vom Verkäufer vermittelten Kreditvertrag nicht angewiesen war, diesen gleichwohl aus Bequemlichkeit oder aus sonstigen Gründen in Anspruch nahm, ist ein völlig ungeeignetes Kriterium für die Ablehnung einer wirtschaftlichen Einheit[122]. Umgekehrt spricht der Umstand, daß der Verbraucher auf den vom Verkäufer initiierten Kreditvertrag angewiesen war und anderenfalls den finanzierten Abzahlungskauf nie hätte abschließen können, für das Vorliegen einer wirtschaftlichen Einheit[123]. Keinesfalls ist diese aber davon abhängig, daß der Verkäufer allein zum Abschluß von "Finanzkäufen" bereit ist[124]. Wie es der Bundesgerichtshof in der Entscheidung vom 15.5.1990 zutreffend ausgedrückt hat, besteht bei jedem Verkäufer die fast selbstverständliche Bereitschaft zum Abschluß eines Barkaufs, auch wenn sich der Verbraucher letztlich dagegen und für den vom Verkäufer vermittelten Kredit entscheidet[125].

Am Ende ist der vom Bundesgerichtshof ständig gebrauchte topos von der wechselseitigen Abhängigkeit, daß kein Vertrag ohne den anderen geschlossen worden wäre und der eine erst seinen Sinn durch den anderen erhalte, überhaupt kein Kriterium, sondern bloße Leerformel[126]. Denn die Kreditaufnahme ist nie Selbstzweck, sondern dient in aller Regel der Finanzierung eines konkret geplanten Rechtsgeschäftes des Verbrauchers. Abgesehen von Sonderfällen wie der Kreditaufnahme zur Begleichung von Schulden

---

121 Ein ausgesprochen umstrittener Punkt. Während *v. Rottenburg*, ZHR 153 (1989) 162, 171 aus der Bankenpraxis berichtet, daß die Sicherungsübereignung kaum noch vorkommt, ist ein großer Teil der Literatur der gegenteiligen Ansicht, jedenfalls im Rahmen des finanzierten Abzahlungskaufs, s. *Ott*, in: Bruchner/Ott/Wagner-Wieduwilt, § 9 VerbrKrG, RdNr. 84; MüKo-*Habersack*, § 9 VerbrKrG, RdNr. 2 und 112 und *Dauner-Lieb*, WM-Sonderbeilage 6/1991, S. 15. Der Justitiar der WKV-Bank München berichtet, daß die Sicherungsübereignung regelmäßig vereinbart wird, wenn die Bank vom Vorliegen eines finanzierten Abzahlungskaufs ausgeht, also das entsprechende Kreditvertragsformular verwendet hat. S. auch die Angabe bei *Holzscheck/Hörmann/Daviter*, Die Praxis des Konsumentenkredits, S. 266: Im Berichtszeitraum 1979/80 wurden in *33 % aller Konsumentenratenkredite* eine Sicherungsübereignung vereinbart. Diese Angabe hält *v. Rottenburg*, aaO., Fn. 31 für überholt.

122 MüKo-*Habersack*, § 9 VerbrKrG, RdNr. 32 und *Dauner-Lieb*, WM-Sonderbeilage 6/1991, S. 15.

123 *Dauner-Lieb*, aaO. Offengelassen von MüKo-*Habersack*, § 9 VerbrKrG, RdNr. 32, Fn. 104.

124 MüKo-*Habersack*, § 9 VerbrKrG, RdNr. 32 und *Dauner-Lieb*, WM-Sonderbeilage 6/1991, S. 15.

125 BGH WM 1990, 1234.

126 *Ott*, in: Bruchner/Ott/Wagner-Wieduwilt, § 9 VerbrKrG, RdNr. 53 und bereits für die alte Rechtslage *Gilles*, ZRP 1979, 265, 269. Ausführlich dazu *Dauner-Lieb*, WM-Sonderbeilage 6/1991, S. 11 f.

besteht zwischen Kreditgeschäft und Umsatzgeschäft so gut wie immer eine gewisse funktionelle Abhängigkeit[127].

Zu betonen ist, daß alle diese weniger geeigneten Kriterien allein nicht, wohl aber im Zusammenwirken mit anderen zum Vorliegen einer wirtschaftlichen Einheit führen können. Umgekehrt sind auch die geeigneten Verbindungselemente keine feststehenden Tatbestandsmerkmale eines Rechtsbegriffs "verbundenes Geschäft", sondern nur Variable, die von Fall zu Fall unterschiedliches Gewicht haben und im Einzelfall auch völlig bedeutungslos sein können[128]. Entscheidend ist, wie sie in das gesamte Vertragswerk integriert sind[129], letztlich also das Gesamtbild[130].

IV. Der Ausschluß des Verbrauchers von der freien Verfügbarkeit über die Valuta als geeignetes Indiz ?

1. Ausgangspunkt

Ausgangspunkt ist, daß § 9 Abs. 1 S. 2 VerbrKrG von seinem Wortlaut "insbesondere" nur einen Teilbereich der verbundenen Geschäfte abdecken soll und sich deshalb immer die Frage stellt, wann in den Fällen eine wirtschaftliche Einheit bejaht werden kann, in denen sich der Kreditgeber der Mithilfe des Verkäufers nicht bedient. Diese Frage stellt sich um so dringender, als sich mit den bisher aufgezeigten geeigneten und allgemein akzeptierten Indizien mehr oder weniger das gesetzliche Regelbeispiel immer bejahen läßt. Konkretisiert wird dieses Problem durch die Frage, ob der Ausschluß von der freien Verfügbarkeit über die Valuta ein eigenständiges und entscheidendes Indiz für die Bejahung einer wirtschaftlichen Einheit darstellt. Dies wird insbesondere von *Habersack* unter Berufung auf die bisherige Rechtsprechung des Bundesgerichtshofs bejaht[131].

---

127 *Dauner-Lieb*, WM-Sonderbeilage 6/1991, S. 11.

128 *Coester*, Jura 1992, 617, 619.

129 *Ott*, in: Bruchner/Ott/Wagner-Wieduwilt, § 9 VerbrKrG, RdNr. 52.

130 Erman-*Klingsporn/Rebmann*, § 9 VerbrKrG, RdNr. 5. Aus diesem Grund kann auch keine exakte Fallgruppenbildung geleistet werden.

131 In: MüKo, § 9 VerbrKrG, RdNr. 34 ff.; *ders.*, ZHR 156 (1992) 45, 53 ff. Ebenso *Emmerich*, in: Graf v. Westphalen/Emmerich/Kessler, § 9 VerbrKrG, RdNr. 41; *Coester*, Jura 1992, 617, 619; Erman-*Klingsporn/Rebmann*, § 9 VerbrKrG, RdNr. 5; *Lwowski/Peters/Göβmann*, Verbraucherkreditgesetz, S. 193 und 201; *Giesen*, Jura 1994, 194, 201 f.; *Dürbeck*, Einwendungsdurchgriff, S. 81 ff. und OLG Köln WM 1995, 611, 612 mit zustimmenden Anmerkungen von *Ott*, WuB I E 2. § 9 VerbrKrG. Dahin tendierend auch *Becker*, ZBB 1992, 214, 215. Nach Angabe von *Holzscheck/Hörter/Daviter*, Die Praxis des Konsumentenkredits, S. 269 waren im Berichtszeitraum

Dagegen wendet sich vor allem *Dauner-Lieb*, die den Ausschluß von der freien Verfügbarkeit als ein völlig ungeeignetes Kriterium ansieht und das im gesetzlichen Regelbeispiel zum Ausdruck kommende arbeitsteilige Zusammenwirken von Kreditgeber und Verkäufer zwecks gegenseitiger Umsatzsteigerung in jedem Fall für unverzichtbar hält[132]. Eine Entscheidung über diesen Streit soll durch eine Auslegung der Norm ermöglicht werden.

2. *Rückblick auf die jüngste Rechtsprechung des Bundesgerichtshofs*

Der Bundesgerichtshof maß dem Merkmal des Ausschlusses von der freien Verfügbarkeit über die Valuta in den jüngsten Entscheidungen immer stärkeres Gewicht zu[133]. Zentrale Entscheidung war das Urteil vom 6.12.1979[134], mit dem der Bundesgerichtshof das bis dahin von ihm ausdrücklich geforderte Verbindungselement der Sicherungsübereignung der finanzierten Sache für das Vorliegen einer wirtschaftlichen Einheit zwischen Kauf- und Kreditvertrag aufgab und an deren Stelle[135] dem nach dem Sachverhalt vorliegenden Merkmal des Ausschlusses von der freien Verfügbarkeit entscheidende Bedeutung zukommen ließ[136]. In der Folgezeit wirkte das Merkmal der fehlenden Dispositionsbefugnis wie früher die dauernde Geschäftsbeziehung und die Sicherungsübereignung geradezu als konstante Klammer für das Vorliegen eines finanzierten Rechtsgeschäfts[137]. Es wurde sogar die Ansicht vertreten, daß es in keiner Entscheidung, in

---

1979/80 in 10 % aller Konsumentenkredite der Ausschluß von der freien Verfügbarkeit über die Valuta gegeben.

132 WM-Sonderbeilage 6/1991, S. 13 ff.; *dies.*, EWiR 1995, 305, 306 (Anmerkungen zum Urteil des OLG Köln WM 1995, 611). Ihr folgend *Lieb*, in: Hadding/Hopt, Das neue Verbraucherkreditgesetz, S. 91, 96, Fn. 18 (= WM 1991, 1533, 1535, Fn. 18); *ders.*, ebenda, S. 115, 117; *Marloth-Sauerwein*, Leasing und das Verbraucherkreditgesetz, S. 118 und *Vortmann*, Aktuelle Rechtsfragen, RdNr. 225 f.
Für eine noch einschränkendere Auslegung des § 9 Abs. 1 VerbrKrG, allerdings unter europarechtlichen Gesichtspunkten, *M. Wolf*, in: FS für Heinsius, S. 967 ff., insbes. S. 974 ff., der die wirtschaftliche Einheit nur bejahen will, wenn der Kreditgeber die Lieferantenrolle in seiner Geschäftsgestaltung planmäßig zu seinem Vorteil benutzt.

133 Zutreffend MüKo-*Habersack*, § 9 VerbrKrG, RdNr. 34.

134 BGH WM 1980, 159, 160.

135 *Dauner-Lieb*, WM-Sonderbeilage 6/1991, S. 10 spricht von einem "Ersatz".

136 In der gleichen Entscheidung ließ der BGH ausdrücklich offen, ob ein finanzierter Abzahlungskauf *nur* beim Vorliegen des Merkmals des Ausschlusses von der freien Verfügbarkeit gegeben sei oder ob an dessen Stelle nicht auch andere Umstände treten könnten. Nicht derart explizit, aber doch schon sehr ähnlich BGH WM 1979, 1180, 1181 f., nachdem schon in der "1. Waschsalonentscheidung" BGH WM 1978, 459, 460 auf die Bedeutung des Merkmals des Ausschlusses von der freien Verfügbarkeit hingewiesen worden war.

137 MüKo-*Habersack*, § 9 VerbrKrG, RdNr. 34; *ders.*, ZHR 156 (1992) 45, 54. Das belegen die Urteile BGH WM 1980, 620, 622 (finanzierter Organisationsleitervertrag); BGH WM 1982,

denen eine wirtschaftliche Einheit bejaht wurde, gefehlt habe[138]. Bereits dieser Umstand spricht entscheidend für die Berücksichtigung dieses Verbindungselementes, insbesondere deshalb, weil der Gesetzgeber den Begriff des verbundenen Geschäfts in Übereinstimmung mit der höchstrichterlichen Rechtsprechung definieren und an dieser Stelle keinesfalls hinter dem bereits erreichten Standard zurückbleiben wollte[139].

3. *Wortlaut und systematische Auslegung*

Der Wortlaut der Norm ist insoweit für die Berücksichtigung dieses Merkmals offen, als mit dem Ausdruck "insbesondere" in § 9 Abs. 1 S. 2 VerbrKrG keine abschließende Aufzählung der das Vorliegen einer wirtschaftlichen Einheit rechtfertigenden Umstände angeordnet worden ist[140]. *§ 9 Abs. 1 VerbrKrG enthält keinen subsumtionsfähigen Tatbestand, sondern beschreibt lediglich einen normativen Gestalttypus der finanzierten Rechtsgeschäfte*[141]. Nicht Subsumtion, sondern Zuordnung konkreter vertraglicher Beziehungen von drei Beteiligten zu diesem Typus ist gefragt. Bereits diese Feststellungen sprechen gegen die Auffassung, daß in jedem Fall ein arbeitsteiliges Zusammenwirken von Kreditgeber und Verkäufer vorliegen müsse, führt diese Ansicht doch letztendlich dazu, aus dem gesetzlichen Regelbeispiel eine abschließende Regelung zu machen[142]. Der Gesetzgeber hat aber gerade nicht formuliert: "Eine wirtschaftliche Einheit ist *nur* anzunehmen, wenn ...", sondern "Eine wirtschaftliche Einheit ist *insbesondere* anzunehmen, wenn ...". Auch aus der Tatsache, daß sich die Zweckbestimmung des Kredits allein aus dem Kreditverhältnis ergibt[143], läßt sich für den Begriff der wirtschaft-

---

658 f.; BGH WM 1983, 212; BGH WM 1983, 786, 787; BGH WM 1984, 649; BGH WM 1984, 986, 988 (finanzierter Werkvertrag über die Errichtung eines Fertighauses); OLG Hamm und BGH WM 1985, 1100 ff.; BGH WM 1987, 401, 402 (finanzierter Kauf einer Privatschule); BGH WM 1988, 1328, 1329 und BGH WM 1992, 1355, 1358 (finanzierte Altersversorgung über eine Beteiligungsgesellschaft, Altfall), in denen jeweils die entscheidende Bedeutung des Merkmals des Ausschlusses von der freien Verfügungsbefugnis hervorgehoben wurde.

138 *Gernhuber*, Das Schuldverhältnis, § 31 II 7 b (S. 718). Diese Ansicht ist bei genauer Durchsicht der neueren Urteile nicht voll überprüfbar. Denn in einigen Entscheidungen wurde der Ausschluß von der freien Verfügbarkeit über die Valuta als zentrales Verbindungselement nicht oder nicht ausdrücklich genannt, s. BGH WM 1982, 150 f. (finanzierter Werkvertrag über die Errichtung eines Tennisplatzes); BGH WM 1984, 1128 oder BGH WM 1987, 365.

139 Begr. RegE, BT-DS 11/5462, S. 23 (= Anhang, S. 434).

140 Zutreffend MüKo-*Habersack*, § 9 VerbrKrG, RdNr. 34.

141 *Coester*, Jura 1992, 617, 619 m.w.N.

142 So *Dauner-Lieb*, WM-Sonderbeilage 6/1991, S. 14 und ganz offen *Lieb*, in: Hadding/Hopt, Das neue Verbraucherkreditgesetz, S. 91, 96, Fn. 28 (= WM 1991, 1533, 1535, Fn. 18): "Die Verbindung von Kauf- und Kreditvertrag des § 9 Abs. 1 S. 1 folgt vielmehr lediglich aus der allein nach § 9 Abs. 1 S. 2 zu beurteilenden wirtschaftlichen Einheit zwischen Kreditgeber und Verkäufer."

143 S.o. S. 79 f.

lichen Einheit nicht etwa im Wege eines Umkehrschlusses entnehmen, daß dort allein die Beziehung zwischen Kreditgeber und Verkäufer entscheidend sei und das Rechtsverhältnis zwischen Kreditgeber und Verbraucher überhaupt keine Rolle spielen soll.

4. Historische Auslegung

a. Die EG-Richtlinie

In Brüssel stand von Anfang an und bis zuletzt das arbeitsteilige Zusammenwirken zwischen Kreditgeber und Verkäufer im Mittelpunkt der Begründung einer wirtschaftlichen Einheit von Kauf- und Kreditvertrag. Bereits im Richtlinienvorschlag vom 27.2.1979 war ein Zusammenarbeiten zwischen Kreditgeber und Lieferer einer Sache oder von Leistungen i.S.v. Art. 1 Abs. 3 lit. b zwingend erforderlich, sollte der Verbraucher über einen Einwendungsdurchgriff gemäß Art. 13 geschützt werden[144]. Dabei sollte gemäß der Begründung eine allgemeine und nicht auf das spezielle Geschäft abgestimmte Abrede zur Zusammenarbeit (etwa in einem Rahmenvertrag) ausreichen[145]. Weiter wurde dort ausgeführt, daß auf einzelne Tatumstände, die für den Verbraucher oft nur schwer erkennbar seien, nicht abgestellt werden solle, sondern bewußt auf das objektive Merkmal der Zusammenarbeit[146]. Dieses Konzept wurde vom Änderungsvorschlag der Kommission vom 22.6.1984 übernommen[147] und in die verbindliche EG-Richtlinie vom 22.12.1986 sogar noch verschärft integriert: Denn nach Art. 11 Abs. 2 S. 1 lit. b[148] soll der Verbraucher gegenüber dem Kreditgeber nur dann Rechte geltend machen können, wenn zwischen jenem und dem Lieferanten eine *vorherige Abmachung* besteht, nach der

---

144 ABl. der EG Nr. C 80/5 - 8 vom 27.3.1979 (= Anhang, S. 410). Ein noch früherer Entwurf stellte eine Vermutung für einen Zusammenhang zwischen Kauf- und Kreditvertrag auf, wenn Kreditgeber und Verkäufer über Aktienmehrheiten miteinander verflochten waren, so *Reifner*, Alternatives Wirtschaftsrecht, S. 224.

145 Abgedruckt in BT-DS 8/2953, S. 8.

146 Kritisch zum Vorhandensein einer Geschäftsverbindung zwischen Lieferer und Kreditgeber als alleiniges Kriterium und für das Abgrenzungsmerkmal der fehlenden Verfügungsbefugnis über die Valuta plädierend *Marschall v. Bieberstein*, Der finanzierte Abzahlungskauf, S. 35 und *Münstermann*, TZW 1978/4, 30 f. (letzterer zum an dieser Stelle gleichlautenden Vorentwurf der Kommission vom März 1977).

147 ABl. der EG Nr. C 183/14 vom 10.7.1984 (= Anhang, S. 412 f.). Dort hieß es auf Vorschlag des Europäischen Parlaments vom 11.2.1983 (ABl. der EG Nr. C 68/97 vom 14.3.1983) jetzt "Vereinbarung zwischen Lieferer und Kreditgeber". Kritisch dazu der Deutsche Bundesrat in seiner Stellungnahme vom 29.11.1985, BR-DS 174/85 (Beschluß), S. 5 und *Reifner*, in: Hörmann, Verbraucherkredit und Verbraucherinsolvenz, S. 621, 634.

148 ABl. der EG Nr. L 42/51 vom 12.2.1987 (= Anhang, S. 414).

Kredite an Kunden des Lieferanten *ausschließlich*, also im Sinne eines Alleinvertriebsvertrages[149] vom Kreditgeber bereitgestellt werden[150].

b. Der Entwurf eines § 1 c AbzG

Ganz anders verlief dagegen die nationale Entstehungsgeschichte in der Frage, wann eine wirtschaftliche Einheit von Kauf- und Kreditvertrag als Voraussetzung des Einwendungsdurchgriffs anzunehmen sei. Bei der ersten erwähnenswerten Initiative zur Regelung des finanzierten Abzahlungskaufs schlug der Rechtsausschuß des Deutschen Bundestages am 11.12.1973 die Einfügung eines § 1 c AbzG vor[151]. Die Norm sollte wie folgt lauten: "Dient ein Kreditvertrag mit Wissen des Darlehensgebers und des Verkäufers der Abwicklung eines bestimmten Kaufvertrages, so sind der Kreditvertrag und der Kaufvertrag für die Anwendung dieses Gesetzes wie ein einheitlicher Vertrag zu behandeln." Demnach sollte schon bereits die Kenntnis des Kreditgebers (und des Verkäufers) vom Verwendungszweck zur Bejahung der wirtschaftlichen Einheit ausreichend sein. Wichtig ist jedoch, daß es dem Rechtsausschuß mit der Einfügung dieser Vorschrift lediglich darum ging sicherzustellen, daß sich das gleichzeitig einzuführende Widerrufsrecht gemäß § 1 b AbzG gerade auch auf den finanzierten Abzahlungskauf beziehe. Keinesfalls sollte eine abschließende Regelung bezüglich der Frage, in welchen Fällen des finanzierten Abzahlungskaufs die Vorschriften des Abzahlungsgesetzes anzuwenden seien, noch generell eine Regelung über den Einwendungsdurchgriff getroffen werden[152]. Jedenfalls scheiterte die Einfügung des § 1 c AbzG an Bedenken des Bundesrates, die Rechtsprechung könnte diese Norm als abschließende Regelung ansehen[153].

c. Der Regierungsentwurf zu § 607 a BGB

Nach dem Referentenentwurf vom Januar 1978[154] war eine wirtschaftliche Einheit gemäß § 607 Abs. 2 insbesondere anzunehmen, wenn der Kreditgeber die Valuta zur

---

149 *Scholz*, FLF 1987, 83, 86.

150 Das zusätzliche Merkmal der "ausschließlichen" Kreditgewährung bedauerte selbst der "Vater" der EG-Richtlinie *Latham*, RevMC 1988, 219, 224.

151 Bericht und Antrag des Rechtsausschusses, BT-DS 7/1398, S. 8 (= Anhang, S. 415 f.).

152 BT-DS 7/1398, S. 4 (= Anhang, S. 415 f.).

153 Der Auffassung des Bundesrates schloß sich der Bundestag an, s. die Begründung des nachfolgenden RegE zu § 607 a BGB, BT-DS 8/3212, S. 9 f. Dagegen wurde das Widerrufsrecht gemäß § 1 b AbzG mit Wirkung vom 1.10.1974 Gesetz.

154 Abgedruckt bei *Scholz*, TZW 1978/4, 26.

Erfüllung der Kaufpreisforderung unmittelbar an den Verkäufer leistet (Nr. 1), oder wenn das Darlehen nur zur Erfüllung der bestimmten Kaufpreisforderung verwendet werden darf (Nr. 2), oder wenn das Darlehen auf Grund eines Zusammenwirkens zwischen Kreditgeber und Verkäufer im Einzelfall oder auf Grund dauernder Geschäftsverbindung zwischen diesen zum Zwecke der Kaufpreiszahlung gewährt wird (Nr. 3). Nach den ersten beiden Alternativen wurde also entscheidend auf das Rechtsverhältnis zwischen Kreditgeber und Kreditnehmer abgestellt. Dies ging zweifellos auf den Reformvorschlag des vorbereitenden Gutachtens von *Marschall v. Bieberstein* zurück, der den Ausschluß des Kreditnehmers von der freien Verfügbarkeit über die Valuta maßgeblich für die Begründung des Einwendungsdurchgriffs heranziehen wollte (Begriff des "zweckgebundenen Kredits")[155].

Nach heftiger Kritik an der diesbezüglichen Regelung des Referentenentwurfs[156] wurden im Regierungsentwurf zu § 607 a BGB vom 11.5.1979 Nr. 1 und 2 des Referentenentwurfs gestrichen[157]. Übrig blieb nur noch die Nr. 3 des Referentenentwurfs, d.h. ein einheitlicher wirtschaftlicher Vorgang war gemäß § 607 a Abs. 2 RegE "insbesondere anzunehmen, wenn das Darlehen dem Käufer auf Grund eines Zusammenwirkens zwischen dem Darlehensgeber und dem Verkäufer im Einzelfall oder auf Grund dauernder Geschäftsverbindung zwischen diesen zum Zwecke der Kaufpreiszahlung gewährt wird". Trotz dieser Streichung sollte jedoch das Rechtsverhältnis zwischen Kreditgeber und Kreditnehmer zur Bejahung einer wirtschaftlichen Einheit weiterhin herangezogen werden. In der Begründung des Regierungsentwurfs wurde nämlich ausdrücklich erwähnt, daß der einheitliche wirtschaftliche Vorgang in § 607 a Abs. 2 RegE lediglich anhand zweier Beispielfälle, unter Betonung auf das Wort "insbesondere" aber keinesfalls abschließend konkretisiert werde[158]. Im Gegenteil sollte es den Gerichten wie bisher vorbehalten bleiben, die wirtschaftliche Einheit auf Grund der Würdigung der Umstände im Einzelfall auch dann zu bejahen, wenn ein Zusammenwirken zwischen Darlehensgeber und Verkäufer nicht festgestellt werden könne. Dabei konnte ein wesentliches Indiz eine "im Darlehensvertrag festgelegte Zweckbestimmung bilden, nach der das Darlehen nur zur Erfüllung einer bestimmten Kaufpreisforderung verwendet werden darf."[159] Eindeu-

---

155 Gutachten, S. 203 ff. Dabei wollte *Marschall v. Bieberstein* die Beziehung Kreditgeber - Verkäufer nicht gänzlich ausblenden. Er bejahte eine wirtschaftliche Einheit auch dann, wenn sich der Kreditgeber der Mitwirkung der Lieferers bei der Vorbereitung oder dem Abschluß des Kreditvertrags bedient, aaO., S. 205 f. (unter hh).

156 *J.-A. Weber*, Die Bank 1978, 451, 453 f.; *Münstermann*, TZW 1979, 97, 99 und vor allem *Jung*, BB 1979, 1690, 1692 f. Begrüßend dagegen *Gilles*, ZRP 1979, 265, 269.

157 BT-DS 8/3212, S. 4 (= Anhang, S. 417).

158 BT-DS 8/3212, S. 12.

159 AaO., S. 12.

tig abgelehnt wurde hingegen das noch beim Entwurf des § 1 c AbzG ausschlaggebende Kriterium der bloßen Kenntnis des Kreditgebers (und des Verkäufers) von der Finanzierung[160]. Auch gegen § 607 a Abs. 2 RegE gab es insbesondere wegen der Unschärfe des Begriffs der wirtschaftlichen Einheit massive Kritik[161].

d. Der 53. Deutsche Juristentag 1980

Auf dem 53. Deutschen Juristentag 1980 in Berlin war die Frage, in welchen Fällen eine wirtschaftliche Einheit als Voraussetzung des Einwendungsdurchgriffs bejaht werden kann, äußerst umstritten. Angeführt vom Gutachter *Hadding*[162] hielt ein Teil der Teilnehmer als das entscheidende Rechtsverhältnis dasjenige zwischen Kreditgeber und Kreditnehmer und wollte die wirtschaftliche Einheit immer dann bejahen, wenn der Käufer/Kreditnehmer rechtlich oder tatsächlich von der freien Verfügung über die Valuta ausgeschlossen worden ist[163]. Diametral entgegengesetzt plädierten andere Teilnehmer dafür, die wirtschaftliche Einheit allein durch das Verhältnis zwischen Kreditgeber und Verkäufer bestimmen zu lassen, insbesondere also dann zu bejahen, wenn Bank und Verkäufer arbeitsteilig in laufender Geschäftsbeziehung[164] oder auch nur im Einzelfall[165] zusammenarbeiten. Am Ende standen Teilnehmer, die nicht etwa als Kompromiß zwischen den Positionen, sondern als klare Verschärfung beide Rechtsverhältnisse kumulativ heranziehen wollten[166]. Ein dahingehender Antrag[167] fand bei der Abstimmung die Mehrheit, so daß der Beschluß des Juristentages lautete: "Der Einwendungsdurchgriff ist

---

160 BT-DS 8/3212, S. 12. Begründet wurde dies damit, daß die Kenntnis in den Fällen eines echten Personalkredits für die Bejahung der wirtschaftlichen Einheit nicht ausreiche, in denen der Käufer den Verkäufer und den Kreditgeber aus eigenen Antrieb von der Kreditaufnahme für einen bestimmten Zweck unterrichte.

161 *Gilles*, ZRP 1979, 265, 269; *Scholz*, MDR 1980, 184, 187 ("Steine statt Brot"); *ders.*, BB 1980, 556, 557 f.; *Bender*, NJW 1980, 1129, 1135; *Hadding*, Gutachten, S. 329 und 334 ff.; *Vollkommer/Koch*, Jura 1980, 469, 476 f. und noch *H. Weber*, ZRP 1982, 305, 310. Kritisch zum gesamten Regierungsentwurf zu § 607 a BGB, da inhaltlich nicht weit genug und formal ungenügend *Reifner*, Alternatives Wirtschaftsrecht, S. 170 ff. ("Monstrum" von 299 Worten).

162 Gutachten, S. 336 ff. und S. 348 f.; *ders.*, in: Verhandlungen des 53. Deutschen Juristentages, Band II (Sitzungsberichte), K 235 f.

163 *Marschall v. Bieberstein*, in: Verhandlungen des 53. Deutschen Juristentages, Band II (Sitzungsberichte), K 221 und K 228 f. und der Antrag unter IX. (1) a), aaO., K 247.

164 *Dauner*, aaO., K 218 f.; *Lieb*, aaO., K 226 ff.; dessen Antrag unter IX. (1) c), aaO., K 247 und wohl auch der 1. Referent *Hiddemann*, aaO., K 27 f.

165 *Münstermann*, aaO., K 225 und dessen Antrag unter IX. (1) b), aaO., K 247.

166 So der 2. Referent *Scholz*, aaO., K 57 ff. und *Schröter*, aaO., K 222 f. sowie bereits *Scholz*, JZ 1975, 727, 729; *ders.*, MDR 1980, 184, 188; *Gundlach*, Konsumentenkredit, S. 240 f. und *Canaris*, ZIP 1980, 709, 721.

167 Von *Schröter* unter IX. (1) d), aaO., K 247 f.

nur zuzulassen, wenn das Darlehen dem Käufer auf Grund eines Zusammenwirkens zwischen dem Darlehensgeber und dem Verkäufer im Einzelfall oder auf Grund dauernder Geschäftsverbindung zwischen diesen zum Zwecke der Kaufpreiszahlung gewährt wird, *und* dem Darlehensnehmer die Dispositionsbefugnis über die Kreditvaluta genommen ist."[168] Damit fand der Juristentag eine Formulierung, die erheblich hinter der damaligen Rechtsprechung des Bundesgerichtshofs lag, insbesondere hinter der erwähnten Entscheidung vom 6.12.1979[169]. In der Literatur blieb die Frage der fehlenden Verfügungsbefugnis als Kriterium für die Bejahung der wirtschaftlichen Einheit auch weiterhin umstritten[170].

e. Das Verbraucherkreditgesetz

Die deutlich restriktive Tendenz des Beschlusses des 53. Deutschen Juristentages fand ebensowenig wie die noch engere Vorgabe der EG-Richtlinie (vorherige und ausschließliche Abmachung) bei der Entstehung des Verbraucherkreditgesetzes Widerhall. Bereits nach § 8 Abs. 1 des 1. Referentenentwurfs mußte für den Tatbestand des verbundenen Geschäfts zum einen die Zweckbestimmung, die nicht gleichzusetzen ist mit der fehlenden Verfügungsbefugnis[171], zum anderen die wirtschaftliche Einheit vorliegen[172]. Gegen diese Formulierung gab es starke Kritik, insbesondere von der Kreditgeberseite[173]. Kri-

---

168 In: Verhandlungen des 53. Deutschen Juristentages, Band II (Sitzungsberichte), K 258 unter IX. (1) d), Hervorhebung vom Verfasser. Auf diesen Beschluß beruft sich für die neue Rechtslage gerade auch *Dauner-Lieb*, WM-Sonderbeilage 6/1991, S. 14, Fn. 134, was nicht überrascht.

169 S. dazu die Kritik von *Hadding*, aaO., K 235 mit einer Replik von *Scholz*, aaO., K 241 f.

170 Für die Berücksichtigung als entscheidendes Kriterium z.B. *Marschall v. Bieberstein*, Der finanzierte Abzahlungskauf, S. 34 f.; *Denck*, MDR 1980, 709, 712; *H. Weber*, ZRP 1982, 305, 311; *Holzscheck/Hörter/Daviter*, Die Praxis des Konsumentenkredits, S. 267 f.; *Baudenbacher*, JZ 1985, 661, 664; Soergel-*Hönn*, Anhang zu § 6 AbzG, RdNr. 16 f. und vor allem *Gernhuber*, Das Schuldverhältnis, § 31 II 1, 2 und 7 (S. 712 f. und 718) in Form des sog. Finalnexus.
Für die Berücksichtigung der fehlenden Verfügungsbefugnis neben dem arbeitsteiligen Zusammenwirken, d.h. kumulativ und teilweise entschieden gegen eine totale Verabsolutierung z.B. *Larenz*, SchuldR II, § 63 I b (S. 447); *Canaris*, Bankvertragsrecht, RdNr. 1480 (bezügl. der Anwendung des AbzG, dagegen nicht für den Einwendungsdurchgriff); *Knauth*, Die Bank 1982, 31, 36; *Dauner-Lieb*, Verbraucherschutz, S. 93, Fn. 155 und *Hopt/Mülbert*, Kreditrecht, Vorb. zu §§ 607 ff. BGB, RdNr. 447 f.

171 S.o. S. 81.

172 ZIP 1988, 1215 ff. (mit Allgemeinbegründung sowie vollständig im Anhang, S. 418 ff.).

173 *Steppeler*, Sparkasse 1989, 76, 78; *Scholz*, MDR 1989, 1054, 1056 f.; *ders.*, in: Hadding/Hopt, Verbraucherkreditrecht, AGB-Gesetz und Kreditwirtschaft, S. 63, 66; *ders.* in der Beantwortung des Fragenkatalogs des Rechtsauschusses des Deutschen Bundestages zur öffentlichen Anhörung am 1.6.1990, S. 6 und daselbst, Stenographisches Protokoll von der 86. Sitzung des Rechtsausschusses, S. 64 (beides im Anhang, S. 437 ff.); Stellungnahme des Bankenfachverbandes zum 1. RefE vom 14.9.1988, S. 8 (= Anhang, S. 421 f.); zum 2. RefE vom 24.4.1989, S. 5 (= Anhang,

tisiert wurde einerseits das Hinausgehen über die Vorgabe der EG-Richtlinie, andererseits die Übernahme des von der Rechtsprechung geprägten Begriffs der wirtschaftlichen Einheit wegen der dort auftauchenden Unklarheiten und Unpraktikabilitäten. Auch die in § 8 Abs. 1 S. 2 RefE zum Ausdruck kommende Anlehnung an das nicht mehr so typische B-Geschäft rief Kritik hervor[174]. Der Gesetzgeber wurde aus Rechtssicherheitsgründen gerade wegen der einschneidenden Konsequenzen des Einwendungsdurchgriffs und der Rückabwicklungspflicht beim Widerruf aufgefordert, eine eindeutige gesetzliche Regelung der tatbestandlichen Voraussetzung der wirtschaftlichen Einheit zu schaffen, am besten an der EG-Richtlinie orientiert, jedenfalls aber entsprechend dem restriktiven Beschluß des 53. Deutschen Juristentages[175].

Die Kritik von Kreditgeberseite fand beim Gesetzgeber kein Gehör. § 9 Abs. 1 VerbrKrG wurde so verabschiedet wie er bereits im 1. Referentenentwurf gelautet hatte. Damit ergibt sich nach der historischen Auslegung, daß der Gesetzgeber allen aufgezeigten restriktiven Tendenzen eine deutliche Absage erteilte. Zu erwähnen ist auch, daß ein Teil der Literatur das Gesetz nach dessen Inkrafttreten an dieser Stelle für bestimmt genug hält, insbesondere deshalb, weil der Bundesgerichtshof durch eine Vielzahl von Entscheidungen im wesentlichen geklärt habe, wann eine wirtschaftliche Einheit gegeben sei[176].

S. 430 f.) und zum RegE vom 22.12.1989, FLF 1990, 31, 32 (= Anhang, S. 435 ff.) sowie Beantwortung des o.g. Fragenkatalogs durch den Bankenfachverband, S. 4 (= Anhang, S. 443 f.).

174 *Scholz*, MDR 1989, 1054, 1056 f. und *Reinking/Bexen*, DAR 1990, 289, 290.

175 So insbes. der Bankenfachverband vom 14.9.1988, S. 8 ff. (= Anhang, S. 421 f.); ders. vom 22.12.1989, FLF 1990, 31, 32 (= Anhang, S. 435 ff.) und *Scholz*, MDR 1989, 1054, 1056 (s. bereits *dens.*, MDR 1988, 730, 734 in der Zeit des 1. RefE).
S. auch noch nach Inkrafttreten des Gesetzes die Grundsatzkritik von *Coester*, Jura 1992, 617, 618 und vor allem von *Dauner-Lieb*, WM-Sonderbeilage 6/1991, S. 6 f. Letztere wirft dem Gesetzgeber nicht nur die Übernahme des von der nicht ohne weiteres subsumierbaren Rechtsprechung geprägten Begriffs der wirtschaftlichen Einheit vor, sondern vor allem das Unterlassen, aus den bisherigen wissenschaftlichen Vorarbeiten eine eigene, wertungsmäßig überzeugende Lösung entwickelt und damit gleichzeitig der Praxis einen dem Gebot der Rechtssicherheit genügenden Orientierungsmaßstab gegeben zu haben. Darüber hinaus wirft sie die grundsätzliche Frage auf, ob es gerechtfertigt sei, so unterschiedliche Instrumente wie das erweiterte Widerrufsrecht und den Einwendungsdurchgriff in einer Regelung zusammenzufassen und von einem einheitlichen Begriff der wirtschaftlichten Einheit abhängig zu machen.

176 So der (damalige) Vors. des Rechtsausschusses des Bundestages *Helmrich* (Helmrich/Seeliger), AnwBl. 1992, 103, 104; *Reinicke/Tiedtke*, ZIP 1992, 217, 222 und *Heise*, JA 1993, 65, 69.

5. *Teleologische Auslegung*

Entscheidende Bedeutung muß am Ende die Beantwortung der Frage haben, um was es beim Ausschluß von der freien Verfügbarkeit über die Valuta überhaupt geht: Natürlich verfolgt der Kreditgeber damit in erster Linie ein legitimes Sicherungsinteresse, indem er dem Verbraucher vorschreibt, das Darlehen wirklich wie geplant zur Anschaffung eines - ihm u.U. auch zur Sicherheit zu übereignenden - Gegenstandes zu verwenden und nicht in die Spielbank zu tragen oder auch nur zur Abdeckung von Schulden zu verwenden[177]. Ist bereits durch den Kreditvertrag allein die unmittelbare Auszahlung der Valuta an den Verkäufer vorgesehen, kontrolliert gleichzeitig aber auch der Kreditgeber und nicht mehr der Verbraucher den Verwendungszweck[178]. Damit weicht dieser Kredit, wie bereits dargestellt[179], vom Leitbild des in §§ 607 ff. BGB geregelten Darlehens entscheidend ab, weil der Anspruch des Verbrauchers von vornherein nicht auf Überlassung der Valuta zu seiner freien Disposition gerichtet ist, sondern mit dem finanzierten Geschäft steht und fällt[180]. Besorgt der Verkäufer die Finanzierung des Kaufpreises über einen Kreditgeber, und soll wie im praktischen Regelfall nach dem Kreditvertrag eine Direktüberweisung erfolgen, ist auch gleichzeitig der Anspruch des Verkäufers gegen den Verbraucher auf Kaufpreiszahlung insofern verkürzt, als er vom Verbraucher nicht die Zahlung aus dessen Eigenmitteln, sondern nur die vom Kreditgeber zu überweisenden Valuta verlangen kann[181]. Wenn aber der Kreditgeber allein in seinem Sicherungsinteresse dergestalt den Verwendungszweck des Kredits kontrolliert und die Valuta als solche zu keinem Zeitpunkt in das Vermögen des Verbrauchers fließt, erscheint es auch gerechtfertigt, ihn über den Einwendungsdurchgriff das Risiko tragen zu lassen, daß sich aus dem finanzierten Rechtsgeschäft Störungen ergeben[182]. Denn er hat ja die freie Wahl. Das gilt um so mehr, als die fehlende Dispositonsbefugnis den Verbraucher in zusätzliche Gefahren bringen kann. Man denke an die Fälle der Zahlung vor Lieferung oder an die Fälle, in denen die Überweisung so früh erfolgt, der Verbraucher Mängel aber nicht sogleich erkennen konnte. Wenn er dagegen die Valuta erst auf seinem Konto gehabt hätte, hätte

---

177 Zutreffend insofern *Canaris*, ZIP 1980, 709, 721 und *Dauner-Lieb*, WM-Sonderbeilage 6/1991, S. 15.

178 *Marschall v. Bieberstein*, Gutachten, S. 203.

179 S.o. S. 81.

180 *Habersack*, ZHR 156 (1992) 45, 54.

181 *Habersack*, ZHR 156 (1992) 45, 54.

182 MüKo-*Habersack*, § 9 VerbrKrG, RdNr. 34 und *Marschall v. Bieberstein*, Gutachten, S. 203. Dogmatisch interessant sind auch die Ausführungen von *Hadding*, in: Verhandlungen des 53. Deutschen Juristentages, Band II (Sitzungsberichte), K 235 f., der darauf hinwies, daß es sich eigentlich nicht mehr um einen Einwendungs*durchgriff* handele, wenn man die entscheidenden Argumente für seine Zulässigkeit aus dem Kreditverhältnis selbst herleite.

er u.U. erst später oder gar nicht an den Verkäufer gezahlt[183]. Wortlaut, Entstehungsgeschichte und auch Sinn und Zweck sprechen damit deutlich für die Berücksichtigung dieses Merkmals als eigenständiges und wichtiges Indiz für das Vorliegen einer wirtschaftlichen Einheit[184]. Entgegen der Ansicht von *Dauner-Lieb* ist ein arbeitsteiliges Zusammenwirken zwischen Verkäufer und Kreditgeber für die Bejahung des Tatbestands des § 9 Abs. 1 S. 1 VerbrKrG nicht erforderlich.

6. *Fallgruppen der fehlenden Verfügungsbefugnis und Ergebnis*

Fraglich ist, in welchen Fällen der Ausschluß des Verbrauchers von der freien Verfügbarkeit über das Darlehen und die damit verbundene Kontrolle des Kreditgebers über den Verwendungszweck der Valuta bejaht werden kann. Eindeutig ist dies im bereits geschilderten Fall, in dem der Kreditvertrag bereits den Ausschluß von der freien Verfügung und eine Direktüberweisung der Valuta an den Verkäufer vorsieht. Aber auch in dem Fall, in dem sich der Kreditgeber die Möglichkeit der Verwendungskontrolle de facto erhält, etwa wenn er mit dem Verbraucher zwar einen "Personalkredit" abschließt und die Valuta auf ein Konto des Verbrauchers übertragen soll, gleichzeitig sich aber einen unwiderruflichen Überweisungsauftrag an den bestimmten Verkäufer unterschreiben läßt, ist die Möglichkeit einer Verwendungskontrolle gegeben[185]. Und auch in den Fällen, in denen der Kreditgeber dem Verbraucher die Valuta bar auszahlt und so eine zweckwidrige Verwendung nicht verhindern kann, der Verbraucher aber bei Nichtbefolgen mit Konsequenzen wie etwa einem Kündigungsrecht zu rechnen hat, ist eine Verwendungskontrolle des Kreditgebers und damit der Ausschluß von der freien Verfügbarkeit zu bejahen[186]. An eine derartige bloß schuldrechtliche Zweckbindung ohne zugegebener-

---

183 *Marschall v. Bieberstein*, in: Verhandlungen des 53. Deutschen Juristentages, Band II (Sitzungsberichte), K 221. Dieser Umstand wurde ausdrücklich in der Entscheidung BGH WM 1982, 658 f. betont, in der der Verkäufer nach der Direktüberweisung der Valuta in Konkurs fiel und den gekauften Briefmarkenpäckchenautomaten nicht mehr lieferte. Ebenso mit fast identischem Sachverhalt BGH WM 1983, 212 f.

184 Damit wird gleichzeitig untermauert, daß das erste Tatbestandsmerkmal der Zweckbestimmung nicht mit dem Ausschluß von der freien Verfügbarkeit gleichgesetzt werden kann, da letzteres Merkmal anderenfalls nicht mehr zur Begründung der wirtschaftlichen Einheit übrigbliebe und dies insofern hinter dem von der Rechtsprechung bereits erreichten Standard zurückbliebe, zutreffend *Habersack*, ZHR 156 (1992) 45, 54 f.

185 *Marschall v. Bieberstein*, Gutachten, S. 204 (unter bb) und *Gernhuber*, in: FS für Larenz 1973, S. 455, 474 f.; *ders.*, Das Schuldverhältnis, § 31 II 2 (S. 713). S. auch den Sachverhalt bei BGH WM 1970, 219.

186 MüKo-*Habersack*, § 9 VerbrKrG, RdNr. 36; *Marschall v. Bieberstein*, Gutachten, S. 204 (unter cc); *Canaris*, Bankvertragsrecht, RdNr. 1480 und bereits BGH WM 1971, 1265, 1266. Dort wurde dem Käufer/Kreditnehmer die Valuta vom Kreditgeber ausgezahlt lediglich mit der Maßgabe,

maßen effektive Kontrollmöglichkeit des Kreditgebers halten sich so gut wie alle Verbraucher, so daß ihre Nichtberücksichtigung allein dem oftmals von Umgehungsgedanken geprägten Handeln des Kreditgebers Vorschub leisten würde. Dagegen ermöglicht die bloße Direktüberweisung der Valuta an den Verkäuer als solche dem Kreditgeber keine Verwendungskontrolle[187]. Sie ist höchstens ein Indiz dafür[188].

Bis heute zu beachten ist auch die Entscheidung des OLG Stuttgart vom 24.11.1976[189]. Dort bejahte das Gericht eine Verwendungskontrolle des Kreditgebers, obwohl ein "Personalkredit" geschlossen wurde: Ein Verkäufer verkaufte einem Ehepaar ein Folienschweißgerät zum Tütenkleben in Heimarbeit und ließ sie zur Finanzierung des Kaufpreises einen mitgeführten Kreditantrag unterschreiben. Diesen gab der Verkäufer an einen Kreditvermittler weiter, mit dem er auf Dauer zusammenarbeitete. Der Kreditvermittler reichte bei der Bank jeden Dienstag und Freitag die vom Verkäufer gesammelten Kreditanträge geschlossen ein. In diesen war kein Hinweis auf den bereits abgeschlossenen Kaufvertrag zu finden, vielmehr explizit die freie Verfügbarkeit über den Kredit hervorgehoben. Die Bank überwies die Valuta an den Vermittler, der seinerseits an die Kreditnehmer einen Verrechnungsscheck ohne jeglichen Verwendungszweck schickte, und zwar exakt in der Höhe des Kaufpreises und ohne Rücksicht darauf, daß diese über gar kein Girokonto verfügten, auf dem sie den Scheck hätten einlösen können. Der Verkäufer wiederum wußte genau, daß es etwa 3 - 5 Tage dauerte, bis die Schecks hinausgingen und konnte sich ausrechnen, wann diese die Käufer/Kreditnehmer erreichten. Er fuhr dann mit seinem Lieferwagen praktisch hinter dem Postboten her, der den Verrechnungsscheck brachte. Kaum hatten die Kunden diesen in der Hand, erschien auch schon der Verkäufer, lieferte die Geräte aus und sammelte die Schecks wieder ein. Mit dieser über Vertreterkolonnen organisierten Methode wurden systematisch ganze Dörfer in Süd-

---

diese für die Bezahlung der gekauften Waschautomaten u.ä. zu verwenden (schuldrechtliche Zweckbindung). Dies hinderte den BGH nicht, eine wirtschaftliche Einheit zu bejahen, nachdem bereits BGH WM 1967, 467, 470 eine entsprechende Vorgabe mit der Feststellung gemacht hatte, daß "bei ausreichender Vertrauenswürdigkeit des Käufers auch die Auszahlung des Darlehens an ihn zwecks Weitergabe an den Verkäufer erfolgen" könne und dies nicht zu einer Verneinung der wirtschaftlichen Einheit führen müsse.
Gegen die Berücksichtigung der bloß schuldrechtlichen Zweckbindung *Gernhuber*, in: FS für Larenz 1973, S. 455, 474; *ders.*, Das Schuldverhältnis, § 31 II 2 (S. 713) und *Gundlach*, Konsumentenkredit, S. 240.

187 MüKo-*Habersack*, § 9 VerbrKrG, RdNr. 36.

188 In diesem Sinne entschied auch BGH WM 1990, 1234 f. Dort lag zwar eine Direktüberweisung der Valuta an den Verkäufer vor. Das Gericht maß dem aber keine besondere Bedeutung zu und betonte, daß diese lediglich auf der Anweisung des Käufers/Kreditnehmers beruhe und der Kreditgeber auch bereit gewesen wäre, die Valuta auf ein Konto des Kreditnehmers zu überweisen und ihm die weitere Disposition zu überlassen.

189 WM 1977, 1338 ff.

deutschland abgegrast[190]. Das OLG Stuttgart bejahte das Vorliegen eines faktischen Verfügungsausschlusses zum einen deshalb, weil die Käufer/Kreditnehmer kaum Zeit gehabt hätten, den Scheck zu anderen Zwecken als für den Kaufvertrag zu verwenden, zum anderen unter dem Gesichtspunkt, daß bei ihnen eine enorme psychologische Sperre bestanden hätte, weil sie an den bereits geschlossenen Kaufvertrag gebunden waren, über andere Geldmittel nicht verfügten, kaum einen anderen Kredit zur Begleichung der Kaufpreissumme bekommen hätten und letztlich die Höhe des Schecks auf die Mark mit dem Kaufpreis übereinstimmte[191].

Nach diesen Ausführungen könnte nach der neuen Rechtslage jedes Anschaffungsdarlehen bzw. jeder unechte Personalkredit unter den Begriff des verbundenen Geschäftes fallen, sofern der Verbraucher von der freien Verfügbarkeit über die Valuta ausgeschlossen ist und der Kreditgeber die Verwendungskontrolle behält[192]. Dies erscheint aber deshalb zu weit, weil nicht nur der Kreditgeber über § 9 Abs. 3 VerbrKrG, sondern auch der Verkäufer Konsequenzen aus dem Vorliegen eines verbundenen Geschäfts tragen muß. Denn gemäß § 9 Abs. 2 S. 1 VerbrKrG wird sein Kaufvertrag an das Schicksal des Kreditvertrages untrennbar verbunden. Deshalb kann es nicht ausreichen, daß der Verbraucher bei seiner Hausbank ein Anschaffungsdarlehen "auf eigene Faust" aufnimmt, in diesem Kreditvertrag eine Zweckbestimmung, eine Sicherungsübereignung des zu finanzierenden Gegenstandes und der Ausschluß über die Verfügbarkeit des Kredits vereinbart wird (alles Merkmale aus der Rechtsbeziehung Kreditgeber - Verbraucher), und er anschließend zum Verkäufer kommt und unter Barzahlung oder Direktüberweisung durch den Kreditgeber einen Kaufvertrag abschließt[193]. In diesem Fall wäre die zwingende Unwirksamkeitsfolge des § 9 Abs. 2 S. 1 VerbrKrG bei Widerruf des Kreditvertrages *für den Verkäufer* eine glatte Überraschung, weil sich das Geschäft für ihn als unverbundener Barkauf darstellte[194]. Deshalb muß der Verkäufer in irgendeiner Form

---

190 *Bender*, NJW 1980, 1129, 1135. S. auch die fast identischen Sachverhalte in BGH WM 1978, 1154 ff.; BGH WM 1979, 429 ff. und BGH WM 1979, 550 ff., bei denen es jedoch nicht um die Frage der wirtschaftlichen Einheit zwischen Kauf- und Kreditvertrag, sondern um die § 123 Abs. 2 - Problematik bzw. die bereicherungsrechtliche Rückabwicklung wegen Verstoßes gegen § 56 Abs. 1 Nr. 6 GewO a.F. ging. Zu diesen Urteilen unter einem ganz anderen Aspekt ausführlicher in § 5, S. 139 f.

191 Zustimmend *Bender*, NJW 1980, 1129, 1135 und *Canaris*, Bankvertragsrecht, RdNr. 1480 (mit Fn. 148 a). Nach der neuen Rechtslage wäre in dem vom OLG Stuttgart zu beurteilenden Fall ein verbundenes Geschäft schon deshalb zu bejahen, weil der Verkäufer die Kreditanträge mit sich führte, von den Käufern ausfüllen ließ und an den Kreditvermittler weiterreichte. Insofern wäre bereits das Regelbeispiel gemäß § 9 Abs. 1 S. 2 VerbrKrG gegeben.

192 So anscheinend MüKo-*Habersack*, § 9 VerbrKrG, RdNr. 40. Insbes. ist beim Anschaffungsdarlehen regelmäßig eine Zweckbestimmung gegeben, s.o. S. 81 f.

193 Nur zweifelnd für diesen Fall *Scholz*, DB 1991, 215, 217, Fn. 20.

194 Zutreffend *Becker*, ZBB 1992, 214, 215.

beteiligt werden und die Möglichkeit haben, auf die mit dem Kreditvertrag zusammenhängenden Risiken Einfluß nehmen zu können. Zurückzugreifen ist dabei in erster Linie auf die objektiven Verbindungselemente, die sich aus der Art des Zustandekommens ergeben. Zu denken ist z.B. daran, daß der Verbraucher *erst* zum Verkäufer geht, ihn über die Notwendigkeit der Finanzierung des Kaufpreises aufklärt, den Kaufvertrag unter dem Vorbehalt einer Finanzierungszusage abschließt, und der Verkäufer dann den Verbraucher zu einem Kreditgeber begleitet oder auch nur den Hinweis auf die konkrete Finanzierungsmöglichkeit gibt[195].

Dies liegt ganz auf der Linie der Rechtsprechung des Bundesgerichtshofs, der eine wirtschaftliche Einheit immer nur bei einer hinreichenden Anzahl von Verbindungselementen bejaht hatte. Zentrale Entscheidung ist dabei das Urteil vom 25.5.1983[196]. Denn in dieser Entscheidung lag ein arbeitsteiliges Zusammenwirken zwischen Kreditgeber und Verkäufer eindeutig nicht vor[197]. Der Verkäufer hatte dem Käufer lediglich den Hinweis auf einen bestimmten Kreditgeber gegeben. Darin sah der Bundesgerichtshof aber den entscheidenden Anstoß für das Zustandekommen des Kreditvertrages, und zwar deshalb, weil er vorher eine hinreichende Anzahl von objektiven Verbindungselementen festgestellt hatte, nämlich den Umstand, daß sich Käufer und Verkäufer von Beginn an über die Notwendigkeit einer Finanzierung im klaren waren, die Zweckbestimmung des Kredits (der Käufer legte die Kaufvertragsurkunde beim Kreditgeber vor), die Sicherungsübereignung des finanzierten PKW's und vor allem die Gewährung des Kredits nur gegen Übergabe des Kfz.-Briefs und die unmittelbare Scheckübergabe an den Verkäufer, was zum Ausschluß von der freien Verfügbarkeit des Käufers/Kreditnehmers führte[198].

---

195 *Becker*, ZBB 1992, 214, 215, will bereits die Kenntnis des Verkäufers von der Finanzierungsabsicht des Kunden genügen lassen. Das erscheint als nicht ausreichend.

196 BGH WM 1983, 786 ff.

197 A.A. *Dauner-Lieb*, WM-Sonderbeilage 6/1991, S. 15, Fn. 135, wonach der dort geschilderte Sachverhalt keine klare Bewertung erlaube.

198 Auch bei OLG Stuttgart NJW-RR 1989, 887 f. fehlte es an einem arbeitsteiligen Zusammenwirken von Kreditgeber und Verkäufer. Auch dort lag ein Anschaffungsdarlehen vor, das auf Grund mehrerer Verbindungselemente (Kaufvertrag unter Finanzierungszusage, Bezugnahme auf den Kaufvertrag im Kreditvertrag, Sicherungsübereignung der finanzierten Autowaschanlage als einzige Sicherheit, Ausschluß von der freien Verfügbarkeit) in einen finanzierten Abzahlungskauf umschlug. In dieser Entscheidung ist für den Leser noch nicht einmal erkennbar, daß der Käufer die Finanzierungsmöglichkeit durch einen Hinweis des Verkäufers erhielt.

V. Die erweiterte Widerrufsbelehrung als geeignetes Indiz ?

Zweifelhaft und umstritten ist weiterhin, ob die erweiterte Widerrufsbelehrung i.S.v. § 9 Abs. 2 S. 2 VerbrKrG dergestalt, daß im Falle des wirksamen Widerrufs des Kreditvertrages auch der verbundene Kaufvertrag nicht wirksam zustande komme, ein geeignetes Indiz für das Vorliegen einer wirtschaftlichen Einheit darstellt. Während *Habersack* dieser Widerrufsbelehrung einen entsprechenden Indizwert beimißt[199], ist *Ott* darüber hinaus der Meinung, daß sich der Kreditgeber gegenüber dem Verbraucher immer an seine selbst getroffene Beurteilung festhalten lassen müsse, und zwar auch für den Fall des Einwendungsdurchgriffs gemäß § 9 Abs. 3 VerbrKrG[200]. *Ott* beruft sich vor allem auf zwei Entscheidungen des Bundesgerichtshofs, in denen diesem Umstand in der Tat erhebliche Bedeutung zugemessen und die spätere Berufung des Kreditgebers im Prozeß, der Kredit sei ein freier Personalkredit und habe mit dem Kaufvertrag nichts zu tun, als geradezu treuwidrig zurückgewiesen wurde[201].

Trotzdem ist dieser Ansicht ganz entschieden entgegenzutreten[202]. Gegen sie spricht, daß der Gesetzgeber das Vorliegen einer wirtschaftlichen Einheit im Gesetz nicht exakt etwa durch einen Enumerativkatalog objektiver Verbindungselemente definiert und dadurch eine große Anzahl von Zweifelsfällen herausgefordert hat. Mit der Klärung dieser Fragen sind die Kreditgeber bei der Gestaltung ihrer Widerrufsbelehrung schon genug belastet, da sie das Beurteilungsrisiko tragen[203]. Damit stecken sie in einem nicht unerheblichen Dilemma in all den Fällen, in denen sie nicht sicher sind (und auch nicht sicher

---

199 In: MüKo, § 9 VerbrKrG, RdNr. 32 und auch *Tempel*, Materielles Recht im Zivilprozeß, S. 115. Gleichwohl ist *Habersack* der Ansicht, daß dieses Indiz nicht von der Prüfung der materiellen Voraussetzungen einer wirtschaftlichen Einheit entbinde.

200 In: Bruchner/Ott/Wagner-Wieduwilt, § 9 VerbrKrG, RdNr. 69 und auch *Pickert*, Widerrufsrecht, S. 150 f.

201 BGH WM 1982, 658, 659. Wörtlich hieß es dort: "Die Klägerin selbst hat Kauf- und Darlehensvertrag als Einheit behandelt, indem sie in dem von ihr formulierten Kreditantrag und in ihrem Sonderformular den Beklagten als 'Käufer (Darlehnsnehmer)' bezeichnete und ihn über sein Recht belehrte, seine 'auf den Kauf- und Darlehensvertragsabschluß gerichtete Willenserklärung' gegenüber der Bank zu widerrufen. Wenn die Klägerin - wie das Berufungsgericht feststellt - diese Belehrung in den Vertrag aufnahm, weil sie mit der Möglichkeit rechnete, Kauf- und Darlehensvertrag seien als wirtschaftliche Einheit zu würdigen, so kann sie sich später nicht auf den Standpunkt stellen, für sie habe es sich um einen reinen Personalkredit ohne jede Beziehung zu einem bestimmten Kaufvertrag gehandelt."
Ähnlich BGH WM 1984, 1046, 1047 und auch OLG Hamm WM 1991, 2040, 2041.

202 So vor allem *Dauner-Lieb*, WM-Sonderbeilage 6/1991, S. 19; *Lieb*, in: Hadding/Hopt, Das neue Verbraucherkreditgesetz, S. 91, 99 (= WM 1991, 1533, 1536); Erman-*Klingsporn/Rebmann*, § 9 VerbrKrG, RdNr. 11; *Peters*, WuB I E 2 c. - 2.94; *Lwowski/Peters/Gößmann*, Verbraucherkreditgesetz, S. 200 und wohl auch *Münstermann/Hannes*, Verbraucherkreditgesetz, RdNr. 471 a.E. sowie *Funke*, AnwBl. 1992, 108, 111. Offengelassen von *Groß*, FLF 1993, 132, 133.

203 Unstrittig, s. nur *Groß*, FLF 1993, 132, 133.

sein können), ob eine wirtschaftliche Einheit vorliegt oder nicht, insbesondere, weil sie keinen Kontakt zum Verkäufer haben, und deshalb das gesetzliche Regelbeispiel des § 9 Abs. 1 S. 2 VerbrKrG nicht vorliegt[204]. Eine alternative Belehrung gemäß § 7 Abs. 2 S. 2 oder § 9 Abs. 2 S. 2, § 7 Abs. 2 S. 2 VerbrKrG scheidet unter dem Gesichtspunkt des Schutzzweckes der Belehrung, dem Verbraucher Klarheit über seine Rechte und Pflichten zu verschaffen, von vornherein aus[205]. Der Kreditgeber kann die Entscheidung, ob eine wirtschaftliche Einheit vorliegt oder nicht, keinesfalls auf den Verbraucher abwälzen[206]. Geht er von einem "Kredit auf eigene Faust" aus, wird er folgerichtig nur über das einwöchige Widerrufsrecht bezüglich des Kreditvertrages gemäß § 7 Abs. 2 S. 2 VerbrKrG belehren. Stellt sich im nachhinein durch eine großzügige Auslegung eines Gerichts das Vorliegen einer wirtschaftlichen Einheit heraus, hat er falsch belehrt (s. § 9 Abs. 2 S. 2 VerbrKrG), so daß diese Fehleinschätzung in entsprechender Anwendung des § 7 Abs. 2 S. 3 VerbrKrG die Unwirksamkeit der Widerrufsbelehrung und damit ein einjähriges Widerrufsrecht zur Folge hat[207]. Geht er dagegen vorsorglich von einer wirtschaftlichen Einheit aus und belehrt gemäß § 9 Abs. 2 S. 2 VerbrKrG, soll dies nach der o.g. Ansicht als "Motor"[208] das Vorliegen einer wirtschaftlichen Einheit präjudizieren und den Kreditgeber vor allem mit dem Einwendungsdurchgriff belasten, obwohl eigentlich ein freier Ratenkredit vorliegt. Und nicht nur das: Gleichzeitig wird nämlich auch der Verkäufer belastet, weil nunmehr über § 9 Abs. 2 S. 1 VerbrKrG der Bestand des Kaufvertrages vom Schicksal des Kreditvertrages abhängig gemacht wird[209].

Das für den Kreditgeber aufgezeigte Dilemma und die für den Verkäufer nicht hinzunehmende Unbilligkeit, allein auf Grund einer vorsorglichen Widerrufsbelehrung eines ihm nicht bekannten Kreditgebers "seinen Kaufvertrag zu verlieren", ist allein auflösbar, indem man den Kreditgebern die vorsorgliche Belehrung i.S.v. § 9 Abs. 2 S. 2 VerbrKrG stets gestattet, die Voraussetzungen der wirtschaftlichen Einheit aber völlig unabhängig von dieser und auch ohne jede Indizwirkung prüft. Zu denken ist allein an eine Beweislastumkehr im Prozeß[210]. Denn, wie noch gezeigt wird[211], trägt in dem Fall, in dem der Kreditgeber den Verbraucher auf Ratenzahlung verklagt, letzterer die Darlegungs- und

---

204 S.o. S. 85 f.
205 Zutreffend *Dauner-Lieb*, WM-Sonderbeilage 6/1991, S. 19 und *Pickert*, Widerrufsrecht, S. 150.
206 Erman-*Klingsporn/Rebmann*, § 9 VerbrKrG, RdNr. 11.
207 Allg. Meinung, s. nur Erman-*Klingsporn/Rebmann*, § 9 VerbrKrG, RdNr. 11.
208 Zutreffender Ausdruck von *Dauner-Lieb*, WM-Sonderbeilage 6/1991, S. 19.
209 Darauf weisen Erman-*Klingsporn/Rebmann*, § 9 VerbrKrG, RdNr. 11 hin.
210 Vorschlag von *Groß*, FLF 1993, 132, 133. *Lieb*, in: Hadding/Hopt, Das neue Verbraucherkreditgesetz, S. 91, 99, Fn. 28 (= WM 1991, 1533, 1536, Fn. 28) denkt an die Möglichkeit von Schadensersatzansprüchen bei falscher Belehrung.
211 S.u. S. 115 f.

Beweislast für das Vorliegen eines verbundenen Geschäfts und den Bestand des Einwendungsdurchgriffs. Hat der Kreditgeber den Verbraucher gemäß § 9 Abs. 2 S. 2 VerbrKrG belehrt, muß der Verbraucher diese Tatsache lediglich in den Prozeß einführen und beweisen, was angesichts der Schriftform des Kreditvertrages kaum Probleme aufwerfen wird. I.ü. kann er sich zurückziehen und dem Kreditgeber die Beweispflicht für das Vorliegen eines "Kredits auf eigene Faust" überlassen. Bestraft werden die Kreditgeber in diesen Fällen ohnehin. Folgt ein Gericht der hier vertretenen Konzeption und bleibt trotz erweiterter Widerrufsbelehrung dabei, daß ein "Kredit auf eigene Faust" vorliegt, hat der Kreditgeber ebenfalls falsch belehrt. Denn diesmal genügt die gemäß § 9 Abs. 2 S. 2 VerbrKrG tatsächlich gemachte erweiterte Widerrufsbelehrung den Anforderungen der einfachen Belehrung gemäß § 7 Abs. 2 S. 2 VerbrKrG nicht: Zum einen hat in der erweiterten Belehrung gemäß § 9 Abs. 2 S. 2 VerbrKrG der Hinweis auf das Erlöschen des Widerrufsrechtes nach § 7 Abs. 3 VerbrKrG zu unterbleiben, s. § 9 Abs. 2 S. 3 VerbrKrG[212]. Dieser Hinweis wird aber bei § 7 Abs. 2 S. 2 VerbrKrG gerade gefordert. Zum anderen dürfte der Hinweis auf die erweiterte Rechtsfolge der Unwirksamkeit eines mit dem Kreditvertrag verbundenen Kaufvertrages bei einem freien Ratenkredit geradezu irreführend und eine entsprechende Widerrufsbelehrung aus diesem Grund unwirksam sein.

E. Subjektiver Eindruck beim Verbraucher vom Vorliegen eines verbundenen Geschäfts ?

I. Die Rechtsprechung des Bundesgerichtshofs zur alten Rechtslage

Fraglich ist, ob die bisher gezeigten objektiven Verbindungsvoraussetzungen der Zweckbestimmung und der wirtschaftlichen Einheit für die Bejahung des Tatbestands des § 9 Abs. 1 VerbrKrG ausreichen oder ob zusätzlich der subjektive Eindruck des Verbrauchers vom Vorliegen eines verbundenen Geschäfts bzw. von einer wirtschaftlichen Einheit hinzukommen muß. Wie bereits erwähnt verlangte der Bundesgerichtshof in seiner keineswegs gradlinigen Rechtsprechung zum finanzierten Abzahlungskauf genau auch dieses Element[213], insbesondere seit der zentralen Entscheidung vom 5.7.1971, in der es

---

[212] S. nur MüKo-*Habersack*, § 9 VerbrKrG, RdNr. 51.

[213] Ausführlich zu den verschiedenen Phasen und Entwicklungen der Rechtsprechung *Dauner-Lieb*, Verbraucherschutz, S. 83 ff. (bis 1981); *dies.*, WM-Sonderbeilage 6/1991, S. 7 ff.

um den finanzierten Erwerb einer gewerblich zu nutzenden Waschsaloneinrichtung ging[214]: Nachdem dort der Käufer/Kreditnehmer nach der Lieferung schwere Mängel an den Maschinen feststellte, focht er den Kaufvertrag wegen arglistiger Täuschung über Qualität und Leistungsfähigkeit der Maschinen an. Der Verkäufer fiel in Konkurs. Gegenüber dem Darlehensrückzahlungsanspruch des Kreditgebers billigte der Bundesgerichtshof dem Käufer/Kreditnehmer grundsätzlich den Einwendungsdurchgriff zu. Das Gericht gab als Reaktion auf den Rückgang des klassischen B-Geschäfts das für den Einwendungsdurchgriff bis dahin zwingend erforderliche und im konkreten Fall nicht eindeutig geklärte objektive Verbindungselement der dauerhaften Geschäftsbeziehung zwischen Verkäufer und Kreditgeber auf und stellte maßgeblich auf den Empfängerhorizont des Käufers/Kreditnehmers ab. Wörtlich hieß es dort[215]: "Denn es kann in diesem Zusammenhang überhaupt nicht entscheidend darauf ankommen, ob - was der Käufer im allgemeinen gar nicht beurteilen kann - Verkäuferfirma und Kreditinstitut in einer auf die Dauer angelegten Geschäftsverbindung zueinander stehen. Man muß vielmehr allein darauf abstellen, wie sich dem Käufer im Einzelfall die Beziehungen zwischen dem Verkäufer und dem Kreditgeber darstellen, ob sie ihm insbesondere als 'wirtschaftliche Einheit' erscheinen mußten."[216]

Durch diese Subjektivierung des Begriffs der wirtschaftlichen Einheit wurde der auf § 242 BGB gestützte Durchgriffsgedanke mit dem schon seit langem bestehenden Aufklärungsgedanken verbunden[217], nach dem der Kreditgeber den Käufer/Kreditnehmer gerade in den Fällen der unrichtigen Empfangsbestätigung über das spezifische Aufspaltungsrisiko in geradezu schockierender Weise aufklären mußte und bei Verletzung zum Schadensersatz aus culpa in contrahendo verpflichtet war[218]. Denn der Bundesgerichtshof leitete aus dem subjektiven Eindruck von der wirtschaftlichen Einheit nicht im Sinne einer Entlastung von Beweisproblemen für den Käufer/Kreditnehmer das tatsächliche Bestehen einer planmäßigen Zusammenarbeit ab, sondern erklärte in einem nahtlosen Übergang von der auf § 242 BGB gestützten Argumentation im folgenden für maßgeblich, daß der Käufer/Kreditnehmer sich nicht des Risikos bewußt war, das er durch die Einschaltung eines selbständigen Finanzierungsinstituts einging, nämlich den Kredit auch

214 BGH WM 1971, 1265 ff.

215 BGH WM 1971, 1265, 1267.

216 S. auch die Entscheidung vom gleichen Tag BGH WM 1971, 1297 ff. mit fast identischem Sachverhalt (betrügerischer Verkauf einer Waschsaloneinrichtung durch denselben Händler), Entscheidung und Argumentation des Gerichts.

217 *Löwe*, NJW 1971, 2303, 2304 und *Dauner-Lieb*, WM-Sonderbeilage 6/1991, S. 8 f.; *dies.*, Verbraucherschutz, S. 88 f.

218 Z.B. BGH WM 1967, 446 ff. (weitere Nachweise oben § 1, S. 33 f.).

bei Störungen aus dem Kaufvertrag zurückzahlen zu müssen. Über dieses Aufspaltungsrisiko, das nicht nur gefährliche Zahlungsmodalitäten und die Gefahren einer unrichtigen Empfangsbestätigung, *sondern nunmehr die gesamte vertragliche Willensbildung betraf*, mußte der Kreditgeber den Käufer/Kreditnehmer aufklären[219]. Dabei wurde auf eine konkrete Kausalität zwischen dem Unterlassen der Belehrung und dem Vertragsschluß verzichtet[220]. Gleiches galt für den subjektiven Eindruck von der wirtschaftlichen Einheit, d.h. dieser wurde in der Folgezeit bei Vorliegen einer hinreichenden Anzahl von objektiven Verbindungselementen stets mehr fingiert als konkret festgestellt[221].

Dieses Urteil vom 5.7.1971 gab in der Tat zu der Prognose Anlaß, die Kreditgeber könnten durch ausreichende Aufklärung die Fehlvorstellung des Käufers/Kreditnehmers, er schließe nur einen geringfügig modifizierten Abzahlungskauf ab, beseitigen und gleichzeitig ihrer bestehenden Aufklärungspflicht genügen, so daß im Ergebnis für den Einwendungsdurchgriff kein Raum mehr bliebe[222]. Das Urteil löste deshalb in der Folgezeit verstärkte Aufklärungsbemühen der Banken aus, zumal der Bundesgerichtshof bereits mit seinem Urteil vom 20.2.1967 einen Formulierungshinweis einer ausreichenden Achtungsklausel gegeben hatte[223].

Diesen Schluß zog der Bundesgerichtshof jedenfalls im Bereich des finanzierten Abzahlungskaufs bis auf eine Ausnahme nie[224]. Vielmehr hielt er in der Folgezeit derartige Aufklärungsversuche, die sich mehr und mehr hin zu einer der Zerstreuung des subjektiven Eindrucks von der wirtschaftlichen Einheit dienenden Trennungsklausel entwickel-

---

219 Interessant ist auch die Analyse von *Gernhuber*, in: FS für Larenz 1973, S. 455, 463, wonach der BGH das nunmehr als lästig empfundene Tatbestandsmerkmal der dauerhaften Geschäftsbeziehung in vorsichtiger Weise fallenließ, nämlich mit Restbeständen, die den Eindruck einer totalen Umkehr mildern sollte: "In einer Art Metamorphose wurde damit ein zunächst objektives Tatbestandselement zur Ungefährlichkeit subjektiviert."

220 BGH WM 1971, 1265, 1268 ausdrücklich: "Liegen die Umstände so wie hier, so berechtigt also eine Verletzung der Aufklärungspflicht den Käufer, sich auch dem Kreditinstitut gegenüber auf eine Anfechtung des Kaufvertrages wegen arglistiger Täuschung zu berufen, ohne daß er nachweisen müßte, wie er sich bei genügender Aufklärung verhalten hätte. Das ist schon aus § 242 BGB herzuleiten; auf den vom Berufungsgericht vermißten Nachweis aller Voraussetzungen für einen aus unterbliebener Aufklärung folgenden Schadensersatzanspruch wegen Verschuldens bei Vertragsschluß kommt es nicht an."

221 *Coester*, Jura 1992, 617, 618.

222 *Dauner-Lieb*, WM-Sonderbeilage 6/1991, S. 9. S. aus der damaligen Zeit *Löwe*, NJW 1971, 2303, 2304; *König*, JZ 1972, 54, 55 und *Strätz*, JR 1972, 95, 97.

223 BGH WM 1967, 448, 449. Vorgeschlagen wurde folgender Text in Fettdruck und mit auffälliger Umrandung: "Achtung ! Auch bei Nichterhalt oder Erhalt mangelhafter Ware hat der Käufer (Darlehensnehmer) das Darlehen voll zurückzuzahlen."

224 *Dauner-Lieb*, WM-Sonderbeilage 6/1991, S. 10.

ten[225], regelmäßig für inhaltlich unzureichend, falsch plaziert, nicht deutlich hervorgehoben oder für verspätet[226], kurzum er stellte immer höhere, in der Formularpraxis nicht mehr umzusetzende formale und inhaltliche Anforderungen an eine ausreichende Belehrung[227] und verwies den ausreichend aufgeklärten Käufer/Kreditnehmer beim finanzierten Abzahlungskauf offensichtlich in das Reich der Fabel[228]. Damit und mit einer verstärkten Hervorhebung der objektiven Verbindungselemente in einem beweglichen System[229] gelangte er in den 80er Jahren zu einer Reobjektivierung des Begriffs der wirtschaftlichen Einheit[230]. Die Rechtsprechung ging auch nie so weit, eine wirtschaftliche Einheit allein auf Grund einer entsprechenden Vorstellung des Kreditnehmers anzunehmen[231]. Im Gegenteil: Nach wie vor wurden Umstände, die dem Käufer/Kreditnehmer völlig verborgen sein mußten wie etwa die allein in einem Rahmenvertrag geregelte Mithaft des Verkäufers, zur Begründung der wirtschaftlichen Einheit herangezogen[232].

Völlig unklar blieb das Merkmal des subjektiven Eindrucks[233], als der Bundesgerichtshof dann mit seinen Urteilen vom 25.3.1982[234] und vom 19.9.1985[235] die formularmäßige Abbedingung des Einwendungsdurchgriffs als Verstoß gegen § 9 Abs. 2 Nr. 2 AGBG ansah. Denn zur logisch vorrangigen Frage, nämlich der Zerstörung des subjektiven Eindrucks von der wirtschaftlichen Einheit durch eine mitenthaltene Trennungsklausel,

---

225 *Horn*, FLF 1985, 90, 98.

226 S. die Urteile BGH WM 1975, 1298, 1299; BGH WM 1978, 459, 460 f. ("1. Waschsalonentscheidung"); BGH WM 1979, 489, 490 f.; BGH WM 1979, 1035, 1038 (finanzierter Waschmittelvertretervertrag); BGH WM 1979, 1180, 1182; BGH WM 1980, 80, 81 f.; BGH WM 1980, 327, 329; BGH WM 1980, 620, 622 (finanzierter Organisationsleitervertrag) und BGH WM 1980, 1111, 1113.
Eine Ausnahme bildet allein BGH WM 1973, 233, 235. Dort verneinte das Gericht die Verletzung der Aufklärungspflicht durch eine inhaltlich und formal ausreichend gestaltete Achtungsklausel, dies aber wohl nur deshalb, weil in der gleichen Entscheidung der aus § 242 BGB abgeleitete Einwendungsdurchgriff durch Aufstellung des Subsidiaritätsprinzips verneint wurde.

227 *Dauner-Lieb*, WM-Sonderbeilage 6/1991, S. 12. Zu den praktischen Problemen *Knauth*, Die Bank, 1981, 618, 621 f.

228 *Gernhuber*, Das Schuldverhältnis, § 31 II 10 (S. 723).

229 S.o. S. 72 f.

230 *Dauner-Lieb*, WM-Sonderbeilage 6/1991, S. 9 ff. Ein Grund besteht nach *Dauner-Lieb*, aaO., in der Einführung des Widerrufsrechts gemäß § 1 b AbzG ab 1974 und der Anwendung desselben auf den finanzierten Abzahlungskauf über § 6 AbzG (s. BGH WM 1980, 159 ff.). Dieses in eine ganz andere Richtung zielende Recht stand nämlich mit dem Einwendungsdurchgriff wertungsmäßig auf der gleichen Grundlage, d.h. es war genauso abhängig von dem zentralen Begriff der wirtschaftlichen Einheit.

231 BGH WM 1985, 1307, 1309 ausdrücklich.

232 MüKo-*H.P. Westermann*, § 6 AbzG, RdNr. 31 und bereits oben S. 73 f.

233 *Emmerich*, in: Hadding/Hopt, Das neue Verbraucherkreditgesetz, S. 67, 70 und *Coester*, Jura 1992, 617, 618 im Rückblick.

234 WM 1982, 658, 659 (für den Individualrechtsstreit).

235 WM 1985, 1307, 1308 f. (im Rahmen einer AGB-Kontrollklage).

führte er im Urteil vom 25.3.1982 aus[236]: "Es braucht hier nicht entschieden werden, ob dieses Ziel durch vorformulierte Hinweise überhaupt erreicht werden kann; bei solchen Hinweisen besteht - ebenso wie bei AGB - fast stets die Gefahr, daß sie vom Vertragsgegner übersehen oder nicht in ihrer ganzen Tragweite verstanden werden. Es ist nicht Aufgabe des Senats, geeignete Formulierungen für eine umfassende Hinweisklausel zu suchen und vorzuschlagen. *Möglicherweise kann ein Kreditgeber sein Ziel der völligen Unabhängigkeit des Darlehensvertrages nur dadurch erreichen, daß er alle objektiven Verbindungselemente vermeidet.*"[237]

Letztendlich leitete der Bundesgerichtshof die wirtschaftliche Einheit selbst nicht mehr aus einem durch Aufklärung kompensierbaren Irrtum des Käufers/Kreditnehmers über die Personenverschiedenheit von Verkäufer und Kreditgeber ab[238]. Vielmehr diente die subjektive Komponente wohl mehr der rechtspolitischen Legitimation des Verbraucherschutzes beim finanzierten Abzahlungskauf, der aber konkret nur vom Vorliegen der vom Gericht festgestellten objektiven Verbindungselemente abhing[239].

Parallel zu dieser Entwicklung ließ der Bundesgerichtshof seine auf Verletzung der Aufklärungspflicht gestützte Schadensersatzpflicht aus culpa in contrahendo mehr und mehr fallen und betonte ganz § 242 BGB zur Begründung des Einwendungsdurchgriffs[240]. Eine klare Aussage erfolgte in dieser Konkurrenzfrage aber erst mit Urteil vom 20.11.1986 zum finanzierten Kauf eines Privatschulbetriebs[241]. Dort hieß es: "Da die Beklagte somit schon gemäß § 242 BGB nicht zur Zahlung verpflichtet ist, kommt ein Gegenanspruch auf Schadensersatz wegen Verletzung von Aufklärungspflichten nicht mehr in Betracht." Damit hatte der Bundesgerichtshof das undurchsichtige Nebeneinan-

---

236 BGH WM 1982, 658, 659 (Hervorhebungen vom Verfasser).

237 *Dauner-Lieb*, WM-Sonderbeilage 6/1991, S. 11 sieht in diesen Ausführungen zu Recht einen eklatanten Widerspruch zur Kernaussage der Entscheidung BGH WM 1971, 1265 ff.

238 *Dauner-Lieb*, WM-Sonderbeilage 6/1991, S. 10 f. *Steppeler*, Sparkasse 1982, 469, 471 kam nach dem Urteil BGH WM 1982, 658 ff. zutreffend zu dem Schluß, daß auch eine ausreichende Aufklärung die Bank nicht vor einem evtl. Einwendungsdurchgriff schütze. Ebenso bereits *Canaris*, Bankvertragsrecht, RdNr. 1431.

239 *Coester*, Jura 1992, 617, 618.

240 *Hopt/Mülbert*, Kreditrecht, Vorb. zu §§ 607 ff. BGB, RdNr. 417. Eine erste Andeutung findet sich bei BGH WM 1975, 1298, 1299. Offengelassen wurde die Frage, ob die fehlende Aufklärung über das spezifische Aufspaltungsrisiko zwingende Voraussetzung für den Einwendungsdurchgriff sei, auch von BGH WM 1980, 80, 81 und BGH WM 1980, 327, 329. Bei BGH WM 1982, 658, 659 f. wurde nur die Frage einer Aufklärungspflicht bezüglich des wirtschaftlichen Risikos bzw. der mangelnden Bonität des Verkäufers angerissen.

241 BGH WM 1987, 401, 402.

der von Einwendungsdurchgriff und Schadensersatz wegen Aufklärungspflichtverletzung aufgegeben und eindeutig dem Durchgriffsgedanken den Vorrang eingeräumt[242].

Nur in den Entscheidungen, in denen der Einwendungsdurchgriff mangels Schutzwürdigkeit abgelehnt wurde[243], erlangte das subjektive Element zentrale Bedeutung[244]. So wurde z.B. in den Entscheidungen zum finanzierten Bauträgervertrag[245] und zum finanzierten Beitritt zu einer Abschreibungsgesellschaft[246] hervorgehoben, daß auch der rechtsunkundige Laie wisse, daß Bauträger/Immobilienveräußerer und kreditgebende Bank verschiedene Rechtsträger seien, und im übrigen fachliche Beratung durch Notar bzw. Steuer- oder Anlageberater eingeholt wird bzw. werden könne. In diesen Fällen diente die subjektive Voraussetzung dazu, die vom Bundesgerichtshof selbst angestrebte angemessene Risikoverteilung[247] dogmatisch abzusichern und dem Kreditnehmer den Einwendungsdurchgriff zu versagen, wenn er an der Aufspaltung des Erwerbsgeschäftes aus steuerlichen Gründen interessiert war, oder wenn ihm die rechtliche Trennung der beiden Verträge aus anderen Gründen, insbesondere infolge fachlicher Beratung nicht verborgen bleiben konnte[248].

---

242 So insbes. *Halstenberg* (Richter am BGH), WM-Sonderbeilage 4/1988, S. 15 und *Brandner* (Rechtsanwalt am BGH), ZHR 153 (1989) 147, 154.

243 Nachweise in § 1, S. 37 f.

244 *Dauner-Lieb*, WM-Sonderbeilage 6/1991, S. 11.

245 BGH WM 1979, 1054 f.

246 BGH WM 1980, 1446, 1448.

247 S. nur BGH WM 1982, 658 (für den Einwendungsdurchgriff beim finanzierten Abzahlungskauf) und BGH WM 1986, 1561 (für den Einwendungsdurchgriff beim finanzierten Ersterwerbermodell)

248 *Habersack*, ZHR 156 (1992) 45, 48.
Hier müssen auch die beiden letzten Urteile BGH WM 1990, 1234 f. mit Anm. von *Emmerich*, WuB I E 2 c. - 3.90 und BGH WM 1992, 1355 ff. mit Anm. von *Eckert*, WuB I E 1. - 13.92 (fin. Altersversorgung über eine Beteiligungsgesellschaft für eine durch die Bank unmißverständlich aufgeklärte Privatperson) eingeordnet werden, so auch *Dauner-Lieb*, WM-Sonderbeilage 6/1991, S. 16 zu BGH WM 1990, 1234 f. In der 1. Entscheidung kaufte ein Zahnarzt eine Computeranlage für seine laufende Zahnarztpraxis. Er und seine Ehefrau erkundigten sich vor Abschluß des Kreditvertrages bei ihrer Hausbank und ihrem Rechts- und Steuerberater über das vom Verkäufer angebotene, angeblich besonders attraktive Praxisfinanzierungsmodell. Der BGH lehnte eine wirtschaftliche Einheit trotz Vorliegens mehrerer Indizien (arbeitsteiliges Zusammenwirken, Direktauszahlung) unter anderem mit dem Argument ab, die Kreditnehmer hätten nicht den Eindruck gewinnen können, Kreditgeber und Verkäufer ständen ihnen als ein Vertragspartner gegenüber, zumal sie fachlich beraten worden seien. *Dauner-Lieb*, aaO., mutmaßt, daß die Entscheidung anders gelautet hätte, wenn es sich bei den Käufern/Kreditnehmern um einen einkommensschwachen Privatmann gehandelt hätte, der den Kredit zur Finanzierung eines Automobils aufgenommen hätte (ähnlich *Vortmann*, EWiR 1990, 671, 672).

II. Vertretene Meinungen zur neuen Rechtslage

Die Meinungen in der Frage des subjektiven Elements zur neuen Rechtslage gehen auseinander. Ein erstaunlich großer Teil der Literatur[249] und das OLG Köln in seiner Entscheidung vom 5.12.1994[250] übernimmt schlagwortartig die bisherige Formel des Bundesgerichtshofs, wonach die wirtschaftliche Einheit gegeben war, wenn bestimmte objektive Verbindungselemente vorlagen, die beim Käufer/Kreditnehmer subjektiv den Eindruck einer solchen Einheit hinterließen, ohne sich des Problems für § 9 Abs. 1 VerbrKrG bewußt zu sein, geschweige denn eine klare Aussage für den Fall zu treffen, in dem objektiv die Voraussetzungen einer Vertragsverbindung vorliegen, der Verbraucher durch ausreichende Aufklärung des Kreditgebers o.ä. aber tatsächlich wußte, daß Kreditgeber und Verkäufer rechtlich verschiedene Personen sind.

Demgegenüber ist *Dauner-Lieb*[251] nach einer ausführlichen Darstellung der verschiedenen Etappen der Rechtsprechung und einer genauen Analyse der subjektiven Komponente der Ansicht, daß der subjektive Eindruck des Verbrauchers von der wirtschaftlichen Einheit nach der neuen Rechtslage nicht mehr erforderlich sei, sondern allein die in § 9 Abs. 1 VerbrKrG geforderten objektiven Kriterien[252].

Zwischen diesen Ansichten steht *Bülow*, der davon ausgeht, daß die wirtschaftliche Einheit nicht aus der Perspektive des die Verträge abschließenden Verbrauchers, sondern vom Verständnishorizont eines vernünftigen Durchschnittsverbrauchers betrachtet werden müsse[253]. Auch das LG Braunschweig argumentiert in seinem Urteil vom 16.6.1994 mit dem Umstand, daß die Beziehungen zwischen Verkäufer und finanzierender Bank so eng waren, daß aus Sicht des (durchschnittlichen) Kunden keine klare Trennungslinie zu

---

249 *Münstermann/Hannes*, Verbraucherkreditgesetz, RdNr. 465 ff.; *Koeppen*, FLF 1992, 86, 91 (für die Kreditkarte); *Tempel*, Materielles Recht im Zivilprozeß, S. 115; Jauernig-*Vollkommer*, § 607 BGB, Anm. 8 a; *Heise*, JA 1993, 65, 69 f.; *Reinking*, FLF 1993, 174; *Grimm*, Das neue Verbraucherkreditgesetz, S. 306 ff.; *Langbein u.a.*, Das Verbraucherkreditgesetz, RdNr. 273 ff.; Palandt-*Putzo*, § 9 VerbrKrG, RdNr. 6; *Giesen*, Jura 1994, 194, 201 und *Peters*, WuB I E 2 c. - 2.94.

250 WM 1995, 611.

251 WM-Sonderbeilage 6/1991, S. 7 ff., insbes. S. 11 ff.; *dies.*, EWiR 1995, 305, 306.

252 Ebenso *Seibert*, § 9 VerbrKrG, RdNr. 3 a.E.; MüKo-*Habersack*, § 9 VerbrKrG, RdNr. 13, 14, 26; *ders.*, ZHR 156 (1992) 45, 50 f.; *Reinicke/Tiedtke*, ZIP 1992, 217, 222; *dies.*, Kaufrecht, S. 454; *Coester*, Jura 1992, 617, 618 f.; *Marloth-Sauerwein*, Leasing und das Verbraucherkreditgesetz, S. 118; *Scholz*, Verbraucherkreditverträge, RdNr. 367 (S. 175; s. aber auch *dens.*, FLF 1991, 8, 10); *Drescher*, Verbraucherkreditgesetz, RdNr. 251; *Dürbeck*, Einwendungsdurchgriff, S. 48 ff.; *Kümpel*, Bank- und Kapitalmarktrecht, 5.81 (S. 389); *Pietzcker*, Rückabwicklung, S. 20 und wohl auch *Mülbert*, ÖBA 1993, 186, 188.

253 § 9 VerbrKrG, RdNr. 23 ff. Dabei eröffnet *Bülow*, aaO., den Kreditgebern die Möglichkeit, durch individuelle Hinweise den Eindruck der wirtschaftlichen Einheit zu beseitigen..

ziehen war[254]. *Ott* ist der Meinung, daß nicht ein Irrtum des Verbrauchers über die Personenidentität entscheidend sei, sondern allein, ob der Verbraucher auf Grund des Gesamteindrucks vom Zusammenwirken von Verkäufer und Kreditgeber davon ausgehen konnte, daß sich aus dieser Konstellation für ihn keine Risiken ergeben[255]. *Emmerich* will zur Bestimmung des verbundenen Geschäfts vorrangig auf die objektiven Verbindungselemente zurückgreifen, insbesondere für den Begriff der wirtschaftlichen Einheit[256]. Jedoch sei das Merkmal der Zweckbestimmung subjektiv zu verstehen mit der Folge, daß die Parteien im Einzelfall die Möglichkeit hätten, das Vorliegen eines verbundenen Geschäfts auszuschließen, wenn es ihren Interessen wie z.B. bei der Finanzierung steuerbegünstigter Kapitalanlagen entspreche[257].

III. Stellungnahme und Ergebnis

Zuzustimmen ist *Dauner-Lieb* und den übrigen Autoren, die der Ansicht sind, daß es unter der neuen Rechtslage allein auf das Vorliegen der objektiven Verbindungselemente ankommt. Zwar lehnt sich der Gesetzgeber an die Grundsätze der Rechtsprechung an[258], so daß man deshalb die subjektiv-objektive Formel von der wirtschaftlichen Einheit übernehmen könnte bzw. müßte. Diese Aussage ist aber insofern widersprüchlich und damit in dieser Frage nicht verbindlich, als die subjektive Komponente in der Begründung des Regierungsentwurfs überhaupt nicht diskutiert worden ist[259] und im Wortlaut des § 9 Abs. 1 VerbrKrG keinen Niederschlag gefunden hat[260]. Im Gegenteil zeigt gerade § 9 Abs. 1 S. 2 VerbrKrG, daß es auf die subjektive (Fehl-) Einschätzung des Verbrauchers,

254 NJW 1994, 2701.

255 In: Bruchner/Ott/Wagner-Wieduwilt, § 9 VerbrKrG, RdNr. 54 ff.

256 In: Hadding/Hopt, Das neue Verbraucherkreditgesetz, S. 67, 71 f.; *ders.*, in: Graf v. Westphalen/Emmerich/Kessler, § 9 VerbrKrG, RdNr. 37 ff.

257 AaO., S. 72 f. bzw. RdNr. 47 f. Ihm folgend *Vortmann*, § 9 VerbrKrG, RdNr. 10; *ders.*, Aktuelle Rechtsfragen, RdNr. 218 (wirtschaftliche Einheit objektiv); *ders.*, Aktuelle Rechtsfragen, RdNr. 256 (Zweckbestimmung subjektiv) und *Lwowski/Peters/Gößmann*, Verbraucherkreditgesetz, S. 193 (Zweckbestimmung subjektiv) und S. 194 f. (wirtschaftliche Einheit objektiv).

258 Begr. RegE, BT-DS 11/5462, S. 12 (= Anhang, S. 432 f.).

259 BT-DS 11/5462, S. 12, 23 f. (= Anhang, S. 432 ff.).

260 Das war auch beim RegE zu § 607 a BGB vom 11.5.1979, BT-DS 8/3212, S. 4 (= Anhang, S. 417) so, in dem ebenfalls der Begriff der wirtschaftlichen Einheit in Anlehnung an die höchstrichterliche Rechtsprechung verwendet wurde, gleichwohl alle Autoren wie *Gilles*, ZRP 1979, 265, 268 f.; *Marschall v. Bieberstein*, Der finanzierte Abzahlungskauf, S. 44 und *Hadding*, Gutachten, S. 329 f. diesen Begriff streng objektiv verstanden und das Ende der Doppelspurigkeit von Aufklärungs- und Durchgriffsgedanken begrüßten.

ihm stünde nur ein Vertragspartner gegenüber, nicht ankommt[261]. Denn dort begründet bereits das objektive Zusammenwirken zwischen Kreditgeber und Verkäufer als solches die Annahme einer wirtschaftlichen Einheit. Was sich der Verbraucher dabei denkt und welchen Eindruck er hat, wenn ihm der Verkäufer, zu dem er zwecks Erwerbs eines Gegenstands auf Ratenzahlung kommt, Kreditantragsformulare vorlegt und ausfüllen läßt, ist völlig belanglos. Die Verneinung der wirtschaftlichen Einheit durch ausreichende Aufklärung und Zerstörung des subjektiven Eindrucks beim Verbraucher wäre mit dem klaren Wortlaut des gesetzlichen Regelbeispiels nicht vereinbar.

I.ü. unterliegt der Verbraucher auch gar nicht mehr der Fehleinschätzung, er würde nur einen geringfügig modifizierten Abzahlungskauf abschließen[262]. Denn der normale Abzahlungskauf hat seine praktische Bedeutung nahezu vollständig eingebüßt, so daß für den Verbraucher gar kein Anlaß besteht, im Wege der Parallelwertung in der Laiensphäre von einem reinen Warenkredit mit der für ihn günstigeren Risikoverteilung auszugehen. An Informationen über das Aufspaltungsrisiko ist er auch überhaupt nicht interessiert. Willensbildungsrelevant für die Erwerbsentscheidung sind allein Informationen über das Objekt selbst, die Hauptleistung und die Höhe der zu erbringenden Gegenleistung, nicht Belehrungen über Inhalt und Tragweite von Abwicklungsbedingungen[263].

Und selbst aus der Formulierung in § 9 Abs. 1 S. 1 VerbrKrG "anzusehen sind" ist eine rein objektive Sichtweise zu entnehmen[264]. Nichts wäre einfacher gewesen als zu formulieren: "Ein Kaufvertrag bildet ein mit dem Kreditvertrag verbundenes Geschäft, wenn der Kredit der Finanzierung des Kaufpreises dient und beide Verträge *aus der Sicht des Verbrauchers* als wirtschaftliche Einheit anzusehen sind." Genau dies ist nicht geschehen.

Dem liegt zugrunde, daß nach der neuen Rechtslage nicht mehr der besonders schutzwürdige Verbraucher, der sich im Irrtum über die Personenverschiedenheit von Kreditgeber und Verkäufer befindet, geschützt werden soll, sondern abstrakt-generell jede Privatperson, die einen finanzierten Abzahlungskauf mit regelmäßig, aber wie gesehen nicht ausschließlich[265] arbeitsteilig zusammenwirkenden gewerblichen Anbietern abschließt. Der Verbraucherschutz wird in § 9 VerbrKrG nicht konkret begründet, son-

261 *Dauner-Lieb*, WM-Sonderbeilage 6/1991, S. 6 f. und S. 12 sowie MüKo-*Habersack*, § 9 VerbrKrG, RdNr. 14.
262 *Dauner-Lieb*, WM-Sonderbeilage 6/1991, S. 12; *dies.*, Verbraucherschutz, S. 99 ff.
263 *Dauner-Lieb*, WM-Sonderbeilage 6/1991, S. 12 f.
264 *Coester*, Jura 1992, 617, 618, Fn. 20.
265 S.o. S. 89 ff. zum Merkmal des Ausschlusses von der freien Verfügbarkeit über die Valuta.

dern ist gesetzlich unterstellt und typisiert[266]. Das Gesetz geht insgesamt vom "klassenlosen" Verbraucherbegriff aus[267]. Auch der Verbraucher, der von vornherein weiß, daß es sich beim Kreditgeber und beim Verkäufer um rechtlich völlig verschiedene Personen hat, wird geschützt[268]. Deswegen sind beide Merkmale, nämlich die Zweckbestimmung und die wirtschaftliche Einheit, objektiv aus der Sicht eines nachträglichen Beobachters, nämlich des Gerichts zu bestimmen. Diese Ansicht fügt sich i.ü. auch nahtlos in die Vorgabe von Art. 11 Abs. 2 S. 1 der EG-Richtlinie ein[269], wonach entscheidend ein objektives arbeitsteiliges Zusammenwirken zwischen Kreditgeber und Verkäufer war[270].

Kommt es im Rahmen der Tatbestandsvoraussetzungen allein auf objektive Kriterien an, sind abweichende Individualabreden und Allgemeine Geschäftsbedingungen gemäß § 18 S. 1 VerbrKrG unwirksam. Die Parteien haben keine Möglichkeit, das Vorliegen eines verbundenen Geschäfts zur Vermeidung der entsprechenden Rechtsfolgen durch eine Trennungsklausel abzubedingen. Einer Heranziehung von § 9 AGBG bedarf es insofern nicht mehr[271]. Das gilt entgegen der Ansicht von *Emmerich* auch für das erste Tatbestandsmerkmal der Zweckbestimmung. Liegt nach dem Inhalt des Kreditvertrages unter Berücksichtigung aller relevanten Umstände eine übereinstimmende Zweckbestimmung zwischen Kreditgeber und Verbraucher vor, sind entgegenstehende Bekundungen in einer Urkunde gemäß § 18 S. 1 VerbrKrG unwirksam[272]. Eine "negative Zweckbestimmung" im Sinne einer Abbedingung der Vertragsverbindung zur Vermeidung der Rechtsfolgen der §§ 9 Abs. 2, Abs. 3 VerbrKrG ermöglicht das Gesetz deshalb nicht. Treffender als das zur Zeit der Entstehung des Verbraucherkreditgesetzes von *Reinicke/*

---

266 MüKo-*Habersack*, § 9 VerbrKrG, RdNr. 15; *ders.*, ZHR 156 (1992) 45, 51 und *Coester*, Jura 1992, 617, 618.

267 *Seibert*, in: Hadding/Hopt, Das neue Verbraucherkreditgesetz, S. 11, 13.

268 *Habersack*, ZHR 156 (1992) 45, 51; *Reinicke/Tiedtke*, ZIP 1992, 217, 222; *dies.*, Kaufrecht, S. 454; *Lwowski/Peters/Gößmann*, Verbraucherkreditgesetz, S. 195 und *Ott*, in: Bruchner/Ott/Wagner-Wieduwilt, § 9 VerbrKrG, RdNr. 55 und 57.

269 *Dauner-Lieb*, WM-Sonderbeilage 6/1991, S. 6; MüKo-*Habersack*, § 9 VerbrKrG, RdNr. 14; *ders.*, ZHR 156 (1992) 45, 50.

270 ABl. der EG Nr. L 42/51 vom 12.2.1987 (= Anhang, S. 414).

271 MüKo-*Habersack*, § 9 VerbrKrG, RdNr. 12, der daneben zutreffend darauf hinweist, daß dies der Einleitung eines abstrakten Kontrollverfahrens nach §§ 13 ff. AGBG nicht im Wege stehen würde.

A.A. *Koeppen*, FLF 1992, 86, 90 (für die Kreditkarte) und MüKo-*Kötz*, § 9 AGBG, RdNr. 24 (statt bisher Unwirksamkeit gemäß § 9 Abs. 2 Nr. 2 AGBG nunmehr gemäß § 9 Abs. 2 Nr. 1 AGBG). *Ott*, in: Bruchner/Ott/Wagner-Wieduwilt, § 9 VerbrKrG, RdNr. 60 ist der Ansicht, daß es sich bei einer Trennungsklausel um eine unwirksame protestatio facto contraria handeln würde.

272 *Ott*, in: Bruchner/Ott/Wagner-Wieduwilt, § 9 VerbrKrG, RdNr. 46; MüKo-*Habersack*, § 9 VerbrKrG, RdNr. 12 und 14; *ders.*, ZHR 156 (1992) 45, 53 und *Coester*, Jura 1992, 617, 619.

Tiedtke geäußerte Fazit kann man diese Entwicklung nicht ausdrücken[273]: "Früher irrten die Käufer, wenn sie glaubten, ihnen stehe der Einwendungsdurchgriff zu. Vor diesem Irrtum sollten sie bewahrt werden. Über das Nichtbestehen des Einwendungsdurchgriffs mußten sie aufgeklärt werden. Heute irren sie, wenn sie glauben, der Einwendungsdurchgriff stehe ihnen nicht zu. Sie müssen nunmehr vor diesem Irrtum bewahrt, ihnen darf also nicht vorgespiegelt werden, er bestehe nicht. Die Zeiten haben sich geändert."

F. Beweislast

Die Darlegungs- und Beweislast für das Vorliegen eines verbundenen Geschäfts hängt davon ab, wer sich auf diese Regelung berufen will[274]. Es gilt der allgemeine Grundsatz, daß der Anspruchsteller die Beweislast für die rechtsbegründenden Tatbestandsmerkmale trägt, während der Anspruchsgegner die rechtshindernden, rechtsvernichtenden und rechtshemmenden Merkmale beweisen muß[275]. Für den Fall des Einwendungsdurchgriffs bedeutet das, daß der Verbraucher das Vorliegen eines verbundenen Geschäfts und das Vorliegen einer Einwendung aus dem Kaufvertrag zu beweisen hat, weil er mit diesem Schutzinstrument den Rückzahlungsanspruch des Kreditgebers ganz oder zum Teil und abgesehen von der eingeschränkten Subsidiarität des § 9 Abs. 3 S. 3 VerbrKrG grundsätzlich sofort zu Fall bringen kann. Demgegenüber muß der Kreditgeber als Anspruchsteller das Vorliegen eines Kreditvertrages, die Auszahlung der Valuta und das evtl. Vorliegen der gesetzlichen Ausschlußgründe des Einwendungsdurchgriffs gemäß § 9 Abs. 3 S. 2 und 3 VerbrKrG beweisen[276]. Da es sich bei den Voraussetzungen des Einwendungsdurchgriffs gemäß § 9 Abs. 1 VerbrKrG aber um eine Wertungs- bzw. Zuordnungsfrage handelt, ob der Kaufvertrag ein mit dem Kreditvertrag verbundenes Geschäft darstellt[277], muß der Verbraucher lediglich die *tatsächlichen Umstände* darlegen und beweisen, die zur Bejahung des § 9 Abs. 1 VerbrKrG durch das Gericht führen könnten. Hier werden sich selten Beweisschwierigkeiten einstellen[278]. Die konkrete Zuordnung der vom Verbraucher eingebrachten Verbindungselemente zum Tatbestand des § 9 Abs. 1 VerbrKrG hat allein das Gericht vorzunehmen.

---

273 Kaufrecht (4. Aufl. 1989), S. 407.
274 So schon zur alten Rechtslage *Klauss/Ose*, Verbraucherkreditgeschäfte, § 6 AbzG, RdNr. 859 und *Baumgärtel*, Beweislast, § 6 AbzG, RdNr. 2.
275 MüKo-ZPO-*Prütting*, § 286 ZPO, RdNr. 106.
276 Zum letzteren MüKo-ZPO-*Prütting*, § 286 ZPO, RdNr. 137.
277 S. *Baumgärtel*, Beweislast, § 6 AbzG, RdNr. 7 zur alten Rechtslage.
278 Zutreffend bereits *Baumgärtel*, aaO. zur alten Rechtslage.

Diesen Grundsätzen steht auch nicht eine Entscheidung des Bundesgerichtshofs vom 18.11.1974 zur alten Rechtslage entgegen[279]. Denn dort ging es um die ganz andere Frage, wer beim Streit zwischen *Verkäufer und Käufer* darüber, ob Bar- oder Abzahlungskauf vereinbart worden ist, die Beweislast für die Einigung über einen Barkauf bzw. für das Nichtvorliegen eines finanzierten Abzahlungskaufs zu tragen habe. Dort war der Kreditvertrag und damit ein finanzierter Abzahlungskauf nicht zustande gekommen. Der Bundesgerichtshof verneinte einen Anspruch des Verkäufers aus § 433 Abs. 2 BGB mit dem Argument, daß das "Wie" der Zahlung (Bar- oder Abzahlung) zu den klagebegründenden Tatsachen gehöre und deshalb vom barzahlungsverlangenden Verkäufer zu beweisen sei.

279 BGH WM 1975, 27 f. und dem folgend LG Tübingen WM 1990, 1640 ff.

§ 4 Das verbundene Geschäft gemäß § 9 Abs. 4 VerbrKrG

Über § 9 Abs. 4 VerbrKrG kommt § 9 Abs. 1 VerbrKrG und damit der Einwendungsdurchgriff gemäß § 9 Abs. 3 VerbrKrG auch dann zur Anwendung, wenn der finanzierte Vertrag kein Kaufvertrag, sondern ein sonstiger Vertrag über eine Leistung darstellt. Damit wird nicht nur die bisherige Rechtsprechung zum Einwendungsdurchgriff als allgemeines Rechtsinstitut außerhalb des finanzierten Abzahlungskaufs[1], sondern gleichzeitig die allerdings etwas engere, da nur *Dienst*leistungen umfassende Vorgabe der EG-Richtlinie in Art. 11 Abs. 2 S. 1 lit. a kodifiziert[2]. Bereits im nicht Gesetz gewordenen Regierungsentwurf zu § 607 a BGB vom 11.5.1979 fand sich eine § 9 Abs. 4 VerbrKrG entsprechende Regelung[3]. Gänzlich neu ist jedoch, daß nach der jetzigen Rechtslage mit einem wirksamen Widerruf des Kreditvertrages über § 9 Abs. 2 S. 1 VerbrKrG auch der finanzierte Vertrag über die Leistung unwirksam wird. Denn das bisherige Widerrufsrecht des § 1 b AbzG galt nur für normale und über § 6 AbzG für finanzierte Abzahlungs*käufe*. Die Rechtsfolge des § 9 Abs. 2 S. 1 VerbrKrG gilt jedoch ebenso wie die des Einwendungsdurchgriffs nur dann, wenn auch wirklich die Tatbestandsvoraussetzungen des § 9 Abs. 1 VerbrKrG gegeben sind, d.h. wenn der Kredit der Finanzierung des Entgelts für den Leistungsvertrag dient und beide Verträge eine wirtschaftliche Einheit bilden. Hier ergeben sich keine Besonderheiten im Vergleich zu den zu § 9 Abs. 1 VerbrKrG geschilderten Verbindungsvoraussetzungen[4].

In Betracht kommen alle von der Rechtsprechung bereits unter der alten Rechtslage bejahten fremdfinanzierten Verträge[5]: Finanzierte Ehe- bzw. Partnerschaftsvermittlungs- und -anbahnungsdienstverträge[6], sonstige finanzierte Dienstverträge[7], finanzierte Mitarbeiter- bzw. Organisationsleiterverträge[8] und finanzierte Arbeitnehmerbeteiligungen[9].

---

1 S.o. § 1, S. 35 ff.

2 ABl. der EG Nr. L 42/51 vom 12.2.1987 (= Anhang, S. 414).

3 S. § 607 a Abs. 4 BGB, BT-DS 8/3212, S. 4 (= Anhang, S. 417) mit entsprechender Begründung auf S. 12. Dies wurde schon damals allgemein begrüßt, s. *Marschall v. Bieberstein*, Der finanzierte Abzahlungskauf, S. 39 f. und *Münstermann*, TZW 1980, 48, 49 (s. aber auch *dens.*, TZW 1979, 97 f.).

4 Zutreffend *Ott*, in: Bruchner/Ott/Wagner-Wieduwilt, § 9 VerbrKrG, RdNr. 145.

5 HM, s. nur MüKo-*Habersack*, § 9 VerbrKrG, RdNr. 139.

6 LG Fulda NJW 1971, 2229 ff.; OLG Schleswig NJW 1974, 648 ff. (als Auswahl); zur neuen Rechtslage OLG Stuttgart VuR 1994, 94 ff.; *Compensis/Reiserer*, BB 1991, 2457, 2461 ff. und *von Hoyningen-Huene*, JuS 1995, 41, 43 f.

7 LG Augsburg NJW 1972, 637 ff. (finanzierte Schlankheitskur) und LG Augsburg NJW 1973, 1704 ff. (finanzierter Fernkurs).

8 BGH WM 1979, 299 f.; BGH WM 1979, 1035 ff. und BGH WM 1980, 620 ff.

Unter besonderer Beachtung des persönlichen Anwendungsbereiches des Gesetzes gemäß § 1 Abs. 1 VerbrKrG (kein Schutz für Gewerbetreibende und Selbständige) und der Erweiterung um Existenzgründungskredite bis zu 100.000,-- DM i.S.v. § 3 Abs. 1 Nr. 2 VerbrKrG können auch finanzierte Franchiseverträge[10] und Unternehmenskaufverträge (Kauf von Sachgesamtheiten)[11] ein verbundenes Geschäft darstellen. Auch finanzierte Werk- und Werklieferungsverträge jeglicher Art können unter die Norm fallen[12]. Soweit es jedoch um die Errichtung von Häusern oder Eigentumswohnungen geht, muß § 3 Abs. 2 Nr. 2 VerbrKrG beachtet werden[13]. Im übrigen werden bei Werkverträgen bezüglich kleinerer Reparaturen und Instandsetzungen in der Regel die Tatbestandsvoraussetzungen des § 9 Abs. 1 VerbrKrG nicht vorliegen, weil der Besteller einen "Kredit auf eigene Faust" aufnimmt[14]. Darüber hinaus ist auch an finanzierte Reiseverträge[15], finanzierte Geschäftsbesorgungsverträge[16], finanzierte Versicherungsprämien[17] und finanzierte Bierlieferungsverträge[18] zu denken. Das gilt auch für die gemäß §§ 15 f. VerbrKrG geschuldete drittfinanzierte Vergütung für die Vermittlung eines Kreditvertrags, sofern zwischen Kreditvermittlungs- und Kreditvertrag eine wirtschaftliche Einheit vorliegt[19].

Ausgeschlossen ist dagegen eine Verbindung von Hard- und Softwareverträgen, d.h. in der Konstellation, daß ein Lieferant nur ein Betriebssystem bereitstellen kann und den

---

9 BGH WM 1978, 1038 ff.

10 OLG Schleswig NJW 1988, 3024 und MüKo-*Habersack*, § 9 VerbrKrG, RdNr. 6. Dazu *Böhner*, NJW 1992, 3135, 3137.

11 BGH WM 1978, 459 ff. und WM 1981, 869 f. ("1. und 2. Waschsalonentscheidung"); BGH WM 1987, 401 f. (finanzierter Kauf einer Privatschule).

12 BGH WM 1982, 150 f. (finanzierter Werkvertrag über die Errichtung eines Tennisplatzes); OLG Hamm und BGH WM 1984, 634 ff.; BGH WM 1984, 986 ff.; BGH WM 1986, 1054 ff. (jeweils finanzierter Werkvertrag über die Errichtung eines Fertighauses).

13 Die ablehnenden bzw. zurückhaltenden Entscheidungen BGH WM 1970, 1362 f. (finanzierter Grundstücks- und Fertighauserwerbsvertrag) und BGH WM 1979, 1054 ff. (finanzierter Bauträgervertrag zur Errichtung einer Eigentumswohnung) sind unter der neuen Rechtslage nur noch über einen Ausschluß gemäß § 3 Abs. 2 Nr. 2 VerbrKrG haltbar, s. dazu *Habersack*, ZHR 156 (1992) 45, 51 f., 58.

14 Zutreffend *Ott*, in: Bruchner/Ott/Wagner-Wieduwilt, § 9 VerbrKrG, RdNr. 146.

15 *Ott*, in: Bruchner/Ott/Wagner-Wieduwilt, § 9 VerbrKrG, RdNr. 147; *Emmerich*, in: Graf v. Westphalen/Emmerich/Kessler, § 9 VerbrKrG, RdNr. 46; MüKo-*Habersack*, § 9 VerbrKrG, RdNr. 139; Erman-*Klingsporn/Rebmann*, § 9 VerbrKrG, RdNr. 37 und *Heß*, Jura 1994, 423 ff.

16 *Ott*, in: Bruchner/Ott/Wagner-Wieduwilt, § 9 VerbrKrG, RdNr. 147.

17 *Drescher*, Verbraucherkreditgesetz, RdNr. 122 und 252. S. aber auch *dens.*, aaO., RdNr. 254 sowie MüKo-*Habersack*, § 9 VerbrKrG, RdNr. 141 zur Verbindung von Kredit mit einer Kapitallebensversicherung ("Versicherungsdarlehen") m.w.N.

18 *Grziwotz*, MittBayNot 1993, 263, 264 f.

19 MüKo-*Habersack*, § 9 VerbrKrG, RdNr. 140; *ders.*, DStR 1994, 1853 f. und *Drescher*, Verbraucherkreditgesetz, RdNr. 252; 385.
A.A. *Münstermann/Hannes*, Verbraucherkreditgesetz, RdNr. 546 und *Kessler*, in: Graf v. Westphalen/Emmerich/Kessler, § 15 VerbrKrG, RdNr. 40.

Kunden an ein auf die benötigten Anwendungsprogramme spezialisiertes Softwarehaus verweist[20]. Hier ist das Verbraucherkreditgesetz schon nicht anwendbar, weil es an einem Kreditvertrag i.S.v. § 1 Abs. 2 VerbrKrG fehlt. Verbunden werden in diesem Fall nämlich zwei Werkverträge[21]. Dagegen kann die Gesamtheit von Hard- und Softwarevertrag ihrerseits mit einem Kreditvertrag verbunden werden. Dies würde unter § 9 Abs. 4 VerbrKrG fallen.

---

20 Dazu, insbes. zum Einwendungsdurchgriff und den Voraussetzungen einer wirtschaftlichen Einheit, *Pander*, Informatik und Recht 1987, 408 ff.

21 Möglich bleibt aber immer noch der Einwendungsdurchgriff als allgemeines Rechtsinstitut außerhalb des VerbrKrG, dazu bereits oben § 2, S. 68.

ZWEITER TEIL

DIE GESETZLICHE REGELUNG DES EINWENDUNGSDURCHGRIFFS

§ 5 Der Einwendungsdurchgriff bei Einwendungen aus dem Kaufvertrag gemäß § 9 Abs. 3 S. 1 VerbrKrG

Liegen die Voraussetzungen der Vertragsverbindung vor, kann der Verbraucher gemäß § 9 Abs. 3 S. 1 VerbrKrG die Rückzahlung des Kredits verweigern, soweit Einwendungen aus dem verbundenen Kaufvertrag ihn gegenüber dem Verkäufer zur Verweigerung seiner Leistung berechtigen würden. Generelle Voraussetzung eines Rückzahlungsanspruches ist, daß der Kreditgeber die Valuta an den Verkäufer ausgezahlt hat[1]. Ist dies noch nicht geschehen, besteht kein Rückzahlungsanspruch, so daß auch die Situation des Einwendungsdurchgriffs wegen Störungen aus dem Kaufvertrag nicht vorliegen kann.

Deutlich wird, daß der Gesetzgeber von den drei Schutzinstrumenten der Rechtsprechung (c.i.c.-haftungsbewehrte Aufklärungspflicht, Durchgriffsgedanke und erweiterte Arglistanfechtung gemäß § 123 Abs. 2 BGB[2]) nur den auf § 242 BGB gestützten Einwendungsdurchgriff kodifiziert hat. Jedenfalls erübrigt sich mit der gesetzlichen Regelung der jahrzehntelange Streit um seine dogmatische Einordnung[3]. Dieser soll auch nicht über die Hintertür über die nicht geregelten Rand- und Folgeprobleme eingeführt werden[4]. Bei diesen Problemen wird sich allein die Frage der wertungsmäßigen Rechtfertigung der Privilegierung des Verbrauchers beim finanzierten Abzahlungskauf gegenüber dem Barkäufer und der damit korrespondierenden Belastung von Kreditgeber und Verkäufer stellen[5]. Deshalb ist eine dogmatische Einordnung des Einwendungsdurchgriffs nach der neuen Rechtslage allein bei der Frage sinnvoll, ob und wenn ja, unter wel-

---

1 S. nur Palandt-*Putzo*, § 607 BGB, RdNr. 19 und *Hopt/Mülbert*, Kreditrecht, Vorb. zu §§ 607 ff. BGB, RdNr. 456.

2 Dazu oben § 1, S. 33 ff.

3 Zutreffend *Seibert*, § 9 VerbrKrG, RdNr. 9; *Emmerich*, in: Graf v. Westphalen/Emmerich/ Kessler, § 9 VerbrKrG, RdNr. 77; *ders.*, in: Hadding/Hopt, Das neue Verbraucherkreditgesetz, S. 78 und *Dauner-Lieb*, WM-Sonderbeilage 6/1991, S. 7. *Coester*, Jura 1992, 617, 622 spricht von einer zweitrangigen Frage.

4 So aber MüKo-*Habersack*, § 9 VerbrKrG, RdNr. 75, der der Meinung ist, daß der Streit um die dogmatische Einordnung des Einwendungsdurchgriffs im Hinblick auf einige Rand- und Folgeprobleme auch mit der positivrechtlichen Anerkennung noch nicht sein Ende gefunden habe.

5 Zutreffend *Dauner-Lieb*, WM-Sonderbeilage 6/1991, S. 7.

chen Voraussetzungen es einen Einwendungsdurchgriff als allgemeines Rechtsinstitut außerhalb von § 9 Abs. 3 VerbrKrG gibt, insbesondere für die unter der alten Rechtslage geschützten Minderkaufleute und Freiberufler[6].

A. Prinzipien

I. Verlagerung des Verwendungsrisikos der Valuta auf den Kreditgeber

Beim Einwendungsdurchgriff im Rahmen des finanzierten Abzahlungskaufs geht es entgegen einer verbreiteten Meinung[7] nicht um die Zulassung einer "exceptio ex iure tertii", also um die Einrede *aus* der Rechtsstellung eines Dritten, wie dies etwa im klassischen Fall der Geltendmachung der Einreden des Hauptschuldners durch den Bürgen gemäß § 768 Abs. 1 S. 1 BGB der Fall ist. Vielmehr erlaubt der Einwendungsdurchgriff, Einwendungen *gegen* einen Dritten auch dem eigenen Vertragspartner entgegenzusetzen[8]. Auch der deutsche Name "Einwendungsdurchgriff" kennzeichnet schon begrifflich, worum es geht: Der Verbraucher als Käufer und Kreditnehmer in einer Person hat Einwendungen aus dem Kaufvertrag, also gegen einen Dritten, und will diese gegenüber dem Kreditgeber entgegensetzen, durchgreifen lassen. Damit wird das Verwendungsrisiko der Valuta in Abweichung von der gesetzlichen Ausgestaltung des Darlehens als nicht zweckgebundene Überlassung des Kapitals vom Verbraucher auf den Kreditgeber verlagert und führt zu einer besonderen Risikoverteilung zwischen Verkäufer und Kreditgeber[9]. Der Rückzahlungsanspruch des Kreditgebers aus dem Kreditvertrag wird abhängig gemacht von der ordnungsgemäßen Erfüllung des finanzierten Vertrages. Diese Risikoverlagerung beruht letztendlich auf einem freiwilligen Willensentschluß des Kreditgebers. Zum einen arbeitet er regelmäßig mit dem Verkäufer zusammen und bedient sich in irgendeiner Form seiner Mithilfe (§ 9 Abs. 1 S. 2 VerbrKrG). Zum anderen gewährt er dem Verbraucher einen zweckgebundenen Kredit (§ 9 Abs. 1 S. 1 VerbrKrG). Er selbst hat es damit in der Hand, die objektiven Vertragsverbindungsvoraussetzungen des § 9

6 S.o. § 2, S. 68.

7 S. MüKo-*Habersack*, § 9 VerbrKrG, RdNr. 74 zur neuen und *Gundlach*, Konsumentenkredit, S. 142 f. zur alten Rechtslage.

8 *Canaris*, in: FS für Fischer, S. 31, 48, Fn. 51 und *Gaul*, AcP 180 (1980) 307, 310.

9 *Ott*, in: Bruchner/Ott/Wagner-Wieduwilt, § 9 VerbrKrG, RdNr. 6 und *Habersack*, ZHR 156 (1992) 45, 47.

Abs. 1 VerbrKrG zu vermeiden[10]. Insofern kann man beim Einwendungsdurchgriff auch von einer freiwilligen Risikoübernahme durch den Kreditgeber sprechen[11].

Wichtig ist, daß mit dem Institut des Einwendungsdurchgriffs nicht jedes für den Verbraucher mögliche Risiko, sondern nur das spezifische Aufspaltungsrisiko kompensiert werden soll: Während der normale Abzahlungskäufer bei Störungen aus dem Kaufvertrag gleich welcher Art die weitere Ratenzahlung an den Abzahlungsverkäufer sofort einstellen wird und dann, wenn sein Vertragspartner in Konkurs fällt, schlimmstenfalls die bereits geleisteten Raten einschließlich einer Anzahlung verliert, trägt der Barkäufer gleich, ob er den Kaufpreis mit Eigenmitteln oder mit einem "Kredit auf eigene Faust" beglichen hat, von Anfang an das volle Verkäuferkonkursrisiko. Letztendlich ist es dieser Vorteil des Abzahlungskäufers gegenüber dem Barkäufer, nur allmählich mit dem Verkäuferkonkursrisiko belastet zu werden, der dem Verbraucher mit dem Institut des Einwendungsdurchgriffs erhalten bleiben soll[12].

II. Der Einwendungsdurchgriff als bloßes Leistungsverweigerungsrecht (Einrede)

Mit dem Wortlaut "kann verweigern" hat der Gesetzgeber klargestellt, daß der Einwendungsdurchgriff ein Leistungsverweigerungsrecht ist[13]. Er ist ein reines Verteidigungsmittel des Verbrauchers gegenüber dem Rückzahlungsverlangen des Kreditgebers aus dem Kreditvertrag und gerade kein Angriffsmittel in Form einer Anspruchsgrundlage gegen den Kreditgeber[14]. Zutreffend heißt es dazu in der Begründung zum Regierungsentwurf[15]: "In der Bundesrepublik Deutschland haben Rechtsprechung und Literatur für diese Fallgestaltung das Institut des sogenannten Einwendungsdurchgriffs entwickelt. Dies bedeutet, daß der Käufer und Kreditnehmer in den Fällen einer Nicht- oder Schlechterfüllung des Lieferungsvertrages usw. gegenüber dem Kreditgeber ein *Zurückhaltungsrecht* geltend machen kann.", und weiter: "Absatz 3 Satz 1 gewährt dem Verbraucher das Recht, die Rückzahlung des Darlehens - einschließlich der Zinsen - *zu ver-*

---

10 S.o. § 3, S. 79 ff.

11 MüKo-*Habersack*, § 9 VerbrKrG, RdNr. 29, 74. Dagegen *Lwowski/Peters/Gößmann*, Verbraucherkreditgesetz, S. 184 (Widerspruch zum Parteiwillen).

12 *Dauner-Lieb*, WM-Sonderbeilage 6/1991, S. 5. Grundlegend bereits zur alten Rechtslage *Canaris*, Bankvertragsrecht, RdNr. 1452.

13 Ganz hM, s. nur Palandt-*Putzo*, § 9 VerbrKrG, RdNr. 14.

14 *Vollkommer*, in: FS für Merz, S. 595, 597 f.

15 BT-DS 11/5462, S. 23 (= Anhang, S. 433; Hervorhebung vom Verfasser).

weigern."[16] Rechtstechnisch ist der Einwendungsdurchgriff damit eine Einrede[17] und keine rechtsvernichtende Einwendung (Erlöschensgrund), die von selbst wirken würde. Es genügt also nicht, daß der Verbraucher tatsächlich eine Einwendung aus dem Kaufvertrag hat. Er muß diese auch gegenüber dem Kreditgeber geltend machen, d.h. sich darauf berufen[18]. Damit ist gleichzeitig sichergestellt, daß dieses Schutzinstrument zugunsten des Verbrauchers von seiner freien Entscheidung abhängt: Er selbst kann bestimmen, ob er den Kredit trotz Vorliegens einer Einwendung aus dem Kaufvertrag weiterbedient oder sich auf § 9 Abs. 3 S. 1 VerbrKrG beruft.

Das Leistungsverweigerungsrecht des Verbrauchers besteht ab dem Zeitpunkt, zu dem ihm die zugrunde liegenden Einwendungen gegen den Verkäufer zustehen und er sich darauf beruft. Handelt es sich dabei um Einwendungen, die zur Nichtigkeit des Kaufvertrages führen, besteht auch hier erst mit Geltendmachung des Einwendungsdurchgriffs das Leistungsverweigerungsrecht gegenüber dem Kreditgeber[19]. Der Verbraucher kann also vom Wortlaut der Norm her lediglich die zukünftige Ratenzahlung verweigern. Erfaßt werden aber gleichwohl die schon vor Erhebung des Einwendungsdurchgriffs fällig gewordenen, aber vom Verbraucher noch nicht erbrachten Raten[20].

III. Grundsätzliche Abgrenzung zu Störungen aus dem Kreditvertrag

Der Verbraucher muß eine Einwendung "aus dem verbundenen Kaufvertrag" haben[21]. Hat der Verbraucher eigene Einwendungen aus dem Kreditvertrag, z.B. weil dieser gemäß § 138 Abs. 1 BGB nichtig ist, liegt die Situation des Einwendungsdurchgriffs gemäß § 9 Abs. 3 S. 1 VerbrKrG nicht vor[22]. Dort findet vielmehr eine einseitig bilate-

---

16 BT-DS 11/5462, S. 24 (= Anhang, S. 434; Hervorhebungen vom Verfasser).

17 So auch das LG Kleve FLF 1993, 228.

18 *Ott*, in: Bruchner/Ott/Wagner-Wieduwilt, § 9 VerbrKrG, RdNr. 113 und *Reinking*, FLF 1993, 174, 178.

19 A.A. allein *Reinking/Nießen*, ZIP 1991, 79, 84, nach denen das Recht des Verbrauchers zur Zahlungseinstellung nicht erst mit dem Zeitpunkt der Geltendmachung der Einwendung entstehe. Vielmehr käme es allein auf den Zeitpunkt der materiellrechtlichen Auswirkungen der Einwendung an. Diese Auffassung ist mit dem Wortlaut der Norm nicht vereinbar. Näheres dazu und insbes. zu der Frage, ob dem Verbraucher darüber hinaus Rückforderungsansprüche zustehen, unten beim Rückforderungsdurchgriff, § 7, S. 202 ff.

20 Zutreffend *Ott*, in: Bruchner/Ott/Wagner-Wieduwilt, § 9 VerbrKrG, RdNr. 124.

21 Einwendungen aus den sonstigen verbundenen Geschäften gemäß § 9 Abs. 4 VerbrKrG sollen hier außer Betracht bleiben. Siehe z.B. zur Frage, ob die Klagbarkeitssperre des § 656 Abs. 1 S. 1 BGB beim finanzierten Ehemakler- und Partnerschaftsvermittlungsvertrag eine taugliche Einwendung i.S.v. § 9 Abs. 3 S. 1 VerbrKrG darstellt *Compensis/Reiserer*, BB 1991, 2457, 2463 f.; *Vortmann*, Aktuelle Rechtsfragen, RdNr. 254 f.; *Bülow*, § 9 VerbrKrG, RdNr. 57b und OLG Stuttgart VuR 1994, 94, 95 (alle bejahend).

22 MüKo-*Habersack*, § 9 VerbrKrG, RdNr. 80; *Reinking/Eggert*, Der Autokauf, RdNr. 297 (S. 89).

rale Rückabwicklung zwischen Verbraucher und Kreditgeber nach Bereicherungsrecht statt[23]. Für die Lösung dieses Problems ergibt sich aus dem Verbraucherkreditgesetz auch überhaupt nichts[24]. Dies gilt erst recht für den Doppelmangel, wenn also sowohl Kredit- als auch Kaufvertrag nichtig sind[25]. Dort hat eine Rückabwicklung des gestörten Dreipersonenverhältnisses insgesamt stattzufinden, bei dem höchstens die Wertungen des Verbraucherkreditgesetzes Berücksichtigung finden können bzw. müssen[26]. Alle diese Fälle sind jedoch nicht Gegenstand des Einwendungsdurchgriffs und damit der nachfolgenden Untersuchung[27]. Es ist lediglich darauf hinzuweisen, daß der Einwendungsdurchgriff auch in den Fällen der Nichtigkeit des Kreditvertrages mit seiner anschließenden bereicherungsrechtlichen Rückabwicklung eingreifen kann, der Verbraucher sich demgemäß gegenüber der ratenweisen Rückzahlung aus § 812 Abs. 1 S. 1 BGB oder § 817 S. 1 BGB bei dann *kumulativ* auftretenden Einwendungen aus dem Kaufvertrag (z.B. bei Sachmängeln) ebenfalls auf § 9 Abs. 3 S. 1 VerbrKrG berufen kann, anderenfalls er schlechter stünde als bei Wirksamkeit des Kreditvertrages[28].

IV. Prinzip der Gleichwertigkeit der Einwendungen und der Unmittelbarkeit des Einwendungsdurchgriffs

Der Einwendungsdurchgriff wird demgemäß grundsätzlich nur dann relevant, wenn der Kreditvertrag ungestört ist und ungestört bleibt, der Verbraucher aber Einwendungen aus dem mit ihm verbundenen Kaufvertrag hat. Dabei kommt es entgegen dem etwas mißverständlichen Wortlaut des § 9 Abs. 3 S. 1 VerbrKrG nicht auf die rechtliche Qualifikation als von Amts wegen zu beachtende Einwendung an. Gemeint sind alle rechtshindernden, rechtsvernichtenden und rechtshemmenden Einwendungen, also auch alle Einreden, kurz jedes Recht des Verbrauchers, die weitere Zahlung zurückzuhalten, unerheb-

---

23 Dazu MüKo-*Habersack*, § 9 VerbrKrG, RdNr. 117 m.w.N.

24 Zutreffend *Emmerich*, in: Graf v. Westphalen/Emmerich/Kessler, § 9 VerbrKrG, RdNr. 91.

25 S. BGH WM 1978, 875, 878 zur bereicherungsrechtlichen Rückabwicklung bei Doppelnichtigkeit (Kreditvertrag gemäß §§ 134 BGB, 56 Abs. 1 Nr. 6 GewO a.F., finanzierter Mitarbeitervertrag gemäß § 138 I BGB nichtig): "Auf die Frage, ob ein Einwendungsdurchgriff entsprechend den Rechtsprechungsgrundsätzen für den finanzierten Abzahlungskauf berechtigt ist oder ob die Klägerin ihre Aufklärungspflicht gegenüber den Beklagten verletzt hat, kommt es insoweit nicht an."

26 Dazu ausführlich MüKo-*Habersack*, § 9 VerbrKrG, RdNr. 107 ff. und Staudinger-*Lorenz*, § 812 BGB, RdNr. 58 (Stichwort "Rückabwicklung übers Dreieck", "Kondiktion der Kondiktion", "Durchgriffskondiktion").

27 Zur Frage, ob die Nichtigkeit des einen Vertrages auf den anderen, eigentlich ungestörten Vertrag ausstrahlt (sog. genetische Verknüpfung), unten § 11, S. 373 ff.

28 Zutreffend *Bülow*, § 9 VerbrKrG, RdNr. 57b; MüKo-*Habersack*, § 9 VerbrKrG, RdNr. 117 und auch schon BGH WM 1980, 1111, 1113 für die alte Rechtslage.

lich, ob peremptorischer oder bloß dilatorischer Natur[29]. Der gesetzlichen Regelung liegt damit das Prinzip der Gleichwertigkeit der Einwendungen zugrunde. Der Verbraucher kann dem Kreditgeber grundsätzlich alle Einwendungen entgegenhalten wie er es beim bilateralen Abzahlungskauf dem Abzahlungsverkäufer gegenüber könnte, ganz oder teilweise, zeitweilig oder endgültig[30]. Eine Differenzierung nach Art und Schwere der Einwendung, wie sie unter der alten Rechtslage regelmäßig vorgenommen wurde[31], ist nach der neuen Rechtslage nicht mehr möglich.

Darüber hinaus gilt nach der neuen Rechtslage das Prinzip der Unmittelbarkeit des Einwendungsdurchgriffs[32]: Der Verbraucher kann sein Leistungsverweigerungsrecht abgesehen von dem Ausnahmefall der partiellen Subsidiarität gemäß § 9 Abs. 3 S. 3 VerbrKrG[33] sofort geltend machen und ist grundsätzlich nicht mehr gehalten, seine Ansprüche beim Verkäufer durchzusetzen bzw. die Nichtdurchsetzbarkeit dieser Ansprüche wegen Unmöglichkeit/Unzumutbarkeit nachzuweisen.

V. Hypothetische Rechtslage

Gleichzeitig hat der Gesetzgeber mit der Konjunktiv-Formulierung "berechtigen *würden*" die besondere Situation des finanzierten Abzahlungskaufs als Dreipersonenverhältnis berücksichtigt. Denn hier wird die Valuta regelmäßig direkt vom Kreditgeber an den Verkäufer überwiesen und der Kaufvertrag insofern erfüllt, so daß der Verbraucher eigentlich kein Leistungsverweigerungsrecht mehr gegen den erloschenen Erfüllungsanspruch des Verkäufers geltend machen kann. Entscheidend ist deswegen die hypothetische Rechtslage: Es ist immer danach zu fragen, ob der Verbraucher ohne die Finanzierung des Kaufpreises durch einen Dritten, also bei einem normalen bilateralen Abzahlungskauf gegenüber dem dort bestehenden Erfüllungsanspruch des Verkäufers auf ratenweise Kaufpreiszahlung ein Leistungsverweigerungsrecht gehabt hätte[34].

---

29 Einhellige Meinung, s. nur Palandt-*Putzo*, § 9 VerbrKrG, RdNr. 12 und 14 und MüKo-*Habersack*, § 9 VerbrKrG, RdNr. 88, 93.

30 *Coester*, Jura 1992, 617, 623. Zu den problematischen Fällen unten S. 135 ff. ausführlich.

31 S. nur *Hopt/Mülbert*, Kreditrecht, Vorb. zu §§ 607 ff. BGB, RdNr. 486 ff. und *Canaris*, Bankvertragsrecht, RdNr. 1432, 1435.

32 *Münstermann/Hannes*, Verbraucherkreditgesetz, RdNr. 529 und Erman-*Klingsporn/Rebmann*, § 9 VerbrKrG, RdNr. 19.

33 Dazu § 6, S. 166 ff. ausführlich.

34 *Ott*, in: Bruchner/Ott/Wagner-Wieduwilt, § 9 VerbrKrG, RdNr. 121; *Dauner-Lieb*, WM-Sonderbeilage 6/1991, S. 4 f.; MüKo-*Habersack*, § 9 VerbrKrG, RdNr. 89, 91; *Compensis/Reiserer*, BB 1991, 2457, 2463; *Reinking/Eggert*, Der Autokauf, RdNr. 313 f. (S. 93 f.) und *Reinking*, FLF 1993, 174, 177 f. (die beiden letzten für den Schadensersatzanspruch).

VI. Akzessorietätsprinzip

Dagegen eröffnet der finanzierte Abzahlungskauf dem Verbraucher nicht mehr Rechte, als wenn er es ausschließlich mit einem Verkäufer zu tun gehabt hätte. Sind beispielsweise die Gewährleistungsrechte gemäß § 477 Abs. 1 S. 1 BGB bereits verjährt, kann er sich auch nicht auf den Einwendungsdurchgriff gegenüber dem Kreditgeber berufen[35]. Gleiches gilt für die gesetzlichen Ausschlußgründe der §§ 460, 464 BGB[36]. Insofern besteht eine strenge Akzessorietät zwischen tatsächlichem (bzw. hypothetischen) Bestand einer Einwendung aus dem Kaufvertrag und ihrer Beachtlichkeit gegenüber dem Kreditgeber[37].

So entschied bereits der Bundesgerichtshof mit seinem Urteil vom 8.11.1979[38]. Dort hatte (revisionsrechtlich unterstellt) der Käufer/Kreditnehmer, ein Minderkaufmann, die im Kaufverhältnis bestehende Rügeobliegenheit gemäß § 377 HGB verletzt. Das Gericht betonte, daß die Fiktion der Genehmigung nicht nur im bilateralen Verhältnis zwischen Käufer und Verkäufer, sondern allseitig, d.h. auf den finanzierten Abzahlungskauf insgesamt bezogen und damit auch zwischen Käufer/Kreditnehmer und Kreditgeber wirke, und lehnte deshalb den Einwendungsdurchgriff ab, weil sich insofern nicht das spezifische Aufspaltungsrisiko verwirklicht habe[39]. Das gilt auch für die neue Rechtslage[40].

---

35 Einhellige Meinung, s. nur Erman-*Klingsporn/Rebmann*, § 9 VerbrKrG, RdNr. 25.

36 *Münstermann/Hannes*, Verbraucherkreditgesetz, RdNr. 519; Erman-*Klingsporn/Rebmann*, § 9 VerbrKrG, RdNr. 25 und MüKo-*Habersack*, § 9 VerbrKrG, RdNr. 89.
Zur Frage des Zeitpunktes der die Gewährleistungsansprüche ausschließenden Kenntnis bzw. vorbehaltlosen Annahme des Verbrauchers und des Verjährungsbeginns *Ollmann*, WM 1992, 2005, 2011. Dieses Problem wird deswegen relevant, weil in §§ 460, 464, 477 BGB vom Wortlaut ein abgeschlossener Kaufvertrag vorausgesetzt wird, die auf den Abschluß des verbundenen Kaufvertrages gerichtete Willenserklärung des Verbrauchers gemäß §§ 9 Abs. 2 S. 1, 7 Abs. 1 VerbrKrG aber erst nach Ablauf der einwöchigen Widerrufsfrist bezüglich des Kreditvertrages wirksam *wird*, und insofern für diese Zeit bezüglich des finanzierten Abzahlungskaufs insgesamt ein Schwebezustand besteht. Da diese Frage von der Rechtsnatur des Widerrufsrechts abhängig ist, kann sie hier nicht untersucht werden.

37 *Bülow*, § 9 VerbrKrG, RdNr. 67.

38 BGH WM 1980, 80 ff.

39 Bereits BGH WM 1962, 574, 575 hatte den Akzessorietätsgrundsatz hinsichtlich § 464 BGB betont.

40 Es ist aber nachdrücklich darauf hinzuweisen, daß der gesetzliche Ausschlußgrund gemäß §§ 377, 378 HGB bei Verletzung der Rügeobliegenheit nach der neuen Rechtslage regelmäßig nicht in Betracht kommen kann. Denn die Rügeobliegenheit setzt einen beiderseitigen Handelskauf voraus, d.h., daß auch auf Käufer- und Kreditnehmerseite mindestens ein Minderkaufmann i.S.v. § 4 Abs. 1 HGB beteiligt sein muß. Ist dies tatsächlich der Fall, dann wäre das Verbraucherkreditgesetz ohnehin schon nicht anwendbar, weil der Minderkaufmann kein Verbraucher gemäß § 1 Abs. 1 VerbrKrG ist. S. dazu § 2, S. 67 f.

VII. Das Verhältnis des Einwendungsdurchgriffs zur Haftung wegen Verletzung der Aufklärungspflicht nach der neuen Rechtslage

Nach der neuen Rechtslage kommt es, wie dargestellt[41], bei den Vertragsverbindungsvoraussetzungen allein auf objektive Elemente und nicht mehr auf den subjektiven Eindruck des Verbrauchers von der wirtschaftlichen Einheit an, d.h. die Vertragsverbindung als wesentliche Voraussetzung des Einwendungsdurchgriffs wird von der Fehlvorstellung des Verbrauchers lösgelöst und gleichsam verobjektiviert. Daraus ergibt sich, daß eine *Aufklärungsmöglichkeit* des Kreditgebers, diese Fehlvorstellung des Verbrauchers zu beseitigen, nicht mehr existiert, und zwar weder durch individuelle Hinweise noch durch vorformulierte Trennungsklauseln. Besteht aber diese Möglichkeit nicht mehr, kann schon gar keine c.i.c.-haftungsbewehrte *Aufklärungspflicht* des Kreditgebers konstituiert werden, der Kreditgeber müsse den Verbraucher über das spezifische Aufspaltungsrisiko der rechtlichen Trennung und Selbständigkeit von Kauf und Kredit aufklären[42]. Das gilt um so mehr, als der Bundesgerichtshof selbst bereits unter der alten Rechtslage zu einer Subsidiarität des Aufklärungsgedankens im Verhältnis zum auf § 242 BGB gestützten Durchgriffsgedanken gekommen war[43]. Vielmehr wird der Schaden des Verbrauchers schon von § 9 Abs. 3 VerbrKrG kompensiert, *so daß diese Norm bezüglich der Verteilung des Aufspaltungsrisikos in sachlicher und persönlicher Hinsicht als abschließende Sonderregelung*[44] *im Sinne einer informationsunabhängigen Risikoverlagerungsnorm auf den Kreditgeber*[45] *anzusehen ist*. Der Kreditgeber kann sich ihren Wirkungen nur entziehen, wenn er alle objektiven Verbindungselemente vermeidet[46]. Schadensersatzansprüche bleiben nur bestehen, soweit der Kreditgeber allgemein bestehende Aufklärungspflichten[47] oder spezielle, mit der Gefährlichkeit des finanzierten Abzahlungskaufs zusammenhängende Pflichten verletzt hat, wie etwa bei der Zahlung vor Lieferung[48].

---

41 S.o. § 3, S. 105 ff.

42 *Reinking/Nießen*, ZIP 1991, 79, 85; *Dauner-Lieb*, WM-Sonderbeilage 6/1991, S. 11 ff.; *Emmerich,* in: Graf v. Westphalen/Emmerich/Kessler, § 9 VerbrKrG, RdNr. 20; MüKo-*Habersack*, § 9 VerbrKrG, RdNr. 13 ff.; *Mülbert*, ÖBA 1993, 105, 115 und *Reinking*, FLF 1993, 174, 175. Nach *Reinking/Eggert*, Der Autokauf, RdNr. 285 ff. (S. 86 f.) und *Reinking*, FLF 1993, 174, 175 bleibt es dagegen bei der c.i.c.-haftungsbewehrten Aufklärungspflicht beim finanzierten Abzahlungskauf außerhalb des VerbrKrG. Das muß hier nicht entschieden werden.

43 BGH WM 1987, 401, 402 (fin. Kauf eines Privatschulbetriebs) und bereits oben § 3, S. 109 f.

44 Zutreffend *Habersack*, ZHR 156 (1992) 45, 59, Fn. 51.

45 So bereits *Brandner*, ZHR 153 (1989) 147, 161 und *Hopt*, FS für Gernhuber, S. 169, 178.

46 Dazu oben § 3, S. 79 ff.

47 Zum Umfang der Aufklärungspflichten bei Verbraucherkrediten siehe die auf dem 6. Bankrechts-Symposium der ZHR gehaltenen Referate von *H.P. Westermann*, *Brandner* und *v. Rottenburg*, ZHR 153 (1989) 123 ff., 147 ff. und 162 ff.

48 MüKo-*Habersack*, § 9 VerbrKrG, RdNr. 19 und ähnlich auch *Mülbert*, ÖBA 1993, 105, 115. Ebenso unter der alten Rechtslage *Hopt/Mülbert*, Kreditrecht, Vorb. zu §§ 607 ff. BGB, RdNr. 503 ff. Zu diesem Sonderproblem unten S. 134 f.

B. Fallgruppen

I. Nichtigkeit des Kaufvertrages

Ein großer Anwendungsbereich des Einwendungsdurchgriffs ist der Fall der Nichtigkeit des Kaufvertrages[49]. Zwar kann man hier streng genommen nicht mehr davon sprechen, daß es sich um eine "Einwendung aus dem verbundenen Kaufvertrag" handelt, wenn dieser nichtig ist. Vielmehr entsteht ein bereicherungsrechtliches Abwicklungsverhältnis zwischen Verbraucher und Verkäufer. Dennoch wäre die Ablehnung des Einwendungsdurchgriffs mit dieser Argumentation eine formaljuristische Spitzfindigkeit, die der Gesetzgeber mit dem Wortlaut gerade nicht ausdrücken wollte[50]. Im Gegenteil zitiert er gerade in der Begründung zum Regierungsentwurf die zentrale Entscheidung des Bundesgerichtshofes vom 7.2.1980, bei der isoliert der Kaufvertrag, nicht aber der Kreditvertrag nichtig war und infolgedessen dem Käufer/Kreditnehmer der unmittelbare Einwendungsdurchgriff zugebilligt wurde[51]. Daß der Gesetzgeber diese Entscheidung im Zusammenhang mit dem Zurückdrängen des Subsidiaritätsprinzip zitiert, ist unerheblich. Denn mit diesem Zitat geht er inzident davon aus, daß die Nichtigkeit des Kaufvertrages zum Einwendungsdurchgriff berechtigt. Zu betonen ist nachdrücklich, daß sich der Gesetzgeber mit der Kodifizierung des Einwendungsdurchgriffs an die bisher praktizierte und bewährte Rechtsprechung mit ihren angemessenen Lösungen anlehnt[52], keinesfalls aber hinter den bereits erreichten Standard zurückbleiben wollte.

In Betracht kommen deshalb alle Nichtigkeitsgründe[53], insbesondere also §§ 125[54], 134, 138 und 306 BGB[55], vor allem aber die Anfechtung, die gemäß § 142 Abs. 1 BGB den

---

49 Zur alten Rechtslage erstmals für die isolierte Anfechtung des Kaufvertrages bejaht von BGH WM 1967, 455, 458; für die Sittenwidrigkeit des finanzierten Mitarbeitervertrags BGH WM 1979, 299 f.; BGH WM 1979, 1035, 1039 und BGH WM 1980, 620, 621 (dort allerdings jeweils unter deutlicher Betonung des erheblichen Eigeninteresses des Kreditgebers am Zustandekommen des finanzierten Vertrags und seiner Kenntnis bzw. der des Kreditvermittlers von den die Sittenwidrigkeit begründenden Umstände); für die Sittenwidrigkeit des Kaufvertrags beim finanzierten Abzahlungskauf erstmals bejaht von BGH WM 1980, 327, 328 f.

50 Zutreffend *Ollmann*, WM 1992, 2005, 2010.

51 BT-DS 11/5462, S. 23 (= Anhang, S. 434) mit Hinweis auf BGH WM 1980, 327 ff.

52 Begr. RegE, BT-DS 11/5462, S. 12 und 23 (= Anhang, S. 433 f.).

53 Ganz hM, s. nur Erman-*Klingsporn/Rebmann*, § 9 VerbrKrG, RdNr. 22.
A.A. die Einheitstheorie von *Vollkommer*, in: FS für Merz, S. 595, 606 ff. und Jauernig-*Vollkommer*, § 607 BGB, Anm. 8 d, nach dem die Nichtigkeit des Kaufvertrages als Folge des "Verbunds" über § 139 BGB immer zur Nichtigkeit des Kreditvertrages führen müsse, so daß in diesen Fällen niemals der Einwendungsdurchgriff in Betracht käme. Ob das Gesetz auf dem Boden der Trennungstheorie oder der Einheitstheorie steht, wird unten § 7, S. 215 ff. ausführlich untersucht.

Kaufvertrag rückwirkend vernichtet. Einwendungsdurchgriff bedeutet in diesen Fällen, daß der Verbraucher dem Kreditgeber den Bereicherungsanspruch gegen den Verkäufer entgegensetzen kann[56]. Dabei reicht die bloße Anfechtbarkeit des Kaufvertrages nicht aus[57]. Vor allem gilt nicht die den Bürgen schützende Vorschrift des § 770 Abs. 1 BGB analog. Denn im Unterschied zum Bürgen kann der Verbraucher das Gestaltungsrecht der Anfechtung ausüben und dadurch eine Einwendung, die er dem Kreditgeber entgegenhalten kann, selbständig begründen[58]. Auch im normalen Zweipersonenverhältnis würde den Abzahlungskäufer die bloße Anfechtbarkeit des Kaufvertrages zur Leistungsverweigerung nicht berechtigen. Der Verbraucher muß demgemäß die Anfechtung gegenüber dem Verkäufer erklärt haben. Erst danach kann er sich auf die Nichtigkeit des Kaufvertrages und damit auf den Einwendungsdurchgriff berufen und zu Recht die Zahlung gegenüber dem Kreditgeber einstellen. Entscheidend ist auch hier, daß der Einwendungsdurchgriff als Einrede konzipiert worden ist, d.h. daß er erst ab dem Zeitpunkt seiner Geltendmachung Rechtswirkungen entfaltet.

II. Besonderes Gewährleistungsrecht

1. Grundsätzliches

Hauptstörungsfall ist die Lieferung einer mangelhaften Sache[59]. Hat der Verbraucher gegen den Verkäufer Ansprüche auf Wandelung, Minderung oder Schadensersatz, kann er diese dem Kreditgeber entgegenhalten[60]. Ob Schadensersatzansprüche darüber hinaus zur Aufrechnung gegenüber dem Kreditgeber berechtigen, wird im Rahmen der Rück-

---

54 Bei finanzierten Grundstücksgeschäften (Formzwang gemäß § 313 S. 1 BGB) ist gemäß § 3 Abs. 2 Nr. 2 VerbrKrG die Vorschrift des § 9 insgesamt nicht anwendbar, weil diese regelmäßig grundpfandrechtlich abgesichert werden, s. bereits oben § 2, S. 69 f.

55 Zur Frage, wann wegen der durch das Widerrufsrecht begründeten einwöchigen Schwebezeit anfängliche und wann nachträgliche objektive Unmöglichkeit beim verbundenen Geschäft vorliegt *Ollmann*, WM 1992, 2005, 2010 f.

56 *Bülow*, § 9 VerbrKrG, RdNr. 57b.

57 Einhellige Meinung, s. nur MüKo-*Habersack*, § 9 VerbrKrG, RdNr. 95. Nicht ganz eindeutig *Schildge*, LSW Gruppe 4/7 (1991), S. 7.

58 MüKo-*Habersack*, § 9 VerbrKrG, RdNr. 95.

59 Zutreffend *Reinicke/Tiedtke*, Kaufrecht, S. 458 und MüKo-*Habersack*, § 9 VerbrKrG, RdNr. 90.

60 Einhellige Meinung, s. nur Erman-*Klingsporn/Rebmann*, § 9 VerbrKrG, RdNr. 25 ff. Zur alten Rechtslage erstmals von BGH WM 1956, 1542 ff. bejaht und seitdem ständige Rechtsprechung, s. etwa BGH WM 1980, 80 ff. Schadensersatzansprüche wegen Fehlens einer zugesicherten Eigenschaft als mögliche Einwendung wurden erstmals von BGH WM 1978, 459, 461 ("1. Waschsalonentscheidung") angedeutet.

abwicklungsproblematik untersucht[61]. Auch Nachbesserungs- oder Nachlieferungsansprüche sind zulässige Einwendungen, es sei denn, daß der Verbraucher diese Rechte beim Verkäufer geltend macht. In diesem Fall ist der Einwendungsdurchgriff gemäß § 9 Abs. 3 S. 3 VerbrKrG ausgeschlossen (sog. partielle Subsidiarität)[62]. Auch Ansprüche aus positiver Vertragsverletzung auf Ersatz von Mangelfolgeschäden[63] und Ansprüche aus culpa in contrahendo[64] kann der Verbraucher dem Kreditgeber im Wege des Einwendungsdurchgriffs entgegenhalten. Hat der Verkäufer dem Verbraucher entgegen § 433 Abs. 1 S. 1 BGB das Eigentum an der finanzierten Sache nicht verschafft oder liegt ein sonstiger Rechtsmangel gemäß §§ 434 ff. BGB vor, kann der Verbraucher seine Ansprüche aus der Rechtsmängelhaftung gemäß §§ 440 Abs. 1, 320 ff. BGB auch dem Kreditgeber entgegensetzen[65].

2. *Die allgemeine und die spezielle Mängeleinrede gemäß § 478 Abs. 1 S. 1 BGB*

Fraglich ist, ob der Verbraucher seine Gewährleistungsrechte geltend machen muß, oder ob er sich auch schlicht auf die allgemeine Mängeleinrede und nach dem Eintritt der Verjährung der §§ 459 ff. BGB auf die spezielle Mängeleinrede des § 478 Abs. 1 S. 1 BGB berufen kann, wenn er den Mangel dem Verkäufer rechtzeitig angezeigt hatte.

Unter der alten Rechtslage trat diese Frage bezüglich der allgemeinen Mängeleinrede nicht auf, weil hier das Subsidiaritätsprinzip galt, d.h., daß der Käufer/Kreditnehmer den Einwendungsdurchgriff gegenüber dem Kreditgeber erst erheben konnte, wenn eine Inanspruchnahme des Verkäufers unmöglich war[66]. Dagegen war die Frage des Einwendungsdurchgriffs bezüglich der Einrede des § 478 Abs. 1 S. 1 BGB umstritten[67]. Dies

61 S.u. § 10, S. 369 ff.

62 Dazu unten § 6, S. 166 ff. ausführlich.

63 Einhellige Meinung, s. nur Erman-*Klingsporn/Rebmann*, § 9 VerbrKrG, RdNr. 30. Eine Entscheidung des Bundesgerichtshofs zur alten Rechtslage, mit der Ansprüche aus pVV als mögliche Einwendung bejaht wurden, ist nicht bekannt.

64 Einhellige Meinung, s. nur Erman-*Klingsporn/Rebmann*, § 9 VerbrKrG, RdNr. 30. Ansprüche aus c.i.c. als mögliche Einwendung wurden schon von BGH WM 1978, 459, 461 und BGH WM 1981, 869, 870 ("1. und 2. Waschsalonentscheidung") angedeutet. Dort machte der Verkäufer schuldhaft unrichtige Angaben über den zu erzielenden Gewinn des Waschsalons.

65 Erman-*Klingsporn/Rebmann*, § 9 VerbrKrG, RdNr. 24. Zur alten Rechtslage bereits BGH WM 1967, 448, wenn auch über die c.i.c.-Haftung wegen Verletzung der Aufklärungspflicht (Verkauf eines bereits sicherungsübereigneten PKW's ohne Übergabe des Kraftfahrzeugbriefes) sowie OLG Stuttgart WM 1977, 1294, 1295 (Verkauf eines gestohlenen Autos).

66 Dazu unten § 6, S. 167 ff. ausführlich.

67 Ablehnend z.B. *Canaris*, Bankvertragsrecht, RdNr. 1442; MüKo-*H.P. Westermann*, § 6 AbzG, RdNr. 63; Soergel-*Hönn*, Anhang zu § 6 AbzG, RdNr. 66. Befürwortend z.B. *Gernhuber*, Das Schuldverhältnis, § 31 IV (S. 738 f.) und *Hopt/Mülbert*, Kreditrecht, Vorb. zu §§ 607 ff. BGB, RdNr. 489.

um so mehr, als sich der Bundesgerichtshof in seiner Entscheidung vom 18.1.1973 einer Stellungnahme zu diesem Problem enthalten hatte, wenn dort auch eine tendenzielle Abneigung nicht zu übersehen war[68]. Dort hatte der Verkäufer die Einrede der Verjährung gemäß § 477 BGB nicht geltend gemacht, so daß beim zu entscheidenden Rückzahlungsprozeß des Kreditgebers gegen die Käufer/Kreditnehmer revisionsrechtlich davon auszugehen war, daß letztere noch ihre Gewährleistungsansprüche hatten, obwohl der Abschluß des Kaufvertrages bereits über drei Jahre zurücklag. Das Gericht hatte deshalb erhebliche Zweifel an der Anwendung des § 478 Abs. 1 S. 1 BGB, weil die Käufer/Kreditnehmer nach dieser Entscheidung grundsätzlich gehalten waren, ihre Gewährleistungsrechte gegenüber dem Verkäufer geltend zu machen und erst bei Erfolglosigkeit den Einwendungsdurchgriff erheben konnten (Subsidiaritätsprinzip), und insofern kaum einzusehen sei, daß sich die Rechtsposition der Käufer/Kreditnehmer gegenüber dem Kreditgeber dadurch verbessern können soll, daß sie ihre Gewährleistungsansprüche gegen den Verkäufer verjähren lassen.

Nach einem Teil der Literatur unter der neuen Rechtslage kann sich der Verbraucher auf die Mängeleinrede nicht berufen[69]. Für die allgemeine Mängeleinrede wird dies damit begründet, daß allein das Vorliegen der Wandelungs- und Minderungsreife noch keine Einwendung schaffe, vielmehr die Geltendmachung eines Gewährleistungsrechtes des Verbrauchers beim Verkäufer hinzukommen müsse[70]. Bei § 478 Abs. 1 S. 1 BGB wird argumentiert, daß die Kaufpreisforderung bereits erloschen sei und der Verbraucher insofern keine Einrede gegen den Verkäufer mehr habe[71].

Demgegenüber billigt der überwiegende Teil der Literatur[72], das LG Kleve in seinem Urteil vom 3.8.1993[73] und das Landgericht Braunschweig in seinem Urteil vom

---

68 BGH WM 1973, 233, 235.

69 *Vortmann*, § 9 VerbrKrG, RdNr. 46 für § 478 Abs. 1 S. 1 BGB (anders aber wohl für die allgemeine Mängeleinrede, aaO.); *Reinking/Nießen*, ZIP 1991, 79, 84 sowie *Reinking/Eggert*, Der Autokauf, RdNr. 320 (S. 95) für die allgemeine Mängeleinrede.

70 So *Reinking/Nießen* und *Reinking/Eggert*, aaO. Nach *Dauner-Lieb*, WM-Sonderbeilage 6/1991, S. 27 und *Lieb*, in: Hadding/Hopt, Das neue Verbraucherkreditgesetz, S. 91, 103 ff. (= WM 1991, 1533, 1538 f.); *ders.*, ebenda, S. 115, 117 ff.; ihm folgend *Marloth-Sauerwein*, Leasing und das Verbraucherkreditgesetz, S. 127 ff., kann der Verbraucher zwar die allgemeine Mängeleinrede als Einwendung geltend machen, gleichwohl ist er aber darüber hinaus zur (notfalls gerichtlichen) Durchsetzung der Gewährleistungsrechte gegenüber dem - solventen - Verkäufer verpflichtet. Da diese Frage bereits unmittelbar die Rückabwicklungsproblematik betrifft, wird sie dort ausführlich untersucht, s.u. § 9, S. 335 ff.

71 So *Vortmann*, § 9 VerbrKrG, RdNr. 46.

72 Für die allgemeine Mängeleinrede *Seibert*, § 9 VerbrKrG, RdNr. 9; *Emmerich*, in Hadding/Hopt, Das neue Verbraucherkreditgesetz, S. 67, 84; *ders.*, in: Graf v. Westphalen/Emmerich/Kessler, § 9 VerbrKrG, RdNr. 97; *Ott*, in: Bruchner/Ott/Wagner-Wieduwilt, § 9 VerbrKrG, RdNr. 111 und 125; MüKo-*Habersack*, § 9 VerbrKrG, RdNr. 90, 120, 128; *Tempel*, Materielles Recht im

16.6.1994[74] dem Verbraucher auch in diesen Fällen das sofortige Recht zur Zahlungseinstellung zu. Nur bei Verjährung der §§ 459 ff. BGB müsse der Verbraucher zum Erhalt seines Einwendungsdurchgriffs dem Verkäufer zusätzlich eine Mängelanzeige gemäß § 478 Abs. 1 S. 1 BGB gemacht haben (Grundsatz der Akzessorietät).

Der letzten Meinung ist voll zuzustimmen. Ausgangspunkt ist, daß der Verbraucher vom Wortlaut der Norm seine Rechte gegen den Verkäufer nicht durchgesetzt haben muß[75]. Schon die Berufung auf die allgemeine Mängeleinrede, mit der der Käufer allein einen Mangel rügt, ohne sich auf ein bestimmtes Gewährleistungsrecht festzulegen, gibt ihm nach Ansicht des Bundesgerichtshofs im bilateralen Verhältnis ein Leistungsverweigerungsrecht[76]. Zwar wies der Bundesgerichtshof in der erwähnten Entscheidung vom 18.1.1973 auf das Erlöschen der Kaufpreisforderung hin[77]. Dies ist jedoch allein damit zu erklären, daß am gleichen Tag eine wichtige Entscheidung zur Verjährungsproblematik beim finanzierten Abzahlungskauf erging, in der nebenbei festgestellt wurde, daß der Anspruch aus § 433 Abs. 2 BGB gar nicht verjähren könne, weil er durch die Direktauszahlung der Valuta an den Verkäufer sofort getilgt wurde[78]. Diese Aussage des Bundesgerichtshofs ist für die neue Rechtslage nicht mehr verbindlich, weil danach von vornherein bei jeder Einwendung aus dem Kaufvertrag auf die hypothetische Rechtslage abzustellen ist[79]. Die Erfüllung des Kaufvertrages durch die Direktüberweisung der Valuta vom Kreditgeber an den Verkäufer ist als unbeachtlich wegzudenken[80] und danach zu fragen, was in einem bilateralen Abzahlungskauf ohne Einschaltung des Kreditgebers gegolten hätte[81]. Dort kann aber der normale Abzahlungskäufer mit der Ent-

---

Zivilprozeß, S. 118; *Coester*, Jura 1992, 617, 622; *Vollkommer*, in: FS für Merz, S. 595, 610; *Reinicke/Tiedtke*, Kaufrecht, S. 458; *Lwowski/Peters/Gößmann*, Verbraucherkreditgesetz, S. 208; Erman-*Klingsporn/Rebmann*, § 9 VerbrKrG, RdNr. 25; *Karollus*, JuS 1993, 820, 821; *Giesen*, Jura 1994, 194, 202; *Melsheimer*, Verbraucherschutz, S. 194 ff.; *Heß*, Jura 1994, 423, 425 (allgemeine Mängeleinrede aus Reisevertrag) und *Pietzcker*, Rückabwicklung, S. 20.

Für § 478 Abs. 1 S. 1 BGB *Ott*, in: Bruchner/Ott/Wagner-Wieduwilt, § 9 VerbrKrG, RdNr. 126; MüKo-*Habersack*, § 9 VerbrKrG, RdNr. 91, 126; *Reinicke/Tiedtke*, Kaufrecht, S. 458 f.; *Lwowski/Peters/Gößmann*, Verbraucherkreditgesetz, S. 210; Erman-*Klingsporn/Rebmann*, § 9 VerbrKrG, RdNr. 25 und *Pietzcker*, Rückabwicklung, S. 32.

73 FLF 1993, 228. Allerdings ist dem Urteil nicht eindeutig zu entnehmen, ob die allgemeine oder die spezielle Mängeleinrede des § 478 BGB gemeint ist.

74 NJW 1994, 2701 (allgemeine Mängeleinrede).

75 Ausführlich dazu in § 9, S. 335 ff.

76 BGH WM 1991, 545, 546. Nach dieser Entscheidung begründet die allgemeine Mängeleinrede ein Leistungsverweigerungsrecht, das sogar rückwirkende Kraft hat, d.h. auch bei erst späterem Erheben im Prozeß einen bereits eingetretenen Verzug des Käufers mit ex-tunc-Wirkung wegfallen läßt.

77 BGH WM 1973, 233, 235. Darauf beruft sich insbesondere *Vortmann*, § 9 VerbrKrG, RdNr. 46.

78 BGH WM 1973, 328 f. (dazu unten S. 147 f.).

79 S. bereits oben S. 125 f.

80 MüKo-*Habersack*, § 9 VerbrKrG, RdNr. 89.

81 So auch das LG Kleve FLF 1993, 228, 229.

deckung des Mangels unter Berufung auf die Mangelhaftigkeit die weitere Ratenzahlung sofort einstellen. Auch nach Eintritt der Verjährung der §§ 459 ff. BGB kann jener mit einer Mängelanzeige unter Berufung auf § 478 Abs. 1 S. 1 BGB die weitere Ratenzahlung einstellen. Insofern müssen diese Rechte auch dem Verbraucher beim finanzierten Abzahlungskauf zustehen. Inwieweit der Kreditgeber den Eintritt der Situation des § 478 Abs. 1 S. 1 BGB, also der Möglichkeit des Verbrauchers, die ihm zustehenden Rechte gegen den Verkäufer verjähren zu lassen und sich nach Erhebung des Einwendungsdurchgriffs lediglich auf die Absendung der Mängelanzeige beschränken zu können, verhindern kann, ist bereits eine Frage der Rechtsfolgen des Einwendungsdurchgriffs und wird dort ausführlich untersucht[82].

III. Allgemeines Leistungsstörungsrecht

Zum allgemeinen Leistungsstörungsrecht zählt in erster Linie die Nichterfüllung des Kaufvertrages[83]. Allerdings stellt sich im Regelfall dieses Problem nicht, weil mangels Vorleistungspflicht des Verbrauchers im Verhältnis zum Verkäufer die Valuta erst dann ausgezahlt wird, wenn der Erhalt der finanzierten Sache nachgewiesen ist[84]. Ist es einmal anders, z.B. wenn eine längere Lieferfrist besteht und der Kaufpreis zumindest teilweise bei Abschluß der Kaufvertrags bezahlt wird[85], oder hat der Verkäufer ein aliud geliefert[86], steht dem Verbraucher die Einrede des nichterfüllten Vertrages gemäß § 320 Abs. 1 S. 1 BGB und damit der Einwendungsdurchgriff gegenüber dem Kreditgeber sofort zu[87]. Denn auch im bilateralen Verhältnis hätte der Abzahlungskäufer gegenüber dem Erfüllungsanspruch des Abzahlungsverkäufers die dilatorische Einrede des nichterfüllten Vertrages gemäß § 320 Abs. 1 S. 1 BGB gehabt. Zu beachten bleibt aber, daß in diesem Fall die Einrede des Einwendungsdurchgriffs auf Grund des Akzessorietätsgrundsatzes auch bloß dilatorischer Natur ist und lediglich zur vorläufigen Zahlungseinstellung berechtigt[88]. Daneben ist begrifflich darauf hinzuweisen, daß in diesem Fall eigentlich nicht von Zahlungs*einstellung* gesprochen werden kann, da der Verbraucher kaum eine

---

82 S.u. §§ 9, 10, S. 335 ff. und S. 347 ff.

83 Zur alten Rechtslage wurde der Einwendungsdurchgriff bei Nichterfüllung des Verkäufers erstmals von BGH WM 1960, 1381 ff. bejaht (über die c.i.c.-Haftung wegen Verletzung der Aufklärungspflicht). Seitdem ständige Rechtsprechung, s. etwa BGH WM 1982, 658 ff.

84 *Reinking/Eggert*, Der Autokauf, RdNr. 301 und 303 (S. 90).

85 *Dauner-Lieb*, WM-Sonderbeilage 6/1991, S. 29.

86 Dazu *Bülow*, § 9 VerbrKrG, RdNr. 68.

87 HM, s. nur Erman-*Klingsporn/Rebmann*, § 9 VerbrKrG, RdNr. 23. Im Ansatz ebenso *Dauner-Lieb*, WM-Sonderbeilage 6/1991, S. 28 f., obwohl sie dann für eine analoge Anwendung des § 9 Abs. 3 S. 3 VerbrKrG plädiert (s. dazu unten § 6, S. 188 f.).

88 MüKo-*Habersack*, § 9 VerbrKrG, RdNr. 93.

Rate an den Kreditgeber geleistet haben dürfte. Vielmehr verweigert er hier zu Recht den Rückzahlungs*beginn*.

Hat der Kreditgeber dagegen die Valuta weisungswidrig vor Nachweis des Erhalts der Sache oder vor Fälligkeit des Kaufpreises an den Verkäufer überwiesen, und bleibt die Sache aus, hat der Verbraucher in jedem Fall den Einwendungsdurchgriff aus § 9 Abs. 3 S. 1 VerbrKrG. Hier muß man sogar noch weitergehen und ihm aus dem eigenen Rechtsverhältnis zum Kreditgeber ein Leistungsverweigerungsrecht geben, und zwar deshalb, weil dieser sich ihm gegenüber schadensersatzpflichtig gemacht hat (culpa in contrahendo)[89]. Insofern ist die Frage des Einwendungsdurchgriff in diesem Fall letztendlich überflüssig[90]. Mit diesem Schadensersatzanspruch aus culpa in contrahendo kann der Verbraucher nicht nur die weitere Ratenzahlung einstellen, sondern darüber hinaus die bisher geleisteten Raten vom Kreditgeber zurückverlangen[91]. Das gilt aber nicht für die bereits an den Verkäufer geleistete Anzahlung. Insoweit würde es an dem notwendigen Rechtswidrigkeitszusammenhang fehlen. Der Verbraucher hätte die Anzahlung an den Verkäufer auch dann bezahlt, wenn der Kreditgeber sich ordnungsgemäß verhalten hätte, so daß er insofern diesen Verlust bei Insolvenz des Verkäufers auch tragen muß. Die gleichen Grundsätze gelten, wenn der Kreditgeber die Valuta vor Beendigung des Verzugs des Verkäufers an diesen ausgezahlt hat[92].

Auch andere Störungstatbestände aus dem allgemeinen Leistungsstörungsrecht berechtigen den Verbraucher, den Einwendungsdurchgriff zu erheben. Das gilt insbesondere für die Fälle der Unmöglichkeit[93], des Verzugs[94], der Nichterfüllung von Nebenpflichten gemäß § 273 Abs. 1 BGB[95] und des Wegfalls der Geschäftsgrundlage[96]. Letzterer Fall,

89 *Vortmann*, § 9 VerbrKrG, RdNr. 48; *Reinking/Eggert*, Der Autokauf, RdNr. 302 (S. 90) und *Reinking*, FLF 1993, 174, 177. Offengelassen von *Lwowski/Peters/Gößmann*, Verbraucherkreditgesetz, S. 211. MüKo-*Habersack*, § 9 VerbrKrG, RdNr. 20 differenziert danach, daß über § 9 Abs. 3 VerbrKrG der Schaden des Verbrauchers insoweit kompensiert werde, als er den Kredit noch nicht zurückgezahlt hat, während er die Rückerstattung bereits geleisteter Raten nur über den c.i.c.-Anspruch geltend machen könne.

90 *Reinking/Eggert*, Der Autokauf, RdNr. 302 (S. 90).

91 So MüKo-*Habersack*, § 9 VerbrKrG, RdNr. 20 ausdrücklich.

92 Zutreffend *Reinking/Eggert*, Der Autokauf, RdNr. 311 (S. 93); *Reinking*, FLF 1993, 174, 177.

93 *Münstermann/Hannes*, Verbraucherkreditgesetz, RdNr. 521 (allerdings für die anfängliche objektive Unmöglichkeit, die bereits zur Nichtigkeit des Kaufvertrages führt). Zu erwähnen ist aber, daß finanzierte Abzahlungskäufe Gattungskäufe zu sein pflegen, für die § 323 BGB wegen § 279 BGB nur in Ausnahmefällen in Betracht kommt, so zutreffend bereits *Gernhuber*, in: FS für Larenz 1973, S. 455, 483 f.; *ders.*, Das Schuldverhältnis, § 31 IV 1 (S. 735).

94 *Münstermann/Hannes*, Verbraucherkreditgesetz, RdNr. 522; *Reinking/Eggert*, Der Autokauf, RdNr. 299 (S. 89) und *Reinking*, FLF 1993, 174, 177. So auch schon BGH WM 1975, 1298 f., der den Einwendungsdurchgriff unter Berufung auf die Rechte aus § 326 BGB bejahte.

95 *Ott*, in: Bruchner/Ott/Wagner-Wieduwilt, § 9 VerbrKrG, RdNr. 111 und MüKo-*Habersack*, § 9 VerbrKrG, RdNr. 93.

d.h. der Wegfall der Geschäftsgrundlage des Kaufvertrages, ist aber streng von der zentralen Frage der Rückabwicklungsproblematik zu unterscheiden, ob mit der Störung des Kaufvertrages auch der Kreditvertrag nach den Regeln über den Wegfall der Geschäftsgrundlage hinfällig wird[97].

IV. Sonstige Einwendungen

Zu den sonstigen zu berücksichtigenden Einwendungen gehört das vertragliche Rücktrittsrecht gemäß §§ 346 ff. BGB[98]. Ein solches muß dem Verbraucher aber *vor* Vertragsabschluß mit dem Kreditgeber eingeräumt sein, anderenfalls der Einwendungsdurchgriff wegen einer nachträglichen Vertragsänderung gemäß § 9 Abs. 3 S. 2 2. Alt. VerbrKrG ausgeschlossen ist[99].

V. Einwendungen aus Delikt, Produzentenhaftung oder einem den Kaufvertrag begleitenden Vertrag

1. Ausgangspunkt

Problematisch sind die Fälle, in denen der Verbraucher gegen den Verkäufer (bzw. gegen den Hersteller der finanzierten Sache) Ansprüche aus unerlaubter Handlung, aus Produzentenhaftung oder Einwendungen aus einem den Kaufvertrag begleitenden Vertrag[100] hat. Ein Teil der Literatur will dem Verbraucher diese Ansprüche als mögliche Einwendung gegenüber dem Kreditgeber zubilligen, vor allem deshalb, weil der Gesetzgeber eine völlige Gleichstellung des Verbrauchers mit dem normalen Abzahlungskäufer beabsichtigt habe[101]. § 9 Abs. 3 S. 1 VerbrKrG sei dementsprechend weit auszulegen: Es

96 *Münstermann/Hannes*, Verbraucherkreditgesetz, RdNr. 523; *Reinking/Eggert*, Der Autokauf, RdNr. 299 (S. 89) und RdNr. 318 (S. 94) und *Ott*, in: Bruchner/Ott/Wagner-Wieduwilt, § 9 VerbrKrG, RdNr. 112.

97 Dazu unten § 7, S. 252 ff. und S. 291 ff. ausführlich.

98 *Seibert*, § 9 VerbrKrG, RdNr. 9; *Emmerich*, in: Graf v. Westphalen/Emmerich/Kessler, § 9 VerbrKrG, RdNr. 86; MüKo-*Habersack*, § 9 VerbrKrG, RdNr. 93, 135; *Reinking/Eggert*, Der Autokauf, RdNr. 299 (S. 89) und *Reinking*, FLF 1993, 173, 178.

99 Dazu unten § 6, S. 163 ff.

100 Beispiele zum letzteren Fall beim Rückblick auf die alte Rechtslage, S. 136 ff.

101 *Bülow*, § 9 VerbrKrG, RdNr. 60 bezüglich Ansprüche aus Produzentenhaftung und konnexer deliktischer Ansprüche; *Münstermann/Hannes*, Verbraucherkreditgesetz, RdNr. 526 bezüglich deliktischer Ansprüche; *dies.*, aaO., RdNr. 518 bezüglich Ansprüche aus einem den Kaufvertrag begleitenden Vertrag.

komme allein darauf an, ob der Verbraucher im bilateralen Verhältnis Einwendungen gegen den Abzahlungsverkäufer hätte geltend machen können. Dagegen ist *Habersack* der Auffassung, daß es beim Einwendungsdurchgriff allein um die Verhinderung des spezifischen Aufspaltungsrisikos gehe und § 9 Abs. 3 S. 1 VerbrKrG insofern enger auszulegen sei[102]: Der Verbraucher könne dem Kreditgeber nicht jede Einwendung, die ihm gegen den Verkäufer zusteht bzw. ohne die Einschaltung des Kreditgebers zustünde, sondern nur die Einwendungen rechtshindernder, rechtsvernichternder oder rechtshemmender Art *aus dem Kaufvertrag* entgegensetzen[103]. Zwischen diesen Positionen vermittelnd steht *Reinking*, der dem Verbraucher zwar Ansprüche aus unerlaubter Handlung[104], nicht aber solche aus einem den Kaufvertrag lediglich begleitenden Vertrag wie z.B. aus einem Reparaturauftrag als Einwendung zubilligen will[105]. Eine Entscheidung zwischen diesen Positionen soll durch eine klassische Auslegung der Norm, beginnend mit einem Rückblick auf die alte Rechtslage ermöglicht werden.

2. *Rückblick auf die bisherige Rechtsprechung*

Während unter der alten Rechtslage deliktische Ansprüche und Ansprüche aus Produzentenhaftung weder in der Rechtsprechung auftauchten noch in der Literatur besprochen wurden, war nicht eindeutig geklärt, ob der Käufer/Kreditnehmer dem Kreditgeber auch Einwendungen aus einem den Kaufvertrag begleitenden Vertrag durchgreifen lassen konnte[106].

In der ersten Entscheidung vom 18.12.1969 hatte der Bundesgerichtshof die Frage des Einwendungsdurchgriffs noch offengelassen[107]. Dort hatte der Käufer/Kreditnehmer und der Verkäufer mit dem Abschluß des Kaufvertrages über eine Schlafzimmereinrichtung

---

102 In: MüKo, § 9 VerbrKrG, RdNr. 74, allerdings nur bezüglich Ansprüche aus einem den Kaufvertrag begleitenden Vertrag ablehnend.

103 In: MüKo, § 9 VerbrKrG, RdNr. 88.

104 FLF 1993, 174, 177 und *Reinking/Eggert*, Der Autokauf, RdNr. 299 (S. 89) und RdNr. 317 (S. 94).

105 *Reinking/Eggert*, Der Autokauf, RdNr. 317 (S. 94).
Für den Fall, daß der Verbraucher den Gegenstand auf eigenen Wunsch zur Verwahrung beim Verkäufer beläßt und die anschließende Herausgabe an dessen Konkurs scheitert, verneinen *Reinking/Eggert*, Der Autokauf, RdNr. 304 (S. 90 f.) und *Vortmann*, § 9 VerbrKrG, RdNr. 47 den Einwendungsdurchgriff, beide allerdings bei der Frage des Ausschlusses des Einwendungsdurchgriffs über die gesetzlichen Ausnahmen hinaus (dazu unten § 6, S. 193 ff.) und nicht bei der Frage, ob Ansprüche aus einem den Kaufvertrag begleitenden Vertrag (hier aus §§ 688, 695, 280 BGB) zum Einwendungsdurchgriff berechtigen.

106 Ablehnend für die Literatur z.B. *Canaris*, Bankvertragsrecht, RdNr. 1429, 1436, 1438 und *Hopt/Mülbert*, Kreditrecht, Vorb. zu §§ 607 ff. BGB, RdNr. 494.

107 BGH WM 1970, 219 ff.

gleichzeitig einen Verwahrungsvertrag abgeschlossen ("Lieferung auf Abruf"), weil das einzurichtende Zimmer noch nicht geräumt war. Der Verkäufer fiel nach Überweisung der Valuta durch den Kreditgeber und Ratenzahlungsbeginn durch den Käufer/Kreditnehmer in Konkurs. Der Bundesgerichtshof ließ offen, ob der Kaufvertrag durch Übereignung in Form des § 930 BGB durch den Abschluß des Verwahrungsvertrags bereits erfüllt war. Wenn ja, hätte der Käufer bei Veruntreuung des verwahrten Gegenstands jedenfalls die Arglisteinrede gemäß § 242 BGB gegenüber dem Verkäufer gehabt (Einwendung aus dem den Kaufvertrag begleitenden Verwahrungsvertrag), wenn nein die Einrede des nichterfüllten Kaufvertrags gemäß § 320 BGB. Gegenüber dem Darlehensrückzahlungsanspruch des Kreditgebers prüfte der Bundesgerichtshof einen Schadensersatzanspruch des Käufers/Kreditnehmers, weil der Kreditgeber als Sicherungseigentümer der Möbel nichts unternommen hatte, um die Möbel auszusondern. Eine Entscheidung dieser Frage mußte letztendlich offenbleiben, weil bisher keine Feststellungen über die subjektive Komponente des Schadensersatzanspruches (Kenntnis des Kreditgebers vom Konkurs des Verkäufers bzw. fahrlässige Unkenntnis) getroffen worden waren.

Mit der Entscheidung vom 26.4.1973 stellte der Bundesgerichtshof dann entscheidend auf die Kenntnis des Kreditgebers von derartigen Nebenabsprachen ab[108]. Dort hatte der Käufer/Kreditnehmer und der Verkäufer neben dem Abschluß eines Kaufvertrages über eine Schnelldrehbank einen "Arbeitsvertrag" abgeschlossen, in dem sich der Verkäufer verpflichtete, dem Käufer/Kreditnehmer im erheblichen Umfang Lohnarbeiten zu übertragen. Der Kaufvertrag wurde ordnungsgemäß erfüllt. Da aber der Verkäufer der Verpflichtung aus dem "Arbeitsvertrag" kaum nachkam, erklärte der Käufer/Kreditnehmer den Rücktritt vom Kaufvertrag. Der Verkäufer fiel in Konkurs. Gegenüber dem Darlehensrückzahlungsanspruch des Kreditgebers konnte sich der Käufer/Kreditnehmer nach Ansicht des Bundesgerichtshofs nicht auf Einwendungen berufen, die nicht entscheidend aus dem Kaufverhältnis, sondern aus anderen, neben dem Kauf herlaufenden Abreden stammten und von denen der Kreditgeber keine Kenntnis hatte, auch wenn diese Abreden mit dem Kauf wirtschaftlich und rechtlich mehr oder weniger eng verknüpft waren. So wurde der Rücktritt vom Kaufvertrag, der seine Grundlage in einer Störung des "Arbeitsvertrages" hatte, gegenüber dem Kreditgeber für unbeachtlich erklärt und der Zahlungsklage des Kreditgebers stattgegeben[109].

---

108 BGH WM 1973, 675 ff.

109 *Reich/Tonner*, DB 1974, 1146, 1149 erblickten in diesem Urteil ein Widerspruch zu der Entscheidung BGH WM 1971, 1437 ff. Richtig ist, daß in jener Entscheidung ebenfalls eine Nebenabrede, nämlich die unterlassene Reparatur des finanzierten Wagens (§ 631 BGB) zum Scheitern des finanzierten Abzahlungskaufs führte. Der entscheidende Unterschied war jedoch, daß es dort nicht um den Einwendungsdurchgriff ging. Vielmehr hatte der Kreditgeber wegen der Zahlungseinstellung des Käufers/Kreditnehmers den Wagen an sich genommen und verwertet und

Dagegen entschied sich das OLG Stuttgart mit seinem bereits unter dem Aspekt des Ausschlusses von der freien Verfügbarkeit erwähnten Urteil[110] vom 24.11.1976 in bewußter Abgrenzung zum Bundesgerichtshof und unter Zitierung des Schlechterstellungsverbotes für die Beachtlichkeit von derartigen Einwendungen[111]. Dort hatten die Käufer/Kreditnehmer und der Verkäufer neben dem Kaufvertrag über ein Folienschweißgerät einen "Arbeitsvertrag" abgeschlossen, in dem sich der Verkäufer verpflichtete, Folienrohmaterial zu liefern und eine bestimmte Menge geschweißter Tüten abzunehmen. Der Verkäufer nahm in der Folgezeit keine Tüten mehr ab. Gegen den Geschäftsführer der Verkäuferfirma lief ein Verfahren wegen Wirtschaftsvergehens. Gegenüber dem Darlehensrückzahlungsanspruch des Kreditgebers billigte das Gericht den Käufern/Kreditnehmern den Einwendungsdurchgriff zu, auch wenn die Einwendung (arglistige Täuschung) aus dem den Kaufvertrag begleitenden "Arbeitsvertrag" herrührte. Das OLG Stuttgart betonte, daß der Kauf gerade im Hinblick auf den begleitenden "Arbeitsvertrag" aufgenommen worden sei und ohne diesen für die Käufer/Kreditnehmer völlig sinnlos gewesen wäre. Letztendlich war aber auch dort die Kenntnis des Kreditgebers von dem begleitenden Vertrag entscheidend[112].

Davon wohl nicht unbeeindruckt kam der Bundesgerichtshof in zwei folgenden Entscheidungen vom 6.7.1978 und 8.2.1979 bei einem zum Stuttgarter Fall fast identischen Sachverhalt zum gleichen Ergebnis, wenn auch über einen ganz anderen dogmatischen Weg[113]: Dort billigte er den Käufern/Kreditnehmern die erweiterte Arglistanfechtung zu, bei der der Verkäufer bzw. seine Verhandlungsgehilfen nicht Dritte i.S.v. § 123 Abs. 2 BGB sind, erklärte so die arglistige Täuschung der Käufer/Kreditnehmer über die Wirtschaftlichkeit des Folienschweißgerätes und damit über die Höhe des Nebenverdienstes in Heimarbeit auch für den Kreditvertrag für relevant, und kam so zu der Nichtigkeit des Kreditvertrags selbst[114]. Der Bundesgerichtshof stellte ausdrücklich fest, daß die Käufer/

---

damit das entsprechende Rückabwicklungsschuldverhältnis gemäß § 5 AbzG ausgelöst. Jetzt klagte der Käufer/Kreditnehmer gegen den Verkäufer auf Rückzahlung der an den Kreditgeber bereits erbrachten Raten u.ä. Der BGH wies die Klage mit der zutreffenden Begründung ab, daß das Abwicklungsverhältnis allein zwischen Kreditgeber und Käufer/Kreditnehmer, nicht aber im Verhältnis zwischen Verkäufer und Käufer/Kreditnehmer bestehe.

110 S.o. § 3, S. 100 f.

111 OLG Stuttgart WM 1977, 1338 ff. (= NJW 1977, 1926 ff.).

112 Positive Kenntnis hatte der Kreditgeber zwar nicht gehabt. Jedoch bejahte das OLG Stuttgart eine Kenntniszurechnung über Finanzmakler - Verkäuferfirma - deren Vertreter unter Anwendung des § 166 Abs. 1 BGB. Die Revision wurde vom Kreditgeber zurückgenommen (s. die Anm. der Schriftleitung der NJW 1977, 1926, 1928), so daß die Entscheidung rechtskräftig werden konnte.

113 BGH WM 1978, 1154 ff. und BGH WM 1979, 429 ff. Ein Unterschied bestand nur darin, daß im Stuttgarter Fall lediglich der Kauf- bzw. der Arbeitsvertrag angefochten worden war (unklar), während in beiden BGH-Fällen alle 3 Verträge rechtzeitig angefochten wurden.

114 Auch bei BGH WM 1979, 550 ff. war ein fast identischer Sachverhalt gegeben. Dort kam der BGH aber bereits zur Nichtigkeit des Kreditvertrags über § 134 BGB i.V.m. § 56 Abs. 1 Nr. 6

Kreditnehmer durch diese Täuschung nicht nur zum Abschluß des rechtlich einheitlichen Heimarbeits- und Kaufvertrages, sondern auch zum Abschluß des Darlehensvertrages bestimmt worden seien. Wörtlich hieß es in beiden Entscheidungen übereinstimmend: "Ohne die Erwartung des ihnen vorgespiegelten Verdienstes hätten sich die Beklagten nach den Feststellungen des Berufungsgerichts nicht entschlossen, Plastikbeutel in Heimarbeit herzustellen und zu diesem Zweck ein für sie teures Folienschweißgerät zu kaufen. Sie hätten dann auch das Darlehen für die Anschaffung des Geräts nicht aufgenommen."[115] Die Problematik des Einwendungsdurchgriffs wurde dementsprechend ausdrücklich offengelassen[116].

Warum der Bundesgerichtshof über einen ganz anderen dogmatischen Weg seine Meinung änderte, ist bis heute nicht geklärt. Vielleicht lag es daran, daß in den beiden letzten Entscheidungen die geschäftsunerfahrenen und rechtsunkundigen Käufer/Kreditnehmer die Herstellung der Plastikbeutel in Heimarbeit als Nebenverdienst betreiben wollten und deshalb als schützenswerter galten, während im "Schnelldrehbank-Fall" vom 26.4.1973[117] der Käufer/Kreditnehmer ein Unternehmen für sanitäre Installationen etc. betrieb, bis zu 25 Arbeitskräfte beschäftigte, und nur nicht im Handelsregister eingetragen war[118] Jedenfalls gab der Richter am Bundesgerichtshof *Eckard Wolf*[119] den eklatanten Widerspruch der "Folienschweißgerät-Entscheidungen" zur "Schnelldrehbank-Entscheidung" zu.

3. *Wortlautauslegung*

Ausgangspunkt ist, daß sich die Rechtslage insofern verändert hat, als daß es auf eine Kenntnis von den Einwendungen seitens des Kreditgebers überhaupt nicht ankommt[120]. Nur bezüglich nachträglicher Vertragsänderungen, mit denen der Kreditgeber nach Abschluß des Kreditvertrages nicht mehr rechnen kann, ist der Einwendungsdurchgriff gemäß § 9 Abs. 3 S. 2 2. Alt. VerbrKrG ausgeschlossen[121]. Gegen eine weite Auslegung spricht jedenfalls der Wortlaut des § 9 Abs. 3 S. 1 VerbrKrG. Denn der Verbraucher

GewO a.F. und damit zu einer isolierten bereicherungsrechtlichen Rückabwicklung des Kreditvertrags, so daß das Gericht ausdrücklich offenlassen konnte (aaO., S. 552), ob die Grundsätze des finanzierten Abzahlungskaufs überhaupt zur Anwendung kämen.

115 BGH WM 1978, 1154, 1155 und BGH WM 1979, 429, 430 f.

116 BGH WM 1978, 1154, 1156 (unter III.) und BGH WM 1979, 429, 432 (unter IV.).

117 BGH WM 1973, 675 ff.

118 Dann wäre der Einwendungsdurchgriff wegen § 8 AbzG ohnehin schon abgelehnt worden.

119 WM 1980, 998, 1004.

120 Zutreffend *Münstermann/Hannes*, Verbraucherkreditgesetz, RdNr. 518.

121 Dazu unten § 6, S. 163 ff.

muß Einwendungen *"aus dem verbundenen Kaufvertrag"* haben, und das ist bei Ansprüchen aus unerlaubter Handlung oder aus Produzentenhaftung gerade nicht der Fall, da sie völlig unabhängig von einem Vertrag bestehen[122]. Das gilt ebenfalls für Einwendungen aus einem den Kaufvertrag begleitenden Vertrag. Hätte der Gesetzgeber die problematischen Fälle berücksichtigen wollen, hätte er einfach "aus dem verbundenen Kaufvertrag" streichen und formulieren können: "Der Verbraucher kann die Rückzahlung des Kredits verweigern, soweit Einwendungen ihn gegenüber dem Verkäufer zur Verweigerung seiner Leistung berechtigen würden." Dann wäre von vornherein klargestellt gewesen, daß der Verbraucher *alle möglichen* Einwendungen aus seinem Verhältnis zum Verkäufer gegenüber dem Kreditgeber erheben können darf mit der Folge, daß eine totale Gleichstellung mit dem normalen Abzahlungskäufer angeordnet worden wäre. Der Wortlaut der Norm ist insofern eindeutig, als daß er mit der Formulierung Einwendungen *"aus dem verbundenen Kaufvertrag"* eine klare Eingrenzung vornimmt.

4. *Systematische Auslegung*

Unter systematischen Aspekten spricht gegen die Beachtlichkeit der beschriebenen Problemfälle eine korrekte Auslegung der Norm des § 9 Abs. 2 S. 4 VerbrKrG. Dort tritt nach erfolgtem Widerruf und nach Auszahlung der Valuta an den Verkäufer der Kreditgeber nur hinsichtlich der Rechtsfolgen des Widerrufs an die Stelle des Verkäufers[123]. Dagegen haftet der Kreditgeber nicht für widerrufsunabhängige Ansprüche des Verbrauchers wie etwa Schadensersatzansprüche für Begleitschäden durch die Lieferung einer mangelhaften Sache[124] und erst recht nicht für die in Frage stehenden Ansprüche wegen unerlaubter Handlung oder Produkthaftung[125]. Anspruchsverpflichtet bleibt in diesem Fall allein der Verkäufer. Der Kreditgeber muß demgemäß dem Verbraucher nur sämtliche an ihn und den Verkäufer effektiv geleistete Zahlungen ersetzen, die mit dem Widerruf ausgelöst werden, und trägt insofern lediglich im Rahmen des Störungstat-

---

122 So selbst *Bülow*, § 9 VerbrKrG, RdNr. 60.

123 Näheres dazu unten § 7, S. 238 ff.

124 So Begr. RegE, BT-DS 11/5462, S. 24 (= Anhang, S. 435) ausdrücklich und deshalb unstrittig, s. nur MüKo-*Habersack*, § 9 VerbrKrG, RdNr. 69.
Die Einschränkung "hinsichtlich der Rechtsfolgen des Widerrufs" ging auf ausdrückliche Initiative der Kreditwirtschaft zurück, so auch *Steppeler*, Vordruck-Leitfaden, S. 91. Im 1. RefE, ZIP 1988, 1215, 1217 (= Anhang, S. 418) hieß es an dieser Stelle noch (Hervorhebungen vom Verf.) "Die Rechtsfolgen des Widerrufs bestimmen sich nach § 6 Abs. 4 mit der Maßgabe, *daß der Kreditgeber in die Rechte und Pflichten des Verkäufers eintritt.*" Dies wurde vom Bankenfachverband kritisiert, s. dessen unveröffentlichte Stellungnahme vom 24.4.1989, S. 5, (= Anhang S. 430 f.).

125 *Ott*, in: Bruchner/Ott/Wagner-Wieduwilt, § 9 VerbrKrG, RdNr. 98 und hier, d.h. bei § 9 Abs. 2 S. 4 VerbrKrG auch *Bülow*, § 9 VerbrKrG, RdNr. 50.

bestandes "wirksamer Widerruf" das spezifische Aufspaltungsrisiko. Keinesfalls ist er aber garantiemäßig haftender Schuldner für alle denkbaren Ansprüche des Verbrauchers gegen den Verkäufer.

Bei Ansprüchen aus einem den Kaufvertrag begleitenden Vertrag liegt die entscheidende Schaltstelle bereits auf einer vorrangigen Ebene: Der Entstehungszusammenhang des § 9 Abs. 2 S. 1 VerbrKrG, wonach der wirksame Widerruf des Kreditvertrags die Unwirksamkeit des mit ihm verbundenen Vertrags nach sich zieht, wird bei einem den Kaufvertrag begleitenden Vertrag nur dann relevant, wenn zwischen ihm und Kreditvertrag eine wirtschaftliche Einheit i.S.v. §§ 9 Abs. 1, 4 VerbrKrG besteht. Erst nach Bejahung dieser Voraussetzung wird die Frage der Rechtsfolgen des Widerrufs gemäß § 9 Abs. 2 S. 4 VerbrKrG akut. Liegt zwischen dem den Kaufvertrag begleitenden Vertrag und dem Kreditvertrag dagegen keine wirtschaftliche Einheit vor[126], kommt § 9 Abs. 2 VerbrKrG insgesamt nicht zur Anwendung. Daß in diesem Fall der Kaufvertrag gemäß § 9 Abs. 2 S. 1 VerbrKrG unwirksam wird und dies über allgemeine Zivilrechtsinstitute (§ 139 BGB, Wegfall der Geschäftsgrundlage) zur Unwirksamkeit des begleitenden Vertrages führen könnte, liegt auf einer anderen Ebene. Jedenfalls würde der Kreditgeber für derartige Rückabwicklungsansprüche gemäß § 9 Abs. 2 S. 4 VerbrKrG nicht haften, sondern nur für Ansprüche, die mit dem widerrufenen Kaufvertrag im Zusammenhang stehen. Aus diesem systematischen Vergleich ergibt sich eine eindeutige Tendenz zu einer engen Auslegung.

5. *Historisch-teleologische Auslegung*

a. Die EG-Richtlinie

Im Richtlinienvorschlag der Kommission vom 27.2.1979 wurde in Art. 13 Abs. 1 - 3 eine gesamtschuldnerische Haftung von Kreditgeber und Verkäufer zugunsten des Verbrauchers allein für die Fälle der Nicht- und der Schlechtlieferung angeordnet[127]. Dabei wurde in der Begründung noch ausdrücklich betont, daß nur in diesen zwei Fällen die Norm Anwendung fände[128]. Dagegen sollte der Kreditgeber nicht für Schäden haften, die die

126 Z.B. weil der Kreditgeber von dieser Abrede keine Kenntnis hat und im Kreditvertrag allein auf den Kaufvertrag Bezug genommen wird.

127 ABl. der EG Nr. C 80/7 und 8 vom 27.3.1979 (= Anhang, S. 410).

128 Abgedruckt in BT-DS 8/2953, S. 10 (= Anhang, S. 411).

gelieferte Sache am Vermögen des Verbrauchers anrichtet[129]. Denn gemäß Art. 13 Abs. 4 des Vorschlags blieben weitergehende Ansprüche des Verbrauchers gegen den Verkäufer unberührt, d.h. daß er sich in diesen Fällen allein an den Verkäufer wenden sollte. Der Bundesrat kritisierte in zwei Stellungnahmen die vorgeschlagene Beschränkung auf diese zwei Störungstatbestände der Nicht- und der Schlechtlieferung und forderte, daß grundsätzlich alle Einwendungen aus dem Grundgeschäft erfaßt werden sollten[130]. Davon unbeeindruckt hielt die verbindliche EG-Richtlinie vom 22.12.1986 in Art. 11 Abs. 2 S. 1 lit. d die Beschränkung auf die Bereiche der Nicht- und der Schlechtlieferung aufrecht, lediglich ergänzt um den Fall der teilweisen Nichtlieferung[131]. Eine ausdrückliche Abgrenzung zu den Vermögensschäden des Verbrauchers, wie noch im Vorschlag von 1979 vorgesehen, ist in der EG-Richtlinie allerdings nicht mehr zu finden. Gleichwohl spricht die Brüsseler Richtlinie mit ihrer Vorgabe auf die Fälle der teilweisen bzw. vollständigen Nicht- und Schlechtlieferung in jedem Fall für eine extrem enge Auslegung des Begriffs "Einwendungen aus dem verbundenen Kaufvertrag". Da aber gemäß Art. 11 Abs. 2 S. 2 der EG-Richtlinie die Mitgliedsstaaten selbst bestimmen sollten, wie weit und unter welchen Voraussetzungen der Einwendungsdurchgriff vom Verbraucher geltend gemacht werden kann, und gemäß Art. 15 der nationale Gesetzgeber über den Mindestschutz der EG-Richtlinie hinausgehen konnte, kommt dem Entstehungsprozeß in Bonn eine erheblich größere Bedeutung zu.

b. Der Regierungsentwurf zu § 607 a BGB

Dieser lief denn auch hinsichtlich der zu entscheidenden Frage ganz anders ab. Bereits im Regierungsentwurf zu § 607 a BGB vom 11.5.1979 war ein umfassender und nicht auf bestimmte Fallgruppen beschränkter Einwendungsdurchgriff enthalten[132]. Es mußte sich gemäß § 607 a Abs. 1 S. 1 RegE um "Einwendungen oder Ansprüche aus dem Kaufvertrag" handeln[133]. Ausgeschlossen davon waren gemäß § 607 a Abs. 1 S. 2 RegE lediglich

---

129 S. die Begründung BT-DS 8/2953, S. 10 (= Anhang, S. 411).

130 Beschluß vom 24.10.1980, BR-DS 523/80 (Beschluß), S. 8; Beschluß vom 29.11.1985, BR-DS 174/85 (Beschluß), S. 6. Billigung kam dagegen vom Wirtschafts- und Sozialausschluß in seiner Stellungnahme vom 30./31.1.1990, ABl. der EG Nr. C 113/27 vom 7.5.1980 und vom Europäischen Parlament in seiner Stellungnahme vom 11.2.1983, ABl. der EG Nr. C 68/97 und 98 vom 14.3.1983.

131 ABl. der EG Nr. L 42/51 vom 12.2.1987 (= Anhang, S. 414).

132 BT-DS 8/3212, S. 4 (= Anhang, S. 417).

133 Im Referentenentwurf dazu vom Januar 1978, abgedruckt bei *Scholz*, TZW 1978/4, 26, war die Norm insofern noch erheblich einschränkender gefaßt, als es sich um *gesetzlich begründete* Einwendungen und Ansprüche handeln mußte. Während *Münstermann*, TZW 1979, 97, 98 dies begrüßte, lehnte *Jung*, BB 1979, 1690, 1693 diese Formulierung als zu eng ab. Der Regierungsentwurf übernahm die genannte Einschränkung dann nicht. Dazu äußerte sich nun *Münstermann*,

lich Einwendungen oder Ansprüche, die auf einer nachträglichen Vereinbarung zwischen dem Verkäufer und Käufer beruhen. In der Begründung wurde verwiesen zum einen auf Fälle, in denen der Kaufvertrag nicht wirksam zustande gekommen ist oder später unwirksam wird, insbesondere auf die Nichtigkeit oder Anfechtung des Kaufvertrages, auf den Widerruf gemäß § 1 b AbzG oder das gesetzliche Rücktrittsrecht, zum anderen auf Störungsfälle bei der Abwicklung des Kaufvertrages, namentlich auf die Nicht- oder Schlechterfüllung seitens des Verkäufers[134].

c. Das Verbraucherkreditgesetz

Ohne Zweifel war der nicht Gesetz gewordene Regierungsentwurf Ausgangspunkt der Entstehungsgeschichte des Verbraucherkreditgesetzes auch in dieser Frage. Denn schon im 1. Referentenentwurf vom 10.6.1988 hieß die entsprechende Regelung in § 8 Abs. 3 S. 1[135]: "Der Verbraucher kann die Rückzahlung des Kredits verweigern, soweit Einwendungen aus dem verbundenen Kaufvertrag ihn gegenüber dem Verkäufer zur Verweigerung seiner Leistung berechtigen würden." Dabei wurde in der Einzelbegründung ausdrücklich klargestellt[136]: "Die Einwendungen, derentwegen die Leistung verweigert werden kann, *sind nicht auf bestimmte Fälle (z.B. Nichtlieferung, mangelhafte Lieferung) beschränkt*, in Betracht können *z.B.* auch die Nichtigkeit oder Anfechtbarkeit des finanzierten Geschäfts kommen." Insofern kann festgehalten werden, daß in Bonn von vornherein eine Tendenz zu einem weiten Regelungsumfang bestand. Die Vorschrift wurde im Regierungsentwurf an dieser Stelle unverändert übernommen[137] und schließlich ohne jede Kritik[138] Gesetz.

Indes könnte sich aus der Einzelbegründung zum Regierungsentwurf der Schluß folgern lassen, daß § 9 Abs. 3 S. 1 VerbrKrG doch nur den Schutz des Verbrauchers vor Nicht- oder Schlechterfüllung des finanzierten Vertrags umfassen sollte. Zum einen fehlt dort der in der Einzelbegründung zum Referentenentwurf ausdrücklich aufgenommene Hin-

---

TZW 1980, 48, 50 kritisch, und zwar insbes. mit dem auch heute noch gültigen Argument, daß sich die Kreditgeber regelmäßig nie die Kaufvertragsurkunde vorlegen lassen und so die vertraglich begründeten Einwendungen überhaupt nicht abschätzen können, und selbst bei Einsicht keine Kenntnis von den mündlich vereinbarten, aber doch verbindlichen Absprachen zwischen Verkäufer und Käufer hätten.

134 BT-DS 8/3212, S. 11.

135 ZIP 1988, 1215, 1217 (= Anhang, S. 418).

136 S. 34 (Hervorhebungen vom Verfasser), s. Anhang, S. 420 (diese Einzelbegründung ist in ZIP 1988, 1215 ff. nicht abgedruckt).

137 BT-DS 11/5462, S. 6 (= Anhang, S. 432).

138 Die hier zu problematisierenden Fälle werden bis heute allein von den oben S. 135 f., Fn. 101 - 105 Genannten gesehen.

weis, daß eine Beschränkung auf bestimmte Fälle nicht vorgesehen sei[139]. Zum anderen beruft sich der Gesetzgeber zur Begründung der Kodifizierung darauf, "... daß auch Artikel 11 Abs. 2 der Richtlinie die Mitgliedsstaaten verpflichtet, eine gesetzliche Regelung der Rechte vorzusehen, die dem Verbraucher gegenüber dem Kreditgeber zustehen, wenn der Kredit der Finanzierung eines Warenlieferungs- oder Dienstleistungsgeschäftes dient und die finanzierte Leistung *nicht oder nicht vertragsgemäß* erbracht wird."[140]

Ein derartige Schlußfolgerung hin zu einer extrem engen und an der EG-Richtlinie orientierten Auslegung wird jedoch im nächsten Absatz sofort wieder widerlegt. Dort heißt es nämlich[141]: "In der Bundesrepublik Deutschland haben Rechtsprechung und Literatur für diese Fallgestaltung das Institut des sogenannten Einwendungsdurchgriffs entwickelt. Dies bedeutet, daß der Käufer und Kreditnehmer in den Fällen einer Nicht- oder Schlechterfüllung des Lieferungsvertrags *usw.* gegenüber dem Kreditgeber ein Zurückhaltungsrecht geltend machen kann.", und im gleichen Abschnitt[142]: "Der Verbraucher soll durch die rechtliche Aufspaltung *nicht schlechter gestellt werden*, als wenn ihm - wie bei einem einfachen Abzahlungskauf - nur ein Vertragspartner gegenüberstünde ...". Daneben beruft man sich auf die bisher schon praktizierte und bewährte Rechtsprechung[143] und zitiert eine Entscheidung des Bundesgerichtshofs, bei der der Kaufvertrag isoliert nichtig war, also gerade kein Fall der Nicht- oder Schlechterfüllung vorlag[144]. Liest man jetzt nochmals den Wortlaut unter Berücksichtigung der Entstehungsgeschichte, ergibt sich, daß eindeutig über die Vorgabe der EG-Richtlinie hinausgegangen werden sollte. Nicht- und Schlechtlieferung galten zwar als wichtige Fälle, weswegen sie namentlich aufgeführt wurden. Keinesfalls aber sollten sie alle Fälle im Sinne einer abschließenden Regelung darstellen. Angestrebt war vielmehr eine grundsätzliche Gleichstellung des Verbrauchers mit dem normalen Abzahlungskäufer[145].

Spricht diese historische Auslegung für eine weite Auslegung des Begriffs "Einwendungen", bedeutet dies aber nicht gleichzeitig, daß der Kreditgeber eine Art von Gesamtschuldner (im defensiven Bereich) bezüglich aller möglichen Ansprüche, die der Verbraucher gegen den Verkäufer hat oder haben kann, sein sollte. Vielmehr trägt er das

---

139 Begr. RegE, BT-DS 11/5462, S. 23, 24 (= Anhang, S. 433 f.).
140 AaO., S. 23 (= Anhang, S. 433; Hervorhebungen vom Verfasser).
141 AaO., S. 23 (= Anhang, S. 433). Man beachte das vom Verfasser hervorgehobene "*usw.*"
142 AaO., S. 23 (= Anhang, S. 433; Hervorhebungen vom Verfasser).
143 AaO., S. 12 (= Anhang, S. 433).
144 AaO., S. 23 (= Anhang, S. 434) unter Berufung auf BGH WM 1980, 327 ff.
145 So vor allem *Compensis/Reiserer*, BB 1991, 2457, 2463, die für eine weite Auslegung des Begriffs "Einwendungen" plädieren und deshalb die Klagbarkeitssperre des § 656 Abs. 1 S. 1 BGB bei finanzierten Partnerschaftsvermittlungsverträgen darunter fassen.

Verwendungsrisiko der Valuta nur bezüglich des spezifischen Aufspaltungsrisikos, das daraus entsteht, daß ein wirtschaftlich einheitlicher Vorgang, nämlich ein Abzahlungskauf, in zwei rechtlich selbständige Verträge aufgespalten werden[146]. Diese Risikotragung ist aber nur dann gerechtfertigt, wenn die Verbindungsvoraussetzungen des § 9 Abs. 1 VerbrKrG vorliegen, d.h. insbesondere eine wirtschaftliche Einheit zwischen *Kauf- und Kreditvertrag* vorliegt[147]. Denn regelmäßig und dann ausschließlich dient der Kreditvertrag der Finanzierung des Kaufvertrags[148], nicht aber der Quasiabsicherung aller denkbaren Lebensbeziehungen zwischen Verbraucher und Verkäufer. Es zeigt sich vielmehr, daß sich in § 9 Abs. 1 und in § 9 Abs. 3 S. 1 VerbrKrG Voraussetzungen und Rechtsfolgen decken: Nur beim Vorliegen einer wirtschaftlichen Einheit *zwischen Kauf- und Kreditvertrag* ist der Verbraucher berechtigt, gegenüber dem Kreditgeber Einwendungen *aus dem verbundenen Kaufvertrag* zu erheben.

Dagegen kann auch nicht eingewandt werden, daß Gesetz gehe in Abkehr zu bisherigen Rechtslage vom Grundsatz der Gleichwertigkeit der Einwendungen aus, und eine Beschränkung nach der Art der Einwendung sei weder im Wortlaut der Norm angeordnet noch vom Gesetzgeber gewollt. Zwar besteht dieser Grundsatz, wie oben gesehen[149]. Er gilt jedoch nur in dem vom Wortlaut abgesteckten Rahmen, d.h. bei "Einwendungen *aus dem verbundenen Kaufvertrag*".

6. *Ergebnisse*

Deshalb gilt für die neue Rechtslage: Ansprüche des Verbrauchers gegen den Verkäufer bzw. den Hersteller der finanzierten Sache aus unerlaubter Handlung oder Produkthaftung berechtigen ihn nicht zur Erhebung des Einwendungsdurchgriffs gegenüber dem Kreditgeber. Hier ist das spezifische Aufspaltungsrisiko gar nicht betroffen[150]. Diese Ansprüche entspringen nicht der wirtschaftlichen Einheit. Das gilt auch dann, wenn ein Zusammenhang im Sinne einer Konnexität i.S.v. § 273 Abs. 1 BGB gegeben ist, etwa wenn der Verkäufer gleichzeitig mit der Lieferung einer mangelhaften Sache den Verbraucher an seinem Eigentum, Körper oder Gesundheit verletzt und damit Ansprüche aus

146 S.o. S. 122.
147 Dazu § 3, S. 72 ff.
148 BGH WM 1973, 675, 676.
149 S. S. 124 f.
150 So zutreffend *Ott*, in: Bruchner/Ott/Wagner-Wieduwilt, § 9 VerbrKrG, RdNr. 99 für die parallele Situation beim Widerruf.

unerlaubter Handlung bzw. Produkthaftung ausgelöst werden[151]. Auch konkurrierende vertragliche Schadensersatzansprüche aus culpa in contrahendo müssen konsequenterweise aus dem Anwendungsbereich des Einwendungsdurchgriffs herausfallen, wenn auf seiten des Verkäufers nur eine Verletzung der allgemeinen Sorgfalts- und Obhutspflicht, insbesondere der allgemeinen Verkehrssicherungspflicht hinsichtlich seiner Geschäftsräume vorlag[152].

Auch Einwendungen aus einem den Kaufvertrag begleitenden Vertrag mit dem Verkäufer berechtigen den Verbraucher nicht zur Erhebung des Einwendungsdurchgriffs gegenüber dem Kreditgeber. Nur wenn der Kreditvertrag auch der Finanzierung der Nebenabrede bzw. des den Kaufvertrag begleitenden Vertrages dient und zwischen Kreditvertrag und dem begleitenden Vertrag eine wirtschaftliche Einheit besteht, ist die Zuerkennung des Einwendungsdurchgriffs bei Störungen aus diesem Vertrag gerechtfertigt[153]. Dies ist auch kein Widerspruch zu den bereits erwähnten "Folienschweißgerät-Entscheidungen" des Bundesgerichtshofs vom 6.7.1978 und 8.2.1979, in denen die Lösung über die erweiterte Arglistanfechtung gemäß § 123 Abs. 2 BGB gefunden wurde[154]. Denn das Gericht betonte in beiden Entscheidungen gerade die Einheitlichkeit von Kauf- und Nebenvertrag und den Umstand, daß der Kreditvertrag der Finanzierung dieses Gesamtvertragswerkes diente[155]. In diesem Fall käme der Einwendungsdurchgriff nach der neuen Rechtslage deshalb von vornherein in Betracht, weil zwischen Kreditvertrag einerseits und Kauf- und Nebenvertrag als rechtliche Einheit andererseits eine wirtschaftliche Einheit gemäß §§ 9 Abs. 1, 4 VerbrKrG bestünde. Künstlichen Aufspaltungen würde die Norm des § 18

---

151 In diesem Fall hat der Verbraucher aber schon den Einwendungsdurchgriff unter Berufung auf die allgemeine Mängeleinrede, s.o. S. 130 ff.

152 So schon *Hopt/Mülbert*, Kreditrecht, Vorb. zu §§ 607 ff. BGB, RdNr. 488 zur alten Rechtslage mit dem auch jetzt zutreffenden Argument, daß anderenfalls die wirtschaftliche Einheit zu einem "Überzurechnungskriterium" werden würde.

153 Ebenso schon *Hopt/Mülbert*, Kreditrecht, Vorb. zu §§ 607 ff. BGB, RdNr. 494. Zu betonen bleibt aber, daß in dem o.g. Fall BGH WM 1970, 219 eine Schadensersatzpflicht des Kreditgebers gegenüber dem Verbraucher begründet ist, wenn er die ihm sicherungsübereignete Sache im Konkurs des Verkäufers trotz seiner Kenntnis nicht geltend macht. Diese Schadensersatzpflicht hat aber nichts mehr mit dem Einwendungsdurchgriff als solchem zu tun, sondern resultiert allein aus der Sicherungsabrede im Verhältnis Kreditgeber - Verbraucher. Im Ergebnis ebenso *Vortmann*, § 9 VerbrKrG, RdNr. 47.

154 BGH WM 1978, 1154 ff. und BGH WM 1979, 429 ff.

155 BGH WM 1978, 1154, 1155: "Die Täuschung bestimmte die Beklagten zum Abschluß des rechtlich einheitlichen Produktions- und Kaufvertrags und des Darlehensvertrags, der der Finanzierung der Leistung der Beklagten aus diesem Vertragswerk diente und der mit ihm - jedenfalls aus der Sicht der Beklagten - eine wirtschaftliche Einheit bildete.", und fast identisch BGH WM 1979, 429, 430. Zum Ausdruck kam der Willen der Parteien zur rechtlichen Einheit des zusammengesetzten Vertragswerk nach Ansicht von BGH WM 1978, 1154 bei der Bestellung des Geräts ("Aufgrund des abgeschlossenen Produktions-Vertrages bestellen wir ...") und insbes. in der bezugnehmenden Vertragsüberschrift ("Kaufvertrag zum Produktionsvertrag").

S. 2 VerbrKrG entgegenstehen. Danach ist das Verbraucherkreditgesetz auch anzuwenden, wenn seine Vorschriften durch anderweitige Gestaltungen umgangen werden.

VI. Verjährung

Ebenfalls umstritten war unter der alten Rechtslage, ob der Käufer/Kreditnehmer dem Kreditgeber im Wege des Einwendungsdurchgriffs die kurze Verjährung des § 196 Abs. 1 Nr. 1 BGB entgegensetzen konnte, die er als normaler Abzahlungskäufer gegenüber dem Verkäufer gehabt hätte[156]. Der Bundesgerichtshof lehnte dies mit seinem Urteil vom 18.1.1973 ab, indem er betonte, daß der Einwendungsdurchgriff den Käufer/Kreditnehmer allein gegen die Rechtsnachteile sichern solle, die er durch die Aufspaltung des ursprünglich einheitlichen Ratenzahlungsgeschäfts erleide, nämlich die nicht vom Kaufrecht erfaßte Darlehensforderung tilgen zu müssen, ohne Einwendungen aus Mängeln in der *Entstehung* und *Erfüllung* des Kaufvertrages erheben zu können[157]. Diese Störungstatbestände stünden aber bei der Verjährung überhaupt nicht in Frage; vielmehr käme der Käufer/Kreditnehmer in den Genuß der vom Verkäufer zu gewährenden Gegenleistung in mangelfreiem Zustand. In dem konkreten Fall war die Situation auch noch insofern zugespitzt, als sich die Position des Verkäufers und des Kreditgebers wieder in einer Person vereinigt hatten. Denn nicht der Kreditgeber, sondern der Verkäufer machte nach seiner Inanspruchnahme durch ersteren und Abtretung aller Darlehensansprüche sieben Jahre nach Abschluß des finanzierten Abzahlungskaufes die Darlehensforderung gegenüber dem Käufer/Kreditnehmer geltend. Diesen Umstand ließ der Bundesgerichtshof dagegen völlig unberücksichtigt[158]. Damit verjährten die Darlehensrückzahlungsansprüche regelmäßig und selbst bei einer Abtretung an den Verkäufer im Zusammenhang mit dessen Rückbelastung durch den Kreditgeber nach §§ 195, 197 BGB

---

156 Dagegen LG Wuppertal BB 1971, 239, 240 und die hM, s. *Canaris*, Bankvertragsrecht, RdNr. 1417; *Larenz*, SchuldR II, § 63 I a (S. 446); MüKo-*H.P. Westermann*, § 6 AbzG, RdNr. 46 a.E.; Soergel-*Hönn*, Anhang zu § 6 AbzG, RdNr. 34; *Gernhuber*, Das Schuldverhältnis, § 31 V 3 a (S. 742) und *Hopt/Mülbert*, Kreditrecht, Vorb. zu §§ 607 ff. BGB, RdNr. 456.
Dafür OLG Düsseldorf MDR 1972, 322 sowie *Coester*, NJW 1973, 1042, 1043; *Weick*, JZ 1974, 13, 16 f. und *Reinicke/Tiedtke*, Kaufrecht (4. Aufl.), S. 391.
Differenzierend danach, ob der Kreditgeber oder der Verkäufer die Kreditforderung geltend macht, *Möllers*, NJW 1973, 1919, 1920 f.

157 BGH WM 1973, 328, 329 (Hervorhebungen vom BGH selbst). Bestätigt durch BGH WM 1978, 720 f.

158 Kritisch dazu *Coester*, NJW 1973, 1042 f.; *Möllers*, NJW 1973, 1919, 1920 f. und *Weick*, JZ 1974, 13, 16 f.

in vier bzw. dreißig[159] Jahren und nicht wie die Kaufpreisforderung gemäß § 196 Abs. 1 Nr. 1 BGB in zwei Jahren.

Jetzt gewährt der Gesetzgeber dem Verbraucher jedoch einen nahezu umfassenden Einwendungsdurchgriff gemäß § 9 Abs. 3 S. 1 VerbrKrG, so daß sich die Frage stellt, ob diese Grundsätze der Rechtsprechung Bestand haben können. Ausgangspunkt ist, daß selbst bei einer Vertragsverbindung der Darlehensrückzahlungsanspruch ein solcher bleibt und nicht zu einem modifizierten Kaufpreisanspruch wird[160]. Für die Beachtlichkeit der Einrede der Verjährung spricht, daß der Gesetzgeber bis auf die Fälle der partiellen Subsidiarität jegliche Schlechterstellung des Verbrauchers im Vergleich zum normalen Abzahlungskäufer, der sich immer auf die kurze Verjährung des § 196 Abs. 1 Nr. 1 BGB berufen kann, vermeiden wollte[161]. Wie gesehen hat eine Begrenzung auf die Fälle der Nicht- oder Schlechterfüllung wie in der EG-Richtlinie unter Art. 11 Abs. 2 S. 1 lit. d im Gesetz keinen Niederschlag gefunden[162]: Der Verbraucher kann dem Kreditgeber alle "Einwendungen aus dem verbundenen Kaufvertrag" entgegenhalten, auch wenn er den finanzierten Gegenstand mangelfrei erhalten hat. Daß es sich bei der Verjährungsnorm des § 196 Abs. 1 Nr. 1 BGB um eine Einrede aus dem mit dem Kreditvertrag verbundenen Kaufvertrag handelt, ist unzweifelhaft. Zwar wird der Kaufpreisanspruch durch die Direktauszahlung des Kreditgebers erfüllt[163], so daß dem Verbraucher eigentlich die Verjährungseinrede nicht zur Verfügung steht, die er dem Kreditgeber gemäß § 9 Abs. 3 S. 1 VerbrKrG entgegenhalten könnte. Entscheidend ist jedoch allein die fiktive Rechtslage, die bestehen würde, wenn der Kaufpreis nicht durch den Kreditgeber finanziert worden und der Verbraucher noch dem Erfüllungsanspruch des Verkäufers ausgesetzt wäre (hypothetische Rechtslage)[164]. Dann hätte der Verbraucher aber die Einrede der Verjährung direkt aus § 196 Abs. 1 Nr. 1 BGB. Insofern muß ihm gegenüber der Inanspruchnahme durch den Kreditgeber nach zwei Jahren auch der Einwendungsdurchgriff

---

159 Das OLG Hamm WM 1990, 924, 926 (ebenso OLG Stuttgart WM 1992, 864, 865 ff. und OLG Celle MDR 1994, 157) hat sich der wohl hM in der Literatur (s. insbes. *Canaris*, Bankvertragsrecht, RdNr. 1332 a; Palandt-*Heinrichs*, § 197 BGB, RdNr. 5 m.w.N.) angeschlossen und die vierjährige Verjährungsfrist des § 197 BGB für die gesamten Rückzahlungsraten einschließlich der Kapitaltilgungsanteile, Vermittlungskosten und Bearbeitungsgebühren angewendet, da alle als Zuschlag zu den Zinsen im Sinne dieser Vorschrift anzusehen seien.
BGH WM 1973, 328 f. untersuchte die Anwendung des § 197 BGB nicht, sondern wendete allein die dreißigjährige Verjährungsfrist des § 195 BGB an. Nach *Canaris*, aaO., beruhte dies auf einem Versehen, nach dem OLG Hamm, aaO., möglicherweise auch auf den - nicht mitgeteilten - Besonderheiten des Falles (welche ?).

160 Insofern zutreffend BGH WM 1973, 328, 329; BGH WM 1978, 720 und für die neue Rechtslage *Vortmann*, § 9 VerbrKrG, RdNr. 28.

161 MüKo-*Habersack*, § 9 VerbrKrG, RdNr. 96.

162 S.o. S. 141 ff.

163 BGH WM 1973, 328, 329.

164 S. bereits oben S. 125 und zur Problematik der Mängeleinrede S. 130 ff.

zustehen[165]. Die Rechtslage hat sich insofern zugunsten des Verbrauchers verändert, so daß das Urteil des Bundesgerichtshofs vom 18.1.1973[166] überholt ist. Selbst bei einer Abtretung des Darlehensrückzahlungsanspruches in Folge einer Rückbelastung an den Verkäufer[167] wird der Verbraucher gegenüber der Inanspruchnahme jetzt durch den Verkäufer diesem nicht die Verjährungseinrede des § 196 Abs. 1 Nr. 1 BGB direkt, sondern konsequenterweise nur den Einwendungsdurchgriff gemäß § 9 Abs. 3 S. 1 VerbrKrG über § 404 BGB (in "potenzierter" Form) entgegenhalten können.

Diese Ausführungen gelten jedoch nur, wenn es sich bei den Ansprüchen des Kreditgebers noch wirklich um die Darlehensforderungen aus § 607 Abs. 1 BGB handelt. Dies ist dann nicht mehr der Fall, wenn der Kreditgeber die finanzierte Sache an sich genommen hat und damit die Rücktrittsfiktion gemäß § 13 Abs. 3 VerbrKrG auslöst[168]. Die dem Kreditgeber nunmehr zustehenden Ansprüche gegen den Verbraucher aus § 13 Abs. 2 VerbrKrG i.V.m. §§ 346 ff. BGB sind rechtlich nicht mehr als Darlehensrückzahlungsansprüche zu qualifizieren, sondern entsprechen denen des Abzahlungsverkäufers, der die Kaufsache an sich nimmt und den Rücktritt auslöst. Da in § 13 Abs. 3 S. 2 VerbrKrG eine völlige Gleichstellung kraft Gesetzes angeordnet worden ist, müssen auch die Ansprüche des Kreditgebers beim finanzierten Abzahlungskauf entsprechend den Grundsätzen zur bisherigen Rechtslage gemäß § 2 AbzG nach § 196 Abs. 1 Nr. 1 BGB in 2 Jahren verjähren[169], dagegen die des Verbrauchers gemäß § 195 BGB in 30 Jahren[170].

---

165 Zu Recht MüKo-*Habersack*, § 9 VerbrKrG, RdNr. 96; *Compensis/Reiserer*, BB 1991, 2457, 2462 und *Coester*, Jura 1992, 617, 622.
Dagegen übersieht *Vortmann*, § 9 VerbrKrG, RdNr. 28 die Möglichkeit des Einwendungsdurchgriffs gemäß § 9 Abs. 3 S. 1 VerbrKrG vollständig. Er ist der Ansicht, daß die Darlehensrückzahlungsansprüche nach dreißig Jahren, Zinsanteile dagegen nach vier Jahren verjähren würden. *Drescher*, Verbraucherkreditgesetz, RdNr. 267 will den Einwendungsdurchgriff ganz bewußt nicht bei der Frage der Verjährung anwenden, weil dem Verbraucher nur für die Fälle der Nicht- oder Schlechtleistung geholfen werden soll. Unklar ist *Bülow*, der in § 9 VerbrKrG, RdNr. 32b der Ansicht ist, daß aus der Verbundenheit der Geschäfte folge, daß der Darlehensrückzahlungsanspruch in der kurzen Frist des § 196 BGB verjähre, während er aaO., RdNr. 55 dem Verbraucher den Einwendungsdurchgriff unter Berufung auf die Verjährung des Kaufpreisanspruches gemäß § 196 BGB gewähren will.

166 BGH WM 1973, 328 f.

167 Dies wird der häufigere Fall sein, bei dem die Verjährungsproblematik eine Rolle spielen wird, vgl. die Sachverhalte bei BGH WM 1973, 328 f. und OLG Saarbrücken ZIP 1981, 54 ff. Daß einmal der Kreditgeber seine Ansprüche gegen den Verbraucher verjähren läßt, so wie bei BGH WM 1978, 720 f. geschehen (Ansichnahme der finanzierten Sache im Jahre 1965, Rückzahlungsverlangen im Jahre 1974 !), kann als seltener Ausnahmefall bezeichnet werden.

168 Dazu ausführlich § 7, S. 242 ff.

169 So bereits BGH WM 1978, 720, 721 unter Betonung auf das Schlechterstellungsverbot.

170 Ausdrücklich für den finanzierten Abzahlungskauf gemäß § 9 Abs. 1 VerbrKrG MüKo-*Habersack*, § 13 VerbrKrG, RdNr. 42 und *Bülow*, § 13 VerbrKrG, RdNr. 24.
Sollte einmal der Extremfall auftreten, daß der Kreditgeber seine Ansprüche nach 2 Jahren hat verjähren lassen, so kann er diese auf Einrede des Verbrauchers nicht mehr geltend machen. Jedoch muß ihm die Möglichkeit zugestanden werden, mit seinen Ansprüchen gegen die unver-

C. Sonderprobleme

I. Der Kreditgeber als bevollmächtigter Passivvertreter des Verkäufers ?

Problematisch sind Fälle, in denen die Entstehung einer Einwendung aus dem Kaufvertrag von einer Willenserklärung oder geschäftsähnlichen Handlung des Verbrauchers abhängig ist. Zu denken sind insbesondere an die Fälle der Anfechtung, die als Gestaltungsrecht gegenüber dem Anfechtungsgegner gemäß § 143 Abs. 1 BGB erklärt werden muß, an die Mahnung gemäß § 284 Abs. 1 S. 1 BGB, die im Regelfall den Verzug des Verkäufers erst begründet, oder an den Fall des § 478 Abs. 1 S. 1 BGB, in dem der Verbraucher zur Aufrechterhaltung der Mängeleinrede vor Eintritt der Verjährung eine Mängelanzeige abgesendet haben muß. Hier stellt sich die Frage, ob der Verbraucher seine Handlungen gegenüber dem Verkäufer als dem Partner des Kaufvertrages abgegeben haben muß, oder ob es ausreicht, daß er mit Erhebung des Einwendungsdurchgriffs gegenüber dem Kreditgeber dort die entsprechenden Handlungen vornimmt mit der Folge, daß man sogar in der Erhebung des Einwendungsdurchgriffs im Wege der Auslegung zugleich eine entsprechende Handlung sehen könnte.

Eindeutig ist der Fall, in dem der Kreditgeber tatsächlich vom Verkäufer zur Entgegennahme von Willenserklärungen, geschäftsähnlichen Handlungen u.ä. gemäß § 164 Abs. 3 BGB bevollmächtigt worden oder sein Empfangsbote ist[171]. Das wird insbesondere dann zutreffen, wenn Kreditgeber und Verkäufer in Form eines Rahmenvertrags ständig zusammenarbeiten. Ist dies der Fall, kann der Verbraucher die entsprechenden Willenserklärungen und geschäftsähnlichen Handlungen gegenüber dem Kreditgeber vornehmen und damit eine Einwendung begründen, die er diesem gleichzeitig entgegensetzen kann.

Viel schwieriger ist die Beantwortung der Frage, ob der Kreditgeber unabhängig von einer wirklichen Bevollmächtigung immer als Passivvertreter des Verkäufers anzusehen ist. Dies wird von *Ott* einschränkungslos bejaht[172]. Dabei argumentiert er, daß sich eine entsprechende Vertretungsmacht aus der wirtschaftlichen Einheit zwischen Kauf- und

---

jährten Ansprüche des Verbrauchers gemäß §§ 388 ff. BGB aufzurechnen, da sich die gegenseitigen Forderungen einmal gemäß § 390 S. 2 BGB unverjährt gegenüberstanden. Dann müßte auch eine Widerklage des Verbrauchers gegen ihn insoweit als unbegründet abgewiesen werden, es sei denn, daß der Anspruch des Verbrauchers höher wäre.

171 *Bülow*, § 9 VerbrKrG, RdNr. 56.

172 In: Bruchner/Ott/Wagner-Wieduwilt, § 9 VerbrKrG, RdNr. 114 f. und 143. Ihm folgend *Lwowski/Peters/Gößmann*, Verbraucherkreditgesetz, S. 209, allerdings nur bezüglich der Abgabe einer Mängelanzeige.

Kreditvertrag ergebe, und es dem Verbraucher nicht zum Nachteil gereichen dürfe, wenn er seine Erklärungen nicht gegenüber dem rechtlich an sich zuständigen Vertragspartner abgebe. Denn Zweck des Einwendungsdurchgriffs sei es, dem Verbraucher das Aufspaltungsrisiko abzunehmen.

Dieser Ansicht ist nicht zuzustimmen[173]. Dies ergibt sich bereits aus dem Gesetz: Die Einheit ist lediglich eine wirtschaftliche[174] und beschränkt sich in ihren Wirkungen auf die besonderen Folgen des Widerrufs gemäß § 9 Abs. 2 S. 1 VerbrKrG und den Einwendungsdurchgriff gemäß § 9 Abs. 3 S. 1 VerbrKrG[175]. Noch nicht einmal bei einer viel näherliegenden und unmittelbar aus dem Verbraucherkreditgesetz folgenden Frage des zuständigen Widerrufsempfängers beim finanzierten Abzahlungskauf hat der Gesetzgeber einen Stellvertretungs- oder Empfangsboten-"Verbund" geregelt. Selbst beim bipolaren Kreditverhältnis hat das Verbraucherkreditgesetz in § 7 Abs. 2 S. 2 die Person des Widerrufsempfängers nicht ausdrücklich bestimmt[176]. Da das Verbraucherkreditgesetz auf diese Fragen überhaupt keine Antworten gibt, gilt das allgemeine Zivilrecht: Widerrufsempfänger ist nur der Partner des widerruflichen Vertrages[177]. Dasselbe gilt erst recht für allgemeine zivilrechtliche Gestaltungsrechte, geschäftsähnliche Handlungen u.ä. Anfechtungsgegner ist deshalb gemäß § 143 Abs. 1 BGB der Verkäufer als Vertragspartner. Eine dem Kreditgeber gegenüber erklärte Anfechtung wirkt nur dann auf den Kaufvertrag rechtsvernichtend, wenn der Kreditgeber wirklich Passivvertreter oder Empfangsbote des Verkäufer ist, wenn zum Schutz des Verbrauchers eine in den Rechtsfolgen vergleichbare Rechtsscheinvollmacht bejaht werden kann, oder wenn der Kreditgeber aus freien Stücken heraus die Willenserklärung des Verbrauchers an den Verkäufer unverzüglich (§ 121 BGB) als dessen Erklärungsbote übermittelt hat[178].

---

173 So auch MüKo-*Habersack*, § 9 VerbrKrG, RdNr. 85 (für die Anfechtungserklärung); *Bülow*, § 9 VerbrKrG, RdNr. 56 (für die Wandelungserklärung) und *Pietzcker*, Rückabwicklung, S. 24 f.

174 Eine ausführliche Untersuchung zur Frage, ob dem Gesetz die Einheits- oder die Trennungstheorie zugrunde liegt, kann erst unten § 7, S. 215 ff. geleistet werden.

175 *Coester*, Jura 1992, 617, 618.

176 Dort heißt es lediglich (Hervorhebungen vom Verfasser): "Der Lauf der Frist beginnt erst, wenn der Verbraucher eine drucktechnisch deutlich gestaltete und vom Verbraucher gesondert zu unterschreibende Belehrung über die Bestimmung nach Satz 1, sein Recht zum Widerruf, dessen Wegfall nach Absatz 3 sowie *Namen und Anschrift des Widerrufsempfängers* ausgehändigt worden ist."

177 Dazu unten § 7, S. 235 ff.

178 Hier könnte u.U. eine Schadensersatzpflicht des Kreditgebers wegen Verletzung einer sonstigen Vertragspflicht in Betracht kommen, wenn er die ihm gegenüber abgegebene Anfechtungserklärung des Verbrauchers nicht an den Verkäufer weiterleitet. Nur hat das nichts mit der Frage des Einwendungsdurchgriffs und der Frage der Begründung einer Einwendung aus dem Kaufvertrag zu tun.

Otts Ansicht ist neben diesen allgemeinen Grundsätzen auch deshalb abzulehnen, weil sie die tatsächlichen Gegebenheiten in vielen Fällen vollständig ignoriert: Der Verbraucher kommt nicht zum Kreditgeber, um bei diesem einen Kauf- und Kreditvertrag abzuschließen, bzw. der Kreditgeber führt den Verbraucher nicht zum Verkäufer zum Zwecke eines nachfolgenden Kaufvertragsabschlusses. Es ist regelmäßig genau umgekehrt: In erster Linie tritt der Verbraucher mit dem Verkäufer in Kontakt, weil er eine bestimmte Sache erwerben und einen Kaufvertrag abschließen will. Erst dann wird sich Gedanken um die Finanzierung gemacht. Führt der Verkäufer Kreditantragsformulare des Kreditgebers mit sich, und tritt der Verbraucher allein mit diesem in unmittelbaren geschäftlichen Kontakt, darf die Frage nicht lauten, ob der Kreditgeber Vertreter des Verkäufers ist, sondern genau umgekehrt: Wann kann der Verkäufer aus der Sicht des Verbrauchers als bevollmächtigter Vertreter des Kreditgebers bzw. als dessen Vertrauensperson angesehen werden ?[179]

II. Schutz für mithaftende Dritte ?

1. Hauptanwendungsfälle

Die mit Abstand am häufigsten vorkommende Konstellation ist die, daß ein Dritter zusätzlich zum Verbraucher eine Mitverpflichtung allein bezüglich des Kreditvertrages übernimmt[180]. Ob dieser Dritte beim Zahlungsverlangen des Kreditgebers auch in den Genuß des Einwendungsdurchgriffs kommt, hängt von der Art der konkreten Mitverpflichtung und seiner Stellung zum finanzierten Abzahlungskauf ab.

a. Bürgschaft

Hat ein Verwandter, Angehöriger oder Freund des Verbrauchers aus privaten Gründen eine Bürgschaft übernommen, ist die Berufung des Bürgen auf den Einwendungsdurchgriff vollständig zu bejahen. Dies ergibt sich indes nicht aus dem Verbraucherkredit-

179 Eine Frage, die unter der alten Rechtslage immer relevant wurde bei der Verletzung der Aufklärungspflicht (dort Zurechnung über § 278 BGB) und die Frage der erweiterten Arglistanfechtung (Verkäufer nicht Dritter i.S.v. § 123 Abs. 2 BGB). Die umgekehrte Frage wurde dagegen nie relevant, was angesichts der aufgezeigten tatsächlichen Gegebenheiten kaum erstaunlich ist.

180 Nach *Holzscheck/Hörmann/Daviter*, Die Praxis des Konsumentenkredits, S. 240 ff. werden bei ungefähr der Hälfte aller Konsumentenkredite Sicherheiten in Form einer Mithaftung weiterer Personen gestellt (Untersuchungszeitraum 1979/1980).

gesetz, weil die akzessorische Bürgschaft nicht selbst Kreditvertrag in Form der sonstigen Finanzierungshilfe i.S.v. § 1 Abs. 2 VerbrKrG ist[181], sondern aus dem allgemeinen Zivilrecht: Macht der Verbraucher die Einwendung gegen den Verkäufer geltend und führt diese zu einer Rückabwicklung von Kauf- und Kreditvertrag insgesamt[182], kann sich der Bürge nach dem in §§ 765 Abs. 1, 767 Abs. 1 S. 1 BGB ausgedrückten Akzessorietätsprinzip auf den Nichtbestand der Darlehensforderung berufen[183]. Gleiches gilt, wenn sich der Verbraucher lediglich auf die Erhebung des Einwendungsdurchgriffs im Verhältnis zum Kreditgeber beschränkt. Aber selbst dann, wenn der Verbraucher den ihm zustehenden Einwendungsdurchgriff gegenüber dem Kreditgeber nicht erhebt, kann der Bürge die Leistung verweigern[184]. Dies ergibt sich aus § 768 Abs. 1 S. 1 BGB, wonach der Bürge die dem Hauptschuldner zustehenden Einreden, also einschließlich der Einrede des Einwendungsdurchgriffs geltend machen kann[185]. Hat der Verbraucher nur die Möglichkeit zur Anfechtung des Kaufvertrages, und macht er dieses Recht gegenüber dem Verkäufer nicht geltend, kann die Norm des § 768 Abs. 1 S. 1 BGB zugunsten des Bürgen nicht eingreifen. Denn darauf kann sich der Bürge nur berufen, wenn der Hauptschuldner tatsächlich eine Einrede hat. Der Einwendungsdurchgriff ist aber von der tatsächlich erklärten Anfechtung abhängig; allein die Einrede der Anfechtbarkeit schafft noch keinen Einwendungsdurchgriff[186]. Hier kommt aber § 770 Abs. 1 BGB zur Anwendung[187]. Danach kann der Bürge die Leistung verweigern, solange dem Hauptschuldner das Anfechtungsrecht zusteht. Weil die Bürgschaft auf ein Dreipersonenver-

---

181 Ganz hM, s. *Scholz*, Verbraucherkreditverträge, RdNr. 95 (S. 51); Erman-*Klingsporn/Rebmann*, § 1 VerbrKrG, RdNr. 31; *Ulmer/Timmann*, FS für Rowedder, S. 503, 515 m.w.N. und MüKo-*Ulmer*, § 1 VerbrKrG, RdNr. 37. *Heinrichsmeier*, Haftung für Geldkredite, S. 105 f. lehnt zu Recht auch eine analoge Anwendung des VerbrKrG auf die Bürgschaft ab.
A.A. allein *Bülow*, § 1 VerbrKrG, RdNr. 43.

182 Dazu unten §§ 7 - 10, S. 202 ff.

183 *Hadding*, in: Hadding/Hopt, Verbraucherkreditrecht, AGB-Gesetz und Kreditwirtschaft, S. 17, 27; *Bülow*, § 9 VerbrKrG, RdNr. 58; *Emmerich*, in: Graf v. Westphalen/Emmerich/Kessler, § 9 VerbrKrG, RdNr. 106; MüKo-*Habersack*, § 9 VerbrKrG, RdNr. 105 und auch schon BGH WM 1980, 327, 329 f. Dort bestand sogar noch die Besonderheit, daß der Sohn der Käufer/Kreditnehmer als Bürge gegenüber der Bank folgende Erklärung unterschrieb: "Ich/wir garantieren darüber hinaus die Rückzahlung des von der Bank ausgelegten Betrages einschließlich Kreditgebühren und Nebenkosten auch dann, wenn die Bank das Finanzierungsobjekt nach ihren Geschäftsbedingungen verwertet oder sonstige Einreden gegen den Bestand oder Höhe der Forderung erhoben werden." Der BGH entschied, daß mit diesem Text, jedenfalls wenn er gegenüber Nichtkaufleuten verwendet wird, wegen Unklarheit und mangelnder Transparenz kein Verzicht auf den Einwendungsdurchgriff verbunden sei.

184 *Bülow*, § 9 VerbrKrG, RdNr. 58; *Emmerich*, in: Graf v. Westphalen/Emmerich/Kessler, § 9 VerbrKrG, RdNr. 106 und MüKo-*Habersack*, § 9 VerbrKrG, RdNr. 105.

185 Zur alten Rechtslage auch schon BGH WM 1970, 219 unter expliziter Berufung auf § 768 BGB (Bürgschaft durch die Ehefrau des Käufers/Kreditnehmers). Zur Einordnung des Einwendungsdurchgriffs als Einrede bereits oben S. 122 f.

186 S. bereits oben S. 129.

187 MüKo-*Habersack*, § 9 VerbrKrG, RdNr. 105 und *Emmerich*, in: Graf v. Westphalen/Emmerich/Kessler, § 9 VerbrKrG, RdNr. 106.

hältnis zugeschnitten ist, hier aber mit Kreditgeber-Verkäufer-Verbraucher-Bürge sogar ein Vierpersonenverhältnis vorliegt, müßte genau genommen sogar eine kumulative Anwendung von § 770 Abs. 1 BGB (keine Anfechtungserklärung des Verbrauchers gegenüber dem Verkäufer) und von § 768 Abs. 1 S. 1 BGB (Berufung auf die dem Hauptschuldner zustehenden Einreden) die richtige Lösung sein.

Diese Grundsätze können jedoch dann nicht gelten, wenn sich der Verkäufer als Beteiligter des finanzierten Abzahlungskaufs im Zusammenhang mit einem mit dem Kreditgeber geschlossenen Rahmenvertrag verbürgt hat[188]. Ausgehend vom wirklichen Bestand einer Einwendung z.B. in Form eines Sachmangels und nicht von der bloßen Behauptung beruft sich der Verbraucher zu Recht auf ein gesetzliches Leistungsverweigerungsrecht mit der geradezu absurden[189] Folge, daß sich nunmehr der vom Kreditgeber als Bürge in Anspruch genommene Verkäufer wegen des Grundsatzes der Akzessorietät gemäß § 768 Abs. 1 S. 1 BGB auf den Einwendungsdurchgriff des Verbrauchers und damit letztlich auf die eigene mangelhafte Erfüllung des Kaufvertrages berufen könnte. Daß dies nicht richtig sein kann, zeigt auch der Gesetzgeber, der in der Begründung zum Regierungsentwurf den Kreditgebern gerade empfiehlt, sich vom Verkäufer eine Bürgschaft einräumen zu lassen, dabei aber selbst die Akzessorietätsproblematik des § 768 Abs. 1 S. 1 BGB im Zusammenhang mit der rechtstechnischen Gestaltung des Einwendungsdurchgriffs als Einrede vollständig übersieht[190].

Abhilfe könnte hier in erster Linie ein vertraglicher Verzicht des Verkäufers auf seine Rechte aus § 768 BGB schaffen[191]. Unabhängig davon erscheint es am besten, von vornherein die Bürgenverpflichtung des Verkäufers dahingehend auszulegen, daß er auch bei Bestehen einzelner Einreden gegen den Kreditvertrag und vor allem beim Einwendungsdurchgriff haften soll. Denn der Schutz des Verbrauchers durch den Einwendungsdurchgriff soll weder nach dem Zweck des Verbraucherkreditgesetzes noch nach dem Vertragswillen der Parteien des Rahmenvertrags dem Verkäufer zugute kommen, der diese Einwendungen gerade verschuldet hat oder in dessen Risikobereich sie jedenfalls fallen[192]. Am Ende bliebe auch die Möglichkeit, den Akzessorietätsgrundsatz für diesen

188 *Scholz*, Verbraucherkreditverträge, RdNr. 383 (S. 184) m.w.N.

189 Zutreffender Ausdruck von *Dauner-Lieb*, WM-Sonderbeilage 6/1991, S. 25.

190 BT-DS 11/5462, S. 24 (= Anhang, S. 434).

191 Dazu ausführlich Staudinger-*Horn*, § 768 BGB, RdNr. 20 ff.

192 Zutreffend *Hopt/Mülbert*, Kreditrecht, Vorb. zu §§ 607 ff. BGB, RdNr. 578 zur alten, insoweit aber unveränderten Rechtslage und eigentlich auch BGH WM 1987, 616 ff. Der Fall des Bundesgerichtshofs lag nur insofern anders, als der Kreditvertrag selbst wegen Sittenwidrigkeit nichtig war, also kein Fall des Einwendungsdurchgriffs vorlag. Das Gericht entschied weiterhin, daß die Bürgenverpflichtung des Verkäufers wegen seiner eigenen wirtschaftlichen Interessen am

Fall generell über § 242 BGB unter dem Stichwort des "venire contra factum proprium"[193], über eine teleologische Reduktion des § 768 Abs. 1 S. 1 BGB[194] oder eine analoge Anwendung des § 425 Abs. 1 BGB[195] zu überwinden, und dem Verkäufer für den Fall des berechtigten Einwendungsdurchgriffs wegen eigenen vertragswidrigen Verhaltens die Berufung auf § 768 Abs. 1 S. 1 BGB regelmäßig zu versagen[196].

b. Gesamtschuldnerische Mitverpflichtung und vertraglicher Schuldbeitritt

Unterschreiben mehrere Kreditnehmer einen Kreditvertrag, so haften sie gemäß § 427 BGB im Regelfall als Gesamtschuldner. Im Gegenzug kann jeder von ihnen die vertraglichen Rechte selbst geltend machen. In diesem Fall gilt, sofern es sich bei beiden um Verbraucher i.S.v. § 1 Abs. 1 VerbrKrG handelt, das Verbraucherkreditgesetz insgesamt[197].

Demgegenüber ist der Schuldbeitritt, der dadurch charakterisiert ist, daß der Beitretende die Verpflichtungen des Hauptschuldners aus dem zugrunde liegenden Rechtsverhältnis mitübernimmt[198], kein eigener Kreditvertrag im Sinne einer sonstigen Finanzierungshilfe i.S.v. § 1 Abs. 2 VerbrKrG[199]. Zwingende Voraussetzung für einen Kreditvertrag ist nämlich, daß dem Kreditnehmer der Kredit zur Verfügung gestellt wird[200]. Das ist beim Schuldbeitritt im Gegensatz zur Vertragsmitübernahme bzw. zur von vornherein bestehenden gesamtschuldnerischen Mitverpflichtung nicht der Fall. Gleichwohl erscheint es gerechtfertigt, auf den Schuldbeitritt die Regeln des Verbraucherkreditgesetzes analog

---

Zustandekommen des Geschäftes auch den Bereicherungsanspruch des Kreditgebers gegen den Käufer/Kreditnehmer umfassen könne.

193 *Canaris*, Bankvertragsrecht, RdNr. 1513 für den Einwendungsdurchgriff unter der alten Rechtslage. Fest steht jedenfalls, daß die Grundsätze von Treu und Glauben sowohl bei der Rahmenvertragsgestaltung als auch bei deren praktischer Durchführung uneingeschränkt gelten, so zutreffend *Scholz*, Verbraucherkreditverträge, RdNr. 380 (S. 181).

194 *Canaris*, Bankvertragsrecht, RdNr. 1512 für die Problematik des § 5 AbzG unter der alten Rechtslage, wobei er auch an eine Vertragsauslegung dachte.

195 Zur direkten Anwendbarkeit dieser Norm auf den kraft Schuldbeitritts mithaftenden Verkäufer sogleich.

196 Dagegen war *Gernhuber*, Das Schuldverhältnis, § 31 V 1 (S. 740 f., Fn. 41) unter der alten Rechtslage der Ansicht, daß sowohl ein teleologische Reduktion des § 768 BGB als auch eine entsprechende Auslegung mit dem Akzessorietätsgrundsatz unvereinbar und deshalb abzulehnen sei.

197 *Scholz*, Verbraucherkreditverträge, RdNr. 193 (S. 105) und *Ulmer/Timmann*, FS für Rowedder, S. 503, 519.

198 S. nur Palandt-*Heinrichs*, Überblick vor § 414 BGB, RdNr. 2.

199 *Ulmer/Timmann*, FS für Rowedder, S. 503, 510.
A.A. *Zahn*, DB 1992, 1029, 1031 und *Bülow*, § 1 VerbrKrG, RdNr. 43a.

200 *Bruchner*, in: Bruchner/Ott/Wagner-Wieduwilt, § 1 VerbrKrG, RdNr. 55 und MüKo-*Ulmer*, § 1 VerbrKrG, RdNr. 34.

dann anzuwenden, wenn der Beitretende Verbraucher ist[201]. Das bedeutet, daß dem Beitretenden gegenüber die Schriftform des § 4 Abs. 1 S. 1 VerbrKrG eingehalten werden muß[202] und sein Schuldbeitritt gemäß § 7 Abs. 1 VerbrKrG frei widerruflich ist[203]. Gleichwohl kann er sich nicht selbständig auf den Einwendungsdurchgriff gemäß § 9 Abs. 3 S. 1 VerbrKrG berufen. Denn der Beitretende ist in dieser Konstellation nicht auch Partner des Kaufvertrages und hat bzw. hätte insofern keine Einwendungen aus dem verbundenen Vertrag (Akzessorietätsprinzip). Das gleiche gilt für den von vornherein Mitverpflichteten, wenn er nicht auch Partner des zu finanzierenden Kaufvertrages geworden ist.

In jedem Fall liegt aber eine Gesamtschuld hinsichtlich des Kreditvertrages vor. Nach § 425 Abs. 1 BGB wirken andere Tatsachen als die Erfüllung, der Erlaß und der Gläubigerverzug nur für und gegen den Gesamtschuldner, in dessen Person sie eintreten, soweit sich nicht aus dem Schuldverhältnis etwas anderes ergibt. Das bedeutet, daß das Schutzinstrument des Einwendungsdurchgriffs grundsätzlich allein dem Verbraucher zusteht und somit Einzelwirkung hat. Denn nur er hat Einwendungen aus dem Kaufvertrag, die er unter den bestimmten persönlichen und sachlichen Voraussetzungen der §§ 9 Abs. 1, 3 und § 1 Abs. 1 VerbrKrG dem Kreditgeber gegenüber durchgreifen lassen kann. Deshalb kann sich der aus eigenen wirtschaftlichen Interessen mithaftende Verkäufer nicht auf das Verbraucherkreditgesetz und damit den Einwendungsdurchgriff berufen[204].

Dies entspricht der Rechtsprechung des Bundesgerichtshofs zur alten Rechtslage unter dem Abzahlungsgesetz, insbesondere seit der Entscheidung vom 20.2.1967[205]. Dort ging es darum, ob sich auch der Verkäufer, der sich im Wege eines Schuldbeitritts für die Rückzahlungsverpflichtung des Kreditnehmers aus § 607 Abs. 1 BGB mitverpflichtet hatte, bei der Ansichnahme des finanzierten Sache durch den Kreditgeber ebenso wie der Käufer/Kreditnehmer auf die Schutzwirkung des § 5 AbzG berufen könne[206]. Das lehnte

---

201 *Ulmer/Timmann*, FS für Rowedder, S. 503, 511 und MüKo-*Ulmer*, § 1 VerbrKrG, RdNr. 34.

202 So auch OLG Stuttgart WM 1994, 977, allerdings unter direkter Anwendung des VerbrKrG.

203 MüKo-*Habersack*, § 9 VerbrKrG, RdNr. 61 und jetzt BGH WM 1994, 1022 f. ausdrücklich für die neue Rechtslage (entschieden wurde dort dagegen noch ein Altfall). Problematisch ist, was mit Kauf- und Kreditvertrag passiert, wenn nur der Schuldbeitretende widerrufen hat, s. dazu *Scholz*, Verbraucherkreditverträge, RdNr. 359 (S. 171 f.).

204 *Scholz*, Verbraucherkreditverträge, RdNr. 383 (S. 183 f.) und wohl auch MüKo-*Habersack*, § 9 VerbrKrG, RdNr. 105. Allgemein für das VerbrKrG *Ulmer/Timmann*, FS für Rowedder, S. 503, 518 und jeweils für § 13 Abs. 3 VerbrKrG *Reinicke/Tiedtke*, Kaufrecht, S. 468 sowie *Münstermann/Hannes*, Verbraucherkreditgesetz, RdNr. 767. Beim Widerrufsrecht gemäß § 7 Abs. 1 VerbrKrG wird dies allgemein anerkannt, s. nur *Bruchner*, in: Bruchner/Ott/Wagner-Wieduwilt, § 7 VerbrKrG, RdNr. 15.

205 BGH WM 1967, 464, 465 f. Bestätigt von BGH WM 1975, 739, 741 und BGH WM 1984, 1128, 1130.

206 Näheres zur Rücknahme der finanzierten Sache durch den Kreditgeber unten § 7, S. 242 ff.

der Bundesgerichtshof in dieser Entscheidung zu Recht mit der Begründung ab, daß das Abzahlungsgesetz beim finanzierten Abzahlungskauf nur zugunsten des Käufers/Kreditnehmers, nicht aber zugunsten des Verkäufers gelte, und der Kreditgeber sich mit der Einbeziehung des Verkäufers in den Kreis der Mitverpflichteten gerade vor den Nachteilen schützen wolle, die durch die entsprechende Anwendung des Abzahlunggesetzes auf sein Verhältnis zum Käufer drohten. Auch die Norm des § 356 BGB (Unteilbarkeit des Rücktrittsrechts) finde keine Anwendung, weil sie entsprechend dem Zweck der Mithaftung vertraglich abbedungen sei[207].

Die Einzelwirkung gemäß § 425 Abs. 1 BGB ist jedoch nicht angesagt, wenn es sich bei dem Mitverpflichteten bzw. Schuldbeitretenden ebenfalls um einen Verbraucher handelt, der sich allein auf Grund persönlicher Bindungen zum Hauptschuldner gegenüber dem Kreditgeber mitverpflichtet hatte, also ein Verwandter, Angehöriger oder Freund[208]. Denn der Kreditgeber will mit diesem im Gegensatz zum Verkäufer nur einen weiteren, nicht aber einen weitergehend als den Verbraucher haftenden Schuldner haben[209]. Darüber hinaus fehlt es diesen Personen im Gegensatz zum Verkäufer, der die Valuta vom Kreditgeber erhält und die ihm als Leistung des Verbrauchers zugute kommt, an jedem wirtschaftlichen Interesse am Abschluß des finanzierten Abzahlungskaufs. Insofern kann man davon sprechen, daß sich aus dem Schuldverhältnis i.S.v. § 425 Abs. 1 BGB "ein anderes ergibt". Anderenfalls liefe auch der Schutz des Verbrauchers durch den Einwendungsdurchgriff praktisch leer, wenn er im Wege des Gesamtschuldnerausgleichs im wirtschaftlichen Ergebnis letztlich doch die Valuta zurückerstatten müßte[210]. Deswegen hat der Einwendungsdurchgriff in diesen Fällen Gesamtwirkung.

Auch diese Grundsätze entsprechen der Rechtsprechung des Bundesgerichtshofs zur alten Rechtslage, die mit Urteil vom 21.5.1975 aufgestellt wurden[211]. Dort hatte nicht

---

207 Ausdrücklich bestätigt wurde diese Rechtsprechung durch die neueste Entscheidung BGH WM 1993, 1236, 1237 mit Kurzkommentar von *Ose*, EWiR 1993, 747 f. und Anm. von *v. Rottenburg*, WuB IV C. § 1 b AbzG 4.93, so daß von einer Fortgeltung dieser Grundsätze unter dem Verbraucherkreditgesetz ausgegangen werden muß, auch wenn es sich dort noch um einen "Altfall" handelte. Das Gericht stellte fest, daß der Verkäufer kein eigenes Widerrufsrecht gemäß § 1 b AbzG habe, hier also ebenfalls Einzelwirkung zugunsten des Käufers/Kreditnehmers gemäß § 425 Abs. 1 BGB bestehe (so auch schon der Beschluß BGH WM 1984, 1309).

208 *Seibert*, § 9 VerbrKrG, RdNr. 10; *Vortmann*, § 9 VerbrKrG, RdNr. 41, 42; *Emmerich*, in: Graf v. Westphalen/Emmerich/Kessler, § 9 VerbrKrG, RdNr. 106 (alle allerdings ohne die notwendige Differenzierung in mithaftende Verkäufer und sonstige Mithaftende); *Bülow*, § 1 VerbrKrG, RdNr. 43b; MüKo-*Habersack*, § 9 VerbrKrG, RdNr. 105; *Reinicke/Tiedtke*, Kaufrecht S. 468 (für § 13 Abs. 3 VerbrKrG, aber mit der notwendigen Differenzierung).

209 Zutreffende Begründung bereits von BGH WM 1984, 722, 723.

210 Zutreffend bereits *Hopt/Mülbert*, Kreditrecht, Vorb. zu §§ 607 ff. BGB, RdNr. 501.

211 BGH WM 1975, 739, 741.

der Verkäufer, sondern die inzwischen geschiedene Ehefrau des Käufers/Kreditnehmers die Mithaft für den Kredit übernommen. Hier entschied das Gericht, daß sich im Gegensatz zum Verkäufer der mithaftende Ehegatte des Käufers/Kreditnehmers auf die Schutzbestimmungen des Abzahlungsgesetzes wegen der gleichen Interessenlage berufen könne, § 425 Abs. 1 BGB bei diesen Personen also keine Anwendung finde[212]. Entscheidend sei nämlich, daß die Mitverpflichtete die Mithaft nicht aus eigenem Interesse, sondern allein deshalb übernommen hätte, um dem Käufer/Kreditnehmer die Realisierung des finanzierten Abzahlungskaufs zu ermöglichen, und sich insofern die Interessen der Mitverpflichteten mit den Interessen des Hauptschuldners decken würden[213]. Mit dem Urteil vom 20.3.1980 zum finanzierten Organisationsleitervertrag wurde dann erstmals der Einwendungsdurchgriff dem kraft Schuldbeitrittes mithaftenden Ehemann der Kreditnehmerin zugebilligt[214]. Der Bundesgerichtshof betonte ausdrücklich, daß die Nichtigkeit des finanzierten Rechtsgeschäftes entsprechend dem Schutzzweck des Einwendungsdurchgriffs keine Einzelwirkung, sondern Gesamtwirkung für beide Kreditnehmer entfalte, sofern beide nicht als Kaufleute im Handelsregister eingetragen seien (§ 8 AbzG)[215].

c. Bestimmung der Mithaft in Zweifelsfällen

Bei Zweifeln, ob Bürgschaft oder Schuldbeitritt vorliegt, ist danach zu fragen, ob nach dem Willen der Vertragsparteien eine selbständige oder nur eine angelehnte Schuld begründet werden sollte[216]. Bei mehrdeutigen Erklärungen kann die Frage, warum die Person eine Mithaft übernommen hat, eine entscheidende Rolle spielen. Persönliche Gründe sprechen für eine Bürgschaft, wirtschaftliche Eigeninteressen für einen Schuldbeitritt. Wegen der unmittelbaren wirtschaftlichen Eigeninteressen am Zustandekommen des finanzierten Abzahlungskaufs haftet deshalb der Verkäufer im Zweifel als Gesamtschuldner[217].

---

212 Auch dort ging es wie bei der Entscheidung BGH WM 1967, 464 ff. um § 5 AbzG.

213 Bestätigt wurde dieses Urteil von BGH WM 1978, 720 (Schuldbeitritt des inzwischen geschiedenen Ehemannes der Käuferin/Kreditnehmerin) und von BGH WM 1984, 722, 723 (Schutz sogar für die mithaftende ehemalige Verlobte eines Freundes des eigentlichen Käufers/Kreditnehmers).

214 BGH WM 1980, 620, 623.

215 Zur Gesamtwirkung des Widerrufsrechts gemäß § 1 b AbzG erstmals BGH WM 1987, 365, 366 (Mithaft eines Gründungsgesellschafters einer Vor-GmbH, der eigentlichen Käuferin/Kreditnehmerin).

216 S. nur Palandt-*Heinrichs*, Überblick vor § 414 BGB, RdNr. 4.

217 So erstmals für den finanzierten Abzahlungskauf OLG Stuttgart WM 1963, 735, 737 und BGH WM 1967, 464, 465.

Anders war es dagegen in der zentralen Entscheidung des Bundesgerichtshofs vom 12.2.1987 zur Auslegung der Mithaftungsverpflichtung des Verkäufers beim finanzierten Abzahlungskauf[218]. Dort hatte der Verkäufer aufgrund einer Verpflichtung im Rahmenvertrag in den einzelnen Kreditverträgen die Mithaft als Gesamtschuldner für die Darlehensverbindlichkeiten der Käufer/Kreditnehmer übernommen. Der Bundesgerichtshof entschied sich zwischen den Auslegungsalternativen Bürgschaft, vertraglicher Schuldbeitritt und selbständiger Garantievertrag für eine Bürgschaft. Denn in diesem Fall fand sich im Rahmenvertrag zwischen Kreditgeber und Verkäufer die zur Rückbelastungsregelung hinzugefügte Klausel: "Vereinbart ist die Durchführung des Rechtsverfahrens bis zur Fruchtlosigkeitsbescheinigung, so daß die Rückbelastung nach zwei Raten entfällt." Daraus entnahm der Bundesgerichtshof eine subsidiäre, akzessorische und damit dem Bürgen vergleichbare Rechtsposition des Verkäufers und zitierte namentlich die den Bürgen schützende Vorschrift des § 771 BGB (Einrede der Vorausklage)[219].

2. *Extremfälle*

Keine Probleme tauchen dann auf, wenn die gegenüber dem Kreditgeber mithaftende Person auch Partner des verbundenen Geschäfts ist und als Verbraucher gemäß § 1 Abs. 1 unter das Verbraucherkreditgesetz fällt. Dann steht der mithaftenden Person selbstverständlich auch der Einwendungsdurchgriff zur Verfügung[220]. Diese Fälle werden aber nur selten vorkommen.

Überaus problematisch ist dagegen der noch seltenere Fall, daß Kreditnehmer und Partner des verbundenen Geschäfts auseinanderfallen, wenn also z.B. nur die Ehefrau einen Kredit aufnimmt, um den von ihrem Mann allein abgeschlossenen Kaufvertrag zu finanzieren[221]. Hier ist ein verbundenes Geschäft deshalb nicht gegeben[222], weil dieses auf

---

218 BGH WM 1987, 616 ff. Dort ging es aber nach dieser Vorfrage vor allem darum, ob die Mitverpflichtung des Verkäufers auch den Bereicherungsanspruch des Kreditgebers gegen den Kreditnehmer umfasse (der Kreditvertrag war gemäß § 138 Abs. 1 BGB nichtig), was der BGH bejahte. Kritisch dazu *Tiedtke*, JZ 1987, 853 ff.

219 Kritisch *Tiedtke*, JZ 1987, 853, 854, der die Möglichkeit des Schuldbeitritts mit einer entsprechenden Modifikation (subsidiäre Inanspruchnahme des Verkäufers) nahelegte. Es erscheint naheliegend, daß der Gesetzgeber mit seiner Empfehlung an die Kreditgeber, sich von den Verkäufern eine Bürgschaft einräumen zu lassen (Begr. RegE, BT-DS 11/5462, S. 24 = Anhang, S. 434), gerade von dieser Entscheidung des Bundesgerichtshofs ausging.

220 *Emmerich*, in: Graf v. Westphalen/Emmerich/Kessler, § 9 VerbrKrG, RdNr. 106 und MüKo-*Habersack*, § 9 VerbrKrG, RdNr. 105.

221 Beispiel von *Emmerich*, in: Graf v. Westphalen/Emmerich/Kessler, § 9 VerbrKrG, RdNr. 50.

222 So auch *Emmerich*, aaO.

Verbraucherseite Personenidentität voraussetzt[223]. Zu denken ist aber an die Umgehungsvorschrift des § 18 S. 2 VerbrKrG. Ein Umgehungsgeschäft wäre etwa in dem Fall gegeben, in dem der Kreditgeber und/oder der für ihn handelnde Verkäufer die "Aufspaltung des Verbrauchers" bewußt unter Vermeidung des § 9 VerbrKrG herbeiführen wollen und vom ahnungslosen Käufer verlangen, daß nicht er, sondern allein seine Ehefrau den Kreditvertrag unterzeichnen müsse, weil dies für alle Beteiligte "das Beste" wäre.

Denkbar ist am Ende auch noch die Konstellation, daß ein Verbraucher die Mithaft für einen finanzierten Abzahlungskauf eines Nichtverbrauchers (Gewerbetreibenden, Selbständigen) übernimmt. So war es z.B. in der Entscheidung des Bundesgerichtshofs vom 15.5.1990[224]. Dort hatte ein Zahnarzt für seine bereits bestehende Praxis eine Computeranlage gekauft, diese über einen vom Verkäufer vermittelten Kredit finanziert, und seine Ehefrau eine Mithaft in Form eines Schuldbeitritts bezüglich des Kreditvertrages übernommen. Nach der neuen Rechtslage ist in diesem Fall § 9 VerbrKrG schon deshalb nicht anwendbar, weil der selbständige Zahnarzt mit diesem Kredit zu beruflichen Zwecken nicht zu dem geschützten Personenkreis gemäß § 1 Abs. 1 VerbrKrG gehörte und auch kein Existenzgründungskredit i.S.v. § 3 Abs. 1 Nr. 2 VerbrKrG vorlag[225]. Anders ist es dagegen bei der mithaftenden Ehefrau. Sie fällt ohne Zweifel in den Anwendungsbereich des Gesetzes. Maßgeblich sind aber nicht allein die persönlichen Voraussetzungen. Das Gesetz kombiniert in § 1 Abs. 1 VerbrKrG persönliche und sachliche Kriterien, d.h. eine natürliche Person muß einen Kredit zu privaten Zwecken aufgenommen haben[226]. Das ist aber hier nicht der Fall, weil ein gewerblicher Kredit vorliegt. Deswegen kann sich auch die mithaftende Ehefrau als Verbraucher selbst beim Vorliegen einer wirtschaftlichen Einheit zwischen Kauf- und Kreditvertrag nicht auf § 9 Abs. 3 VerbrKrG berufen[227]. Verbraucherschutz des privaten Mitverpflichteten setzt im Wege

---

223 Zutreffend Jauernig-*Vollkommer*, § 607 BGB, Anm. 8 a.

224 BGH WM 1990, 1234 f.

225 *Dauner-Lieb*, WM-Sonderbeilage 6/1991, S. 16. BGH WM 1990, 1234 f. verneint dagegen das Vorliegen einer wirtschaftlichen Einheit.

226 MüKo-*Ulmer*, § 1 VerbrKrG, RdNr. 17.

227 MüKo-*Ulmer*, § 1 VerbrKrG, RdNr. 33; *Slama*, FLF 1993, 83, 88; Empfehlung des 31. Deutschen Verkehrsgerichtstages, DAR 1993, 112, 113 (unter 3 b) und ausführlich *Ulmer/Timmann*, FS für Rowedder, S. 503, 506 ff. Ebenso unter der Rechtslage des AbzG *Klauss/Ose*, Verbraucherkreditgeschäfte, RdNr. 986; OLG Oldenburg MDR 1982, 756 und OLG Köln WM 1988, 1859.

A.A. *Zahn*, DB 1992, 1029, 1030 f. und *Graf v. Westphalen*, Der Leasingvertrag, RdNr. 234 (beide für den Schuldbeitritt zum Leasingvertrag, allerdings ohne Aussage zum Einwendungsdurchgriff); *Reinicke/Tiedtke*, Kaufrecht, S. 435; *Bülow*, § 1 VerbrKrG, RdNr. 43a; *Heinrichsmeier*, Haftung für Geldkredite, S. 102 f. (alle für das Widerrufsrecht); *Groß*, FLF 1993, 132, 134 sowie OLG Stuttgart WM 1994, 977 f. (für die Schriftform) mit zustimmenden Anmerkungen einer "Gesamtbetrachtung"[228] Verbraucherschutz des Hauptverpflichteten voraus[229]. Eine Ausdehnung des Verbraucherschutzes auf den privaten Mitverpflichteten beim gewerblichen Kredit enthält das Gesetz nicht. Gleichwohl ist aber zu beachten, daß der Einwendungsdurchgriff auch zugunsten des Nichtverbrauchers als allgemeines Rechtsinstitut weiterbestehen könnte[230]. Wenn das bejaht wird, könnte sich nach allgemeinen Akzessorietätsgrundsätzen (§§ 768 Abs. 1 S. 1, 425 Abs. 1 BGB[231]) auch der mithaftende Verbraucher darauf berufen. Das kann jedoch hier nicht untersucht werden.

---

von *Wenzel*, WuB I E 2 b. - 3.94. Ebenso wohl auch Erman-*Klingsporn/Rebmann*, § 1 VerbrKrG, RdNr. 44.

228 Im Gegensatz zu einer "Einzelbetrachtung", zutreffend *Ulmer/Timmann*, in: FS für Rowedder, S. 503, 506 f. und MüKo-*Ulmer*, § 1 VerbrKrG, RdNr. 32.

229 *Slama*, FLF 1993, 83, 88.

230 S.o. § 2, S. 68.

231 S.o. S. 152 ff.

§ 6 Ausnahmen vom Einwendungsdurchgriff

A. Die Bagatellgrenze des § 9 Abs. 3 S. 2 1. Alt. VerbrKrG

Die erste gesetzliche Ausnahme vom Einwendungsdurchgriff ist gemäß § 9 Abs. 3 S. 2 1. Alt. VerbrKrG die vom Gesetzgeber selbst so bezeichnete Bagatellgrenze[1], wenn der finanzierte Kaufpreis 400,-- DM nicht überschreitet. Mit dieser Norm wurde zum einen die Vorgabe des Art. 11 Abs. 3 der EG-Richtlinie umgesetzt, wonach der Einwendungsdurchgriff ausgeschlossen sein sollte, wenn der Betrag des betreffenden Einzelgeschäftes unter einem Gegenwert von 200,-- ECU liegt[2]. Daneben übertrug der Gesetzgeber die in § 3 Abs. 1 Nr. 1 VerbrKrG für Bagatellfälle allgemein vorgesehene Ausnahme vom sachlichen Anwendungsbereich des Gesetzes auf die spezielle Situation des finanzierten Abzahlungskaufs[3]. Während § 3 Abs. 1 Nr. 1 VerbrKrG auf den auszuzahlenden Nettokreditbetrag abstellt, ist Anknüpfungspunkt für § 9 Abs. 3 S. 2 1. Alt. VerbrKrG allein der verbundene Kaufvertrag: Der finanzierte Kaufpreis ist der Nennbetrag, d.h. regelmäßig der eigentliche Kaufpreis (Barzahlungspreis) und gerade nicht der ausgezahlte Nettokreditbetrag[4].

Zur Anwendung kommt deshalb § 9 Abs. 3 S. 2 1. Alt. VerbrKrG, wenn z.B. der finanzierte Kaufpreis exakt 400,-- DM (oder weniger), der Nettokreditbetrag dagegen 800,-- DM beträgt (der Bruttokredit 900,-- DM), und der Verbraucher die Hälfte der Valuta zur freien Verfügung erhält[5]. Praktische Bedeutung haben daneben Fälle, in denen der

---

1 Begr. RegE, BT-DS 11/5462, S. 24 (= Anhang, S. 434).

2 ABl. der EG Nr. L 42/51 vom 12.2.1987 (= Anhang, S. 414).

3 MüKo-*Habersack*, § 9 VerbrKrG, RdNr. 97.
Kritisch zur Bagatellgrenze im Rahmen des Einwendungsdurchgriffs die unveröffentlichten Stellungnahmen der Bundesarbeitsgemeinschaft Schuldnerberatung, S. 8 (= Anhang, S. 444) und des Instituts für Finanzdienstleistungen (Reifner), S. 4 (= Anhang, S. 446) zum Fragenkatalog des Rechtsausschusses des Deutschen Bundestages anläßlich der öffentlichen Anhörung der Sachverständigen und Verbände am 1.6.1990; ferner *Medicus*, BürgR, § 31 IV 1 b (2), S. 473 und *Grimm*, Das neue Verbraucherkreditgesetz, S. 478 f.

4 *Bülow*, § 9 VerbrKrG, RdNr. 63 und *Reinicke/Tiedtke*, Kaufrecht, S. 459. *Scholz*, Verbraucherkreditverträge, RdNr. 369 (S. 175) weist zutreffend darauf hin, daß es sich beim finanzierten Kaufpreis auch um einen Restkaufpreis handeln kann, dieser dann nicht mit dem Barzahlungspreis identisch wäre, man denke gerade an Anzahlungen, die aber bei derart geringen Summen kaum eine Rolle spielen.

5 In diesem Fall gilt für den Kreditvertrag mit Ausnahme des Einwendungsdurchgriffs das Verbraucherkreditgesetz insgesamt (wichtig für Form und Widerruf). *Reinicke/Tiedtke*, Kaufrecht, S. 456; *dies.*, ZIP 1992, 217, 223 befürworten für diesen Fall eine analoge Anwendung des § 9 Abs. 3 S. 2 1. Alt. VerbrKrG auf den Entstehungsverbund des § 9 Abs. 2 S. 1 VerbrKrG, d.h., daß zwar der Kreditvertrag als solcher gemäß § 7 Abs. 1 VerbrKrG widerruflich sei, ein erklärter und wirksamer Widerruf aber entgegen § 9 Abs. 2 S. 1 VerbrKrG keine Konsequenzen auf den mit ihm verbundenen (Bagatell-) Kaufvertrag habe.

Verbraucher einen Kreditvertrag zur Finanzierung mehrerer Kaufverträge abschließt[6], oder in denen dem Verbraucher in Form eines Warenkreditkontos ein die Bagatellgrenze übersteigender Rahmenkredit eingeräumt wird und er unter dessen Ausnutzung eine Vielzahl kleinerer Einkäufe tätigt, von denen jeder einzelne die Grenze von 400,-- DM nicht überschreitet[7].

Anderenfalls, d.h. wenn bereits der Nettokreditbetrag unter der Bagatellgrenze von 400,- DM liegt, ist das Verbraucherkreditgesetz gemäß § 3 Abs. 1 Nr. 1 schon insgesamt, d.h. einschließlich der Vorschrift des § 9 nicht anwendbar[8]. Insofern ist der Ausschluß des Einwendungsdurchgriffs in § 9 Abs. 3 S. 2 1. Alt. VerbrKrG keine überflüssige Regelung[9]. Sollte der Fall auftreten, daß der Kaufpreis künstlich und wider die Natur des konkreten Geschäftes gestückelt wird, um insbesondere die Rechtsfolge des Einwendungsdurchgriffs zu umgehen, kommt das Umgehungsverbot des § 18 S. 2 VerbrKrG zur Anwendung[10].

B. Die nachträgliche Vertragsänderung gemäß § 9 Abs. 3 S. 2 2. Alt. VerbrKrG

Die zweite gesetzliche Ausnahme vom Einwendungsdurchgriff betrifft gemäß § 9 Abs. 3 S. 2 2. Alt. VerbrKrG Einwendungen, die auf einer zwischen dem Verkäufer und dem Verbraucher nach Abschluß des Kreditvertrages vereinbarten Vertragsänderung beruhen. Art. 11 Abs. 2 S. 2 der EG-Richtlinie[11] ermöglichte die Schaffung dieser Norm, weil danach der nationale Gesetzgeber bestimmen konnte, inwieweit und unter welchen Bedingungen der Einwendungsdurchgriff geltend gemacht werden kann[12]. Die Norm

6 *Bülow*, § 9 VerbrKrG, RdNr. 63. Der Verbraucher kauft bei einem Verkäufer z.B. einen Fernseher, eine Stereoanlage und einen Videorecorder (= 3 Kaufverträge).

7 *Seibert*, § 9 VerbrKrG, RdNr. 13; MüKo-*Habersack*, § 9 VerbrKrG, RdNr. 97; Erman-*Klingsporn/Rebmann*, § 9 VerbrKrG, RdNr. 31. Der Gesetzgeber dachte vor allem an Kreditkartenkonten mit echtem Kreditcharakter, s. Begr. RegE, BT-DS 11/5462, S. 24 (= Anhang, S. 434). Ob der Kauf mittels Kreditkarte unter § 9 VerbrKrG fällt, kann hier nicht untersucht werden. S. dazu *Seibert*, DB 1991, 429, 431; *Metz*, NJW 1991, 2804, 2812 f.; *Koeppen*, FLF 1992, 86, 90 f. und die Kommentare zum VerbrKrG.

8 S. bereits oben § 2, S. 69.

9 Völlig zu Recht *Seibert*, § 9 VerbrKrG, RdNr. 13; *ders.*, DB 1991, 429, 431; MüKo-*Habersack*, § 9 VerbrKrG, RdNr. 97 und Erman-*Klingsporn/Rebmann*, § 9 VerbrKrG, RdNr. 31. A.A. *Schmelz/Klute*, ZIP 1989, 1509, 1513, Fn. 56 in ihrer Kritik zum gleichlautenden RegE.

10 Zutreffend *Emmerich*, in: Graf v. Westphalen/Emmerich/Kessler, § 9 VerbrKrG, RdNr. 84 und MüKo-*Habersack*, 9 VerbrKrG, RdNr. 97.

11 ABl. der EG Nr. L 42/51 vom 12.2.1987 (= Anhang, S. 414).

12 Zutreffend *Grimm*, Das neue Verbraucherkreditgesetz, S. 322.

beruht auf einer frühen Entscheidung des Bundesgerichtshofs vom 7.12.1955[13]. In diesem Fall lag ein Rücktritt des Käufers/Kreditnehmers vom Kaufvertrag auf Grund einer freien Vereinbarung mit dem Verkäufer und ohne Zustimmung des Kreditgebers vor, nachdem der Kreditgeber die Valuta an den Verkäufer ausgezahlt hatte und der Verkäufer die finanzierte Sache infolge des zwischenzeitlich eingetretenen Konkurses nicht mehr liefern konnte. Der Bundesgerichtshof verneinte den Einwendungsdurchgriff zugunsten des Käufers/Kreditnehmers und betonte, daß der nachträglich vereinbarte Rücktritt vom Kaufvertrag keine Rechtswirkungen gegenüber dem Kreditgeber entfalte[14]. Bereits im nicht realisierten Regierungsentwurf eines Gesetzes über finanzierte Rechtsgeschäfte und über Maklerverträge vom 11.5.1979 fand sich unter § 607 a Abs. 1 S. 2 BGB eine gleichlautende Regelung[15].

Verhindert werden soll damit, daß der Verbraucher nachträgliche Einwendungen gegenüber dem Kreditgeber geltend macht, mit denen dieser im Zeitpunkt des Abschlusses des Kreditvertrags nicht zu rechnen brauchte[16]. Zwar würde eine derartige nachträgliche Vertragsänderung nicht einem unzulässigen Vertrag zu Lasten Dritter gleichkommen[17]. Denn die Parteien des Kaufvertrages würden dadurch keine Verpflichtung des Kreditgebers begründen. Jedenfalls würden sie aber die bereits bestehende Rechtslage verschärfen, so daß die Zubilligung des Einwendungsdurchgriffs in solchen Fällen eine den Kreditgeber belastende Reflexwirkung und Risikoerhöhung darstellen würde, ohne daß berechtigte Interessen des Kaufvertragsparteien diese rechtfertigen könnten[18]. Entscheidend ist dabei der Zeitpunkt des Abschlusses des Kreditvertrages, nicht der Zeitpunkt der Auszahlung der Valuta oder gar des Kaufvertragsabschlusses[19]. Gedacht werden kann z.B. an den Fall einer nachträglichen Eigenschaftszusicherung i.S.v. § 459 Abs. 2 BGB durch den Verkäufer, die dann tatsächlich einen Gewährleistungsanspruch auslöst und damit eigentlich eine Einwendung schaffen würde[20]. Oder an den Fall, in dem sich der

---

13 BGH WM 1956, 126 f. = MDR 1956, 597 f.

14 S. auch LG Freiburg MDR 1973, 495, das genauso entschied. Ganz anders war es dagegen bei BGH WM 1975, 1298 f. Dort trat der Käufer/Kreditnehmer gemäß § 326 BGB, also auf Grund seiner gesetzlichen Rechte vom Kaufvertrag zurück, so daß ihm der Einwendungsdurchgriff gewährt werden mußte.

15 BT-DS 8/3212, S. 4 (= Anhang, S. 417).

16 Begr. RegE, BT-DS 11/5462, S. 24 (= Anhang, S. 434) unter namentlicher Zitierung der o.g. BGH-Entscheidung. Kritisch zu diesem Ausschlußgrund *Grimm*, Das neue Verbraucherkreditgesetz, S. 478 f.

17 So aber *Seibert*, § 9 VerbrKrG, RdNr. 13 und *Scholz*, Verbraucherkreditverträge, RdNr. 369 (S. 175).

18 Zutreffend MüKo-*Habersack*, § 9 VerbrKrG, RdNr. 98.

19 *Bülow*, § 9 VerbrKrG, RdNr. 64.

20 *Bülow*, § 9 VerbrKrG, RdNr. 64. Wohl zu eng insofern *Emmerich*, in: Graf v. Westphalen/Emmerich/Kessler, § 9 VerbrKrG, RdNr. 85 und Palandt-*Putzo*, § 9 VerbrKrG, RdNr. 11, nach denen es sich stets um eine echte Vertragsänderung i.S.v. § 305 BGB handeln müsse.

Verkäufer und der Verbraucher nach Abschluß des Kreditvertrages über eine Stundung des Kaufpreises[21] oder eine Verlängerung der Verjährungsfrist gemäß § 477 Abs. 1 S. 2 BGB einigen[22]. Auch die nachträgliche, zwischen Verbraucher und Verkäufer vereinbarte Kaufpreisreduzierung fällt unter die Ausschlußnorm, so daß der Verbraucher an den Kreditgeber den vollen Kredit zurückzahlen muß und nur vom Verkäufer Rückzahlung der Kaufpreisdifferenz verlangen kann[23].

Dagegen fällt eine Vereinbarung über den Vollzug der Wandelung, der Minderung oder über die Vergütung nicht unter § 9 Abs. 3 S. 2 2. Alt. VerbrKrG[24]. Dies muß für sämtliche Vereinbarungen gelten, mit denen der Verkäufer die berechtigten Ansprüche des Verbrauchers aus dem gestörten Kaufvertrag anerkennt, also z.B. auch für Schadensersatzansprüche[25]. Gemeinsam ist diesen Fällen, daß diese Einwendungen ihre Grundlage in dem ursprünglich geschlossenen Kaufvertrag haben und der Verbraucher beim tatsächlichen Vorliegen der §§ 459 ff. BGB einen gesetzlichen Anspruch auf Begründung des Rückgewährschuldverhältnisses o.ä. hat, der Kreditgeber mithin von vornherein mit diesen Einwendungen rechnen mußte. Auf Grund des Normzwecks, den Kreditgeber vor nachträglichen Einwendungen zu bewahren, mit denen er bei Abschluß des Kreditvertrages nicht zu rechnen hatte, ist § 9 Abs. 3 S. 2 2. Alt. VerbrKrG auch nicht auf den Fall anwendbar, in dem der Kreditgeber mit der nachträglichen Vertragsänderung einverstanden ist. Das gilt aber nicht für die Abgabe eines Anerkenntnisses durch den Verkäufer im Hinblick auf die Gewährleistungsrechte, d.h. dieses fällt wiederum unter den Begriff der nachträglichen Vertragsänderung[26]. Hier ist der Kreditgeber bezüglich des Anerkenntnisses nur insoweit gebunden, als wirklich Gewährleistungsrechte bestehen. Der Verbraucher trägt die Beweislast[27].

---

21 *Langbein u.a.*, Das Verbraucherkreditgesetz, RdNr. 561; *Kohls*, Bankrecht, S. 40.

22 MüKo-*Habersack*, § 9 VerbrKrG, RdNr. 91, 98. Eine vorherige Vereinbarung über die Dauer der Verjährungsfrist ist dagegen nach dem Akzessorietätsprinzip auch für den Kreditgeber verbindlich, s. *Habersack*, aaO.

23 *Bülow*, § 9 VerbrKrG, RdNr. 64; *Langbein u.a.*, Das Verbraucherkreditgesetz, RdNr. 561.

24 Begr. RegE, BT-DS 11/5462, S. 24 (= Anhang, S. 434) ausdrücklich. Deshalb auch in der Literatur unstrittig, s. nur MüKo-*Habersack*, § 9 VerbrKrG, RdNr. 98. Dabei meinte der Gesetzgeber mit Vereinbarung über die Vergütung nicht die nachträgliche Kaufpreisreduzierung, sondern allein den Fall, daß überhaupt noch keine Vergütungsabrede getroffen wurde.

25 *Seibert*, § 9 VerbrKrG, RdNr. 13 und *Emmerich*, in: Graf v. Westphalen/Emmerich/Kessler, § 9 VerbrKrG, RdNr. 85.

26 Zutreffend *Bülow*, § 9 VerbrKrG, RdNr. 64.

27 *Bülow*, aaO.

C. Die partielle Subsidiarität bei Nachbesserung/Ersatzlieferung gemäß § 9 Abs. 3 S. 3 VerbrKrG

I. Grundsätzliches

Eine weitere Ausnahme für die sofortige Geltendmachung des Einwendungsdurchgriffs hat der Gesetzgeber mit § 9 Abs. 3 S. 3 VerbrKrG geschaffen. Danach kann der Verbraucher die Rückzahlung des Kredits im Falle eines Mangels erst verweigern, wenn Nachbesserung bzw. Ersatzlieferung, die er auf Grund vertraglicher oder gesetzlicher Bestimmungen verlangt, fehlgeschlagen sind. Hier wird das Prinzip der Unmittelbarkeit des Einwendungsdurchgriffs[28] für eine bestimmte Zeit durchbrochen. Diese Ausnahme ist also im Unterschied zu den eben dargestellten Fällen des § 9 Abs. 3 S. 2 VerbrKrG keine dauerhafte, sondern nur eine vorübergehende.

Seinen Anwendungsbereich hat die Ausnahmevorschrift in erster Linie nur bei den verbundenen Geschäften gemäß § 9 Abs. 1 VerbrKrG, nämlich bei Kauf- und Werklieferungsverträgen gemäß §§ 433, 651 Abs. 1 BGB[29]. Dies ergibt sich daraus, daß die Lieferung einer (mangelhaften) Sache vom Wortlaut der Norm vorausgesetzt wird. Für die verbundenen Geschäfte gemäß § 9 Abs. 4 VerbrKrG gilt die Ausnahme jedenfalls in dem Fall, in dem Vertragsgegenstand die Lieferung einer Sache Haupt- oder Nebenleistungspflicht ist und der Verbraucher dort ein vertragliches bzw. gesetzliches Nachbesserungs-/Ersatzlieferungsrecht hat, wie etwa bei § 633 Abs. 2 BGB[30]. Aber auch bei Werkverträgen, denen keine Lieferung einer Sache zugrunde liegt, kommt wegen des gesetzlichen Nachbesserungsrechts gemäß § 633 Abs. 2 BGB die Ausnahmevorschrift zur Anwendung[31]. Denn es geht bei § 9 Abs. 4 VerbrKrG nur um eine entsprechende Anwendung des § 9 Abs. 3 S. 3 VerbrKrG, so daß die Lieferung einer mangelhaften Sache keine tatbestandliche Voraussetzung sein muß, sondern allein, daß der Verbraucher bei Vorliegen einer mangelhaften Leistung auf Grund vertraglicher oder gesetzlicher Bestimmungen Nachbesserung oder Ersatzlieferung verlangt.

---

28 S.o. § 5, S. 125.

29 *Emmerich*, in: Graf v. Westphalen/Emmerich/Kessler, § 9 VerbrKrG, RdNr. 89.

30 *Emmerich*, aaO.

31 Zutreffend MüKo-*Habersack*, § 9 VerbrKrG, RdNr. 142 und wohl auch *Ott*, in: Bruchner/Ott/Wagner-Wieduwilt, § 9 VerbrKrG, RdNr. 145.
A.A. Palandt-*Putzo*, § 9 VerbrKrG, RdNr. 13 und *Compensis/Reiserer*, BB 1991, 2457, 2462, die die Ausnahmevorschrift für die verbundenen Geschäfte gemäß § 9 Abs. 4 VerbrKrG mangels Lieferung einer mangelhaften Sache generell ausschließen wollen.

II. Zweck der Regelung und Rückblick auf die bisherige Rechtsprechung des Bundesgerichtshofs

Seinen Geltungsgrund hat diese Ausnahmevorschrift darin, daß das bisher von der Rechtsprechung[32] und einem Teil der Literatur zur alten Rechtslage[33] vertretene Subsidiaritätsprinzip nicht vollständig im neuen Gesetz aufgegeben, sondern mit der jetzt geltenden Einschränkung beibehalten werden sollte. Danach kam der Einwendungsdurchgriff gegenüber dem Rückzahlungsverlangen des Kreditgebers dann nicht in Betracht, wenn eine Inanspruchnahme des Verkäufers möglich und dem Käufer/Kreditnehmer auch zumutbar war. Inhaltlich lief das Subsidiaritätsprinzip damit auf eine Einrede der Vorausklage entsprechend § 771 BGB hinaus[34]. Begründet wurde das Subsidiaritätsprinzip in der maßgeblichen Entscheidung des Bundesgerichtshofs vom 18.1.1973 damit, daß der Einwendungsdurchgriff mangels ausdrücklicher gesetzlicher Regelung selbst nur eine Ausprägung von Treu und Glauben gemäß § 242 BGB sei und somit in jedem Einzelfall geprüft werden müsse, ob der Käufer die Durchsetzung der Darlehensforderung durch den Kreditgeber mit dem Einwand der unzulässigen Rechtsausübung begegnen könne[35]. Die Vorschrift des § 242 BGB enthalte keine allgemeine Billigkeitsklausel, sondern diene der Vermeidung rechtsethisch untragbarer Ergebnisse. Von einer Rechtlos- bzw. (erheblichen) Schlechterstellung des Käufers im Vergleich zum normalen Abzahlungskäufer könne eben nur dann gesprochen werden, wenn die Realisierung der Rechte des Käufers durch den Verkäufer unmöglich sei, weil jener in Konkurs gefallen oder aus anderen Gründen für den Käufer tatsächlich leistungsunfähig geworden sei. Von der Literatur wurde diese Überlegung des Bundesgerichtshofs noch durch das Argument verstärkt, daß es unbillig sei, den Kreditgeber in den "dilatorischen Kleinkrieg" zwischen Käufer und Verkäufer hineinzuziehen[36]. Denn dieser werde nur zum Zweck der Finanzierung

---

32 Erstmals erwähnt von BGH WM 1962, 574, 575, dort aber wegen des Konkurses des Verkäufers jedenfalls erfüllt und deshalb noch offengelassen; dann aber seit BGH WM 1973, 233, 235 wirkliche Einschränkung des Einwendungsdurchgriffs. Bei BGH WM 1956, 1542 ff. galt das Subsidiaritätsprinzip dagegen noch nicht. Dort hatte der Verkäufer die gesetzlichen Gewährleistungsrechte ausgeschlossen und lediglich seine Nachbesserungspflichten nicht ordnungsgemäß erfüllt. Trotz Wiederauflebens der gesetzlichen Gewährleistungsrechte wurde dem Käufer/Kreditnehmer schon deswegen der Einwendungsdurchgriff gewährt.

33 Z.B. *Esser*, in: FS für Kern, S. 87, 115; *Hörter*, Der finanzierte Abzahlungskauf, S. 246; *Müller-Laube*, Teilzahlungskredit, S. 199; *Koller*, Risikozurechnung, S. 357; *Canaris*, Bankvertragsrecht, RdNr. 1420 a.E., 1422, 1430, 1436, 1442; *Knauth*, Die Bank 1980, 480, 483; *ders.*, Die Bank 1982, 31, 33; *H. Weber*, ZRP 1982, 305, 308, 311; *Horn*, FLF 1985, 90, 100; *Hopt/Mülbert*, Kreditrecht, Vorb. zu §§ 607 ff. BGB, RdNr. 488 ff. und Soergel-*Hönn*, Anhang zu § 6 AbzG, RdNr. 44, 62, 65 ff.

34 Zutreffend *Gundlach*, Konsumentenkredit, S. 235 und *Denck*, MDR 1980, 709, 710.

35 BGH WM 1973, 233, 235.

36 S. insbes. *Canaris*, Bankvertragsrecht, RdNr. 1422. Der Begriff "dilatorischer Kleinkrieg" geht auf *Esser*, in: FS für Kern, S. 87, 115 zurück.

eingeschaltet und wolle und dürfe seiner Stellung gemäß nicht mit den häufigen Querelen um die Qualität der Kaufsache, um Möglichkeit und Vornahme der Nachbesserung usw. behelligt werden.

Dieser Standpunkt des Bundesgerichtshofs wurde schon immer von einem großen Teil der Literatur angegriffen, insbesondere deshalb, weil gerade das Zurückbehaltungsrecht ein für den Käufer wichtiges Druckmittel darstelle, ein Recht, das er in seiner Rolle als normaler Abzahlungskäufer gegenüber dem Verkäufer habe, jetzt aber bei der Finanzierung des Kaufpreises durch den Kreditgeber verlöre[37]. Insofern passe das Subsidiaritätsprinzip nicht in das Dogma vom Verbot der Schlechterstellung hinein. Darüber hinaus reiche meistens der Zeitraum bis zur endgültigen Feststellung der Leistungsunfähigkeit des Verkäufers aus, man denke an vorprozessuales Geplänkel, der Gang durch die Instanzen und die anschließend fruchtlos verlaufende Zwangsvollstreckung, um den Kredit vollständig zurückzahlen zu können, der dann gegebene Einwendungsdurchgriff dem Käufer eigentlich aber nichts mehr nütze, und der Kreditgeber letztendlich von jeder (Mit-) Haftung freigestellt werde[38]. Vorgeschlagen wurde deshalb meistens ein gegenüber dem Kreditgeber sofort wirkendes, aber nur vorläufiges Leistungsverweigerungsrecht[39]. Dennoch hatte sich diese Meinung nicht durchzusetzen vermocht.

In der Rechtsprechung des Bundesgerichtshofs spielte bei der Unmöglichkeit der Durchsetzung Ansprüche des Käufers/Kreditnehmers am häufigsten der Konkurs des Verkäufers[40] bzw. der sonstige wirtschaftliche Zusammenbruch und die Einstellung des Geschäftsbetriebs wegen Vermögenslosigkeit[41], daneben seine mehrjährige Freiheitsstra-

---

37 *Larenz*, in: FS für Michaelis, S. 193, 210; *Gernhuber*, in: FS für Larenz 1973, S. 455, 484 ff.; *Vollkommer*, ebenda, S. 703, 713 ff.; *Gilles*, JZ 1975, 305, 312; RGRK-*Kessler*, Anhang nach § 455 BGB, § 6 AbzG, RdNr. 25; *Marschall v. Bieberstein*, Gutachten, S. 200 f.; *ders.*, Der finanzierte Abzahlungskauf, S. 27 f.; *Gundlach*, Konsumentenkredit, S. 230 ff.; *Denck*, MDR 1980, 709 ff.; *v. Reinersdorff*, Einwendungsdurchgriff, S. 101 f.; *Logothetis*, in: Chiotellis/Fikentscher, S. 209, 230; MüKo-*H.P.Westermann*, § 6 AbzG, RdNr. 55, 72; *Reinicke/Tiedtke*, Kaufrecht (4. Aufl.), S. 399 f.; *Gernhuber*, Das Schuldverhältnis, § 31 IV 3 a, 4 (S. 736 und S. 738 f.) und zuletzt *Abeltshauser*, ZIP 1990, 693, 700.

38 *Gundlach*, Konsumentenkredit, S. 235. Ob und inwieweit dem Käufer dann ein sog. Rückforderungsdurchgriff gegen den Kreditgeber zustand, war ebenfalls sehr umstritten, s. dazu § 7, S. 206 ff.

39 Z.B. *Larenz*, in: FS für Michaelis, S. 193, 210.

40 BGH WM 1958, 562; BGH WM 1962, 574; BGH WM 1967, 448; BGH WM 1970, 219; BGH WM 1972, 442; BGH WM 1973, 675; BGH WM 1975, 1298; BGH WM 1979, 299 (fin. Organisationsleitervertrag); BGH WM 1979, 1180, 1181; BGH WM 1980, 620, 623 (fin. Organisationsleitervertrag); BGH WM 1982, 658; BGH WM 1983, 212; BGH WM 1984, 986 und BGH WM 1986, 1054 (jeweils finanzierter Werkvertrag über die Errichtung eines Fertighauses).

41 BGH WM 1960, 1351; BGH WM 1960, 1381, 1382; BGH WM 1962, 761; BGH WM 1963, 912; BGH WM 1963, 1276, 1277; BGH WM 1967, 446; BGH WM 1971, 1265; BGH WM 1971, 1297; BGH WM 1980, 80, 81 und BGH WM 1987, 401 (finanzierter Kauf eines Privatschulbetriebs).

fe[42], die Flucht der Geschäftsführer mit allen verfügbaren Geldern ins Ausland[43] oder sein sonstiges Verschwinden[44] eine Rolle. Begleitende Strafanzeigen und Strafverfahren gegen den Verkäufer bzw. gegen die auf Verkäuferseite handelnden Personen, insbesondere wegen Betrugs und Urkundenfälschung, waren keine Seltenheit[45]. Die Feststellung, daß sich viele schwarze Schafe auf der Verkäuferseite die Vorteile des finanzierten Abzahlungskaufs zunutze machten, dürfte jedenfalls keine Übertreibung sein[46].

Das Merkmal der Unzumutbarkeit kam erst später als Korrektiv hinzu. Erstmals erwähnt in der "1. Waschsalonentscheidung" vom 9.2.1978[47] wurde die Unzumutbarkeit der vorherigen Inanspruchnahme des Verkäufers und damit der sofortige Einwendungsdurchgriff entscheidungserheblich nur *zweimal* und nur in ganz extrem gelagerten Fällen bejaht[48]. In der ersten Entscheidung vom 18.1.1979 hatte der Käufer/Kreditnehmer gegen den Verkäufer bereits Klage erhoben und mit diesem nach 18 Monaten in der Berufungsinstanz einen Prozeßvergleich über den Gewährleistungsanspruch geschlossen[49]. Der Verkäufer weigerte sich daraufhin, diesen Vergleich zu erfüllen. Der Bundesgerichtshof wollte es dem Käufer/Kreditnehmer nun nicht mehr zumuten, den mehr oder weniger langwierigen Versuch, die Rechte aus dem (nicht vollstreckbaren) Vergleich aktualisieren und für diese ganze Zeit den Kredit weiterbedienen zu müssen. Insofern lag

---

42 BGH WM 1987, 401 (finanzierter Kauf eines Privatschulberiebs).

43 BGH WM 1979, 299 (finanzierter Organisationsleitervertrag). S. auch den Sachverhalt bei LG Augsburg NJW 1972, 637, 638 (finanzierter Dienstvertrag über eine Schlankheitskur): "Nachdem die Firma S. eine zeitlang ihre Geschäfte in der Bundesrepublik betrieben und durch Vorfinanzierung beträchtliche Einnahmen erzielt hatten, flüchteten die Geschäftsführer im Juni 1970 unter Mitnahme eines Millionenbetrages ins Ausland."

44 BGH WM 1967, 455, 456. S. auch OLG Stuttgart WM 1977, 1294: "Von M., der aus der Untersuchungshaft ausgebrochen und seither unauffindbar ist, sei kein Ersatz zu erlangen."

45 BGH WM 1960, 1351; BGH WM 1962, 761; BGH WM 1972, 442; BGH WM 1978, 1154; BGH WM 1980, 80, 83; BGH WM 1987, 401 (finanzierter Kauf eines Privatschulbetriebs; dort mehrjährige Freiheitsstrafe gegen den Verkäufer wegen Betrugs und Anklage gegen den für den Kreditgeber handelnden Leiter der Kreditabteilung wegen Untreue). S. auch OLG Stuttgart NJW 1977, 1926 (= WM 1977, 1338, dort aber insoweit nicht abgedruckt): "Gegen die Geschäftsführer der Firma *H* läuft ein Ermittlungsverfahren wegen Wirtschaftsvergehens."

46 Dazu bis heute instruktiv *Bender*, NJW 1980, 1129, 1135.

47 BGH WM 1978, 459, 461. Hier mußte in der Tat das Zumutbarkeitskriterium entwickelt werden: Der Verkäufer, eine Kommanditgesellschaft, war inzwischen aufgelöst worden, so daß Gewährleistungsansprüche gegen diese nicht mehr durchsetzbar waren. Das Gericht hielt gleichwohl aber Schadensersatzansprüche gegen den persönlich haftenden Gesellschafter oder den für die KG handelnden Prokuristen/Kommanditisten für möglich, die die Gewährleistungsansprüche gegen die aufgelöste KG kompensiert hätten. Deshalb wurde dem Berufungsgericht auferlegt zu prüfen, ob sich der Käufer/Kreditnehmer nicht bei diesen in zumutbarer Weise schadlos halten könnte. S. dazu auch die 2. Revisionsentscheidung BGH WM 1981, 869 f.

48 In diesem Sinne *Münstermann/Hannes*, Verbraucherkreditgesetz, RdNr. 529 und *Lwowski/Peters/Gößmann*, Verbraucherkreditgesetz, S. 207.

49 BGH WM 1979, 489, 491.

dieser Entscheidung ein ganz besonderer Einzelfall zugrunde[50]. In der Entscheidung vom 7.2.1980 war der Kaufvertrag wegen Sittenwidrigkeit nichtig, so daß der Bundesgerichtshof deshalb eine vorherige Inanspruchnahme des Verkäufers dem Käufer/Kreditnehmer für unzumutbar erklärte[51].

Entgegen einer weit verbreiteten Meinung[52] hatte der Bundesgerichtshof die Unzumutbarkeit für den Fall der Anfechtung des Kaufvertrages wegen arglistiger Täuschung nie ausdrücklich und entscheidungserheblich bejaht. Der Bundesgerichtshof erwähnte den sofortigen Einwendungsdurchgriff für den Fall der arglistigen Täuschung in der Entscheidung vom 7.2.1980[53] unter Hinweis auf eine der acht Entscheidungen vom 20.2.1967[54] lediglich in einem obiter dictum[55]. Dieser Hinweis ist aber falsch: Zwar war in der hingewiesenen Entscheidung vom 20.2.1967 in der Tat der Kaufvertrag wegen arglistiger Täuschung wirksam angefochten worden. Eine Inanspruchnahme des Verkäufers war dort bereits wegen seiner Unauffindbarkeit unmöglich, so daß das Subsidiaritätsprinzip schon deshalb erfüllt war und der Käufer/Kreditnehmer den sofortigen Einwendungsdurchgriff erheben konnte[56]. Und noch viel weniger wurde die Unzumutbarkeit trotz einer mißverständlichen Äußerung des Bundesgerichtshofs in derselben Entscheidung vom 7.2.1980[57] generell bei Nichtigkeit des Kaufvertrages bejaht[58].

---

50 So völlig zu Recht *Denck*, MDR 1980, 709, 711; *Dittmers*, NJW 1980, 177 und *Larenz*, SchuldR II, § 63 I a (S. 444), auch wenn es nach dem Leitsatz dieser Entscheidung in der WM so erschien, als daß der BGH seine bisherigen Grundsätze aufgegeben habe. Dort hieß es wörtlich: "Beim finanzierten Abzahlungskauf darf sich der Käufer/Darlehensnehmer gegenüber dem Darlehensrückzahlungsbegehren auf Einwendungen aus dem Kaufvertrag berufen, wenn sich der Verkäufer weigert, die Gewährleistungs- oder sonstigen Ansprüche des Käufers zu erfüllen und aus diesem Grund für den Käufer eine Inanspruchnahme des Verkäufers unzumutbar ist."

51 BGH WM 1980, 327, 329.

52 Z.B. Soergel-*Hönn*, Anhang zu § 6 AbzG, RdNr. 56 und 59 für die alte Rechtslage; *Reinking/Nießen*, ZIP 1991, 79, 84 im Rückblick nach Inkrafttreten des VerbrKrG.

53 WM 1980, 327, 329.

54 BGH WM 1967, 455 ff.

55 Ebenso BGH WM 1985, 1307, 1308.

56 BGH WM 1967, 455, 458.

57 BGH WM 1980, 327, 329 (Hervorhebungen vom Verfasser): "Die vorrangige Inanspruchnahme des Verkäufers dient einem angemessenen Interessenausgleich, wenn der Käufer/Darlehensnehmer auf der Grundlage eines bestehenden Vertrags in zumutbarer Weise Ansprüche auf Vertragserfüllung, Gewährleistungsrechte oder Schadensersatzansprüche gegen den Verkäufer verwirklichen kann (vgl. das Senatsurteil vom 18. Januar 1973 = WM 1973, 233). *Dieser Gedanke gilt nicht, wenn der mit dem Darlehensvertrag verbundene Kaufvertrag nichtig ist.*" Vgl. auch die unmittelbar folgende Entscheidung zum finanzierten Organsiationsleitervertrag BGH WM 1980, 620, 623 mit einer ähnlich mißverständlichen Formulierung (dort aber wegen Konkurses des Partners des fin. Geschäfts bereits Unmöglichkeit).

58 So vor allem *Eckard Wolf* (Richter am BGH), WM 1980, 998, 1003. *Wolf* wies an dieser Stelle auf die mißverständliche Formulierung des BGH WM 1980, 327, 329, die Unzumutbarkeit sei bei *der Nichtigkeit des Kaufvertrages* (jeder ?) zu bejahen, unterstellte aber richtigerweise auch, daß die Einschränkung der Subsidiarität nur für den Fall der Sittenwidrigkeit des Kaufvertrages zu gelten hatte, so wie es dort entschieden wurde.

Damit kann festgestellt werden, daß die Rechtsprechung bis zuletzt an dem Subsidiaritätsprinzip festhielt[59], auch wenn sie es durch das flexiblere Merkmal der Unzumutbarkeit der Inanspruchnahme des Verkäufers geringfügig abgeschwächt hatte[60]. Von einer Aufweichung des Subsidiaritätsprinzips[61], einer fortschreitenden Lockerung so sehr, daß zuletzt fraglich gewesen war, ob überhaupt noch an der Subsidiarität festgehalten wurde[62], oder gar einer de-facto-Verabschiedung[63] kann bei einer genauen Analyse der Urteile des Bundesgerichtshofs überhaupt nicht die Rede sein[64].

Im Vordergrund der jetzigen Regelung in § 9 Abs. 3 S. 3 VerbrKrG steht der Gesichtspunkt, daß der Verbraucher die Raten an den Kreditgeber solange zu zahlen und damit das Verwendungsrisiko der Valuta zu tragen hat, als er selbst noch am Vertrag festhält, und ihm somit bis zum Zeitpunkt des Fehlschlagens der Nachbesserung die weitere Bedienung des Kredits zumutbar bleibt[65]. Daneben spielt auch der vom Gesetzgeber zwar nicht offen ausgesprochene, von Bankenseite aber immer wieder betonte Umstand der Mißbrauchsgefahr eine Rolle, bei plötzlich eintretender Illiquidität einfach Mängel zu behaupten, deren Existenz der Kreditgeber überhaupt nicht beurteilen könne, um so die weitere Rückzahlung einstellen zu können[66]. Dabei wird das Subsidiaritätsprinzip auf die Hauptfälle der mangelhaften Lieferung einer Sache zurückgedrängt[67], gilt aber nicht in sonstigen Fällen wie z.B. bei der Nichtigkeit oder Anfechtbarkeit des Kaufvertrages. Hier

---

59 Das belegen die Urteile BGH WM 1984, 635; BGH WM 1984, 986, 988 (jeweils finanzierter Werkvertrag über die Errichtung eines Fertighauses); BGH WM 1985, 1307, 1308; BGH WM 1986, 1054, 1055 (finanzierter Werkvertrag über die Errichtung eines Fertighauses); BGH WM 1987, 401, 402 (finanzierter Kauf eines Privatschulbetriebs) sowie die Äußerungen von *Halstenberg* (Richter am BGH), WM-Sonderbeilage 4/1988, S. 14.
Bedenklich weit ging dagegen das LG Mönchengladbach NJW-RR 1992, 945 f. (Altfall). Das Gericht bejahte dort möglicherweise unter dem Eindruck des Verbraucherkeditgesetzes die Unzumutbarkeit der gerichtlichen Inanspruchnahme des Verkäufers schon deshalb, weil der Käufer/ Kreditnehmer die Mängel unmittelbar gerügt hatte, ein Nachbesserungsversuch des Verkäufers fehlschlug und jener anschließend die Erfüllung der Gewährleistungsrechte verweigerte. Diese Entscheidung ist mit den dargestellten zwei Ausnahmentscheidungen des Bundesgerichtshofs nicht in Einklang zu bringen.

60 Zutreffend Erman-*Klingsporn/Rebmann*, § 9 VerbrKrG, RdNr. 33.

61 So *Seibert*, § 9 VerbrKrG, RdNr. 8.

62 So *Emmerich*, in: Graf v. Westphalen/Emmerich/Kessler, § 9 VerbrKrG, RdNr. 76.

63 So zur alten Rechtslage noch *Scholz*, MDR 1980, 184, 186 und MDR 1988, 730, 734; ähnlich auch *Reich*, JZ 1980, 329, 336.

64 Zutreffend jetzt *Scholz*, MDR 1989, 1054, 1056; *ders.*, in: Hadding/Hopt, Verbraucherkreditrecht, AGB-Gesetz und Kreditwirtschft, S. 63, 65 f.; *ders.*, FLF 1991, 47 f.; *ders.*, Verbraucherkreditverträge, RdNr. 365 (S. 174); *M. Wolf*, in: FS für Heinsius, S. 967, 969, 977; *Dauner-Lieb*, WM-Sonderbeilage 6/1991, S. 5 (mit Fn. 20); *Grimm*, Das neue Verbraucherkreditgesetz, S. 317 f. und *Melsheimer*, Verbraucherschutz, S. 190.

65 So die Begr. RegE, BT-DS 11/5462, S. 24 (= Anhang, S. 434).

66 *Wagner-Wieduwilt*, Die Bank 1988, 685, 688; *Scholz*, MDR 1989, 1054, 1056; *ders.*, Verbraucherkreditverträge, RdNr. 370 (S. 176) und *Münstermann/Hannes*, Verbraucherkreditgesetz, RdNr. 532.

67 Begr. RegE, BT-DS 11/5462, S. 23 (= Anhang, S. 434).

kann der Verbraucher sofort seine Rechte gegen den Verkäufer und damit den Einwendungsdurchgriff gemäß § 9 Abs. 3 S. 1 VerbrKrG geltend machen. Insofern stimmt es nicht, daß das Gesetz überhaupt keine Verbesserung darstelle, weil der weitgehende Verzicht auf die Subsidiarität bereits geltendes Recht sei[68]. Die Unzumutbarkeit der vorherigen Inanspruchnahme des Verkäufers und damit der Verzicht auf das Subsidiaritätsprinzip wurde vom Bundesgerichtshof ausdrücklich und entscheidungserheblich nur im Fall der Sittenwidrigkeit des Kaufvertrages bejaht[69], nicht aber allgemein bei allen Nichtigkeitsgründen und insbesondere auch nicht bei der Anfechtung des Kaufvertrages wegen arglistiger Täuschung. Deshalb kann berechtigterweise von einem Zurückdrängen des Subsidiaritätsprinzips und damit von einer erheblichen Verbesserung der Rechtsstellung des Verbrauchers gegenüber der bisherigen Rechtsprechung gesprochen werden[70]. Insgesamt kann man die gesetzliche Regelung in § 9 Abs. 3 S. 3 VerbKrG wegen ihrer im Vergleich zur alten Rechtslage eingeschränkten Regelungsweite als *partielle Subsidiarität* bezeichnen[71].

III. Unproblematische Fallgruppen

Eindeutig ist die Sachlage, wenn sich der Verkäufer das Recht zur Nachbesserung bzw. Ersatzlieferung - wie häufig der Fall - vorbehalten und Wandelung oder Minderung nach Maßgabe des § 11 Nr. 10 lit. b AGBG vorläufig ausgeschlossen hat. Dann bleibt dem Verbraucher nichts anderes übrig, als beim Verkäufer Nachbesserung bzw. Ersatzlieferung zu verlangen und bis zum Fehlschlagen dieser Rechte den Kredit weiter zu tilgen[72]. Von einer Ersatzlieferung im Sinne der Vorschrift kann nur gesprochen werden, wenn überhaupt die geschuldete Kaufsache betroffen ist. Hat der Verkäufer ein aliud geliefert, und verlangt der Verbraucher Vertragserfüllung, hat er die Einrede des nichterfüllten Vertrages gemäß § 320 Abs. 1 S. 1 BGB, die er dem Kreditgeber von Anfang an als dilatorische Einrede entgegenhalten kann[73].

Die Klärung des Begriffs "Fehlschlagen" hat sich beim vertraglichen Vorbehalt an den bisherigen Erkenntnissen zu § 11 Nr. 10 lit. b AGBG und beim gesetzlichen Nachbesserungs- bzw. Ersatzlieferungsrecht an der gesetzlichen Regelung der §§ 480, 633 BGB zu

---

68 So aber *Schmelz/Klute*, ZIP 1989, 1509, 1514 in ihrer Kritik zum RegE.
69 BGH WM 1980, 327, 329.
70 Enthusiastisch *Reinking/Bexen*, DAR 1990, 289, 292 ("Die Regelung erscheint auf den ersten Blick sensationell, ...").
71 *Seibert*, § 9 VerbrKrG, RdNr. 14.
72 *Dauner-Lieb*, WM-Sonderbeilage 6/1991, S. 28.
73 Zutreffend *Bülow*, § 9 VerbrKrG, RdNr. 68 und bereits oben § 5, S. 133 f.

orientieren und gibt durch das Verbraucherkreditgesetz keine neuen Probleme auf[74]. Darunter fällt die Unmöglichkeit der Nachbesserung bzw. Ersatzlieferung, die ernsthafte und endgültige Verweigerung durch den Verkäufer und die dem Verbraucher unzumutbare Verzögerung[75]. Fehlgeschlagen, und das ist für die Rückabwicklung von besonderer Bedeutung, ist die Nachbesserung/Ersatzlieferung jedenfalls auch dann, wenn sie nicht durchgeführt werden kann, weil der Verkäufer in Konkurs gefallen ist[76] oder seinen Geschäftsbetrieb eingestellt hat[77]. Leading case für den finanzierten Abzahlungskauf ist die Entscheidung des Bundesgerichtshofs vom 5.4.1962[78]. Dort hatte der Verkäufer die gesetzlichen Gewährleistungsrechte unter Beschränkung auf kostenlose Instandsetzung beschränkt, konnte die Nachbesserung aber infolge Konkurses nicht mehr ausführen. Der Bundesgerichtshof gewährte dem Käufer/Kreditnehmer deshalb den Einwendungsdurchgriff gegenüber dem Kreditgeber.

Ist die Nachbesserung/Ersatzlieferung tatsächlich fehlgeschlagen, kann der Verbraucher von nun an und nicht etwa mit ex-tunc-Wirkung bezogen auf den Zeitpunkt des Nachbesserungsverlangens seine Gewährleistungsrechte dem Kreditgeber im Wege des Einwendungsdurchgriffs gemäß § 9 Abs. 3 S. 1 VerbrKrG entgegensetzen[79]. Ein Verzicht des Verbrauchers auf das Nachbesserungs- bzw. Ersatzlieferungsrecht oder ein Unterlassen der Geltendmachung gegenüber dem Verkäufer ist zwar möglich, im Verhältnis zum Kreditgeber aber unbeachtlich und führt nicht zum Einwendungsdurchgriff gemäß § 9

---

74 Allg. Meinung, s. MüKo-*Habersack*, § 9 VerbrKrG, RdNr. 102 f., der richtigerweise nach vertraglichem und gesetzlichem Vorbehalt differenziert, während z.B. die Begr. RegE, BT-DS 11/5462, S. 24 (= Anhang, S. 434) und *Seibert*, § 9 VerbrKrG, RdNr. 14 pauschal auf § 11 Nr. 10 lit. b AGBG verweisen. Nur *Bender*, VuR 1991, 197, 205, ist der Ansicht, daß mit § 9 Abs. 3 S. 3 VerbrKrG neue Probleme auftauchen. Er wirft an dieser Stelle dem Gesetzgeber die Übernahme von bisher unklaren Regelungen vor und zweifelt, ob das Fehlschlagen des Nachbesserungsversuchs i.S.v. § 9 Abs. 3 S. 3 VerbrKrG nach dem ersten, zweiten oder dritten Mal zu bejahen ist. Ähnlich auch *Reinking/Nießen*, ZIP 1991, 79, 85 ("künftig manche Auseinandersetzung").

75 Nachweise bei *Hensen*, in: Ulmer/Brandner/Hensen, § 11 Nr. 10 b AGBG, RdNr. 36 ff. Die bereits erwähnte Entscheidung des LG Mönchengladbach NJW-RR 1992, 945 f. (Altfall) ist allein nach der neuen Rechtslage haltbar, weil die dortige ernsthafte Erfüllungsverweigerung des Verkäufers unter den Begriff "Fehlschlagen" hätte fallen und deshalb der Verbraucher die weitere Ratenzahlung hätte einstellen können.

76 *Reinicke/Tiedtke*, Kaufrecht, S. 459 unter Hinweis auf BGH NJW 1981, 1501 (= WM 1981, 558) und BGHZ 93, 29, 62 (= WM 1985, 127, 135).

77 *Münstermann/Hannes*, Verbraucherkreditgesetz, RdNr. 534.

78 BGH WM 1962, 574 f.

79 *Bülow*, § 9 VerbrKrG, RdNr. 67 und *Emmerich*, in: Graf v. Westphalen/Emmerich/Kessler, § 9 VerbrKrG, RdNr. 88. Ob dem Verbraucher ein Rückforderungsdurchgriff gegen die Bank zusteht, gerade auch bezüglich der während der Nachbesserungsversuche gezahlten Raten, ist bereits eine Frage der Rechtsfolgen des Einwendungsdurchgriffs und wird unten untersucht, s. § 7, S. 202 ff.

Abs. 3 S. 1 VerbrKrG[80]. Hat der Verkäufer seine Gewährleistungsrechte durch Individualvereinbarung auf Nachbesserung bzw. Ersatzlieferung beschränkt und auch für den Fall des Fehlschlagens dieser Rechte Wandelung und Minderung wirksam ausgeschlossen[81], wirkt dieser Ausschluß auch gegenüber dem Kreditgeber, so daß es beim Ausschluß des Einwendungsdurchgriffs bleibt und der Verbraucher den Kredit weiterbedienen muß[82]. In allen Fällen gilt, daß der Verbraucher dem Kreditgeber nur die Einwendungen aus dem Kaufvertrag entgegenhalten kann, die er auch tatsächlich hat bzw. ohne die Einschaltung des Kreditgebers im bilateralen Verhältnis gehabt hätte. Auch insofern besteht eine Akzessorietät zwischen bestehendem Gewährleistungsrecht gegenüber dem Verkäufer und Einwendungsdurchgriff gegenüber dem Kreditgeber[83]. Ebenso klar ist die Rechtslage, wenn der Verbraucher überhaupt keine vertraglichen oder gesetzlichen Nachbesserungs- bzw. Ersatzlieferungsrechte, sondern nur das Recht zur Wandelung oder Minderung hat. In diesem Fall steht ihm der Einwendungsdurchgriff sofort zu. Nach der neuen Rechtslage muß sich der Verbraucher auch nicht darauf einlassen, bei Konkurs des Verkäufers o.ä. die Nachbesserung/Ersatzlieferung von einem vom Kreditgeber bereitgestellten anderen Verkäufer durchführen zu lassen. Er kann ein solches Ansinnen ohne Risiko der Verlustes des Einwendungsdurchgriffs ablehnen[84]. Entscheidend ist hier, daß der Verbraucher nur mit dem ursprünglichen Verkäufer im Verlaß auf dessen Leistungsfähigkeit kontrahiert hat.

IV. Hauptproblem: Wahlrecht aus dem Kaufvertrag

1. *Ausgangspunkt*

Das Hauptproblem besteht bei dieser Vorschrift darin, ob den Verbraucher auch bei einem echten Wahlrecht eine Pflicht trifft, Nachbesserung bzw. Ersatzlieferung zu verlangen und damit den Kredit weiterbedienen zu müssen, oder ob er sich gleich auf die Wandelung/Minderung/allgemeine Mängeleinrede und damit den Einwendungsdurchgriff

---

80 *Bülow*, § 9 VerbrKrG, RdNr. 65a und *Kilimann*, DRsp-Beilage 6/1991, S. 9. Ebenso schon zur alten Rechtslage *Hopt/Mülbert*, Kreditrecht, Vorb. zu §§ 607 ff. BGB, RdNr. 495.

81 § 476 a BGB setzt diese Möglichkeit voraus, allerdings nur für die Individualvereinbarung unter Beachtung von §§ 138, 242 BGB; in Allgemeinen Geschäftsbedingungen ist dies bei neuen Sachen wegen § 11 Nr. 10 lit. b AGBG unmöglich.

82 *Münstermann/Hannes*, Verbraucherkreditgesetz, RdNr. 540.

83 Zutreffend *Bülow*, § 9 VerbrKrG, RdNr. 67.

84 MüKo-*H.P. Westermann*, § 6 AbzG, RdNr. 63 zur alten Rechtslage. A.A. *Vortmann*, § 9 VerbrKrG, RdNr. 46 zur neuen und LG Essen MDR 1977, 318 zur alten Rechtslage.

gemäß § 9 Abs. 3 S. 1 VerbrKrG berufen und die weiteren Zahlungen einstellen kann. Diese Frage betrifft namentlich den Käufer einer nur der Gattung nach bestimmten Sache, der dann, wenn der Verkäufer von der oben genannten Möglichkeit eines vorläufigen Ausschlusses von Wandelung/Minderung keinen Gebrauch gemacht hat, gemäß § 480 Abs. 1 S. 1 BGB immer ein echtes Wahlrecht hat.

Teilweise wird eine Rechtspflicht des Verbrauchers zur Geltendmachung von Nachbesserung/Ersatzlieferung angenommen[85]. Danach stehe es nicht im Belieben des Verbrauchers, ob er die gesetzlichen oder vertraglichen Rechte auf Nachbesserung oder Ersatzlieferung geltend mache. Vielmehr müsse er den in Frage kommenden Gewährleistungsanspruch gegen den Verkäufer notfalls gerichtlich verfolgen und für die Zeit bis zum Fehlschlagen den Kredit weiterbedienen[86]. Dies sei auch sachgerecht und dem Verbraucher zumutbar, da er die Kaufsache schließlich ausgesucht habe, in ihrem Besitz sei, und so die Mangelhaftigkeit besser beurteilen könne als der Kreditgeber. Der Gesetzeswortlaut sei insofern mißglückt, als er den Eindruck erwecke, der Verbraucher hätte eine Dispositionsbefugnis, und es käme lediglich auf sein tatsächliches Nachbesserungsverlangen an[87].

Demgegenüber vertritt die überwiegende Meinung den entgegengesetzten Standpunkt und billigt dem Verbraucher auch beim finanzierten Abzahlungskauf ein freies Wahlrecht zu[88]. Will er sich auf Nachbesserung bzw. Ersatzlieferung nicht einlassen, ganz gleich aus welchem Grund, so könne er vom Verkäufer Wandelung oder Minderung verlangen und diese Rechte dem Zahlungsverlangen des Kreditgebers über § 9 Abs. 3 S. 1

---

85 *Scholz*, Verbraucherkreditverträge, RdNr. 370 (S. 175 f.); *Reinking/Nießen*, ZIP 1991, 79, 84; *dies.*, ZIP 1991, 634, 636; *Reinking/Eggert*, Der Autokauf, RdNr. 296 (S. 89); *Reinking*, FLF 1993, 174; *Grimm*, Das neue Verbraucherkreditgesetz, S. 319, Fn. 470 und *Langbein u.a.*, Das Verbraucherkreditgesetz, RdNr. 561 (unklar RdNr. 289); wohl auch *Münstermann/Hannes*, Verbraucherkreditgesetz, RdNr. 530, 532; Palandt-*Putzo*, § 9 VerbrKrG, RdNr. 13; *Compensis/Reiserer*, BB 1991, 2457, 2463 und *Schildge*, LSW Gruppe 4/7 (1991), S. 8.

86 Insbes. *Reinking/Nießen*, ZIP 1991, 634, 636.

87 *Reinking/Nießen*, ZIP 1991, 79, 84.

88 *Emmerich*, FLF 1989, 168, 173 (zum 3. RefE vom 12.4.1989); *ders.*, JuS 1991, 705, 709; *ders.*, in: Emmerich/Münstermann/Wagner-Wieduwilt, Praktische Umsetzung, S. 93, 102; *ders.*, in: Graf v. Westphalen/Emmerich/Kessler, § 9 VerbrKrG, RdNr. 89; *Seibert*, § 9 VerbrKrG, RdNr. 14; *Bülow*, § 9 VerbrKrG, RdNr. 65a; *Dauner-Lieb*, WM-Sonderbeilage 6/1991, S. 28; MüKo-*Habersack*, § 9 VerbrKrG, RdNr. 101; *Reinicke/Tiedtke*, Kaufrecht, S. 459; *Marloth-Sauerwein*, Leasing und das Verbraucherkreditgesetz, S. 125; Erman-*Klingsporn/Rebmann*, § 9 VerbrKrG, RdNr. 34; RA-Handbuch-*S. Ott*, B XVII, RdNr. 48 (S. 663); *Drescher*, Verbraucherkreditgesetz, RdNr. 268 und *Dürbeck*, Einwendungsdurchgriff, S. 98, Fn. 291. Für ein freies Wahlrecht wohl auch *Bender*, VuR 1991, 197, 204 und *Vortmann*, § 9 VerbrKrG, RdNr. 46.
Einschränkend und unklar *Ott*, in: Bruchner/Ott/Wagner-Wieduwilt, § 9 VerbrKrG, RdNr. 144, der grundsätzlich von einem Wahlrecht ausgeht, eine Pflicht zur Nachbesserung und damit zur weiteren Ratenzahlung jedoch über § 242 BGB bei gegebenen Einzelumständen annimmt. Wann dies einmal der Fall sein kann, verrät *Ott* allerdings nicht.

VerbrKrG sofort entgegensetzen. Für die Bejahung der partiellen Subsidiarität käme es schon vom Wortlaut her allein auf das tatsächliche Nachbesserungsverlangen des Verbrauchers an. Eine Entscheidung zwischen den beiden Extrempositionen soll über eine klassische Auslegung der Norm erfolgen.

2. *Wortlautauslegung*

Der Wortlaut von § 9 Abs. 3 S. 3 VerbrKrG ist, wie auch die Anhänger der ersten Meinung zugeben[89], nicht eindeutig, tendiert aber doch zu der zweiten Meinung. Wenn dort steht "Beruht die Einwendung des Verbrauchers auf einem Mangel der gelieferten Sache und *verlangt* der Verbraucher aufgrund vertraglicher oder gesetzlicher Bestimmungen Nachbesserung oder Ersatzlieferung, ...", so scheint der Gesetzgeber eher auf das tatsächliche Verlangen in Ausübung eines echten Wahlrechts gemäß der zweiten Meinung abzustellen, anderenfalls er hätte formulieren können: "Beruht die Einwendung des Verbrauchers auf einem Mangel der gelieferten Sache und *kann* der Verbraucher aufgrund vertraglicher oder gesetzlicher Bestimmungen Nachbesserung oder Ersatzlieferung verlangen, ..."[90]

3. *Historische Auslegung*

a. Die EG-Richtlinie

Beim Blick auf die Entstehungsgeschichte ergibt sich ein wechselvolles Schicksal gerade des Subsidiaritätsprinzips[91]. Im Richtlinienvorschlag der Kommission vom 27.2.1979 war das Subsidiaritätsprinzip überhaupt nicht, also auch nicht in der eingeschränkten Fassung des § 9 Abs. 3 S. 3 VerbrKrG erwähnt. In Art. 13 Abs. 1, 2 wurde dem Verbraucher bei Vorliegen einer Zusammenarbeit zwischen Verkäufer und Kreditgeber bei Nicht- bzw. mangelhafter Lieferung des Verkäufers ein unmittelbares Leistungsverweigerungsrecht auch gegenüber dem Kreditgeber eingeräumt[92]. Während es dazu weder vom Wirt-

89 *Scholz*, Verbraucherkreditverträge, RdNr. 370 (S. 176).

90 So auch *Dauner-Lieb*, WM-Sonderbeilage 6/1991, S. 28.

91 Dieses soll ausführlich dargestellt werden, da das Subsidiaritätsprinzip für die Rückabwicklung von erheblicher Bedeutung sein wird (s.u. § 7, S. 202 ff.).

92 ABl. der EG Nr. C 80/7 und 8 vom 27.3.1979 (= Anhang, S. 410). Kritisch zum nicht mehr vorhandenen Subsidiaritätsprinzip des Vorentwurfs *Münstermann*, TZW 1978/4, S. 30, 33.

schafts- und Sozialausschuß noch vom Europäischen Parlament Kritik gab[93], und auch keine Änderung im Änderungsvorschlag der Kommission vom 22.6.1984 erfolgte[94], bestimmt plötzlich die von den Mitgliedsstaaten umzusetzende verbindliche EG-Richtlinie vom 22.12.1986 in Art. 11 Abs. 2 S. 1 lit. e die strenge Subsidiarität in genereller Form[95]: Der Verbraucher ist erst dann berechtigt, Rechte gegen den Kreditgeber geltend zu machen, wenn er seine Rechte gegen den Lieferanten erfolglos verfolgt hat[96]. Dabei sollte die bloße Klageerhebung des Verbrauchers gegen den Verkäufer ohne positive Entscheidung für die Erfüllung des strengen Subsidiaritätsprinzips nicht ausreichend sein[97]. Damit bleibt die EG-Richtlinie hinter der bereits dargestellten käuferfreundlicheren Rechtsprechung des Bundesgerichtshofes zurück, die sich über das Merkmal der Unzumutbarkeit der Inanspruchnahme des Verkäufers ein jederzeitiges Reagieren auf besondere Fälle vorbehalten und in zwei Fällen die Unzumutbarkeit auch tatsächlich bejaht hatte[98]. Festzuhalten ist, daß das Hauptproblem eines Wahlrechtes auf seiten des Verbrauchers nicht behandelt worden ist, da es sich weder beim ursprünglichen Kommissionsvorschlag von 1979 (überhaupt keine Subsidiarität) noch bei der EG-Richtlinie von 1986 (strenge Subsidiarität) stellte, sondern erst mit der partiellen Subsidiarität in der Formulierung des § 9 Abs. 3 S. 3 VerbrKrG entstehen konnte.

b. Der Regierungsentwurf zu § 607 a BGB

Ähnlich wechselhaft verlief der Entstehungsprozeß des Verbraucherkreditgesetzes auf nationaler Ebene: Bereits im Regierungsentwurf zu § 607 a BGB vom 11.5.1979 war auf Vorschlag des vorbereitenden Gutachtens von *Marschall v. Bieberstein*[99] das Subsidiaritätsprinzip vollständig beseitigt worden. Gemäß § 607 Abs. 1 S. 1 RegE sollte der Käufer/Kreditnehmer das Recht haben, Einwendungen aus dem Kaufvertrag dem Kreditgeber

93 Stellungnahme des Wirtschafts- und Sozialausschusses vom 30./31.1.1980, ABl. der EG Nr. C 113/27 vom 7.5.1980; Stellungnahme des Europäischen Parlaments vom 11.2.1983, ABl. der EG Nr. C 68/97 und 98 vom 14.3.1983.

94 ABl. der EG Nr. C 183/14 und 15 vom 10.7.1984 (= Anhang, S. 412 f.). Kritisch aber der Deutsche Bundesrat, der in seinem Beschluß vom 29.11.1985, BR-DS 174/85 (Beschluß), S. 5 das Subsidiaritätsprinzip im Sinne einer Einrede der Vorausklage aus Praktikabilitätsgründen eingeführt haben wollte. Dagegen begrüßte *Reifner*, in: Hörmann, Verbraucherkredit und Verbraucherinsolvenz, S. 621, 634 die unmittelbare und von der Zahlungsfähigkeit des Verkäufers unabhängige Haftung des Kreditgebers.

95 ABl. der EG Nr. L 42/51 vom 12.2.1987 (= Anhang, S. 414).

96 Vom "Vater" der Richtlinie *Latham*, RevMC 1988, 219, 224 wird die strenge Subsidiarität als Kompromiß bezeichnet, wobei bei ihm eine gewisse Enttäuschung auszumachen ist.

97 So *Scholz*, FLF 1987, 83, 86 unter Berufung auf eine Erklärung für das Ratsprotokoll.

98 S.o. S. 167 ff.

99 Gutachten, S. 132 und 200 f.

sofort entgegenhalten zu können[100]. Begründet wurde dies einmal damit, daß der Käufer beim drittfinanzierten Kauf nicht schlechter gestellt werden dürfe als bei der Kreditierung des Kaufpreises durch den Verkäufer[101]. Darüber hinaus sollte dem Käufer nicht zugemutet werden, zunächst seine Rechte gegen den Verkäufer erfolglos zu verfolgen und erst dann gegenüber dem Kreditgeber auszuüben, da dies einer Entwertung des Einwendungsdurchgriffs in vielen Fällen gleichkäme.

Dieser Vorschlag löste heftige Reaktionen, insbesondere auf dem 53. Deutschen Juristentag 1980 in Berlin[102] und in seinem Vorfeld[103] aus. Die Kritiker insbesondere von der massiv auftretenden Kreditgeberseite hatten sich dort durchgesetzt[104]. Im Beschluß des Juristentages hieß es an dieser Stelle[105]: "Ein Einwendungsdurchgriff des Kreditnehmers gegen den Kreditgeber kommt nur in Betracht bei Aussichtslosigkeit eines Vorgehens gegen den Verkäufer bzw. die sonstige Partei des finanzierten Geschäfts."

c. Das Verbraucherkreditgesetz

Der nicht Gesetz gewordene Regierungsentwurf zu § 607 a BGB war auch in der Frage des Subsidiaritätsprinzips Ausgangspunkt für das neue Verbraucherkreditgesetz: Im 1. Referentenentwurf vom 10.6.1988 fehlte das Subsidiaritätsprinzip in § 8 Abs. 3 noch vollständig, was in der Begründung sogar als ausdrücklicher Verzicht bezeichnet wurde[106]. Nach deutlicher Kritik von der Bankenseite[107] und der Verbände[108] und

---

100 BT-DS 8/3212, S. 4 (= Anhang, S. 417).

101 AaO., S. 12.

102 Verhandlungen des 53. Deutschen Juristentages, Band II (Sitzungsberichte). Zustimmend *Hiddemann*, aaO., K 28. Ablehnend *Scholz*, aaO., K 59; *Münstermann*, aaO., K 225 und *Bleutge*, aaO., K 229.

103 Zustimmend *Jung*, BB 1979, 1690, 1692 (zum hier gleichlautenden RefE eines § 607 a BGB vom Januar 1978); *Gilles*, ZRP 1979, 265, 269; *Reifner*, Alternatives Wirtschaftsrecht, S. 172; *Marschall v. Bieberstein*, Der finanzierte Abzahlungskauf, S. 44; *Hadding*, Gutachten, S. 330 und 339 und *Reich*, JZ 1980, 329, 336.
Ablehnend *J.-A. Weber*, Die Bank 1978, 451, 454; *Münstermann*, TZW 1979, 97, 99; *Eyrich*, TZW 1979, 239, 242 (alle zum hier gleichlautenden RefE eines § 607 a BGB vom Januar 1978); *Scholz*, BB 1980, 556, 557 und *Canaris*, ZIP 1980, 709, 721.

104 Zum Einfluß der Kreditgeberseite bereits die Nachweise in § 1, S. 46, Fn. 151.

105 Verhandlungen des 53. Deutschen Juristentages, Band II, K 258 unter IX. (1) e).

106 ZIP 1988, 1215, 1220 (= Anhang, S. 418). Zur Begründung wurde angegeben, daß die Rechtsprechung dieses Merkmal ohnehin bis zur Inhaltslosigkeit abgeschwächt hatte - eine angesichts der ständigen Betonung seiner Aufrechterhaltung zuletzt von BGH WM 1987, 401, 402 (finanzierter Kauf eines Privatschulbetriebs) äußerst zweifelhafte Begründung, die dann auch in der Begründung zum nachfolgenden Regierungsentwurf, BT-DS 11/5462, S. 23 (= Anhang, S. 434), fallengelassen wurde. Dort heißt es (Hervorhebung vom Verfasser): "Allerdings hat der Bundesgerichtshof in *bestimmten* Fällen ... auf die vorherige Inanspruchnahme des Lieferanten gänzlich verzichtet;"

naturgemäßer Zustimmung von Verbraucherschutzseite[109] wurde es dann in den geänderten Referentenentwurf vom 12.4.1989[110] und den anschließenden Regierungsentwurf vom 11.8.1989 als neuer § 8 Abs. 3 S. 3 mit dem als Gesetz gewordenen Wortlaut aufgenommen[111]. In der Begründung zum letzteren wird ausgeführt, daß der Entwurf auf das Subsidiaritätsprinzip im Grundsatz verzichte[112], es jedoch für den Fall, in dem sich der Verkäufer bei Sachmängeln ein Recht zur Ersatzlieferung oder Nachbesserung vorbehalten habe, aufrechterhalte und insofern lediglich zurückdränge[113].

Letztendlich gibt die Begründung keinen eindeutigen Aufschluß darüber, ob sich der Gesetzgeber bei dieser Regelung für ein Wahlrecht oder eine Pflicht zur Nachbesserung/ Ersatzlieferung entscheiden wollte. Zwar heißt es dort[114]: "Hier *muß* der Verbraucher zunächst das Ergebnis der Nachbesserung abwarten, bevor er sein Leistungsverweigerungsrecht gegenüber dem Kreditgeber geltend machen kann. In den Fällen nämlich, in denen der Verbraucher selbst das Festhalten am Vertrag wünscht *oder in denen der Vertrag vorsieht, daß dem Leistungserbringer die Möglichkeit hierzu zu gewähren ist*, kann dem Verbraucher zugemutet werden, bis zum Scheitern dieses Versuchs seine Raten weiter zu entrichten.", so daß man insbesondere aus der Formulierung der zweiten Alternative, selbst bei Nachbesserungsmöglichkeit soll der Verbraucher die Raten weiterzahlen, eine Nachbesserungs-/Ersatzlieferungspflicht entnehmen könnte. Das wäre jedoch mangels anderer konkreter Anhaltspunkte in der Begründung eine allzu spitzfindige Unterstellung. Genauso gut könnte man argumentieren, daß der Gesetzgeber lediglich klarstellen wollte, daß der Verbraucher Nachbesserungswünsche nur beim Verkäufer und gerade nicht beim Kreditgeber geltend machen kann. Es erscheint vielmehr, daß der Gesetzgeber das Problem eines Wahlrechtes bei der partiellen Subsidiarität überhaupt nicht gesehen hat, sondern immer vom Wunsch bzw. einer direkten Verpflichtung des

---

107 *Wagner-Wieduwilt*, Die Bank 1988, 685, 688; *Steppeler*, Sparkasse 1989, 76, 78; unveröffentlichte Stellungnahme des Bankenfachverbandes vom 14.9.1988, S. 9 ff. (= Anhang, S. 421 f.) und des ZKA vom 5.10.1988, S. 15 f. (= Anhang, S. 427). Ablehnend auch *Canaris*, AcP 190 (1990) 410, 420 ("holzschnittartige, um nicht zu sagen primitive Regelung").

108 Unveröffentlichte Stellungnahmen des DIHT vom 4.10.1988, S. 15 f. (= Anhang, S. 425 f.) und des BDI vom 14.10.1988, S. 5 f. (= Anhang, S. 423 f.).

109 *Reifner*, VuR 1988, 183, 184 ("Verbesserungen"); unveröffentlichte Stellungnahme der AgV vom 30.6.1988, S. 2 (= Anhang, S. 427).

110 Unveröffentlicht, s. Anhang, S. 428 f. Kritisch zur Einführung der partiellen Subsidiarität die unveröffentlichte Stellungnahme der AgV zum überarbeiteten Entwurf vom 14.4.1989, S. 4 und 5 (= Anhang, S. 430). Ebenso kritisch, aber aus ganz anderer Richtung, weil das strenge Subsidiaritätsprinzip noch nicht vollständig wiedereingeführt war, die unveröffentlichte Stellungnahme des Bankenfachverbandes vom 24.4.1989, S. 5 f. (= Anhang, S. 430 f.).

111 BT-DS 11/5462, S. 6 (= Anhang, S. 432).

112 AaO., S. 12 (= Anhang, S. 433 f.)

113 AaO., S. 23 f. (= Anhang, S. 433 f.).

114 AaO., S. 24 (= Anhang, S. 434, Hervorhebungen vom Verfasser).

Verbrauchers, vorrangig Nachbesserung/Ersatzlieferung vom Verkäufer zu verlangen, ausgegangen ist.

Der Rechtsausschuß veranstaltete am 1.6.1990 eine Anhörung von Sachverständigen und Verbänden. Dazu gab er an diese einen Fragenkatalog heraus, der in Nr. 11 b lautete: "Ist die Regelung des sogenannten Einwendungsdurchgriffs in § 8 sachgerecht, und entspricht vor allem der Abs. 3 dem Stand der Rechtsprechung ?"[115] Diese Frage wurde höchst unterschiedlich beantwortet. Während der Bankenseite das Subsidiaritätsprinzip im Regierungsentwurf nicht weit genug reichte, und sie es wie in der EG-Richtlinie vorgesehen in umfassender Form wiedereingeführt haben wollte, gerade auch für die Fälle der Nichtigkeit oder Anfechtbarkeit des Kaufvertrages, um nicht mit betriebsfremden (Prozeß-) Risiken belastet zu werden[116], verlangten die Verbraucherschützer die ersatzlose Streichung der partiellen Subsidiarität[117]. Von ihnen wurde geltend gemacht, daß die partielle Subsidiarität das Recht des Verbrauchers mit der Zahlung Druck auszuüben entwerte und sich nicht in das Schlechterstellungsverbot einfüge. Ein Teil der Beteiligten hielt die partielle Subsidiarität für sachgerecht und stimmte dem Regierungsentwurf an dieser Stelle zu[118]. Der Forderung der Verbraucherschützer nach der völligen Streichung der partiellen Subsidiarität, so wie im ursprünglichen Referentenentwurf vorgesehen, schloß sich eine Minderheit im Rechtsausschuß an[119].

Gegen diese Kritik von beiden Seiten wurde der Regierungsentwurf als Kompromiß mit der partiellen Subsidiarität verabschiedet[120]. Dabei ist nicht zu verkennen, daß auch in der Begründungsformulierung zur Abweisung des Antrags der Minderheit des Rechts-

115 Unveröffentlichtes stenographisches Protokoll des Rechtsausschusses Nr. 86, S. VII f. (= Anhang, S. 437 ff.).

116 Stellungnahme des Bankenfachverbandes zum RegE vom 22.12.1989, FLF 1990, 31, 32 (= Anhang, S. 435 ff.); *Scholz*, MDR 1989, 1054, 1056; *ders.*, in: Hadding/Hopt, Verbraucherkreditrecht, AGB-Gesetz und Kreditwirtschaft, S. 63, 66. Unveröffentlichte Beantwortung des Fragenkatalogs vom Bankenfachverband, S. 4 (= Anhang, S. 443 f.); vom ZKA, S. 13 (= Anhang, S. 444) und von *Scholz*, S. 6 (= Anhang, S. 447) sowie *ders.* und *Wacket* (Bankenfachverband) bei der Anhörung selbst, Stenographisches Protokoll des Rechtsausschusses Nr. 86, S. 64 ff. (= Anhang, S. 440 f.).

117 Unveröffentlichte Beantwortung des Fragenkatalogs der AgV (*Hörmann*), S. 7 (= Anhang, S. 442) und von *Reich* (Zentrum für Europäische Rechtspolitik), S. 4 (= Anhang, S. 446) sowie die Ausführungen des Abgeordneten *Pick* (SPD) bei der Anhörung selbst, Stenographisches Protokoll des Rechtsausschusses Nr. 86, S. 65 (= Anhang, S. 440).

118 Unveröffentlichte Beantwortung des Fragenkatalogs von *Horn* (Institut für Bankwirtschaft und Bankrecht an der Universität Köln), S. 11 f. (= Anhang, S. 445); von der Bundesarbeitsgemeinschaft Schuldnerberatung, S. 8 (= Anhang, S. 444) und wohl auch von *Hadding* (Institut für internationales Recht des Spar-, Giro- und Kreditwesens an der Universität Mainz = Anhang, S. 445 f.).

119 Bericht des Rechtsausschusses, BT-DS 11/8274, S. 22.

120 Kritisch dazu nach Inkrafttreten des Verbraucherkreditgesetzes *Reinicke/Tiedtke*, ZIP 1992, 217, 228; *dies.*, Kaufrecht, S. 469 und *Grimm*, Das neue Verbraucherkreditgesetz, S. 475 f.

ausschusses die Tendenz zur Nachbesserungspflicht vorherrscht, wenn es dort heißt[121]: "Diesem Vorschlag vermag sich die Ausschußmehrheit nicht anzuschließen. Ihr erscheint es sachgerecht, daß der Verbraucher sich bei Mängeln der finanzierten Kaufsache wegen seines *Rechts* auf Nachbesserung oder Ersatzlieferung zunächst an den Verkäufer wenden *muß*." Dennoch ist hier die gleiche Vorsicht geboten wie bei der Begründung des Regierungsentwurfes und eher anzunehmen, daß auch der Rechtsausschuß das Problem des Wahlrechts überhaupt nicht gesehen hat, sondern mit der Formulierung "muß" nur ausdrücken wollte, daß den Verbraucher nur die Pflicht trifft, seine (Wahl-) Rechte beim Verkäufer und gerade nicht beim Kreditgeber geltend zu machen, weil nur dieser nachbessern/nachliefern kann. Es bleibt festzuhalten, daß sich nach der historischen Auslegung eine Entscheidung nicht treffen läßt.

Die Schaffung einer vom strengen Subsidiaritätsprinzip der EG-Richtlinie abweichenden Gesetzesfassung in Form der bloß partiellen Subsidiarität war dem deutschen Gesetzgeber nicht verwehrt, weil zum einen die EG-Richtlinie in Art 11 Abs. 2 S. 2 selbst den Mitgliedsstaaten die nähere Ausgestaltung des Einwendungsdurchgriffs, namentlich dessen Voraussetzungen und Reichweite überließ, zum anderen Art. 15 jedem nationalen Gesetzgeber ermöglichte, weitergehende Vorschriften zum Schutz der Verbraucher aufrechtzuerhalten oder zu erlassen[122].

4. Systematische Auslegung

Der Einwendungsdurchgriff ist nach der neuen Rechtslage vom Grundsatz der sofortigen Leistungsverweigerung gegenüber dem Kreditgeber geprägt[123]. Nur ausnahmsweise soll dem Verbraucher dieser Rechtsbehelf nicht zur Verfügung stehen. Bereits aus diesem Regel-Ausnahme-Prinzip ist die extensive Auslegung der Ausnahmevorschrift des § 9 Abs. 3 S. 3 VerbrKrG hin zu einer Rechtspflicht, Nachbesserung/Ersatzlieferung zu verlangen, äußerst fraglich.

---

121 BT-DS 11/8274, S. 22 (Hervorhebungen vom Verfasser).

122 ABl. der EG vom 12.2.1987, Nr. L 42/51 und 52 (= Anhang, S. 414). Nach *Scholz*, MDR 1989, 1054, 1056 entfernt sich der Regierungsentwurf in § 8 (als § 9 VerbrKrG Gesetz geworden) am stärksten von der Vorgabe der EG-Richtlinie. Ähnlich gerade bezüglich des Subsidiaritätsprinzips *Reinking/Bexen*, DAR 1990, 289, 292 und *Ott*, in: Bruchner/Ott/Wagner-Wieduwilt, § 9 VerbrKrG, RdNr. 107. Zur europarechtlichen Problematik ausführlich unten S. 189 ff.

123 S. bereits oben § 5, S. 125.

Auch soll an dieser Stelle nochmals an das Akzessorietätsprinzip erinnert werden[124]. Der Verbraucher kann über den Einwendungsdurchgriff dem Kreditgeber nur die Einwendungen entgegenhalten, die er auch tatsächlich gegenüber dem Verkäufer hat bzw. die, die er ohne die Direktauszahlung der Darlehensvaluta gegenüber dem Verkäufer gehabt hätte (hypothetische Betrachtungsweise)[125]. Der finanzierte Abzahlungskauf eröffnet ihm nicht mehr Rechte, als wenn er direkt mit dem Verkäufer einen Ratenkauf abgeschlossen hätte, aber grundsätzlich auch nicht weniger[126].

Dies weitergedacht führt zu der grundsätzlichen Frage, ob der Verbraucher überhaupt über die eingeschränkte Subsidiarität gemäß § 9 Abs. 3 S. 3 VerbrKrG, also einer Norm, die den grundsätzlich gegebenen Einwendungsdurchgriff - einen Rechtsbehelf gegenüber dem Kreditgeber und nicht gegenüber dem Verkäufer - ausschließt, in seinem Wahlrecht aus dem Kaufvertrag eingeschränkt werden kann. Das muß vollständig abgelehnt werden. Denn eine Rechtspflicht aus § 9 Abs. 3 S. 3 VerbrKrG und damit aus dem Kreditvertrag als dem führenden Vertragsverhältnis abzuleiten würde die Dinge geradezu auf den Kopf stellen: Bei der gesetzlichen Regelung des Einwendungsdurchgriffs geht es um die ausnahmsweise Zulassung einer Einwendung aus einem Rechtsverhältnis mit einem Dritten auf das in Frage stehende Kreditverhältnis[127]. Nicht aber soll umgekehrt das Kreditverhältnis bzw. die Verbindung des Kaufvertrages mit einem Kreditvertrag die dem Verbraucher aus dem Kaufverhältnisse resultierenden Rechte (hier die sofortige Wandelung/Minderung/Mängeleinrede) einschränken können. Nachbesserungsrechte und Nachbesserungspflichten ergeben sich allein aus dem Kaufvertrag. Hat der Verbraucher dort ein echtes Wahlrecht, so kann er dieses nicht dadurch verlieren, daß er den Kaufpreis durch einen Kreditgeber finanzieren läßt. Aus diesen Gründen spricht die systematische Auslegung eindeutig gegen eine Rechtspflicht.

5. *Teleologische Auslegung*

Vergleicht man das vorliegende Problem mit der Rechtsstellung des normalen Abzahlungskäufers, und die gesetzliche Regelung wurde wie bisher gerade mit dem Verbot der Schlechterstellung des Verbrauchers im Vergleich zum normalen Abzahlungskäufer

124 S.o. § 5, S. 126.
125 S.o. § 5, S. 125.
126 Siehe aber die Ausnahmen bezüglich deliktischer Ansprüche, Ansprüche aus Produzentenhaftung sowie bezüglich Einwendungen aus einem den Kaufvertrag begleitenden Vertrag § 5, S. 135 ff.
127 S.o. § 5, S. 121.

begründet[128], so ergibt sich folgendes Bild: Bereits in dem oben beschriebenen unproblematischen Fall, daß der Verkäufer Wandelung/Minderung vorläufig ausgeschlossen hat, und der Verbraucher nur Nachbesserung verlangen kann[129], ergibt sich eine eindeutige Schlechterstellung des Verbrauchers beim finanzierten Abzahlungskauf im Vergleich zum normalen Abzahlungskäufer. Denn hier kann er gemäß § 9 Abs. 3 S. 3 VerbrKrG die Zahlungen an den Kreditgeber erst mit dem Fehlschlagen der Nachbesserung einstellen, während dort der Käufer für die Zeit der Nachbesserung die weitere Ratenzahlung unter Berufung auf die allgemeine Mängeleinrede gemäß § 242 BGB sofort einstellt. Deshalb ist die Kritik, der topos der Rechtsprechung des Bundesgerichtshofes vom Verbot der Schlechterstellung des Käufers/Kreditnehmers beim finanzierten Abzahlungskauf, den sich der Gesetzgeber zu eigen gemacht hat[130], sei bezogen auf das Subsidiaritätsprinzip in sich unlogisch[131], voll berechtigt: *Jegliche Subsidiarität, egal in welcher Form, führt zu einer eindeutigen Schlechterstellung des Verbrauchers beim finanzierten Abzahlungskauf im Vergleich zum normalen Abzahlungskäufer*[132]. Das hatte der Gesetzgeber im Regierungsentwurf zu § 607 a BGB vom 11.5.1979[133] selbst schon einmal erkannt und deshalb dort die Subsidiarität vollständig gestrichen. Und auch in der Einzelbegründung des 1. Referentenentwurfs zum Verbraucherkreditgesetz vom 10.6.1988 hieß es noch zutreffend[134]: "Schließlich ist das Erfordernis der Subsidiarität mit dem Grundgedanken, daß der Verbraucher durch die rechtliche Aufspaltung eines einheitlichen wirtschaftlichen Vorgangs nicht schlechtergestellt werden soll, nicht vereinbar." Diese zutreffende und klare Aussage konnte in der Einzelbegründung zum Regierungsentwurf dagegen nicht mehr aufgenommen werden, weil nun die partielle Subsidiarität und damit die eindeutige Schlechterstellung des Verbrauchers im Vergleich zum normalen Abzahlungskäufer wiedereingeführt worden war[135].

Deshalb kann man bei der Schaffung des Einwendungsdurchgriffs mit Subsidiarität nur von der Verhinderung der *Rechtlosstellung* bzw. der *erheblichen Schlechterstellung* des Verbrauchers sprechen[136]. Hat der Käufer beim normalen Abzahlungskauf ein echtes Wahlrecht, so kann er dies ausüben wie es ihm beliebt, und er verliert es auch nicht; ins-

---

128 Begr. RegE, BT-DS 11/5462, S. 23 (= Anhang, S. 433).
129 S.o. S. 172.
130 Begr. RegE, BT-DS 11/5462, S. 23 (= Anhang, S. 433).
131 S. nur *Marschall v. Bieberstein*, Der finanzierte Abzahlungskauf, S. 27 und *Bender*, VuR 1991, 197, 205.
132 So gerade die das Subsidiaritätsprinzip zur alten Rechtslage ablehnende Literaturansicht, s.o. S. 168, Fn. 37.
133 BT-DS 8/3212, S. 12.
134 S. 32 (= Anhang, S. 419).
135 BT-DS 11/5462, S. 23 f. (= Anhang, S. 433 f.).
136 So ja auch das das Subsidiaritätsprinzip aufstellende Urteil BGH WM 1973, 233, 235.

besondere kann er ohne Grund ein Nachbesserungs/Ersatzlieferungserbieten des Verkäufers ablehnen und die weitere Ratenzahlung unter Berufung auf die allgemeine Mängeleinrede verweigern. Zur Nachbesserung und damit zur weiteren Kredittilgung soll er dagegen beim finanzierten Abzahlungskauf nach der 1. Meinung gezwungen werden. Damit steht der Verbraucher nochmals schlechter, als wenn er nur einen Abzahlungskauf mit einem Verkäufer abgeschlossen hätte. Dies zeigt, daß unter der Doktrin vom Schlechterstellungsverbot eine Verpflichtung zur Nachbesserung bei Bestehen eines Wahlrechtes nicht gefordert werden kann.

Auch ein besonderes Schutzbedürfnis des Kreditgebers, das Wahlrecht des Verbrauchers einschränken zu müssen, ist nicht gegeben. Die Gefahr, in den "dilatorischen Kleinkrieg" zwischen Käufer und Verkäufer hineingezogen zu werden, besteht nicht. Wenn der Verbraucher Nachbesserung tatsächlich verlangt bzw. wenn dies sein einziges Recht ist, muß dieser den Kredit weiterbedienen. Verlangt der Verbraucher dies nicht, weil nach der hier vertretenen Ansicht sein aus dem Kaufvertrag resultierendes Wahlrecht auch beim finanzierten Abzahlungskauf bestehenbleibt, oder sind Nachbesserung bzw. Ersatzlieferung tatsächlich fehlgeschlagen, kommt es sowieso zur Rückabwicklung von Kauf- und Kreditvertrag. Da es in diesem Fall um eine ausgewogene Risikoverteilung beim Scheitern des Dreipersonenverhältnisses insgesamt geht, kann dann nicht mehr vom "dilatorischen Kleinkrieg", sondern, um in dieser martialischen Wortwahl zu bleiben, geradezu vom "peremptorischen Großkrieg" gesprochen werden[137].

Darüber hinaus hat der Kreditgeber, sofern er mit dem Verkäufer auf Grund eines Rahmenvertrages oder auch nur kraft Faktums zusammenarbeitet, Einflußmöglichkeiten auf den Verkäufer, daß dieser in seinen Kaufverträgen Wandelungs- und Minderungsrechte vorläufig ausschließt und dem Verbraucher primär ein Nachbesserungs- bzw. Ersatzlieferungsrecht einräumt[138]. Dann kann es zu dem Problem eines echten Wahlrechtes, wie bereits dargestellt[139], vom Ansatz her nicht kommen. Hier ist auch zu beachten, daß diese Möglichkeit vor allem im Interesse des Verkäufers liegt, und dieser schon ohne Anhaltung seitens des Kreditgebers in vielen Fällen ein derartiges vorrangiges Nachbesserungsrecht mit dem Käufer im Kaufvertrag vereinbaren wird, um nicht selbst der Gefahr der sofortigen Wandelung durch den Käufer ausgesetzt zu sein, sondern um sich über eine Nachbesserung die Chance zur ordnungsgemäßen Erfüllung und damit zur Erlangung des Geschäftsgewinns aufrechtzuerhalten[140].

---

137 Zu der dann vorzunehmenden Rückabwicklung unten §§ 7 - 10, S. 202 ff.

138 Das scheint auch *Scholz*, Verbraucherkreditverträge, RdNr. 370 (S. 176) selbst zu sehen.

139 S.o. S. 172.

140 *Münstermann/Hannes*, Verbraucherkreditgesetz, RdNr. 519.

Einzig unter dem Gesichtspunkts der erhöhten Mißbrauchsgefahr könnte sich eine andere Entscheidung ergeben. Billigt man dem Verbraucher auch beim finanzierten Abzahlungskauf ein echtes Wahlrecht zu, so könnte dieser bei Liquiditätsschwierigkeiten gegenüber dem Zahlungsverlangen des Kreditgebers einfach Mängel behaupten und die weitere Ratenzahlung über den Einwendungsdurchgriff verweigern. Hätte er dagegen bei der Möglichkeit, Nachbesserung bzw. Ersatzlieferung vom Verkäufer zu verlangen, auch eine dahingehende Pflicht, so würde ihm ein mißbräuchliches Behaupten von Mängeln allein nichts nützen und müßte wegen § 9 Abs. 3 S. 3 VerbrKrG den Kredit weiterbedienen. Aber selbst in diesem Fall könnte er zusätzlich das Fehlschlagen der Nachbesserung bzw. Ersatzlieferung behaupten und damit den Einwendungsdurchgriff gegenüber dem Kreditgeber erheben. Ebensowenig wie der Kreditgeber mangels Sachverstandes und Sachbesitzes in der Lage ist, den tatsächlichen Bestand eines Mangels beurteilen zu können, kann er dies vom Fehlschlagen einer Nachbesserung/Ersatzlieferung. In allen Fällen steht Aussage gegen Aussage.

6. *Ergebnis*

Eine Verpflichtung, Nachbesserung bzw. Ersatzlieferung zu verlangen, kann sich folglich nur aus dem Kaufvertrag selbst ergeben, und hier hat der Verkäufer im Rahmen der Individualabrede (§ 476 a BGB) und der Allgemeinen Geschäftsbedingungen (§ 11 Nr. 10 lit. b AGBG) einen weiten Spielraum. Hat der Verbraucher aus dem Kaufvertrag dagegen ein echtes Wahrecht, kann er also sowohl Nachbesserung/Ersatzlieferung als auch sogleich Wandelung/Minderung verlangen, so wird dieses Wahlrecht durch die partielle Subsidiarität gemäß § 9 Abs. 3 S. 3 VerbrKrG nicht eingeschränkt. Der wortlautgemäß und damit eng auszulegende § 9 Abs. 3 S. 3 VerbrKrG kommt in diesem Fall nur zur Anwendung, wenn der Verbraucher auch tatsächlich Nachbesserung/Ersatzlieferung vom Verkäufer verlangt. Entgegenstehende Vereinbarungen im Kreditvertrag sind gemäß § 18 S. 1 VerbrKrG unwirksam. Gegenüber dem Kreditgeber muß sich der Verbraucher lediglich erklären, welches Recht er gegenüber dem Verkäufer geltend machen will, damit dieser weiß, ob er weiterhin die Rückzahlung des Kredits (§ 9 Abs. 3 S. 3 VerbrKrG) oder dieses gerade nicht (§ 9 Abs. 3 S. 1 VerbrKrG) verlangen kann[141]. Eine Bindung des Verbrauchers, insbesondere ein Erlöschen seines ius variandi aus dem Kaufvertrag, erfolgt mit einer derartigen Erklärung nicht, so daß die Zahlungsverpflichtung

141 MüKo-*Habersack*, § 9 VerbrKrG, RdNr. 120 und Erman-*Klingsporn/Rebmann*, § 9 VerbrKrG, RdNr. 26. Dazu näher im Rahmen der Rückabwicklungsproblematik § 10, S. 348 ff.

rückwirkend wiederauflebt, wenn er sich später gegenüber dem Verkäufer für ein Nachbesserungs- bzw. Ersatzlieferungsrecht entscheidet[142].

V. Subsidiarität beim kleinen Schadensersatzanspruch ?

Unproblematisch ist der Fall, daß die qualifizierten Voraussetzungen für einen Schadensersatzanspruch gemäß §§ 463, 480 Abs. 2 BGB vorliegen und der Verbraucher diesen in Ausübung seines ius variandi in Form des großen Schadensersatzanspruches geltend macht. Dann kann er dieses Recht im Wege des sofortigen Einwendungsdurchgriffs gemäß § 9 Abs. 3 S. 1 VerbrKrG dem Zahlungsverlangen des Kreditgebers entgegensetzen. Hier ergeben sich keine Besonderheiten im Vergleich zur Rechtslage bei der Wandelung oder Minderung.

Problematisch ist dagegen der Fall, in dem der Verbraucher den kleinen Schadensersatzanspruch geltend macht, die finanzierte Sache behält und nur den Ersatz der Reparaturkosten verlangt[143]. Denn hier greift die partielle Subsidiarität des § 9 Abs. 3 S. 3 VerbrKrG vom Wortlaut her nicht ein, obwohl eine mit dem Nachbesserungsverlangen vergleichbare Interessenlage besteht: Der Verbraucher hält am Kaufvertrag fest und wendet sich an den Verkäufer. *Emmerich* vermutet hier ein gesetzgeberisches Versehen und will diese angebliche Regelungslücke durch eine analoge Anwendung des § 9 Abs. 3 S. 3 VerbrKrG ausfüllen[144].

Ausgangspunkt ist, daß sich diese Konstellation vom Tatbestandlichen her in den meisten Fällen als rein rechtstheoretisches Problem entpuppt und von selbst auflöst: Wählt der Verbraucher den kleinen Schadensersatzanspruch und wird er vom Verkäufer befriedigt, hat er keine Einwendung (mehr), die er dem Kreditgeber über § 9 Abs. 3 S. 1 VerbrKrG entgegensetzen könnte. Hier muß er selbstverständlich den Kredit weiterbedienen[145]. Denn der Einwendungsdurchgriff ist abhängig von den im Kaufverhältnis tatsächlich bestehenden Einwendungen. Wird er vom Verkäufer nicht befriedigt, z.B. weil dieser

---

142 MüKo-*Habersack*, § 9 VerbrKrG, RdNr. 101.

143 Ein Anspruch auf Beseitigung des Mangels durch Nachbesserung bzw. auf Herstellung zugesicherter oder vorgespiegelter Eigenschaften besteht nach BGH NJW 1983, 1424, 1425 nicht, sondern immer nur Ersatz der zur Beseitigung erforderlichen Kosten. S. dazu auch MüKo-*H.P. Westermann*, § 463 BGB, RdNr. 19, 22 f.

144 In: Graf v. Westphalen/Emmerich/Kessler, § 9 VerbrKrG, RdNr. 89. Ihm folgend MüKo-*Habersack*, § 9 VerbrKrG, RdNr. 101.

145 Allerdings wird in diesem Fall der Kreditbetrag entsprechend den Grundsätzen zur Minderung herabgesetzt, Einzelheiten unten § 10, S. 365 ff.

insolvent geworden ist, hätte er den Einwendungsdurchgriff in jedem Fall, auch unter analoger Anwendung der partiellen Subsidiarität gemäß § 9 Abs. 3 S. 3 VerbrKrG nach *Emmerich*, weil die Insolvenz des Verkäufers ein klarer Fall des Fehlschlagens bei der vergleichbaren Nachbesserung/Ersatzlieferung ist[146], und das auch für den kleinen Schadensersatzanspruch entsprechend gelten müßte.

Allein in dem Fall, in dem der Verkäufer die Voraussetzungen eines Schadensersatzanspruches bestreitet, der Kreditgeber weiterhin seine Darlehensraten einfordert, und der Verbraucher lediglich den Ersatz der Reparaturkosten verlangt, könnte man an eine analoge Anwendung der partiellen Subsidiarität denken, also allein für die begrenzte Zeit, in der die Voraussetzungen des Anspruches und die Solvenz des Verkäufers geklärt werden müßten. Hier ist aber festzuhalten, daß der Verbraucher gerade ein Wahlrecht hat (vgl. "statt" in §§ 463, 480 Abs. 2 BGB), und dieses erst mit Rechtskraft eines Urteils, das auf einen der drei Ansprüche gerichtet ist bzw. durch das Einverständnis des Verkäufers in die Wandelung/Minderung/Schadensersatz gemäß § 465 BGB erlischt[147]. Zeigt sich für den Verbraucher die Ungewißheit, den kleinen Schadensersatzanspruch beim Verkäufer durchsetzen zu können, kann und wird er sofort zu einem anderen Gewährleistungsrecht übergehen und dem Kreditgeber den sofortigen Einwendungsdurchgriff entgegensetzen, ohne sich endgültig gebunden zu haben. Wie gesehen berechtigt selbst die allgemeine Mängeleinrede zur Erhebung des Einwendungsdurchgriffs[148]. Damit zeigt sich unabhängig von der Frage, ob die Ausnahmevorschrift des § 9 Abs. 3 S. 3 VerbrKrG überhaupt analogiefähig ist[149], daß die analoge Anwendung des § 9 Abs. 3 S. 3 VerbrKrG für den Fall des kleinen Schadensersatzanspruches ausscheiden muß. Der Kreditgeber muß immer damit rechnen, daß der Verbraucher Wandelung, Minderung, den großen Schadensersatzanspruch oder nur die allgemeine Mängeleinrede geltend macht und ihm diese Rechte über den Einwendungsdurchgriff entgegenhält. *Emmerichs* Ansicht ist deshalb vollständig abzulehnen[150].

---

146 S. bereits oben S. 172 f.

147 S. nur Palandt-*Putzo*, § 463 BGB, RdNr. 4.

148 S.o. § 5, S. 130 ff.

149 Ablehnend gerade wegen des Ausnahmecharakters der Norm Erman-*Klingsporn/Rebmann*, § 9 VerbrKrG, RdNr. 23. Daneben bestehen Zweifel an der Analogiefähigkeit auch unter dem Aspekt, daß die Norm, wie zum Problem des Wahlrechtes ausführlich geschildert (s.o. S. 174 - 186), wortlautgemäß und damit eng ausgelegt werden muß.

150 So auch *Münstermann/Hannes*, Verbraucherkreditgesetz, RdNr. 539, die aber bedauern, daß der Gesetzgeber in den übrigen Fällen, in denen der Verbraucher am Vertrag festhält (wie hier beim kleinen Schadensersatzanspruch), das Subsidiaritätsprinzip nicht eingeführt hat.

VI. Subsidiarität bei Nichtlieferung ?

Für den Fall der Nichtlieferung will *Dauner-Lieb* § 9 Abs. 3 S. 3 VerbrKrG entsprechend anwenden, da es nicht sachgerecht sei, wenn der Verbraucher bereits bei Überschreitung von Lieferfristen seine Zahlungen gegenüber dem Kreditgeber einstellen könnte[151]. Sie will dem Verbraucher in diesem Fall den Einwendungsdurchgriff erst zubilligen, wenn sich die dilatorische Einrede des § 320 Abs. 1 S. 1 BGB in eine peremptorische gemäß § 326 Abs. 1 BGB nach Ablauf der entsprechenden Fristen und Rücktritt des Verbrauchers vom Kaufvertrag umgewandelt habe.

Auch hier ist wieder Ausgangspunkt, daß sich das Problem in den meisten Fällen von selbst auflöst: Wird der Verbraucher durch Lieferung des Verkäufers befriedigt, hat er keine Einwendung (mehr), die er dem Kreditgeber entgegensetzen könnte. Ist der Verkäufer dagegen noch vor Lieferung in Konkurs gefallen, kann er auch nach der Ansicht von *Dauner-Lieb* seine Ratenzahlung endgültig einstellen[152]. Letztlich käme ein analoge Anwendung wieder nur für die kurze Zwischenzeit in Frage, in der der Verkäufer seine Leistungsverpflichtung bestreitet und der Verbraucher auf Lieferung besteht, seinerseits aber die dilatorische Einrede des § 320 Abs. 1 S. 1 BGB noch nicht über § 326 Abs. 1 BGB in eine peremptorische umgewandelt hat.

Eine analoge Anwendung der partiellen Subsidiarität für diesen Zeitraum ist indes abzulehnen[153]. Zwar mag eine Analogie von der Interessenlage des Kreditgebers gerechtfertigt sein. Auch die Vergleichbarkeit zu den Fällen der Nachbesserung und Ersatzlieferung ist durchaus nicht zu verkennen, hält doch auch im Fall der Nichtlieferung der Verbraucher erst einmal am verbundenen Kaufvertrag und damit am finanzierten Abzahlungskauf insgesamt fest und besteht regelmäßig auf Erfüllung durch den Verkäufer. In der Tat liegt im Kaufverhältnis nur die dilatorische Einrede des § 320 Abs. 1 S. 1 BGB vor. Eine analoge Anwendung ist jedoch deshalb nicht möglich, weil keine planwidrige Unvollständigkeit oder Lücke im Gesetz vorliegt. Der Gesetzgeber hat sich eindeutig für die Aufrechterhaltung des Subsidiaritätsprinzips nur für die angeführten Fälle des Nachbesserungs- bzw. Ersatzlieferungsrechts und des tatsächlichen Verlangens durch den Verbraucher entschieden. In allen anderen Fällen sollte die Gleichstellung des Verbrauchers mit

---

151 WM-Sonderbeilage 6/1991, S. 29.

152 WM-Sonderbeilage 6/1991, S. 29.

153 Gegen die partielle Subsidiarität in diesen Fällen ausdrücklich *Bülow*, § 9 VerbrKrG, RdNr. 55 und 68; MüKo-*Habersack*, § 9 VerbrKrG, RdNr. 93 und vor allem Erman-*Klingsporn/Rebmann*, § 9 VerbrKrG, RdNr. 23. An der Ansicht von *Dauner-Lieb* zweifelnd, letztlich aber offenlassend *Coester*, Jura 1992, 617, 622, Fn. 78.

dem normalen Abzahlungskäufer erfolgen. Deshalb wurde ihm der sofortige Einwendungsdurchgriff zugebilligt. Das Regel-Ausnahme-Prinzip hat sich im neuen Gesetz umgekehrt: War nach der früheren Rechtslage der subsidiäre Einwendungsdurchgriff die Regel und der sofortige bei Leistungsfähigkeit des Verkäufers die absolute Ausnahme, so ist jetzt der sofortige Einwendungsdurchgriff die Regel und der bloß subsidiäre die Ausnahme. Auch nach heftiger Kritik von der Bankenseite hat sich der Gesetzgeber bewußt für die Aufrechterhaltung des Subsidiaritätsprinzips nur in den genannten Fällen entschieden[154] und die bankenfreundlichere Vorgabe der EG-Richtlinie mit der strengen Subsidiarität weit hinter sich gelassen[155]. Auch dilatorische Einwendungen aus dem Kaufvertrag kann und soll der Verbraucher dem Kreditgeber wie der normale Abzahlungskäufer sofort entgegensetzen. Damit fehlt es an der wichtigsten Voraussetzung für eine analoge Anwendung, der *Lücke im Gesetz*. Die Annahme des Gegenteils und die Ausfüllung dieser Lücke durch eine analoge Anwendung des § 9 Abs. 3 S. 3 VerbrKrG für den Fall der Nichtlieferung ist deswegen unmöglich[156].

VII. Vereinbarkeit mit EG-Recht ?

M. Wolf ist der Ansicht, daß der grundsätzliche Verzicht auf das Subsidiaritätsprinzip entgegen der Vorgabe in der EG-Richtlinie ein Verstoß gegen den EWG-Vertrag darstelle und deshalb das widersprechende Recht von den nationalen Gerichten nicht angewendet werden dürfe[157]. Vielmehr greife die EG-Richtlinie mit ihrer strengen Subsidiarität gemäß Art. 11 Abs. 2 S. 1 lit. e unmittelbar ein. Danach könne der Verbraucher den Einwendungsdurchgriff erst bei Erfolglosigkeit der Durchsetzung seiner Rechte beim Verkäufer geltend machen[158].

Ausgangspunkt ist für *M. Wolf*, daß der nationale Gesetzgeber bei der Umsetzung der Richtlinie nicht nur deren Minimalschutz als untere Grenze zu beachten gehabt hätte, die er zweifellos eingehalten habe[159]. Vielmehr hätten ihn bei Abweichungen nach oben hin gemäß Art. 15 der EG-Richtlinie die Pflichten aus dem EWG-Vertrag mit dem durch den Binnenmarkt angestrebten Ziel eines freien Waren-, Dienstleistungs-und Kapitalverkehrs getroffen. Der Verzicht auf das in der Richtlinie vorgesehene strenge Subsidiaritätsprin-

154 So auch *Münstermann/Hannes*, Verbraucherkreditgesetz, RdNr. 530.
155 S.o. S. 176 - 181 ausführlich zur Entstehungsgeschichte.
156 Insofern kann auch hier offenbleiben, ob die Ausnahmevorschrift überhaupt analogiefähig ist.
157 In: FS für Heinsius, S. 967 ff., insbes. S. 976 ff.
158 Zum Inhalt der EG-Richtlinie und ihrer Geschichte in diesem Bereich oben S. 176 f.
159 In: FS für Heinsius, S. 967, 970.

zip stelle für Kreditgeber aus anderen Mitgliedsländern, in denen eine solche Ausdehnung des Einwendungsdurchgriffs nicht vorgesehen sei, beim Export ihrer Kreditleistungen ein großer Nachteil dar, durch den diese von einer Kreditvergabe in Deutschland abgehalten werden könnten[160]. Denn die Kreditgeber müßten nun notfalls zwei Prozesse führen, erst gegen den Verbraucher und dann bei Unterliegen gegen den Verkäufer. Darüber hinaus seien sie auf Informationen betreffend einer Einwendung aus einem ihnen fremden Vertragsverhältnis angewiesen, die sie überhaupt nicht hätten. Diese überschießende Regelung im deutschen Verbraucherkreditgesetz sei deswegen eine Gefährdung der Verwirklichung des Binnenmarktes und ein Eingriff in die Freiheit des Dienstleistungs- und Kapitalverkehrs (Art. 59, 67 EWG-Vertrag), der nur bei Vorliegen eines überwiegenden Allgemeininteresses gerechtfertigt werden könne. Ein solches Allgemeininteresse sei hingegen nicht vorhanden. Insbesondere die in der Begründung zum Regierungsentwurf angegebene ökonomische Vertragsabwicklung sei nicht ein solcher Grund, da die Provokation von zwei Prozessen keinesfalls ökonomischer sein könne, als wenn allein der Verbraucher seine Rechte beim Verkäufer geltend zu machen habe.

Diese These, die in der Literatur überraschenderweise kaum Beachtung gefunden hat[161], ist abzulehnen. Fragwürdig ist schon der Ausgangspunkt von *M. Wolf* aus dem tatsächlichen Bereich. Zum einen hat er nicht dargestellt, daß ein Mitgliedsland bei der Umsetzung der Brüsseler Vorgabe wirklich nur auf deren Minimalniveau stehengeblieben ist bzw. diese überhaupt nicht umgesetzt hat mit der Folge, daß sie unmittelbar mit der strengen Subsidiarität gelten würde. Er arbeitet also mit einer reinen Hypothese. Da andere Länder wie z.B. Frankreich mit seinem seit 1978 geltenden "Loi relative à l'information et la protection des consommateurs dans le domaine de certaines opérations des crédit"[162] und Großbritannien mit seinem "Consumer Credit Act" von 1974[163] schon lange vor der Schaffung der Richtlinie einen viel weiterreichenden Verbraucherschutz im

---

160 In: FS für Heinsius, S. 974, 976 f.

161 Allein *Scholz*, Verbraucherkreditverträge, RdNr. 167, Fn. 6 (S. 85); *Canaris*, ZIP 1993, 401, 408, Fn. 50; *Ott*, in: Bruchner/Ott/Wagner-Wieduwilt, § 9 VerbrKrG, RdNr. 15, Fn. 9a und MüKo-*Ulmer*, vor § 1 VerbrKrG, RdNr. 16, Fn. 42a ff. haben *M. Wolfs* Ausführungen registriert. Teilweise zustimmend MüKo-*Habersack*, § 9 VerbrKrG, RdNr. 122 mit Fn. 338a.

162 Gesetz zur Information und zum Schutz der Verbraucher auf dem Gebiet von bestimmten Kreditgeschäften; nach der damaligen Justizministerin auch "Loi Scrivener" genannt. Dort sind in Art. 9 - 16 Kauf- und Kreditvertrag in einem komplizierten Regelungszusammenhang von aufschiebenden und auflösenden Bedingungen in erster Linie in ihrem Zustandekommen miteinander verbunden. Dazu ausführlich *Bräunig*, Der Konsumentenkredit im französischen Recht, S. 89 ff.; im Überblick *Schmitz*, FLF 1988, 31, 32; *Emmerich*, in: Graf v. Westphalen/Emmerich/Kessler, § 9 VerbrKrG, RdNr. 9, 10 sowie Einl. zum VerbrKrG, RdNr. 30 - 35 mit umfassenden Literaturhinweisen; ferner *Ferid/Sonnenberger*, Das französische Zivilrecht 4/1, 2 J 225 ff. (S. 53 f.).

163 Dazu *Marschall v. Bieberstein*, Gutachten, S. 91 ff. und *Emmerich*, in Graf v. Westphalen/Emmerich/Kessler, Einl. zum VerbrKrG, RdNr. 36 - 41 m.w.N.

Bereich der finanzierten Rechtsgeschäfte hatten, ist eher das Gegenteil anzunehmen[164]. Zum anderen ist die Annahme, daß sich ausländische Kreditgeber durch die Regelung des grundsätzlich sofortigen Einwendungsdurchgriffs in Deutschland in diesem Bereich der Verbraucherkredite zurückziehen bzw. eine derartige Tätigkeit überhaupt erst nicht aufnehmen würden, im höchsten Maße untersuchungs- und erklärungsbedürftig, gerade aus bankwirtschaftlicher Sicht. Auch da sind *M. Wolfs* Ausführungen allzu pauschal, zumal die Fälle des Einwendungsdurchgriffs im Verhältnis zum Störungsfall der Zahlungsunfähigkeit des Verbrauchers einen sehr kleinen Anteil haben. Die Annahme einer Gefährdung des Binnenmarktes durch einen Eingriff in die Freiheit des Dienstleistungs- und Kapitalverkehrs[165] stellt sich so als bloße Behauptung dar.

Letztendlich kommt es aber auf diese Fragen überhaupt nicht an. *M. Wolfs* Thesen sind nämlich vor allem aus europarechtlicher Sicht nicht tragfähig: Seit Anfang der 70er Jahre ist der Verbraucherschutz das zentrale Anliegen der Europäischen Gemeinschaft. Dies manifestieren besonders deutlich die Programme der Europäischen Wirtschaftsgemeinschaft für eine Politik zum Schutz und zur Unterrichtung der Verbraucher[166], auf die sich auch andere Richtlinien, die den nationalen Gesetzgeber zum Handeln zwangen (Produkthaftung, Haustürwiderruf[167]), zurückführen lassen[168]. Auch bei der in Frage stehenden Verbraucherkreditrichtlinie[169] ging es schwerpunktmäßig um den Bereich der Verbraucherschutzharmonisierung, genauer um die Festlegung eines in den meisten Mitgliedsstaaten noch nicht erreichten Mindeststandards des Verbraucherschutzes auf dem Gebiet des Verbraucherkredits[170]. Keinesfalls war die Zielrichtung die Verwirklichung der Dienstleistungsfreiheit für Kreditinstitute bzw. die Bankrechtsharmonisierung. Dies zeigt deutlich die Prämisse der EG-Richtlinie, daß unterschiedliche Rechtsvorschriften zu Wettbewerbsverzerrungen zwischen den Kreditgebern und zu ungleichem Verbraucherschutz auf dem Gebiet des Verbraucherkredits führen, was das Funktionieren des Gemeinsamen Marktes unmittelbar beeinträchtige[171]. Weiter stützt sich die

---

164 Zur Rechtslage in weiteren Mitgliedsstaaten *Emmerich*, in: Graf v. Westphalen/Emmerich/Kessler, Einl. zum VerbrKrG, RdNr. 42 - 51 m.w.N. Zur Rechtslage in Österreich *Canaris*, ÖBA 1990, 882 ff. S. auch die von der Kommission in Auftrag gegebene Studie von *Reich/Micklitz*, Verbraucherschutzrecht in den EG-Staaten, RdNr. 159 (S. 163 ff.).

165 So *M. Wolf*, in: FS für Heinsius, S. 967, 974, 976 f.

166 1. Programm vom 14.4.1975, ABl. der EG Nr. C 92/1 - 12 vom 25.4.1975; 2. Programm vom 19.5.1981, ABl. der EG Nr. C 133/1 - 12 vom 3.6.1981.

167 Produkthaftungsrichtlinie vom 25.7.1985, ABl. der EG Nr. L 210/29 - 33 vom 7.8.1985 und Haustürwiderrufsrichtlinie vom 20.12.1985, ABl. der EG Nr. L 372/31 - 33 vom 31.12.1985.

168 Nach der "Inno/CCL-Entscheidung" des Europäischen Gerichtshofs vom 7.3.1990, EuZW 1990, 222, hat die grundlegende Zielsetzung der gemeinsamen Verbraucherschutzpolitik sogar normativen Rang.

169 Vom 22.12.1986, ABl. der EG Nr. L 42/48 - 53 vom 12.2.1987.

170 Ausführlich *Mülbert*, in: Hopt, Europäische Integration, S. 105, 107 ff.

171 ABl. der EG Nr. L 42/48 vom 12.2.1987.

Prämisse auf die erwähnten Programme der Europäischen Wirtschaftsgemeinschaft für eine Politik zum Schutz und zur Unterrichtung der Verbraucher, nach denen der Verbraucher vor mißbräuchlichen Kreditbedingungen zu schützen und eine Harmonisierung der allgemeinen Bedingungen für den Verbraucherkredit vorzunehmen sei. Rechtsgrundlage war demzufolge allein Art. 100 EWG-Vertrag[172], so wie es die EG-Richtlinie selbst anführte[173]. Bereits diese Sichtweise schließt es aus, in der EG-Richtlinie eine abschließende Regelung der materiell-rechtlichen Verbraucherschutzvorschriften zu sehen[174].

Aber auch aus der Richtlinie selbst heraus ist *M. Wolfs* Ansicht wenig überzeugend. Zum einen enthält Art. 11 Abs. 2 S. 2 einen besonderen Gestaltungsspielraum, als danach der nationale Gesetzgeber jeweils für sein Land bestimmt, wie weit und unter welchen Bedingungen der Einwendungsdurchgriff geltend gemacht werden kann[175]. Auf diese Gestaltungsfreiheit beruft sich gerade der deutsche Gesetzgeber[176]. Zum anderen muß gerade Art. 15 beachtet werden, wonach die Mitgliedsländer zum Schutz der Verbraucher weiterreichende Vorschriften aufrechterhalten bzw. erlassen konnten[177]. Vollständig durchdacht hätte *M. Wolfs* These die seltsame Konsequenz, daß sich letzten Endes das Mitgliedsland mit dem am geringsten entwickelten Verbraucherschutz und der bankenfreundlichsten Gesetzgebung durchsetzen würde, *und zwar für alle Mitgliedsländer gleichermaßen*: Bei den unterschiedlichen Rechtsordnungen, Interessen und Verständnis von Verbraucherschutz hatte sich in Brüssel nur eine Minimallösung durchgesetzt, mit der Länder mit einem geringen Verbraucherschutz gerade noch leben konnten, während Ländern mit einem anderen, teilweise traditionell gefestigten Verbraucherschutzverständnis die Option eingeräumt wurde, einen weitergehenden Verbraucherschutz einzuführen oder aufrechtzuerhalten[178]. Realisiert ein Land wie Deutschland letzteres beim Einwendungsdurchgriff, liegt nach *M. Wolf* ein Verstoß gegen EG-Recht vor, so daß letztlich doch der Minimalkonsens der Richtlinie und damit die Rechtsordnung des Landes mit dem geringsten Verbraucherschutz eingreift. Dann wäre eine Option wie der Art. 15 der EG-Richtlinie, die gerade ein Ventil für mangelnden Konsens innerhalb der Gemeinschaft darstellte, in den Wind geschrieben. Daß dies nicht richtig sein kann und

---

172 *Mülbert*, in: Hopt, Europäische Integration, S. 105, S. 108 und auch *Grimm*, Das neue Verbraucherkreditgesetz, S. 85, 97 ff. sowie *Krämer*, EWG-Verbraucherrecht, RdNr. 345, 346 (S. 345 ff.) m.w.N.

173 ABl. der EG Nr. L 42/48 vom 12.2.1987.

174 *Mülbert*, aaO., S. 109.

175 ABl. der EG Nr. L 42/51 vom 12.2.1987 (= Anhang, S. 414).

176 Begr. RegE, BT-DS 11/5462, S. 23 (= Anhang, S. 433).

177 ABl. der EG Nr. L 42/52 vom 12.2.1987 (= Anhang, S. 414).

178 So ist kaum überraschend, daß Frankreich überhaupt keine Änderungen und Großbritannien nur eine kleine Anpassung an die EG-Richtlinie vornehmen mußten, s. *Emmerich*, FLF 1991, 140, 143, während andere Länder in diesem Bereich zum ersten Mal normativ tätig werden mußten.

erst recht nicht von den Brüsseler Spezialisten gewollt ist, dürfte auf der Hand liegen. So erwartete gerade der "Vater" der EG-Richtlinie *Latham*, daß die Mitgliedsländer über den Minimalschutz der Richtlinie hinausgehen und von der in Art. 15 eingeräumten Möglichkeit aktiv Gebrauch machen[179]. Nach allem erlaubt Art. 15 der EG-Richtlinie jedenfalls für den Bereich des Einwendungsdurchgriffs wegen der zusätzlich in Art. 11 Abs. 2 S. 2 ausgedrückten Gestaltungsfreiheit einen weiterreichenden Verbraucherschutz ohne Begrenzung nach oben[180]. Der grundsätzlich sofortige Einwendungsdurchgriff mit seiner Beschränkung auf die partielle Subsidiarität gemäß § 9 Abs. 3 S. 1 und 3 VerbrKrG ist deshalb als zusätzlicher Verbraucherschutz im Vergleich zur EG-Richtlinie gemeinschaftskonformes nationales Recht[181].

D. Sonstige Ausnahmen

Andere gesetzlich geregelte Ausnahmen vom Einwendungsdurchgriff gibt es nicht. Dies wird aber nicht unbedingt allen Fallgestaltungen gerecht. Deswegen ist mit einem Teil der Literatur[182] davon auszugehen, daß der gesetzlich geregelte Einwendungsduchgriff dem Verbraucher keine "Narrenfreiheit"[183] oder gar das Recht gibt, mit dem Verkäufer gemeinsame Sache zu Lasten des Kreditgebers zu machen. Gleichwohl ist gerade wegen der nunmehr kodifizierten Regelung sorgfältig zu prüfen, in welchen Fällen dem Verbraucher über die gesetzlichen Ausnahmen hinaus der Einwendungsdurchgriff zu versagen ist. Grundsätzliche Leitlinie ist dabei, daß der Einwendungsdurchgriff dem Verbraucher vom Wortlaut der Norm unabhängig davon zusteht, ob er sich vertragsgemäß verhalten hat[184]. Warum die Einwendung aus dem Kaufvertrag entstanden ist, ist unerheblich. Hinzu kommt, daß der Einwendungsdurchgriff ein Recht gegenüber dem Kreditgeber darstellt und deshalb nicht immer schon dann versagt werden kann, wenn der Ver-

---

179 RevMC 1988, 219, 224.

180 *Mülbert*, in: Hopt, Europäische Integration, S. 105, 109 und *Ott*, in: Bruchner/Ott/Wagner-Wieduwilt, § 9 VerbrKrG, RdNr. 15 ausdrücklich bezüglich des Einwendungsdurchgriffs. Wohl auch MüKo-*Ulmer*, vor § 1 VerbrKrG, RdNr. 16 f. Weitergehend *Schmelz/Klute*, ZIP 1989, 1509, 1515: Gestaltungsfreiheit bezüglich des gesamten Regelungskomplexes "in unbegrenztem Umfang". Das muß hier nicht entschieden werden.

181 Ob auch die Behauptung von *M. Wolf*, in: FS für Heinsius, S. 967, 976 f. zutreffen wird, der Kreditgeber müsse zwei Prozesse führen, wird sich erst im Rahmen der Rückabwicklungsproblematik zeigen, s.u. §§ 7 - 10, S. 202 ff.

182 *Scholz*, Verbraucherkreditverträge, RdNr. 375 f. (S. 178 f.); *Münstermann/Hannes*, Verbraucherkreditgesetz, RdNr. 517 und *Vortmann*, § 9 VerbrKrG, RdNr. 47 ff.

183 Zutreffender Ausdruck von *Scholz*, aaO.

184 MüKo-*Habersack*, § 9 VerbrKrG, RdNr. 94. Anders unter der alten Rechtslage die hM, s. nur *Hopt/Mülbert*, Kreditrecht, Vorb. zu §§ 607 ff. BGB, RdNr. 495.

braucher einen Verstoß gegen Pflichten/Obliegenheiten aus dem Kaufvertrag begangen hat, sondern allein dann, wenn ihm ein derartiger Vorwurf gegenüber dem Kreditgeber gemacht werden kann.

I. Mangelnde Schutzwürdigkeit des Verbrauchers

Keinesfalls ist nach der neuen Rechtslage eine Versagung des Einwendungsdurchgriffs wegen mangelnder Schutzwürdigkeit des Verbrauchers möglich[185]. Der Kreis der schutzwürdigen Personen ist gemäß § 1 Abs. 1 VerbrKrG abstrakt-generell und ohne Rücksicht auf individuelle Merkmale bestimmt[186]. Entscheidend ist allein, daß es sich beim Käufer/Kreditnehmer um einen Verbraucher i.S.v. § 1 Abs. 1 VerbrKrG handelt[187]. Ist dies der Fall, wird er grundsätzlich auch geschützt. Art und Höhe des Geschäftes, Kaufgegenstand, Bildungsgrad, Unerfahrenheit, soziale Stellung usw.[188] spielen ebensowenig eine Rolle wie die (z.B. durch fachliche Beratung vermittelte) Kenntnis des Verbrauchers von der rechtlichen Aufspaltung des finanzierten Abzahlungskaufs und ihren daraus resultierenden Gefahren[189]. Das Gesetz geht von einem klassenlosen Verbraucherbegriff aus[190]. Selbst in dem Fall, in dem der Verbraucher die Aufspaltung des wirtschaftlich einheitlichen Geschäftes gerade beabsichtigt und deshalb der Einwendungsdurchgriff vom Bundesgerichtshof unter der alten Rechtslage abgelehnt wurde[191],

---

185 So insbes. *Dauner-Lieb*, WM-Sonderbeilage 6/1991, S. 16 f. und *Habersack*, ZHR 156 (1992) 45, 51.

186 MüKo-*Habersack*, § 9 VerbrKrG, RdNr. 15; *ders.*, ZHR 156 (1992) 45, 51.

187 Dazu bereits oben § 2, S. 67 f.

188 Unter der alten Rechtslage war äußerst zweifelhaft, ob und in welchen Fällen diese Merkmale eine Rolle spielten. Wurde beim finanzierten Abzahlungskauf noch anfangs ganz auf die soziale Stellung abgestellt wie etwa RGZ 128, 251, 254 ("kleiner Mann") und BGH WM 1956, 358, 359 (sozial schwacher Käuferkreis), gelangte der BGH immer mehr zu einer generellen Schutzbedürftigkeit der Käufer/Kreditnehmer, vgl. BGH WM 1960, 1351, 1353 und BGH WM 1962, 761 (der in beiden Fällen identische Käufer/Kreditnehmer war Arzt und kaufte medizinische Geräte); BGH WM 1963, 1276, 1278 und ausdrücklich BGH WM 1967, 446, 447 (Kauf von drei echten Perserteppichen durch einen geschäftserfahrenen, mehrfachen Gaststätteninhaber) sowie die "1. Waschsalonentscheidung" BGH WM 1978, 459, 460 (Kauf eines gewerblichen Unternehmens durch einen Kleingewerbetreibenden). Dennoch wurden immer wieder bestimmte individuelle Merkmale erwähnt, mit der sich eine besondere Schutzwürdigkeit hätte erklären lassen können, s. etwa BGH WM 1960, 1381, 1382 ("in ärmlichen Verhältnissen lebenden Beklagten"); BGH WM 1979, 550, 551 ("minderbemittelte Bevölkerung") und BGH WM 1980, 159 ("Eheleute W., die beide taubstumm sind").
Ganz anders war es dagegen bei den Entscheidungen zu den drittfinanzierten Steuersparmodellen, s. bereits oben § 1, S. 37 f. Dort wurde der Einwendungsdurchgriff u.a. damit abgelehnt, daß es um langfristige Vermögensanlagen von wirtschaftlich und rechtsgeschäftlich erfahrenen Besserverdienenden und nicht um die Beschaffung von Konsumgütern gehe.

189 S. bereits oben § 3, S. 112 ff.

190 *Seibert*, in: Hadding/Hopt, Das neue Verbraucherkreditgesetz, S. 11, 13.

191 Insbes. beim drittfinanzierten Beitritt zu einer Abschreibungsgesellschaft sowie beim drittfinanzierten Bauherren- und Ersterwerbermodell, s.o. § 1, S. 37 f.

kann ihm der Schutz grundsätzlich nicht mehr versagt werden[192]. Die Fälle fehlender Schutzbedürftigkeit des Verbrauchers sind abschließend in § 3 VerbrKrG geregelt, und zwar ebenfalls abstrakt-generell ohne die Berücksichtigung der besonderen Umstände des Einzelfalles[193].

II. Eigener Risikobereich des Verbrauchers

1. Anweisung des Verbrauchers zur Auszahlung der Valuta vor Erhalt der Ware

Fraglich ist, ob dem Verbraucher der Einwendungsdurchgriff dann zu versagen ist, wenn er den Kreditgeber ausdrücklich und auf eigenen Wunsch (und nicht durch Allgemeine Geschäftsbedingungen) zur Direktauszahlung der Valuta an den Verkäufer vor Erhalt der finanzierten Sache anweist, insbesondere deshalb, weil der Verkäufer das Geld zur Beschaffung der Sache benötigt, und dann die Lieferung durch den Verkäufer infolge dessen Konkurses ausbleibt. Der Bundesgerichtshof lehnte bereits mit seinem Urteil vom 27.1.1958 den Einwendungsdurchgriff in diesem Fall mit dem Hinweis auf das Handeln auf eigene Gefahr ab[194]. Dem folgt ein Teil der Literatur unter der neuen Rechtslage[195]. Hier sei dem Verbraucher der Einwendungsdurchgriff deshalb zu versagen, weil er mit seiner ausdrücklichen Anweisung konkludent auf sein Leistungsverweigerungsrecht verzichtet habe und das Ausbleiben der Leistung allein in seinen Risikobereich falle.

Dieser Ansicht ist nicht zuzustimmen. Schon der dogmatische Erklärungsversuch mit einem Verzicht des Verbrauchers auf den Einwendungsdurchgriff in diesem Fall überzeugt nicht. Die Schutzbestimmungen des Verbraucherkreditgesetzes, und dazu zählt vor allem der Einwendungsdurchgriff, sind gemäß § 18 S. 1 VerbrKrG halbzwingend insofern, daß eine zum Nachteil des Verbrauchers abweichende Vereinbarung unwirksam ist[196]. Darunter fällt jedenfalls auch ein einseitiger Verzicht des Verbrauchers auf seine

---

192 *Habersack*, ZHR 156 (1992) 45, 51 und MüKo-*Habersack*, § 9 VerbrKrG, RdNr. 15 ff. m.w.N. und Korrekturversuchen beim drittfinanzierten Immobilien- und Beteiligungserwerb.

193 *Habersack*, ZHR 156 (1992) 45, 51. Dazu oben § 2, S. 69 ff.

194 BGH WM 1958, 562, 563 (unter III.). Ebenso für die Literatur zur alten Rechtslage *Canaris*, Bankvertragsrecht, RdNr. 1439 und *Hopt/Mülbert*, Kreditrecht, Vorb. zu §§ 607 ff. BGB, RdNr. 495.

195 *Münstermann/Hannes*, Verbraucherkreditgesetz, RdNr. 517; *Reinking/Eggert*, Der Autokauf, RdNr. 304 (S. 90 f.); *Reinking*, FLF 1993, 174, 177 und *Vortmann*, § 9 VerbrKrG, RdNr. 48. *Vortmann* will dieses Ergebnis aber mit einer besonderen Aufklärungspflicht des Kreditgebers fallweise korrigieren, deren Verletzung zu Schadensersatzansprüchen des Verbrauchers führe.

196 MüKo-*Habersack*, § 9 VerbrKrG, RdNr. 12.

Rechte aus dem Verbraucherkreditgesetz[197]. Vor allem ist zu bedenken, daß eine Abgrenzung nach Risikosphären unter der alten Rechtslage noch in Betracht kommen mochte, jetzt aber angesichts der positivrechtlichen Regelung des Einwendungsdurchgriffs nicht mehr möglich ist. Im übrigen soll die Vorleistung einzig dem Verkäufer zugute kommen. Für den Verbraucher ist sie eine mehr oder weniger belanglose Modalität, zumal ihm die Valuta sowieso nicht ausgezahlt wird. Auch wird er sich über die mit dieser Anweisung verbundenen Gefahren regelmäßig nicht im klaren sein. Mit der Zubilligung des Einwendungsdurchgriffs in diesem Fall wird der Kreditgeber auch nicht unbillig belastet. Denn er selbst hat es in der Hand, das Entstehen dieser Situation zu vermeiden, indem er sich einfach auf ein derartiges risikoreiches Geschäft mit dubiosen Verkäufern, die das Geld erst zur Beschaffung der Ware benötigen, nicht einläßt und darauf besteht, daß die Valuta erst dann ausgezahlt wird, wenn der Verbraucher die Lieferung der Sache durch eine korrekte Empfangsbestätigung nachgewiesen hat[198].

2. *Annahmeverzug des Verbrauchers*

Von vornherein anders ist der Fall zu beurteilen, in dem der Verbraucher die Annahme der Leistung gegenüber dem leistungswilligen und leistungsfähigen Verkäufer verweigert. In diesem Fall gerät der Verbraucher in Annahmeverzug gemäß §§ 293 ff. BGB und hat grundsätzlich keine Einwendung, die er dem Verkäufer und damit dem Kreditgeber über § 9 Abs. 3 S. 1 VerbrKrG entgegenhalten könnte[199].

Besteht von Anfang an eine Einwendung, ist z.B. der Kaufvertrag nichtig oder versucht der Verkäufer eine mangelhafte Sache zu liefern, gerät der Verbraucher mit der Weigerung der Entgegennahme der Sache auch nicht in Annahmeverzug. Das gilt selbst dann, wenn der Verbraucher sich nicht auf den Mangel beruft, ja selbst dann, wenn er den Mangel nicht einmal erkannt hat[200]. Diese Einwendungen kann er dem Kreditgeber sofort entgegenhalten. Insofern schließen sich Annahmeverzug einerseits und Einwendung aus dem Kaufvertrag und damit Einwendungsdurchgriff gegenüber dem Kreditgeber andererseits gegenseitig aus.

---

197 *Bruchner*, in: Bruchner/Ott/Wagner-Wieduwilt, § 18 VerbrKrG, RdNr. 2. Zur alten Rechtslage dazu schon BGH WM 1979, 223 ff., wonach ein Verzicht des Käufers/Kreditnehmers auf seine Ansprüche aus dem Abzahlungsgesetz ohne Belehrung und Bedenkzeit nichtig war.

198 Zur unrichtigen Empfangsbestätigung s.u. S. 198 ff.

199 MüKo-*Habersack*, § 9 VerbrKrG, RdNr. 94. Das übersieht *Vortmann*, § 9 VerbrKrG, RdNr. 47, der pauschal für den Ausschluß des Einwendungsdurchgriffs plädiert.

200 Palandt-*Heinrichs*, § 294 BGB, RdNr. 4.

Nur in dem Fall, daß die Valuta doch schon ausgezahlt wurde[201] und nach Eintreten des Annahmeverzugs die Leistung des Verkäufers infolge dessen Konkurses o.ä. endgültig ausbleibt, stellt sich die Frage, ob der Verbraucher dem Kreditgeber die (jetzt dauerhafte) Einrede des nichterfüllten Vertrags gemäß § 320 Abs. 1 S. 1 BGB entgegenhalten kann. Zurückzugreifen ist möglicherweise auf die Entscheidung des Bundesgerichtshofes vom 30.9.1963[202]. In diesen Fall lag (revisionsrechtlich unterstellt) eine grundlose Abnahmeverweigerung seitens des Käufers/Kreditnehmers vor. Die Verkäuferfirma kam noch vor Lieferung zum Erliegen. Der Bundesgerichtshof verneinte gegenüber dem Zahlungsanspruch des klagenden Kreditgebers einen Gegenanspruch des Käufers/Kreditnehmers aus culpa in contrahendo unter Anwendung des § 254 BGB. Das Gericht betonte, daß in erster Linie und ganz überwiegend das eigene schuldhafte Verhalten des Käufers/Kreditnehmers ursächlich für den entstandenen Schaden geworden sei, der darin liege, das Darlehen zurückzahlen zu müssen, ohne den Besitz des finanzierten Wagens erlangt zu haben. Diese schuldhafte Mitverursachung wiege viel schwerer als die etwaige fahrlässige Verletzung einer vertraglichen Erkundigungspflicht durch den Kreditgeber, die Valuta an den Verkäufer ausgezahlt zu haben, ohne zu prüfen, ob der Wagen dem Käufer/Kreditnehmer bereits übergeben war. Gleichzeitig wurde auch ein Verstoß des Kreditgebers gegen § 242 BGB verneint und herausgestellt, daß vielmehr der beklagte Käufer/Kreditnehmer gegen Treu und Glauben verstoßen würde, wenn er seine eigene, grundlose Abnahmeverweigerung vorschützen wollte, um sich seinen Vertragspflichten gegenüber dem klagenden Kreditgeber zu entziehen.

Dieses Urteil ist unter der neuen Rechtslage nicht mehr haltbar. Auch wenn der Verbraucher in Annahmeverzug geraten ist und die Leistung des Verkäufers infolge dessen Konkurses endgültig ausbleibt, kann er sich auf den Einwendungsdurchgriff gegenüber dem Kreditgeber berufen[203]. Denn der Annahmeverzug setzt im Gegensatz zum Schuldnerverzug kein Verschulden des Gläubigers voraus und begründet deshalb auch keine Schadensersatzpflicht, sondern ist lediglich ein *Verstoß gegen eigene Obliegenheiten*[204]. Dieser Verstoß liegt aber allein im Verhältnis zum Verkäufer und nicht im Verhältnis zum Kreditgeber vor. Auch beim bilateralen Vertrag schließt allein der Annahmeverzug das

---

201 Man denke an den Fall, daß dem Kreditgeber die Kopie eines Frachtbriefes zur Auszahlung genügt, in dem die Annahme durch den Verbraucher nicht festgehalten ist.

202 BGH WM 1963, 1276 ff.

203 A.A. *Vortmann*, § 9 VerbrKrG, RdNr. 47, der den Einwendungsdurchgriff in diesem Fall gemäß § 254 BGB unter Berufung auf die o.g. BGH-Entscheidung ausschließen will, und für die Literatur zur alten Rechtslage *Canaris*, Bankvertragsrecht, RdNr. 1437 und *Hopt/Mülbert*, Kreditrecht, Vorb. zu §§ 607 BGB, RdNr. 495.

204 S. nur Palandt-*Heinrichs*, § 293 BGB, RdNr. 1. Deshalb wurde der Annahmeverzug auch in diese Fallgruppe "eigener Risikobereich des Verbrauchers" eingeordnet.

Leistungsverweigerungsrecht des § 320 Abs. 1 S. 1 BGB nicht aus[205], so daß beim finanzierten Abzahlungskauf der Verbraucher nicht schlechter stehen darf als der normale Abzahlungskäufer. Nochmals zu betonen ist, daß nach der neuen Rechtslage eine Abgrenzung nach Risikosphären und Treu und Glauben nicht mehr möglich ist. Das hier vertretene Ergebnis ist auch deshalb nicht unbillig, weil sich der Kreditgeber davor schützen kann, indem er die Valuta nur bei Erhalt einer korrekten Empfangsbestätigung durch den Verbraucher auszahlt[206]. Vertraut er dagegen auf die Angaben des Verkäufers, er habe die Sache bereits an den Verbraucher ausgeliefert (z.B. durch Frachtbrief), ist dies insoweit sein Risiko.

Parallel dazu ist der Fall zu lösen, in dem der (leistungsfähige) Verkäufer ein vertragliches Rücktrittsrecht oder sonstiges Lösungsrecht hat und dieses infolge des Annahmeverzugs des Verbrauchers geltend macht. Hier kann der Verbraucher den Rücktritt bzw. die Vertragsaufhebung dem Kreditgeber im Wege des Einwendungsdurchgriffs entgegensetzen[207]. Es gilt wieder der Grundsatz, daß der Einwendungsdurchgriff unabhängig davon besteht, ob der Verbraucher sich *im Verhältnis zum Verkäufer* vertragsgemäß verhalten hat. Regreßansprüche des Kreditgebers gegen den Verkäufer bleiben selbstverständlich unberührt.

III. Mitverschulden des Verbrauchers[208]

Ganz anders ist es aber, wenn der Verbraucher das Ausbleiben der Leistung und die Situation des Einwendungsdurchgriffs *schuldhaft* (mit-) herbeigeführt hat und damit gleichzeitig einen Pflichtenverstoß *gegenüber den Kreditgeber* begangen hat. Das ist etwa dann der Fall, wenn der Verbraucher mit dem Verkäufer arglistig zusammenarbeitet und eine Empfangsbestätigung über den Erhalt einer Sache fingiert, einzig allein zu dem

205 Palandt-*Heinrichs*, § 320 BGB, RdNr. 6.
206 Zur unrichtigen Empfangsbestätigung sogleich.
207 MüKo-*Habersack*, § 9 VerbrKrG, RdNr. 94.
A.A. zur alten Rechtslage *Hopt/Mülbert*, Kreditrecht, Vorb. zu §§ 607 ff. BGB, RdNr. 495.
208 Nicht untersucht wird in dieser Fallgruppe die Blankettfälschung, also das abredewidrige Ausfüllen eines mit einer Blankounterschrift des Verbrauchers versehenen Kreditantrags durch den Verkäufer. Denn diese Frage betrifft das Zustandekommens des Kreditvertrags unmittelbar und ist keine Frage des Einwendungsdurchgriffs, so zutreffend BGH WM 1973, 750, 752. Siehe dazu auch noch den ersten Fall im Rahmen des finanzierten Abzahlungskaufs BGH WM 1963, 912 f.; *Canaris*, Bankvertragsrecht, RdNr. 1434 und *Hopt/Mülbert*, Kreditrecht, Vorb. zu §§ 607 ff. BGB, RdNr. 496.

Zweck, den Kreditgeber zur Auszahlung der Valuta an den Verkäufer zu bewegen[209]. Oder die Parteien schließen mit gemeinsamer Schädigungsabsicht den Kaufvertrag nur zum Schein ab (§ 117 BGB), um die Valuta zu erhalten[210]. Bei diesem vorsätzlichen Verhalten des Verbrauchers muß der Einwendungsdurchgriff auch nach der neuen Rechtslage ausgeschlossen werden. Dabei ist gleichgültig, ob man die Rechtsgrundlage für den Ausschluß in einem Schadensersatzanspruch des Kreditgebers aus culpa in contrahendo[211] oder in einer Arglisteinrede sieht[212]. Sichergestellt werden muß auf jeden Fall, daß ein besonderer Fall und auf seiten des Verbrauchers ein echtes *Verschulden gegenüber dem Kreditgeber* vorliegt[213].

Aber nicht nur in diesen krassen Fällen muß der Einwendungsdurchgriff ausgeschlossen werden, sondern *nach den Umständen des Einzelfalles* auch dann, wenn der Verbraucher eine unrichtige Empfangsbestätigung abgibt und der Kreditgeber von der Unrichtigkeit keine Kenntnis hat[214]. Denn mit seinen unrichtigen Angaben hat er sich selbst in eine Lage gebracht, vor deren Folgen ihn der Einwendungsdurchgriff gerade bewahren will. Auch hier sollte es dem Kreditgeber möglich sein, die Berufung des Verbrauchers auf den Einwendungsdurchgriff als treuwidrig zurückweisen zu können[215].

---

209 *Münstermann/Hannes*, Verbraucherkreditgesetz, RdNr. 517; *Scholz*, Verbraucherkreditverträge, RdNr. 375 (S. 178 f.); *Reinking/Eggert*, Der Autokauf, RdNr. 304 (S. 91); *Reinking*, FLF 1993, 174, 177 und schon (für die Revisionsinstanz unterstellt) BGH WM 1972, 442 ff.

210 *Canaris*, Bankvertragsrecht, RdNr. 1435; *Hopt/Mülbert*, Kreditrecht, Vorb. zu §§ 607 ff. BGB, RdNr. 495 und OLG Schleswig WM 1969, 382, 384 für die alte Rechtslage. Ebenfalls diskutiert von BGH WM 1967, 446, 447 f. (unter II. 2.) und von BGH WM 1972, 442, 443 f. (unter III. 3.).

211 So *Scholz*, Verbraucherkreditverträge, RdNr. 375 (S. 179).

212 So *Münstermann/Hannes*, Verbraucherkreditgesetz, RdNr. 517 und *Reinking/Eggert*, Der Autokauf, RdNr. 304 (S. 91).

213 Auf das Verschulden als strengeren Filter als die bloße Abgrenzung nach Risikosphären stellte unter der alten Rechtslage auch schon Soergel-*Hönn*, Anhang zu § 6 AbzG, RdNr. 64 ab.

214 Zutreffend *Reinking/Eggert*, Der Autokauf, RdNr. 305 (S. 91) und *Scholz*, Verbraucherkreditverträge, RdNr. 375 (S. 178 f.), die auf die Umstände des Einzelfalls abstellen, während *Vortmann*, § 9 VerbrKrG, RdNr. 48, 49 den Einwendungsdurchgriff wegen Verzichts des Verbrauchers generell in diesen Fällen versagen will. Nach *Tempel*, Materielles Recht im Zivilprozeß, S. 118 soll die Abgabe einer unrichtigen Empfangsbestätigung nach der neuen Rechtslage lediglich die Beweislast verändern.

215 Das gilt erst recht für den vom OLG Celle NJW 1973, 372 f. entschiedenen Fall (so auch *Scholz*, Verbraucherkreditverträge, RdNr. 376, S. 179). Dort hatte der Käufer/Kreditnehmer nicht nur eine unrichtige Empfangsbestätigung abgegeben, sondern auch auf dem Kaufkreditantragsformular eine entsprechende Spalte bewußt wahrheitswidrig ausgefüllt, und das im Hinblick darauf, daß es sich bei den finanzierten Möbeln um Ausstellungsstücke handelte und mit einer Übergabe durch den Verkäufer für längere Zeit nicht zu rechnen war. Das Gericht bejahte eine Vertragsverletzung des Käufers/Kreditnehmers nicht nur wegen der unrichtigen Angaben, sondern auch wegen Verletzung einer vertraglichen Mitteilungspflicht gegenüber dem Kreditgeber, weil jener für den Käufer/Kreditnehmer erkennbar Sicherungseigentümer der Möbel werden wollte.
Zu weiteren Beispielen, bei denen der Einwendungsdurchgriff auch nach der neuen Rechtslage ausgeschlossen werden könnte *Scholz*, Verbraucherkreditverträge, RdNr. 376 (S. 179).

Hier ergeben sich aber zwei Einschränkungen: Zum einen muß der Kreditgeber dafür sorgen, daß sich die Empfangsbestätigung auf einem vom Kreditantrag getrennten Blatt befindet[216]. Im Hinblick auf die Chronologie der Geschäftsabwicklung beim klassischen B-Geschäft: Verbraucher und Verkäufer beantragen, weil Geld fehlt; Bank nimmt Antrag an, weil Verbraucher kreditwürdig ist; Verkäufer liefert, weil Bank angenommen hat; Verbraucher bestätigt, weil Verkäufer geliefert hat, und Bank zahlt aus, weil Verbraucher bestätigt hat[217], ist eine glaubwürdige Empfangsbestätigung schon auf dem Darlehensantrag praktisch kaum vorstellbar[218]. Zum anderen ist das Verschulden des Verbrauchers abhängig von einer hinreichender Aufklärung[219], d.h. der Kreditgeber muß den Verbraucher auf die spezifische Gefahr der Abgabe einer unrichtigen Empfangsbestätigung aufklären[220]. Hat der Kreditgeber selbst diese Aufklärungspflicht verletzt, bleibt dem Verbraucher der Einwendungsdurchgriff bezüglich der zukünftigen Zahlungsverpflichtung erhalten, und zwar vollständig, wenn nun die finanzierte Sache ausbleibt. Hat der Verbraucher bereits Raten an den Kreditgeber erbracht, kann er diese unter dem Aspekt der Schadensersatzpflicht aus culpa in contrahendo zurückverlangen[221]. Im Rahmen dieses Pflichtenkreises kann der Verkäufer als Erfüllungsgehilfe des Kreditgebers gemäß § 278 BGB tätig werden, so daß der Kreditgeber auch für dessen Verschulden haftet, es sei denn, daß Verkäufer und Käufer in arglistiger Weise vorsätzlich zum Nachteil des Kreditgebers zusammenarbeiten[222].

Diese Einschränkung ist in keinster Weise ein Widerspruch zur abgelehnten Aufklärungspflicht bezüglich des spezifischen Aufspaltungsrisikos[223]. Denn hier geht es rechtstechnisch um einen Ausschluß des eigentlich gegebenen Einwendungsdurchgriffs über die gesetzlich bestehenden Ausschlußgründe hinaus und inhaltlich allein um die Gefahr einer besonders gefährlichen Zahlungsweise, nicht um die gesamte vertragliche Willensbildung.

Der Einwendungsdurchgriff bleibt dem Verbraucher auch dann erhalten, wenn ihm der Verkäufer vorgespiegelt hat, er, der Verkäufer benötige dessen sofortige Empfangsbestätigung, um die Kaufsache (etwa ein Automobil) beim Hersteller abholen zu können,

216 *Horn*, FLF 1985, 90, 99. So auch die Vordrucke der WKV-Bank München für finanzierte Abzahlungskäufe (s. Anhang, S. 448 f.).
217 Nach *Hörter*, Der finanzierte Abzahlungskauf, S. 133.
218 *Canaris*, Bankvertragsrecht, RdNr. 1440 und *Horn*, FLF 1985, 90, 99. Eine Ausnahme gilt nur für die Fälle, daß der Verbraucher die Ware sofort mitnimmt.
219 Soergel-*Hönn*, Anhang zu § 6 AbzG, RdNr. 64 zur alten Rechtslage.
220 *Bülow*, § 9 VerbrKrG, RdNr. 39 und MüKo-*Habersack*, § 9 VerbrKrG, RdNr. 20. Vgl. auch die Achtungsklausel in der Empfangsbestätigung der WKV-Bank München im Anhang, S. 449.
221 MüKo-*Habersack*, § 9 VerbrKrG, RdNr. 20; ähnlich auch *Vortmann*, § 9 VerbrKrG, RdNr. 48, 60.
222 *Vortmann*, § 9 VerbrKrG, RdNr. 49.
223 S.o. § 5, S. 127.

während er diese in Wahrheit nur verwendet, um an die Valuta des Kreditgebers zu kommen[224]. Auch hier fehlt es an einem Verschulden des Verbrauchers.

Diese Grundsätze entsprechen der bisherigen Rechtsprechung des Bundesgerichtshofs. Allerdings wurde dort das Problem über ein Mitverschulden gemäß § 254 BGB gelöst. Dem lag zugrunde, daß der Einwendungsdurchgriff gerade in den Fällen der unrichtigen Empfangsbestätigung nicht über den Durchgriffsgedanken gemäß § 242 BGB, sondern über den Schadensersatzanspruch aus culpa in contrahendo wegen Verletzung der Aufklärungspflicht begründet wurde[225]. Argumentiert wurde insbesondere, daß es eine Erfahrungstatsache sei, daß die Käufer bei finanzierten Abzahlungskäufen die formularmäßigen Empfangsbestätigungen (oft auch noch auf demselben Vordruck wie Kauf- und Kreditantrag) vielfach schon vor Lieferung im voraus erteilen würden, ohne sich bewußt zu werden, welches große Risiko darin für sie liege, nämlich auch bei Nichterhalt der Ware den Kredit zurückzahlen zu müssen[226]. Über dieses Risiko müsse der Kreditgeber den in dieser Frage unerfahrenen Käufer/Kreditnehmer aufklären. Dabei haftete der Kreditgeber für ein Verschulden des Verkäufers[227], wenn nicht Verkäufer und Käufer/Kreditnehmer arglistig zum Nachteil des Kreditgebers zusammenarbeiteten[228]. Jedenfalls ließ sich bei diesem Schadensersatzanspruch in der Tat § 254 BGB leicht anwenden[229].

224 Zutreffendes Beispiel von *Reinking/Eggert*, Der Autokauf, RdNr. 305 (S. 91).

225 Erstmals BGH WM 1960, 1351, 1353 und BGH WM 1960, 1381, 1383 (beide Urteile vom 17.11.1960); BGH WM 1962, 761, 763; BGH WM 1967, 446, 447 und OLG Zweibrücken MDR 1975, 142. Die Literatur ist dieser Ansicht nur vom Ergebnis her gefolgt, s. etwa *Canaris*, Bankvertragsrecht, RdNr. 1440 und *Hopt/Mülbert*, Kreditrecht, Vorb. zu §§ 607 ff. BGB, RdNr. 495.

226 BGH WM 1960, 1381, 1383.

227 BGH WM 1960, 1381, 1384; BGH WM 1967, 450, 453 und BGH WM 1980, 1111, 1114.

228 Erwähnt von BGH WM 1960, 1351, 1353; BGH WM 1960, 1381, 1384; BGH WM 1962, 761, 763 und BGH WM 1967, 450, 454; entscheidungserheblich (unterstellt) bei BGH WM 1972, 442, 443.

229 BGH WM 1960, 1351, 1353; BGH WM 1960, 1381, 1384; BGH WM 1962, 761, 763; BGH WM 1967, 450, 454 f. und bezüglich des Sonderproblems der Nichtvorlage des Kfz.-Briefes bei der Übergabe des finanzierten Wagens BGH WM 1967, 448, 450. Allerdings bestand in der Rechtsprechung die Tendenz, das Mitverschulden des Käufers/Kreditnehmers nur in Ausnahmefällen zu bejahen, so zutreffend *Pagendarm*, WM 1967, 434, 438. In den angegebenen Fällen wurde entweder ein Mitverschulden verneint oder mangels ausreichender Sachaufklärung zurückverwiesen.

DRITTER TEIL

DIE RECHTSFOLGEN DES EINWENDUNGSDURCHGRIFFS UND DIE RÜCKABWICKLUNG

§ 7 Der Rückforderungsdurchgriff und die vorrangige Rückabwicklung zwischen Kreditgeber und Verbraucher

A. Ausgangspunkt

Der Gesetzgeber hat den Einwendungsdurchgriff als bloßes Leistungsverweigerungsrecht ausgestaltet. Er ist reines Verteidigungsmittel des Verbrauchers gegenüber dem Rückzahlungsverlangen des Kreditgebers aus dem Kreditvertrag und gerade kein Angriffsmittel in Form einer Anspruchsgrundlage gegen den Kreditgeber[1]. Anders als beim erfolgten Widerruf, bei dem der Kreditgeber nach Auszahlung der Valuta an den Verkäufer gemäß § 9 Abs. 2 S. 4 VerbrKrG hinsichtlich der Rechtsfolgen des Widerrufs in die Rechte und Pflichten des Verkäufers automatisch eintritt und dementsprechend vorrangig eine bilaterale Rückabwicklung zwischen Verbraucher und Kreditgeber zu erfolgen hat, und anders als bei der Rücknahme der finanzierten Sache durch den Kreditgeber, die gemäß § 13 Abs. 3 S. 2 1. Hs. und S. 1 VerbrKrG als Rücktritt vom Kreditvertrag gilt und ebenfalls eine bilaterale Rückabwicklung im Verhältnis Kreditgeber - Verbraucher gemäß §§ 13 Abs. 3 S. 2 2. Hs., Abs. 2 VerbrKrG i.V.m. §§ 346 ff. BGB auslöst, hat der Gesetzgeber die Rechtsfolgen des Einwendungsdurchgriffs und seine Rückabwicklung nicht geregelt. Das gilt nicht nur für die Rechtsposition des Verbrauchers gegenüber dem Kreditgeber abgesehen von seinem Leistungsverweigerungsrecht und umgekehrt, sondern erst recht für einen möglichen nachfolgenden Regreß des Kreditgebers beim Verkäufer[2]. Fest steht nur, daß der Kreditgeber nicht vom Verbraucher auf Erfüllung des finanzierten Geschäftes in Anspruch genommen werden kann. Denn er haftet nicht neben dem Verkäufer als Gesamtschuldner auf Erfüllung des Kaufvertrages[3].

---

1 S. bereits oben § 5, S. 122 f.

2 Dieser fehlt auch bei § 9 Abs. 2 S. 4 VerbrKrG, was aber nicht Thema dieser Arbeit ist.

3 Diese Selbstverständlichkeit als einzige klarstellend Erman-*Klingsporn/Rebmann*, § 9 VerbrKrG, RdNr. 20 und 21.

In der Begründung zum Regierungsentwurf heißt es zur Rückabwicklungsproblematik[4]: "Der Entwurf drängt den Grundsatz der Subsidiarität weiter zurück; die sofortige Geltendmachung des Leistungsverweigerungsrechts gegenüber dem Kreditgeber dient nämlich der ökonomischen Vertragsabwicklung: Der Kreditgeber kann sein Vertragsverhältnis zum Verkäufer von vornherein so gestalten, daß er leicht Regreß nehmen kann (z. B. indem er sich eine Bürgschaft einräumen läßt). Bei Insolvenz des Verkäufers trägt der Kreditgeber ohnehin das Risiko des Geschäfts." Mehr Ausführungen macht der Gesetzgeber nicht. Vielmehr betont er ausdrücklich, daß sich der Entwurf auf die Zuerkennung eines bloßen Zurückbehaltungsrechtes zugunsten des Verbrauchers beschränke[5]. Unklar ist, was für den Fall zu gelten hat, daß kein Vertragsverhältnis zwischen Kreditgeber und Verkäufer besteht. Ebensowenig ist klar, ob der Verbraucher zur Erhaltung seines Einwendungsdurchgriffs gleichzeitig seine Rechte gegen den Verkäufer durchsetzen muß, oder ob er schlicht untätig bleiben und sich z.B. bei der Lieferung einer mangelhaften Sache auf die Erhebung der allgemeinen Mängeleinrede beschränken kann, welche Auswirkungen eine Störung aus dem Kaufvertrag (z.B. Wandelung/Nichtigkeit) auf den Kreditvertrag hat, und ob der Verbraucher eventuell die bereits geleisteten Raten vom Kreditgeber, namentlich im Falle der Insolvenz des Verkäufers zurückfordern kann (sog. Rückforderungsdurchgriff).

Bereits mit dieser nicht abschließenden Auflistung von Rechtsfolgen- und Rückabwicklungsfragen merkt man deutlich, daß der Gesetzgeber auf halbem Wege stehengeblieben ist: Zwar hat er den Einwendungsdurchgriff kodifiziert und damit dem kaum noch durchschaubaren Streit um seine dogmatische Begründung und seine Tatbestandsvoraussetzungen ein Ende gemacht[6]. Gleichfalls hat er seinen Anwendungsbereich durch den weiten Rahmen der finanzierten Rechtsgeschäfte[7] und die Zurückdrängung des Subsidiaritätsprinzips[8] ausgeweitet und damit die Position des Verbrauchers verbessert. Was aber nach der Erhebung des Einwendungsdurchgriffs durch den Verbraucher mit den Vertragsverhältnissen zu geschehen hat, ist nicht geregelt worden.

Dieser Befund ist um so erstaunlicher, als über den Einwendungsdurchgriff gerade die entscheidenden Störungstatbestände des finanzierten Abzahlungskaufs, nämlich die Fälle der Nichtlieferung, der Hauptanwendungsfall der mangelhaften Lieferung und die Fälle der Nichtigkeit des Kaufvertrages insbesondere nach erfolgreicher Anfechtung durch den

---

4 BT-DS 11/5462, S. 23 f. (= Anhang, S. 434).
5 BT-DS 11/5462, S. 12 (= Anhang, S. 433).
6 S.o. § 5, S. 120.
7 S.o. § 4, S. 117 ff.
8 S.o. § 6, S. 166 ff.

Verbraucher ablaufen. Dagegen wurden für die seltenen Störungsfälle des durch den Verbraucher erfolgten Widerrufs[9] nach Auszahlung der Valuta an den Verkäufer gemäß § 9 Abs. 2 S. 4 VerbrKrG und der Rücknahme der Kaufsache durch den Kreditgeber[10] gemäß §§ 13 Abs. 3, Abs. 2 VerbrKrG i.V.m. §§ 346 ff. BGB erhebliche Teilregelungen zum Schutz des Verbrauchers gemacht, die teilweise über den erreichten Status nach der alten Rechtslage hinausgehen: In beiden Fällen hat sich der Verbraucher bilateral mit dem in der Regel solventen Kreditgeber auseinanderzusetzen. Er hat also insbesondere Rückzahlungsansprüche in Höhe aller, auch an den Verkäufer geleisteten Zahlungen und muß dafür die Kaufsache einschließlich etwaiger Nutzungsersatzansprüche, nicht dagegen die an den Verkäufer ausgezahlte Valuta an den Kreditgeber herausgeben[11]. Beim Einwendungsdurchgriff gemäß § 9 Abs. 3 VerbrKrG ist eine derartige bilaterale Rückabwicklung nicht vorgesehen. Kaum überraschend ist deshalb, daß an dieser Stelle in der zu § 9 VerbrKrG bisher erschienenen Literatur größte Unsicherheit und Streit herrscht.

Die Äußerungen zu § 9 Abs. 3 VerbrKrG[12] sind zahlreich, stimmen aber bis auf wenige Ausnahmen[13] alle darin überein, daß der Gesetzgeber mit der Kodifizierung des Einwendungsdurchgriffs gerade in bezug auf die Rechtsfolgen und die Rückabwicklung viele neue Zweifelsfragen geschaffen hat. Nach *Scholz* enthält die Regelung "mehr Zündstoff als auf den ersten Blick ersichtlich"[14]. Nach *Lieb* ist "die gesetzliche Regelung des § 9 III in ganz wesentlichen Punkten undurchdacht und infolgedessen lückenhaft und unsicher"[15]. *Emmerich* bezeichnet sie als "fragmentarische Regelung", die Literatur und Rechtsprechung in den nächsten Jahren noch ausgiebig beschäftigen werde, und prophezeit, daß sich die bereits unter der alten Rechtslage nicht endend wollende Diskussion über die Abwicklung von Kauf- und Kreditvertrag nach Geltendmachung des Einwendungsdurchgriffs unter dem neuen Gesetz mit unverminderter Heftigkeit fortsetzen

---

9 Die verbraucherpolitische Effizienz von Widerrufsrechten tendiert gegen Null, so zutreffend *Schmelz/Klute*, ZIP 1989, 1509, 1517. Ähnlich auch *Gilles*, ZRP 1989, 299, 307; *Scholz*, MDR 1989, 1054, 1056, Fn. 22 und *Brandner*, in: Hadding/Hopt, Verbraucherkreditrecht, AGB-Gesetz und Kreditwirtschaft, S. 31, 33. Dieses Urteil bestätigt selbst der Gesetzgeber für die alte Rechtslage in der Begründung des RegE, BT-DS 11/5462, S. 22, wonach bei drittfinanzierten Abzahlungsgeschäften gerade 0, 5 % gemäß § 1 b AbzG widerrufen wurden (unter Bezugnahme auf einen Bericht der Bundesregierung, BT-DS 8/234).

10 Dieser Tatbestand kommt regelmäßig nur in Betracht, wenn der Kreditgeber in die Sache vollstreckt oder sie dem Verbraucher auf Grund seines Sicherungseigentums zwecks Verwertung wegnimmt. Die Sicherungsübereignung an den Kreditgeber wird heute nicht mehr so häufig vereinbart wie früher und ist i.ü. ein für die Annahme eines verbundenen Geschäftes weniger geeignetes Kriterium (s.o. § 3, S. 87 f.).

11 Dazu näher unten S. 238 ff.

12 Zur Kritik am Verbraucherkreditgesetz insgesamt bereits oben § 1, S. 55 ff.

13 *Ott*, in: Bruchner/Ott/Wagner-Wieduwilt, § 9 VerbrKrG, RdNr. 108, der das Vorhandensein von Regelungslücken bezweifelt.

14 MDR 1989, 1054, 1056 zum insofern gleichlautenden § 8 des Regierungsentwurfes.

15 In: Hadding/Hopt, Das neue Verbraucherkreditgesetz, S. 91, 100 (= WM 1991, 1533, 1537).

werde[16]. Nach *Dauner-Lieb* enthält die Norm im Hinblick auf die Rückabwicklung des Kaufvertrags ein sehr empfindliche Lücke, die zu erheblicher Rechtsunsicherheit führe[17]. Und sogar die griechische Mythologie muß für Unmutsäußerungen herhalten. In seinem Fazit zu den Regelungen über die verbundenen Geschäfte insgesamt vergleicht *Coester* die Arbeit des Gesetzgebers mit der Geschichte von Herakles mit der sagenhaften Schlange namens Hydra[18]: Statt eines abgeschlagenen Problemkopfes (Kodifizierung des Einwendungsdurchgriffs) würden sieben neue nachwachsen[19]. Selbst bei den Beteiligten des Entstehungsprozesses des Gesetzes ist diese Frage umstritten. Während *Helmrich* das Gesetz insgesamt und die Regelung des § 9 VerbrKrG lobt[20], bestätigt *Funke*, daß es zu zahlreichen Einzelheiten des Einwendungsdurchgriffs offene Fragen gäbe und die Anwaltschaft hier weiterhin nicht arbeitslos werde[21]. Entscheidungen zur Rückabwicklungsproblematik nach der neuen Rechtslage gibt es bisher nur von den Instanzgerichten und (naturgemäß) in sehr beschränktem Umfang[22].

Untersucht werden sollen die Rechtsfolgen des Einwendungsdurchgriffs für die wichtigsten Fälle, nämlich die Sachmängelhaftung, die Nichtigkeit des Kaufvertrages und die Nichtlieferung der finanzierten Sache. Ausgangspunkt wird ein kurzer Rückblick auf die Rückabwicklung unter der alten Rechtslage unter dem Abzahlungsgesetz sein[23]. Im

---

16 In: Hadding/Hopt, Das neue Verbraucherkreditgesetz, S. 67, 68; *ders.*, in: Graf v. Westphalen/ Emmerich/Kessler, § 9 VerbrKrG, RdNr. 74.

17 WM-Sonderbeilage 6/1991, S. 6 f. und 24.

18 Jura 1992, 617, 624.

19 S. auch *Coester*, aaO., S. 617: "Die Schwierigkeiten im Umgang mit dieser Vorschrift resultieren allerdings weniger aus ihrem positiven Inhalt als aus dem, was sie alles offenläßt - mangelnder Mut zur Lücke kann dem Gesetzgeber jedenfalls nicht nachgesagt werden."

20 *Helmrich/Seeliger*, AnwBl. 1992, 103, 104 (Vorsitzender des Rechtsausschusses des Deutschen Bundestages während der Entstehung des Verbraucherkreditgesetzes).

21 AnwBl. 1992, 108, 111 (Mitglied des Rechtsausschusses des Deutschen Bundestages während der Entstehung des Verbraucherkreditgesetzes).

22 AG Iserlohn vom 11.3.1993, zitiert von *Scholz*, Verbraucherkreditverträge, Nachtrag 1993, S. 13; aufgehoben vom LG Hagen, Urteil vom 23.7.1993, WM 1994, 607 f.; LG Kleve, Urteil vom 3.8.1993, FLF 1993, 228 f. und LG Braunschweig, Urteil vom 16.6.1994, NJW 1994, 2701 (zu diesen Entscheidungen später).
Zu erwähnen ist auch eine Entscheidung des Bundesgerichtshofs vom 25.5.1993, WM 1993, 1236 ff. (mit Kurzkommentar von *Ose*, EWiR 1993, 747 f. und Anm. von *v. Rottenburg*, WuB IV C. § 1 b AbzG 4.93). Dort handelte es sich noch um einen "Altfall" nach dem Abzahlungsgesetz und nur um einen Ausschnitt der Rückabwicklungsproblematik nach erfolgtem Widerruf. Eine vorrangige Rückabwicklung zwischen Käufer/Kreditnehmer und Kreditgeber hatte bereits stattgefunden. Es stellte sich jetzt allein die Frage eines Regresses des Kreditgebers beim Verkäufer. In diesem Fall lag sogar ein vertraglicher Schuldbeitritt des Verkäufers im Rahmen eines Rahmenvertrages vor. Der BGH betonte ausdrücklich, daß auch das neue Verbraucherkreditgesetz nicht die Frage behandele, wie ein finanzierter Abzahlungskauf bei Mängeln oder Störungen der Vertragsbeziehungen zum Kunden (Formfehler, Sittenwidrigkeit, Widerruf, Rücktritt) im Verhältnis zwischen Verkäufer und Kreditgeber abzuwickeln sei. Diese auf mögliche Störungen des Kreditvertrages bezogene Äußerung des BGH gilt ebenso bzw. mangels einer § 9 Abs. 2 S. 4 VerbrKrG entsprechenden Regelung erst recht beim Einwendungsdurchgriff.

23 S.u. S. 206 - 211.

Anschluß daran wird die vorrangige bilaterale Rückabwicklung zwischen Kreditgeber und Verbraucher unter Einschluß des sog. Rückforderungsdurchgriffs als dem zentralen Rechtsinstitut der Rückabwicklung dargestellt[24]. In § 8 wird die vom Gesetzgeber angebotene Direktabwicklung zwischen Kreditgeber und Verkäufer über eine Bürgschaft sowie über andere Konstruktionen untersucht[25]. In § 9 folgt die mögliche Auseinandersetzung des Verbrauchers mit dem Verkäufer[26], um in § 10 schließlich zum eigenen Lösungsmodell zu kommen[27].

B. Rückblick auf die bisherige Rechtsprechung

Unter § 6 AbzG konnten sich größere Rückabwicklungsprobleme nach Erhebung des Einwendungsdurchgriffs nicht stellen. Ausgangspunkt war bis zuletzt immer die Trennungstheorie gewesen[28]: Trotz enger wirtschaftlicher Verbindung waren Kauf- und Kreditvertrag rechtlich als zwei voneinander getrennte Verträge zu betrachten. Deshalb konnten Einwendungen aus dem Kaufvertrag dem Kreditgeber grundsätzlich nicht entgegengehalten werden. Jedoch durfte die Aufspaltung des wirtschaftlich einheitlichen Abzahlungskaufs in zwei rechtlich getrennte Verträge nicht dazu führen, den Käufer/Kreditnehmer rechtlos oder (erheblich) schlechter zu stellen, als er ohne die Einschaltung einer Finanzierungsbank stehen würde[29]. Vergleichsmaßstab war damit immer der normale Abzahlungskauf, bei dem der Käufer mit dem Verkäufer nur einen Vertragspartner hat. Wegen der grundsätzlichen rechtlichen Trennung der Verträge sollte möglichst die Rückabwicklung auf das jeweilige Verhältnis beschränkt bleiben, in dem die Störung auftrat und nur ausnahmsweise Rückwirkungen auf das andere, störungsfreie Rechtsverhältnis erfolgen. Allen von Instanzgerichten insbesondere in den 50er Jahren[30] und von

---

24 S.u. S. 211 - 320.

25 S.u. S. 321 - 334.

26 S.u. S. 335 - 346.

27 S.u. S. 347 - 372.
Es ist nochmals darauf hinzuweisen, daß nicht Gegenstand der Untersuchung der Fall der einseitigen Nichtigkeit des Kreditvertrages und der Fall des Doppelmangels ist, da diese Fälle mit der Frage des Einwendungsdurchgriffs grundsätzlich nichts zu tun haben, s. bereits oben § 5, S. 123 f.

28 S. die letzten Urteile BGH WM 1987, 365, 366; BGH WM 1987, 401, 402 (finanzierter Kauf eines Privatschulbetriebs); BGH WM 1988, 1328; BGH WM 1990, 1234 und auch noch nach Inkrafttreten des VerbrKrG BGH WM 1992, 1355, 1358 (finanzierte Altersversorgung über eine Beteiligungsgesellschaft, Altfall) sowie als "authentische" Interpretation der jüngsten Rechtsprechung *Halstenberg* (Richter am BGH), WM-Sonderbeilage 4/88, S. 14.

29 Ständige Rechtsprechung des Bundesgerichtshofs, z.B. BGH WM 1973, 233, 235.

30 Z.B. OLG Karlsruhe MDR 1957, 161, 162: Anwendung des § 139 BGB bei Vorliegen einer wirtschaftlichen Einheit, so daß die Nichtigkeit des Kaufvertrages zur Nichtigkeit des Kreditvertrages

der Literatur bis zuletzt angebotenen Einheitsmodellen[31] wurde durch die Rechtsprechung des Bundesgerichtshofs eine klare Absage erteilt[32].

Der Einwendungsdurchgriff, der zur Vermeidung der Rechtlos- bzw. Schlechterstellung dem Käufer/Kreditnehmer zunehmend auf Treu und Glauben gemäß § 242 BGB gestützt wurde, war prinzipiell subsidiär und konnte vom ihm nur dann gegenüber dem Rückzahlungsverlangen des Kreditgebers erfolgreich erhoben werden, wenn eine Inanspruchnahme des Verkäufers von vornherein unmöglich oder ihm unzumutbar war[33]. Im Fall der Sachmängel mußte der Käufer/Kreditnehmer deshalb in erster Linie versuchen, seine Gewährleistungsrechte beim Verkäufer durchzusetzen und für diese Zeit den Kredit weiterbedienen. War dieses unmöglich bzw. ihm unzumutbar, konnte er den Einwendungsdurchgriff sofort erheben und die weitere Rückzahlung des Darlehens von nun an einstellen. Bei der Nichtlieferung konnte der Käufer/Kreditnehmer die Einrede des nichterfüllten Vertrages gemäß § 320 Abs. 1 S. 1 BGB dem Kreditgeber über den Einwendungsdurchgriff ebenfalls nicht entgegensetzen, sondern mußte eine Inanspruchnahme des Verkäufers versuchen[34]. Gerade auch für diese Fälle war das Subsidiaritätsprinzip geschaffen worden[35].

Dagegen hatte der Käufer/Kreditnehmer nach der Rechtsprechung der Instanzgerichte[36] bei Nichtlieferung bzw. Lieferung einer mangelhaften Sache keinen Rückzahlungsanspruch gegen den Kreditgeber bezüglich bereits geleisteter Raten (sog. Rückforderungsdurchgriff), insbesondere nicht aus § 813 Abs. 1 S. 1 BGB[37]. Begründet wurde dies vor allem damit, daß der Käufer/Kreditnehmer durch die Aufspaltung des einheitlichen Lebensvorganges in zwei Verträge im Vergleich zum normalen Abzahlungskäufer

---

führte. Weitere ausführliche Nachweise auf Entscheidungen der Instanzgerichte bei *Hörter*, Der finanzierte Abzahlungskauf, S. 203 ff., insbes. S. 203, Fn. 735.

31 S. § 1, S. 41 f.

32 Erstmals BGH WM 1956, 126. Dort hieß es (Hervorhebung vom BGH selbst): "Wenn auch der Kauf und das Darlehen wirtschaftlich eng zusammenhängen, sind sie doch hier *rechtlich* zwei selbständige Geschäfte."

33 S.o. § 6, S. 167 ff. ausführlich.

34 Inzident in BGH WM 1973, 233, 234 enthalten.

35 S. bereits oben § 6, S. 167 f. (Stichwort Verhinderung des "dilatorischen Kleinkriegs").

36 LG Augsburg NJW 1973, 1704, 1705 (bei Ausbleiben von Leistungen aus dem finanzierten Dienstvertrag über einen Fernkurs unter Betonung der Unkenntnis des Kreditgebers vom Konkurs des Dienstverpflichteten beim Empfang der Darlehensraten) und LG Oldenburg NJW 1975, 172, 173 (bei Nichtlieferung der finanzierten Gegenstände unter Betonung auf die Tatsache, daß der klagende Käufer/Kreditnehmer in Kenntnis des Konkurses des Verkäufers gleichwohl an das gutgläubige Kreditinstitut zahlte); OLG Frankfurt vom 21.10.1977 und OLG Zweibrücken vom 13.12.1977, zitiert bei *Scholz*, Ratenkreditverträge, RdNr. 344 (S. 155).

37 LG Oldenburg NJW 1975, 172.

nicht schlechter bzw. rechtlos, aber eben auch nicht bessergestellt werden solle[38]. Denn der normale Abzahlungskäufer könne bei Insolvenz des Verkäufers seine bereits geleisteten Raten von niemanden zurückfordern, sondern werde lediglich auf die Konkursquote verwiesen. Die Zubilligung eines Rückforderungdurchgriffs wäre damit eine eindeutige Besserstellung, zumal der Kreditgeber so gut wie immer solvent sei[39].

Von diesem Grundsatz ausgehend billigte das OLG Stuttgart in seinem Urteil vom 8.12.1976 dem Käufer/Kreditnehmer einen eingeschränkten Rückforderungsdurchgriff gegen den Kreditgeber bezüglich der Raten zu, die der Käufer beim einfachen Abzahlungskauf nicht mehr an den Verkäufer geleistet hätte, die der Käufer/Kreditnehmer im vorliegenden Fall aber tatsächlich an den Kreditgeber geleistet hatte, weil er sich auf Grund eines Rechtsirrtumes dazu verpflichtet fühlte, obwohl ihm der Einwendungsdurchgriff für diese Zeit bereits zustand[40]. Dabei ließ das Gericht die Anspruchsgrundlage, nämlich § 812 BGB oder § 813 BGB (Einwendungsdurchgriff als Einrede) offen. Dagegen versagte das OLG Stuttgart dem Käufer/Kreditnehmer den Rückforderungsdurchgriff bezüglich der Raten, die er auch als normaler Abzahlungskäufer guten Glaubens an den dann insolvent gewordenen Verkäufer gezahlt hätte.

Der Bundesgerichtshof hatte über den Rückforderungsdurchgriff bei Lieferung einer mangelhaften Sache und Insolvenz des Verkäufers nie entschieden[41]. Dennoch erkannte er bereits in seinem Urteil vom 5.4.1962 dieses Problem, als er dort ausführte[42]: "Eine ganz andere Frage ist es, ob der Käufer berechtigt wäre, mit Rücksicht auf Mängel der Kaufsache und den Konkurs des Verkäufers gezahlte Beträge von dem Kreditinstitut zurückzuverlangen." Diese Frage war dort nur deshalb nicht zu entscheiden, weil der Käufer/Kreditnehmer vom Kreditgeber keine Rückzahlung verlangt hatte, obwohl er bereits Raten geleistet hatte.

---

38 Auch aus dem 2. Standbein zur Begründung des Einwendungsdurchgriffs, dem Schadensersatzanspruch wegen Verletzung der Aufklärungspflicht, wurde ein Rückforderungsdurchgriff selbst bei Verletzung dieser Pflicht nicht zuerkannt. Das LG Augsburg NJW 1973, 1704, 1705 (finanzierter Fernkurs) betonte, daß zwischen dem eingetretenen Schaden und der unterlassenen Aufklärung der erforderliche Rechtswidrigkeitszusammenhang fehle, weil das Risiko des Konkurses des Verkäufers/Dienstverpflichteten den Käufer/Dienstberechtigten auch im bilateralen Verhältnis getragen hätte und bereits gezahlte Raten auch in diesem Fall verloren gewesen wären.

39 Auch das OLG Zweibrücken als Vorinstanz von BGH WM 1979, 550 ff. lehnte im Falle der Nichterfüllung der Verkäuferpflichten (hier: Abnahmeverpflichtung von hergestellten Folien aus einem den Kaufvertrag begleitenden Produktionsvertrag) und des Konkurses des Verkäufers einen Rückforderungsdurchgriff der Käufer/Kreditnehmer mit dem Besserstellungsverbot ab. Der BGH hob diese Entscheidung auf, weil es den Kreditvertrag auf Grund §§ 134 BGB, 56 Abs. 1 Nr. 6 GewO a.F. selbst als nichtig ansah.

40 WM 1977, 1294, 1295 f. (Einwendung in Form des Rücktritts wegen Rechtsmängel).

41 So zutreffend *Schröder*, JZ 1989, 717, 723.

42 BGH WM 1962, 574, 575.

Im Falle der Nichtigkeit des Kaufvertrages infolge Sittenwidrigkeit verlangte der Bundesgerichtshof mit seinem Urteil vom 7.2.1980 von den Käufern/Kreditnehmern nicht die vorherige Inanspruchnahme des Verkäufers, sondern billigte ihnen den sofortigen Einwendungsdurchgriff zu[43]. Bei anderen Nichtigkeitsgründen, gerade auch bei der Anfechtung wegen arglistiger Täuschung, wurde diese Ansicht entscheidungserheblich nie bestätigt, so daß bei der Nichtigkeit des Kaufvertrages grundsätzlich von der Geltung des Subsidiaritätsprinzips auszugehen war[44]. In der gleichen Entscheidung kam das Gericht zu einem echten Rückforderungsdurchgriff bezüglich der von den Käufern/Kreditnehmern an den Kreditgeber bereits geleisteten Raten aus ungerechtfertigter Bereicherung, da dem Rückzahlungsverlangen des Kreditgebers von Anfang an die Nichtigkeit des Kaufvertrages entgegenstünde. Ausdrücklich offengelassen wurde nämlich die Frage, ob der Kreditvertrag selbst über § 166 Abs. 1 BGB hätte nichtig sein können. Einen Wegfall der Bereicherung wegen der Saldotheorie, die Auszahlung der Valuta an den Verkäufer sei eine Leistung an die Käufer/Kreditnehmer gewesen, verneinte das Gericht unter Hinweis auf den Schutzzweck der Nichtigkeitsnorm und des Abzahlungsgesetzes. Die Käufer/Kreditnehmer waren gegen diesen echten Rückforderungsdurchgriff aber zur Abtretung ihrer Bereicherungsansprüche gegen den Verkäufer und zur Herausgabe der finanzierten Sache verpflichtet[45].

In anderen Fällen der Rechtsprechung, in denen es tatsächlich zu einem Rückforderungsanspruch des Käufers/Kreditnehmers gegen den Kreditgeber kam bzw. ein solcher hätte möglich sein können[46], war immer der Kreditvertrag selbst unwirksam, z.B. auf Grund erweiterter Arglistanfechtung[47], auf Grund Gesetzesverstoßes gemäß §§ 134 BGB, 56 Abs. 1 Nr. 6 GewO a.F.[48], oder auf Grund isolierter Sittenwidrigkeit des Kreditvertrages[49]. Hierzu gehörten auch die Fälle des Doppelmangels[50]. Allen war gemeinsam, daß es dort nicht um einen Rückforderungsdurchgriff quasi als Verlängerung des Einwen-

---

43 BGH WM 1980, 327, 329.

44 Ausführlich s.o. § 6, S. 170 f.

45 Eine ausführliche Stellungnahme zu dieser wichtigen Entscheidung folgt unten auf S. 312 ff.

46 In erster Linie wurde wegen der sofortigen Zahlungseinstellung immer ein Rückzahlungsprozeß des Kreditgebers gegen den Kreditnehmer aus § 607 Abs. 1 BGB oder aus § 812 Abs. 1 S. 1 BGB herausgefordert.

47 BGH WM 1967, 450 ff. Der Käufer/Kreditnehmer hatte seine Raten an den Verkäufer geleistet, so daß diese im Verhältnis zum Kreditgeber nicht im Streit waren.

48 BGH WM 1979, 550 ff. Dort wurde ein von den Käufern/Kreditnehmern im Widerklagebegehren geltend gemachter Rückzahlungsanspruch bejaht.

49 BGH WM 1980, 1111 ff. Dort war ein Rückzahlungsanspruch des Käufer/Kreditnehmers mangels Tilgungsleistungen nicht im Streit.

50 BGH WM 1978, 875 ff. (fin. Organisationsleitervertrag gemäß § 138 Abs. 1 BGB, Kreditvertrag gemäß §§ 134 BGB, 56 Abs. 1 Nr. 6 GewO a.F. nichtig); BGH WM 1978, 1154 ff. und BGH WM 1979, 429 ff. (erweiterte Arglistanfechtung beider Verträge). In allen drei Fällen waren Rückzahlungsansprüche der Käufer/Kreditnehmer mangels Tilgungsleistungen nicht im Streit.

dungsdurchgriffs[51], sondern um eine allgemeine bereicherungsrechtliche Rückabwicklung im Dreipersonenverhältnis ging. Dort sind aber Rückforderungsansprüche grundsätzlich eine Selbstverständlichkeit, leistet der Kreditnehmer wegen der Nichtigkeit des Kreditvertrages seine Raten an den Keditgeber gemäß § 812 Abs. 1 S. 1 BGB immer rechtsgrundlos[52].

Nach der alten Rechtslage fand demnach immer eine *bilaterale Rückabwicklung* statt: Entweder zwischen Käufer/Kreditnehmer und Verkäufer oder zwischen Käufer/Kreditnehmer und Kreditgeber. Abgesehen vom Fall der Sittenwidrigkeit des Kaufvertrages haftete grundsätzlich der Verkäufer für Erfüllungsansprüche, Gewährleistungsansprüche oder Bereicherungsansprüche unter fortdauernder Bedienung des Kredits durch den Käufer/Kreditnehmer. Wie beim gewöhnlichen bilateralen Kaufvertrag trug allein der Verkäufer den Schaden und der Käufer/Kreditnehmer die Prozeßführungslast und das Prozeßrisiko. Bei Insolvenz des Verkäufers o.ä. fand dagegen eine dauerhafte Einstellung der Rückzahlungen wegen des nun möglichen Einwendungsdurchgriffs statt. Deswegen wurde dort regelmäßig ein Rückzahlungsprozeß des Kreditgebers gegen den Kreditnehmer herausgefordert, in dem die Störung des Kaufvertrages sowie wegen des Subsidiaritätsprinzips die Insolvenz des Verkäufers bzw. vergleichbare Fälle geklärt werden mußten. Waren die Voraussetzungen erfüllt, wurde der Schaden zwischen Käufer und Kreditgeber aufgeteilt. Die Höhe hing davon ab, wieviel Raten der Käufer/Kreditnehmer bereits an den Kreditgeber zurückgezahlt hatte. Nur bei der Sittenwidrigkeit des Kaufvertrages hatte der Kreditgeber das gesamte Insolvenzrisiko des Verkäufers zu tragen, weil er hier dem Käufer/Kreditnehmer alle bisher geleisteten Raten zurückzahlen mußte.

Deutlich wird, daß nach der alten Rechtslage in fast allen Fällen *gleichbleibende Schaltstelle für den Rückabwicklungsmechanismus das Subsidiaritätsprinzip* war. Genau dieses aber hat der Gesetzgeber in § 9 Abs. 3 S. 3 VerbrKrG erheblich eingeschränkt: Außer in den Fällen des tatsächlichen Nachbesserungs- bzw. Ersatzlieferungsverlangens durch den Verbraucher oder bei einer derartigen Pflicht aus dem Kaufvertrag[53] kann sich der Verbraucher nunmehr selbst bei Leistungsfähigkeit und Leistungsbereitschaft des Verkäufers nach Belieben sofort auf den Einwendungsdurchgriff gegenüber dem Kreditgeber berufen. Insofern kann bereits hier festgestellt werden, daß der Gesetzgeber, aus-

---

51 Zur Terminologie des Rückforderungsdurchgriffs direkt im Anschluß (S. 211 ff.).

52 Es stellte sich dann die Frage, ob sich der Kreditgeber wegen Auszahlung der Valuta an den Verkäufer auf einen Wegfall der Bereicherung gemäß § 818 Abs. 3 BGB berufen konnte. In den o.g. Entscheidungen BGH WM 1979, 550, 552 und BGH WM 1980, 327, 330 wurde dieser Einwand des Kreditgebers unter Berufung auf den Schutzzweck der Nichtigkeitsnorm (§ 56 Abs. 1 Nr. 6 GewO a.F. bzw. § 138 Abs. 1 BGB) bzw. den Schutzzweck des AbzG verneint.

53 Dazu oben S. § 6, S. 172 ff.

weislich der Begründung des Regierungsentwurfs[54] ungewollt, gerade durch die Zurückdrängung des Subsidiaritätsprinzips ohne eine Regelung der Rechtsfolgen durch Aufstellen eines gesetzlichen Rückabwicklungsmodells mehr neue Probleme geschaffen als er mit der Kodifizierung des Einwendungsdurchgriffs wirklich erreicht hat[55]. *Coesters* Anspielung auf die Sage von Herkules mit der Hydra[56] ist also bereits bei diesem kurzen Rückblick auf die alte Rechtslage und einem Vergleich mit der neuen Rechtslage durchaus zutreffend. Auch der bereits ausführlich dargestellte[57] Kampf um das Subsidiaritätsprinzip bei der Entstehung des Verbraucherkreditgesetzes wird jetzt verständlicher, ging es doch nicht bloß um die Erweiterung der Risikotragung durch den Kreditgeber durch das jetzt grundsätzlich sofortige Leistungsverweigerungsrecht[58], *sondern um die zentrale Schaltstelle für alle Rechtsfolgen des Einwendungsdurchgriffs*[59].

C. Der Begriff des Rückforderungsdurchgriffs

Die Untersuchung soll mit dem Fall beginnen, daß der Verkäufer insolvent oder aus anderen Gründen in eine Rückabwicklung nicht eingeschaltet werden kann (Flucht, Haft, Unauffindbarkeit etc.). Denn hier kann sich von vornherein eine Rückabwicklung nur auf die zwei verbliebenen Personen Kreditgeber und Verbraucher konzentrieren[60]. Der Verbraucher kann in diesem Fall sofort den Einwendungsdurchgriff gemäß § 9 Abs. 3 S. 1 VerbrKrG gegenüber dem Kreditgeber erheben und die weitere Rückzahlung verweigern. Für den Fall der mangelhaften Lieferung kommt die partielle Subsidiarität gemäß § 9 Abs. 3 S. 3 VerbrKrG nicht in Betracht, weil diese oben genannten Fälle beim Bestand einer vorrangigen Nachbesserungs- bzw. Ersatzlieferungspflicht als Fehlschlagen anerkannt sind[61]. Insofern ergeben sich keine Neuerungen im Vergleich zur alten Rechts-

---

54 BT-DS 11/5462, S. 12, 23 f. (= Anhang, S. 432 ff.).

55 *Dauner-Lieb*, WM-Sonderbeilage 6/1991, S. 7.

56 S.o. S. 205.

57 S.o. § 6, S. 176 ff.

58 S. die Stellungnahme des Bankenfachverbandes, FLF 1990, 31, 32 (= Anhang, S. 435 ff.).

59 Vgl. insbes. die Kritik von *Steppeler*, Sparkasse 1989, 76, 78, der die Befürchtung hegt, daß es sich der Verbraucher einfach machen könne, indem er ohne Auseinandersetzung mit dem Verkäufer die weitere Kredittilgung einstelle, so daß die Klärung des Vorliegens des Sachmangels und die Geltendmachung daraus resultierender Ansprüche auf das Verhältnis zum Kreditgeber verlagert werde. Ähnlich auch *Scholz*, MDR 1989, 1054, 1056 ("auch der mißbräuchlichen Berufung auf angebliche Mängel oder Nichtlieferung bei Zahlungsunwilligkeit wird damit Tür und Tor geöffnet."). Ob diese Befürchtung zutrifft, wird sich später (s.u. § 10, S. 348 ff.) zeigen.

60 Es sei denn, daß sich ein Konkursverwalter einschaltet, s.u. S. 315.

61 S.o.§ 6, S. 172 f. Den Einwendungsdurchgriff kann er natürlich dann nicht erheben, wenn der Verkäufer seine Gewährleistungsrechte insgesamt wirksam und nicht nur vorläufig ausgeschlossen hat. Denn der Einwendungsdurchgriff ist akzessorisch von Einwendungen aus dem Kaufver-

lage: Der Kreditgeber trägt anteilsmäßig das Risiko der Insolvenz des Verkäufers in dem Umfang, wie der Verbraucher seinen Kredit noch nicht zurückgezahlt hat; er verliert also definitiv den noch offenen Darlehensbetrag[62].

Das Hauptproblem besteht in der Frage, ob der Verbraucher das Risiko des Verlustes der bereits an den Kreditgeber gezahlten Kreditraten trägt, oder ob er diese vom Kreditgeber zurückverlangen kann, was natürlich neben der Rückzahlungseinstellung auch bzw. gerade seinem Interesse entspricht. Dann hätte der Kreditgeber das gesamte Insolvenzrisiko des Verkäufers zu tragen. Diese Frage ist Gegenstand des sog. Rückforderungsdurchgriffs[63].

Der Begriff Rückforderungsdurchgriff ist insofern ungenau, als er den Eindruck erweckt, daß der Verbraucher einen gegen den Verkäufer bestehenden Rückforderungsanspruch (z.B. aus §§ 346 S. 1, 467 S. 1 BGB bei Wandelung des Kaufvertrages oder aus § 812 Abs. 1 S. 1 BGB bei Nichtigkeit desselben) gleichsam auf den Kreditgeber als zusätzlichen Schuldner erstrecken könne[64]. Darum geht es jedoch nicht. Beim finanzierten Abzahlungskauf wird die Valuta regelmäßig auf Anweisung des Verbrauchers direkt vom Kreditgeber an den Verkäufer ausgezahlt, während der Verbraucher an den Verkäufer allein eine Anzahlung leistet. Beim Rückforderungsdurchgriff geht es nicht um die Herausgabe der Valuta bzw. des Kaufpreises (den Kredit hat der Verbraucher ja noch gar nicht getilgt), sondern darum, *ob der Verbraucher die von ihm erstmals an den Kreditgeber geleisteten Rückzahlungsraten zurückfordern kann (Rückforderungsdurchgriff im engen Sinne) und damit allein um die Frage der rechtlichen Auswirkungen von Störun-*

---

hältnis, was natürlich auch dann gilt, wenn der Verkäufer in Konkurs gefallen oder sonst leistungsunfähig, flüchtig o.ä. ist.

62 *Dauner-Lieb*, WM-Sonderbeilage 6/1991, S. 22.

63 Unter der alten Rechtslage wurde der Rückforderungsdurchgriff teilweise bejaht, jedoch i.d.R. bloß als Konsequenz einer entsprechenden dogmatischen Theorie und als Mindermeinung wenig aussagekräftig. So z.B. *Esser*, in: FS für Kern, S. 87, 109; *Esser/Weyers*, SchuldR BT, § 9 III 3 (S. 109 ff.); *Larenz*, in: FS für Michaelis, S. 193, 205; *Gilles*, JZ 1975, 305, 312; *Reifner*, Alternatives Wirtschaftsrecht, S. 262; *Vollkommer/Koch*, Jura 1980, 469, 478; *Denck*, MDR 1980, 709 ff.; *Reinicke/Tiedtke*, Kaufrecht (4. Aufl.), S. 402 ff.; *Rehberg*, Rückforderungsdurchgriff, S. 91 ff., 102 ff. und eigentlich auch (aber nicht explizit) *Gernhuber*, in: FS für Larenz, S. 455, 475 ff.; *ders.*, Das Schuldverhältnis, § 31 II 13 h (S. 730); § 31 III 6 a (S. 733 f.) und § 31 IV 4 a (S. 738).
Differenzierend nach Art der Einwendung *Canaris*, Bankvertragsrecht, RdNr. 1449 ff.; *Hopt/Mülbert*, Kreditrecht, Vorb. zu §§ 607 ff. BGB, RdNr. 544, 548 ff. und Soergel-*Hönn*, Anhang zu § 6 AbzG, RdNr. 72.
Einen Rückforderungsdurchgriff grundsätzlich ablehnend z.B. *W. Baur*, NJW 1975, 2008 f.; *Koller*, Risikozurechnung, S. 360 f.; *Graf v. Westphalen*, WM 1983, 1230, 1234; *Schlosser*, Jura 1985, 89, 92; Erman-*Weitnauer/Klingsporn*, Vorb. III zum AbzG, RdNr. 54 (8. Aufl.) und wohl auch MüKo-*H.P. Westermann*, § 6 AbzG, RdNr. 64.

64 So z.B. *Marloth-Sauerwein*, Leasing und das Verbraucherkreditgesetz, S. 133 f.

gen im Kaufvertrag auf den mit ihm verbundenen Kreditvertrag[65]. Nach der Art der Störung im Kaufverhältnis kann man nach kaufrechtlichem (insbesondere bei Wandelung des Kaufvertrages) und bereicherungsrechtlichem (bei Nichtigkeit des Kaufvertrages) Rückforderungsdurchgriff unterscheiden. Verlangt der Verbraucher darüber hinaus seine an den Verkäufer geleistete Anzahlung vom Kreditgeber heraus, kann man vom Rückforderungsdurchgriff im umfassenden Sinn sprechen. Nur in diesem Fall ist der oben beschriebene Eindruck zutreffend, der Verbraucher könne einen eigentlich gegen den Verkäufer bestehenden Rückforderungsanspruch auf den Kreditgeber als zusätzlichen Schuldner erstrecken.

Auch andere benutzte Begriffe wie Forderungsdurchgriff[66], Haftungsdurchgriff[67] oder Rückgriffsdurchgriff[68] können den beschriebenen falschen Eindruck nicht vermeiden und sind deshalb nicht vorzugswürdig. Der Begriff Rückforderungsdurchgriff hat sich vielmehr als terminus technicus mehrheitlich eingebürgert[69] und soll deshalb auch weiterhin verwendet werden. Er steht im engen Zusammenhang mit dem gesetzlich geregelten Einwendungsdurchgriff und kann geradezu als seine konsequente Verlängerung aufgefaßt werden[70]. Denn auch beim Einwendungsdurchgriff geht es allein um die rechtlichen Auswirkungen von Störungen (Einwendungen) aus dem Kaufverhältnis auf den mit ihm verbundenen Kreditvertrag (deshalb Durchgriff)[71]. Während dieser aber als Leistungsverweigerungsrecht und damit als bloßes Verteidigungsmittel gegenüber der weiteren Inanspruchnahme des Kreditgebers ausgestaltet ist, ist der Rückforderungsdurchgriff ein Angriffsmittel gegen den Kreditgeber. Will der Verbraucher seine an den Kreditgeber bereits geleisteten Raten unter Umständen zuzüglich der an den Verkäufer geleisteten Anzahlung zurückhaben, braucht er dafür eine Anspruchsgrundlage. Der Einwendungsdurchgriff hilft ihm bei diesem Begehren nicht weiter. *Das Gesetz schweigt auf den ersten Blick.*

Nicht unter den Begriff Rückforderungsdurchgriff fallen Rückforderungsansprüche des Verbrauchers gegen den Kreditgeber aus anderen Gründen als wegen Störungen aus dem Kaufverhältnis, z.B. wegen Verschuldens bei Vertragsschluß, Nichtigkeit des Kreditver-

---

65 *Vollkommer*, in: FS für Merz, S. 595, 597 und *Reinking*, FLF 1993, 174, 175.

66 *Vortmann*, § 9 VerbrKrG, RdNr. 43 und *Bülow*, § 9 VerbrKrG, RdNr. 59.

67 *Seibert*, § 9 VerbrKrG, RdNr. 11.

68 *Vortmann*, § 9 VerbrKrG, RdNr. 53.

69 So schon unter der alten Rechtslage MüKo-*H.P. Westermann*, § 6 AbzG, RdNr. 64.

70 *Reinking/Nießen*, ZIP 1991, 79, 84, Fn. 30 bezeichnen den Rückforderungsdurchgriff bei Nichtigkeit des Kaufvertrages als ex tunc wirkenden Einwendungsdurchgriff. Ebenso *Scholz*, Verbraucherkreditverträge, RdNr. 372 (S. 177).

71 S. bereits oben § 5, S. 121.

trages infolge Sittenwidrigkeit oder arglistiger Anfechtung usw. In diesen Fällen geht es allein darum, daß sich der Kreditgeber selbst schadensersatzpflichtig gemacht oder die Raten rechtsgrundlos erhalten hat und diese *deshalb*, nicht aber auf Grund eines zum Rückforderungsdurchgriff erweiterten Einwendungsdurchgriffs aus ungerechtfertigter Bereicherung herausgeben muß[72]. Gerade im letzteren Fall, und das ist mit Nachdruck zu betonen, sind Rückforderungsansprüche eine Selbstverständlichkeit[73].

Mit der Untersuchung des Rückforderungsdurchgriffs soll auch deshalb begonnen werden, weil seine Zubilligung bzw. Aberkennung entscheidende Indizwirkung für die gesamte Rückabwicklung für den Fall hat, daß der Verkäufer solvent und damit eine Rückabwicklung im Dreipersonenverhältnis vollzogen werden kann bzw. muß. In diesem Fall stellen sich nämlich nur konstruktive Schwierigkeiten[74]. Da allein das Faktun der Insolvenz des Verkäufers eine unterschiedliche Behandlung der Rückabwicklungsproblematik nicht rechtfertigen kann, müssen die Fälle von Insolvenz und Solvenz des Verkäufers grundsätzlich gleichlaufen. Demgemäß läßt sich auch die umgekehrte Feststellung treffen, daß sich die Rückabwicklung eines Dreipersonenverhältnisses bei Solvenz aller Beteiligten gerade auch bei Insolvenz einer Person bewähren muß. Wenn man einen Rückforderungsdurchgriff bejahte, dann wäre eine vorrangige Rückabwicklung zwischen Kreditgeber und Verbraucher analog § 9 Abs. 2 S. 4 VerbrKrG grundsätzlich möglich. Der Kreditgeber müßte sich erst im Nachfolgenden mit dem Verkäufer auseinandersetzen und trüge damit zwangsläufig das gesamte Verkäuferkonkursrisiko. Verneinte man ihn dagegen für den Fall der Insolvenz des Verkäufers, wäre diese vorrangige bilaterale Rückabwicklung erst recht unmöglich, wenn der Verkäufer leistungsfähig und leistungsbereit ist. Denn jede vorrangige Rückabwicklung zwischen Kreditgeber und Verbraucher würde den Rückforderungsdurchgriff inzident mitenthalten. Vielmehr müßte sich der Verbraucher in erster Linie mit Verkäufer und Kreditgeber gleichermaßen auseinandersetzen, wenn er seine bereits geleisteten Raten zurückhaben will. Aus dieser Überlegung heraus folgt, daß die vorrangige Untersuchung des Rückforderungsdurchgriffs nicht nur einem Praktikabilitätsgebot entspricht (es sind nur noch zwei Beteiligte vorhanden), sondern vielmehr vom Gesetz der Logik erwartet wird:

Nach der neuen Rechtslage ist die Frage des Rückforderungsdurchgriffs zentrale Schaltstelle für die gesamte Rückabwicklung des finanzierten Abzahlungskaufs nach Erhebung des Einwendungsdurchgriffs durch den Verbraucher !

---

72 *Scholz*, Verbraucherkreditverträge, RdNr. 373 (S. 177).
73 S. bereits oben S. 209 f. zu den Entscheidungen des Bundesgerichtshofs.
74 Zutreffend *Coester*, Jura 1992, 617, 624.

D. Der Rückforderungsdurchgriff vom Standpunkt der Einheitstheorie

I. Vertretene Meinungen

1. Die Lehre vom rechtsgeschäftlichen Verbund

Unter den Befürwortern des Rückforderungsdurchgriffs ragt wegen ihres fundamentalen Ansatzes vor allem die Einheitstheorie von *Vollkommer* heraus[75]. Sie beruht weniger auf seinem eigenen und noch zur alten Rechtslage entwickelten Lösungsmodell vom dreiseitigen Vertrag[76] als vielmehr auf *Gernhubers* grundlegender Lehre von den Vertragsverbindungen[77]. Ausgangspunkt ist für *Vollkommer*, daß bezüglich des Rückforderungsdurchgriffs in § 9 Abs. 3 VerbrKrG eine Lücke bestehe, die durch den systematischen Zusammenhang zu schließen sei[78]. Der Schlüssel für die Problemlösung sei dabei die von *Gernhuber* geschaffene dogmatische Figur des "rechtlichen Verbunds" von Kauf- und Kreditvertrag, dessen Konzeption damit Eingang in die gesetzliche Regelung über die verbundenen Geschäfte gefunden habe.

Nach Ausführungen zur bisherigen Rechtslage und zur Entstehungsgeschichte des Verbraucherkreditgesetzes beginnt *Vollkommer* seine Untersuchung mit den gesetzlich geregelten Fällen von Rückforderungsansprüchen des Verbrauchers gegen den Kreditgeber[79]: Widerrufe der Verbraucher den Kreditvertrag gemäß § 7 Abs. 1 VerbrKrG, so erfasse dieser Widerruf gemäß § 9 Abs. 2 S. 1 VerbrKrG auch den mit ihm verbundenen Kaufvertrag. Diese wechselseitige Verknüpfung bezeichnet er im Anschluß an *Gernhuber*[80] als den genetischen Verbund: Die Entstehung des einen Vertrages sei von der Entstehung des anderen, mit ihm verbundenen Vertrages abhängig; die Unwirksamkeit des einen Vertrages bedeute notwendig die Unwirksamkeit des anderen Vertrages[81].

75 In: FS für Merz, S. 595 ff. und kurz Jauernig-*Vollkommer*, § 607 BGB, Anm. 8 d, e.

76 In: FS für Larenz 1973, S. 703 ff., insbes. S. 711 ff. und *Vollkommer/Koch*, Jura 1980, 469, 477 ff.; s. bereits oben § 1, S. 42.

77 In: FS für Larenz 1973, S. 455 ff., insbes. S. 469 ff.; *ders.*, Das Schuldverhältnis § 31 (S. 708 ff.); *ders.*, BürgR, § 17 (S. 156 ff., in Kurzform). Bis auf die teilweise zustimmenden Ausführungen von *Joerges*, Verbraucherschutz als Rechtsproblem, S. 74 und von *Baudenbacher*, JZ 1985, 661, 664 wurde *Gernhubers* Modell 20 Jahre lang entweder heftig kritisiert oder vollständig ignoriert.

78 In: FS für Merz, S. 595, 603 (wird im folgenden immer zitiert).

79 AaO., S. 603 ff.

80 Das Schuldverhältnis, § 31 III (S. 731 ff.).

81 Den Begriff des genetischen Verbunds verwendete *Gernhuber* erstmals in: FS für Larenz 1973, S. 455, 476 analog dem genetischen Synallagma der Leistungspflichten im gegenseitig verpflichtenden Schuldvertrag.

Habe der Kreditgeber die Valuta bereits an den Verkäufer überwiesen, so trete er gemäß § 9 Abs. 2 S. 4 VerbrKrG im Verhältnis zum Verbraucher in die Rechtsstellung des Verkäufers hinsichtlich der Widerrufsfolgen ein und müsse jenem die bereits erbrachten Raten einschließlich einer an den Verkäufer geleisteten Anzahlung zurückzahlen[82]. Bei dieser bilateralen Rückabwicklung habe der Gesetzgeber demzufolge einen vollständigen Rückforderungsanspruch zugunsten des Verbrauchers vorgesehen und gerade keine Rückabwicklung übers Dreieck in der Form, daß sich der Verbraucher mit Verkäufer und Kreditgeber gleichermaßen auseinandersetzen müsse.

Gleiches erfolge im Fall der Rücknahme der Kaufsache durch den Kreditgeber[83]: Diese gelte gemäß § 13 Abs. 3 S. 2 1. Hs., S. 1 VerbrKrG als Ausübung des Rücktrittsrechts (Rücktrittsfiktion), so daß es beim finanzierten Abzahlungskauf gemäß §§ 13 Abs. 3 S. 2 2. Hs., Abs. 2 VerbrKrG i.V.m. §§ 346 ff. BGB ebenfalls zu einer bilateralen Rückabwicklung zwischen Kreditgeber und Verbraucher ohne Beteiligung des Verkäufers komme. Der Verbraucher habe gegen den Kreditgeber gemäß § 13 Abs. 2 S. 1 VerbrKrG i.V.m. § 346 S. 1 BGB einen Anspruch auf Rückzahlung der bereits geleisteten Raten einschließlich einer an denVerkäufer gezahlten Anzahlung, während er seinerseits an den Kreditgeber insbesondere eine Nutzungsvergütung gemäß § 13 Abs. 2 S. 1 VerbrKrG i.V.m. §§ 347 S. 2, 987 Abs. 1 BGB zahlen müsse. Gerade bei einer hohen Anzahlung könne es so zu einem positivem Saldo zugunsten des Verbrauchers und zu einem "Forderungsanspruch" gegen den Kreditgeber kommen. *Vollkommer* bezeichnet diese gesetzliche Verknüpfung von Kauf- und Kreditvertrag beim Rücktritt im Anschluß an *Gernhuber*[84] als den funktionellen Verbund[85]: Danach sei der Fortbestand des einen Vertrages abhängig vom Fortbestand des anderen Vertrages, so daß die Umgestaltung des einen Vertrages in ein Rückgewährschuldverhältnis zur Umgestaltung des anderen in ein Rückgewährschuldverhältnis führen müsse[86].

---

82 Ist die Auszahlung der Valuta an denVerkäufer noch nicht erfolgt, dann bleibt es nach *Vollkommer* bezüglich der Anzahlung und der Rückgabe der Kaufsache bei der bilateralen Rückabwicklung zwischen Verbraucher und Verkäufer. Da der Verbraucher noch keine Kreditraten geleistet habe, stelle sich die Frage eines Rückforderungsanspruchs nicht; der Verbraucher trage aber in Höhe seiner Anzahlung das Konkursrisiko des Verkäufers.

83 AaO., S. 605 f.

84 Das Schuldverhältnis, § 31 IV 2, 5 (S. 735 und 739); BürgR, § 17 II 3 d (S. 161).

85 Auf S. 606, aaO., sagt *Vollkommer* zwar lediglich, daß die Ausgestaltung der Rücktrittsfolgen bei Rücktritt des Kreditgebers den Grundsätzen der Rückabwicklung beim funktionellen Verbund von Kauf und Darlehen entspreche; auf S. 607, aaO., hat er den beschriebenen Fall der Rücknahme der Kaufsache durch den Kreditgeber dann aber als Fall des funktionellen Verbunds eingeordnet.

86 Der Begriff des funktionellen Verbunds wurde von *Gernhuber* analog dem funktionellen Synallagma verwendet.

Diese gesetzlichen Rückabwicklungsregelungen für einen Teilbereich von Vertragsstörungen, die *Vollkommer* in *Gernhubers* Lehre von den Vertragsverbindungen systematisch einbaut, sind im Zusammenhang mit dem gesetzlich geregelten Einwendungsdurchgriff die Basis für seine nun folgenden Schlußfolgerungen, die sich direkt nicht mehr aus dem Verbraucherkreditgesetz ergeben. Auch im Falle der Nichtigkeit des Kaufvertrages kommt *Vollkommer* zu einem Rückforderungsanspruch, jetzt in bereicherungsrechtlichem Gewand[87]: Kauf- und Kreditvertrag seien bei Vorliegen der Vertragsverbindung nicht zwei rechtlich selbständige Verträge, sondern in ihrer Wirksamkeit voneinander total abhängig. Entscheidendes Kriterium für die Vertragsverbindung sei nach *Gernhuber* ein Finalnexus zwischen Kauf und Darlehen gewesen: Der Käufer nehme ein Darlehen auf, das insofern final auf den Kauf bezogen sei, als der Verkäufer die Erfüllung seines Anspruches auf Kaufpreiszahlung nur aus der Darlehensvaluta fordern dürfe und der Käufer als Darlehensnehmer über die Darlehensvaluta ausschließlich zum Zweck der Tilgung seiner Schuld aus dem Kaufvertrag verfügen könne[88]. Dieser Finalnexus ist nach der Ansicht von *Vollkommer* jetzt in Form des verbundenen Geschäfts gemäß § 9 Abs. 1 VerbrKrG kodifiziert worden. Der Gesetzgeber habe sich damit von der bisher geltenden Trennungstheorie verabschiedet und die Einheitstheorie akzeptiert. Das zeigten besonders die vom Gesetzgeber durchgeführten Teilregelungen in § 9 Abs. 2 S. 4, § 13 Abs. 3 S. 2 VerbrKrG, die ein allgemeines Prinzip darstellten. Deshalb müsse die Nichtigkeit des einen Vertrages über § 139 BGB zur Nichtigkeit des anderen Vertrages führen, was für den Fall des Widerrufs ausdrücklich angeordnet worden sei, aber ebenso bei Nichtigkeit eines Vertrages nach dem Prinzip des genetischen Verbunds erfolgen müsse[89].

Damit kommt es nach *Vollkommer* nicht zu einer bereicherungsrechtlichen Rückabwicklung übers Dreieck, sondern dort, wo die Leistungsbeziehungen bestehen. Diese bestünden im gesetzlichen Verbund aber zwischen allen Beteiligten: Die Auskehrung der Valuta

---

87 AaO., S. 606 ff.

88 *Gernhuber*, in: FS für Larenz 1973, S. 455, 473 f. und Das Schuldverhältnis, § 31 II 1 (S. 712).

89 So grundsätzlich schon *Gernhuber*, Das Schuldverhältnis, § 31 III (S. 731 ff.). Allerdings verneinte *Gernhuber*, aaO., § 31 II 13 a (S. 726) gerade die Anwendbarkeit des § 139 BGB, weil die Parteien zwei Rechtsgeschäfte abschlössen. Insofern ist *Vollkommers* Hinweis in: FS für Merz S. 595, 607, Fn. 65 auf *Gernhuber* unverständlich. *Gernhuber* vermied gerade die Einordnung seiner Lehre von den Vertragsverbindungen in das BGB, weil dieses zu isolierend und abstrahierend sei und den komplexen Sachverhalt der Vertragsverbindung überhaupt nicht erfassen könne. Vielmehr entwarf er eine neue Kategorie der Rechtsdogmatik (in: FS für Larenz 1973, S. 455, 472). Was für den Vertrag zu gelten habe, daß es einen solchen nicht gebe, wenn nur eine Willenserklärung wirksam sei, gelte auch für den Verbund: Einen solchen gebe es nicht, wenn ein Vertrag nicht wirksam zustande komme. Die Abhängigkeit der Verträge voneinander folge bereits aus dem wechselseitig aufeinander bezogenen Vertragsinhalt nach dem wohlklingenden Motto: "Was nur im Verein mit einem anderen bestehen kann, weil es sich als Teil eines Ganzen konstituiert, entfällt, wenn es ein Ganzes nicht werden kann." (in: FS für Larenz 1973, S. 455, 477 f.).

vom Kreditgeber an den Verkäufer sei nicht etwa, wie die Trennungstheorie dies annimmt[90], ein Akt, mit dem simultan zwei Leistungen erbracht werden, eine des Kreditgebers an den Verbraucher (als Leistung an einen bezeichneten Dritten, den Verkäufer) und eine des Verbrauchers an den Verkäufer (als Leistung durch einen angewiesenen Dritten, den Kreditgeber). Vielmehr stelle die Direktauszahlung einzig eine Leistung vom Kreditgeber an den Verkäufer dar, mit der aber zugleich zwei Verbindlichkeiten getilgt werden[91]. Der Verbraucher seinerseits erbringe mit seinen Rückzahlungen Leistungen an den Kreditgeber, die er von diesem einschränkungslos zurückverlangen könne. Dabei sei es dem Kreditgeber verwehrt, sich auf die Saldotheorie zu berufen, die Auskehrung der Valuta an den Verkäufer sei seine Leistung an den Verbraucher, die gemäß § 818 Abs. 3 BGB Berücksichtigung finden müßte. Vielmehr müsse er sich bezüglich der Valuta im Wege der Leistungskondiktion an den Verkäufer wenden. Dagegen erbringe der Verbraucher mit der Anzahlung eine Leistung an den Verkäufer, die er nur von diesem zurückbekäme. Genau diese Form der Rücabwicklung habe der Gesetzgeber für einen Teilbereich des genetischen Verbunds, nämlich den Widerrufsfall, gewählt, eine Form, die insofern bis auf die unterschiedliche Behandlung der Anzahlung auch insgesamt für alle Fälle der Rückabwicklung zu gelten habe.

Als letztes untersucht *Vollkommer* den kaufrechtlichen Rückforderungsdurchgriff[92]. Der Gesetzgeber habe sich mit der Kodifizierung des verbundenen Geschäftes vom Leitbild des bilateralen Abzahlungskaufs verabschiedet, so daß von vornherein das Verbot der Besserstellung nicht zu gelten habe. Vielmehr seien Kauf- und Kreditvertrag nunmehr unselbständige Teilstücke eines einheitlichen rechtlichen Verbunds. Hier stellten Rechtswirkungen und Leistungsbeziehungen zwischen sämtlichen Verbundbeteiligten die Regel dar, während eine Beschränkung (Isolierung) der kaufrechtlichen Rückabwicklung auf die Kaufvertragsparteien das Irreguläre darstellen würde[93]. Gerade der Einwendungsdurchgriff zeige, daß den Kreditgeber Störungen aus der kaufrechtlichen Leistungsbeziehung treffen sollen. Trage der Kreditgeber bereits bei Störungen, die aus der Sphäre des Verbrauchers kämen (Widerruf des Verbrauchers gleich aus welchem Grund, Rücknahme der Kaufsache durch den Kreditgeber, die natürlich durch einen Zahlungs-

---

90 S. nur *Canaris*, Bankvertragsrecht, RdNr. 1454 und *Reuter/Martinek*, Ungerechtfertigte Bereicherung, § 12 IX 3 b (S. 504 ff.). Demzufolge lehnte die Trennungstheorie eine Direktkondiktion Kreditgeber - Verkäufer grundsätzlich ab.

91 So schon *Gernhuber*, in: FS für Larenz 1973, S. 455, 475; *ders.*, Das Schuldverhältnis, § 31 II 13 h (S. 730). Leistungsbeziehungen zwischen Kreditgeber und Verkäufer bejahten für die alte Rechtslage auch einige Stimmen aus dem Bereicherungsrecht wie z.B. *Kupisch*, Bereicherungsrecht, S. 90 ff. und AK-*Joerges*, § 812 BGB, RdNr. 34.

92 AaO., S. 608 ff.

93 So auch schon *Gernhuber*, in: FS für Larenz 1973, S. 455, 489.

verzug des Verbrauchers ausgelöst wird), das Insolvenzrisiko des Verkäufers, indem er dem Verbraucher die bereits geleisteten Raten einschließlich einer Anzahlung zurückzahlen müsse, so habe dies erst recht für den Fall zu gelten, bei dem die Störung aus dem Verantwortungsbereich des Verkäufers stamme wie bei der Lieferung einer mangelhaften Sache. Hier sei der Verbraucher besonders schutzwürdig, so daß er entsprechend den Verbundregeln auch ohne ausdrückliche gesetzliche Regelung seine Leistung von dem zurückfordern könne, an den er sie erbracht habe, und das sei der Kreditgeber. Dabei stellten die gesetzlichen Rückabwicklungsregeln der § 9 Abs. 2 S. 4, § 13 Abs. 3 S. 2 VerbrKrG ein allgemeines Prinzip dar, wonach eine vorrangige bilaterale Rückabwicklung des Kreditvertrages zwischen Kreditgeber und Verbraucher beim endgültigen Scheitern des mit dem Kreditvertrag verbundenen Kaufvertrages zu vollziehen sei. Dieses Rückgewährschuldverhältnis könne rücktrittsrechtlich (Rücktritt des Kreditgebers), rücktrittsähnlich (Widerruf des Verbrauchers, Wandelung) oder bereicherungsrechtlich (Nichtigkeit, Anfechtung) ausgestaltet sein. Damit bejaht *Vollkommer* im Ergebnis den kaufrechtlichen Rückforderungsdurchgriff: Mit Vollzug der Wandelung wandele sich auch das Kreditverhältnis in ein Rückgewährschuldverhältnis um[94], was nach der Lehre von den Vertragsverbindungen ebenso wie der Rücktritt unter den Begriff des funktionellen Verbunds einzuordnen sei[95].

2. *Sonstige Stellungnahmen in Literatur und Rechtsprechung*

Während ein Teil der Literatur[96] wie *Vollkommer* in § 9 VerbrKrG eine zugunsten der Einheitstheorie getroffene Entscheidung des Gesetzgebers sieht, allerdings immer nur kurz erwähnt und ohne konkrete Schlußfolgerungen zu ziehen, geht die ganz überwiegende Literatur[97], meistens im Zusammenhang mit dem Widerrufsrecht und der besonde-

---

94 AaO., S. 610. Allerdings fehlt eine konkrete Aussage zum Problem der Anzahlung.

95 *Gernhuber*, in: FS für Larenz 1973, S. 455, 488 und Das Schuldverhältnis, § 31 IV 2 (S. 735)

96 Soergel-*Hönn*, Einl. zum AbzG, RdNr. 24 und Anhang zu § 6 AbzG, RdNr. 45; *Compensis/Reiserer*, BB 1991, 2457, 2462; *Reinking/Nießen*, ZIP 1991, 79, 84 und *Reinking/Eggert*, Der Autokauf, RdNr. 306 (S. 91; anders dagegen *dies.* für den finanzierten Abzahlungskauf außerhalb des VerbrKrG, aaO., RdNr. 270, S. 82 und öfter).

97 *Seibert*, § 9 VerbrKrG, RdNr. 4; *Vortmann*, vor § 1 VerbrKrG, RdNr. 6; *ders.*, § 9 VerbrKrG, RdNr. 21; *Münstermann/Hannes*, Verbraucherkreditgesetz, RdNr. 490; *Bülow*, § 9 VerbrKrG, RdNr. 15 und 53a; *Lieb*, in: Hadding/Hopt, Das neue Verbraucherkreditgesetz, S. 91, 103 (= WM 1991, 1533, 1538); *ders.*, ebenda, S. 115, 119; *Dauner-Lieb*, WM-Sonderbeilage 6/1991, S. 5; *Ott*, in: Bruchner/Ott/Wagner-Wieduwilt, § 9 VerbrKrG, RdNr. 8, 10; MüKo-*Habersack*, § 9 VerbrKrG, RdNr. 10 und 75; *Reinicke/Tiedtke*, Kaufrecht, S. 452 ff. (insbes. S. 461 ff. zum Rückforderungsdurchgriff); *dies.*, ZIP 1992, 217, 223 ff.; *Coester*, Jura 1992, 617, 618; *Giesen*, Jura 1994, 194, 202; *Drescher*, Verbraucherkreditgesetz, RdNr. 89, 251; *Lwowski/Peters/Göβmann*, Verbraucherkreditgesetz, S. 210; *Dürbeck*, Einwendungsdurchgriff, S. 151 ff. und *Pietzcker*, Rückabwicklung, S. 45 ff. (anders aber aaO., S. 20). Wohl auch *Schlechtriem*, SchuldR BT,

ren Rechtsfolge des § 9 Abs. 2 S. 1 VerbrKrG und das LG Kleve in seinem Urteil vom 3.8.1993[98] auch unter dem Verbraucherkreditgesetz von der rechtlichen Selbständigkeit von Kauf- und Kreditvertrag und damit von der Trennungstheorie aus. Zum Schutz des Verbrauchers werde die rechtliche Trennung in §§ 9 Abs. 2, Abs. 3, § 13 Abs. 3 S. 2 VerbrKrG lediglich durchbrochen. Überraschenderweise ist aber festzustellen, daß ausführliche Stellungnahmen bzw. dogmatische Untersuchungen zu dieser zentralen Frage fehlen[99]. Das soll im folgenden geleistet werden:

II. Wertungsmäßiger Ausgangspunkt

Ohne hier schon eine abschließende Beurteilung über die Zulassung des Rückforderungsdurchgriffs abgeben zu müssen[100], muß wegen des fundamentalen Ansatzpunktes der Einheitstheorie und ihrer Bedeutung für nahezu alle vom Gesetzgeber offengelassenen Fragen des verbundenen Geschäfts eine Entscheidung zwischen ihr und der Trennungstheorie getroffen werden. Ist nämlich *Vollkommers* These richtig, dann hätte der Gesetzgeber gewollt oder ungewollt mit der erstmaligen Kodifizierung einer Vertragsverbindung die bisherige Schuldrechtskonzeption von der isolierenden Betrachtung mehrerer Verträge und das Prinzip der Relativität der Schuldverhältnisse gesprengt. § 9 VerbrKrG könnte dann Ausgangspunkt für eine ganz neue Dogmatik von Vertragsverbindungen mit heute noch ungeahnten Folgen sein[101].

RdNr. 294 (S. 123 f.), der die Konzeption eines neuen Vertragstyps mit drei Beteiligten mangels Bedürfnisses ablehnt, sowie Erman-*Klingsporn/Rebmann*, § 9 VerbrKrG, RdNr. 10 ("Das VerbrKrG geht davon aus, daß zwei Verträge vorliegen, ...").

98 FLF 1993, 228.

99 Die einzigen (kurzen) Auseinandersetzungen mit *Vollkommers* Thesen finden sich bei *Reinking*, FLF 1993, 174, 176 f. und *Pietzcker*, Rückabwicklung. S. 45 ff. (beide ablehnend).

100 Dazu unten S. 260 - 314.

101 Vielleicht ist es das, was *Scholz*, MDR 1989, 1054, 1056 meint, wenn er feststellt, § 8 RegE (= § 9 VerbrKrG) enthalte mehr Zündstoff als auf den ersten Blick ersichtlich. Interessant sind in diesem Zusammenhang auch die allg. Überlegungen von *H.P. Westermann*, in: Hadding/Hopt, Verbraucherkreditrecht, AGB-Gesetz und Kreditwirtschaft, S. 69 ff. Er stellt die Frage, ob das Verbraucherkreditgesetz eine abschließende Regelung sein werde oder ob hierin nicht vielmehr ein "Aufbruch zu neuen Ufern" dergestalt zu sehen sei, daß sich aus ihm heraus ein Sonderprivatrecht, das unter anderen Gesetzmäßigkeiten als das BGB stehe, entwickeln könne. Jedenfalls bejaht er, daß von dem neuen Gesetz erhebliche Ausstrahlungen auf die Anwendung von BGB-Vorschriften ausgehen werden. Vgl. auch *Schwintowski*, JA 1992, 33, 39, der der Ansicht ist, daß das erste gemeinsame Verbraucherschutzgesetz mit europäischer Dimension mit Blick auf ein zukünftiges Europäisches Zivil- und Handelsgesetzbuch als Schrittmacher in eine neue supranationale Zivilistik zu begreifen sei.

Zuzugeben ist *Vollkommer*, daß in der gesetzlichen Regelung auf den ersten Blick ein gewisser Wertungswiderspruch zu entdecken ist[102]: Die extrem seltenen[103] Fälle des Widerrufs und der Rücknahme, bei denen Störungsanlaß (Widerruf) und Störungsgrund (Rücknahme der finanzierten Sache, ausgelöst durch einen Zahlungsverzug) jeweils aus der Sphäre des Verbrauchers stammen, sind mit der bilateralen Rückabwicklung unter Verbraucherschutzgedanken für den Verbraucher günstig geregelt, vor allem deshalb, weil er immer die an den Verkäufer geleistete Anzahlung vom Kreditgeber ersetzt bekommt, und dieser folglich das gesamte Risiko eines Verkäuferkonkurses tragen muß. Demgegenüber ist beim Hauptstörungsfall des Einwendungsdurchgriffs, bei dem die Vertragsstörung gerade nicht aus der Sphäre des Verbrauchers, sondern aus der des Verkäufers kommt, eine vorrangige bilaterale Rückabwicklung zwischen Verbraucher und Kreditgeber vom Gesetz nicht vorgesehen.

Dieser Wertungswiderspruch relativiert sich aber bereits dadurch, daß der Kreditgeber die gesetzlichen Fälle der bilateralen Rückabwicklung selbst verhindern kann: Die Auszahlung der Valuta an den Verkäufer muß er nicht sofort mit Abschluß der Verträge, sondern kann er ebenso erst nach Ablauf der einwöchigen Widerrufsfrist des § 7 Abs. 1 VerbrKrG vornehmen, so daß der Verbraucher dann über ein Widerrufsrecht nicht mehr verfügt[104]. Unterstellt wird dabei die ordnungsgemäße Widerrufsbelehrung durch den Kreditgeber, deren Erfüllung aber ebenfalls in seinem Machtbereich liegt[105]. Hat sich der Kreditgeber ausnahmsweise einmal die finanzierte Sache zur Sicherheit übereignen lassen, und ist der Verbraucher in Zahlungsverzug geraten, muß der Kreditgeber die Sache nicht sofort an sich nehmen, um sie anschließend zu verwerten. Er sollte vielmehr eine sorgfältige Prognose treffen, welcher Weg für ihn günstiger ist[106]. Zur Verwertung wird er nur bei einer geringen Anzahlung des Verbrauchers bei gleichzeitig hoher Wahrscheinlichkeit der Realisierung eines großen Verwertungserlöses schreiten, so daß es in diesem Fall zu einem positiven Forderungssaldo für den Verbraucher nicht kommen kann. Im umgekehrten Fall muß er sich der Gefahr eines Rückforderungsanspruches bewußt sein und die finanzierte Sache lieber beim Verbraucher belassen, am Vertrag festhalten und gemäß § 11 Abs. 1 VerbrKrG Schadensersatz wegen Zahlungsverzugs hinsichtlich der

---

102 S. bereits oben S. 203 f.

103 S.o. S. 204, Fn. 9 und 10.

104 *Scholz*, Verbraucherkreditverträge, RdNr. 361 (S. 172). Nach Ansicht von *Ott*, in: Bruchner/Ott/Wagner-Wieduwilt, § 9 VerbrKrG, RdNr. 91 und *Reinking/Eggert*, Der Autokauf, RdNr. 294 (S. 88) sollte der Kreditgeber mangels einer gesetzlichen Regreßregelung im Verhältnis zum Verkäufer sogar immer so vorgehen.

105 Schwierigkeiten bestehen aber, wenn keine Beziehungen zum Verkäufer existieren, s. § 3, S. 103 f.

106 *Reinicke/Tiedtke*, Kaufrecht, S. 466; *Scholz*, Verbraucherkreditverträge, RdNr. 639 (S. 319).

einzelnen Raten verlangen oder den Kredit gemäß § 12 Abs. 1 VerbrKrG kündigen, den Nettorestsaldo fälligstellen, und dann auf andere Sicherheiten, insbesondere Personalsicherheiten (Bürgschaft o.ä.) bzw. andere Zwangsvollstreckungsgegenstände[107] des Verbrauchers zurückgreifen[108]. Bei Vorliegen einer besonderen Regelung in einem Rahmenvertrag mit dem Verkäufer sollte er diesen am besten direkt belangen[109].

Ist der Kreditgeber in den beschriebenen Störungsfällen also selbst in der Lage, die für ihn ungünstige bilaterale Rückabwicklung mit dem Verbraucher zu verhindern, so hat er diese Möglichkeit beim Einwendungsdurchgriff gemäß § 9 Abs. 3 S. 1 VerbrKrG gerade nicht. Hier muß er sich die grundsätzlich sofortige Zahlungseinstellung durch den Verbraucher gefallen lassen und trägt jedenfalls bezüglich der noch ausstehenden Kreditraten das Konkursrisiko des Verkäufers, obwohl der Störungsgrund weder aus seiner Sphäre noch aus seinem Vertragsverhältnis zum Verbraucher herrührt. Aus diesen Gründen kann man den angeblichen Wertungswiderspruch nicht einfach, wie *Vollkommer* es bei der Frage des kaufrechtlichen Rückforderungsdurchgriff tut, mit einem Erst-recht-Schluß auflösen. Genauso gut könnte man wegen der eben gezeigten Einflußmöglichkeiten des Kreditgebers, die bilaterale Rückabwicklung zu verhindern, mit einem Umkehrschluß argumentieren: Gerade, weil der Kreditgeber den Einwendungsdurchgriff im Gegensatz zu den anderen Fällen nicht verhindern kann, soll er dort nur einen Teil, nicht aber das gesamte Insolvenzrisiko des Verkäufers tragen, indem er dem Verbraucher alle bisher geleisteten Raten zurückzahlen muß[110]. Der wertungsmäßige Ausgangspunkt ist also durchaus offen. Eine Entscheidung zwischen Einheits- und Trennungstheorie soll durch eine klassische Auslegung der gesetzlichen Regelungen über die verbundenen Geschäfte im Rahmen des Verbraucherkreditgesetzes ermöglicht werden.

---

107 Vollstreckt der Kreditgeber wegen seiner Forderung auf den Nettorestsaldo gerade in den Kaufgegenstand, so besteht die Gefahr, daß dies entsprechend den Rechtsprechungsgrundsätzen zu § 5 AbzG als Rücknahme und damit als Rücktritt gemäß § 13 Abs. 3 S. 2 1. Hs. VerbrKrG gewertet wird, so *Emmerich*, in: Graf v. Westphalen/Emmerich/Kessler, § 13 VerbrKrG, RdNr. 53 und 59; MüKo-*Habersack*, § 13 VerbrKrG, RdNr. 68 und Erman-*Klingsporn/Rebmann*, § 13 VerbrKrG, RdNr. 84.
A.A. allein *Seibert*, § 13 VerbrKrG, RdNr. 14.

108 Auch aus dieser von den Kreditgebern in der Praxis präferierten Vorgehensweise entnehmen *Emmerich*, in: Graf v. Westphalen/Emmerich/Kessler, § 13 VerbrKrG, RdNr. 52 - 54 und Erman-*Klingsporn/Rebmann*, § 13 VerbrKrG, RdNr. 84 zu Recht, daß die Rücknahme der Kaufsache durch den Kreditgeber als extrem seltener Fall bezeichnet werden muß.

109 Dazu § 8, S. 321 ff.

110 *Lieb*, in: Hadding/Hopt, Das neue Verbraucherkreditgesetz, S. 115, 118; *Dauner-Lieb*, WM-Sonderbeilage 6/1991, S. 27, 31; MüKo-*Habersack*, § 9 VerbrKrG, RdNr. 106, 122; *Coester*, Jura 1992, 617, 623 und *Reinking*, FLF 1993, 174, 178, die eine pauschale Analogie zu § 9 Abs. 2 S. 4 VerbrKrG ablehnen und ebenfalls einen Umkehrschluß nahelegen.

III. Wortlautauslegung

Der Wortlaut des ganzen § 9 VerbrKrG spricht an keiner Stelle davon, daß Kauf- und Kreditvertrag insgesamt als eine Einheit zu betrachten sind. Nach § 9 Abs. 1 VerbrKrG bildet der Kaufvertrag mit einem Kreditvertrag ein verbundenes Geschäft, wenn der Kredit der Finanzierung des Kaufpreises dient und beide Verträge als wirtschaftliche Einheit anzusehen sind. Trifft dieser Tatbestand zu, dann hat die Verbindung besondere Konsequenzen für den Widerrufs-, den Rücktritts- sowie für den Hauptstörungsfall, daß der Verbraucher Einwendungen aus dem Kaufvertrag hat (§§ 9 Abs. 2, Abs. 3, § 13 Abs. 3 VerbrKrG). Gemeint ist mit dem Ausdruck "verbunden" allein der dem Kreditvertrag zugeordnete Kaufvertrag, nicht aber eine gedachte Gesamtheit von Kauf- und Kreditvertrag[111]. Dies ergibt sich bei genauem Lesen aller Vorschriften über die "verbundenen Geschäfte".

Eine Formulierung wie in dem bereits erwähnten, nicht Gesetz gewordene § 1 c AbzG vom 11.12.1973, "Dient ein Kreditvertrag mit Wissen des Darlehensgebers und des Verkäufers der Abwicklung eines bestimmten Kaufvertrages, so sind der Kreditvertrag und der Kaufvertrag für die Anwendung dieses Gesetzes wie ein *einheitlicher Vertrag* zu behandeln."[112], ist in § 9 VerbrKrG gerade nicht gewählt worden, und dieses im Hinblick darauf, daß schon seit Aufkommen der Probleme des finanzierten Abzahlungskaufs in den 50er Jahren Einheitsmodelle von Literatur und auch Instanzgerichten entwickelt worden sind. Der Hinweis von *Vollkommer*[113], daß dem Gesetzgeber *Gernhubers* Lehre von den Vertragsverbindungen nicht unbekannt geblieben sein könne, auch wenn jener sie in der Begründung zum Regierungsentwurf nicht erwähnt habe, ist eine bloße Behauptung. Zwar ist richtig, daß *Gernhuber* in der Literatur seit 1973 der einzige war, der den Begriff der verbundenen Verträge mit einer ganz neuen Konzeption verwendete. Der Bundesgerichtshof, der insbesondere den in § 9 Abs. 1 VerbrKrG eingeflossenen Begriff von der wirtschaftlichen Einheit geprägt hatte, hatte aber schon in seiner ersten Entscheidung zu § 6 AbzG vom 9.10.1951 davon gesprochen, "daß der Abzahlungskauf

---

111 Erman-*Klingsporn/Rebmann*, § 9 VerbrKrG, RdNr. 4 und bereits oben § 1, S. 59.

112 Antrag des Rechtsausschusses, BT-DS 7/1398, S. 8 (= Anhang, S. 415 f.; Hervorhebungen vom Verfasser) und bereits oben § 3, S. 93 f. Erwähnt werden soll nochmals, daß der Gesetzgeber mit der Vorschrift des § 1 c AbzG sogar mit dessen Formulierung "einheitlicher Vertrag" lediglich sicherstellen wollte, daß das neu eingeführte Widerrufsrecht gemäß § 1 b AbzG sich gerade auch auf das finanzierte Geschäft insgesamt zu beziehen habe. Keinesfalls sollte eine abschließende Regelung zum Anwendungsbereich des finanzierten Abzahlungskaufs oder überhaupt eine Regelung über den Einwendungsdurchgriff, geschweige denn eine Entscheidung für die Einheitstheorie getroffen werden (s. den Bericht des Rechtsausschusses, BT-DS 7/1398, S. 4 = Anhang, S. 415 f. ausdrücklich).

113 In: FS für Merz, S. 595, 606 f., Fn. 62.

mit einem Finanzierungsvertrage im Einverständnis aller Beteiligten *verbunden* und durch diesen Vertrag ergänzt ist" und daß dies alles er rechtfertige, "die Vorschriften des Abzahlungsgesetzes auch auf die miteinander *verbundenen Verträge* anzuwenden"[114]. Insofern ist der nun übernommene Begriff des "verbundenen Geschäfts" nicht für bzw. von *Gernhuber* reserviert. Die Annahme, der Gesetzgeber habe sich allein wegen des Ausdrucks "verbundene Geschäfte" für *Gernhubers* Lehre von den Vertragsverbindungen und damit für die Einheitstheorie entschieden, ist eine durch nichts zu rechtfertigende Unterstellung[115].

Auch im übrigen erlaubt der Wortlaut des § 9 Abs. 1 VerbrKrG kaum die Auslegung, daß hier eine Entscheidung für die Einheitstheorie getroffen wurde. Als Voraussetzung der Verbindung taucht lediglich der Begriff der *wirtschaftlichen Einheit* auf. Die *rechtliche Einheit* ist weder als Voraussetzung noch als Rechtsfolge genannt worden. Was die Verbindung für rechtliche Konsequenzen hat und wie diese einzuordnen sind, wird die systematische und die teleologische Auslegung ergeben.

IV. Historische Auslegung

1. Die EG-Richtlinie

Die Entstehungsgeschichte des Verbraucherkreditgesetzes erlaubt einige Rückschlüsse auf die zur Entscheidung stehende Frage. Im Richtlinienvorschlag der Kommission vom 27.2.1979 wurde zum einen in Art. 1 Abs. 3 lit. b bei Vorliegen einer Zusammenarbeit zwischen Kreditgeber und Verkäufer der mit dem Kreditvertrag verbundene Kaufvertrag selbst als Kreditvertrag bezeichnet, zum anderen für diese Fälle in Art. 13 Abs. 1 - 3 eine gesamtschuldnerische Haftung von Kreditgeber und Verkäufer in den Fällen der Nicht- und der mangelhaften Lieferung der Kaufsache angeordnet[116]. Entgegen einem Teil der

---

114 BGHZ 3, 257, 259 und 260 (Hervorhebungen vom Verf.). Seitdem tauchte dieser Ausdruck immer wieder auf, s. nur die "1. Waschsalonentscheidung" BGH WM 1978, 459, 460: "Der enge 'Verbund' zwischen den rechtlich selbständigen Verträgen, dem Kauf- und dem Kreditvertrag, ...". Deshalb ist auch der Hinweis von *Vollkommer*, in: FS für Merz, S. 595, 607, Fn. 62 auf die viel späteren Entscheidungen BGH WM 1980, 159 ff. und BGH WM 1980, 327 ff. verfehlt, wenn er damit ausdrücken will, daß der Bundesgerichtshof allein mit der Verwendung des Begriffs "Verbund" auf *Gernhubers* Lehre von den Vertragsverbindungen aus dem Jahre 1973 eingegangen sei.

115 So auch *Coester*, Jura 1992, 617, 618.

116 ABl. der EG Nr. C 80/4 - 8 vom 27.3.1979 (= Anhang, S. 410).

Literatur[117] war jedoch selbst mit dieser Konzeption kein Bekenntnis zur Einheitstheorie abgegeben worden. Dies wird deutlich in der Begründung zum Kommissionsvorschlag[118]. Denn dort hieß es, daß in diesem Fall die rechtlich unabhängigen Verträge Verbraucher - Lieferer und Verbraucher - Kreditgeber durch die wirtschaftliche Zusammenarbeit zwischen dem Lieferer und dem Kreditgeber verbunden seien, und daß der Kreditgeber sich in diesen Fällen[119] nicht auf die juristische Trennung des Liefervertrages und des Kreditvertrages berufen könne. Mit der Einordnung des Kaufvertrages als Kreditvertrag gemäß Art. 1 Abs. 3 lit. b sollte auch lediglich die Einhaltung der besonderen Formvorschriften für den finanzierten Abzahlungskauf gewährleistet werden[120]. In dem gleichen Sinne interpretierte auch der Wirtschafts- und Sozialausschuß in seiner Stellungnahme zu diesem Kommissionsvorschlag die gesamtschuldnerische Haftung[121] und billigte die Einordnung des Kaufvertrags in diesen Fällen als Kreditvertrag[122]. Hingegen forderte er auf dem Weg in Richtung Einheitstheorie, daß das Prinzip der wechselseitigen Abhängigkeit auch in bezug auf den Kaufvertrag zum Tragen kommen müsse, wenn dem Verbraucher ein Kredit verweigert werde mit der Folge der Aufhebung des Kaufvertrages und einer anschließenden Rückabwicklung.

Dieser Vorschlag setzte sich nicht durch. Im Gegenteil: In Art. 11 Abs. 2 S. 1 der verbindlichen EG-Richtlinie vom 22.12.1986 ist die gesamtschuldnerische Haftung aufgegeben worden. Dem Verbraucher sollen nur noch unter engen Voraussetzungen Rechte gegenüber dem Kreditgeber eingeräumt werden[123]. Die Einordnung des Kaufvertrages als Kreditvertrag hatte die Kommission bereits nach einem Vorschlag des Europäischen Parlaments vom 11.2.1983[124] in ihrem Änderungsvorschlag vom 22.6.1984 beseitigt[125] und die Definition der Vertragsverbindung in Art. 13 Abs. 1 eigens eingebaut[126]. Diese Konzeption hat die verbindliche Richtlinie in Art. 11 Abs. 2 S. 1 übernommen[127]. Damit hatte Brüssel einer möglichen Hinwendung zur Einheitstheorie eine eindeutige Absage

117 *Münstermann*, TZW 1978/4, 30 für den insoweit gleichlautenden Vorentwurf vom März 1977. *Münstermann* plädierte für eine klare Trennung von Kauf- und Kreditvertrag.

118 Abgedruckt in BT-DS 8/2953, S. 8 und 10 (= Anhang, S. 411).

119 Und nur in den Fällen der Nicht- bzw. mangelhaften Lieferung, es sind ja bei weitem nicht alle.

120 S. die Begründung, BT-DS 8/2953, S. 8: "Deswegen ist es erforderlich, auch in diesem Fall den Liefervertrag als Kreditvertrag anzusehen, was insbes. Folgen hinsichtlich des Inhalts des Vertrages (Artikel 6) hat."

121 ABl. der EG Nr. C 113/27 vom 7.5.1980: "...sind ja auch in diesem Fall die beiden Geschäftsvorgänge der Lieferung und der Finanzierung zwar juristisch voneinander unabhängig, ..."

122 ABl. der EG Nr. C 113/23 vom 7.5.1980.

123 ABl. der EG Nr. L 42/51 vom 12.2.1987 (= Anhang, S. 414).

124 ABl. der EG Nr. C 68/92 vom 14.3.1983.

125 ABl. der EG Nr. C 183/9 vom 10.7.1984.

126 AaO., Nr. C 183/14 (= Anhang, S. 412 f.).

127 ABl. der EG Nr. L 42/51 vom 12.2.1987 (= Anhang, S. 414).

erteilt. Allerdings war es wegen Art. 15 der Richtlinie keinem Mitgliedsland versagt, den Verbraucher besser schützende Bestimmungen zu erlassen oder aufrechtzuerhalten. Daß die Einheitstheorie insbesondere wegen ihrer umfassenden Verknüpfung der beiden Verträge miteinander und wegen des hier in Frage stehenden Rückforderungsdurchgriffs als logische Folge mehr Verbraucherschutz vermittelt, bedarf nach Darstellung von *Vollkommers* Gesamtkonzept kaum der näheren Erläuterung. Insofern hätte sich der deutsche Gesetzgeber durchaus für die Einheitstheorie entscheiden können.

2. *Das Verbraucherkreditgesetz*

In Bonn verlief aber der Entstehungsprozeß des Verbraucherkreditgesetzes an dieser Stelle im Gegensatz zur bereits beschriebenen[128], heiß umkämpften Subsidiarität extrem ruhig[129]. Stellungnahmen zu dem Streit zwischen Einheits- und Trennungstheorie finden sich weder in der Begründung zum 1. Referentenentwurf[130] noch in der zum Regierungsentwurf[131] wieder. Auch im Rechtsausschuß und bei der Anhörung der Sachverständigen und der Verbände am 1.6.1990 wurde diese Problematik überhaupt nicht diskutiert[132]. In der Begründung des Regierungsentwurfs heißt es lediglich, daß sich der Entwurf an die höchstrichterliche Rechtsprechung zu den finanzierten Abzahlungsgeschäften anlehne. Diese war aber bis zuletzt von der Trennungstheorie ausgegangen[133]. Weiter heißt es in der Einzelbegründung zum Regierungsentwurf[134] wie schon in der Begründung zum Brüsseler Kommissionsvorschlag von 1979[135], daß der Verbraucher davor geschützt werden müsse, den Kredit in voller Höhe zurückzahlen zu müssen, wenn der Warenlieferant oder der Dienstleistungserbringer keine oder keine vertragsgemäße Leistung erbracht habe. Auch hier zeigt sich eine Schutzabsicht nicht in genereller Form durch Verknüpfung der beiden Verträge in jedem denkbaren Fall. In der Litera-

---

128 S.o. § 6, S. 178 ff.

129 Das gilt ebenso für den nicht realisierten § 607 a RegE vom 11.5.1979. Allein *Scholz*, TZW 1978/4, 26 (zum RefE vom Januar 1978) und *Münstermann*, TZW 1979, 97, 98 waren der Ansicht, daß dort der Trennungsgrundsatz aufgegeben worden war, während *Hadding*, Gutachten, S. 329 und *Reifner*, Alternatives Wirtschaftsrecht, S. 171 das Gegenteil behaupteten. Der Gesetzgeber sprach in der Begründung, BT-DS 8/3212, S. 11 von der "Aufspaltung des einheitlichen wirtschaftlichen Vorganges in rechtlich getrennte Verträge" (s. auch noch die weiteren Bezugnahmen auf die Trennungstheorie, aaO., S. 8 und 9).

130 ZIP 1988, 1215, 1219 f. (= Anhang, S. 418 ff.).

131 BT-DS 11/5462, S. 12, 23 f. (= Anhang, S. 432 ff.)

132 Vgl. BT-DS 11/8274 und die im Anhang, S. 442 ff. abgedruckten Antworten der Sachverständigen und Verbände zum Fragenkatalog des Rechtsausschusses.

133 S.o. S. 206, Fn. 28.

134 BT-DS 11/5462, S. 28.

135 BT-DS 8/2953, S. 10 (= Anhang, S. 411).

tur finden sich zu den Entwürfen in dieser Hinsicht überhaupt keine und zum verabschiedeten Verbraucherkreditgesetz nur oberflächliche Stellungnahmen[136].

Festzuhalten bleibt, daß von einer bewußten Entscheidung des Gesetzgebers für die Einheitstheorie überhaupt nicht gesprochen werden kann. Im Gegenteil zeigt sich eine klare Tendenz zur Bewahrung des bisher Bestehenden, d.h. Ausgangspunkt sollte die Trennungstheorie sein. Ganz deutlich wird dies, wenn es in der Begründung zum Regierungsentwurf heißt[137]: "Der Verbraucher soll durch die *rechtliche Aufspaltung* nicht schlechter gestellt werden, als wenn ihm - wie bei einem einfachen Abzahlungskauf - nur ein Vertragspartner gegenüberstände ...". Wenn aber etwas rechtlich aufgespalten wird, handelt es sich um zwei getrennte Verträge und gerade nicht um eine rechtliche Einheit. Und dennoch schließt dieser Befund nicht aus, daß sich der Gesetzgeber entgegen der bereits aufgezeigten Tendenz unbewußt und ungewollt gerade durch den Regelungszusammenhang mit den Störfällen des Widerrufs und der Rücknahme der Sache für die Einheitstheorie entschieden hat. Denn der Gesetzgeber muß nicht oder nicht im vollen Umfang das Bewußtsein über objektive rechtliche Zwecke und Sachzwänge bei der Schaffung einer Norm haben[138]. Die Beantwortung dieser Frage kann letztlich nur über die Auslegung des systematischen Zusammenhangs der Norm und ihres Regelungsgehaltes getroffen werden.

V. Systematische Auslegung unter Berücksichtigung des Anwendungsbereiches des Verbraucherkreditgesetzes

1. Persönlicher Anwendungsbereich

Bereits vom persönlichen Anwendungsbereich her lassen sich die Normen über die verbundenen Geschäfte schwer in die Lehre von den Vertragsverbindungen als umfassendste Einheitstheorie einordnen. Das Verbraucherkreditgesetz ist ein Schutzgesetz zugunsten des Verbrauchers, der einen Kredit aufnimmt[139]. In erster Linie soll mit diesem Gesetz sichergestellt werden, daß der Verbraucher über seine mit der Kreditaufnahme verbundenen Verpflichtungen vor und bei Vertragsschluß angemessen unterrichtet wird und eine eventuell unüberlegte, zu schnelle Entscheidung nach Prüfung und Vergleich der Kondi-

---

136 S.o. S. 219 f., Fn. 96 und 97.
137 BT-DS 11/5462, S. 23 (= Anhang, S. 433; Hervorhebungen vom Verfasser).
138 *Larenz*, Methodenlehre, S. 318.
139 Begr. RegE, BT-DS 11/5462, S. 11 f.

tionen rückgängig machen kann. Dem dienen die zentralen Vorschriften über die Form (§§ 4 - 6 VerbrKrG) und das Widerrufsrecht (§ 7 VerbrKrG)[140]. Daneben soll der Verbraucher fortan allgemein vor Bedingungen geschützt werden, die ihn in nicht gerechtfertigter Weise benachteiligen[141]. Hierzu gehört an erster Stelle die in Frage stehende Vorschrift über die verbundenen Geschäfte gemäß § 9 VerbrKrG. Subjektiver Anknüpfungspunkt des Gesetzes ist der Verbraucher gemäß § 1 Abs. 1 VerbrKrG. Nur er soll geschützt werden, also nur eine natürliche Person, die regelmäßig für private Zwecke einen Kredit aufnimmt, nicht aber Kaufleute und Selbständige im Rahmen ihrer ausgeübten gewerblichen oder beruflichen Tätigkeit[142].

Dagegen hat die Lehre von den Vertragsverbindungen allumfassenden Geltungsanspruch, sofern ein Vertrag mit einem anderen über einen Finalnexus verknüpft ist. Eine besondere Einschränkung beim persönlichen Anwendungsbereich ist ihr total fremd[143]. Es ging *Gernhuber* auch überhaupt nicht um Verbraucherschutz, sondern um die Entwicklung einer Theorie von der rechtlichen Verknüpfung mehrerer Schuldverhältnisse, lediglich dargestellt am Beispiel des finanzierten Abzahlungskaufs. Ein zusätzlicher Verbraucherschutz war für ihn nicht Zweck, sondern nur mögliche Folge. Zwar ließe sich die Unabdingbarkeitsnorm des § 18 S. 1 VerbrKrG gut in die Einheitstheorie integrieren, da die Rechtsfolgen des Finalnexus' ebensowenig wie die Regelungen der §§ 9 Abs. 2, Abs. 3, § 13 Abs. 3 S. 2 1. Hs. VerbrKrG bei Vorliegen eines verbundenen Geschäftes zur Disposition der Parteien stehen[144]. Aber auch § 18 S. 1 VerbrKrG ist allein mit dem persönlichen Schutzbereich des Verbraucherkreditgesetzes zu erklären: Nur der Verbraucher soll geschützt werden, und deshalb dürfen für ihn nachteilige Abweichungen weder durch Individualabreden noch in Allgemeinen Geschäftsbedingungen getroffen werden.

---

140 Begr. RegE, BT-DS 11/5462, S. 11 f.

141 Begr. RegE, aaO.

142 S. bereits § 2, S. 67 f.

143 Vgl. *Gernhuber*, in: FS für Larenz 1973, S. 455, 478, der seine Lehre völlig unabhängig vom damaligen, gegenüber dem VerbrKrG erheblich *weiteren* Schutzbereich des Abzahlungsgesetzes (§ 8 AbzG) aufbaute. Ausdrücklich bestätigte *Gernhuber*, Das Schuldverhältnis, § 31 VI 1 a (S. 743), daß es für seine Lehre eine personale Begrenzung nicht geben könne.

144 *Gernhuber*, in: FS für Larenz 1973, S. 455, 478; *ders.*, Das Schuldverhältnis, § 31 VI 1 a (S. 743).

2. *Das Widerrufsrecht beim finanzierten Abzahlungskauf unter Berücksichtigung des sachlichen Anwendungsbereiches des Verbraucherkreditgesetzes*

In § 9 VerbrKrG fällt im Zusammenhang mit § 1 VerbrKrG sofort auf, daß der Gesetzgeber zu einer Systemverschiebung dahingehend gelangt ist, daß nicht mehr wie unter § 6 AbzG der Kaufvertrag, sondern jetzt allein der Kreditvertrag der Anknüpfungspunkt für den finanzierten Abzahlungskauf ist[145]. Dieser ist das führende Rechtsverhältnis[146]: Nur der Kreditvertrag, genauer die auf den Abschluß des Kreditvertrages gerichtete Willenserklärung des Verbrauchers kann gemäß § 7 Abs. 1 VerbrKrG widerrufen werden[147]. Der mit ihm verbundene Kaufvertrag ist dagegen als solcher nicht widerruflich[148]. Gemäß § 9 Abs. 2 S. 1 VerbrKrG beziehen sich nur die Widerrufsfolgen auf den mit dem Kreditvertrag verbundenen Kaufvertrag. Der dem Verbraucher zu gewährende Übereilungsschutz bezieht sich allein auf das separate Finanzierungselement innerhalb des finanzierten Abzahlungskaufs. Nur dieses stellt wegen der langen Belastungen die Gefährlichkeit für den Verbraucher dar; aus dem Kauf als solchem folgt keine rechtspolitische Legitimation für ein Widerrufsrecht[149]. Von dieser Grundkonzeption geht auch

---

145 MüKo-*Habersack*, § 9 VerbrKrG, RdNr. 9.

146 *Seibert*, § 9 VerbrKrG, RdNr. 4.

147 Womit natürlich der Kreditvertrag, der sich aus zwei übereinstimmenden Willenserklärungen zusammensetzt, insgesamt hinfällig wird. Im folgenden soll deshalb der Einfachkeit halber von der Widerruflichkeit des Kreditvertrages gesprochen werden.

148 HM: *Seibert*, § 9 VerbrKrG, RdNr. 4; *Münstermann/Hannes*, Verbraucherkreditgesetz, RdNr. 490 und 498; *Emmerich*, in: Graf v. Westphalen/Emmerich/Kessler, § 9 VerbrKrG, RdNr. 51 und 59; *ders.*, in: Hadding/Hopt, Das neue Verbraucherkreditgesetz, S. 67, 74; *Dauner-Lieb*, WM-Sonderbeilage 6/1991, S. 5 und 18 f.; *Ott*, in: Bruchner/Ott/Wagner-Wieduwilt, § 9 VerbrKrG, RdNr. 8 f. und 61; *Scholz*, Verbraucherkreditverträge, RdNr. 356 und 359 (S. 170 f.); *Reinicke/Tiedtke*, Kaufrecht, S. 455; *dies.*, ZIP 1992, 217, 223; MüKo-*Habersack*, § 9 VerbrKrG, RdNr. 50; *Becker*, ZBB 1992, 214 ff.; *Coester*, Jura 1992, 617, 620; *Reinking/Eggert*, Der Autokauf, RdNr. 291 (S. 87 f.); Erman-*Klingsporn/Rebmann*, § 1 VerbrKrG, RdNr. 11; *dies.*, § 7 VerbrKrG, RdNr. 17; *dies.*, § 9 VerbrKrG, RdNr. 10 f.; *Lwowski/Peters/Gößmann*, Verbraucherkreditgesetz, S. 197; *v. Rottenburg*, WuB IV C. § 1 b AbzG 4.93; *Karollus*, JuS 1993, 820, 821; RA-Handbuch-*S. Ott*, B XVII, RdNr. 46 (S. 662); Palandt-*Putzo*, § 9 VerbrKrG, RdNr. 7; *Drescher*, Verbraucherkreditgesetz, RdNr. 259; *Pickert*, Widerrufsrecht, S. 141 und selbst Jauernig-*Vollkommer*, § 607 BGB, Anm. 8 c; *Vollkommer*, in: FS für Merz, S. 595, 603.
A.A., aber völlig zu Unrecht und schon mit dem Wortlaut der Vorschrift zu widerlegen, *Vortmann*, § 9 VerbrKrG, RdNr. 21 und 24; *ders.*, Aktuelle Rechtsfragen, RdNr. 230; *Schlechtriem*, SchuldR BT, RdNr. 148 (S. 65); *Bülow*, § 9 VerbrKrG, RdNr. 35; *Grimm*, Das neue Verbraucherkreditgesetz, S. 310 ff. und *Kümpel*, Bank- und Kapitalmarktrecht, 5.89 (S. 395). Während aber *Vortmann* und *Schlechtriem* unkritisch die bisherige Rechtsprechung übernehmen und scheinbar die Systemverschiebung durch das neue Gesetz nicht erkennen, ist *Bülow* darüber hinaus der Ansicht, daß durch die Vertragsverbindung der Kaufvertrag selbst zum widerruflichen Kreditvertrag werde. Der Fortbestand des Kreditvertrages bei Widerruf des Kaufvertrages bemesse sich dann nach § 139 BGB (obwohl *Bülow*, aaO., RdNr. 15 ein Anhänger der Trennungstheorie ist). *Grimm* und *Kümpel* wollen im Interesse eines umfassenden Verbraucherschutzes in teleologischer Extension die bisherige Rechtsprechung von der Widerruflichkeit auch des Kaufvertrages mit Wirkung für den Kreditvertrag übernehmen.

149 Zutreffend *Coester*, Jura 1992, 617, 620.

der Gesetzgeber aus, wenn er in der Begründung zum Regierungsentwurf schreibt[150]: "Widerruft der Verbraucher das Kreditgeschäft gemäß § 6 Abs. 1, so ist auch der Kaufvertrag nicht wirksam zustande gekommen."[151]

3. *Die Form des finanzierten Abzahlungskaufs unter Berücksichtigung des sachlichen Anwendungsbereiches des Verbraucherkreditgesetzes*

Aus diesem sachlichen Anknüpfungspunkt heraus folgt weiter, daß allein der Kreditvertrag der Schriftform gemäß § 4 Abs. 1 S. 1 VerbrKrG mit den Mindestangaben des § 4 Abs. 1 S. 2 Nr. 1 VerbrKrG bedarf, nicht etwa der Kaufvertrag[152]. Dies bestätigt selbst der Gesetzgeber, der bezüglich der einschlägigen Formvorschrift den Kreditvertrag als das "ausschlaggebende Geschäft" bezeichnet und deshalb den finanzierten Abzah-

---

150 BT-DS 11/5462, S. 24 (= Anhang, S. 434).

151 Aus § 6 RegE wurde § 7 VerbrKrG.

152 So die überwiegende Meinung zum VerbrKrG: *Seibert*, § 4 VerbrKrG, RdNr. 4; *Münstermann/Hannes*, Verbraucherkreditgesetz, RdNr. 203, 233, 474 und 499; *Emmerich*, in: Graf v. Westphalen/Emmerich/Kessler, § 9 VerbrKrG, RdNr. 22; *Kilimann*, DRsp-Beilage 6/1991, S. 5; *Ott*, in: Bruchner/Ott/Wagner-Wieduwilt, § 4 VerbrKrG, RdNr. 130; *Steppeler*, Vordruck-Leitfaden, S. 98 f.; *Schmelz/Bender*, ZAP Fach 8, S. 77, 81 (1991); MüKo-*Ulmer*, § 4 VerbrKrG, RdNr. 28 und 55; MüKo-*Habersack*, § 9 VerbrKrG, RdNr. 9 und 10; *Reinicke/Tiedtke*, Kaufrecht, S. 455; *Scholz*, FLF 1991, 8, 9; *ders.*, DB 1991, 215, 216; *ders.*, Verbraucherkreditverträge, RdNr. 155 (S. 79), RdNr. 199 (S. 106) und RdNr. 222 (S. 117); *Coester*, Jura 1992, 617, 619; *Slama*, FLF 1993, 83, 88; Empfehlung des 31. Deutschen Verkehrsgerichtstages vom 27. bis 29.1.1993 in Goslar, DAR 1993, 112, 114; Erman-*Klingsporn/Rebmann*, § 1 VerbrKrG, RdNr. 11; *dies.*, § 4 VerbrKrG, RdNr. 8; *v. Rottenburg*, WuB I E 2 b. - 1.93; RA-Handbuch-*S. Ott*, B XVII, RdNr. 20 (S. 658); *Grimm*, Das neue Verbraucherkreditgesetz, S. 218, Fn. 232, S. 220; *Langbein u.a.*, Das Verbraucherkreditgesetz, RdNr. 211, 212; *Kohls*, Bankrecht, S. 40; *Giesen*, Jura 1994, 194, 202; *Zimmer*, ZHR 157 (1993) 400, 408; *Drescher*, Verbraucherkreditgesetz, RdNr. 89, 133, 255; Hopt-*v. Heymann*, Form VI. G 5, Anm. 2 (S. 848) und selbst Jauernig-*Vollkommer*, § 607 BGB, Anm. 8 c.
Nach Palandt-*Putzo*, § 4 VerbrKrG, RdNr. 15 bedarf zwar der Kreditvertrag nur den Angaben des § 4 Abs. 1 S. 2 Nr. 1 VerbrKrG; gleichwohl plädiert *ders.*, § 9 VerbrKrG, RdNr. 7 auch für die Einhaltung der Schriftform des Kaufvertrages gemäß § 4 Abs. 1 S. 1 VerbrKrG.
Für die Anwendung des § 4 Abs. 1 S. 2 Nr. 2 VerbrKrG zusätzl. zu den Angaben des § 4 Abs. 1 S. 2 Nr. 1 VerbrKrG *Reinking/Bexen*, DAR 1990, 289, 291 (zum gleichlautenden RegE); Soergel-*Hönn*, Anhang zu § 6 AbzG, RdNr. 78; *Reifner*, Handbuch des Kreditrechts, § 7, RdNr. 31 (S. 49); *Tempel*, Materielles Recht im Zivilprozeß, S. 116 f.; *Bülow*, § 9 VerbrKrG, RdNr. 30 und § 4 VerbrKrG, RdNr. 58; *ders.*, EWiR 1992, 1223, 1224; *ders.*, NJW 1993, 2837, 2839; *Vortmann*, § 9 VerbrKrG, RdNr. 19 (zusätzl. müssen nach ihm beide Verträge das Schriftformerfordernis des § 4 Abs. 1 S. 1 VerbrKrG einhalten) und ausführlich *Kessler*, in: Graf v. Westphalen/Emmerich/Kessler, § 4 VerbrKrG, RdNr. 37 und 141 f. sowie *Lwowski/Peters/Gößmann*, Verbraucherkreditgesetz, S. 133 f., alle mit dem Argument, daß der Verbraucher einen Anspruch auf umfassende Information habe und dazu gerade auch die Angabe des Teilzahlungspreises gehöre. Mit dieser Mindermeinung sympatisierend *Reinking/Eggert*, Der Autokauf, RdNr. 290 (S. 87).
Im Kreditvertragsformular der WKV-Bank München für die finanzierten Abzahlungskäufe (= Anhang, S. 448) wird der Teilzahlungspreis angegeben. Nach Auskunft des Justitiars der WKV-Bank München hat man sich hier nur sicherheitshalber an der alten Rechtslage unter dem Abzahlungsgesetz orientiert, keinesfalls aber eine Rechtsansicht vertreten.

lungskauf, d.h. den Kreditvertrag als dessen Teilstück unter § 4 Abs. 1 S. 2 Nr. 1 VerbrKrG subsumiert[153]. Die Vertragsverbindung macht insbesondere den Kreditvertrag nicht zu einem solchen gemäß § 4 Abs. 1 S. 2 Nr. 2 VerbrKrG, der die Lieferung einer bestimmten Sache oder die Erbringung einer bestimmten anderen Leistung gegen Teilzahlungen zum Gegenstand hat. Vielmehr ist und bleibt er ein Kreditvertrag im allgemeinen gemäß § 4 Abs. 1 S. 2 Nr. 1 VerbrKrG, also reiner Geldkredit, auch wenn wirtschaftlich und funktionell betrachtet der finanzierte Abzahlungskauf insgesamt wesentliche Züge eines Warenkredits aufzeigt[154]. Ebensowenig bekommt der Kaufvertrag durch die Vertragsverbindung Kreditcharakter und wandelt sich gerade nicht in einen Abzahlungskauf gemäß § 4 Abs. 1 S. 2 Nr. 2 VerbrKrG um[155]. Er bleibt insgesamt formfrei, soweit nicht spezielle Formgebote wie etwa § 313 S. 1 BGB eingreifen[156]. Das Finanzierungselement ist vom Kauf separiert. Letzterer ist Barkauf, so daß es einen Teilzahlungspreis i.S.v. § 4 Abs. 1 S. 2 Nr. 2 lit. b VerbrKrG nicht gibt[157]. Damit ist auch die einschlägige Heilungsnorm für Formverstöße des Kreditvertrages allein § 6 Abs. 2 VerbrKrG und nicht § 6 Abs. 3 VerbrKrG[158].

Zwar ist richtig, daß sich hier die Rechtslage im Vergleich zum Abzahlungsgesetz auf den ersten Blick zuungunsten des Verbrauchers geändert hat, galt dort das Formerfordernis des § 1 a AbzG mit der Angabe des Teilzahlungspreises über § 6 AbzG für Kauf- und Kreditvertrag insgesamt[159], wobei es ausreichte, wenn die notwendigen Angaben jedenfalls im Darlehensvertrag enthalten waren[160]. Anknüpfungspunkt für das Verbraucherkreditgesetz ist aber jetzt allein der Kreditvertrag. Beim finanzierten Abzahlungskauf zahlt der Verbraucher nicht den Kaufpreis in Raten ab, sondern bedient einen Kredit. Der Kreditnehmer hat aber gemäß § 4 Abs. 1 S. 2 Nr. 1 lit. b n.F. VerbrKrG einen Anspruch auf die Angabe des Gesamtkreditbetrages (das wäre übersetzt für den finanzierten Abzahlungskauf der Teilzahlungspreis, allerdings abzüglich einer an den Verkäufer

---

153 Begr. RegE, BT-DS 11/5462, S. 19.

154 Zutreffend bereits zur alten Rechtslage *Canaris*, Bankvertragsrecht, RdNr. 1393, der auf den Mischcharakter des B-Geschäftes hinwies (Funktionsaufteilung des Abzahlungsverkäufers zwischen Verkäufer und Bank), gleichwohl aber den Kreditteil rechtlich als Geldkredit einordnete (aaO., RdNr. 1399). Zur typologischen Einordnung unten S. 283 ff.

155 Begr. RegE, BT-DS 11/5462, S. 19 ausdrücklich gegen *Bülow*, § 9 VerbrKrG, RdNr. 35.

156 Folgerichtig MüKo-*Habersack*, § 9 VerbrKrG, RdNr. 11; *Reinicke/Tiedtke*, Kaufrecht, S. 455 und *Coester*, Jura 1992, 617, 619.

157 *Coester*, Jura 1992, 617, 619.

158 *Münstermann/Hannes*, Verbraucherkreditgesetz, RdNr. 483 und Erman-*Klingsporn/Rebmann*, § 6 VerbrKrG, RdNr. 3 f. Ausführlich zu den Mindestangaben des Kreditvertrags und den Rechtsfolgen eines Formverstoßes beim finanzierten Abzahlungskauf *Münstermann/Hannes*, Verbraucherkreditgesetz, RdNr. 475 ff. und 483 ff.

159 BGH WM 1980, 159, 160.

160 BGH WM 1984, 1045 und BGH WM 1984, 1046, 1047.

gezahlten Anzahlung[161]), wenn dieser bei Abschluß des Kreditvertrags für die gesamte Laufzeit der Höhe nach feststeht[162]. Dieses Feststehen ist bei standardisierten Ratenkreditgeschäften mit fixen Bedingungen, wozu der Kreditvertrag als Teil des verbundenen Geschäftes zweifellos gehört, der Fall[163]. Aus dem Vergleich dieses Gesamtbetrages aller an den Kreditgeber zu erbringenden Leistungen zuzüglich der an den Verkäufer geleisteten Anzahlung mit dem beim Verkäufer ausgezeichneten Barkaufpreis kann der Verbraucher selbst ablesen, mit welchen Zusatzkosten die Finanzierung für ihn verbunden ist[164]. Auch dem normalen Abzahlungskäufer mutete das alte Gesetz zu, durch Vergleich zwischen Bar- und Teilzahlungspreis die Mehrbelastung richtig zu ermitteln[165]. Im übrigen zeigt die Angabeverpflichtung eines Eigentumsvorbehaltes gemäß § 4 Abs. 1 S. 2 Nr. 2 lit. f VerbrKrG, daß das Gesetz dort nur vom klassischen bilateralen und gerade nicht vom finanzierten Abzahlungskauf ausgehen kann, da bei letzterem ein Eigentumsvorbehalt nicht vereinbart wird. Kreditgeber ist nicht der Verkäufer, sondern allein das Finanzierungsinstitut, das sich das Eigentum nicht vorbehält, sondern höchstens Sicherungseigentum einräumen läßt[166].

Genauso hat auch das AG Halle/Westfalen in seinem Urteil vom 22.7.1992 entschieden und richtig festgestellt, daß die Formvorschrift des § 4 Abs. 1 S. 2 Nr. 2 VerbrKrG nur für händlerfinanzierte, also bilaterale Abzahlungsgeschäfte gelte, ein solches bei einem finanzierten Abzahlungskauf aber nicht vorliege[167]. Erwähnenswert sind in diesem Zusammenhang auch zwei neuere Entscheidungen des Bundesgerichtshofs vom 11.6.1992[168] und vom 4.11.1993[169] zur Preisangabenverordnung. Danach ist ein Autohändler, der entgegen einer dahingehenden irreführenden Werbung den Kredit zur Finanzierung des Kaufpreises nicht selbst gewährt, sondern ihn lediglich durch eine Autokreditbank vermittelt (klassisches B-Geschäft), zur Angabe des Teilzahlungspreises als End-

---

161 *Scholz*, Verbraucherkreditverträge, RdNr. 228 (S. 118).

162 An dieser Stelle ist das Gesetz durch Art. 2 des Bauhandwerkersicherungsgesetzes (s. BGBl. I 1993, S. 509, 510 und Begründung des Rechtsausschusses, BT-DS 12/4526, S. 13 f. = ZIP 1993, 476, 478 f.) mit Wirkung ab 1.5.1993 bereits geändert worden, mußte nach der ursprünglichen Fassung der Gesamtbetrag nur angegeben werden, wenn dieses "möglich" war, was zu erheblicher Rechtsunsicherheit geführt hatte.

163 So auch *Münstermann/Hannes*, Verbraucherkreditgesetz, RdNr. 477 für die zwischenzeitliche Rechtslage (1.1.1991 - 30.4.1993) bezüglich der Angabe des Gesamtbetrages aller vom Verbraucher zu entrichtenden Teilzahlungen "wenn möglich".

164 Zutreffend *Coester*, Jura 1992, 617, 619.

165 *Coester*, Jura 1992, 617, 619, Fn. 36.

166 *Münstermann/Hannes*, Verbraucherkreditgesetz, RdNr. 233.

167 FLF 1992, 220 f. (= WM 1992, 1980 f., wobei die WM in der redaktionellen Überschrift die Nummern des § 4 Abs. 1 S. 2 VerbrKrG verwechselt und genau das Gegenteil der Urteilsgründe ausgesprochen hat) mit zustimmenden Anmerkungen von *v. Rottenburg*, WuB I E 2 b. - 1.93.

168 BGH WM 1992, 1748 ff. mit Kurzkommentar von *Bülow*, EWiR 1992, 1223 f.

169 BGH WM 1994, 565 ff. Ebenso BGH WM 1993, 131 ff.

preis i.S.v. § 1 Abs. 1 S. 1 PAngV nicht verpflichtet. Er muß lediglich den effektiven Jahreszins gemäß § 4 Abs. 1 PAngV nennen. Der Bundesgerichtshof hat ausdrücklich festgestellt, daß er den Teilzahlungspreis nur dann nennen muß, wenn er selbst einen entgeltlichen Kredit gemäß § 4 Abs. 1 S. 2 Nr. 2 VerbrKrG gewährt und damit die Rolle des Abzahlungsverkäufers übernimmt. Diese Grundsätze sind auf die einschlägige Formvorschrift beim finanzierten Abzahlungskauf nahtlos übertragbar mit der Folge, daß insoweit "ein Gleichklang zwischen der Beurteilung nach dem VerbrKrG und der PAngV" besteht[170].

4. *Vergleich der Systemverschiebung vom Abzahlungsgesetz zum Verbraucherkreditgesetz mit der Lehre von den Vertragsverbindungen*

Besonders deutlich wird diese Einordnung des Kreditvertrages als reiner Geldkredit durch eine Aussage des Gesetzgebers in einer Regelung über die verbundenen Geschäfte selbst: Gemäß § 7 Abs. 3 VerbrKrG gilt der Widerruf durch den Verbraucher als nicht erfolgt, wenn dieser das empfangene Darlehen nicht binnen zweier Wochen nach Erklärung des Widerrufs oder nach Auszahlung des Darlehens zurückzahlt. Dieser Ausschluß gilt im Rahmen der verbundenen Geschäfte gemäß § 9 Abs. 2 S. 3 VerbrKrG nicht. Begründet wird die Nichtgeltung damit, daß dort die Valuta oft bereits dem Verkäufer zugeflossen sein wird, so daß der Verbraucher zur Rückzahlung des Kredits gar nicht in der Lage sei und die Gefahr einer anderweitigen Verwendung hier nicht bestehe[171]. Der Ausschluß gemäß § 7 Abs. 3 VerbrKrG gilt vom Tatbestand her aber nur bei Geldkrediten i.S.v. von § 4 Abs. 1 S. 2 Nr. 1 VerbrKrG, dagegen nicht bei Abzahlungsgeschäften. Hätte der Gesetzgeber den mit einem Kaufvertrag verbundenen Kreditvertrag als Abzahlungsgeschäft i.S.v. § 4 Abs. 1 S. 2 Nr. 2 VerbrKrG angesehen, dann hätte es der ausdrücklichen Anordnung in § 9 Abs. 2 S. 3 VerbrKrG überhaupt nicht bedurft: Die freie Wideruflichkeit ohne Einschränkung hätte sich schon aus § 7 Abs. 3 VerbrKrG ergeben. Daß dem nicht so ist, zeigt, daß der Gesetzgeber den Kreditvertrag auch beim finanzierten Abzahlungskauf als reinen Geldkredit i.S.v. § 4 Abs. 1 S. 2 Nr. 1 VerbrKrG behandelt wissen möchte[172], und nur ausnahmsweise, nämlich nur im Falle des Aus-

---

170 Zutreffend *Drescher*, Verbraucherkreditgesetz, RdNr. 89.
171 Begr. RegE, BT-DS 11/5462, S. 24 (= Anhang, S. 435).
172 *Münstermann/Hannes*, Verbraucherkreditgesetz, RdNr. 499 und auch *Grimm*, Das neue Verbraucherkreditgesetz, S. 220, Fn. 239 a.E.

schlusses des Widerrufsrechtes wegen der vergleichbaren Interessenlage infolge der ausdrücklichen Anordnung in § 9 Abs. 2 S. 3 VerbrKrG einem Sachkredit gleichstellt[173].

Diese Systemverschiebung insgesamt ist allein mit dem neuen sachlichen Anwendungsbereich des Gesetzes zu erklären[174]: Es geht nicht mehr um Abzahlungskäufe und ihre Umgehungsgeschäfte, sondern weiterentwickelt um Kreditverträge i.S.v. § 1 Abs. 2 VerbrKrG. *Das Verbraucherkreditgesetz hat seinen systematischen Standort im Darlehensrecht und nicht wie noch das Abzahlungsgesetz im Kaufrecht*[175]. Es gilt für Kaufverträge nur, wenn in ihnen selbst ein Kreditelement gemäß § 1 Abs. 2 VerbrKrG zu finden ist. Auch über die Vertragsverbindung findet das Verbraucherkreditgesetz als solches auf den Kaufvertrag keine Anwendung. Mit Ausnahme der Erstreckung der Unwirksamkeitsfolge im Fall des Widerrufs gemäß § 9 Abs. 2 S. 1 VerbrKrG auf den mit dem Kreditvertrag verbundenen Kaufvertrag ergeben sich aus dem Gesetz Besonderheiten nur für das Verhältnis zwischen Kreditgeber und Verbraucher[176]. Der Kaufvertrag wird vom Verbraucherkreditgesetz bis auf diese Ausnahme überhaupt nicht berührt.

Demgegenüber hat die Lehre von den Vertragsverbindungen auch hier umfassenden Geltungsanspruch: Eine Beschränkung auf einen Finalnexus zwischen Kauf- (bzw. Leistungs-) und Kreditelement muß ihr fremd sein. Diese Verbindung ist nur ein real existierendes Beispiel, an dem *Gernhuber* seine Lehre erörterte, aber mitnichten darauf beschränkt[177]. Auch sind nach der Lehre von den Vertragsverbindungen die jeweiligen Verträge gleichberechtigt; ein führendes Rechtsverhältnis gibt es dort nicht[178]. Das Verbraucherkreditgesetz spricht demgegenüber von seinem sachlichen Anwendungsbereich und seiner Systematik deutlich eine andere Sprache. Es stellt mit der Regelung über die verbundenen Geschäfte in § 9 kein Gesetz zur Regelung einer neuen dogmatischen Figur der Vertragsverbindungen dar, sondern allein ein (Sonder-) Gesetz zum Schutze des Verbrauchers auf dem Gebiet des Kreditrechts.

---

173 Mißverständlich insofern *Seibert*, § 9 VerbrKrG, RdNr. 6 und *Emmerich*, in: Graf v. Westphalen/Emmerich/Kessler, § 9 VerbrKrG, RdNr. 64, wenn sie generell sagen, daß wegen der Nichtgeltung des § 7 Abs. 3 VerbrKrG der finanzierte Abzahlungskauf bzw. der Kreditvertrag wie ein Warenkredit gemäß § 4 Abs. 1 S. 2 Nr. 2 VerbrKrG behandelt würde.

174 *Dauner-Lieb*, WM-Sonderbeilage 6/1991, S. 5.

175 *Emmerich*, SchuldR BT, § 6 II 1 (S. 73).

176 MüKo-*Habersack*, § 9 VerbrKrG, RdNr. 9, 10.

177 *Gernhuber*, Das Schuldverhältnis, § 31 VI 1 a (S. 743) ausdrücklich.

178 *Gernhuber*, Das Schuldverhältnis, § 31 II 13 d bzw. h (S. 727 f. und 730, Fn. 46) in seiner Kritik zu *H. Webers* und *Ernst Wolfs* Konstruktion (zu diesen § 1, S. 43): "Darlehen und Kauf sind jedoch gleichgeordnete Schuldverhältnisse mit wechselseitigem Bezug aufeinander."

VI. Teleologische Auslegung der Vorschriften über die verbundenen Geschäfte im Vergleich mit der alten Rechtslage

Entscheidende Bedeutung muß die Beantwortung der Frage haben, ob der Gesetzgeber, wie er es selbst formuliert[179], wirklich nur die bisherigen Erkenntnisse der Rechtsprechung kodifiziert bzw. unter Anlehnung an diese ohne substantielle Verschiebungen weiterentwickelt hat, oder ob er entgegen dieser erklärten Meinung mit der Regelung über die verbundenen Geschäfte etwas ganz Neues geschaffen hat. In erster Linie sind dabei die von *Vollkommer* erwähnten gesetzlichen Rückabwicklungsregelungen für den Widerrufs- und den Rücknahmefall mit einem jeweiligen Rückblick auf die alte Rechtslage unter dem Abzahlungsgesetz zu untersuchen. Dabei sollen, soweit möglich, Aussagen des Gesetzes selbst pro oder contra Einheitstheorie herausgefunden werden.

1. Das Widerrufsrecht gemäß §§ 7, 9 Abs. 2 S. 1 - 3 VerbrKrG

Nach der Neueinfügung des Widerrufsrechtes in das Abzahlungsgesetz unter § 1 b mit Wirkung ab dem 1.10.1974 bezog der Bundesgerichtshof dieses Recht über § 6 AbzG auch auf den finanzierten Abzahlungskauf insgesamt[180]. Betont wurde, daß der Käufer/Kreditnehmer beim finanzierten Abzahlungskauf zwei Willenserklärungen abgebe und zwei rechtlich selbständige Verträge abschließe, daß sich aber das Widerrufsrecht auf beide bezöge und deshalb die Widerrufsbelehrung dem Käufer/Kreditnehmer unmißverständlich klarmachen müsse, daß er mit seinem ausgeübten Widerruf bezüglich eines Vertrages das Zustandekommen beider Verträge verhindere, weil er sich nämlich nur einheitlich entscheiden könne[181]. Zur Begründung wurde auch hier das vom Einwendungsdurchgriff seit langem bekannte Schlechterstellungsverbot zitiert: Der Käufer/Kreditnehmer dürfe bei Aufspaltung des Abzahlungsgeschäfts in zwei rechtlich selbständige Verträge nicht schlechter gestellt werden, als er ohne die Aufspaltung stünde. Deshalb müsse sich das Widerrufsrecht, das dazu diene, die Vertragsentschließungsfreiheit des Käufers vor Beeinträchtigungen zu bewahren und ihm insbesondere die Bindung an ein übereilt abgeschlossenes Teilzahlungsgeschäft zu ersparen, dessen Tragweite und Bedeutung ihm bei Geschäftsabschluß nicht hinreichend klar werde, gerade auch auf den

---

179 Begr. RegE, BT-DS 11/5462, S. 12 (= Anhang, S. 433).

180 Erstmals BGH WM 1980, 159, 161 (dort noch nicht entscheidungserheblich, da bereits ein Verstoß gegen die Formvorschrift des § 1 a AbzG vorlag) und kurz BGH WM 1981, 677, 678 und BGH WM 1983, 786, 788; dann aber ausführlich BGH WM 1984, 649, 650.

181 BGH WM 1984, 1045; BGH WM 1984, 1046, 1047 (jeweils Widerrufsbelehrung allein bzgl. des Kaufvertrages; nach Ansicht des Gerichts nicht ausreichend); BGH WM 1987, 365, 367 (Widerrufsbelehrung allein bzgl. des Kreditvertrages, ebenfalls nicht ausreichend).

Kreditvertrag beziehen, weil allein dieser die langfristige Teilzahlungsverpflichtung des Käufers/Kreditnehmers begründe[182].

Jetzt hat der Verbraucher nach § 7 Abs. 1 VerbrKrG ein alleiniges Widerrufsrecht bezüglich des Kreditvertrages[183]. Übt er dieses aus, so verliert gemäß § 9 Abs. 2 S. 1 VerbrKrG gleichzeitig der Kaufvertrag Rechtswirkungen zu entfalten[184]. Dabei kann hier offenbleiben, ob der Verbraucher insbesondere bei Abschluß eines günstigen Kaufvertrages die Rechtswirkungen des Widerrufs auf den (ungünstigen) Kreditvertrag beschränken kann[185]. Über die besondere Rechtsfolge des § 9 Abs. 2 S. 1 VerbrKrG ist der Verbraucher gemäß § 9 Abs. 2 S. 2 VerbrKrG über die normale Widerrufsbelehrung aus § 7 Abs. 2 S. 2 VerbrKrG hinaus zu belehren[186]. Ein eigenständiges Widerrufsrecht beim Kaufvertrag mit gleichzeitigen Folgen für den Kreditvertrag gibt es beim finanzierten Abzahlungskauf nach der neuen Rechtslage nicht. Es kann insbesondere nicht aus § 9 Abs. 2 VerbrKrG gefolgert werden. Ein dennoch dem Verkäufer gegenüber erklärter Widerruf des Kaufvertrages dürfte regelmäßig als Widerruf des Kreditvertrages auszule-

---

182 So insbes. BGH WM 1984, 649, 650.

183 S. bereits oben S. 229 f. (s. insbes. Fn. 148).

184 Vgl. aber auch LG Trier WM 1994, 436 mit i.E. zustimmenden Anmerkungen von *Peters*, WuB I E 2 c. - 2.94, das die Ausübung des Widerrufsrechtes durch den Verbraucher als treuwidrig zurückwies, nachdem dieser zuerst einen Barkauf mit dem Verkäufer über ein PKW abgeschlossen hatte, dann in finanzielle Schwierigkeiten geriet und ca. 8 Monate später einen über den Verkäufer vermittelten Kredit erhielt. Einen Tag später widerrief der Verbraucher den Kreditvertrag, um über § 9 Abs. 2 S. 1 VerbrKrG auch vom inzwischen lästig gewordenen Kaufvertrag loszukommen.

185 So *Becker*, ZBB 1992, 214, 217 (ihm folgend *Vortmann*, Aktuelle Rechtsfragen, RdNr. 233 und *Pickert*, Widerrufsrecht, S. 156) unter teleologischer Reduktion des § 9 Abs. 2 S. 1 VerbrKrG. Diese Ansicht erscheint sehr zweifelhaft, weil der Kreditgeber auch über dieses Wahlrecht des Verbrauchers belehren müßte, diese umfangreichere Belehrung ein eindeutiges Mehr im Vergleich zum Verbraucherkreditgesetz wäre und gerade im Hinblick auf die einschneidenden Rechtsfolgen der fehlerhaften/unterbliebenen Widerrufsbelehrung (gemäß § 7 Abs. 2 S. 3 VerbrKrG 1 Jahr Widerruflichkeit) kaum eine Grundlage im Gesetz hat. Ablehnend auch *Drescher*, Verbraucherkreditgesetz, RdNr. 259; *Köndgen*, NJW 1994, 1508, 1517; *Bülow*, § 9 VerbrKrG, RdNr. 35 und *Ott*, in: Bruchner/Ott/Wagner-Wieduwilt, § 9 VerbrKrG, RdNr. 73.

186 So auch die Begr. RegE, BT-DS 11/5462, S. 24 (= Anhang, S. 434) ausdrücklich. Ausführlich dazu *Pickert*, Widerrufsrecht, S. 147 ff.
Zu den strengen Voraussetzungen OLG Düsseldorf WM 1993, 1179 ff. (vom Sachverhalt identisch OLG Frankfurt NJW-RR 1993, 880). Danach ist beim finanzierten Abzahlungskauf eine Widerrufsbelehrung nicht ausreichend, wenn dort lediglich enthalten ist, daß der Widerruf des Darlehensantrages die Unwirksamkeit von Darlehensantrag und von weiteren mitfinanzierten Anträgen zur Folge hat. Zum einen tauchte das Wort "Kaufvertrag" in der Belehrung nicht auf, obwohl ein solcher geschlossen worden war; zum anderen gab es weitere mitfinanzierte Verträge nicht. § 9 Abs. 2 S. 2 VerbrKrG erfordere aber nach Ansicht des Gerichts eine Belehrung bezüglich einer konkreten Rechtsfolge, bezogen auf den konkret mit dem Kreditvertrag verbundenen Vertrag. Die Entscheidung ist ausnahmslos zu begrüßen (ebenso *Vortmann*, EWiR 1993, 187, 188; *Peters*, WuB I E 2 c. - 1.93 und auch *Groß*, ZIP 1993, 1071 in ihren Anmerkungen zum o.g. Urteil).
Vgl. auch die korrekte Widerrufsbelehrung im Kreditvertragsformular der WKV-Bank München (= Anhang, S. 448) und von *Lwowski/Peters/Gößmann*, Verbraucherkreditgesetz, S. 197 f.

gen sein, wobei dieser dem Kreditgeber nur wirksam ist, wenn der Verkäufer Empfangsvertreter oder Empfangsbote ist[187]. Widerrufsadressat ist nämlich allein der Kreditgeber[188]. Bei unterschiedlichen Personen bzw. Drittbeteiligung durch Schuldbeitritt o.ä. besteht das Widerrufsrecht immer nur für den am Kreditvertrag Beteiligten, wenn das Verbraucherkreditgesetz auch persönlich auf ihn anwendbar ist[189].

Diese Änderung ist allein mit der umfassenden Kodifizierung des Verbraucherkreditgesetzes zu erkären[190] und nicht mit der Bewertung des finanzierten Geschäftes als Einheit. Im Gegenteil: Konnte der Käufer/Kreditnehmer nach der alten Rechtslage *alternativ* Kauf- oder Kreditvertrag gegenüber Verkäufer oder Kreditgeber jeweils mit Wirkung für den anderen mit ihm verbundenen Vertrag widerrufen, so daß man in der Tat für diesen Fall von einer genetischen Einheit der beiden Rechtsgeschäfte und bei der Aufrechterhaltung des Trennungsgrundsatzes durch den Bundesgerichtshof nur noch von einem "Lippenbekenntnis" sprechen konnte[191], so ist dies jetzt nicht mehr der Fall, da nur noch der Kreditvertrag gegenüber dem Kreditgeber mit Wirkung für den Kaufvertrag widerrufen werden kann. Ein alternatives Widerrufsrecht mit jeweiliger Wirkung für den anderen Vertrag ist im Verbraucherkreditgesetz in Abkehr zur alten Rechtslage nicht angeordnet worden. *Damit zeigt gerade die Vorschrift des § 9 Abs. 2 S. 1 VerbrKrG, daß der Gesetzgeber wie bisher von der rechtlichen Selbständigkeit der beiden Verträge ausgeht*[192]. Denn durch diese Verklammerungsnorm wird nur eine ausnahmsweise Auswir-

---

187 *Seibert*, § 9 VerbrKrG, RdNr. 4 und MüKo-*Habersack*, § 9 VerbrKrG, RdNr. 56. Ausführlich *Pickert*, Widerrufsrecht, S. 143 ff. Hier wird die oben (s. § 5, S. 150 ff.) angeschnittene Frage relevant, wann der *Verkäufer* einmal aus Sicht des Verbrauchers als bevollmächtigter Vertreter des Kreditgebers angesehen werden kann, insbes. in den Fällen, in denen der Verbraucher allein mit dem Verkäufer in unmittelbaren Kontakt getreten ist.

188 Für die hM nur MüKo-*Habersack*, § 9 VerbrKrG, RdNr. 56. Sogar *Ott*, in: Bruchner/Ott/Wagner-Wieduwilt, § 9 VerbrKrG, RdNr. 70 f. ist der Ansicht, daß der Kreditgeber alleiniger Widerrufsempfänger ist, ein im Zusammenhang mit seinen bereits oben (§ 5, S. 150 f.) geschilderten Äußerungen, wonach der Kreditgeber wegen der wirtschaftlichen Einheit stets als bevollmächtigter Passivvertreter des Verkäufers hinsichtlich Anfechtung u.ä. anzusehen sei, eklatanter Wertungswiderspruch: Folgt man nämlich der bereits dargestellten These *Otts*, muß man hier beim zuständigen Widerrufsadressaten fragen, ob nicht auch der Verkäufer wegen der wirtschaftlichen Einheit der beiden Verträge stets als bevollmächtigter Vertreter des Kreditgebers angesehen werden kann.

A.A. und insofern konsequent, weil auch der Kaufvertrag widerruflich sei, *Vortmann*, § 9 VerbrKrG, RdNr. 21; *ders.*, Aktuelle Rechtsfragen, RdNr. 231 und *Grimm*, Das neue Verbraucherkreditgesetz, S. 315.

Vgl. i.ü. auch die korrekte Angabe des Widerrufsempfängers im Kreditvertragsformular der WKV-Bank München im Anhang, S. 448.

189 Dazu *Scholz*, Verbraucherkreditverträge, RdNr. 359 (S. 171 f.); *Emmerich*, in: Graf v. Westphalen/Emmerich/Kessler, § 9 VerbrKrG, RdNr. 60; MüKo-*Habersack*, § 9 VerbrKrG, RdNr. 69 f. und *Pickert*, Widerrufsrecht, S. 155.

190 S. bereits oben S. 227 - 234 unter dem sachlichen Anwendungsbereiches des VerbrKrG.

191 So z.B. MüKo-*H.P. Westermann*, § 6 AbzG, RdNr. 23.

192 *Coester*, Jura 1992, 617, 618 und MüKo-*Habersack*, § 9 VerbrKrG, RdNr. 10.

kung der Unwirksamkeit des Kreditvertrages auf den Kaufvertrag angeordnet. Nicht jede Unwirksamkeit des Kreditvertrages soll zur Unwirksamkeit des Kaufvertrages führen, sondern nur der Widerruf.

Im übrigen: Hätte der Gesetzgeber die Grundsätze vom genetischen Verbund konsequent verfolgt, hätte es der Norm des § 9 Abs. 2 S. 1 VerbrKrG überhaupt nicht bedurft, sondern lediglich der Anordnung im Anschluß an § 9 Abs. 1 VerbrKrG, daß die Verträge in Entstehung und Fortbestand als Einheit zu betrachten seien. Der konkrete Unwirksamkeitsgrund Widerruf hätte sich nach wie vor aus § 7 Abs. 1 VerbrKrG ergeben, andere z.B. aus dem BGB wie insbesondere § 138 Abs. 1 für den Kreditvertrag oder § 142 Abs. 1 für den Kaufvertrag etc. Genau dies ist nicht geschehen, und zwar allein deshalb, weil es mit der Übernahme des von § 1 b AbzG bekannten Widerrufsrechtes in das Verbraucherkreditgesetz darum ging, dem Verbraucher die Möglichkeit zu verschaffen, seine Entscheidung für einen Kredit nach Erhalt der Informationen des § 4 VerbrKrG kurzfristig noch einmal zu überdenken und gegebenenfalls rückgängig zu machen, auch damit anfällige Kreditverhältnisse, mit denen sich der Verbraucher finanziell übernimmt, erst gar nicht entstehen[193]. Die Erstreckung der Unwirksamkeitsfolge auf den Kaufvertrag gemäß § 9 Abs. 2 S. 1 VerbrKrG war allein wegen der Personenverschiedenheit von Kreditgeber und Verkäufer erforderlich und sollte sicherstellen, daß der Verbraucher nicht bei Widerruf des Kreditvertrages weiterhin an den Kaufvertrag gebunden bleibt[194]. Hinter § 9 Abs. 2 S. 1 VerbrKrG stehen damit, abgesehen von dem veränderten systematischen Rahmen, genau die bisher von der Rechtsprechung entwickelten Gesichtspunkte, so daß hier in der Tat von einer engen Anlehnung an diese gesprochen werden kann.

2. *Die Rechtsfolgen des Widerrufs gemäß § 9 Abs. 2 S. 4 VerbrKrG*

Auch § 9 Abs. 2 S. 4 VerbrKrG bringt kaum Neues: Schon nach der alten Rechtslage sollte der Käufer/Kreditnehmer aus der Rückabwicklung nach erfolgtem Widerruf grundsätzlich herausgehalten werden, soweit dieses möglich war. Vor allem sollte verhindert werden, ihn durch übermäßige Belastung mit Rückzahlungspflichten von der Ausübung seines Widerrufsrechtes abzuhalten[195]. Er war insbesondere nicht gemäß § 1 d Abs. 1 S. 1 AbzG bzw. § 812 BGB zur Herausgabe der Valuta an den Kreditgeber verpflichtet, sondern mußte diesem (bei Sicherungseigentum) allenfalls die finanzierte Sache heraus-

193 Begr. RegE, BT-DS 11/5462, S. 21.
194 Begr. RegE, BT-DS 11/5462, S. 24 (= Anhang, S. 434).
195 *Emmerich*, in: Hadding/Hopt, Das neue Verbraucherkreditgesetz, S. 67, 75.

geben[196]. Umgekehrt mußte der Kreditgeber dem Käufer/Kreditnehmer gemäß § 1 d Abs. 1 S. 1 AbzG ohne Berufung auf die Auskehrung der Valuta an den Verkäufer die bereits geleisteten Raten erstatten. Das galt auch für die Anzahlung, wenn der Kreditgeber Sicherungseigentümer war[197]. Nutzungsersatzansprüche gemäß § 1 d Abs. 3 AbzG konnte allein der Verkäufer und unabhängig von seiner Eigentümerstellung geltend machen[198]. Entgegen den Grundsätzen der Trennungstheorie, nach denen bei den vorliegenden zwei selbständigen Verträgen der Kreditgeber mit der Auszahlung der Valuta an den Verkäufer eine Leistung an den Käufer/Kreditnehmer und der Käufer/Kreditnehmer eine Leistung an den Verkäufer erbringt, gewährte der Bundesgerichtshof mit seinem Urteil vom 6.12.1979 wegen des Schutzzwecks des Abzahlungsgesetzes eine Direktkondiktion des Kreditgebers gegen den Verkäufer bezüglich der Valuta[199]. Entscheidender Gesichtspunkt war dort, daß der Käufer/Kreditnehmer den Kaufgegenstand noch nicht erhalten und keine Anzahlung an den Verkäufer geleistet hatte, sondern lediglich eine erste Rate an den Kreditgeber, die er von diesem sofort zurückerstattet bekam. Insofern konnte und mußte er nach Ansicht des Bundesgerichtshofs von der bereicherungsrechtlichen Rückabwicklung von vornherein herausgehalten werden.

An diese Grundsätze hat sich das Verbraucherkreditgesetz angelehnt. Vor Auszahlung der Valuta muß der Kreditvertrag nicht abgewickelt und der Kreditgeber insofern auch nicht eingeschaltet werden. In diesem Fall findet bezüglich der Anzahlung und der Herausgabe der Sache einschließlich etwaiger Nebenansprüche eine bilaterale Rückabwicklung zwischen Verbraucher und Verkäufer gemäß § 7 Abs. 4 VerbrKrG i.V.m. § 3 HaustürWG statt[200]. Ist der Nettokreditbetrag dem Verkäufer dagegen schon zugeflossen, bestimmt § 9 Abs. 2 S. 4 VerbrKrG, daß der Kreditgeber im Verhältnis zum Verbraucher in die Rolle des Verkäufers eintritt. Damit folgt das Gesetz in § 9 Abs. 2 S. 4 VerbrKrG bis auf die Behandlung der Anzahlung, die der Kreditgeber dem Verbraucher

---

196 BGH WM 1984, 649, 651. Nach hM (s. nur *Hopt/Mülbert*, Kreditrecht, Vorb. zu §§ 607 ff. BGB, RdNr. 527) stellten dabei die Rückabwicklungsregeln des § 1 d AbzG hinsichtlich anderer möglicher Anspruchsgrundlagen wie §§ 2 AbzG, 346 ff., 812 ff., 987 ff. BGB eine abschließende Sonderregelung dar.

197 Die letzteren beiden Fälle wurden nie entschieden, entsprachen aber der hM, s. *Canaris*, Bankvertragsrecht, RdNr. 1412; MüKo-*H.P. Westermann*, § 6 AbzG, RdNr. 40; Soergel-*Hönn*, Anhang zu § 6 AbzG, RdNr. 27 und *Hopt/Mülbert*, Kreditrecht, Vorb. zu §§ 607 ff. BGB, RdNr. 528 und 530. Daß der Kreditgeber die an den Verkäufer geleistete Anzahlung erstatten mußte, wenn er Sicherungseigentümer war, wurde damit begründet, daß die Anzahlung wertmäßig im Eigentum stecke.

198 OLG Frankfurt WM 1987, 308, 309 (vom BGH nie entschieden).

199 BGH WM 1980, 159, 161. Diese Entscheidung bewertete *Gernhuber*, BürgR, § 17 II 2 d (S. 160) als theoretisch nicht untermauerte Regelwidrigkeit. Er selbst konnte die Direktkondiktion mit seiner Lehre von den Vertragsverbindungen einfacher erklären, weil danach der Kreditgeber mit der Auskehrung der Valuta eine Leistung an den Verkäufer erbringe, s.o. S. 217 f.

200 S. nur MüKo-*Habersack*, § 9 VerbrKrG, RdNr. 64.

jetzt generell und unabhängig von seinem Sicherungseigentum erstatten muß[201], und die Frage der Nutzungsersatzansprüche, die der Verbraucher dem Kreditgeber und nicht mehr dem Verkäufer ersetzen muß, genau den geschilderten Rechtsprechungsgrundsätzen: Es soll eine Rückabwicklung übers Dreieck vermieden werden, indem sich der Verbraucher nur mit einer Person, nämlich mit dem Kreditgeber auseinanderzusetzen hat. Vor allem muß er nicht die an den Verkäufer ausgezahlte Valuta an den Kreditgeber herausgeben, da dieser jetzt in die Rolle des Verkäufers eintritt und insofern eine Saldierung kraft Gesetzes stattfindet[202], sondern hat vielmehr einen Rückzahlungsanspruch bezüglich der von ihm bisher geleisteten Raten.

Diese vom Gesetzgeber gewählte Rückabwicklungslösung ist aber nicht eine Folge der Einheitstheorie, sondern allein eine Folge eines verstärkten Verbraucherschutzes. Wörtlich heißt es dazu in der Begründung zum Regierungsentwurf[203]: "Da der Kreditgeber im Verhältnis zum Verbraucher die Folgen von Leistungsstörungen grundsätzlich trägt, erscheint es angemessen, ihm und nicht dem Verkäufer in dem Abwicklungsverhältnis die beherrschende Rolle zu übertragen." Berücksichtigung findet dabei, daß Anknüpfungspunkt für die Anwendbarkeit des Gesetzes und auch für den finanzierten Abzahlungskauf allein der Kreditvertrag ist und dieser das führende Rechtsverhältnis darstellt[204]. § 9 Abs. 2 S. 4 VerbrKrG ist deshalb keine Ausnahmebestimmung zu der allgemeinen und jeden Kreditvertrag treffenden Norm des § 7 Abs. 4 VerbrKrG, sondern regelt lediglich eine Verschiebung der Aktiv- und Passivlegitimation dahingehend, daß den Kreditgeber die Rechte und Pflichten treffen, die eigentlich den Verkäufer treffen würden[205]. Die wirkliche, das wirtschaftliche Ergebnis betreffende materielle Rückabwicklungsregelung ist und bleibt aber auch beim finanzierten Abzahlungskauf § 7 Abs. 4 VerbrKrG i.V.m. § 3 HaustürWG[206]. Nur dort ist für jeden Kreditvertrag (folglich auch für den Kreditvertrag beim finanzierten Abzahlungskauf) geregelt, was in welcher Höhe gezahlt werden muß. Insofern kann für die hier zur Entscheidung stehende Frage offenbleiben, ob § 9 Abs. 2 S. 4 VerbrKrG ein gesetzlich geregelter Fall einer befreienden Schuld- bzw. Vertragsübernahme[207] oder bloß ein gesetzlich geregelter Fall eines Schuldbeitritts des

---

201 S. nur MüKo-*Habersack*, § 9 VerbrKrG, RdNr. 67; a.A. allein und zu Unrecht wegen des eindeutigen Wortlautes des § 9 Abs. 2 S. 4 VerbrKrG *Vortmann*, § 9 VerbrKrG, RdNr. 22.

202 MüKo-*Habersack*, § 9 VerbrKrG, RdNr. 67.

203 BT-DS 11/5462, S. 24 (= Anhang, S. 435).

204 S. bereits oben S. 229 - 234 unter dem Blickfeld des sachlichen Anwendungsbereiches.

205 *Münstermann/Hannes*, Verbraucherkreditgesetz, RdNr. 508.

206 *Münstermann/Hannes*, aaO.

207 So *Münstermann/Hannes*, Verbraucherkreditgesetz, RdNr. 508; *Medicus*, Jura 1991, 561, 566, Fn. 16; *Ott*, in: Bruchner/Ott/Wagner-Wieduwilt, § 9 VerbrKrG, RdNr. 86, 87; *Coester*, Jura 1992, 617, 621; *Groß*, ZIP 1993, 1071, 1072; *Pickert*, Widerrufsrecht, S. 160; wohl auch *Grimm*, Das neue Verbraucherkreditgesetz, S. 314, Fn. 461 und Palandt-*Putzo*, § 9 VerbrKrG, RdNr. 10.

Kreditgebers[208] mit der Folge einer Gesamtschuld zwischen ihm und dem Verkäufer darstellt[209].

Von einer Systemverschiebung in Richtung Einheitstheorie kann nicht die Rede sein. Im Gegenteil: Bei genauerem Hinsehen zeigt sich, daß sich der gesetzlich geregelte Rückabwicklungsfall entgegen *Vollkommers* Ansicht nur scheinbar gut in die Lehre von den Vertragsverbindungen einbauen läßt: Nach § 9 Abs. 2 S. 4 VerbrKrG bekommt der Verbraucher immer die an den Verkäufer geleistete Anzahlung vom Kreditgeber zurück, während die Lehre von den Vertragsverbindungen ihn an den Verkäufer verweisen muß, da er dort seine Leistung erbracht habe[210]. In § 9 Abs. 2 S. 4 VerbrKrG wird der Verbraucher also bessergestellt, als es die Lehre von den Vertragsverbindungen verlangt. Die zweite Regelwidrigkeit ergibt sich bei einem Blick auf das Schicksal der Kaufsache: Gemäß § 9 Abs. 2 S. 4 VerbrKrG muß der Verbraucher diese an den Kreditgeber übereignen bzw. bei bereits vorliegendem Sicherungseigentum herausgeben, wodurch das Sicherungseigentum zu Volleigentum erstarkt[211]. Nach der Verbundlehre ist aber allein der Verkäufer dieser Anspruchsinhaber, eben weil mit der Übereignung an den Käufer/Kreditnehmer oder der bloßen Besitzverschaffung eine Leistung seitens des Verkäufers vorlag, die nun in diesem Leistungsverhältnis rückabgewickelt werden muß[212]. Im übrigen tritt der Kreditgeber, wie bereits dargestellt[213], gemäß § 9 Abs. 2 S. 4 VerbrKrG nur hinsichtlich der *Rechtsfolgen des Widerrufs* an die Stelle des Verkäufers; widerrufsunabhängige Ansprüche des Verbrauchers wie etwa Schadensersatzansprüche für Begleitschäden durch die Lieferung einer mangelhaften Sache muß er weiterhin gegenüber dem

208 So *Bülow*, § 9 VerbrKrG, RdNr. 49 und *Reinking/Eggert*, Der Autokauf, RdNr. 294 (S. 88).

209 Dieses Problem wird vom OLG Düsseldorf WM 1993, 1179, 1181 vollständig übersehen. Denn das Gericht untersucht nach der Feststellung, daß ein wirksamer Widerruf des finanzierten Abzahlungskaufs vorgelegen habe, einen möglichen Annahmeverzug des Verkäufers (!) hinsichtlich der Rücknahme der finanzierten Sache gemäß §§ 293 ff. BGB nach Auszahlung der Valuta. Dagegen spricht aber in erster Linie der Wortlaut des § 9 Abs. 2 S. 4 VerbrKrG. Wäre diese Norm ein gesetzlich geregelter Fall einer befreienden Schuldübernahme, stellte sich das Problem eines Annahmeverzugs des Verkäufers überhaupt nicht, weil dieser keinen erfüllbaren Anspruch gegen den Verbraucher hätte, zutreffend *Groß*, ZIP 1993, 1071, 1072 in seinen kritischen Anmerkungen zum o.g. Urteil. Zu einem Annahmeverzug des Verkäufers käme man deswegen nur dann, wenn man die Regelung in § 9 Abs. 2 S. 4 VerbrKrG als gesetzlichen Schuldbeitritt des Kreditgebers einordnen würde. Dann wären Kreditgeber und Verkäufer Gläubiger des Rücknahmeanspruchs, könnten also beide selbständig in Annahmeverzug geraten.

210 *Gernhuber*, Das Schuldverhältnis, § 31 III 6 a (S. 734). Diesen Unterschied sieht *Vollkommer*, in: FS für Merz, S. 595 ff. zwar, er ist ihm aber auf S. 604 nur eine Fußnote wert (Fn. 48).

211 MüKo-*Habersack*, § 9 VerbrKrG, RdNr. 67.

212 Konsequent *Gernhuber*, Das Schuldverhältnis, § 31 III 6 a (S. 734). Ist der Kreditgeber Sicherungseigentümer, dann kann nach seiner Konzeption folgerichtig der Käufer dem Verkäufer nur seinen Anspruch gegen den Kreditgeber an Erfüllungs Statt abtreten.

213 S.o. § 5, S. 140 f.

Verkäufer geltend machen[214]. Auch dies unterstützt die grundsätzliche Geltung der Trennungstheorie.

3. *Die Rücknahme der Kaufsache durch den Kreditgeber und ihre Rechtsfolgen gemäß §§ 13 Abs. 3, Abs. 2 VerbrKrG*

Bei der Rücknahme der finanzierten Sache durch den Kreditgeber als Sicherungseigentümer hat sich die Rechtslage bis auf eine kleine Neuerung überhaupt nicht geändert, sondern ist in § 13 Abs. 3 S. 2 2. Hs. VerbrKrG schlicht so kodifiziert worden, wie die Rechtsprechung diesen Fall immer gesehen hatte[215]. Schon nach § 5 AbzG galt die Ansichnahme der gekauften Sache durch den Abzahlungsverkäufer als Ausübung des Rücktrittsrechtes. Der Käufer sollte davor geschützt werden, den Besitz und damit die Nutzungsmöglichkeit der Sache zu verlieren, gleichwohl aber weiterhin zur Kaufpreiszahlung verpflichtet zu sein. Diese Vorschrift war die erste, die über § 6 AbzG auf den finanzierten Abzahlungskauf zu Lasten des Kreditgebers angewendet wurde[216]. Sie führte zu einem Rückabwicklungsschuldverhältnis einseitig (bilateral) zwischen Kreditgeber und Käufer/Kreditnehmer gemäß §§ 1 - 3 AbzG, wenn ersterer auf Grund seines Sicherungseigentums die finanzierte Sache an sich nahm. Der Kaufvertrag blieb davon unberührt, weil er durch Eigentumsverschaffung an den Käufer/Kreditnehmer (bzw. den Kreditgeber als Sicherungseigentümer) und Zahlung des Restkaufpreises durch den Kreditgeber bereits voll erfüllt war[217]. Der Kreditgeber trat danach zwar nicht in die

---

214 Begr. RegE, BT-DS 11/5462, S. 24 (= Anhang, S. 435) und die hM, s. nur MüKo-*Habersack*, § 9 VerbrKrG, RdNr. 69.

215 Zutreffend *Emmerich*, in: Graf v. Westphalen/Emmerich/Kessler, § 13 VerbrKrG, RdNr. 54, 59 und Erman-*Klingsporn/Rebmann*, § 13 VerbrKrG, RdNr. 83.

216 Erstmals KG JW 1931, 75 ff. (Rücknahme durch den Kreditgeber, einer Tochterfirma des Herstellers GENERAL MOTORS Company, allerdings mit der Besonderheit, daß eine wirtschaftliche Identität zwischen ihm und dem als Vertragshändler fungierenden Verkäufer bejaht wurde); BGHZ 3, 257 und BGHZ 5, 373 (Rücknahme jeweils durch den Verkäufer); BGH LM Nr. 2 zu § 6 AbzG (= DB 1952, 412) und BGH NJW 1954, 185 ff. (Rücknahme jeweils durch den Kreditgeber) sowie insbes. seit den 3 Entscheidungen BGH WM 1967, 458 ff.; BGH WM 1967, 461 ff. und BGH WM 1967, 464 ff. ständige Rechtsprechung.

217 BGH WM 1971, 1437, 1439. Ebenso blieb im umgekehrten Fall, daß der Verkäufer die Kaufsache an sich nahm, der Kreditvertrag von dem damit ausgelösten Rücktritt vom Kaufvertrag unberührt, so BGH WM 1976, 501. Gleichwohl wurde dem Käufer/Kreditnehmer gegenüber der weiteren Inanspruchnahme durch den Kreditgeber eine Art von Einwendungsdurchgriff zugebilligt, wenn sich aus der Abrechnung zwischen Verkäufer und Käufer gemäß §§ 1 - 3 AbzG ergab, daß die verbleibenden Verkäuferansprüche niedriger als die noch offene Kreditforderung des Kreditgebers waren (bestätigt von BGH WM 1984, 722, 724).
Anders war der Fall, d.h. Kauf- und Kreditvertrag wandelten sich entsprechend § 5 AbzG in ein Rückgewährschuldverhältnis um, wenn der Verkäufer mit Zustimmung des Kreditgebers die Kaufsache an sich nahm, so OLG Nürnberg WM 1977, 64. Nach der äußerst zweifelhaften Entscheidung des OLG Hamm WM 1977, 933, 934 sollte sich dabei die Zustimmung des Kredit-

Rolle des Verkäufers ein; er wurde diesem aber in wesentlichen Beziehungen gleichgestellt[218]. Die noch offene Forderung des Kreditgebers erlosch mit Ansichnahme der Kaufsache[219]. Gleichzeitig wandelte sich das Sicherungseigentum des Kreditgebers unter Erlöschen der Sicherungsabrede in Volleigentum um. Gegen die Herausgabe der Sache mußte der Kreditgeber dem Käufer/Kreditnehmer die bereits geleisteten Raten einschließlich einer Anzahlung erstatten, letztere deshalb, weil diese wertmäßig in dem Kaufgegenstand stecke und der Kreditgeber infolge der Wegnahme über den Sachwert verfüge[220]. Dafür hatte der Kreditgeber gemäß § 2 Abs. 1 S. 2 AbzG nicht unerhebliche Nutzungsersatzansprüche gegen den Käufer/Kreditnehmer und konnte auch den Verwertungserlös einschließlich eines etwaigen Mehrerlöses behalten. Bei diesen miteinander zu saldierenden Rechnungsposten wurde weder die an den Verkäufer ausgezahlte Valuta noch die dem Kreditgeber entstandenen Rücknahme- und Verwertungskosten als Aufwendungsersatzanspruch gemäß § 2 Abs. 1 S. 1 AbzG zu Lasten des Käufers/Kreditnehmers berücksichtigt[221]. Insbesondere wegen der hohen Nutzungsersatzansprüche kam es so meist zu einem für den Käufer/Kreditnehmer negativen Saldo, den er auszugleichen hatte[222], wenn er nicht eine besonders hohe Anzahlung an den Verkäufer geleistet hatte. Im letzteren Fall kam es in der Tat zu einem Rückforderungsanspruch gegen den Kreditgeber[223].

---

gebers, auch wenn sie überhaupt nicht vorlag, aus der wirtschaftlichen Einheit der beiden Verträge ergeben, so daß sich zwangsläufig immer auch ein Rückgewährschuldverhältnis Kreditgeber - Käufer/Kreditnehmer ergeben müßte. Diese Entscheidung, nur erklärbar mit einer totalen Hinwendung zur Einheitstheorie, stand im krassen Widerspruch zur Rechtsprechung des BGH, aaO.

218 BGH WM 1967, 458, 460.

219 BGH WM 1988, 1328, 1329.

220 So die Begründung bei BGH WM 1967, 458, 460. Dabei war die Herkunft und Höhe der Anzahlung unerheblich, so daß auch vom Käufer/Kreditnehmer anderswo besorgte Fremdmittel Berücksichtigung fanden, nicht dagegen Fremdmittel, die gerade vom die Rechtsfolgen des § 5 AbzG auslösenden Kreditgeber herstammten, so folgerichtig BGH WM 1988, 1328, 1329. Letztere Mittel wurden deshalb nicht berücksichtigt, weil der Käufer/Kreditnehmer nicht auf der einen Seite durch den fingierten Rücktritt vom Kreditvertrag von der Rückzahlung des Kredits befreit werden könne, während auf der anderen Seite die Anzahlung an ihn zurückzuzahlen sei. Dann würden sie letzten Endes zweimal zu seinen Gunsten berücksichtigt.

221 BGH WM 1967, 461, 464, also kein Ersatz der Aufwendungen, die ihren Ursprung in der Ansichnahme und der anschließenden Verwertung hatten wie Sicherstellungs-, Überführungs-, Unterstell- und Schätzkosten sowie eine Verkaufsprovision. Dazu zählten nach Ansicht des OLG München WM 1975, 1316, 1322 auch Annoncekosten. Infolge des Kreditvertrages gemachte Aufwendungen waren dagegen erstattungsfähig, s. den Überblick bei *Scholz*, Ratenkreditverträge, RdNr. 325 (S. 140 ff.).

222 Zutreffend war hier *Gernhubers* Kritik, Das Schuldverhältnis, § 31 V 1 c (S. 741), der anmerkte, daß die Lösung der Rechtsprechung mehr scheinbar als wirklich käuferfreundlich war (was auch jetzt für das Verbraucherkreditgesetz zu gelten hat). Denn gerade wegen der ganz erheblichen Abwertung, die viele Güter auf dem Markt schon nach kurzem Gebrauch erfahren, waren die Käufer/Kreditnehmer vielfach gezwungen, mehr an Gebrauchsvergütungen zu zahlen, als sie von dem Kreditinstitut zu fordern hatten, zumal dann auch ein Gewinn, den der Kreditgeber durch einen günstigen Verkauf der Sache erzielte, dem Käufer/Kreditnehmer nicht zugute kam.

223 Bereits von BGH WM 1967, 458, 461 und BGH WM 1978, 720, 721 angedeutet; von BGH WM 1988, 1328, 1330 dann tatsächlich so entschieden.

Diese Rechtsprechungsgrundsätze sind jetzt mit der Klarstellungsnorm des § 13 Abs. 3 S. 2 1. Hs. VerbrKrG und der Verweisungsvorschrift des § 13 Abs. 3 S. 2 2. Hs. VerbrKrG auf § 13 Abs. 2 S. 1 VerbrKrG i.V.m. §§ 346 ff. BGB für den finanzierten Abzahlungskauf positivrechtlich geregelt worden: Die Rücknahme der Kaufsache durch den Kreditgeber gilt ebenso wie die Rücknahme beim normalen Abzahlungskauf durch den Verkäufer als Rücktritt vom Kreditvertrag, so daß eine bilaterale Rückabwicklung zwischen Verbraucher und Kreditgeber erfolgt. Einzige Modifikation ist der Ausschluß der Rücktrittsfolgen gemäß § 13 Abs. 3 S. 1 a.E. VerbrKrG, wenn sich Verbraucher und Kreditgeber über die Vergütung des gewöhnlichen Verkaufswertes der Sache einigen. Diese Norm soll aber allein praktische Schwierigkeiten bei der Bemessung der vom Verbraucher geschuldeten Nutzungsvergütung verhindern[224] und führt zu einer schnelleren Abwicklung des notleidenden Kreditverhältnisses, so daß gleichzeitig zugunsten des Verbrauchers ein weiteres Ansteigen der Nutzungsersatzansprüche vermieden wird[225].

Von einer systematischen oder inhaltlichen Änderung dieses Störungsfalles hin zur Einheitstheorie kann nicht gesprochen werden. Im Gegenteil ist *Vollkommers* Schlußfolgerung zur Zementierung seiner These unhaltbar, die Regelung in § 13 Abs. 3 S. 2 1. Hs. VerbrKrG entspräche den Grundsätzen vom funktionellen Verbund[226]: Die Regeln vom funktionellen Verbund greifen nur beim wirklichen Rücktritt einer der Verbundbeteiligten von einem Vertrag ein. Ein eigenständiges Rücktrittsrecht gemäß § 13 Abs. 1 VerbrKrG hat der Kreditgeber beim finanzierten Abzahlungskauf aber überhaupt nicht, da sein Kreditvertrag nicht die Lieferung einer Sache oder die Erbringung einer anderen Leistung gegen Teilzahlung zum Gegenstand hat, sondern reiner Geldkredit ist und bleibt[227]. Von § 13 Abs. 1 VerbrKrG werden nur Abzahlungsgeschäfte oder andere Sachkredite i.S.v. § 4 Abs. 1 S. 2 Nr. 2 VerbrKrG umfaßt. Ein unabhängig von dem Zugriff auf die Sache erklärter Rücktritt des Kreditgebers ist folglich gegenstandslos[228]. Von einem eigentlichen Rücktritt, der nach der Lehre von den Vertragsverbindungen Auswirkungen auf

224 Begr. RegE, BT-DS 11/5462, S. 28.

225 MüKo-*Habersack*, § 13 VerbrKrG, RdNr. 60.

226 In: FS für Merz, S. 595, 606 f.

227 HM: *Seibert*, § 13 VerbrKrG, RdNr. 1; *Vortmann*, § 13 VerbrKrG, RdNr. 4; *Münstermann/Hannes*, Verbraucherkreditgesetz, RdNr. 684; *Emmerich*, in: Graf v. Westphalen/Emmerich/Kessler, § 13 VerbrKrG, RdNr. 4 und 52 - 54; *Ott*, in: Bruchner/Ott/Wagner-Wieduwilt, § 13 VerbrKrG, RdNr. 10 f.; MüKo-*Habersack*, § 13 VerbrKrG, RdNr. 7 und 64; Erman-*Klingsporn/Rebmann*, § 13 VerbrKrG, RdNr. 1 und 4; *Groß*, FLF, 1993, 132, 137; *Karollus*, JuS 1993, 820, 824 und Palandt-*Putzo*, § 13 VerbrKrG, RdNr. 1.
A.A. *Bülow*, § 13 VerbrKrG, RdNr. 33, nach dem das Rücktrittsrecht sowohl dem Verkäufer/Leistungserbringer als auch dem Kreditgeber zustehe, insofern konsequent zu seinen Ausführungen zur Widerruflichkeit auch des Kaufvertrages (s.o. S. 229, Fn. 148). Ebenso *Lwowski/Peters/Gößmann*, Verbraucherkreditgesetz, S. 245.

228 MüKo-*Habersack*, § 13 VerbrKrG, RdNr. 7.

den anderen Vertrag hätte, wird aber in § 13 Abs. 3 VerbrKrG auch gar nicht gesprochen: Bei der Rücknahme handelt es sich gemäß § 13 Abs. 3 S. 1 lediglich um die *Fiktion* einer Rücktrittserklärung[229]; beim finanzierten Abzahlungskauf gilt gemäß § 13 Abs. 3 S. 2 1. Hs. diese Fiktion im Falle der Rücknahme durch den Kreditgeber entsprechend. Auswirkungen auf das mit dem Kreditvertrag verbundene Kaufverhältnis sollen gerade vermieden werden, und zwar deshalb, weil der Zahlungsverzug des Verbrauchers sich allein im Kreditverhältnis auswirkt[230]. Damit wird gleichzeitig ausgedrückt, daß der Kaufvertrag beim finanzierten Abzahlungskauf rechtlich als Barkauf einzuordnen ist: Der finanzierte Vertrag ist durch die Auszahlung der Valuta erfüllt; die Kaufpreisforderung soll nicht wiederaufleben. *Damit zeigt gerade die Norm des § 13 Abs. 3 S. 2 1. Hs. VerbrKrG die besonders konsequente Durchführung der Trennungstheorie durch den Gesetzgeber*[231].

Genauso sah überraschenderweise *Gernhuber* den Fall zur alten Rechtslage[232]: Die Verwertung der Kaufsache durch den Kreditgeber sei kein Fall des funktionellen Verbunds, sondern beschränke sich allein auf das Verhältnis Kreditgeber - Käufer/Kreditnehmer und führe nicht gleichzeitig zu einer Umwandlung des Kaufvertrages in ein Rückgewährschuldverhältnis. Denn die Sicherungsübereignung, auf Grund derer der Kreditgeber die Sache herausverlange und sie verwerte, sei von vornherein auf das Kreditverhältnis beschränkt; sie nehme am Kaufvertrag überhaupt keinen Anteil.

Schon diese falsche Einordnung von *Vollkommer* signalisiert Unrichtigkeit. Das Gesetz läßt es gerade offen, was im Fall des wirklichen, nicht bloß gemäß § 13 Abs. 3 VerbrKrG fingierten Rücktritts von einem Vertrag mit dem anderen passiert. Es gestattet dem Verbraucher lediglich den Einwendungsdurchgriff gemäß § 9 Abs. 3 S. 1 VerbrKrG, wenn er oder der Verkäufer vom Kaufvertrag zurückgetreten ist. So könnte z.B. im umgekehrten Fall, daß der Verkäufer die Kaufsache an sich nimmt oder den Rücktritt erklärt, und sich nur der Kaufvertrag bilateral in ein Rückgewährschuldverhältnis umwandelt, der Verbraucher die ihm dort entstandene Einwendung gemäß § 9 Abs. 3 S. 1 VerbrKrG dem Kreditgeber entgegenhalten[233]. Nur hat das mit § 13 Abs. 3 VerbrKrG nichts zu tun. Allerdings dürfte dieser Fall höchst selten vorkommen, da der Verkäufer in aller Regel

229 *Seibert*, § 13 VerbrKrG, RdNr. 9.
230 MüKo-*Habersack*, § 13 VerbrKrG, RdNr. 65.
231 So schon *Canaris*, Bankvertragsrecht, RdNr. 1413 für die an dieser Stelle identische alte Rechtslage.
232 In: FS für Larenz 1973, S. 455, 490 ff.; Das Schuldverhältnis, § 31 V 1 (S. 740 f.).
233 MüKo-*Habersack*, § 13 VerbrKrG, RdNr. 69; *Tempel*, Materielles Recht im Zivilprozeß, S. 118 und Erman-*Klingsporn/Rebmann*, § 13 VerbrKrG, RdNr. 86 sowie ähnlich schon BGH WM 1976, 501 und BGH WM 1984, 722, 724.

durch den Erhalt der Valuta sofort und vollständig befriedigt wird und deshalb überhaupt kein eigenständiges Rücktrittsrecht gemäß § 13 Abs. 1 VerbrKrG hat. Ein Raum bliebe nur für die Fälle der teilweisen Drittfinanzierung; wenn der Erwerb der Sache teilweise durch einen Kreditgeber, im übrigen durch entgeltliche Stundung des restlichen Kaufpreises durch den Verkäufer finanziert wird.

Aber auch selbst wenn die Rücknahme der Kaufsache durch den Kreditgeber ein Fall des funktionellen Verbundes wäre, so würde die dort geregelte Rückabwicklung ebensowenig wie im Widerrufsfall gemäß § 9 Abs. 2 S. 4 VerbrKrG in die von *Gernhuber* aufgestellten Rückabwicklungsregeln hineinpassen: Denn danach sollte der Käufer/Kreditnehmer die Anzahlung nur von dem herausbekommen, an den er diese geleistet hat. Das wäre der Verkäufer. In §§ 13 Abs. 3, Abs. 2 VerbrKrG i.V.m. § 346 S. 1 BGB ist genau das Gegenteil angeordnet: Der Kreditgeber muß die Anzahlung erstatten, so daß hier genau wie schon für den Widerrufsfall festzustellen ist, daß die gesetzliche Regelung den Verbraucher besserstellt, als es die Lehre von den Vertragsverbindungen erfordert.

4. *Der Einwendungsdurchgriff gemäß § 9 Abs. 3 VerbrKrG*

Auch ein kurzer Blick auf den Einwendungsdurchgriff macht deutlich, daß der Gesetzgeber nach wie vor von der Trennungstheorie ausgeht. Der Einwendungsdurchgriff gemäß § 9 Abs. 3 S. 1 VerbrKrG entspricht weitgehend der bisherigen Rechtsprechung[234]. Allerdings fällt auf, daß entgegen der Begründung im Regierungsentwurf[235] der Verbraucher durch den Einwendungsdurchgriff nicht nur für die Hauptstörungsfälle der Nicht- oder mangelhaften Lieferung des Verkäufers, sondern generell bei jeder Störung aus dem Kaufverhältnis geschützt wird. Damit ist jedoch keine Hinwendung zur Einheitstheorie bezweckt worden, sondern lediglich eine fortgeführte Realisierung der Doktrin vom Schlechterstellungsverbot des Verbrauchers beim finanzierten Abzahlungskauf im Vergleich mit dem normalen Abzahlungskäufer.

Neu ist die Bereichsausnahme gemäß § 9 Abs. 3 S. 2 1. Alt. VerbrKrG, wenn der finanzierte Kaufpreis 400,-- DM nicht überschreitet. Diese resultiert aber allein aus dem Schutzzweck des Verbraucherkreditgesetzes: Kleinstkredite sollen nicht in den sachlichen Anwendungsbereich des Gesetzes fallen (s. § 3 Abs. 1 Nr. 1 VerbrKrG), und gleiches gilt für den finanzierten Abzahlungskauf, wenn zwar der Kreditrahmen die Anwen-

---

234 S.o. §§ 5, 6, S. 120 ff., S. 162 ff.
235 BT-DS 11/5462, S. 23 (= Anhang, S. 433).

dungsgrenze des § 3 Abs. 1 Nr. 1 VerbrKrG überschreitet, der mit ihm verbundene Kaufvertrag jedoch nicht[236]. Der Gesetzgeber begründet dies damit, daß der Verbraucher in diesen Bagatellfällen nach dem Verhältnismäßigkeitsprinzip keines Schutzes bedürfe, weil dort eine wesentliche Gefährdung seiner Interessen nicht zu befürchten sei[237]. Hier kann insofern nochmals untermauert werden, daß der Gesetzgeber ein Schutzgesetz für den Verbraucher auf dem Gebiet des Kreditrechts, nicht aber eine neue Dogmatik von Vertragsverbindungen geschaffen hat. Eine solche könnte schwerlich von gewissen betragsmäßigen Mindestgrenzen abhängen. Vor allem zeigt der Gesetzgeber mit dieser Regelung deutlich, daß er von der Trennungstheorie ausgeht. Denn Anknüpfungspunkt dieser Ausnahme vom Einwendungsdurchgriff ist allein der finanzierte Vertrag und der darin enthaltene Kaufpreis, während bei einem Nettokreditbetrag von weniger als 400,-- DM das Gesetz gemäß § 3 Abs. 1 Nr. 1 VerbrKrG insgesamt nicht anwendbar ist. Hätte der Gesetzgeber die Einheitstheorie vertreten, hätte es der besonderen und allein auf den (rechtlich getrennten) Kaufvertrag abstellenden Regelung des § 9 Abs. 3 S. 2 1. Alt. VerbrKrG nicht bedurft.

Die 2. Ausnahme gemäß § 9 Abs. 3 S. 2 2. Alt. VerbrKrG, nach der der Einwendungsdurchgriff bei Einwendungen, die auf nachträglichen zwischen Verbraucher und Verkäufer vereinbarten Vertragsveränderungen beruhen, ausgeschlossen ist[238], kann allein mit der rechtlichen Trennung zwischen Kauf- und Kreditvertrag erklärt werden und zeigt besonders deutlich, daß eine völlige Gleichstellung des Verbrauchers mit dem normalen Abzahlungskäufer zwar grundsätzlich angestrebt war, aber nicht in allen Beziehungen durchgehalten werden sollte. *Vollkommer* versucht diese Norm zur Zementierung seiner These damit zu erklären, daß sie eine Schutznorm zugunsten des Kreditgebers sei[239]. Dieser hafte dem Verbraucher ähnlich wie ein Bürge für die gesamte Rückabwicklung (deshalb für ihn auch die Zubilligung des kaufrechtlichen Rückforderungsdurchgriffs). Der Ausschluß des Einwendungsdurchgriffs gemäß § 9 Abs. 3 S. 2 2. Alt. VerbrKrG sei der den Bürgen schützenden Norm des § 767 Abs. 1 S. 3 BGB[240] nachgebildet worden, wonach die Verpflichtung des Bürgen durch ein nach Abschluß des Bürgschaftsvertrages vorgenommenes Rechtsgeschäft nicht erweitert werden könne. Nur: Von einer bürgengleichen oder auch nur bürgenähnlichen Haftung des Kreditgebers kann entgegen *Vollkommer* bei den gesetzlich geregelten Störfällen des finanzierten Abzahlungskaufs

236 Dazu bereits oben § 6, S. 162 f.
237 Begr. RegE, BT-DS 11/5462, S. 18.
238 Dazu bereits oben § 6, S. 163 ff.
239 In: FS für Merz, S. 595, 609.
240 In *Vollkommers* Text, in: FS für Merz, S. 595, 609, steht § 767 Abs. 1 S. 2 BGB. Das kann nur ein Druckfehler sein.

überhaupt nicht gesprochen werden. Denn der Bürge haftet wegen § 771 BGB grundsätzlich nicht primär, sondern nur subsidiär. In erster Linie soll der Gläubiger den Hauptschuldner in Anspruch nehmen. Dagegen haftet der Kreditgeber bei den gesetzlich geregelten Fällen eines Rückforderungsanspruches gemäß § 9 Abs. 2 S. 4, §§ 13 Abs. 3 S. 2, Abs. 2 VerbrKrG i.V.m. §§ 346 ff. BGB dem Verbraucher gegenüber ohne die Einrede der Vorausklage sofort und, das ist der wesentliche Unterschied, *allein*[241].

Neu ist dagegen der Grundsatz der Unmittelbarkeit des Einwendungsdurchgriffs unter Zurückdrängung der Subsidiarität[242]. Aber dieses allein rechtfertigt entgegen einer Ansicht in der Literatur[243] keine Systemverschiebung in Richtung Einheitstheorie. Im Gegenteil: Gerade die Tatsache, daß das Subsidiaritätsprinzip noch in partieller Form aufrechterhalten worden ist, kann logisch nur mit der Trennungstheorie erklärt werden[244]. Gemäß § 9 Abs. 3 S. 3 VerbrKrG muß der Verbraucher für die Zeit der Nachbesserungs- bzw. Ersatzlieferungsversuche den Kredit weiterbedienen, wenn er bei einem Wahlrecht diese Rechte wählt bzw. wenn Wandelung/Minderung vorläufig ausgeschlossen wurden. Nach dem funktionellen Verbund *Gernhubers* hat der Verbraucher aber immer und sofort ein Leistungsverweigerungsrecht bezüglich der von ihm zu erbringenden Leistung (Ratenrückzahlung), wenn und solange die mit ihr verbundene Leistung aus dem anderen Schuldverhältnis nicht oder doch nur mangelhaft erbracht wurde. Die Konzentration von Erfüllungsversuchen auf ein Rechtsverhältnis, nämlich gemäß § 9 Abs. 3 S. 3 VerbrKrG auf das Kaufverhältnis, widerspricht der Idee des rechtsgeschäftlichen Verbundes, der seine Konstante gerade im Erfüllungsprogramm findet[245]. Deutlich wird, daß sich selbst an dieser Stelle die gesetzliche Regelung des § 9 VerbrKrG nur scheinbar gut in *Gernhubers* Verbundlehre einbauen läßt.

---

241 Anders *Bülow*, § 9 VerbrKrG, RdNr. 49 und *Reinking/Eggert*, Der Autokauf, RdNr. 294 (S. 88), die in § 9 Abs. 2 S. 4 VerbrKrG nur einen Schuldbeitritt des Kreditgebers sehen, so daß der Verbraucher bei der Inanspruchnahme bezüglich seiner Rückabwicklungsansprüche ein Wahlrecht habe (s. bereits oben S. 241, Fn. 208). Aber selbst unter dieser Einordnung wären Kreditgeber und Verkäufer gleichstufige Gesamtschuldner und ständen gerade nicht in einem akzessorischen Bürge-Hauptschuldner-Verhältnis.

242 Dazu oben § 6, S. 166 ff. ausführlich.

243 *Reinking/Nießen*, ZIP 1991, 79, 84.

244 So Soergel-*Hönn*, Anhang zu § 6 AbzG, RdNr. 47.

245 *Gernhuber*, in: FS für Larenz 1973, S. 455, 484 f. (Folge: kein Verzug im Verhältnis zum Kreditgeber). Genau diesen Gesichtspunkt, nämlich die Irregularität der Beschränkung von Rechten auf die Parteien des Kaufvertrages bei den Nachbesserungsversuchen gemäß § 9 Abs. 3 S. 3 VerbrKrG, hat *Vollkommer*, in: FS für Merz, S. 595, 609 f. vollständig übersehen.

VII. Sonderproblem für die Verbundlehre: Vollzug der Wandelung bei Insolvenz oder Unauffindbarkeit des Verkäufers

Nach *Vollkommers* Konzeption stellt sich ein nicht unerhebliches Problem für den Fall, daß der Verkäufer insolvent oder unauffindbar ist, also in allen Fällen, in denen nach der früheren Rechtslage das Subsidiaritätsprinzip erfüllt war[246] und die auch der Ausgangspunkt für die Untersuchung des Rückforderungsdurchgriffs darstellten[247]. *Vollkommer* bejaht den kaufrechtlichen Rückforderungsdurchgriff mit dem Argument, daß sich mit Vollzug der Wandelung auch der Kreditvertrag in ein Rückgewährschuldverhältnis entsprechend dem funktionellen Verbund umwandele[248]. Kein Wort fällt aber auf die rechtstechnische Möglichkeit, wenn der Verkäufer insolvent oder flüchtig ist[249]. Das ist um so erstaunlicher, als gerade diese Fallgruppen auch für ihn der Ausgangspunkt der Beschäftigung mit dem Rückforderungsdurchgriff darstellen[250]. Denn anders als beim Rücktritt, der wie oben gezeigt ebenfalls unter den funktionellen Verbund fällt und Rechtswirkungen bereits mit seiner Ausübung (Gestaltungsrecht) entfaltet, bedarf die Wandelung eines Einverständnisses bzw. eines richterlichen Gestaltungsaktes. Hier stellt sich die Frage, ob sich aus der Verbundlehre folgern ließe, daß nun der Kreditgeber sein Einverständnis in die Wandelung des Kaufvertrages geben könnte bzw. müßte. Sicher ist, daß im Fall des Konkurses des Verkäufers der Konkursverwalter gemäß § 6 Abs. 2 KO das Einverständnis zur Wandelung abgeben könnte, wenn er sein Wahlrecht gemäß § 17 Abs. 1 KO dementsprechend ausübte[251]. In den übrigen Fällen jedoch müßte sich auch nach der Verbundlehre die Wandelung streng im Verhältnis Verbraucher - Verkäufer vollziehen. Denn nach dieser Lehre werden nicht die Parteien, mit denen der Verbraucher paktiert, als Einheit zusammengefaßt, sondern nur die Verträge in ihrer Entstehung und in ihrem Fortbestand. Dann könnte in den problematischen Fällen, z.B. bei Flucht des Verkäufers, eine Wandelung des Kaufvertrages und damit auch des Kreditvertrages nicht vollzogen werden, so daß hier der kaufrechtliche Rückforderungsdurchgriff nicht kon-

---

246 S.o. § 6, S. 167 ff.

247 S.o. S. 211 ff.

248 In: FS für Merz, S. 595, 610. Ebenso Jauernig-*Vollkommer*, § 607 BGB, Anm. 8 e bb.

249 Auch bei *Gernhuber*, in: FS für Larenz 1973, S. 455, 488 f. und Das Schuldverhältnis, § 31 IV 4 a (S. 738) fand sich keine ausdrückliche Bestimmung zu der Person, die die Wandelung des Kaufvertrages vollzieht.

250 In: FS für Merz, S. 595, 608. Daraus könnte man folgern, daß *Vollkommer* eigentlich noch auf dem Boden der Trennungstheorie steht. Denn der Umstand der Insolvenz des Verkäufers oder der sonstigen Undurchsetzbarkeit der Verbraucherrechte interessiert die Einheitstheorie allein für die Behandlung der Anzahlung, die der Verbraucher nun nicht mehr ersetzt bekommt, ansonsten aber überhaupt nicht: Der Verbraucher kann die an den Kreditgeber bereits geleisteten Raten immer, d.h. völlig unabhängig von der Insolvenz des Verkäufers nur von diesem zurückbekommen, weil er sie an den Kreditgeber auch geleistet hatte.

251 Dazu unten S. 315.

struierbar wäre. Auch wegen dieser inneren Unstimmigkeit ist der Verbundlehre nicht zu folgen, kann doch der Verbraucher bei Flucht des Verkäufers o.ä. allemal als schützenswerter angesehen werden, als wenn der Verkäufer präsent, leistungsfähig und leistungsbereit ist.

VIII. Ergebnis

Die Tendenz, die Wortlaut und Entstehungsgeschichte angedeutet haben, wird durch die systematische und teleologische Auslegung voll bestätigt: *Das Gesetz steht auch mit § 9 VerbrKrG nach wie vor auf dem Boden des Trennungsgrundsatzes. Dieser wird zum Schutz des Verbrauchers lediglich für bestimmte Fälle durchbrochen, die als Ausnahmeregelungen die grundsätzliche rechtliche Selbständigkeit implizit betonen*[252]: Nach § 9 Abs. 2 S. 1 VerbrKrG muß sich der Verkäufer den Widerruf des Kreditvertrages in seinen Wirkungen auch gegenüber dem Kaufvertrag gefallen lassen, dafür rückt der Kreditgeber nach § 9 Abs. 2 S. 4 VerbrKrG auch zusätzlich in die Rechtsposition des Verkäufers ein. Nach § 9 Abs. 3 S. 1 VerbrKrG muß sich genau umgekehrt der Kreditgeber Einwendungen aus dem Kaufvertrag auf seinen ungestörten Kreditvertrag gefallen lassen; und nach § 13 Abs. 3 S. 2 1. Hs. VerbrKrG wird der Kreditgeber bei Rücknahme der Sache dem Abzahlungsverkäufer gleichgestellt. *In diesen konstitutiven Verklammerungen im Sinne punktueller Verbindungslinien erschöpft sich der rechtliche Verbund beider Verträge. Im übrigen bleiben sie nur eine wirtschaftliche Einheit ohne Rechtsfolgen*[253]. Zwar sind gewisse Veränderungen und Neuregelungen im Vergleich zur alten Rechtslage auszumachen. Sie sind jedoch nicht substantieller Natur und schon gar keine Hinwendung des Gesetzgebers zu *Gernhubers* Lehre von den Vertragsverbindungen als umfassendste Einheitstheorie, sondern allein mit der neuen Systematik des Gesetzes und dem folgend mit mehr Verbraucherschutz zu erklären[254]. Der finanzierte Abzahlungskauf fügt sich damit auch nach der neuen Rechtslage in die dualistische Obligationskonzeption des BGB, das nur die lineare Gläubiger-Schuldner-Beziehung kennt, nahtlos ein. Damit bleibt es auch bei den Leistungsbeziehungen zwischen Kreditgeber und Verbraucher einerseits (Deckungsverhältnis) und Verbraucher und Verkäufer andererseits

252 *Coester*, Jura 1992, 617, 618.

253 *Lieb*, in: Hadding/Hopt, Das neue Verbraucherkreditgesetz, S. 91, 103 (= WM 1991, 1533, 1538); *ders.*, ebenda, S. 115, 119 und *Coester*, Jura 1992, 617, 618.

254 *Gernhuber*, Das Schuldverhältnis, § 31 I 4 (S. 712, Fn. 2) irrte zwar, wenn er 1989 meinte, daß für eine umfassende gesetzliche Regelung der finanzierten Geschäfte die Zeit noch nicht reif gewesen sein dürfte. Zuzustimmen ist ihm aber nach dem hier gefundenen Ergebnis, wenn er damit zugleich ausdrücken wollte, daß die Zeit für eine umfassende Regelung der Vertragsverbindungen in seinem Sinne noch nicht reif war.

(Valutaverhältnis). Mit der auf Anweisung des Verbrauchers vorgenommenen Direktauszahlung der Valuta vom Kreditgeber an den Verkäufer wird eine Simultanwirkung in dem Sinne bewirkt, daß in beiden Rechtsverhältnissen Erfüllung herbeigeführt wird. Eine Leistungsbeziehung zwischen Kreditgeber und Verkäufer entsteht nicht[255]. Die Zuerkennung des Rückforderungsdurchgriffs bei Störungen aus dem Kaufvertrag und bei Insolvenz des Verkäufers kann vom Ausgangspunkt der Trennungstheorie mangels ausdrücklicher Regelung im Gesetz nur mit einem verstärkten Begründungsaufwand erfolgen.

255 Stellvertretend MüKo-*Habersack*, § 9 VerbrKrG, RdNr. 107 für die neue Rechtslage.

E. Der Rückforderungsdurchgriff vom Standpunkt der Trennungstheorie

I. Vertretene Meinungen

1. Wegfall der Geschäftsgrundlage

Ausgehend von der rechtlichen Trennung von Kauf- und Kreditvertrag bejaht *Ott* den Rückforderungsdurchgriff bei allen dauerhaften Einwendungen aus dem Kaufvertrag[256]. Er greift dabei die schon zur alten Rechtslage von einem Teil der Literatur[257] und der Instanzgerichte[258] entwickelte Theorie vom Wegfall der Geschäftsgrundlage auf und wendet sie auf den finanzierten Abzahlungskauf an. Wenn die Einwendung des Verbrauchers zur Nichtigkeit bzw. zum Wegfall des Kaufvertrages oder zu einem nicht nur vorübergehenden Leistungsverweigerungsrecht führe, entfalle im Verhältnis zum Kreditgeber zugleich die Rechtsgrundlage für die vom Verbraucher bereits erbrachten Rückzahlungsraten[259]. Der gesamte finanzierte Abzahlungskauf müsse infolgedessen rückab-

---

256 In: Bruchner/Ott/Wagner-Wieduwilt, § 9 VerbrKrG, RdNr. 127 ff. Ebenso *Lwowski/Peters/Gößmann*, Verbraucherkreditgesetz, S. 206 (Rückforderungsdurchgriff bei isolierter Nichtigkeit des Kaufvertrages) und S. 209 f. (Rückforderungsdurchgriff bei Wandelung des Kaufvertrages) sowie *Pietzcker*, Rückabwicklung, S. 61 ff.
Für den Fall der Solvenz des Verkäufers vertritt *Melsheimer*, Verbraucherschutz, S. 200 ff., 210 ff. ein Rückabwicklungsmodell, wonach der Kreditgeber die vom Verbraucher abgetretenen Gewährleistungsansprüche geltend machen könne mit der Folge, daß auch der Kreditvertrag entsprechend den Regeln vom Wegfall der Geschäftsgrundlage unwirksam werde. Für den Fall der Insolvenz bejaht *Melsheimer*, aaO., S. 196 ff. den kaufrechtlichen Rückforderungsdurchgriff unter Berufung auf die besondere Schutzbedürftigkeit des Verbrauchers und die Fortgeltung der bisherigen Rechtsprechungsgrundsätze.

257 *Hörter*, Der finanzierte Abzahlungskauf, S. 224 ff. m.w.N. auf die ältere Literatur; *Ostler/Weidner*, Anhang zu § 6 AbzG, Anm. 156; *Larenz*, in: FS für Michaelis, S. 193, 203 ff.; *ders.*, SchuldR II, § 63 I a (S. 442); *Strätz*, JR 1972, 95, 98 f.; *W. Baur*, NJW 1975, 2008, 2009 und grundlegend *Canaris*, in: FS für Larenz 1973, S. 799, 838 ff.; *ders.*, Bankvertragsrecht, RdNr. 1420; *ders.*, ÖBA 1990, 882, 884 f. Ob *Canaris* noch an seiner Einordnung vor Inkrafttreten des VerbrKrG festhielt, war seit seiner Äußerung in AcP 190 (1990) 410, 417, Fn. 15 zweifelhaft, weil er dort der geäußerten Kritik an seiner Geschäftsgrundlagenkonstruktion weitgehend zustimmte und kurz feststellte, daß hier nicht der Ort sei, um das Verhältnis zwischen der Lehre von der Geschäftsgrundlage und dem Einwendungsdurchgriff zu vertiefen.

258 OLG Köln OLGZ 1977, 313 ff. Dort war der zu finanzierende Kaufvertrag nicht zustande gekommen, so daß das Gericht dem beklagten Kreditnehmer den Einwendungsdurchgriff über einen Wegfall der Geschäftsgrundlage zubilligte und die klagende Bank auf eine Direktkondiktion gegen den (intendierten) Verkäufer als Empfänger der Valuta verwies. Umgekehrt beurteilte das OLG Frankfurt BB 1977, 1573, 1574 den Kreditvertrag als Geschäftsgrundlage des Kaufvertrages. Dort war der Kaufvertrag, nicht aber der Kreditvertrag wirksam zustande gekommen, so daß nach Anwendung dieser Grundsätze auch der Kaufvertrag letztendlich hinfällig wurde, und ein Anspruch des Kreditgebers gegen den Käufer aus § 812 BGB (wegen Erfüllung einer Verbindlichkeit) abgelehnt werden mußte (Folge: ebenfalls Direktkondiktion).

259 *Ott*, in: Bruchner/Ott/Wagner-Wieduwilt, § 9 VerbrKrG, RdNr. 104.

gewickelt werden[260]. Entsprechend den bisherigen Grundsätzen der Rechtsprechung zum Finanzierungsleasing, nach denen der Kaufvertrag Geschäftsgrundlage des Leasingvertrages ist, sei der Kaufvertrag in den Fällen des § 9 VerbrKrG Geschäftsgrundlage des Kreditvertrages, da beide Verträge eine wirtschaftliche Einheit bildeten und derart innerlich miteinander verbunden seien, daß kein Vertrag ohne den anderen abgeschlossen worden wäre[261]. Insbesondere der Kreditvertrag werde von vornherein nur zur Finanzierung eines bestimmten Kaufvertrages abgeschlossen, so daß er unter Harmonisierung mit der Rechtslage beim Finanzierungsleasing bei Nichtzustandekommen, Unwirksamkeit, Nichtigkeit oder späterem Wegfall des letzteren seine Grundlage mit ex-tunc-Wirkung verlöre[262]. Damit habe der Verbraucher bei dauerhaften Störungen des Kaufvertrages einen Rückzahlungsanspruch gegen den Kreditgeber aus ungerechtfertigter Bereicherung bezüglich der an ihn geleisteten Raten gegen Abtretung der ihm gegen den Verkäufer zustehenden Rückgewähransprüche[263]. Die an den Verkäufer geleistete Anzahlung müsse der Kreditgeber in Form einer Ablösung erstatten, wenn er die Kaufsache herausverlange[264]. Dies entspräche insgesamt der gesetzgeberischen Wertung in § 9 Abs. 3 S. 3 VerbrKrG, nach der sich der Verbraucher von den Fällen der Nachbesserung bzw. der Ersatzlieferung abgesehen grundsätzlich auf eine Auseinandersetzung mit dem Kreditgeber konzentrieren können solle[265].

Zum Schutze des Verbrauchers sei dabei der Kreditgeber wegen der wirtschaftlichen Einheit von Kauf- und Kreditvertrag stets als bevollmächtigter Passivvertreter des Verkäufers für die Entgegennahme von Willenserklärungen/Gestaltungsrechten, z.B. bei der

---

260 *Ott*, in: Bruchner/Ott/Wagner-Wieduwilt, § 9 VerbrKrG, RdNr. 127.

261 *Ott*, aaO., RdNr. 129 f. Ebenso *Pietzcker*, Rückabwicklung, S. 71 ff.

262 Zwar folgt auch MüKo-*Habersack*, § 9 VerbrKrG, RdNr. 77 f. bei der dogmatischen Einordnung des Einwendungsdurchgriffs der Geschäftsgrundlagenlehre. Gleichwohl bejaht er aaO., RdNr. 105 bei der Wandelung den Wegfall nur mit ex-nunc-Wirkung, so daß es für ihn einen kaufrechtlichen Rückforderungsdurchgriff nicht gibt. Seine Ausführungen werden deshalb auf S. 257 ff. geschildert.
Auch *Reifner* bejaht in seinen kurzen Ausführungen im Handbuch des Kreditrechts, § 44, RdNr. 10 (S. 419) den Wegfall der Geschäftsgrundlage ohne konkrete Stellungnahme zum Rückforderungsdurchgriff, dort allerdings extrem weiterführend für jeden freien Konsumkredit mit dem Argument, daß anderenfalls der Verbraucher im Vergleich zum Verbraucher beim finanzierten Abzahlungskauf diskriminiert werde, weil hier die Tatbestandsvoraussetzungen des § 9 VerbrKrG nicht erfüllt seien. Diese Ansicht beruht auf seinen aus dem Jahre 1979 stammenden grundsätzlichen Ausführungen in: Alternatives Wirtschaftsrecht, S. 148 - 290, nach denen auf Grund einer sozialen Interpretation der Leistungspflicht des Kreditgebers Einwendungs- und Rückforderungsdurchgriff bei Zweckverfehlung jedes Verbraucherkredits zu gewähren sei (s. bereits oben § 1, S. 42). Kritisch dazu *Joerges*, Verbraucherschutz als Rechtsproblem, S. 19 ff., S. 72 ff.

263 *Ott*, aaO., RdNr. 132 und 135.

264 *Ott*, aaO., RdNr. 139. A.A. *Pietzcker*, Rückabwicklung, S. 106 ff., der den Verbraucher bezüglich der Anzahlung allein an den Verkäufer verweist.

265 *Ott*, aaO., RdNr. 116 f. und 139.

Anfechtung des Kaufvertrages anzusehen[266]. Darüber hinaus müsse er konsequenterweise auch befugt sein, das Vorliegen eines Sachmangels gegenüber dem Verbraucher anzuerkennen und als Aktivvertreter für den Verkäufer die Wandelung zu vollziehen. Die Vertretungsmacht bzw. ein dahingehender Rechtsschein ergebe sich aus der wirtschaftlichen Einheit[267]. Erst nach dieser vorrangigen und vollständigen Rückabwicklung zwischen Kreditgeber und Verbraucher komme es zu einem Regreß des Kreditgebers gegen den Verkäufer[268].

2. *§ 813 Abs. 1 S. 1 BGB*

Ebenfalls vom Ausgangspunkt der rechtlichen Trennung von Kauf- und Kreditvertrag bejaht *Emmerich* einen kaufrechtlichen Rückforderungsdurchgriff bezüglich der vom Verbraucher an den Kreditgeber geleisteten Raten unter Anwendung des § 813 Abs. 1 S. 1 BGB[269]. Wenn die Wandelung vollzogen sei[270], stehe aus ex-post-Sicht dem Rückzahlungsanspruch des Kreditgebers von Anfang an gemäß § 9 Abs. 3 S. 1 VerbrKrG eine Einrede entgegen, durch die die Geltendmachung des Anspruchs auf Dauer ausgeschlos-

266 *Ott*, in: Bruchner/Ott/Wagner-Wieduwilt, § 9 VerbrKrG, RdNr. 114 f. Dazu bereits oben § 5, S. 150 f.

267 *Ott*, aaO., RdNr. 118. Damit hat *Ott* im Gegensatz zu *Vollkommer* das Problem, was passiert, wenn der Verkäufer flüchtig oder unauffindbar ist (s.o. S. 249 f.), gelöst: Der Kreditgeber selbst kann bzw. muß die Wandelung vollziehen.

268 *Ott*, aaO., RdNr. 133 ff. und *Pietzcker*, Rückabwicklung, S. 151 ff. Einzelheiten dieses Regresses sollen hier nicht geschildert werden, da die Grundthese vom Wegfall der Geschäftsgrundlage mit der Konsequenz eines Rückforderungsdurchgriffs im vorrangigen bilateralen Rückabwicklungsverhältnis zwischen Verbraucher und Kreditgeber an erster Stelle zu überprüfen ist.

269 In: Hadding/Hopt, Das neue Verbraucherkreditgesetz, S. 67, 82 ff.; *ders.*, in: Graf v. Westphalen/Emmerich/Kessler, § 9 VerbrKrG, RdNr. 101 ff. Kurzausführungen finden sich bei *Emmerich*, in: Emmerich/Münstermann/Wagner-Wieduwilt, Praktische Umsetzung, S. 93, 102; SchuldR BT, § 6 III 5 b (S. 85) und JuS 1995, 73. Ihm folgend *Bülow*, § 9 VerbrKrG, RdNr. 53d (bereicherungsrechtlicher Rückforderungsdurchgriff über § 813 BGB) und RdNr. 55 und 59 (kaufrechtlicher Rückforderungsdurchgriff über § 813 BGB); mißverständlich aber *ders.*, aaO., RdNr. 59. Mit der Idee eines auf § 812 Abs. 1 BGB (i.V.m. § 813 BGB) gestützten Rückforderungsdurchgriffs sympathisierend *Mülbert*, ÖBA 1993, 105, 115. Die Anwendbarkeit von § 813 BGB grundsätzlich bejahend, i.E. aber wegen des (vorrangigen) Wegfalls der Geschäftsgrundlage doch verneinend *Pietzcker*, Rückabwicklung, S. 94 ff.
Ob *Emmerich* noch auf dem Boden der Trennungstheorie steht, kann angesichts seiner Äußerungen in: Emmerich/Münstermann/Wagner-Wieduwilt, Praktische Umsetzung, S. 93, 102; FLF 1989, 168, 173 und JuS 1991, 705, 709 zweifelhaft sein. Dort heißt es jeweils, daß im Falle der Wandelung des Kaufvertrages auch der Darlehensvertrag rückgängig zu machen sei, eine klare Folge aus der Einheitstheorie, wenn er damit auf ein Rückgewährschuldverhältnis gemäß §§ 346 ff. BGB anspielt. In SchuldR BT, § 6 III 5 a (S. 84) bestätigt er dagegen den Ausgangspunkt von der rechtlichen Trennung der beiden Verträge.

270 Wie *Vollkommer* (s. bereits oben S. 249 f.) ist auch *Emmerich* schon beim ersten Lesen seiner These dem Einwand ausgesetzt, daß er nicht erklärt, wie der Vollzug der Wandelung herbeigeführt werden kann, wenn der Verkäufer flüchtig oder insolvent ist. Er geht einfach vom Wandelungsbegehren des Verbrauchers und dem anschließenden Vollzug aus.

sen werde. Hier müsse deshalb auch bei nachträglichem Auftreten einer Einrede die Vorschrift des § 813 Abs. 1 S. 1 BGB angewendet werden, so daß der Gesetzgeber den kaufrechtlichen Rückforderungsdurchgriff im Ergebnis doch zugelassen habe, obwohl er ihm ursprünglich ablehnend gegenüberstand[271]. Das Ergebnis könne dabei auch mit einer condictio ob causam finitam gemäß § 812 Abs. 1 S. 2 1. Alt. BGB oder dem Wegfall der Geschäftsgrundlage begründet werden[272]. Der Kreditgeber habe seinerseits Bereicherungsansprüche gegen den Verbraucher, der aber wegen der Saldotheorie dem Kreditgeber lediglich seine Rückzahlungsansprüche gegen den Verkäufer aus § 346 S. 1 BGB abzutreten habe. Die an den Verkäufer geleistete Anzahlung bekäme der Verbraucher vom Kreditgeber nur dann erstattet, wenn jener die an ihn sicherungsübereignete Kaufsache herausverlange[273], ansonsten müsse sich der Verbraucher an den Verkäufer halten. Damit werde die Auseinandersetzung primär auf das Rechtsverhältnis zwischen Kreditgeber und Verbraucher verlagert. Das sei zwar bei Sachmängeln für den Kreditgeber mißlich, entspräche aber den Wertungen des Verbraucherkreditgesetzes, ausgedrückt in § 9 Abs. 2 S. 4 für die parallele Situation des Widerrufs, am meisten[274]. Im übrigen bestehe für den Kreditgeber die Möglichkeit, dem Verkäufer in dem Rückzahlungsprozeß gegen den Verbraucher den Streit zu verkünden, so daß gemäß §§ 72, 74 Abs. 3, § 68 ZPO für den nachfolgenden Regreß eine Bindungswirkung vorliege. Zugleich sei mit dieser Konstruktion sichergestellt, daß der Kreditgeber das volle Insolvenzrisiko des Verkäufers trage.

Erhebe der Verbraucher zu Recht nur die allgemeine Mängeleinrede, dann könne der Kreditgeber diesen für ihn unzumutbaren Schwebezustand durch eine Fristsetzung zur Entscheidung über die Geltendmachung der Gewährleistungsrechte beenden. Rechtsgrundlage dafür sei ein allgemeines, in den §§ 322, 326, 466, 634 Abs. 4, §§ 636 BGB, 376 Abs. 1 HGB ausgedrücktes Rechtsprinzip. Bei fruchtlosem Ablauf der Frist könne der Kreditgeber vom Kreditvertrag zurücktreten, so daß das Wandelungsrecht analog § 264 Abs. 2 S. 2 BGB auf ihn übergehe[275].

---

271 Ablehnend unter Zitierung des Besserstellungsverbots noch *Emmerich*, FLF 1989, 168, 173 sowie *ders.*, JuS 1991, 705, 708.

272 In: Graf v. Westphalen/Emmerich/Kessler, § 9 VerbrKrG, RdNr. 101.

273 Wobei *Emmerich*, in: Hadding/Hopt, Das neue Verbraucherkreditgesetz, S. 67, 83; *ders.*, in: Graf v. Westphalen/Emmerich/Kessler, § 9 VerbrKrG, RdNr. 103 offenläßt, ob damit auch die Rechtsfolgen des § 13 Abs. 3 S. 2 VerbrKrG ausgelöst werden, wonach bei der bilateralen Rückabwicklung zwischen Kreditgeber und Verbraucher die Anzahlung ebenfalls erstattet werden müßte.

274 *Emmerich*, in: Hadding/Hopt, Das neue Verbraucherkreditgesetz, S. 67, 80.

275 *Emmerich*, aaO., S. 67, 83 f.; *ders.*, in: Graf v. Westphalen/Emmerich/Kessler, § 9 VerbrKrG, RdNr. 104 f. Ganz ähnlich für diesen Fall auch *Bülow*, § 9 VerbrKrG, RdNr. 57a, der dem Kreditgeber analog § 466 BGB den Eintritt in die Rechte des Verbrauchers zubilligen will, sowie *Reinking/Eggert*, Der Autokauf, RdNr. 320 (S. 95), nach denen der Verkäufer den Verbraucher

Den Fall des Rückforderungsdurchgriffs bei isolierter Nichtigkeit des Kaufvertrages untersucht *Emmerich* dagegen nicht. Vielmehr geht er unter Berufung auf die bisherige Rechtsprechung davon aus, daß der Verbraucher im Falle der arglistigen Täuschung durch den Verkäufer auch den Kreditvertrag anfechten könne, da der Verkäufer nicht Dritter im Sinne des § 123 Abs. 2 S. 1 BGB sei. In den übrigen Fällen erstrecke sich die Nichtigkeit des Kaufvertrages meistens infolge der Vertragsverbindung auf den Kreditvertrag, so daß in der Regel der klassische Fall eines Doppelmangels vorliege[276]. Bei der dort vorzunehmenden Rückabwicklung entscheidet er sich für eine Rückabwicklung übers Dreieck: Wegen des Schutzzwecks des Verbraucherkreditgesetzes müsse der Verbraucher dem Kreditgeber aber nur seinen gegen den Verkäufer zustehenden Bereicherungsanspruch gegen Rückzahlung der erbrachten Raten abtreten ("Kondiktion der Kondiktion"), so daß auch hier eine vorrangige Rückabwicklung zwischen Kreditgeber und Verbraucher mit erst nachfolgendem Regreß beim Verkäufer stattfände und der Kreditgeber insofern das volle Insolvenzrisiko des Verkäufers trage. Die Anzahlung bekomme der Verbraucher regelmäßig vom Verkäufer gegen Herausgabe der Kaufsache zurück, im Falle des Herausgabeverlangens durch den Kreditgeber auf Grund seines Sicherungseigentums jedoch nur von jenem, da der Kreditgeber anderenfalls insoweit in sonstiger Weise auf Kosten des Verbrauchers bereichert wäre. Im Ergebnis kommt damit *Emmerich* zu Rückforderungsansprüchen des Verbrauchers gegen den Kreditgeber, die sich aber nicht als eigentlicher Rückforderungsdurchgriff bezeichnen lassen können, sondern nur normale bereicherungsrechtliche Rückforderungsansprüche bei Rückabwicklung im Dreipersonenverhältnis darstellen[277].

3. *Lücke des Gesetzgebers*

Ein Teil der Literatur geht bei der Regelung des Einwendungsdurchgriffs davon aus, daß der Gesetzgeber das Problem des Rückforderungsdurchgriffs weder positiv noch negativ geregelt sondern offengelassen habe und die Schließung einer etwa bestehenden Lücke durch die Rechtsprechung erfolgen könne, sofern es das Schutzbedürfnis des Verbrau-

---

über § 466 BGB zu einer Entscheidung zwingen könne und eine alsbaldige Entscheidung des Verbrauchers im Interesse des Kreditgebers zu verlangen sei.

276 In: Graf v. Westphalen/Emmerich/Kessler, § 9 VerbrKrG, RdNr. 92 ff.; *ders.*, in: Hadding/Hopt, Das neue Verbraucherkreditgesetz, S. 80 ff. Auch an dieser Stelle könnten sich Zweifel ergeben, ob *Emmerich* noch auf dem Boden der Trennungstheorie steht. Ebenso *Bülow*, § 9 VerbrKrG, RdNr. 32a (die arglistige Täuschung durch den Verkäufer berechtige auch zur Anfechtung des Kreditvertrages) und RdNr. 53d ("Meistens wird sich bei Anwendung des Rechtsgedankens von § 139 BGB ergeben, daß auch der Darlehensvertrag unwirksam ist.").

277 Zur Terminologie des Rückforderungsdurchgriffs S. 211 ff.

chers erfordere[278]. Diese vermeintliche Lücke hat das Landgericht Braunschweig mit seinem Urteil vom 16.6.1994 geschlossen und dem Verbraucher den Rückforderungsdurchgriff im Fall der Wandelung unter Berufung auf Treu und Glauben zugebilligt[279]. Das Gericht hat den Rückforderungsdurchgriff jedenfalls für den Fall zugelassen, daß Autohersteller und Autobank namensidentisch sind ("F-Bank") und Verkäufer und finanzierende Bank aus Verbrauchersicht eine Interesseneinheit ohne klare Trennungslinie bilden. I.ü. spreche für die Zulassung des Rückforderungsdurchgriffs auch der Umstand, daß der Verbraucher beim verbundenen Geschäft erheblich mehr aufwenden müsse als ein Barkäufer.

4. *Rückforderungsdurchgriff nur bei Nichtigkeit des Kaufvertrages*

Ausgehend davon, daß der Gesetzgeber das Problem des Rückforderungsdurchgriffs offengelassen habe, bejaht ein Teil der Literatur einen uneingeschränkten Rückforderungsdurchgriff bei Nichtigkeit des Kaufvertrages, also bei allen[280] bzw. nur den schwerwiegensten, von Anfang an bestehenden Einwendungen wie der Sittenwidrigkeit oder der Nichtigkeit des Kaufvertrages auf Grund Anfechtung wegen arglistiger Täuschung[281]. Dem Rückzahlungsverlangen des Kreditgebers stünde in diesen Fällen von Anfang an der Einwendungsdurchgriff entgegen, so daß der Verbraucher, wenn er irrtümlich schon Raten geleistet habe bzw. gerade im Fall der späteren Anfechtung wegen

---

278 *Seibert*, § 9 VerbrKrG, RdNr. 11. Wann das der Fall sein soll, sagt *Seibert* allerdings nicht. Die Frage des Rückforderungsdurchgriffs offenlassend *H.P. Westermann*, in: Hadding/Hopt, Verbraucherkreditrecht, AGB-Gesetz und Kreditwirtschaft, S. 69, 71. Unklar Soergel-*Hönn*: Auf der einen Seite, Einl. zum AbzG, RdNr. 24 und Anhang zu § 6 AbzG, RdNr. 72, spricht er davon, daß der Gesetzgeber einen Rückforderungsdurchgriff bewußt nicht vorgesehen habe. Auf der anderen Seite, Anhang zu § 6 AbzG, RdNr. 79, räumt er die Möglichkeit ein, daß die Rechtsprechung dem Verbraucher einen Rückforderungsdurchgriff verschaffen könnte. Unentschieden *Hopt/Mülbert*, Kreditrecht, Vorb. zu §§ 607 ff. BGB, RdNr. 629, die das Schweigen des Gesetzgebers an dieser Stelle weder als Ablehung noch als Zubilligung eines Rückforderungsdurchgriffs interpretieren wollen. *Grimm*, Das neue Verbraucherkreditgesetz, S. 319 ff. und S. 476 ff. ist der Ansicht, daß zwar das VerbrKrG den Rückforderungsdurchgriff nicht enthalte, gleichwohl die Rechtsprechung aufgerufen sei, "hier einen vernünftigen Ausgleich zwischen den widerstreitenden Interessen zu schaffen".

279 NJW 1994, 2701 mit zustimmenden Anmerkungen von *Emmerich*, JuS 1995, 73.

280 *Reinking/Nießen*, ZIP 1991, 79, 84; *dies.*, ZIP 1991, 634, 636 (anders noch zum RegE *Reinking/Bexen*, DAR 1990, 289, 292: Rückforderungsdurchgriff "ein für allemal tot"); MüKo-*Habersack*, § 9 VerbrKrG, RdNr. 118; *ders.*, DStR 1994, 1853, 1854; *Coester*, Jura 1992, 617, 623 f.; *Vortmann*, Aktuelle Rechtsfragen, RdNr. 248 f. (anders noch *ders.*, § 9 VerbrKrG, RdNr. 43 f.) und *Dürbeck*, Einwendungsdurchgriff, S. 142 f.

281 *Reinking/Eggert*, Der Autokauf, RdNr. 300 (S. 89 f.); *Reinking*, FLF 1993, 174, 175 ff. und die Empfehlung des 31. Deutschen Verkehrsgerichtstages vom 27. bis 29.1.1993 in Goslar, DAR 1993, 112, 114. Nach *Reinking*, FLF 1993, 174, 176 ist der Rückforderungsdurchgriff darüber hinaus möglicherweise nur subsidiär, d.h. nur für den Fall, daß der Verkäufer insolvent ist.

ihrer Rückwirkung gemäß § 142 Abs. 1 BGB, einen Rückzahlungsanspruch gegen den Kreditgeber haben müsse. Zum Teil wird dies dogmatisch damit begründet, daß hier der Rückforderungsdurchgriff ein ex tunc wirkender Einwendungsdurchgriff sei, da es auf es Zeitpunkt der materiell-rechtlichen Auswirkungen der Einwendung ankomme und nicht auf den Zeitpunkt der Geltendmachung des Einwendungsdurchgriffs[282], zum Teil wird das Ergebnis auf § 813 Abs. 1 S. 1 BGB[283] oder gar auf beide Grundlagen gestützt[284]. Außerdem müsse berücksichtigt werden, daß der Rückforderungsdurchgriff für die nicht unter das Verbraucherkreditgesetz fallenden Personen (Freiberufler, Kleingewerbetreibende usw.) im bisherigen von der Rechtsprechung zugelassenen Umfang, d.h. bei schwerwiegenden Nichtigkeitsgründen wie Sittenwidrigkeit und Anfechtung wegen arglistiger Täuschung weitergelte und deshalb die weit schutzwürdigeren Verbraucher nicht schlechter gestellt werden dürften[285]. Dabei könne sich der Kreditgeber nicht auf eine Entreicherung wegen Auszahlung der Valuta an den Verkäufer berufen. Denn nach den Wertungen des Verbraucherkreditgesetzes richte sich der Schutz des Verbrauchers primär gegen den Kreditgeber, der grundsätzlich das gesamte Insolvenzrisiko des Verkäufers zu tragen habe[286]. Allerdings habe der Kreditgeber aus dem Gedanken der Vorteilsausgleichung einen Anspruch auf Abtretung der Ansprüche des Verbrauchers gegen den Verkäufer[287]. Der Rückforderungsdurchgriff werde gemäß § 814 BGB nur dann ausgeschlossen, wenn der Verbraucher bei Vornahme der Zahlungen an den Kreditgeber die Nichtigkeit des Kaufvertrages gekannt habe[288].

Der kaufrechtliche Rückforderungsdurchgriff wird dagegen entschieden abgelehnt[289], weil die Wandelung den Kaufvertrag nur mit ex-nunc-Wirkung in ein Rückgewährschuldverhältnis umgestalte[290]. Nur in Extremfällen könne dem Verbraucher der Rück-

---

282 So *Reinking/Nießen*, ZIP 1991, 79, 84.

283 So MüKo-*Habersack*, § 9 VerbrKrG, RdNr. 118; *ders.*, DStR 1994, 1853, 1854; *Vortmann*, Aktuelle Rechtsfragen, RdNr. 248; *Coester*, Jura 1992, 617, 623; und *Dürbeck*, Einwendungsdurchgriff, S. 143.

284 So *Reinking*, FLF 1993, 174, 176.

285 *Reinking*, FLF 1993, 174, 176.

286 MüKo-*Habersack*, § 9 VerbrKrG, RdNr. 118 und 108, 110.

287 MüKo-*Habersack*, § 9 VerbrKrG, RdNr. 118. Weitere Einzelheiten bezüglich der Anzahlung und dem Schicksal der Kaufsache bei MüKo-*Habersack*, § 9 VerbrKrG, RdNr. 119 und 110 - 116 (für den Doppelmangel), die wegen der primär zu untersuchenden Grundthese (Rückforderungsdurchgriff über die Anwendung des § 813 Abs. 1 S. 1 BGB) hier nicht dargestellt werden sollen.

288 *Coester*, Jura 1992, 617, 623.

289 *Reinking/Nießen*, ZIP 1991, 79, 84; MüKo-*Habersack*, § 9 VerbrKrG, RdNr. 131 ff. (Wegfall der Geschäftsgrundlage ex nunc); *ders.*, DStR 1994, 1853, 1857; *Vortmann*, Aktuelle Rechtsfragen, RdNr. 250; *Coester*, Jura 1992, 617, 624; *Reinking*, FLF 1993, 174, 176 f.; *Dürbeck*, Einwendungsdurchgriff, S. 144 f. (und S. 135 ff.) und *von Hoyningen-Huene*, JuS 1995, 41, 43 (Wegfall der Geschäftsgrundlage ex nunc für den Parallelfall der Kündigung).

290 Nach MüKo-*Habersack*, § 9 VerbrKrG, RdNr. 135, gibt es wegen der gleichen ex-nunc-Wirkung auch für den Fall des Rücktritts keinen Rückforderungsdurchgriff.

forderungsdurchgriff gewährt werden, nämlich für die nach Erhebung der Mängeleinrede an den Kreditgeber in Unkenntnis des Rechts aus § 9 Abs. 3 S. 1 VerbrKrG gezahlten Raten[291], sofern dem nicht § 814 BGB entgegenstehe, oder etwa in dem Fall, als dem Verbraucher wegen des Eingreifens der partiellen Subsidiarität gemäß § 9 Abs. 3 S. 3 VerbrKrG der sofortige Einwendungsdurchgriff noch nicht zustand[292].

5. *Kein Rückforderungsdurchgriff*

Dagegen lehnt ein großer Teil[293] der Literatur, teils begrüßend, teils widerwillig und vom Gesetzgeber enttäuscht einen Rückforderungsdurchgriff für jeden Fall ab[294]. Unter Zitierung des Besserstellungsverbots wird vor allem argumentiert, daß der Gesetzgeber die Frage des Rückforderungsdurchgriffs nicht offengelassen, sondern sich vielmehr in Kenntnis des Problems bewußt gegen seine Zubilligung entschieden habe. Teilweise wird dem Verbraucher nur in Extremfällen ein Rückforderungsdurchgriff zugebilligt, nämlich gemäß § 242 BGB in dem Fall, daß der Kreditgeber von dem Sachmangel wußte und den Verbraucher über sein Recht zum Einwendungsdurchgriff getäuscht oder nicht auf-

---

291 MüKo-*Habersack*, § 9 VerbrKrG, RdNr. 133 (§ 813 BGB); *Vortmann*, § 9 VerbrKrG, RdNr. 56 (condictio indebiti gemäß § 812 BGB); *ders.*, Aktuelle Rechtsfragen, RdNr. 251 und *Coester*, Jura 1992, 617, 624, Fn. 97 (§ 813 BGB).

292 *Reinking/Nießen*, ZIP 1991, 634, 636 sprechen hier davon, daß die Rechtsprechung bei der Zubilligung eines Rückforderungsdurchgriffs freie Hand habe, bejahen diesen in dieser Fallkonstellation aber nicht ausdrücklich.

293 *Emmerich*, SchuldR BT, § 6 III 5 b, Fn. 96 (S. 85) und *Vollkommer*, in: FS für Merz, S. 595, 602 als zwei Hauptvertreter des Rückforderungsdurchgriffs bezeichnen die ablehnende Literatur sogar als die überwiegende Meinung.

294 Zum Referenten- und Regierungsentwurf: *Klauss/Ose*, Verbraucherkreditgeschäfte, Einl. zum AbzG, RdNr. 24; *Schmelz/Klute*, ZIP 1989, 1509, 1514; *Reinking/Bexen*, DAR 1990, 289, 292 (anders aber später, s.o. S. 257, Fn. 280 und 281); *Rehberg*, Rückforderungsdurchgriff, S. 68 ff. und *Canaris*, AcP 190 (1990) 410, 427, Fn. 37.
Zum Verbraucherkreditgesetz generell ablehnend *Canaris*, EuZW 1991, 257; *ders.*, ZIP 1993, 401, 409; *Larenz/Canaris*, SchuldR II/2, § 66 IV 3 c (S. 117 ff.) und § 68 I 5a (S. 156 f.); *Hadding*, in: Hadding/Hopt, Verbraucherkreditrecht, AGB-Gesetz und Kreditwirtschaft, S. 17, 21; *Münstermann/Hannes*, Verbraucherkreditgesetz, RdNr. 527; *Lieb*, in: Hadding/Hopt, Das neue Verbraucherkreditgesetz, S. 91, 101 ff. (= WM 1991, 1533, 1537 f.); *ders.*, ebenda, S. 115, 120 ff.; *Dauner-Lieb*, WM-Sonderbeilage 6/1991, S. 5 und 22 (offenlassend aber S. 29, Fn. 229 für den Fall der Nichtigkeit des Kaufvertrages auf Grund § 138 BGB); *Compensis/Reiserer*, BB 1991, 2457, 2463 (für den finanzierten Partnerschaftsvermittlungsvertrag); *Scholz*, Verbraucherkreditverträge, RdNr. 372 - 374 (S. 177 f.); *Reinicke/Tiedtke*, Kaufrecht, S. 461 ff.; *dies.*, ZIP 1992, 217, 223 ff.; *Marloth-Sauerwein*, Leasing und das Verbraucherkreditgesetz, S. 135 ff.; *Heise*, JA 1993, 65, 71; Erman-*Klingsporn/Rebmann*, § 9 VerbrKrG, RdNr. 21; *Karollus*, JuS 1993, 820, 821; *Köndgen*, NJW 1994, 1508, 1517; *Giesen*, Jura 1994, 194, 202 f.; Staudinger-*Lorenz*, § 813 BGB, RdNr. 5; *Drescher*, WuB I E 2 c. - 3.94; *ders.*, Verbraucherkreditgesetz, RdNr. 272 und *Brink*, EWiR 1994, 713.
Ablehnend wohl auch *Tempel*, Materielles Recht im Zivilprozeß, S. 119 und Palandt-*Putzo*, § 9 VerbrKrG, RdNr. 14.

geklärt hat[295], oder generell gemäß § 813 BGB, wenn der Verbraucher nach Erhebung des Einwendungsdurchgriffs[296] bzw. Entdeckung des Sachmangels[297] rechtsirrtümlich noch Raten an den Kreditgeber geleistet hat.

II. Wertungsmäßiger Ausgangspunkt

Der Einwendungsdurchgriff soll den Verbraucher vor den nachteiligen Folgen des Abschlusses von zwei rechtlich selbständigen Verträgen an Stelle eines einheitlichen Abzahlungskaufes schützen[298]. Dieses Aufspaltungsrisiko realisiert sich letztendlich nur im Konkurs des Verkäufers, wenn der Verbraucher Einwendungen aus dem Kaufvertrag hat, gleichwohl aber an den davon unabhängigen und ungestörten Kreditvertrag gebunden bleibt[299]. Mit dem Instrument des Einwendungsdurchgriffs wird dieses Konkursrisiko des Verkäufers zum Schutze des Verbrauchers auf den Kreditgeber verlagert. Dabei kann der Umfang des Verbraucherschutzes unterschiedlich weit gehen. Von diesem Umfang hängt die wertungsmäßige Zulässigkeit des Rückforderungsdurchgriffs entscheidend ab[300]. Hier werden bis heute drei Ansatzpunkte vertreten, wobei jeder stark von der jeweiligen Perspektive, aus der man das Problem betrachtet, geprägt wird.

1. Verbot der Rechtlosstellung des Verbrauchers

Der erste Ansatzpunkt vom Verbot der Rechtlosstellung des Verbrauchers ist für den Kreditgeber der günstigste[301]. Danach geht es allein darum, dem Verbraucher, der rechtlich gesehen ein Barkäufer ist, den Vorteil des Abzahlungskäufers zu erhalten, nur allmählich mit dem Konkursrisiko des Verkäufers belastet zu werden[302]. Jener wird bei

---

295 So *Reinicke/Tiedtke*, Kaufrecht, S. 464; *dies.*, ZIP 1992, 217, 225. Generell für einen Rückforderungsdurchgriff über § 242 BGB bei Vorliegen von besonderen Umständen *Giesen*, Jura 1994, 194, 203.

296 So *Karollus*, JuS 1993, 820, 821.

297 So *Larenz/Canaris*, SchuldR II/2, § 68 I 5 a (S. 157) und Staudinger-*Lorenz*, § 813 BGB, RdNr. 5.

298 Begr. RegE, BT-DS 11/5462, S. 23 (= Anhang, S. 433).

299 BGH WM 1973, 233, 235.

300 Auch *Gilles*, JZ 1975, 305, 310 f. begann bei seiner Begründung des (damals umstrittenen) Einwendungsdurchgriffs mit der Wertungsfrage und den Wertungsmaßstäben und bot bewußt keine neue dogmatische Konstruktion an. Auffallend ist, daß sich unter der neuen Rechtslage bis auf *Vollkommer*, in: FS für Merz, S. 595 ff. keiner der Befürworter des Rückforderungsdurchgriffs mit den folgenden Wertungsgesichtspunkten beschäftigt. Deshalb wird verstärkt auf Autoren zur alten Rechtslage zurückgegriffen.

301 Dazu grundlegend *Canaris*, Bankvertragsrecht, RdNr. 1403 ff.

302 *Dauner-Lieb*, WM-Sonderbeilage 6/1991, S. 5 und *Canaris*, Bankvertragsrecht, RdNr. 1452.

Einwendungen aus dem Kaufvertrag die weitere Ratenzahlung sofort einstellen und verliert im Falle des Konkurses des Verkäufers schlimmstenfalls die bereits erbrachten Raten einschließlich der Anzahlung, während der Barkäufer, ausgestattet mit einem freien Ratenkredit oder mit Eigenmitteln, in diesem Fall seine Rechte überhaupt nicht durchsetzen kann und immer den gesamten Kaufpreis abschreiben muß. Diesen Vorteil des Abzahlungskäufers im Vergleich zum Barkäufer soll auch der Verbraucher beim finanzierten Abzahlungskauf haben. Dem dient der Einwendungsdurchgriff gemäß § 9 Abs. 3 VerbrKrG, der damit allein als Risikoverlagerungsnorm für den Fall des Verkäuferkonkurses zu verstehen ist[303]. Bei der gesamten Regelung geht allein darum zu verhindern, daß das Aufspaltungsrisiko einseitig dem Verbraucher aufgebürdet und er dadurch *rechtlos oder erheblich schlechter als der normale Abzahlungskäufer* gestellt wird. Daraus folgt zwingend, daß sich der Verbraucher bei Leistungsfähigkeit des Verkäufers auch an diesen wenden muß und deshalb der Einwendungsdurchgriff subsidiär zu gestalten ist bzw. nach der neuen Rechtslage von einer Rechtspflicht zur Geltendmachung abhängig gemacht werden kann[304]. Denn wenn der Verkäufer noch leistungsfähig ist und der Verbraucher seine Rechte bei diesem geltend machen kann, hat sich das Aufspaltungsrisiko für den Verbraucher noch nicht realisiert: Er wird nicht rechtlos gestellt.

Der Rückforderungsdurchgriff kann sich in diesen Schutzumfang niemals einfügen. Der Kreditgeber kann danach alle vom Verbraucher bereits geleisteten Raten behalten. Dies ergibt sich aus den folgenden Überlegungen, insbesondere aus seiner Perspektive: Der Verbraucher hat bei Störungen aus dem Kaufvertrag immer Rückzahlungsansprüche gegen den Verkäufer, die im Normalfall auch durchsetzbar sind. Ist dies wegen des Konkurses des letzteren oder aus ähnlichen Gründen ausnahmsweise einmal nicht der Fall, muß der Verbraucher das Konkursrisiko des Verkäufers in Höhe seiner geleisteten Raten und der Anzahlung tragen. Dies ist aber auch beim gewöhnlichen bilateralen Abzahlungskauf der Fall. Auch dem normalen Abzahlungskäufer hilft niemand, wenn er die Einwendung aus dem Kaufvertrag erst nach vollständiger oder teilweiser Ratenzahlung entdeckt und faktisch keine Chance hat, vom Verkäufer etwas zurückzuerhalten. Deshalb kann man davon sprechen, daß sich in diesem Fall das spezifische Aufspaltungsrisiko nicht verwirklicht hat[305]. Die Zuerkennung eines Rückforderungsdurchgriffs wäre dann eine eindeutige und ungerechtfertigte Besserstellung des Verbrauchers im Vergleich zum normalen Abzahlungskäufer, der immer zutreffender Vergleichsmaßstab für die Begründung des Einwendungsdurchgriffs und der besonderen Regelungen im Widerrufs- und im

---

303 *Lieb*, in: Hadding/Hopt, Das neue Verbraucherkreditgesetz, S. 91, 105 (= WM 1991, 1533, 1538, 1539).

304 Dazu unten § 9, S. 335 ff.

305 *Canaris*, Bankvertragsrecht, RdNr. 1451.

Rücknahmefall darstellte[306]. Bezüglich der noch ausstehenden Raten trägt der Kreditgeber wegen des Einwendungsdurchgriffs ohnehin das Konkursrisiko des Verkäufers, womit er schon, da es sich um betriebsfremde Risiken, nämlich Störungen aus dem rechtlich selbständigen Kaufvertrag handelt, genug belastet wird. Gegen die volle Tragung des Verkäuferkonkursrisikos spricht auch der Umstand, daß es in vielen Fällen an einem ausreichendem Zurechnungskriterium fehlen wird[307]. Ein solches kann nur in dem ständigen vertraglichen oder faktischen Zusammenwirken von Kreditgeber und Verkäufer zu sehen sein, wenn der Kreditgeber den Verkäufer bewußt als Partei der zu finanzierenden Geschäfte ausgesucht und um entsprechende Vermittlung gebeten hat. Dies ist aber keineswegs zwingendes Erfordernis für die Bejahung der wirtschaftlichen Einheit gemäß § 9 Abs. 1 VerbrKrG[308].

Gegen einen Rückforderungsdurchgriff im umfassenden Sinn, also einschließlich einer an den Verkäufer geleisteten Anzahlung, spricht der allgemeine, vor allem im Bereicherungsrecht abgesicherte Grundsatz, daß man nur dasjenige herausgeben muß, was man selbst empfangen hat[309]. Die Anzahlung hat der Kreditgeber aber nie gesehen, so daß mit der Verpflichtung zur Herausgabe einer nicht empfangenen Summe eine systemwidrige Haftungsnorm eingebaut werden würde. Die Aufteilung des Verkäuferkonkursrisikos zwischen Kreditgeber (bezüglich der noch ausstehenden Raten) und Verbraucher (bezüglich der bereits geleisteten Raten und der Anzahlung) ist letztendlich ein gerechtes und für Verbraucher und Kreditgeber als verbliebene Parteien tragbares Ergebnis. *§ 9 Abs. 3 VerbrKrG wäre damit lediglich Risikoverlagerungsnorm bezüglich der noch ausstehenden Raten des Verbrauchers für den Fall des Verkäuferkonkurses*[310].

2. *Verbot der Schlechterstellung/Gebot der Gleichstellung des Verbrauchers*

Über diesen Ansatzpunkt hinaus geht das Verbot der Schlechterstellung. Der Verbraucher soll generell nicht schlechter gestellt werden als der normale Abzahlungskäufer, sondern die gleiche Rechtsposition haben. Der Gedanke der Gleichstellung rechtfertigt

306 So insbes. *W. Baur*, NJW 1975, 2008 f.; *Scholz*, Verbraucherkreditverträge, RdNr. 372 (S. 177); *Dauner-Lieb*, WM-Sonderbeilage 6/1991, S. 22; *Lieb*, in Hadding/Hopt, Das neue Verbraucherkreditgesetz, S. 91, 102 (= WM 1991, 1533, 1537) und *Vortmann*, § 9 VerbrKrG, RdNr. 44.

307 *Lieb*, DB 1988, 2495, 2501.

308 S. oben § 3, S. 86 ff.

309 *Lieb*, in: Verhandlungen des 53. Deutschen Juristentages in Berlin 1980, Band II (Sitzungsberichte), K 228 und *Canaris*, Bankvertragsrecht, RdNr. 1450.

310 So nachdrücklich *Lieb*, in: Hadding/Hopt, Das neue Verbraucherkreditgesetz, S. 91, 105 (= WM 1991, 1533, 1538 f.) und *Dauner-Lieb*, WM-Sonderbeilage 6/1991, S. 5 und 22.

ein sofortiges Leistungsverweigerungsrecht, grundsätzlich aber keinen Rückforderungsdurchgriff gegenüber dem Kreditgeber, da auch der normale Abzahlungskäufer auf seine Ansprüche gegen den Verkäufer und auf deren Durchsetzbarkeit angewiesen ist und keinen zweiten Schuldner hat[311].

Der Rückforderungsdurchgriff muß jedoch betragsmäßig eingeschränkt für den Fall der partiellen Subsidiarität des § 9 Abs. 3 S. 3 VerbrKrG eingreifen. Dafür spricht die hier vorliegende besondere Schutzbedürftigkeit des Verbrauchers: Verlangt er vom Verkäufer Nachbesserung/Ersatzlieferung bzw. sind das die ihm vorläufig einzig zustehenden Rechte, dann muß er den Kredit weiterbedienen. Der Einwendungsdurchgriff ist kraft Gesetzes ausgeschlossen[312]. Im Falle des Bestreitens eines Sachmangels mit anschließender langwieriger gerichtlicher Geltendmachung bzw. des langen Hinauszögerns der Nachbesserung durch den Verkäufer könnte die Situation eintreten, daß der Verbraucher den Kredit längst abbezahlt hat, bis ihm endlich wegen Fehlschlagens der Nachbesserung der Einwendungsdurchgriff gemäß § 9 Abs. 3 S. 1 VerbrKrG gegenüber dem Kreditgeber zusteht[313]. Dieser nützt ihm dann nichts mehr, wenn zwischenzeitlich der Verkäufer in Konkurs gefallen ist. Den Verbraucher über den Rückforderungsdurchgriff gegenüber dem normalen Abzahlungskäufer besserzustellen, kann hier ausnahmsweise gerechtfertigt sein, weil er von vornherein schlechter steht als letzterer. Denn während der normale Abzahlungskäufer mit Entdeckung des Sachmangels die weitere Ratenzahlung sofort einstellt bzw. jedenfalls wegen des Synallagmas sofort einstellen kann, verliert der Verbraucher beim finanzierten Abzahlungskauf dieses wichtige Druckmittel von Beginn an. Der Verkäufer wird mit der Direktauszahlung der Valuta durch den Kreditgeber sofort befriedigt und hat deshalb wenig Veranlassung, Nachbesserung/Ersatzlieferung umgehend durchzuführen. Auch der Kreditgeber wird den Verkäufer nicht drängen[314]. Die Situation hat sich vielmehr völlig umgekehrt: Beim normalen Abzahlungskauf stellt der Käufer seine Ratenzahlung sofort ein, und der Verkäufer wird unter diesem Druck alles versuchen, um zur Erfüllung zu gelangen, damit er die weiteren Kaufpreisraten erhält. Beim finanzierten Abzahlungskauf dagegen muß der Verbraucher wie der Barkäufer seinen Rechten hinterherlaufen, vom Verkäufer Nachbesserung/Ersatzlieferung ver-

---

311 *Marschall v. Bieberstein*, Gutachten, S. 201 (unter G V 3 b aa).

312 S.o. § 6, S. 166, 172 ff. ausführlich.

313 *Bülow*, § 9 VerbrKrG, RdNr. 65a und bereits *Denck*, MDR 1980, 709, 710 f. für die alte Rechtslage. Anders wohl die Bundesregierung, die in der Begründung RegE, BT-DS 11/5462, S. 24 (= Anhang, S. 434) schreibt: "Der Begriff des 'Fehlschlagens' ist dem § 11 Nr. 10 Buchstabe b des Gesetzes zur Regelung der Allgemeinen Geschäftsbedingungen entlehnt und auf die zu dieser Vorschrift ergangene Rechtsprechung kann für seine Definition zurückgegriffen werden. Die Dauer der vorübergehenden Einschränkung des Einwendungsdurchgriffs ist dadurch dem jeweiligen Einzelfall *angemessen begrenzt* ..." (Hervorhebungen vom Verfasser).

314 *Reinicke/Tiedtke*, Kaufrecht, S. 469.

langen und bis zum Feststehen des Fehlschlagens die Raten "auf Nimmer-Wiedersehen"[315] an den Kreditgeber weiterzahlen. Wie bereits oben dargestellt stellt jede Form der Subsidiarität, auch die jetzige partielle, eine eindeutige Schlechterstellung des Käufers beim finanzierten Abzahlungskauf im Vergleich zum normalen Abzahlungskäufer dar[316]. Insofern wäre eine beschränkte Zulassung des Rückforderungsdurchgriffs bezüglich der Raten, die in der Zeit der Nachbesserungsversuche geleistet wurden, die wirkliche Erreichung der Gleichstellung vom Verbraucher mit dem Abzahlungskäufer, also kein rechtsbegünstigendes, sondern ein lediglich *rechtsnivellierendes Institut*[317]. *§ 9 Abs. 3 VerbrKrG wäre danach nicht nur Risikoverlagerungsnorm für die Fälle des Verkäuferkonkurses, sondern Nivellierungsnorm, die dem Verbraucher durch positivrechtliche Anordnung die gleichen Rechte gibt, die er bei einem normalen Abzahlungskauf im Zweipersonenverhältnis gehabt hätte.*

3. *Gebot der Besserstellung des Verbrauchers*

Am weitesten und für den Verbraucher am günstigsten geht der dritte Ansatzpunkt, nach dem der Verbraucher beim finanzierten Abzahlungskauf klar und bewußt besser als der normale Abzahlungskäufer gestellt werden soll. Der Verbraucher soll über den sofortigen Einwendungsdurchgriff nicht nur die gleichen Rechte wie der normale Abzahlungskäufer haben, sondern mit einem Rückforderungsdurchgriff besser als jener stehen, da er nun für Rückzahlungsansprüche immer zwei Schuldner zur Verfügung hat, von denen jedenfalls der Kreditgeber regelmäßig solvent ist.

Für diese Besserstellung spricht ein verstärkter Verbraucherschutz. Der Verbraucher beim finanzierten Abzahlungskauf unterliegt nämlich im Gegensatz zum Barkäufer, der sich bei einem Kreditgeber einen freien Ratenkredit besorgt, einer nicht unerheblichen "Überrumpelungsgefahr"[318]: Der Barkäufer hat zwangsläufig eine Überlegungsfrist darüber nachzudenken, ob er die angebotene Leistung des Verkäufers überhaupt benötigt und ob der geforderte Preis auch marktgerecht ist. Ihm wird von vornherein klar sein,

---

315 *Reinicke/Tiedtke*, Kaufrecht, S. 469.

316 S.o. § 6, S. 182 f.

317 In diesem Sinne bejahten *Marschall v. Bieberstein*, Gutachten, S. 132 f.; Soergel-*Hönn*, Anhang zu § 6 AbzG, RdNr. 72 und *Hopt/Mülbert*, Kreditrecht, Vorb. zu §§ 607 ff. BGB, RdNr. 551 f. für die alte Rechtslage einen Rückforderungsdurchgriff aus § 812 BGB für die nach Rücktritts- oder Wandelungserklärung (bzw. Mitteilung von Einwendungen aus dem Kaufvertrag, so *Marschall v. Bieberstein*, aaO.) und zwischenzeitlich eingetretenen Konkurs des Verkäufers gezahlten Raten.

318 *Bender*, NJW 1980, 1129, 1134. Ihm folgend *Denck*, MDR 1980, 709, 712.

daß er einen Kredit zur Finanzierung des Kaufpreises im jeden Fall zurückzahlen muß. Das wird ihn bezüglich der Vertrauenswürdigkeit der Person des Verkäufers sensibler machen. Das gilt erst recht, wenn er von vornherein mit (angesparten) Eigenmitteln zum Verkäufer kommt. Dagegen fällt es dem Verkäufer, der seinem Kunden nicht nur die Waren, sondern gleich auch die Finanzierung des Kaufpreises anbieten kann, viel leichter, den Kunden zum Vertragsschluß zu überreden[319]. Der Verbraucher wird sich in diesem klassischen Fall des finanzierten Abzahlungskaufs regelmäßig weder über die rechtlichen Konsequenzen noch über die tatsächliche wirtschaftliche Belastung mit dem meist überhöhten Zins Gedanken machen. Der Verkäufer beim finanzierten Abzahlungskauf hat damit einen erheblichen Wettbewerbsvorsprung vor seinen Mitbewerbern, die eine Finanzierung des Kaufpreises nicht anbieten können[320]. Auf der anderen Seite ergibt sich ein verstärkter Verbraucherschutz auch aus dem organisatorischen Übergewicht der anderen Seite von Verkäufer und Kreditgeber[321].

Neben diesen Überlegungen spricht für die Zulassung des Rückforderungsdurchgriffs, insbesondere aus der Sicht des Verbrauchers, daß er an den Kreditgeber Raten geleistet hat, die er auf Grund seiner Einwendungen nicht hätte zu zahlen brauchen und die der Kreditgeber deswegen auch nie hätte verlangen können[322]. Trotz wirksamen Kreditvertrages handelt es sich jedenfalls bei der Nichtigkeit des Kaufvertrages um von Anfang an ungerechtfertigte Darlehensrückzahlungen, die dem Kreditgeber nur auf Grund eines Irrtums oder der erst späteren Entdeckung und Geltendmachung der Einwendung zugeflossen sind[323]. Konsequenz eines Rückforderungsdurchgriffs ist auch die für den Verbraucher erleichterte Vertragsabwicklung, wenn er sich selbst bei Solvenz des Verkäufers nicht mehr mit zwei Vertragspartnern, sondern nur noch mit dem Kreditgeber auseinanderzusetzen hat[324].

---

319 Zu den Geschäftspraktiken von Verkäufern, die geschäftsunerfahrenen Käufern völlig untaugliche und überteuerte Folienschweißgeräte zur angeblich gewinnbringenden Heimarbeit aufschwatzten und unter möglichster Vermeidung von § 6 AbzG systematisch ganze Dörfer in Süddeutschland abgrasten bereits oben § 3, S. 100 f. und § 5, S. 138 f.

320 Dazu bereits § 1, S. 60 ff.

321 Dazu insbes. *Reifner*, Alternatives Wirtschaftsrecht, S. 209 ff.

322 *Reinicke/Tiedtke*, ZIP 1992, 217, 223; *dies.*, Kaufrecht, S. 461, die allerdings den Rückforderungsdurchgriff unter heftiger Kritik am Gesetzgeber ablehnen.

323 *Reinicke/Tiedtke*, Kaufrecht (4. Aufl. zur alten Rechtslage), S. 403. In diesem Sinne auch *Denck*, MDR 1980, 709, 711 für das Problem der versteckten Mängel, die erst spät, aber noch vor Ablauf einer langjährigen Garantiefrist auftauchen. Hier würde nach seiner Ansicht die Nichtzubilligung des Rückforderungsdurchgriffs eine fast vollständige Entwertung des Einwendungsdurchgriffs darstellen, wenn der Verbraucher den Kredit ganz oder nahezu ganz getilgt hätte.

324 So auch schon *Denck*, MDR 1980, 709, 712 für die alte Rechtslage. Für die neue Rechtslage *Emmerich*, in: Hadding/Hopt, Das neue Verbraucherkreditgesetz, S. 67, 80 und *Ott*, in: Bruchner/Ott/Wagner-Wieduwilt, § 9 VerbrKrG, RdNr. 116 f. und 139.

Der Verbraucher kann sich die Vorteile des finanzierten Abzahlungskaufs, nämlich das Vorhandensein zweier Schuldner, auch deshalb wahrnehmen, weil hierdurch schutzwürdige Interessen des Kreditgebers überhaupt nicht verletzt werden[325]. Der Kreditgeber wird selbst nicht getroffen, da er das Konkursrisiko des Verkäufers vollständig auf die Kreditgebühren umschlagen und so pulverisieren kann, daß letztendlich die Gemeinschaft aller Kreditnehmer das Risiko zu tragen hat, und dem einzelnen, nur zufällig betroffenen Verbraucher ein größerer Schaden erspart bleibt[326]. Auch kann sich der Kreditgeber gegen das Insolvenzrisiko des Verkäufers ungleich besser schützen als der Verbraucher. Auf Grund der Zusammenarbeit mit dem Verkäufer kann er dessen Vermögensverhältnisse und Liquidität viel besser beurteilen, zu seinem Schutz Sperrkonten einrichten, auf laufende Geschäftspraktiken hinwirken, und notfalls die Zusammenarbeit mit dubiosen Partnern vermeiden, während der Verbraucher mit dem Verkäufer im allgemeinen nur einmal zu tun und deshalb diese Möglichkeiten von vornherein nicht hat[327]. Für den Fall der vertraglichen Mithaftung des Verkäufers arbeitet der Kreditgeber sogar mit vermindertem Risiko im Verhältnis zum freien Ratenkredit[328]. Außerdem rechtfertigt die Zusammenarbeit mit dem Verkäufer die volle Übernahme des Konkursrisikos des Verkäufers, weil der Kreditgeber durch diese Zusammenarbeit sein Geschäftsvolumen beträchtlich ausweiten kann, ohne selbst (auf eigene Kosten) Werbung betreiben bzw. ein kostenintensiveres Zweigstellennetz oder einen eigenen Außendienst aufbauen zu müssen[329]. Nach allem ist es gerechtfertigt, daß der Kreditgeber als der Partner des finanzierten Abzahlungskaufs die gesamten Risiken von Störungen aus dem Kaufvertrag übernimmt, der sie besser beherrschen oder absorbieren kann[330].

§ 9 Abs. 3 VerbrKrG wäre danach nicht nur Nivellierungs- sondern bewußt Besserstellungsnorm. Erst nach dieser grundsätzlichen Einordnung des § 9 VerbrKrG bleibt noch zu fragen, ob der Verbraucher den Rückforderungsdurchgriff uneingeschränkt, also ein-

---

325 *Reinicke/Tiedtke*, Kaufrecht (4. Aufl. zur alten Rechtslage), S. 403.

326 *Thomas Raiser*, RabelsZ 33 (1969), 457, 470; *Vollkommer*, in: FS für Larenz 1973, S. 703, 715; *Gilles*, JZ 1975, 305, 312; *Denck*, MDR 1980, 709, 711; *Baudenbacher*, JZ 1985, 661, 664 und grundlegend, weil für jeden Konsumentenkredit bejahend, *Reifner*, Alternatives Wirtschaftsrecht, S. 253 ff., insbes. S. 263.

327 *Vollkommer*, in: FS für Larenz 1973, S. 703, 715; *Gilles*, JZ 1975, 305, 31; *Denck*, MDR 1980, 709, 711 und *Baudenbacher*, JZ 1985, 661, 664. Diese Möglichkeiten wurden auch von Bankenseite, wie z.B. von *Steppeler*, Sparkasse 1982, 469, 473 konzediert.

328 *Gilles*, JZ 1975, 305, 307; *Logothetis*, in: Chiotellis/Fikentscher, Rechtstatsachenforschung, S. 209, 229.

329 *Hiddemann*, in: Verhandlungen des 53. Deutschen Juristentages in Berlin 1980, Band II (Sitzungsberichte), K 28 und *Bender*, NJW 1980, 1129, 1134.

330 *Baudenbacher*, JZ 1985, 661, 664.

schließlich der an den Verkäufer geleisteten Anzahlung, oder nur beschränkt auf die an den Kreditgeber bereits geleisteten Rückzahlungsraten geltend machen kann[331].

4. *Rückblick auf die bisherige Rechtsprechung unter Wertungsgesichtspunkten*[332]

Die Rechtsprechung pendelte zwischen allen drei Positionen, einmal der Verhinderung der Rechtlosstellung, einmal der Verhinderung der Schlechterstellung, und einmal dem Gebot der Besserstellung hin und her, auch wenn sie das expressis verbis nicht zugab[333]. Letztendlich hing der Umfang des Verbraucherschutzes von Art und Schwere der Einwendung aus dem Kaufvertrag, letztlich also vom konkreten Einzelfall ab[334]. Während der Bundesgerichtshof in den 50er, 60er und Anfang der 70er Jahre selbst immer das Verbot von der Rechtlos- und der Schlechterstellung postulierte, ohne sich zwischen diesen doch unterschiedlichen Ausgangspositionen entscheiden zu können[335], statuierte er mit dem Urteil vom 18.1.1973 das Verbot von der Rechtlos- bzw. der (erheblichen) Schlechterstellung[336]. Das dort aufgestellte und bis zuletzt ernst gemeinte Subsidiaritätsprinzip fügt sich nur in die erste Ansicht ein: Der Einwendungsdurchgriff stand dem Käufer/Kreditnehmer erst dann zu, wenn er seine Rechte beim Verkäufer nicht mehr durchsetzen konnte, insbesondere, weil dieser insolvent geworden war. Erst hier hatte sich das Aufspaltungsrisiko realisiert, so daß eine weitere Kreditbedienung abzulehnen

331 Gegen einen umfassenden Rückforderungsdurchgriff *Marschall v. Bieberstein*, Gutachten, S. 201 f. und 206 (alte Rechtslage); MüKo-*Habersack*, § 9 VerbrKrG, RdNr. 118, 131 ff. (neue Rechtslage). Dafür *Denck*, MDR 1980, 709, 712 (alte Rechtslage); *Ott*, in: Bruchner/Ott/Wagner-Wieduwilt, § 9 VerbrKrG, RdNr. 139; *Emmerich*, in: Graf v. Westphalen/Emmerich/Kessler, § 9 VerbrKrG, RdNr. 95 f. und 103 (jeweils neue Rechtslage).

332 Bis heute lesenswert sind die Ausführungen von *Reifner*, Alternatives Wirtschaftsrecht, S. 187 ff., der versuchte, die Entwicklungen in der Rechtsprechung in Beziehung zur gesellschaftspolitischen Gesamtentwicklung zu setzen und die Akzentverschiebungen jeweils auf Veränderungen des sozialen und politischen Klimas zurückführte.

333 Ähnlich *Larenz*, SchuldR II, § 63 I a (S. 444), der aber lediglich ausführte, daß sich die Rechtsprechung immer zwischen den Postulaten vom Verbot der Rechtlosstellung und der Schlechterstellung bewegte.

334 *Gilles*, JZ 1975, 305, 309.

335 Z.B. BGH WM 1962, 574, 575 (Hervorhebungen vom Verfasser): "Der Darlehensgeber darf sich auf die formularmäßige Ausgestaltung des Vertragsverhältnisses und die sich daraus für ihn ergebenden günstigen Folgen nach Treu und Glauben (§ 242 BGB) dann nicht berufen, wenn das dazu führen würde, den Käufer gegenüber Mängeln der Kaufsache *rechtlos* zu machen, weil er z.B. von dem in Konkurs gefallenen Verkäufer keine Nachbesserung oder sonstige Gewährleistung mehr erlangen kann. Die rechtliche Aufspaltung des wirtschaftlich einheitlichen Geschäfts und seine besondere formularmäßige Ausgestaltung dürfen nicht dazu führen, den Käufer *schlechter* zu stellen, als er ohne die Aufspaltung stehen würde." Ähnlich BGH WM 1967, 455, 456 und BGH WM 1971, 1265, 1267.

336 BGH WM 1973, 233, 235. Zu dieser Entscheidung bereits oben § 6, S. 167 f.

war[337]. Auch die am gleichen Tage verkündete Entscheidung zur Verjährungsproblematik beim finanzierten Abzahlungskauf[338] fügt sich lediglich in das Verbot von der Rechtlosstellung ein. Durch die Aufspaltung des Geschäfts und die rechtliche Trennung der Verträge wurde dem Käu-fer/Kreditnehmer die Berufung auf die kurze Verjährungsfrist des § 196 Abs. 1 Nr. 1 BGB genommen, so daß er eindeutig schlechter stand als der normale Abzahlungskäufer[339]. Auch die drei Monate später ergangene "Schnelldrehbank-Entscheidung" vom 26.4.1973, nach der sich der Käufer/Kreditnehmer nicht auf die Einwendungen aus einem den Kaufvertrag begleitenden Vertrag berufen konnte[340], führte zu einer eindeutigen Schlechterstellung, weil der normale Abzahlungskäufer ein Leistungsverweigerungsrecht aus § 273 I BGB gehabt hätte[341]. Letztlich muß auch die generelle Ablehnung des Rückforderungsdurchgriffs durch die Instanzgerichte[342] in diesen Ansatzpunkt eingeordnet werden.

Ende der 70er Jahre schlug das Pendel wieder verstärkt zugunsten der Käufer/Kreditnehmer aus. Der Bundesgerichtshof bejahte mit seinen Urteilen vom 18.1.1979 und 7.2.1980 den sofortigen Einwendungsdurchgriff bei Leistungsfähigkeit des Verkäufers für den Fall der Nichterfüllung der Gewährleistungsrechte aus einem Prozeßvergleich[343] und der Sittenwidrigkeit des Kaufvertrages[344]. Diesen beiden Entscheidungen fügen sich in den zweiten Ansatzpunkt vom Schlechterstellungsverbot ein[345]: Obwohl sich das Aufspaltungsrisiko noch nicht realisiert hatte (der Verkäufer war tatsächlich noch leistungsfähig, jedenfalls war das Gegenteil nicht festgestellt bzw. irrelevant), wurde der Versuch, seine Rechte beim Verkäufer durchsetzen zu müssen, dem Käufer/Kreditnehmer für unzumut-

---

337 Auf die sprachliche Änderung, jetzt *erhebliche Schlechterstellung* - dabei etwas verschämt auch noch in Klammern gesetzt, die der inhaltlichen Änderung nachfolgte, wiesen insbes. *Weick*, JZ 1974, 13, 15 f. und *Gilles*, JZ 1975, 305, 309 in ihren kritischen Anmerkungen hin.

338 BGH WM 1973, 328, 329. Zu dieser Entscheidung oben § 5, S. 147 f.

339 *Weick*, JZ 1974, 13, 17 sah in diesen beiden Urteilen nicht nur einen Pendelausschlag zuungunsten der Käufer/Kreditnehmer, sondern eine Änderung methodischer Grundgedanken, d.h. es ging nicht mehr um den Schutz des einen Geschäftspartners gegen organisatorisches Übergewicht der anderen Seite (Bewertung typischer Geschäftsformen), sondern nur noch um den Schutz in individuellen Härtefällen.

340 BGH WM 1973, 675 ff. Zu dieser Entscheidung oben § 5, S. 136 f.

341 Dabei soll nicht unerwähnt bleiben, daß bei BGH WM 1973, 233 ff. und bei BGH WM 1973, 675 ff. die Käufer/Kreditnehmer nicht besonders schützenswert waren, weil sie jeweils in den Anwendungsbereich der §§ 1 ff. HGB fielen (Bauunternehmer bzw. Unternehmen für sanitäre Installationen usw. mit bis zu 25 Arbeitskräften), bloß nicht im Handelsregister eingetragen waren (dann schon § 8 AbzG).

342 LG Augsburg NJW 1973, 1704, 1705 (finanzierter Fernkurs) und LG Oldenburg NJW 1975, 172, 173.

343 BGH WM 1979, 489, 491.

344 BGH WM 1980, 327, 329.

345 Übersehen von *Canaris*, Bankvertragsrecht, RdNr. 1404, der (1981) der Ansicht war, daß an die Stelle des Verbots der Schlechterstellung mehr und mehr das Verbot der Rechtlosstellung des Käufers/Kreditnehmers getreten sei.

bar erklärt. Deshalb hatte er die gleichen Rechte, als wenn er einen normalen Abzahlungskauf abgeschlossen hätte und konnte die weitere Ratenzahlung sofort einstellen. Auch der vom OLG Stuttgart bereits mit Urteil vom 8.12.1976 bejahte beschränkte Rückforderungsdurchgriff für die Zeit der Ratenzahlung, in der der normale Abzahlungskäufer seine Ratenzahlung längst eingestellt hätte, während sich der Käufer/Kreditnehmer im konkreten Fall dazu auf Grund eines Rechtsirrtums für verpflichtet hielt[346], kann allein mit dem zweiten Ansatzpunkt vom Schlechterstellungsverbot begründet werden: Ausnahmsweise sollte die Zubilligung des Rückforderungsdurchgriff die von vornherein bestehende Schlechterstellung des Käufers/Kreditnehmers ausgleichen.

Der dritte Ansatzpunkt vom Gebot der Besserstellung wurde vom Bundesgerichtshof schließlich mit der Zubilligung des echten Rückforderungsdurchgriffs für den Fall der Nichtigkeit des Kaufvertrages wegen Sittenwidrigkeit realisiert, auch wenn das Gericht im Urteil vom 7.2.1980 auf diesen wertungsmäßigen Aspekt in keinster Weise einging[347]. Vielmehr gab es zur Frage der Besserstellung in all diesen Jahrzehnten höchst widersprüchliche Äußerungen. Auf der einen Seite wurde ausdrücklich anerkannt, daß der Käufer/Kreditnehmer beim finanzierten Abzahlungskauf nicht besser als der normale Abzahlungskäufer stehen dürfe und danach auch entschieden[348]. Auf der anderen Seite wurde offengelassen, ob es einen Grundsatz vom Besserstellungs*verbot* für den finanzierten Abzahlungskauf überhaupt gäbe[349].

---

346 WM 1977, 1294, 1295 f.

347 BGH WM 1980, 327, 329.

348 Z.B. schon BGH WM 1963, 1276, 1277. Dort verneinte das Gericht eine Schadensersatzverpflichtung des Kreditgebers bzw. einen Einwendungsdurchgriff zugunsten des Käufers/Kreditnehmers bei dessen grundloser Abnahmeverweigerung der Kaufsache und nachfolgendem Konkurs des Verkäufers (dazu bereits oben § 6, S. 197). Auch BGH WM 1984, 986, 988 (finanzierter Werkvertrag über die Errichtung eines Fertighauses) betonte, daß die Zulassung des Einwendungsdurchgriffs nur die besonderen Risiken ausgleichen will, die sich aus der Einschaltung einer Zwischenfinanzierungsbank ergeben, und dann wörtlich: "Die Beklagte soll aber nicht bessergestellt werden, als sie ohne den Zwischenfinanzierungsvertrag stehen würde." Dort wurde der Werklohn des Unternehmers nach Bauphasen zeitabschnittsweise fällig und vom Kreditgeber entsprechend in Raten überwiesen. Mit der o.g. Begründung ließ der BGH den Einwendungsdurchgriff nur bezüglich der Raten zu, die der Besteller/Kreditnehmer auch im Zweipersonenverhältnis nicht geleistet hätte, weil er die Mängel vor der Überweisung der letzten Rate entdeckt und gegenüber dem Werkunternehmer (der dann in Konkurs fiel) gerügt hatte.

349 BGH WM 1979, 550, 552. Dort ging es um die bereicherungsrechtliche Rückabwicklung des Kreditvertrages, der selbst gemäß §§ 134 BGB, 56 Abs. 1 Nr. 6 GewO a.F. nichtig war. Das Gericht betonte, daß jedenfalls beim Bereicherungsausgleich unter Beachtung des Schutzzwecks der Nichtigkeitsnorm der Grundsatz vom Besserstellungsverbot nicht zu gelten habe. Auch die Entscheidung BGH WM 1967, 458, 461 ist im Rahmen des Ansatzpunktes vom Besserstellungsgebot zu erwähnen, weil das Gericht zur Begründung der Berücksichtigung der Anzahlung im Rahmen den Rückabwicklungsverhältnisses gemäß § 5 AbzG zu Lasten des Kreditgebers mit Nachdruck auf die erheblich besseren Beurteilungsmöglichkeiten des Kreditgebers hinsichtlich der Solvenz des Verkäufers und die besseren Einwirkungsmöglichkeiten auf diesen hinwies, während der Käufer dem Verkäufer nur in einem Einzelfall gegenübertrete.

5. *Ergebnis*

Der wertungsmäßige Ausgangspunkt für die Entscheidung pro oder contra Rückforderungsdurchgriff ist nach dieser Gegenüberstellung von Argumenten und dem Rückblick auf die wechselhafte Rechtsprechung des Bundesgerichtshofs völlig offen, so daß sich der Gesetzgeber wirklich frei entscheiden konnte[350]. Fest steht nur eines: Das Schutzbedürfnis des Verbrauchers hat sich durch die Zurückdrängung des Subsidiaritätsprinzips in § 9 Abs. 3 S. 1, 3 VerbrKrG reduziert[351]. In der Regel steht ihm der Einwendungsdurchgriff und damit das Recht zur Zahlungseinstellung gegenüber dem Kreditgeber bei Entdeckung der Störung der Einwendung aus dem Kaufvertrag sofort zu, und zwar auch dann, wenn der Verkäufer leistungsfähig ist. Problematisch bleiben aber alle die Fälle, in denen der Verkäufer in Konkurs fällt und der Verbraucher den Kredit gleichwohl schon ganz oder teilweise zurückgezahlt hat, sei es, weil er rechtlich dazu verpflichtet war, z.B. auf Grund der partiellen Subsidiarität gemäß § 9 Abs. 3 S. 3 VerbrKrG oder der späteren Ausübung von Gestaltungsrechten bzw. Geltendmachung des Einwendungsdurchgriffs, sei es, weil er sich irrtümlich zur Kreditrückzahlung in Unkenntnis der neuen Rechtslage für verpflichtet hielt. Auch wird sich immer beim sofort geltend gemachten Einwendungsdurchgriff die Frage stellen, ob der Verbraucher die an den Verkäufer geleistete Anzahlung bei dessen Insolvenz vom Kreditgeber herausverlangen kann. Vor allem aber wegen der Vorwirkung für ein Rückabwicklungsmodell analog § 9 Abs. 2 S. 4 VerbrKrG muß die Frage des Rückforderungsdurchgriffs jetzt entschieden werden[352].

---

350 *Reinicke/Tiedtke*, Kaufrecht S. 462; *dies.*, ZIP 1992, 217, 224.
A.A. aus europarechtlicher Sicht *M. Wolf*, in: FS für Heinsius, S. 967, 971 ff. (s.o. § 6, S. 189 ff.).

351 Zutreffend Soergel-*Hönn*, Anhang zu § 6 AbzG, RdNr. 72 für die neue Rechtslage und bereits *Denck*, MDR 1980, 709, 711 für den Regierungsentwurf zu § 607 a BGB, bei dem das Subsidiaritätsprinzip vollständig fallengelassen werden sollte.

352 S.o. der Ausgangspunkt S. 214.

III. Wortlautauslegung

Wie bereits festgestellt beschränkt sich der Wortlaut des § 9 Abs. 3 S. 1 VerbrKrG auf einen dem Verbraucher zubilligenden Einwendungsdurchgriff als bloßes Leistungsverweigerungsrecht[353]. Eine Rückforderungsmöglichkeit bezüglich der bereits an den Kreditgeber geleisteten Raten ist im Wortlaut des Gesetzes nicht vorgesehen. Die Grenzen jeder zulässigen Wortlautauslegung wären eindeutig überschritten, wenn man aus "kann verweigern" ein "kann zurückfordern" machen würde. Das gilt vor allem für *Reinking/Nießen*, die den Rückforderungsdurchgriff als ex tunc wirkenden Einwendungsdurchgriff für Einwendungen, die wie die Anfechtung gemäß § 142 Abs. 1 BGB materielle Rückwirkungen haben bzw. von vornherein Nichtigkeitsgrund darstellen, direkt unter § 9 Abs. 3 S. 1 VerbrKrG subsumieren wollen, weil er zeitgleich mit dem materiell-rechtlichen Vorliegen der Nichtigkeits- und Anfechtungsgründe entstehe[354]. Natürlich hat die Anfechtung des Kaufvertrages im Verhältnis zwischen Verbraucher und Verkäufer rückwirkende Kraft. Deshalb könnte man in der Tat aus einer ex-post-Betrachtung auch einen Einwendungsdurchgriff von Anfang an bejahen und dem Verbraucher einen Anspruch wegen der bereits geleisteten Raten gegen den Kreditgeber zubilligen. Jedoch ist diese ex-post-Betrachtungsweise vollständig abzulehnen. Denn den Kreditgeber interessiert die Rückwirkung der Anfechtung bezüglich der bereits geleisteten Kreditraten aus seinem ungestörten Rechtsverhältnis zum Verbraucher überhaupt nicht. Erklärt der Verbraucher erst später die Anfechtung des Kaufvertrages, bleibt es vom Wortlaut der gesetzlichen Regelung nur dabei, *daß er von nun an die weitere Rückzahlung gegenüber dem Kreditgeber verweigern kann*. Der Einwendungsdurchgriff ist rechtstechnisch eine Einrede, auf die sich der Verbraucher berufen muß[355]. Eine Einwendung aus dem Kaufvertrag muß der Verbraucher erst einmal haben, so daß er die Anfechtung auch wirklich gegenüber dem Verkäufer erklären muß. Dann muß er sich noch zusätzlich auf den ihm jetzt erst zustehenden Einwendungsdurchgriff (wegen Nichtigkeit des Kaufvertrages) gegenüber dem Kreditgeber berufen. Wenn nicht, und die Berufung auf den Einwendungsdurchgriff ist ja nur ein Recht des Verbrauchers, keine zwingende gesetzliche Rechtsfolge oder gar Rechtspflicht, muß er den Kredit weiterbedienen. Als Minimum verbleiben dem Verbraucher in jedem Fall Bereicherungsansprüche gegen den Verkäufer.

353 S.o. § 5, S. 122 f.
354 ZIP 1991, 79, 84 und oben S. 257 f.
355 S.o. § 5, S. 122 f.

Auf der anderen Seite ist aber auch eine eindeutige Absage an einen Rückforderungsdurchgriff wie etwa eine abgelehnte Forderung auf dem 53. Deutschen Juristentag in Berlin 1980, "Ein Rückforderungsdurchgriff findet nicht statt."[356], im Gesetz nicht zu finden[357]. Die Nichtaufnahme eines solchen Satzes in das neue Gesetz bedeutet aber *überhaupt nichts*. Insbesondere kann daraus nicht einfach gefolgert werden, daß der Gesetzgeber damit die zur Entscheidung stehende Frage offengelassen habe, ansonsten man ihn in Zukunft zwingen müßte, weitergehende rechtspolitische Forderungen in Gesetzestexten stets und ausdrücklich negativ zu bescheiden[358]. Grundsatz ist und bleibt, daß bei einer Nichtregelung in erster Linie auf eine bewußte und gewollte negative Entscheidung des Gesetzgebers zu schließen ist; das Offenlassen ist die Ausnahme. Dieser Grundsatz hat große Bedeutung für die Argumentationslast, müssen doch die Befürworter des Rückforderungsdurchgriffs an dieser Stelle erheblich mehr leisten als ihre Gegner, die sich primär auf den Wortlaut der Norm zurückziehen können[359].

Ob der Gesetzgeber die Frage des Rückforderungsdurchgriffs wirklich offengelassen hat, und nur aus dieser Lücke heraus könnte er nach dem eindeutigen Wortlaut der Norm in Verbindung mit einer dogmatisch einwandfreien Anspruchsgrundlage noch begründet werden, kann sich nur durch die historisch-teleologische Auslegung ergeben[360]. Vom Wortlaut der Norm ist ein solcher *Anspruch* jedenfalls nicht gedeckt[361].

---

356 Verhandlungen des 53. Deutschen Juristentages, Band II (Sitzungsberichte), K 258 unter IX. (1) c). Der Vorschlag stammte von *Lieb*, aaO., K 247.

357 Darauf berufen sich vor allem *Vollkommer*, in: FS für Merz, S. 595, 600 und *Emmerich*, in: Graf v. Westphalen/Emmerich/Kessler, § 9 VerbrKrG, RdNr. 101.

358 Völlig zu Recht *Lieb*, in: Hadding/Hopt, Das neue Verbraucherkreditgesetz, S. 91, 102 (= WM 1991, 1533, 1537).

359 Das verkennt *Melsheimer*, Verbraucherschutz, S. 198, der genau umgekehrt davon ausgeht, daß die Versagung des Rückforderungsdurchgriffs besonders begründet werden müsse.

360 Die wertungsmäßige Rechtfertigung für seine Bejahung ergibt sich bereits aus den Ausführungen oben S. 264 ff.

361 Anderes gilt dann, wenn man wie *Vollkommer* (s.o. S. 215 ff.) der Einheitstheorie anhängt. *Reinking/Nießen*, ZIP 1991, 79, 84 (ebenso *Reinking/Eggert*, Der Autokauf, RdNr. 306, S. 91) schreiben zwar, daß wegen des Verzichts auf das Subsidiaritätsprinzp der Gesetzgeber der Trennungstheorie endgültig den Rücken gekehrt habe. Sie müssen sich aber an dieser Stelle den Vorwurf der Inkonsequenz gefallen lassen, wenn sie gleichfalls einen kaufrechtlichen Rückforderungsdurchgriff wegen der bloßen ex-nunc-Wirkung ablehnen. Wie *Vollkommer* das konsequent geschildert hat, kann sich nach der Einheitstheorie die Wandelung des Kaufvertrages nicht auf ihn beschränken, sondern muß vielmehr immer den anderen, mit ihm verbundenen Vertrag erfassen, der sich ebenfalls in ein Rückgewährschuldverhältnis umwandelt mit der Folge eines Rückforderungsdurchgriffs aus §§ 607, 346 S. 1 BGB. Hier muß man sich entscheiden. Auch i.ü. sind irgendwelche Konsequenzen bei *Reinking/Nießen*, aaO., aus ihrer Einordnung des finanzierten Abzahlungskaufs als Einheit nicht auszumachen. Im Gegenteil: Beim oben geschilderten Problem (s. § 6, S. 174 ff.), ob der Verbraucher bei einem echten Wahlrecht aus dem Kaufvertrag (insbes. aus § 480 Abs. 1 BGB) dieses auch gegenüber dem Kreditgeber habe, entscheiden sich die Autoren für eine Nachbesserungs- bzw. Ersatzlieferungspflicht (ebenso *Reinking/Eggert*, Der Autokauf, RdNr. 296, S. 89 und *Reinking*, FLF 1993, 174). Daneben wollen sie ihn zur Geltendmachung seiner Gewährleistungsrechte gegenüber dem Verkäufer zwingen, ansonsten der Ein-

IV. Historisch-teleologische Auslegung

1. Die EG-Richtlinie

Im Richtlinienvorschlag der Kommission vom 27.2.1979 wurde in Art. 13 Abs. 1 - 3 bei Vorliegen einer Zusammenarbeit zwischen Verkäufer und Kreditgeber nicht nur, wie bereits mehrfach geschildert, ein Leistungsverweigerungsrecht des Verbrauchers bei Nicht- bzw. mangelhafter Lieferung des Verkäufers, sondern darüber hinaus eine gesamtschuldnerische Haftung von Kreditgeber und Verkäufer für die eventuelle Rückzahlung bezahlter Beträge einschließlich einer an den Verkäufer geleisteten Anzahlung angeordnet[362]. Von der gesamtschuldnerischen Haftung waren nur die durch die Lieferung der mangelhafte Sache entstandenen Mangelfolgeschäden am Vermögen des Verbrauchers ausgenommen. Damit war dort ein umfassender und unmittelbarer Rückforderungsdurchgriff für den Fall der Nicht- bzw. mangelhaften Leistung bejaht worden[363]. In der Begründung des Kommissionsvorschlages hieß es lapidar, daß die begrenzte Haftung des Kreditgebers gerechtfertigt sei, weil dieser neben dem Lieferer auch einen wirtschaftlichen Gewinn aus den Rechtsbeziehungen zu dem Verbraucher ziehe[364]. Vorbild war zweifellos der englische "Consumer Credit Act" von 1974[365], obwohl dort sogar eine vorrangige Haftung des Kreditgebers für Störungen aus dem Kaufvertrag angeordnet ist, weil der Verkäufer als sein Erfüllungsgehilfe behandelt wird[366].

---

wendungsdurchgriff erlösche (dazu unten § 9, S. 335 ff.). Alle diese Ausführungen sind Ausdruck der (strengen) Trennungstheorie und mit der Einheitstheorie überhaupt nicht in Einklang zu bringen. Aus diesen Gründen wurden die Autoren auch dort eingeordnet.

362 ABl. der EG Nr. C 80/7 und 8 vom 27.3.1979 (= Anhang, S. 410).

363 Kritisch dazu *Gundlach*, Konsumentenkredit, S. 247 ("Fremdkörper für das geltende Vertragsrecht"); *Scholz*, MDR 1980, 184, 189 und *Hadding*, Gutachten, S. 339 f. Ebenso ablehnend schon *Münstermann*, TZW 1978/4, S. 30, 33 und *Marschall v. Bieberstein*, Gutachten, S. 202 zu dem an dieser Stelle gleichlautenden Vorentwurf der Kommission vom März 1977.

364 Abgedruckt in BT-DS 8/2953, S. 10 (= Anhang, S. 411). *Hadding*, Gutachten, S. 333 und S. 339 bezeichnete diese Argument zu Recht als erstaunlich, da in einer arbeitsteilig strukturierten Wirtschaftsordnung Dritte regelmäßig Gewinn aus den Geschäftsbeziehungen zwischen anderen Personen ziehen würden (z.B. bei der Lieferkette), und der Kreditgeber mit der Zurverfügungstellung der Valuta im übrigen auch eine eigene Leistung erbringe.

365 *Gundlach*, Konsumentenkredit, S. 106 und *Marschall v. Bieberstein*, Gutachten, S. 202.

366 *Reich/Micklitz*, Verbraucherschutzrecht in den EG-Staaten, S. 165. Zum "Consumer Credit Act" s. insbes. *Marschall v. Bieberstein*, aaO., S. 91 ff. und *Reich/Micklitz*, aaO., S. 154 ff.
I.ü. lehnte sich der Vorentwurf nicht nur hinsichtlich der gesamtschuldnerischen Haftung, sondern insgesamt an den "Consumer Credit Act" an, so *Krämer*, EWG-Verbraucherrecht, S. 351 und *Mülbert*, WM 1990, 1357, 1358. Unklar *Emmerich*, der einerseits in: Graf v. Westphalen/ Emmerich/Kessler, Einl. zum VerbrKrG, RdNr. 13 der Ansicht ist, daß sich der Vorschlag eng an das im Jahre 1978 verabschiedete französische Verbraucherkreditgesetz anlehnte, andererseits, FLF 1991, 140 meint, daß Vorbild in erster Linie die französische *und* die englische Verbraucherschutzgesetzgebung gewesen sei.

Bezüglich dieser unmittelbaren gesamtschuldnerischen Haftung kamen dem Wirtschafts- und Sozialausschuß erhebliche Bedenken[367]. Er schlug deswegen die Einführung des Subsidiaritätsprinzips dergestalt vor, daß sich der Verbraucher in erster Linie an den Verkäufer zu halten habe. Erst bei Undurchsetzbarkeit seiner Rückzahlungsansprüche beim Verkäufer sollte er den Kreditgeber durch einen unbegrenzten Rückforderungsdurchgriff in Anspruch nehmen können. Die völlige Streichung des Art. 13 zum Schutz der Kreditgeber wurden durch die Mehrheit dieses Gremiums entschieden abgelehnt[368]. Der Deutsche Bundesrat lehnte in seiner Stellungnahme vom 24.10.1980 die Einführung des Rückforderungsdurchgriffs mit dem bekannten Besserstellungverbot generell ab[369]. Dagegen billigte das Europäische Parlament in seiner Stellungnahme vom 11.2.1983 die gesamtschuldnerische Haftung von Verkäufer und Kreditgeber, wollte aber gleichzeitig eine gesetzliche Anspruchsgrundlage des Kreditgebers gegen den Verkäufer für alle Verluste aus dieser gemeinsamen Haftung eingebaut haben[370]. Auch der Änderungsvorschlag der Kommission vom 22.6.1984 brachte bezüglich der gesamtschuldnerischen Haftung keine Änderung[371]. Die Kommission übernahm lediglich den Vorschlag des Europäischen Parlaments bezüglich einer Anspruchsgrundlage des Kreditgebers gegen den Verkäufer.

Bereits zwei Jahre später ist von dieser verbraucherfreundlichen Regelung nichts mehr übriggeblieben[372]: Die verbindliche EG-Richtlinie vom 22.12.1986[373] hat die gesamtschuldnerische Haftung von Kreditgeber und Verkäufer fallengelassen und bestimmt in Art. 11 Abs. 2 S. 1, daß der Verbraucher unter restriktiven und kumulativen Voraussetzungen[374] lediglich berechtigt ist, Rechte gegen den Kreditgeber im Fall der Nicht- oder

---

367 Stellungnahme vom 30./31.1.1980, ABl. der EG Nr. C 113/27 vom 7.5.1980.

368 AaO., Nr. C 113/30. Geltend gemacht wurde von der Minderheit (Hervorhebungen daselbst), daß die gesamtschuldnerische Haftung einem "joint venture" zwischen Kreditgeber und Lieferer gleichkäme, und es deshalb unwahrscheinlich sei, daß noch irgendeine Bank eine entsprechende Verpflichtung auf sich nähme. Es sei auch nicht einzusehen, warum der Kreditgeber als "Kindermädchen" des Verbrauchers fungieren müsse.

369 BR-DS 523/80 (Beschluß), S. 8.

370 ABl. der EG Nr. C 68/97 und 98 vom 14.3.1983. Siehe auch die parlamentarische Debatte in: Verhandlungen des Europäischen Parlaments vom 10.2.1983, Nr. 1 - 294/261 - 270.

371 ABl. der EG Nr. C 183/15 und 16 vom 10.7.1984 (= Anhang, S. 412 f.). Nochmals dazu kritisch der Deutsche Bundesrat im Beschluß vom 29.11.1985, BR-DS 174/85 (Beschluß) S. 5. Ebenso *Lanzke*, ZKW 1985, 500, 501 und *Münstermann*, in: Hörmann, Verbraucherkredit und Verbraucherinsolvenz, S. 610, 617. Begrüßend dagegen *Reifner*, ebenda, S. 621, 634.

372 Widerstand gegen die gesamtschuldnerische Haftung kam vor allem aus den Niederlanden, so der "Vater" der Richtlinie *Latham*, RevMC 1988, 219, 224. Nach *Scholz*, FLF 1987, 83 gehörte neben den Fragen des Anwendungsbereichs und des effektiven Jahreszinses die Frage der gesamtschuldnerischen Haftung zu den umstrittensten Punkten der ganzen Richtlinie.

373 ABl. der EG Nr. L 42/51 vom 12.2.1987 (= Anhang, S. 414).

374 Insbes. mit dem strengen Subsidiaritätsprinzip, dazu schon oben § 6, S. 176 f.

mangelhaften Lieferung geltend zu machen[375]. Wie weit und unter welchen Bedingungen diese Rechte geltend gemacht werden können, sollte gemäß Art. 11 Abs. 2 S. 2 von den Mitgliedsstaaten bestimmt werden. Auch von einer Anspruchsgrundlage des Kreditgebers gegen den Verkäufer ist nicht mehr die Rede, sondern allein von der Rechtsbeziehung Verbraucher - Kreditgeber. Über diesen Minimalschutz des Verbrauchers konnte der nationale Gesetzgeber gemäß Art. 15 hinausgehen, so daß er bei der Umsetzung der Richtlinie freie Hand hatte, sich lediglich auf den Einwendungsdurchgriff zu beschränken oder weitergehend auch den Rückforderungsdurchgriff als Recht des Verbrauchers gegen den Kreditgeber einzubauen[376].

2. *Der Regierungsentwurf zu § 607 a BGB*

In § 607 a Abs. 1 S. 1 und S. 3 BGB des Regierungsentwurfes eines Gesetzes über finanzierte Rechtsgeschäfte und über Maklerverträge vom 11.5.1979 war neben dem sofortigen Einwendungsdurchgriff auch ein sofortiger Rückforderungsdurchgriff des Käufers/Kreditnehmers in Höhe der von ihm an den Kreditgeber bereits geleisteten Raten abzüglich des Zins- und Gebührenanteils (Rückforderungsdurchgriff im engen Sinne) vorgesehen[377]. Bereits *Marschall v. Bieberstein* schlug in seinem vorbereitenden Gutachten diesen eingeschränkten Rückforderungsdurchgriff vor[378]. In der Begründung des Regierungsentwurfs hieß es dazu, daß dieser Rückforderungsdurchgriff zwar nicht ohne weiteres mit dem Schlechterstellungsverbot begründet werden könne, da der Käufer/Kreditnehmer seine Ansprüche gegen den Verkäufer beim drittfinanzierten Geschäft behielte. Entscheidender Gesichtspunkt sei aber, daß die bereits vom Käufer/Kreditnehmer an den Kreditgeber erbrachten Tilgungsbeträge aus seiner Sicht wirtschaftlich betrachtet an die Stelle der Kaufpreiszahlung getreten seien, und deshalb eine Rückzahlung von dem verlangt werden müsse, an den die Leistungen erbracht worden seien. Eine darüber hinausgehende Haftung des Kreditgebers wäre dagegen eine durch nichts zu rechtfertigende Besserstellung[379].

---

375 *Latham*, RevMC 1988, 219, 224 und *Scholz*, FLF 1987, 83, 86 sprachen von einem Kompromiß.

376 Wäre die gesamtschuldnerische Haftung in der EG-Richtlinie verbindlich vorgegeben worden, hätte die nationale Schaffung nur des Einwendungsdurchgriffs dieser Zielvorgabe nicht genügt. Es hätte sich dann das Problem der richtlinienkonformen Auslegung bzw. der unmittelbaren Geltung der EG-Richtlinie gestellt, s. dazu MüKo-*Ulmer*, vor § 1 VerbrKrG, RdNr. 16 f.

377 BT-DS 8/3212, S. 4 (= Anhang, S. 417).

378 Gutachten, S. 201 f. (unter bb) und S. 215.

379 AaO., S. 11 f.

Dieser Rückforderungsdurchgriff, der in der amtlichen Begründung selbst zutreffend als Erweiterung im Vergleich zur bisherigen Rechtslage bezeichnet wurde[380], löste auf dem 53. Deutschen Juristentag 1980 in Berlin[381] und in seinem Vorfeld teils Zuspruch[382], teils erhebliche Kritik[383] aus. Der dort gestellte Antrag "Ein Rückforderungsdurchgriff findet nicht statt" fand bei der Abstimmung keine Mehrheit[384].

3. *Das Verbraucherkreditgesetz*

Neun Jahre später ist der Rückforderungsdurchgriff in Bonn nicht mehr Regelungsmaterie. Bereits im 1. Referentenentwurf vom 10.6.1988 war in § 8 Abs. 3 lediglich der unmittelbare Einwendungsdurchgriff enthalten[385]. In der Allgemeinbegründung heißt es dazu ausdrücklich[386]: "Der Entwurf beschränkt sich des weiteren darauf, dem Kreditnehmer ein Zurückbehaltungsrecht einzuräumen, ein Forderungsdurchgriff (Rückforderungsanspruch) gegen den Kreditgeber ist nicht vorgesehen". Und noch klarer wird in der Einzelbegründung ausgeführt[387]: "Andererseits gewährt der Entwurf dem Verbraucher auch keinen Forderungsdurchgriff (Rückforderungsanspruch). *Eine Haftung des Kreditgebers für einen Rückforderungsanspruch des Verbrauchers gegenüber dem Verkäufer ist ausgeschlossen.* Dies verkürzt keineswegs die Rechte des Verbrauchers, der nach wie vor seinen Rückforderungsanspruch gegenüber dem Verkäufer behält. Ein

---

380 BT-DS 8/3212, S. 11. Das Urteil BGH WM 1980, 327 ff. mit der erstmaligen höchstrichterlichen Zubilligung eines Rückforderungsdurchgriffs wurde erst am 7.2.1980 gefällt, also doch einige Zeit nach dem RegE vom 11.5.1979.

381 Verhandlungen des 53. Deutschen Juristentages, Band II (Sitzungsberichte). Zustimmend *Hiddemann*, aaO., K 28. Ablehnend *S. Ott*, aaO., K 164; *Münstermann*, aaO., K 225; *Lieb*, aaO., K 228 und *Scholz*, aaO., K 56 f., der anmerkte, daß der Entwurf an dieser Stelle auf die gesamtschuldnerische Haftung des EG-Kommissionsvorschlags von 1979 zurückgehe.

382 *Gilles*, ZRP 1979, 265, 269; *Reifner*, Alternatives Wirtschaftsrecht, S. 172; *Marschall v. Bieberstein*, Der finanzierte Abzahlungskauf, S. 44; *Bender*, NJW 1980, 1129, 1136; *Vollkommer/Koch*, Jura 1980, 469, 476; zustimmend wohl auch *Reich*, JZ 1980, 329, 336 und *Hadding*, Gutachten, S. 327 ff. und S. 339. Einen Rückforderungsdurchgriff im umfassendsten Sinne, also einschließlich einer an den Verkäufer geleisteten Anzahlung befürwortend und den Kreditgeber als Bürgen für alle Rückforderungsansprüche des Käufers betrachtend *Denck*, MDR 1980, 709 ff.

383 *Sperl*, ZKW 1978, 759, 760; *Münstermann*, TZW 1979, 97, 99; *Jung*, BB 1979, 1690, 1693 (alle zum gleichlautenden RefE vom Januar 1978); *Münstermann*, TZW 1980, 48, 50 ff. unter besonderer Betonung, daß es an Ausgleichsansprüchen Kreditgeber - Verkäufer fehle, sowie *Scholz*, MDR 1980, 184, 187; *ders.*, BB 1980, 556, 558.

384 Siehe den Beschluß unter IX. (1) c), aaO., K 258. Nach Soergel-*Hönn* (11. Aufl. 1986), Anhang zu § 6 AbzG, RdNr. 72, Fn. 58 war die damit wohl gleichzeitig ausgesprochene Befürwortung des Rückforderungsdurchgriffs ein durch falsche Antragsgruppierung bedingtes Versehen. Auf welche Quelle sich *Hönn* dabei berief, verriet er leider nicht.

385 ZIP 1988, 1215, 1217 (= Anhang, S. 418).

386 ZIP 1988, 1215, 1220 (= Anhang, S. 418).

387 S. 32 (= Anhang, S. 419 mit Hervorhebungen vom Verfasser; in der ZIP insoweit leider nicht abgedruckt).

Rückforderungsanspruch zu Lasten der Finanzierungsbank würde zudem *über das Ziel der Gleichstellung hinausschießen* und im wirtschaftlichen Ergebnis allein den Kreditgebern das Insolvenzrisiko des Verkäufers auferlegen. Damit wäre der Verbraucher im Falle des finanzierten Kaufs ohne ersichtlichen Grund *bessergestellt* als ein Verbraucher, dem der Kaufpreis vom Verkäufer kreditiert wird.", und weiter[388]: "Absatz 3 regelt den Einwendungsdurchgriff. Satz 1 gewährt dem Verbraucher gegenüber dem Kreditgeber ein Leistungsverweigerungsrecht, d.h. das Recht, die Rückzahlung des Darlehens - einschließlich der Zinsen - zu verweigern. *Ein Rückforderungsanspruch ist hingegen nicht vorgesehen.*"

Die Regelung des Einwendungsdurchgriffs wurde im Regierungsentwurf vom 11.8.1989 in § 8 Abs. 3 gleichlautend übernommen, jetzt allerdings eingeschränkt durch die partielle Subsidiarität[389]. In der dortigen Begründung fällt sofort auf, daß die ausdrückliche Absage an einen Rückforderungsdurchgriff wie noch in der Begründung zum 1. Referentenentwurf fallengelassen worden ist[390]. In der Allgemeinbegründung heißt es dazu mißverständlich[391]: "Der Entwurf lehnt sich an die bisher schon praktizierte und bewährte Rechtsprechung an. Dies gilt zunächst für den Begriff der wirtschaftlichen Einheit als wesentliche Voraussetzung für einen *Haftungsdurchgriff*. Der Entwurf beschränkt sich des weiteren darauf, dem Kreditnehmer ein Zurückbehaltungsrecht einzuräumen, verzichtet aber im Grundsatz auf die Subsidiarität *dieses Einwendungsdurchgriffs.*"

Sicher ist, daß mit dem unklaren, weil von der Rechtsprechung nicht gebrauchten Begriff "Haftungsdurchgriff" nur der dann als terminus technicus richtig verwendete Einwendungsdurchgriff und gerade nicht der Rückforderungsdurchgriff gemeint sein kann. Das ergibt sich schon aus der sprachlichen Bezugnahme ("dieses Einwendungsdurchgriffs"). Des weiteren verträgt sich ein Rückforderungsdurchgriff nicht mit einer Beschränkung auf ein Zurückbehaltungsrecht. Er ist als Anspruchsgrundlage ein Angriffsmittel gegen den Kreditgeber, während der Einwendungsdurchgriff nur ein Verteidigungsmittel gegenüber der Inanspruchnahme durch den Kreditgeber ist, so daß nur bei letzterem zu Recht von einer *Beschränkung auf ein Zurückbehaltungsrecht* gesprochen werden kann. Vor allem aber kann sich ein Rückforderungsdurchgriff im Gegensatz zum Einwendungsdurchgriff nicht an eine bisher schon praktizierte und bewährte Rechtsprechung

388 S. 34 (= Anhang, S. 420; Hervorhebungen vom Verfasser).

389 BT-DS 11/5462, S. 6 (= Anhang, S. 432). Siehe dazu bereits oben § 6, S. 178 ff. ausführlich.

390 Gleichfalls wurde in der Einzelbegründung des Regierungsentwurfs (aaO., S. 23 f. = Anhang, S. 433 f.) der ganze, eben zitierte Abschnitt zur Begründung der Nichtaufnahme des Rückforderungsdurchgriffs aus der Einzelbegründung des 1. RefE gestrichen.

391 BT-DS 11/5462, S. 12 (= Anhang, S. 433; Hervorhebungen vom Verfasser).

anlehnen[392], hatte doch der Bundesgerichtshof ihn nur einmal für den Fall der Nichtigkeit des Kaufvertrages unter besonderen Umständen bejaht[393].

Vollkommer[394], *Emmerich*[395] und *Reinking*[396] wollen aber aus der Streichung des Satzes "... ein Forderungsdurchgriff (Rückforderungsanspruch) gegen den Kreditgeber ist nicht vorgesehen" aus der amtlichen Begründung bei unverändert gebliebenen Gesetzestext eine Meinungsänderung des Gesetzgebers dahingehend interpretieren, daß er sich von der klaren Absage noch im Referentenentwurf hin zu einer offenen, durch die Rechtsprechung zu schließenden Lücke (so *Vollkommer* und *Reinking*) bzw. zu einer ausdrücklichen Zulassung des Rückforderungsdurchgriffs über § 813 Abs. 1 S. 1 BGB (so *Emmerich*) im Regierungsentwurf entschieden habe. Dafür ließe sich anführen, daß Vorentwürfe wertvolle Hilfen für das Normverständnis sind, sie aber in der Regel nicht den Willen des eigentlichen Gesetzgebers darstellen und für den Ausleger im Gegensatz zu einer amtlichen Begründung des Gesetzes auch nicht verbindlich sind[397]. Insofern könnte die klare Absage des Gesetzgebers an einen Rückforderungsdurchgriff in der Begründung zum 1. Referentenentwurf für die Auslegung des Gesetzes völlig unverbindlich sein und die Nichtaufnahme dieser eindeutigen Absage im Regierungsentwurf geradezu ein Indiz für einen Meinungswechsel des Gesetzgebers in dieser Frage darstellen.

Gleichwohl ist dieser Ansicht nicht zu folgen. Zum einen hätte der Gesetzgeber in seiner Begründung des Regierungsentwurfes das Offenlassen selbst andeuten können, wie er das an anderer Stelle getan hat[398]. So enthält das Verbraucherkreditgesetz z.B. keine objektive Wuchergrenze für Verbraucherkredite, obwohl der Regelungszusammenhang dieses Problems mit einem neuen und relativ umfassenden Verbraucherkreditgesetz auf der Hand liegt[399]. Zu diesem Komplex heißt es in der Begründung zum Regierungsentwurf, daß der Entwurf bewußt von einer Normierung einer Wuchergrenze absehe, und verweist auf die zu § 138 BGB entwickelte Rechtsprechung[400]. Ähnliches hätte der

---

392 Völlig zu Recht *Vollkommer*, in: FS für Merz, S. 595, 600 f.
393 BGH WM 1980, 327, 329.
394 In: FS für Merz, S. 595, 601 - 603.
395 In: Hadding/Hopt, Das neue Verbraucherkreditgesetz, S. 67, 83; *ders.* in: Graf v. Westphalen/Emmerich/Kessler, § 9 VerbrKrG, RdNr. 101.
396 FLF 1993, 174, 176. Ähnlich *Reinking/Nießen*, ZIP 1991, 79, 84; *dies.*, ZIP 1991, 634, 636.
397 *Larenz*, Methodenlehre, S. 344.
398 Darauf weist zutreffend *Scholz*, Verbraucherkreditverträge, RdNr. 372 (S. 177) hin.
399 Vgl. demgegenüber den unveröffentlichten Alternativentwurf der Bundesarbeitsgemeinschaft der Freien Wohlfahrtspflege und der AgV vom August 1990 unter § 3 a VerbrKrG.
400 BT-DS 11/5462, S. 16. Im Rechtsausschuß gab es sogar entsprechende Anträge der Fraktionen der SPD und der GRÜNEN/Bündnis 90, die aber von der Ausschußmehrheit abgelehnt wurden, s. Bericht des Rechtsausschusses, BT- DS 11/8274, S. 23. Auch gehörte das Problem der Wuchergrenze zum Fragenkatalog des Rechtsausschusses an die Verbände und Sachverständigen und

Gesetzgeber auch bezüglich des Rückforderungsdurchgriffs andeuten können[401]. Dies ist aber nicht geschehen.

Daneben ist nochmals deutlich herauszustellen, daß der Gesetzgeber eine Absage an weitergehende rechtspolitische Forderungen in Gesetzen nicht ausdrücklich negativ bescheiden muß, sondern daß im Gegenteil bei der Nichtregelung einer Anspruchsgrundlage gerade in einem neuen Gesetz davon auszugehen ist, daß sich der Gesetzgeber mit seiner Nichtregelung auch gegen ein Offenlassen entschieden hat[402]. Zentrale Berücksichtigung muß dabei dem Umstand zukommen, daß der Gesetzgeber sich an die gefestigten und, wie er es selbst bezeichnet, angemessenen Grundsätze der Rechtsprechung anlehnt[403]. Diese stand dem Institut des Rückforderungsdurchgriffs aber äußerst reserviert und eigentlich ablehnend gegenüber[404]. Wenn es dann in der Begründung noch ausdrücklich heißt, daß sich der Entwurf beim Einwendungsdurchgriff auf die Einräumung eines Zurückbehaltungsrechtes *beschränke* und man dennoch den Rückforderungsdurchgriff zuließe, gleich auf Grund welcher dogmatischer Konstruktion, bliebe von einer "Beschränkung" nichts mehr übrig. Der Verbraucher wäre vielmehr umfassend geschützt. *Dies widerspricht aber eindeutig dem ausdrücklich geäußerten Willen des Gesetzgebers.*

Dagegen könnte man an anderen Stellen Zweifel haben, ob der Gesetzgeber dem Rückforderungsdurchgriff nicht doch positiv gegenüberstand. So heißt es etwa zur Begründung der besonderen Rückabwicklungsregelung gemäß § 9 Abs. 2 S. 4 VerbrKrG nach erfolgtem Widerruf[405]: "Da der Kreditgeber im Verhältnis zum Verbraucher die Folgen von Leistungsstörungen grundsätzlich trägt, erscheint es angemessen, ihm und nicht dem Verkäufer in dem Abwicklungsverhältnis die beherrschende Rolle zu übertragen." Dies kann aber für die Frage des Rückforderungsdurchgriffs keine Argumentationshilfe sein. Mit dieser Aussage ist nämlich überhaupt nicht entschieden, *in welchem Umfang* der Kreditgeber im Verhältnis zum Verbraucher die Folgen von Leistungsstörungen tragen soll. Auch ist die besondere Rechtsfolge, dem Kreditgeber die beherrschende Rolle in

---

wurde bei der Anhörung am 1.6.1990 diskutiert, s. Stenographisches Protokoll des 86. Sitzung des Rechtsausschusses (= Anhang, S. 438, Frage 10).

401 Dagegen bezweifeln *Reinicke/Tiedtke*, ZIP 1992, 217, 224; *dies.*, Kaufrecht, S. 462, ob der Gesetzgeber wegen der Vorgabe der EG-Richtlinie in Art. 11 Abs. 2 das Problem wirklich offenlassen und die Lösung auf die Rechtsprechung übertragen konnte.

402 Insbes. *Lieb*, in: Hadding/Hopt, Das neue Verbraucherkreditgesetz, S. 91, 101 f. (= WM 1991, 1533, 1537), aber auch *Reinking/Bexen*, DAR 1990, 289, 292.

403 BT-DS 11/5462, S. 12, 23 (= Anhang, S. 432 ff.). Nach *Larenz/Canaris*, SchuldR II/2, § 68 I 5 a (S. 156 f.) war dem Gesetzgeber die Problematik des Rückforderungsdurchgriffs bestens vertraut.

404 S.o. S. 206 ff.

405 Begr. RegE, BT-DS 11/5462, S. 24 (= Anhang, S. 435).

dem Abwicklungsverhältnis zu übertragen, allein für den Widerrufsfall geregelt worden. Man fragt sich, warum der Gesetzgeber nicht eine entsprechende Regelung beim Einwendungsdurchgriff getroffen hat[406]. Eher liegt die Vermutung nahe, daß der Gesetzgeber von Leistungsstörungen ausgegangen ist, die der Verbraucher dem Kreditgeber nach dem Prinzip des unmittelbaren Einwendungsdurchgriffs sofort entgegenhalten kann.

Auch bei der bereits oben unter dem Aspekt des Wahlrechts des Verbrauchers untersuchten Begründung der Zurückdrängung der Subsidiarität[407] heißt es in diesem Zusammenhang zweideutig[408]: "Der Entwurf drängt den Grundsatz der Subsidiarität weiter zurück; die sofortige Geltendmachung des Leistungsverweigerungsrechts gegenüber dem Kreditgeber dient nämlich einer ökonomischen Vertragsabwicklung: Der Kreditgeber kann sein Vertragsverhältnis zum Verkäufer von vornherein so gestalten, daß er leicht Regreß nehmen kann (z.B. indem er sich eine Bürgschaft einräumen läßt). *Bei Insolvenz des Verkäufers trägt der Kreditgeber ohnehin das Risiko des Geschäfts.*" Mit der Formulierung des letztes Satzes hat der Gesetzgeber jedoch nur gemeint, daß der Kreditgeber wegen des grundsätzlich sofortigen Einwendungsdurchgriffs das Insolvenzrisiko des Verkäufers tragen muß. Dieses aber nur in Höhe der an den Verkäufer hingegebenen Darlehensvaluta, und gerade nicht auch in Höhe der vom Verbraucher geleisteten Anzahlung. Hier bleibt das Insolvenzrisiko beim Verbraucher. Der Gesetzgeber muß davon ausgegangen sein, daß eine Einwendung aus dem Kaufvertrag sofort entsteht und vom Verbraucher gegenüber dem Kreditgeber auch sofort geltend gemacht wird (z.B. wegen Nichtigkeit des Kaufvertrages oder wegen eines sofort erkannten Mangels der Kaufsache ohne vertraglich vereinbarte vorrangige Nachbesserungspflicht). Insofern kann man richtigerweise davon sprechen, daß der Kreditgeber bis auf die Anzahlung das gesamte Insolvenzrisiko des Verkäufers trägt.

Und auch zu dem bereits geschilderten Problemfall des späteren Entstehens einer Einwendung, bei denen der Verbraucher bereits den Kredit ganz oder teilweise getilgt hat, insbesondere bei den unter Umständen langwierigen Nachbesserungsversuchen, hat sich der Gesetzgeber bezüglich des Rückforderungsdurchgriffs negativ entschieden. Denn dazu heißt es in der Begründung[409]: "Hier muß der Verbraucher zunächst das Ergebnis der Nachbesserung abwarten, bevor er sein *Leistungsverweigerungsrecht* gegenüber dem Kreditgeber geltend machen kann.", d.h. bei Fehlschlagen der Nachbesserung sofortige Leistungsverweigerung bezüglich der weiteren, zukünftigen Ratenzahlung und gerade

---

406 Dazu unten S. 288 f.
407 S.o. § 6, S. 178 ff.
408 BT-DS 11/5462, S. 23 f. (= Anhang, S. 436 f.; Hervorhebungen vom Verfasser).
409 AaO., S. 24 (= Anhang, S. 437; Hervorhebung vom Verfasser).

keine Rückforderung der für diese Zeit gezahlten Raten. Diese verbindliche Entscheidung untermauert gerade auch der nächste Satz in der Begründung[410]: "In den Fällen nämlich, in denen der Verbraucher selbst das Festhalten am Vertrag und die Behebung des Mangels wünscht oder in denen der Vertrag vorsieht, daß dem Leistungserbringer die Möglichkeit hierzu zu gewähren ist, kann dem Verbraucher zugemutet werden, *bis zum Scheitern dieses Versuchs seine Raten weiter zu entrichten.*", und nicht, so ist sinngemäß zu ergänzen, nachträglich vom Kreditgeber zurückzufordern.

Zum Referenten- wie zum Regierungsentwurf gab es hinsichtlich der nicht aufgenommenen Rückforderungsdurchgriffs überwiegend ablehnende Stellungnahmen[411]. Eine inhaltliche Debatte im Gesetzgebungsverfahren, vor allem bei der Anhörung der Sachverständigen und der Verbände vor dem Rechtsausschuß am 1.6.1990, fand zu diesem Problem wie schon zur Frage Einheits- oder Trennungstheorie[412] und ganz entgegengesetzt zur heiß umkämpften Subsidiarität[413] überhaupt nicht statt. Auf die Frage des Rechtsausschusses unter Nr. 11 b: "Ist die Regelung des sogenannten Einwendungsdurchgriffs in § 8 sachgerecht, und entspricht vor allem der Abs. 3 dem Stand der Rechtsprechung ?" gab es von keiner Seite, auch nicht von den Verbraucherschützern, hinsichtlich des nicht berücksichtigten Rückforderungsdurchgriffs Einwände[414]. Daraus ist zu schließen, daß ganz im Gegensatz zum Regierungsentwurf zu § 607 a BGB von vornherein feststand, dem Verbraucher keinen Rückforderungsdurchgriff einzuräumen, sondern nur den mittlerweile allgemein akzeptierten Einwendungsdurchgriff als Leistungsverweigerungsrecht, diesen aber unter deutlicher Verbesserung zur alten Rechtslage grundsätzlich sofort, d.h. auch bei Leistungsfähigkeit des Verkäufers.

4. *Das Verhältnis Einwendungsdurchgriff - Rückforderungsdurchgriff*

Ausgehend von der rechtlichen Trennung von Kauf- und Kreditvertrag kann der Schuldner dem Gläubiger grundsätzlich nur die Einwendungen entgegenhalten, die er auf Grund des mit ihm geschlossenen Vertrages hat. Einwendungen aus anderen Vertragsverhältnissen mit anderen Personen sind unbeachtlich. Bei dem vom Gesetzgeber nunmehr positiv

---

410 BT-DS 11/5462, S. 24 (= Anhang, S. 437; Hervorhebungen vom Verfasser).

411 *Klauss/Ose*, Verbraucherkreditgeschäfte, Einl. zum AbzG, RdNr. 24; *Schmelz/Klute*, ZIP 1989, 1509, 1514; *Reinking/Bexen*, DAR 1990, 289, 292 und *Rehberg*, Rückforderungsdurchgriff, S. 69 f. Unentschieden Soergel-*Hönn*, Einl. zum AbzG, RdNr. 24, Anhang zu § 6 AbzG, RdNr. 72 und RdNr. 79 sowie *Hopt/Mülbert*, Kreditrecht, Vorb. zu §§ 607 ff. BGB, RdNr. 629.

412 S.o. S. 226 f.

413 S.o. § 6, S. 178 ff.

414 S. die im Anhang, S. 444 ff. abgedruckten auszugsweisen Antworten.

verankerten Einwendungsdurchgriff handelt es sich um eine Ausnahme von diesem Grundsatz. Er bedarf der besonderen Rechtfertigung, die sich beim finanzierten Abzahlungskauf aus der in dem arbeitsteiligen Zusammenwirken mit dem Verkäufer zum Ausdruck kommenden Risikoübernahme durch den Kreditgeber, dem gegenseitigen Profitieren von der Aufspaltung der Funktionen des normalen Abzahlungsverkäufers sowie der durch den Kreditgeber veranlaßten Bindung des Verbrauchers an den auf die Finanzierung des Bargeschäftes gerichteten Kreditzweck ergeben[415]. Während der Einwendungsdurchgriff als bloßes Leistungsverweigerungsrecht ein reines Verteidigungsinstrument des Verbrauchers gegenüber der weiteren Inanspruchnahme durch den Kreditgeber ist, ist der Rückforderungsdurchgriff ein Angriffsmittel gegen den Kreditgeber auf Rückzahlung der bereits getilgten Raten. Beiden Instituten ist gemeinsam, daß es um Auswirkungen des gestörten Kaufvertrages auf den ungestörten Kreditvertrag geht[416]. Sie stehen damit in einem maior-minor-Verhältnis: Der Einwendungsdurchgriff ist ein Weniger im Verhältnis zum Rückforderungsdurchgriff. Während der Einwendungsdurchgriff nicht zwangsläufig den Rückforderungsdurchgriff zur Folge hat, ist umgekehrt in jedem Rückforderungsdurchgriff gleichzeitig der Einwendungsdurchgriff als Minus enthalten. Denn wenn man bereits geleistete Rückzahlungsraten zurückfordern kann, kann man erst recht, notfalls über § 242 BGB unter dem Stichwort "dolo agit, qui petit, quod statim redditurus est"[417], die weitere Ratenzahlung einstellen.

Der Gesetzgeber war auf Grund der EG-Richtlinie zum Handeln aufgefordert, dem Verbraucher Rechte gegenüber dem Kreditgeber einzuräumen und damit den Grundsatz von der Unbeachtlichkeit von Einwendungen aus einem Verhältnis mit einem Dritten zu durchbrechen. Wie weit dabei der Gesetzgeber ging, war seine freie Entscheidung[418]. Die historische Auslegung hat den Rahmen und einige Beispiele seiner Gestaltungsfreiheit anschaulich gezeigt. Sie reichte von der größtmöglichen Lösung einer gesamtschuldnerischen Haftung von Kreditgeber und Verkäufer (EG-Kommissionsvorschlag von 1979[419]), in der natürlich ein umfassender Rückforderungsdurchgriff einschließlich einer Anzahlung enthalten war, bis zur kleinstmöglichen Lösung eines streng subsidiären Einwendungsdurchgriffs (EG-Richtlinie von 1986[420]). Als Zwischenformen kamen ein auf die bisher vom Verbraucher geleisteten Raten beschränkter, aber sofortiger Rückforde-

---

415 S.o. § 3, S. 79 ff.

416 S. bereits oben S. 211 ff.

417 "Arglistig handelt, wer etwas verlangt, was er sofort wieder zurückgeben muß.", s. dazu Palandt-*Heinrichs*, § 242 BGB, RdNr. 52.

418 *Reinicke/Tiedtke*, ZIP 1992, 217, 224; *dies.*, Kaufrecht, S. 462. A.A. aus europarechtlicher Sicht *M. Wolf*, in: FS für Heinsius, S. 967, 971 ff. (s.o. § 6, S. 189 ff.).

419 S.o. S. 273.

420 S.o. S. 274 f.

rungsdurchgriff (Regierungsentwurf zu § 607 a BGB von 1979[421]), ein ebenso ratenmäßig beschränkter Rückforderungsdurchgriff in lediglich subsidiärer Form (ähnlich dem Vorschlag des EG-Wirtschafts- und Sozialausschuß von 1980[422]), ein sofortiger oder ein subsidiärer, aber vom flexiblen Merkmal der Unzumutbarkeit abhängender Einwendungsdurchgriff (bisherige Rechtsprechung[423]) in Betracht. Wenn der Gesetzgeber eine kleine Lösung gewählt hat, hat er sich zugleich gegen eine große Lösung entschieden und diese Frage gerade nicht offengelassen[424].

Der Gesetzgeber billigt dem Verbraucher gemäß § 9 Abs. 3 S. 1, 3 VerbrKrG unter deutlicher Zurückdrängung des Subsidiaritätsprinzips und in Verbesserung der bisherigen Rechtslage den sofortigen Einwendungsdurchgriff zu. Damit bewegt er sich im oberen Bereich einer kleinen Lösung. *In dieser Beschränkung auf ein Leistungsverweigerungsrecht liegt gleichzeitig unter systematisch-teleologischen Gesichtspunkten die gesetzliche Verweigerung weitergehender Rechte, im welchen Umfang auch immer*[425].

5. *Typologische Einordnung des finanzierten Abzahlungskaufs*

Auch von der typologischen Einordnung des finanzierten Abzahlungskauf kann sich die Ablehnung des Rückforderungsdurchgriffs begründen lassen. Der finanzierte Abzahlungskauf als Hauptanwendungsfall der gesetzlichen Regelung in § 9 VerbrKrG hat seinen typologischen Standort zwischen dem bilateralen Abzahlungskauf und dem Barkauf mit einer Kreditaufnahme "auf eigene Faust"[426]. Gleichzeitig ist er eine Mischform zwischen Kunden- und Absatzfinanzierung, oder besser ausgedrückt: beim finanzierten Abzahlungskauf werden "die Züge der Absatzfinanzierung und der Konsumfinanzierung auf glückliche Weise vereinigt"[427], da wirtschaftlich gesehen der Kreditgeber nämlich sowohl dem Verbraucher (Kundenfinanzierung) als auch dem Verkäufer (Absatzfinanzierung) Kredit gewährt[428]. Das ergibt sich aus Folgendem[429]:

---

421 Zusätzlich beschränkt auf den Tilgungsanteil der Raten, s.o. S. 275.

422 S.o. S. 274.

423 S.o. S. 206 ff.

424 *Lieb*, in: Hadding/Hopt, Das neue Verbraucherkreditgesetz, S. 91, 102 (= WM 1991, 1533, 1537) und *Reinicke/Tiedtke*, ZIP 1992, 217, 224; *dies.*, Kaufrecht, S. 463.

425 *Reinking/Bexen*, DAR 1990, 289, 292; *Lieb*, in: Hadding/Hopt, Das neue Verbraucherkreditgesetz, S. 91, 101 f. (= WM 1991, 1533, 1537 f.); *Marloth-Sauerwein*, Leasing und das Verbraucherkreditgesetz, S. 136 und *Reinicke/Tiedtke*, ZIP 1992, 217, 224; *dies.*, Kaufrecht, S. 462.

426 *Larenz*, in: FS für Michaelis, S. 193, 201 und *Canaris*, Bankvertragsrecht, RdNr. 1403.

427 *Thomas Raiser*, RabelsZ 33 (1969), 457, 469.

428 *Thomas Raiser*, RabelsZ 33 (1969), 457, 469; *Gilles*, JZ 1975, 305, 311; *Vollkommer/Koch*, Jura 1980, 469, 477; *Canaris*, Bankvertragsrecht, RdNr. 1391; *Logothetis*, in: Chiotellis/Fikentscher,

Der Verbraucher will von vornherein eine bestimmte Sache nur gegen Ratenzahlung erwerben. Da der Verkäufer zu einer eigenen Kreditgewährung in Form eines gewöhnlichen Abzahlungskaufes wegen Kapitalarmut nicht in der Lage oder aber wegen verwaltungstechnischer Aufwendungen dazu nicht gewillt ist, gleichwohl er und der Verbraucher das Geschäft abschließen wollen, wird durch Vermittlung des Verkäufers der Kreditgeber zur Finanzierung des Kaufpreises eingeschaltet. Dabei teilen sich Kreditgeber und Verkäufer die Funktionen des normalen Abzahlungsverkäufers und ermöglichen dem Verbraucher durch ihr gemeinsames funktionales Zusammenwirken den Abschluß des finanzierten Geschäfts[430]: Der Verkäufer liefert dem Verbraucher die Ware, der Kreditgeber stellt dem Verbraucher einen Geldkredit zur Verfügung, der aber zweckgebunden auf den speziellen Kaufvertrag fixiert ist und direkt an den Verkäufer zu dessen Befriedigung abgeführt wird. Die wirtschaftliche Kreditgewährung des Kreditgebers an den Verkäufer ergibt sich vor allem aus der Tatsache, daß der Verkäufer die Valuta direkt vom Kreditgeber ausbezahlt bekommt, und er diese sofort als Betriebskapital umsatzfördernd einsetzen kann[431].

Dem Verbraucher ist es dabei letztendlich gleichgültig, ob er die Kaufpreisraten an den Verkäufer oder an den dazugeschalteten Kreditgeber zahlt. Es handelt sich bei der rechtlichen Aufspaltung des wirtschaftlich einheitlichen Vorgangs für ihn um eine belanglose Modalität[432]. Wegen der objektiven Verbindungsvoraussetzungen wie aufeinander abgestimmte Verträge, Kreditvermittlung durch den Verkäufer in dessen Geschäftsräumen usw., vor allem aber wegen der Zweckbindung des Kredits unter Ausschluß von der

---

Rechtstatsachenforschung, S. 209, 229 f.; MüKo-*H.P. Westermann*, § 6 AbzG, RdNr. 29 und *Hopt/Mülbert*, Kreditrecht, Vorb. zu §§ 607 ff. BGB, RdNr. 393.

429 Diese Ausführungen sind am klassischen B-Geschäft als dem eindeutigsten Fall des finanzierten Abzahlungskaufs gemäß § 9 Abs. 1 S. 2 VerbrKrG orientiert, weil dieses das Leitbild für den Gesetzgeber bei der Schaffung der Norm war.

430 *Larenz*, in: FS für Michaelis, S. 193, 201.

431 *Thomas Raiser*, RabelsZ 33 (1969), 457, 468 f.; *Gilles*, JZ 1975, 305, 311. Zutreffend wiesen *Hopt/Mülbert*, Kreditrecht, Vorb. zu §§ 607 ff. BGB, RdNr. 393 darauf hin, daß die Kreditgewährung in der Prüfung der Kreditwürdigkeit des Verkäufers durch den Kreditgeber zum Ausdruck kommt. *Canaris*, Bankvertragsrecht, RdNr. 1391 war darüber hinaus der Ansicht ist, daß bei Bestehen eines Rahmenvertrages in diesem auch *rechtlich* eine Kreditgewährung an den Verkäufer liege, nämlich in Form eines Krediteröffnungsvertrags. Selbst BGH WM 1967, 464, 465 betonte bei der Frage, ob der Verkäufer für die Kreditforderung in Form einer Bürgschaft oder eines Schuldbeitritts mithafte, die wirtschaftl. Beziehungen zwischen ihm und dem Kreditgeber sowie den direkten wirtschaftlichen Nutzen der Direktauszahlung der Valuta für den Verkäufer.

432 Zutreffend *Larenz*, in: FS für Michaelis, S. 193, 201. Auch BGH WM 1973, 675, 676 betonte, daß die Einschaltung des Kreditgebers für den Käufer regelmäßig keinen Vorteil darstelle. Darüber hinaus war BGH WM 1971, 1265, 1268 der Ansicht, daß der finanzierte Abzahlungskauf im Rahmen vernünftiger wirtschaftlicher Erwägungen ein nicht mehr zu rechtfertigenden Geschäfts darstelle, wenn wie dort die gekaufte Waschsaloneinrichtung gerade zur Erwirtschaftung der Raten dienen solle, und der Käufer/Kreditnehmer die Raten auch bei Störungen aus dem Kaufverhältnis zu zahlen hätte.

freien Verfügbarkeit in Form der regelmäßigen Direktüberweisung der Valuta an den Verkäufer[433] stehen ihm Verkäufer und Kreditgeber nicht selbständig, sondern als Einheit gegenüber[434]. Der Verbraucher gerät wirtschaftlich gesehen in die gleiche Lage wie der normale Abzahlungskäufer. Wie dieser erwirbt er Ware auf Raten, kann aber im Gegensatz zum Barkäufer mit einem freien Ratenkredit nicht über die Valuta verfügen. Deshalb weist der finanzierte Abzahlungskauf funktionell gesehen wesentliche Züge eines Warenkredits auf[435], auch wenn es sich rechtlich zwischen Verbraucher und Kreditgeber um einen reinen Geldkredit handelt und der Verbraucher zwei rechtlich selbständige Verträge abschließt[436]. Dies gilt um so mehr, wenn der Kreditgeber Sicherungseigentümer der finanzierten Sache wird. Mit der antizipierten Sicherungsübereignung wird im Dreipersonenverhältnis die gleiche Wirkung erzielt wie mit dem Eigentumsvorbehalt beim bilateralen Abzahlungskauf[437]. Der finanzierte Abzahlungskauf steht damit dem normalen Abzahlungskauf als dem klassischen Fall eines Warenkredits typologisch sehr nahe, jedenfalls wesentlich näher als dem Barkauf[438], so daß letzterer von vornherein als Vergleichsmaßstab ausscheidet, gleich, ob die Ware mit Eigenmitteln oder mit einem freien Ratenkredit angeschafft worden ist[439].

Auf Grund dieser typologischen Einordnung rechtfertigt sich die Grundthese, es gehe beim Einwendungsdurchgriff darum zu verhindern, daß sich das Risiko der Aufspaltung eines Abzahlungskaufs in zwei rechtlich selbständige Verträge einseitig zu Lasten des Verbrauchers realisiere[440]. Daraus folgt, dem Verbraucher die gleiche bzw. nahezu die

---

433 Zur Bedeutung dieses Merkmals als objektives Verbindungselement oben s.o. § 3, S. 89 ff.

434 *Vollkommer/Koch*, Jura 1980, 469, 477.

435 *Canaris*, Bankvertragsrecht, RdNr. 1393 und *Hopt/Mülbert*, Kreditrecht, Vorb. zu §§ 607 ff. BGB, RdNr. 393.

436 Zur Einordnung des Kreditvertrages als reinen Geldkredit nach dem sachlichen Anwendungsbereich des Verbraucherkreditgesetzes bereits oben S. 230 ff.

437 *Canaris*, Bankvertragsrecht, RdNr. 1393.

438 *Larenz*, in: FS für Michaelis, S. 193, 201. A.A. *Canaris*, Bankvertragsrecht, RdNr. 1403, der eine echte Mittelstellung bejahte, infolgedessen die völlige Gleichstellung mit dem Abzahlungskäufer ablehnte, und nur das Verbot der Rechtlosstellung proklamierte.

439 Ein für allemal klarstellend und die damalige Diskussion um den zutreffenden Vergleichsmaßstab (s. *Möllers*, NJW 1967, 1782, 1784 und *Weitnauer*, JZ 1968, 201, 208: Gleichstellung mit Barkäufer; *Esser*, in: FS für Kern, S. 87, 113: Gleichstellung mit dem Abzahlungskäufer; differenzierend *Klaas*, NJW 1968, 1502, 1505) weitgehend beendend der BGH selbst in WM 1971, 1265, 1267 und WM 1971 1297, 1298. In der ersten Entscheidung hieß es wörtlich: "Der Beklagte hat nicht bar bezahlt und ist kein Barkäufer. Der Kaufantrag selbst sah bereits vor, daß der Kaufpreis in Raten abgetragen werden sollte. Die Stellung des Beklagten ist daher nicht mit der eines Barkäufers zu vergleichen, er ist vielmehr 'Abzahlungskäufer'."
Demgegenüber zeigt die Entscheidung des LG Braunschweig NJW 1994, 2701, daß die Diskussion um den zutreffenden Vergleichsmaßstab unter der neuen Rechtslage wiederaufleben könnte. Das Gericht billigt dem Verbraucher den Rückforderungsdurchgriff auch mit dem Argument zu, daß der Verbraucher beim verbundenen Geschäft als "Abzahlungskäufer" erheblich mehr aufwenden müsse als der Barkäufer.

440 *Larenz*, in: FS für Michaelis, S. 193, 201.

gleiche Rechtsposition wie die des normalen Abzahlungskäufers zu übertragen. Genau dies ist mit der Kodifizierung des Einwendungsdurchgriffs nun geschehen: Der grundsätzlich sofortige Einwendungsdurchgriff gibt dem Verbraucher die gleichen Rechte wie dem Abzahlungskäufer[441]; ausnahmsweise muß er aber bei Nachbesserungs- bzw. Ersatzlieferungsverpflichtungen den Kredit für die Zeit bis zum Fehlschlagen weiterbedienen und steht dort dem Barkäufer mit einem freien Ratenkredit gleich. Ein Rückforderungsdurchgriff hätte sich zwar für die beschränkte Zeit der partiellen Subsidiarität mit der Realisierung des Schlechterstellungsverbots bzw. Gleichstellungsgebotes rechtfertigen lassen[442]. Indem der Gesetzgeber dies aber nicht getan hat, hat er zugleich untermauert, daß der finanzierte Abzahlungskauf seinen typologischen Standort zwischen Bar- und Abzahlungskauf hat, und der Verbraucher dem Abzahlungskäufer nur weitgehend angenähert, nicht aber in jeglicher Hinsicht gleichgesetzt werden sollte. Und so heißt es denn auch in der Begründung zum Regierungsentwurf[443]: "Der Verbraucher soll durch die rechtliche Aufspaltung nicht schlechter gestellt werden, als wenn ihm - wie bei einem einfachen Abzahlungskauf - nur ein Vertragspartner gegenüberstünde ...", aber, so ist sinngemäß zu ergänzen, *auch nicht besser*. Der Widerspruch dieser Aussage mit der Schaffung der partiellen Subsidiarität in § 9 Abs. 3 S. 3 VerbrKrG muß als geltendes Recht hingenommen werden.

6. *Die Kredittilgung als allmähliche Risikorückverlagerung auf den Verbraucher*

Mit dem Abschluß von Kauf- und Kreditvertrag trägt der Verbraucher von Anfang an das Verkäuferkonkursrisiko, nämlich das Risiko, den gesamten Kredit auch bei Fehlschlagen seiner Kaufinvestition zurückzahlen zu müssen. Mit dem Instrument des grundsätzlich sofort gegebenen Einwendungsdurchgriffs wird dieses Risiko in Höhe der Darlehensvaluta auf den Kreditgeber verlagert (Risikoverlagerungsnorm)[444]. Dies ist der vom Gesetz angeordnete Ausgangspunkt. Hat der Verbraucher noch vor der ersten Ratenzahlung den Einwendungsdurchgriff erhoben, trägt der Kreditgeber das Verkäuferkonkursrisiko in Höhe der ausgezahlten Gesamtvaluta. Jedoch wird dieses Verkäuferkonkursrisiko im zunehmenden Maße wieder zurück auf den Verbraucher verlagert, und zwar allmählich in der Höhe, wie er den Kredit tilgt[445].

---

441 Ausnahmen (s. § 5, S. 135 ff.): Ansprüche aus unerlaubter Handlung, Produzentenhaftung und Nebenverträgen.

442 S.o. S. 262 ff.

443 BT-DS 11/5462, S. 23 (= Anhang, S. 433).

444 S.o. § 5, S. S. 121 f.

445 *Canaris*, Bankvertragsrecht, RdNr. 1452.

Diese Risikoverteilung zwischen Kreditgeber und Verbraucher entspricht voll und ganz der wirtschaftlich-funktionellen Interessenlage. Der Kreditgeber tätigt beim finanzierten Abzahlungskauf eine bestimmte Investition, nämlich die Bereitstellung von Kapital und die Auszahlung der Valuta an den Verkäufer zum Zweck der Finanzierung eines ihm fremden Kaufvertrages[446]. Wird der Kredit vom Verbraucher in Raten zurückgezahlt, nimmt der Umfang dieser Investition laufend ab, da das Kapital an den Kreditgeber zurückfließt. Aus der Sicht des Verbrauchers heißt dies, daß er den Kauf mit einem sich ständig erhöhenden Einsatz von *Eigen*kapital finanziert. Es besteht also auch zwischen Kreditgeber und Verbraucher ein "arbeitsteiliges Zusammenwirken" in der Form, daß die Summe von Eigenfinanzierung des Verbrauchers (Anzahlung und bereits geleisteten Raten) und Fremdfinanzierung des Kreditgebers (noch ausstehende Raten) die Investition des Verbrauchers ermöglichen. Hat der Verbraucher bereits einige Raten an den Kreditgeber zurückgezahlt, und fällt der Verkäufer nun in Konkurs, kann sich demzufolge ein Rückgriff auf den solventen Kreditgeber bei Nutzlosigkeit der Investition (Einwendungen aus dem Kaufvertrag) nur in dem Umfang bejaht werden, *wie der Kreditgeber zu diesem Zeitpunkt noch am arbeitsteiligen Prozeß beteiligt ist*[447]. Sein Anteil, d.h. der Anteil der Fremdfinanzierung, beträgt in diesem Zeitpunkt aber nur noch die ausstehenden Raten, so daß sich der Einwendungsdurchgriff rechtfertigt. Funktionell und wirtschaftlich gesehen entspricht die Rückzahlung des Kredits der Abzahlung des Kaufpreises beim normalen Abzahlungskauf[448]. Dort würde sich aber auch das Risiko des Käufers in dem Maße erhöhen, in dem er seine Schuld tilgt. Auch unter diesem Gesichtspunkt muß der Rückforderungsdurchgriff abgelehnt werden, würde er doch die in der Kredittilgung zu findende allmähliche Risikorückverlagerung auf den Verbraucher vollständig unterlaufen.

---

446 Ganz ähnlich bereits *Koller*, Risikozurechnung, S. 360 f.
447 *Koller*, aaO. und *Larenz*, in: FS für Michaelis, S. 193, 210.
448 *Canaris*, Bankvertragsrecht, RdNr. 1452 und *Larenz*, in: FS für Michaelis, S. 193, 209 f.

V. Systematische Auslegung unter Berücksichtigung der gesetzlich geregelten Fälle eines Rückforderungsanspruches

Die gesetzgeberische Wertentscheidung gegen einen Rückforderungsdurchgriff steht auch nicht im Widerspruch zu den bereits gezeigten Regelungen eines Rückforderungsanspruches des Verbrauchers gegen den Kreditgeber im Widerrufs- und im Rücknahmefall, sondern fügt sich vielmehr in die Gesamtkonzeption des Verbraucherkreditgesetzes nahtlos ein. Der zentrale Unterschied und damit die Rechtfertigung für eine unterschiedliche Behandlung ergibt sich daraus, daß es in den gesetzlich geregelten Fällen eines Rückforderungsanspruches gemäß § 9 Abs. 2 S. 4 und §§ 13 Abs. 2, Abs. 3 VerbrKrG i.V.m. §§ 346 ff. BGB gerade nicht um einen technischen Rückforderungsdurchgriff geht, also um Auswirkungen des gestörten Kaufverhältnisses auf den ungestörten Kreditvertrag. *Im Gegenteil:* Dort ist von vornherein immer der Kreditvertrag das gestörte Vertragsverhältnis, während der Kaufvertrag ungestört ist und voll erfüllt wurde. Der Kreditvertrag wird widerrufen bzw. durch die Rücknahme der gekauften Sache auf Grund eines Zahlungsverzuges des Verbrauchers im Kreditverhältnis wird der Rücktritt vom Kreditvertrag fingiert. Folgerichtig muß auch in erster Linie der Kreditvertrag genauso wie bei seiner isolierten Nichtigkeit rückabgewickelt werden, und erst in zweiter Linie ist zu fragen, inwieweit der eigentlich ungestörte Kaufvertrag an diesem Schicksal teilhaben soll[449]. Deswegen muß der Kreditgeber alle Ansprüche des Verbrauchers ersetzen und trägt im Rahmen eines nachfolgenden Regresses beim Verkäufer das gesamte Verkäuferkonkursrisiko.

Diametral entgegengesetzt ist beim Einwendungs- und Rückforderungsdurchgriff allein der Kaufvertrag das gestörte Rechtsverhältnis. Der Kreditvertrag ist störungfrei und soll demnach grundsätzlich nicht rückabgewickelt werden. Eine unterschiedliche Behandlung bei Rückabwicklungsansprüchen läßt sich deshalb auch aus diesen systematischen Gesichtspunkten voll rechtfertigen. Die gesetzlichen Rückabwicklungsregeln im Widerrufs- und Rücknahmefall stellen auch kein allgemeines Prinzip dar, aus dem sich die Schlußfolgerung ableiten ließe, daß auch für die Abwicklung nach Geltendmachung des Einwendungsdurchgriffs ausschließlich das bilaterale Rechtsverhältnis zwischen Kreditgeber und Verbraucher maßgeblich sein soll[450]. Vielmehr ist der bereits oben gezeigte mögliche Umkehrschluß[451] voll zu bestätigen: Gerade, weil der Kreditgeber im Gegen-

---

449 Beim Wideruf des Kreditvertrages teilt der mit ihm verbundene Kaufvertrag gemäß § 9 Abs. 2 S. 1 VerbrKrG dessen Schicksal, während die Rücknahme der Kaufsache durch den Kreditgeber ihn nicht berührt, s.o. S. 238 ff. ausführlich.

450 So aber *Vollkommer*, in: FS für Merz, S. 595, 603 ff.

451 S. S. 222.

satz zu den Rückabwicklungsfällen nach Widerruf und nach Rücknahme der Kaufsache den Einwendungsdurchgriff nicht verhindern kann, und weil der Kreditvertrag bei § 9 Abs. 3 VerbrKrG im Gegensatz zu Widerruf und Rücktritt das ungestörte Rechtsverhältnis darstellt, ist es gerechtfertigt, daß der Kreditgeber bei Störungen aus dem Kaufvertrag nur einen Teil des Insolvenzrisikos des Verkäufers, nämlich nur bezüglich der noch ausstehenden Raten zu tragen hat[452]. Wer hier wie *Vollkommer*[453] immer noch einen Wertungswiderspruch sieht, muß sich damit abfinden. Das Verbot des Wertungswiderspruchs ist ein rechtsethisches Postulat, das nicht immer, sondern nur annäherungsweise realisierbar ist[454].

VI. Ergebnis

Als Ergebnis dieser Auslegung bleibt festzuhalten, daß sich der Gesetzgeber in Kenntnis des Problems bewußt gegen einen Rückforderungsdurchgriff entschieden und diese Frage gerade auch nicht offengelassen hat. Das Gesetz bewegt sich beim Einwendungsdurchgriff zwischen den wertungsmäßigen Ausgangspunkten vom Verbot der Rechtlos- und der Schlechterstellung. Der Gesetzgeber hat hier zutreffend erkannt, daß der finanzierte Abzahlungskauf als Hauptanwendungsfall der gesetzlichen Regelung in § 9 VerbrKrG seinen typologischen Standort zwischen dem Abzahlungskauf und dem Barkauf mit einem "Kredit auf eigene Faust" hat. Der grundsätzlich sofortige Einwendungsdurchgriff gibt dem Verbraucher die gleichen Rechte wie dem normalen Abzahlungskäufer, wohingegen die noch partiell aufrechterhaltene Subsidiarität und der für diese Zeit nicht vorgesehene Rückforderungsdurchgriff allein in den Ausgangspunkt von der Verhinderung des Aufspaltungsrisikos und dem Verbot der Rechtlosstellung hineinpassen[455]. *Abgesehen von der partiellen Subsidiarität und der Nichtberücksichtigung von Einwendungen, die nicht aus dem Kaufvertrag herstammen, ist § 9 Abs. 3 VerbrKrG zugleich Risikoverlagerungs- und Nivellierungsnorm, keinesfalls aber Besserstellungsnorm.* Nur in den Fällen des Widerrufs und der Rücknahme der finanzierten Sache hat

---

452 *Lieb*, in: Hadding/Hopt, Das neue Verbraucherkreditgesetz, S. 115, 118 und *Dauner-Lieb*, WM-Sonderbeilage 6/1991, S. 27; *Coester*, Jura 1992, 617, 623 und *Reinking*, FLF 1993, 174, 178. Auch das LG Kleve FLF 1993, 228 erkennt den zentralen Unterschied zwischen Widerruf, der Kredit- und Kaufvertrag unwirksam macht, und Einwendungsdurchgriff, bei dem der Kreditvertrag bestehen bleibt. Eine Analogie zu § 9 Abs. 2 S. 4 VerbrKrG lehnt das Gericht mit der zutreffenden Begründung ab, daß es bereits an einer Lücke im Gesetz fehlt, weil die Vollziehung der Wandelung bereits im BGB geregelt ist und das Trennungsprinzip im Verbraucherkreditgesetz im Grundsatz beibehalten wurde.

453 In: FS für Merz, S. 595, 610.

454 *Larenz*, Methodenlehre, S. 335.

455 *Dauner-Lieb*, WM-Sonderbeilage 6/1991, S. 5.

der Gesetzgeber den dritten Ansatzpunkt vom umfassenden Verbraucherschutz realisiert, haftet der Kreditgeber hier für alle Rückzahlungsansprüche des Verbrauchers einschließlich einer an den Verkäufer geleisteten Anzahlung im bilateralen Rückabwicklungsverhältnis[456]. Diese unterschiedliche Behandlung ist aber deshalb gerechtfertigt, weil sowohl bei § 9 Abs. 2 VerbrKrG als auch bei § 13 Abs. 3 S. 2 1. Hs. VerbrKrG der Kreditvertrag das gestörte Rechtsverhältnis darstellt.

Damit vollzog sich parallel zum Wandel auf europäischer Ebene von der gesamtschuldnerischen Haftung von Kreditgeber und Verkäufer (Kommissionsvorschlag 1979) zur bloßen restriktiven Rechtseinräumung in irgendeiner Form (EG-Richtlinie 1986) in Bonn der Weg von der Einräumung eines Rückforderungsdurchgriffs im engen Sinne (Regierungsentwurf zu § 607 a BGB 1979) bis zu dessen gänzlichen Fallenlassen (Verbraucherkreditgesetz 1991), ein Weg, den man aus Verbraucherschutzsicht bezeichnen könnte von "Euphorie zur Ernüchterung"[457]. Über diese erkennbare Regelungsabsicht und vom Gesetzgeber bewußt getroffene Wertentscheidung darf sich die Auslegung nicht hinwegsetzen, es sei denn, sie stünde im Widerspruch zu heutigen Verfassungsgrundsätzen oder anerkannten Rechtsprinzipien[458]. Da letzteres nicht der Fall ist[459], muß bereits an dieser Stelle allen Konstruktionen zur Bejahung eines Rückforderungsdurchgriffs eine klare Absage erteilt werden. Das bereits hier gefundene Ergebnis soll dennoch durch eine kritische Untersuchung der angebotenen juristischen Konstruktionen selbst verstärkt werden.

---

456 Die Besserstellung im Vergleich zum normalen Abzahlungskäufer liegt in diesen Fällen nicht darin, daß der Verbraucher wie beim Rückforderungsdurchgriff nach seiner Wahl zwei Schuldner zur Verfügung hat und auf den Kreditgeber insbes. im Fall des Verkäuferkonkurses zurückgreifen will, sondern allein darin, daß eine Rückabwicklung übers Dreieck vermieden wird, und er mit dem Kreditgeber einen im Unterschied zum Abzahlungsverkäufer regelmäßig solventen Schuldner hat.

457 Dies erkennen vor allem *Münstermann/Hannes*, Verbraucherkreditgesetz, RdNr. 461, wenn sie schreiben, daß ein Vergleich des Regierungsentwurfes zu § 607 a BGB mit § 9 VerbrKrG deutlich mache, inwieweit der Gesetzgeber von seinen ursprünglichen Ideen abgegangen sei. Dabei sollte auch nicht unbeachtet bleiben, daß unterschiedlich besetzte Bundesregierungen und Mehrheiten im Deutschen Bundestag gegeben waren.

458 *Larenz*, Methodenlehre, S. 318.

459 Siehe die zahlreichen Argumente gegen einen Rückforderungsdurchgriff oben S. 260 ff. und S. 281 ff.

VII. Stellungnahme zur Lehre vom Wegfall der Geschäftsgrundlage

1. Regelungslücke

Für die Anwendung der Regeln vom Wegfall der Geschäftsgrundlage fehlt es bereits an der ersten tatbestandlichen Voraussetzung: Diese sind nur streng subsidiär anwendbar, wenn die Parteien nicht im Vertrag selbst ausdrücklich oder konkludent eine Risikoregelung getroffen haben, oder wenn sich eine derartige Risikoverteilung nicht bereits aus dem Gesetz ergibt[460]. Letzteres ist jetzt mit der positivrechtlichen Regelung des Einwendungsdurchgriffs in § 9 Abs. 3 VerbrKrG mit Regel- und Ausnahme-Prinzip geschehen. Mit dem grundsätzlich sofort gegebenen Einwendungsdurchgriff überträgt der Gesetzgeber das Konkursrisiko bezüglich der noch ausstehenden Raten bei Störungen aus dem Kaufverhältnis voll auf den Kreditgeber, nicht aber bezüglich der bereits gezahlten Raten und einer eventuell an den Verkäufer geleisteten Anzahlung. Diese gesetzgeberische Wertentscheidung contra Rückforderungsdurchgriff ist zu respektieren und darf nicht mit freihändigem Hantieren mit Geschäftsgrundlagenkonstruktionen wieder zunichte gemacht werden[461]. Hätte der Gesetzgeber eine darüber hinausgehende Risikoverlagerung zu Lasten des Kreditgebers gewollt, hätte er dies mit der Neuregelung des finanzierten Abzahlungskaufs in derselben Weise wie bei § 9 Abs. 2 S. 4 VerbrKrG tun können. Dies ist aber nicht geschehen[462].

Zwar läßt sich auch bei einer gesetzlicher Risikoverteilung die Annahme eines Wegfalls der Geschäftsgrundlage nicht völlig ausschließen. Das ist aber nur dann möglich, wenn die gesetzliche Regelung mit Rücksicht auf ganz ungewöhnliche Umstände ausnahmsweise zu einem untragbaren Ergebnis führte[463]. Ein derart untragbares Ergebnis kann bei der Ablehnung des Rückforderungsdurchgriffs nicht angenommen werden, zumal gerade die gesetzliche Neuregelung den Verbraucher durch den grundsätzlich sofortigen Einwendungsdurchgriff einschließlich dilatorischer Einreden besser schützt, als das die bisherige Rechtsprechung unter § 6 AbzG tat. *§ 9 Abs. 3 VerbrKrG mit seinem nicht enthaltenen Rückforderungsdurchgriff geht damit den Regeln vom Wegfall der Geschäfts-*

---

460 Ganz hM, s. nur *Emmerich*, Das Recht der Leistungsstörungen, § 27 III 1, 2 a, 3 (S. 316 ff.). Es ist überraschend, daß sich die Hauptvertreter der Geschäftsgrundlagenlehre für die neue Rechtslage, nämlich *Ott*, in: Bruchner/Ott/Wagner-Wieduwilt, § 9 VerbrKrG, RdNr. 127 ff. und MüKo-*Habersack*, § 9 VerbrKrG, RdNr. 77 f. mit dieser Frage überhaupt nicht beschäftigen.

461 Zutreffend *Lieb*, in: Hadding/Hopt, Das neue Verbraucherkreditgesetz, S. 115, 123.

462 S.o. S. 271 ff.

463 *Emmerich*, Das Recht der Leistungsstörungen, § 27 III 3 (S. 321).

grundlage im Sinne einer abschließenden Sperrwirkung bezüglich des finanzierten Abzahlungskaufs vor[464].

Zu widersprechen ist auch *Habersack*, der der Ansicht ist, daß die Lehre von der Geschäftsgrundlage auf Grund ihrer Flexibilität, die sich in der Differenzierung zwischen einem Wegfall und einer bloßen Änderung der Geschäftsgrundlage zeige, und die es ermögliche, unter *Berücksichtigung* der nunmehr *gesetzlich vorgegebenen Wertungen* die sich aus den einzelnen Störungsfällen ergebenden Risiken angemessen zu verteilen, gegenüber allen sonstigen Erklärungsversuchen deutlich überlegen sei[465].

Natürlich ist, insoweit hat *Habersack* recht, die Geschäftsgrundlagenlehre gerade in ihren Rechtsfolgen außerordentlich flexibel, beruht sie doch auf dem Grundsatz von Treu und Glauben[466]. Damit wird aber gleichzeitig eine erhebliche Unsicherheit in die problema-

---

464 So vor allem *Lieb*, in: Hadding/Hopt, Das neue Verbraucherkreditgesetz, S. 91, 107, Fn. 53 (= WM 1991, 1533, 1539, Fn. 53); *ders.*, ebenda, S. 115, 123 (s. auch schon *dens.*, JZ 1982, 561, 563 zur alten Rechtslage); *Coester*, Jura 1992, 617, 624; *Reinicke/Tiedtke*, Kaufrecht, S. 463; *dies.*, ZIP 1992, 217, 224; *Marloth-Sauerwein*, Leasing und das Verbraucherkreditgesetz, S. 132 und jetzt auch *Canaris*, ZIP 1993, 401, 406 ff. für das Finanzierungsleasing (bereits angedeutet in AcP 190, 410, 427, Fn. 37: "Schranken des Einwendungsdurchgriffs"). Allgemeiner, nämlich das das Verbraucherkreditgesetz lex specialis zum BGB sei, sofern keine Regelungslücken vorlägen, *Vortmann*, Einl. zum VerbrKrG, RdNr. 20 und MüKo-*Ulmer*, vor § 1 VerbrKrG, RdNr. 39.

A.A. sind neben den Befürwortern der Geschäftsgrundlagenlehre für den finanzierten Abzahlungskauf Autoren, die alle für den Verbraucher als Leasingnehmer die direkte oder analoge Anwendung des sofortigen Einwendungsdurchgriffs gemäß § 9 Abs. 3 S. 1 VerbrKrG bejahen, zugleich aber, was die Rückforderung bereits bezahlter Beträge angeht, die Grundsätze vom Wegfall der Geschäftsgrundlage unangetastet gelten lassen wollen, so vor allem *Seibert*, § 9 VerbrKrG, RdNr. 12; *Graf v. Westphalen*, Der Leasingvertrag, RdNr. 1295 ff.; *Ott* in: Bruchner/Ott/Wagner-Wieduwilt, § 9 VerbrKrG, RdNr. 156; *Peters*, WM 1992, 1797, 1805; *Lwowski/Peters/Gößmann*, Verbraucherkreditgesetz, S. 214 f. und wohl auch *Zahn*, DB 1991, 2171, 2176. Diese Ausführungen beziehen sich aber, das ist der Unterschied, allein auf das Finanzierungsleasing und nicht auf den finanzierten Abzahlungskauf i.S.v. § 9 Abs. 1 VerbrKrG. Ob dies beim Finanzierungsleasing nach der neuen Rechtslage möglich ist, kann und muß hier nicht entschieden werden. Dort müßte an erster Stelle geklärt werden, ob das Finanzierungsleasing überhaupt unter § 9 VerbrKrG fällt. Jedenfalls für den finanzierten Abzahlungskauf i.S.v. § 9 Abs. 1 VerbrKrG wird die Kumulation von Einwendungsdurchgriff gemäß § 9 Abs. 3 VerbrKrG und Wegfall der Geschäftsgrundlage entschieden abgelehnt.

465 In: MüKo, § 9 VerbrKrG, RdNr. 77 (Hervorhebungen von *Habersack* selbst). Ebenso *Pietzcker*, Rückabwicklung, S. 74.

466 Die Flexibilität demonstriert MüKo-*Habersack*, § 9 VerbrKrG, RdNr. 77 f. deutlich: Bei Nichtzustandekommen eines Vertrages werde auch der andere mittels auflösender Bedingung hinfällig, so daß es der Heranziehung der Lehre von der Geschäftsgrundlage *insoweit* (Hervorhebung von *Habersack* selbst, aaO., RdNr. 81) nicht bedürfe. Bei Nichtigkeit des Kreditvertrages werde nach Geschäftsgrundlagenlehre auch der Kaufvertrag hinfällig (aaO., RdNr. 82), wobei man sich fragt, welcher Vertrag nun eigentlich Geschäftsgrundlage für den anderen ist, hieß es anfangs (aaO., RdNr. 77) noch, daß der Kaufvertrag die Grundlage für den Kreditvertrag sei. Dagegen führe die Nichtigkeit des Kaufvertrages nach Geschäftsgrundlagenlehre nur zu einem Ruhen des noch nicht erfüllten Kreditvertrages und damit zu einem Leistungsverweigerungsrecht des Kreditgebers (aaO., RdNr. 83), wobei aber nach Auszahlung der Valuta an den Verkäufer in Unkennt-

tischen Fälle hineingebracht, was auch gegen ihre Anwendung spricht, zumal der Gesetzgeber mit den Regelungen über die verbundenen Geschäfte alles andere wollte, als neue Unsicherheiten zu schaffen, ging es ihm doch allein darum, die bisherigen Erkenntnisse der Rechtsprechung unter partieller Verbesserung der Stellung des Verbrauchers in Gesetzesform zu gießen[467]. Alle diese Fragen müssen hingegen nicht beantwortet werden. Denn die Prämisse, auf der *Habersacks* These beruht, ist unrichtig: Es handelt sich bei § 9 VerbrKrG nicht um gesetzlich vorgegebene Wertungen, die es bei der Risikoverteilung in den einzelnen Störfällen unter Einordnung in ein Gesamtgefüge zu berücksichtigen gilt. *Vielmehr sind §§ 9 Abs. 2 und 3 (und § 13 Abs. 3 S. 2 1. Hs.) VerbrKrG Risikoverteilung im Sinne einer abschließenden Regelung selbst* und nicht eine bloß zu berücksichtigende Wertung[468].

2. *Der Kaufvertrag als Geschäftsgrundlage des Kreditvertrages ?*

Ott[469] und *Habersack*[470] bezeichnen den Kaufvertrag als Geschäftsgrundlage des Kreditvertrages, weil beide Verträge eine wirtschaftliche Einheit bildeten und gerade der Kreditvertrag niemals ohne das Zustandekommen des Kaufvertrages abgeschlossen worden wäre[471]. Auch dieser tatbestandlichen Einordnung ist nicht zu folgen.

Ausgangspunkt ist das Prinzip der Isolation der Vertragszwecke und der rechtlichen Selbständigkeit der Verträge[472]. Sie ist die Regel, ihre Durchbrechung die Ausnahme. *Instrumente für diese Durchbrechung sind Einwendungsdurchgriff und die Lehre vom*

---

nis der Nichtigkeit des Kaufvertrages der Verbraucher bereits geleistete Raten aus § 813 Abs. 1 S. 1 BGB vom Kreditgeber zurückverlangen könne (aaO., RdNr. 118). Auch hier bedürfe es nicht der Lehre vom Wegfall der Geschäftsgrundlage (etwa mit ex-tunc-Wirkung und einem Rückforderungsanspruch aus § 812 Abs. 1 S. 1 BGB). Die direkte Anwendung von § 813 Abs. 1 S. 1 BGB ist insofern eine kleine Überraschung. Bei der Frage des kaufrechtlichen Rückforderungsdurchgriffs wendet *Habersack* die Geschäftsgrundlagenlehre dann wieder an, führt aber aus, daß die Wandelung des Kaufvertrages nur zu einem ex-nunc-Fortfall mit der Folge der Verneinung des kaufrechtlichen Rückforderungsdurchgriffs führe (aaO., RdNr. 131 f.). Bei der Anfechtung seien die Regeln vom Wegfall der Geschäftsgrundlage überflüssig (erweiterte Arglistanfechtung gemäß § 123 Abs. 2 BGB, aaO., RdNr. 84, 85) bzw. nicht anwendbar (Anfechtung gemäß § 119 Abs. 1, 2 BGB, aaO., RdNr. 86). Bei der einverständlichen Aufhebung des Kaufvertrages seien sie teilweise anwendbar (aaO., RdNr. 87).

467 Begr. RegE, BT-DS 11/5462, S. 12 und 23 f. (= Anhang, S. 432 ff.).

468 So auch *Lieb*, in: Hadding/Hopt, Das neue Verbraucherkreditgesetz, S. 91, 105 (= WM 1991, 1533, 1538) explizit für § 9 Abs. 3 VerbrKrG.

469 In: Bruchner/Ott/Wagner-Wieduwilt, § 9 VerbrKrG, RdNr. 129.

470 In: MüKo, § 9 VerbrKrG, RdNr. 77 f.

471 S. auch die übrigen Befürworter der Geschäftsgrundlagenlehre für die neue Rechtslage *Lwowski/Peters/Göẞmann*, Verbraucherkreditgesetz, S. 209; *Reifner*, Handbuch des Kreditrechts, § 44, RdNr. 10 (S. 419) und *Pietzcker*, Rückabwicklung, S. 69 ff.

472 Siehe das Ergebnis auf S. 250 f.

Wegfall der Geschäftsgrundlage gleichermaßen[473]. Nach der neuen Rechtslage vollzieht sich diese Durchbrechung beim tatbestandlichen Vorliegen einer wirtschaftlichen Einheit zwischen Kauf- und Kreditvertrag i.S.v. § 9 Abs. 1 VerbrKrG und der Anwendbarkeit des Gesetzes überhaupt (§§ 1 ff. VerbrKrG) einerseits über die genetische Verknüpfung im Widerrufsfall gemäß § 9 Abs. 2 S. 1 VerbrKrG, andererseits bei funktionellen Störungen über das Instrument des Einwendungsdurchgriffs gemäß § 9 Abs. 3 S. 1 VerbrKrG. Wenn der Gesetzgeber diese Instrumente gewählt hat, kann er nicht auch gleichzeitig den Kaufvertrag als Geschäftsgrundlage des Kreditvertrages angesehen haben. Die Geschäftsgrundlage ist auch keine aus dem Tatbestandsmerkmal der wirtschaftlichen Einheit automatisch folgende Selbstverständlichkeit[474]. Bei Vorliegen der Voraussetzungen, und das erfordert einigen Begründungsaufwand[475], sind Kredit- und Kaufvertrag "nur" miteinander verbunden, was Konsequenzen für die Fälle des Widerrufs, der Rücknahme und der Störungen aus dem Kaufvertrag hat, weil hier konstitutiv beide Verträge zu einem "Rechtsverbund" verklammert werden. In diesen punktuellen Verklammerungen erschöpft sich rechtlich die wirtschaftliche Einheit der beiden Verträge[476].

Der Kaufvertrag kann deshalb nicht Geschäftsgrundlage für den Kreditvertrag sein. Er bildet lediglich ein für den Verbraucher bestimmendes Motiv für den Abschluß des Kreditvertrages, mehr nicht. Das ist aber auch bei jedem freien Ratenkredit der Fall. Auch dieser wird zum Zwecke eines bestimmten Kaufvertrages aufgenommen und nicht nur, um Geld zu haben. Jedem Kreditwunsch eines Verbrauchers liegt ein bestimmter konkreter Konsumwunsch zugrunde. "Ein Kredit wird in aller Regel nicht aufgenommen, um die Valuta in die Schublade oder aufs Sparbuch zu legen; ..."[477]. Und dennoch käme beim freien Ratenkredit niemand[478] auf die Idee zu argumentieren, daß der Kreditvertrag funktionslos würde und ihm die Grundlage entzogen werde, wenn der Kaufvertrag nicht zustande kommt oder später wegfällt. Dieser Vergleich entlarvt die Anwendbarkeit der Regeln vom Wegfall der Geschäftsgrundlage als reine Verlegenheitskonstruktion. Der Unterschied zwischen freiem Ratenkredit und Kreditvertrag beim finanzierten Abzahlungskauf ergibt sich nach der neuen Rechtslage allein durch die objekiven Vertragsverbindungsvoraussetzungen im subjektiv/objektiven Rahmen des Verbraucherkreditgesetzes gemäß § 1 Abs. 1, §§ 9 Abs. 1, Abs. 4. Mit Geschäftsgrundlagenkonstruktionen hat das nichts zu tun[479].

---

473 So schon *Lieb*, JZ 1982, 561, 563 zur alten Rechtslage.

474 Völlig zu Recht *Lieb*, in: Hadding/Hopt, Das neue Verbraucherkreditgesetz, S. 115, 123.

475 S. oben § 3, S. 72 ff. ausführlich.

476 *Coester*, Jura 1992, 617, 618.

477 Anschaulich und zutreffend *Scholz*, MDR 1980, 184, 187.

478 Außer *Reifner*, Handbuch des Kreditrechts, § 44, RdNr. 19 (S. 419).

479 *Lieb*, in: Hadding/Hopt, Das neue Verbraucherkreditgesetz, S. 115, 123.

Im übrigen stimmt es sehr nachdenklich, wenn die zur alten Rechtslage bereits vertretene Theorien wieder hervorgeholt werden, um bei Zweifelsfällen zu einem bestimmten Ergebnis zu gelangen. Das mochte unter der alten Rechtslage noch seine Rechtfertigung finden, als dort der gesamte Einwendungsdurchgriff gesetzlich nicht geregelt war und von der Rechtsprechung faute de mieux nur auf § 242 BGB bzw. c.i.c.-Haftung wegen Verletzung der Aufklärungspflicht mit nicht immer klaren und manchmal widersprüchlichen Begründungen gestützt wurde. Aber selbst in dem damaligen Tummelplatz von Theorien und Konstruktionen der Literatur hatte sich letztendlich keine durchzusetzen vermocht, gerade auch nicht die Lehre vom Wegfall der Geschäftsgrundlage[480]. Deshalb muß jetzt die gesetzgeberische Grundentscheidung für den Einwendungsdurchgriff so hingenommen werden, ohne daß sich noch die Frage seiner Rechtfertigung oder seiner dogmatischen Einordnung stellt[481]. Dies gilt auch für alle Rand- und Folgeprobleme des Einwendungsdurchgriffs[482]. Über diese Fragen, hier die Frage des Rückforderungsdurchgriffs, und damit quasi zur Hintertür zur Einordnung in eine gewünschte Konstruktion in Form des Wegfalls der Geschäftsgrundlage mit vom Gesetzgeber nicht gewollten Ergebnissen zu kommen, rückt in die Nähe eines Taschenspielertricks, mit dem nichts gewonnen, sondern nur der Weg, die eigentliche Lösung über das Gesetz selbst und seine Auslegung zu gewinnen, versperrt wird.

VIII. Stellungnahme zur Übertragung der Grundsätze der Rechtsprechung des Bundesgerichtshofs zum Finanzierungsleasing auf den finanzierten Abzahlungskauf

Es ist hier nicht der Ort, darüber zu befinden, ob die Rechtsprechung angesichts des Verbraucherkreditgesetzes ihre gefestigten Grundsätze vom Wegfall der Geschäftsgrundlage beim Finanzierungsleasing aufgeben oder modifizieren wird. Da mit einer Verschlechterung der Position des Leasingnehmers kaum zu rechnen ist, kann von der Fortgeltung dieser Grundsätze ausgegangen werden[483]. Beim Vergleich zwischen Finanzierungslea-

480 S. dazu den Kurzüberblick in § 1, S. 41 ff.

481 Zutreffend *Seibert*, § 9 VerbrKrG, RdNr. 9; *Emmerich*, in: Graf v. Westphalen/Emmerich/Kessler, § 9 VerbrKrG, RdNr. 77 und *Coester*, Jura 1992, 617, 622 und bereits oben § 5, S. 120 f.

482 A.A. MüKo-*Habersack*, § 9 VerbrKrG, RdNr. 75.

483 Trotz aller fundamentaler Kritik an der Rechtsprechung auch *Lieb*, in: Hadding/Hopt, Das neue Verbraucherkreditgesetz, S. 91, 100 (= WM 1991, 1533, 1537). Zweifel können sich aus dem Aspekt ergeben, daß das Finanzierungsleasing als sonstige Finanzierungshilfe gemäß § 1 Abs. 2 VerbrKrG gilt (Umkehrschluß aus § 3 Abs. 2 Nr. 1 VerbrKrG) und damit das Gesetz grundsätz-

sing und finanziertem Abzahlungskauf sollen allein die Argumente angeführt werden, die zu der extrem leasingnehmerfreundlichen Rechtsprechung des Bundesgerichtshofes geführt haben, und danach gefragt werden, ob diese auch auf den finanzierten Abzahlungskauf zutreffen könnten[484]. Nur bei Bejahung dieser Frage könnte man die Vorgehensweise von *Ott*, die Grundsätze der Rechtsprechung des Bundesgerichtshofs zum Finanzierungsleasing auf den finanzierten Abzahlungskauf zu übertragen[485], methodisch und inhaltlich billigen.

1. Inhalt von Leasing- und Kreditvertrag

Ott ist zuzugeben, daß die Übertragung dieser Grundsätze auf den finanzierten Abzahlungskauf und damit die rechtliche Gleichbehandlung und Harmonisierung der ähnlichen Finanzierungsmethoden auf den ersten Blick etwas Anregendes an sich hat[486], zumal auch der Bundesgerichtshof anfangs selbst die wirtschaftliche Verwandtschaft von Finanzierungsleasing und finanziertem Abzahlungskauf als "besondere Formen der Absatzfinanzierung" ausdrücklich bejahte und die umgekehrte Frage nach der Anwendung der Grundsätze vom Einwendungsdurchgriff auf das Finanzierungsleasing für möglich hielt, letztendlich die Entscheidung aber offenließ (Urteil vom 23.2.1977)[487]. Zu

---

lich anwendbar ist, so daß der Gesetzgeber viel stärker den Kreditcharakter des Finanzierungsleasings betont hat und deshalb auf Distanz zu der im folgenden darzustellenden, einseitig mietrechtlichen Betrachtungsweise des Bundesgerichtshofs gegangen zu sein scheint, so *Lieb*, aaO., S. 92 und 94 (= WM 1991, 1533 und 1534).

484 Wer wie ein immer größer werdender Teil der Literatur, angeführt vor allem von *Lieb*, JZ 1982, 561 ff.; *ders.*, DB 1988, 2495 ff. und *Canaris*, Bankvertragsrecht, RdNr. 1752 ff.; *ders.*, NJW 1982, 305 ff.; *ders.*, AcP 190 (1990) 410 ff.; *ders.*, ZIP 1993, 401 ff.; *Larenz/Canaris*, SchuldR II/2, § 66 IV 2, 3 (S. 113 ff.) die Grundsätze der Rechtsprechung, insbes. die Geschäftsgrundlagenkonstruktion mit ihren Folgen ablehnt, kommt erst gar nicht zu dieser Übertragungsmöglichkeit auf den finanzierten Abzahlungskauf. Da eine eingehende Untersuchung dieser Problematik den Rahmen der vorliegenden Untersuchung sprengen würde, soll von der verbraucherfreundlichsten Ansicht ausgegangen werden, und das ist beim Finanzierungsleasing zweifellos die der Rechtsprechung des BGH.

485 In: Bruchner/Ott/Wagner-Wieduwilt, § 9 VerbrKrG, RdNr. 129 ff.

486 Versuche dieser Art wurden immer wieder vorgenommen, meist jedoch umgekehrt, d.h. man fragte sich, inwieweit bereits gefestigte Rechtserkenntnisse aus dem Recht des finanzierten Abzahlungskaufs auf das Finanzierungsleasing übertragbar seien. Letzteres deshalb, weil der finanzierte Abzahlungskauf viel früher als das Finanzierungsleasing im Wirtschaftsleben und damit auch in der Rechtsprechung eine Rolle gespielt hatte und dort gesichertere Erkenntnisse vorlagen. So z.B. *Canaris*, Bankvertragsrecht, RdNr. 1749 ff.; *ders.*, NJW 1982, 305, 308 f.; *ders.*, AcP 190 (1990) 410 ff.; *Lieb*, JZ 1982, 561, 563; *ders.*, DB 1988, 2495 ff.; *Reinicke/Tiedtke*, BB 1982, 1142, 1148; *Scholz*, ZIP 1984, 914, 921 f.; *Schröder*, JZ 1989, 717, 723 f.

487 BGH WM 1977, 447 ff. Das Gericht konnte die Frage offenlassen, weil das Subsidiaritätsprinzip nicht erfüllt war: Der Lieferant war leistungsfähig, der Leasingnehmer hatte aber die ihm abgetretenen kaufrechtlichen Gewährleistungsansprüche verjähren lassen. Deshalb hätte der Einwendungsdurchgriff nicht gegeben werden können.

erwähnen ist auch, daß gerade in der für den finanzierten Abzahlungskauf so wichtigen Automobilbranche die herstellereigenen oder herstellernahen Kreditinstitute nach dem finanzierten Abzahlungskauf auch das Finanzierungsleasing entdeckt haben und im Privatkundengeschäft seit längerer Zeit mit großem Erfolg betreiben[488].

Die Nähe des Finanzierungsleasings zum finanzierten Abzahlungskauf wird besonders deutlich in der Entscheidung des Bundesgerichtshofs vom 16.9.1981[489]. Dort trat der Verkäufer gegenüber dem Leasingnehmer, der sich die Leasingsache dort aussuchte, als Vertreter einer Leasing-Bank auf, indem er deren Vertragsformulare für den Leasingvertrag mitführte. Der Leasingnehmer "bestellte" den Leasinggegenstand und füllte das Leasingantragsformular beim Verkäufer aus. Dieser reichte den Antrag an die Leasing-Bank weiter. Die Leasing-Bank nahm das Angebot an, schloß damit den Leasingvertrag ab, und kaufte dann ihrerseits den Leasinggegenstand vom Verkäufer (sog. Eintrittsmodell). Hätte der Verkäufer nicht nur Leasingantragsformulare, sondern auch Kreditantragsformulare der Bank gehabt, hätte der Interessent statt des Leasingvertrages einen Kreditvertrag abschließen können. Das Dreipersonenverhältnis des finanzierten Abzahlungskaufs wäre bei Annahme des Antrags durch die Bank perfekt gewesen, ohne daß die Bank den bereits abgeschlossenen Kaufvertrag noch hätte übernehmen müssen.

Aber auch in den anderen Fällen, in denen der Leasingnehmer von vornherein nur den Leasingvertrag abschließt und für eine bestimmte Nutzungsdauer Leasingraten an den Leasinggeber zahlt, ergibt sich eine deutliche Verwandtschaft zum finanzierten Abzahlungskauf: Denn auch beim finanzierten Abzahlungskauf ist der Verbraucher alsbald und vor allem, wenn der Einwendungsdurchgriff relevant wird, nur noch Partei des Kreditvertrages, da der Kaufvertrag mit Hilfe des Darlehens regelmäßig sofort erfüllt wird und folglich erlischt[490]. Im übrigen ergibt sich im gewerblichen Bereich die zivilrechtliche[491] Austauschbarkeit dieser Investitionsmodelle daraus, daß es investierenden Unternehmen in aller Regel allein auf die Nutzungsmöglichkeit einer Sache mit der Folge ankommt,

---

Einige Instanzgerichte wie LG Augsburg NJW 1973, 709, 710; OLG Düsseldorf NJW 1973, 1612; OLG Nürnberg NJW 1977, 152, 153 und wohl auch LG Hannover ZIP 1981, 641 gingen sogar noch weiter, indem sie die Anwendung des Einwendungsdurchgriffs grundsätzlich bejahten und die Entscheidung lediglich nach dem Vorliegen der Tatbestandsvoraussetzungen (wirtschaftliche Einheit, Schutzwürdigkeit gemäß § 8 AbzG, Subsidiarität etc.) fällten. An der generellen Anwendung des Einwendungsdurchgriffs bereits erheblich zweifelnd, wegen des nicht erfüllten Subsidiaritätsprinzips aber letztendlich auch offenlassend BGH WM 1982, 7, 8.

488 S. den Auszug aus dem Jahresbericht des Bankenfachverbandes 1991, FLF 1992, 127, 129 f.

489 BGH WM 1981, 1219 ff.

490 *Canaris*, ZIP 1993, 401, 406 und *Larenz/Canaris*, SchuldR II/2, § 66 IV 3 a (S. 116).

491 Anderes gilt für das Steuerrecht, s.u. S. 302.

daß es ihnen letztlich gleichgültig ist, ob sie sich diese Nutzungsmöglichkeit durch finanzierten Eigenerwerb oder aber durch Finanzierungsleasing verschaffen[492].

Dennoch kann diese Übertragung, ganz abgesehen von den grundsätzlichen Bedenken an der Anwendung der Regeln über den Wegfall der Geschäftsgrundlage, überhaupt nicht überzeugen[493]. Der entscheidende Unterschied zwischen Finanzierungsleasing und finanzierten Abzahlungskauf besteht darin, daß nach der Rechtsprechung des Bundesgerichtshofs der Leasinggeber als Hauptleistungspflicht die zeitweise Überlassung des geleasten Gegenstandes schuldet und deshalb selbst für die Mangelhaftigkeit der Leasingsache nach den mietrechtlichen Gewährleistungsvorschriften der §§ 537 ff. BGB einzustehen hat[494]. Zwar zeichnet er sich von dieser Haftung regelmäßig frei. Dies ist aber nur dann zulässig, wenn er gleichzeitig seine ihm gegen den Verkäufer der Leasingsache nach §§ 459 ff. BGB zustehenden kaufrechtlichen Gewährleistungsansprüche an den Leasingnehmer abtritt und ihn damit unter Beachtung der Verjährungsfristen zur Geltendmachung dieser Rechte in einem Prozeß gegen den Verkäufer verpflichtet. Wirtschaftlich belastet das den Leasingnehmer deswegen kaum, weil er die weitere Zahlung der Leasingraten ab Rechtshängigkeit des Wandelungsprozesses vorläufig einstellen kann[495]. Stellt sich dort die Mangelhaftigkeit der Kaufsache rechtskräftig heraus, kann deshalb die Geschäftsgrundlage des Leasingvertrages mit ex-tunc-Wirkung wegfallen, weil zugleich klargestellt ist, daß der Leasinggegenstand von Anfang an mangelhaft war und der Leasinggeber seine Hauptleistungspflicht als Vermieter nicht erfüllt hat. Hinter der vorgeschobenen Konstruktion der Rechtsprechung vom Wegfall der Geschäftsgrundlage steht letzten Endes immer die eigene mietrechtliche Gewährleistungsverpflichtung des Leasinggebers[496], und diese besteht von Anfang an mit Abschluß des Leasingvertrages. Der Bundesgerichtshof hat ausdrücklich betont, daß die formularmäßige Freizeichnung von dieser Verpfllichtung in Allgemeinen Geschäftsbedingungen nur dann wirksam und keine unangemessene Benachteiligung des Leasingnehmers ist, wenn im Falle der Wandelung des Kaufvertrages die Geschäftsgrundlage des Leasingvertrages mit ex-tunc-

492 Zutreffend *Lieb*, DB 1988, 2495, 2498, wobei aber in diesen Fällen das Verbraucherkreditgesetz gemäß § 1 Abs. 1 nicht anwendbar wäre, da Unternehmen keine Verbraucher sind.

493 *Lieb*, in: Hadding/Hopt, Das neue Verbraucherkreditgesetz, S. 115, 122; *Coester*, Jura 1992, 617, 624; *Karollus*, JuS 1993, 820, 821, Fn. 8; *Drescher*, WuB I E 2 c. - 3.94; *von Hoyningen-Huene*, JuS 1995, 41, 43 und MüKo-*Habersack*, § 9 VerbrKrG, RdNr. 132.

494 Siehe zum Ganzen die Urteile BGH WM 1977, 447 ff.; BGH WM 1981, 1219 ff.; BGH WM 1984, 1089 ff.; BGH WM 1985, 226 ff.; BGH WM 1985, 573 ff.; BGH WM 1986, 591 ff. und die die bisherige Rechtsprechung zusammenfassenden Entscheidungen BGH WM 1990, 25 ff. und BGH WM 1991, 954 ff.

495 BGH WM 1986, 591.

496 *Lieb*, in: Hadding/Hopt, Das neue Verbraucherkreditgestz, S. 115, 122.

Wirkung entfällt, genauer von Anfang an nicht vorhanden ist[497], so daß der Leasinggeber alle Ansprüche aus dem Vertrag verliert[498]. Die Konzeption vom Wegfall der Geschäftsgrundlage mit ex-tunc-Wirkung kann nicht anders als ein Kompensation für die eigene, aber wirksam ausgeschlossene Gewährleistungsverpflichtung des Leasinggebers angesehen werden. Hinzu kommt nach der Rechtsprechung, daß der Leasinggeber als Eigentümer und Vermieter der Leasingsache eine besondere Verantwortlichkeit hat, die ihn daran hindert, den Leasingnehmer durch eine Haftungsabwälzung so vollkommen mit der Sachgefahr zu belasten, daß ihm selbst nur noch die Stellung eines Finanzierers verbleibt[499]. Da er wie ein Vermieter Gebrauchsüberlassung einer mangelfreien Sache als "wesentlichste Pflicht" schuldet[500], ist die ursprünglich ausgeschlossene, mit der Wandelung des Kaufvertrages wiederauflebende Einwendung aus dem Leasingvertrag, jetzt in Gestalt des Wegfalls der Geschäftsgrundlage, etwas völlig Normales; den Umweg über den "Durchgriff" bedarf es dort nicht[501]. Für den Fall des Konkurses des Verkäufers hat der Leasinggeber konsequenterweise wie jeder andere Käufer auch dieses Ausfallrisiko zu tragen und kann es nicht auf den Leasingnehmer abwälzen[502].

Ganz anders liegen die Dinge beim finanzierten Abzahlungskauf. Dort schuldet der Kreditgeber niemals die Zurverfügungstellung einer mangelfreien Sache, sondern nur Auszahlung der Valuta. Deshalb muß er prinzipiell auch nicht für Sachmängel oder für sonstige Einwendungen aus dem Kaufvertrag einstehen. Beim finanzierten Abzahlungskauf wird die Störung aus dem Kaufverhältnis ihm erst und nur über den Einwendungsdurchgriff unter den dortigen besonderen Voraussetzungen "zugerechnet", wenn er deswegen seine zukünftigen Raten nicht mehr vom Verbraucher verlangen kann. Die Störung ist und bleibt eine für ihn betriebsfremde Störung, die Belastung mit dem Konkurs-

---

497 BGH WM 1981, 1219, 1222.

498 So kommt es zu einem Rückzahlungsanspruch des Leasingnehmers gegen den Leasinggeber bezüglich der bereits geleisteten Raten, demgegenüber ein Wegfall der Bereicherung (Aufwendungsersatz wegen der Kaufpreiszahlung, Refinanzierungs- und sonstiger Vertragskosten etc.) nicht geltend gemacht werden kann. Der Leasinggeber kann nur Nutzungsersatzansprüche abziehen, s. BGH WM 1990, 25 ff. Ganz deutlich ist aber darauf hinzuweisen, daß es sich hier nicht um einen technischen Rückforderungsdurchgriff, also um einen Anspruch wegen einer Störung aus einem anderen Vertragsverhältnis geht. Der Anspruch ist, ähnlich dem Bereicherungsanspruch des Verbrauchers gegen den Kreditgeber wegen isolierter Nichtigkeit des Kreditvertrages, ein normaler Rückforderungsanspruch wegen Störung im eigenen Vertragsverhältnis, kein "Durchgriff". Zutreffend bezeichnet auch *Lieb*, in: Hadding/Hopt, Das neue Verbraucherkreditgesetz, S. 91, 101 (= WM 1991, 1533, 1537) diesen Rückzahlungsanspruch des Leasingnehmers nur als eine "Art von Rückforderungsdurchgriff".

499 BGH WM 1985, 573, 574 und BGH WM 1986, 591, 593.

500 BGH WM 1977, 447, 448.

501 Zutreffend *Reinicke/Tiedtke*, BB 1982, 1142, 1148, die deshalb auch den Einwendungsdurchgriff beim Finanzierungsleasing für die alte Rechtslage ablehnten.

502 BGH WM 1981, 1219, 1222. Die Systemwidrigkeit einer Abwälzung auf den Leasingnehmer betonten nachdrücklich *Reinicke/Tiedtke*, BB 1982, 1142, 1146.

risiko des Verkäufers ist grundsätzlich systemfremd, da der rechtlich selbständige Kreditvertrag als solcher störungsfrei ist und sich seine Rolle auf die Finanzierung des Erwerbs einer Sache beschränkt[503]. Deshalb wurde auch, wie oben gesehen[504], der finanzierte Abzahlungskauf einzig vom "Kredit auf eigene Faust" abgegrenzt.

Der Einwand von *Ott* zu diesem zentralen Unterschied zwischen Finanzierungsleasing und finanzierten Abzahlungskauf, entscheidend sei nicht die Interessenlage des Kreditgebers, sondern allein die des Kreditnehmers, dem durch die Aufspaltung eines einheitlichen Geschäfts in mehrere Verträge keine Nachteile erwachsen sollen[505], kann nur als pauschal bezeichnet werden. Bei einer Risikoverteilung im Dreipersonenverhältnis zwischen zwei Beteiligten wegen Ausfalls des Dritten müssen alle Interessen miteinander und gegeneinander abgewogen werden. Der Einwand ist aber auch falsch. Denn mit dem grundsätzlich sofortigen Einwendungsdurchgriff hat der Verbraucher, abgesehen von den gesetzlichen Ausnahmefällen und den Einwendungen, die nicht aus dem Kaufvertrag stammen[506], die gleiche Rechtsposition wie der normale Abzahlungskäufer, so daß ihm durch die Aufspaltung keine Nachteile erwachsen. Im Gegenteil wäre gerade die Zubilligung des Rückforderungsdurchgriffs eine eindeutige Besserstellung, worauf *Ott* bezeichnenderweise mit keinem Wort eingeht.

2. *Die beteiligten Personen*

Aber auch von der Personenkonstellation ergibt sich ein wesentlicher Unterschied: Beim finanziertem Abzahlungskauf schließt der Verbraucher von vornherein immer zwei Verträge mit verschiedenen Personen ab, während der Leasingnehmer regelmäßig nur einen Leasingvertrag mit dem Leasinggeber abschließt[507]. Das gilt auch für das sog. Eintrittsmodell, weil hier der Leasinggeber den bereits durch den Leasingnehmer geschlossenen Kaufvertrag übernimmt und jener daraus nicht mehr verpflichtet ist. In die dem Verbraucher ähnliche Lage gerät der Leasingnehmer erst und nur durch die Abtretung der kaufrechtlichen Gewährleistungsrechte. Diese muß aber allein im Zusammenhang mit dem Gewährleistungsausschluß gesehen werden, weil sie ihn erst möglich macht und deshalb der Verbesserung der Rechtsstellung des Leasinggebers, nicht seiner Verschlechterung

503 So vor allem *Lieb*, in: Hadding/Hopt, Das neue Verbraucherkreditgesetz, S. 115, 122.
504 S. § 3, S. 72 ff.
505 In: Bruchner/Ott/Wagner-Wieduwilt, § 9 VerbrKrG, RdNr. 131.
506 S.o. §§ 5, 6, S. 135 ff. bzw. S. 162 ff.
507 Diesen Unterschied betonte bereits BGH WM 1985, 573, 574.

dient[508]: Er will mit der Auseinandersetzung um die Sachmängel nichts zu tun haben, weil typischerweise der Leasingnehmer die Kaufsache nach seinen Vorstellungen beim Verkäufer aussucht, mit diesem den Verwendungszweck erörtert und festlegt, die Sache in Besitz nimmt und daher eventuelle Sachmängel viel besser als der Leasinggeber beurteilen kann[509]. Dennoch bleibt es dabei: Das Dreipersonenverhältnis beim Finanzierungsleasing wird nur durch die zwei Verträge abschließende Person des Leasinggebers geschaltet, während es beim finanzierten Abzahlungskauf durch die zwei Verträge abschließende Person des Verbrauchers zustande kommt.

Von dieser unterschiedlichen Personenkonstellation läßt sich nach der Rechtsprechung die volle Tragung des Verkäuferkonkursrisikos durch den Leasinggeber erheblich besser rechtfertigen: Er hat den Kaufvertrag mit dem Verkäufer abgeschlossen, um durch die Vermietung der gekauften Sache an den Leasingnehmer einen Gewinn zu erzielen. Auch wenn der Leasingnehmer die Sache beim Verkäufer bereits ausgesucht hatte, ist die rechtlich relevante Vertrauensinvestition des Leasinggebers in diesem Kaufvertrag begründet. Der Kaufvertrag beim finanzierten Abzahlungskauf wird dagegen allein zwischen Verbraucher und Verkäufer geschlossen, der Kreditgeber hat daran überhaupt keinen Anteil. Ein Näheverhältnis zwischen Kreditgeber und Verkäufer, das eine vergleichbare Rechtfertigung für die volle Übernahme des Konkursrisikos abgeben könnte, besteht beim finanzierten Abzahlungskauf nur bei Vorliegen eines Rahmenvertrages oder einer faktischer Zusammenarbeit[510]. Da diese nicht zwingend notwendig für die Bejahung der Vertragsverbindung sind[511], ist die Übernahme des ganzen Verkäuferkonkursrisikos durch den Kreditgeber gerade in den Fällen der erstmaligen Zuführung eines Kunden zum Kreditgeber durch den Verkäufer im besonderen Maße erklärungsbedürftig.

Dem genügt die pauschale Anwendung der Regeln vom Wegfall der Geschäftsgrundlage mit dem Argument, der Verbraucher müsse davor geschützt werden, an einen Finanzierungsvertrag sowie an den hierauf bereits erbrachten Leistungen festgehalten zu werden, dessen Ziel, gleich, ob Gebrauchsüberlassung auf Zeit (Finanzierungsleasing) oder endgültiger Sacherwerb (finanzierter Abzahlungskauf), nicht erreicht werden kann[512], in

---

508 Zutreffend *Reinicke/Tiedtke*, BB 1982, 1142, 1148.

509 BGH WM 1977, 447, 449.

510 Die Belastung mit dem gesamten Verkäuferkonkursrisiko auf Grund eines Rahmenvertrages bzw. auf Grund faktischer Zusammenarbeit läge im Vergleich zu dem zwischen Leasinggeber und Verkäufer geschlossenen Kaufvertrag, *aus dem heraus Störungen resultieren und Risiken zu verteilen sind*, in jedem Fall auf einer anderen Ebene.

511 S.o. § 3, S. 86 ff.

512 So *Ott*, in: Bruchner/Ott/Wagner-Wieduwilt, § 9 VerbrKrG, RdNr. 130.

keinster Weise[513]. Diese These ist zwar für das Finanzierungsleasing unter Zugrundelegung der Rechtsprechungsgrundsätze zutreffend. Beim finanzierten Abzahlungskauf steht aber gerade in Frage, ob der Verbraucher auch insofern geschützt werden muß, daß er bereits gezahlte Raten für einen gescheiterten Sacherwerb vom Kreditgeber zurückerhält. Die Interessenlage des Kreditgebers bei der wichtigsten Frage der Überbürdung des gesamten Verkäuferkonkursrisikos völlig unberücksichtigt zu lassen und den Rückforderungsdurchgriff einzig mit der Interessenlage des Verbrauchers zu begründen[514], ist unter dem Gesichtspunkt der Vertrauensinvestition durch Vertragsabschluß nicht möglich.

3. *Verhinderung der Realisierung des Aufspaltungsrisikos*

Selbst unter Annahme des Wegfalls der Geschäftsgrundlage könnten die Rechtswirkungen jedenfalls für den Hauptanwendungsfall der Wandelung nicht dieselben sein. Beim Finanzierungsleasing geht es im Gegensatz zum finanzierten Abzahlungskauf nicht darum, zu verhindern, daß sich das Aufspaltungsrisiko realisiert, sondern um eine angemessene Risikoverteilung beim Fehlschlagen der Nutzung einer Sache. Beim Finanzierungsleasing ist der Leasingnehmer vielmehr von vornherein an der Aufspaltung der Rechtsgeschäfte, dem Auseinanderfallen von Warenlieferanten und Leasinggeber aus steuerlichen Motiven heraus interessiert: An einen Sacherwerb denkt er überhaupt nicht, weil er den Sachwert nicht bilanzieren will. Ihn interessiert allein die zeitweise Gebrauchsüberlassung, deren Kosten er voll als Betriebsausgaben absetzen kann[515]. Mag beim Leasing eine ex-tunc-Wirkung und damit eine vollständige bereicherungsrechtliche Rückabwicklung zwischen Leasingnehmer und Leasinggeber nach den Grundsätzen der Rechtsprechung konsequent erscheinen, so ist dies beim finanzierten Abzahlungskauf deshalb nicht möglich, weil es dort allein darum geht, daß sich das Aufspaltungsrisiko nicht realisiert[516]. § 9 Abs. 3 VerbrKrG ist, wie gesehen, Risikoverlagerung- und Nivellierungsnorm, nicht Besserstellungsnorm[517]. Insofern könnte ein etwaiger Wegfall der

513 Hier gewinnt der Hinweis von *Lieb*, JZ 1982, 561, 563 Bedeutung, daß das Institut vom Wegfall der Geschäftsgrundlage nur ein rechtstechnisches Mittel zur Durchsetzung zuvor selbständig zu begründender rechtlicher Wertungen darstellt.

514 So *Ott*, in: Bruchner/Ott/Wagner-Wieduwilt, § 9 VerbrKrG, RdNr. 131.

515 Gerade deswegen hatte BGH WM 1982, 7, 8 zu Recht erhebliche Zweifel an der Anwendung des Einwendungsdurchgriffs auf das Finanzierungsleasing. Denn seit BGH WM 1980, 1446 (finanzierter Beitritt zu einer Abschreibungsgesellschaft) kam der Einwendungsdurchgriff dann nicht in Betracht, wenn die Aufspaltung des Erwerbsvorgangs aus steuerlichen Gründen vom Kreditnehmer gerade gewollt war. Ob daran unter der neuen Rechtslage insbes. für den drittfinanzierten Immobilien- und Beteiligungserwerb festgehalten werden kann, ist sehr zweifelhaft, kann hier aber nicht entschieden werden. S. dazu ausführlich *Habersack*, ZHR 156 (1992) 45 ff. m.w.N.

516 So selbst auch *Ott*, in: Bruchner/Ott/Wagner-Wieduwilt, § 9 VerbrKrG, RdNr. 131.

517 S.o. das Ergebnis der Auslegung auf S. 289 f.

Geschäftsgrundlage beim finanzierten Abzahlungskauf im Falle der Wandelung bzw. des Rücktritts nur ex nunc wirken[518], und das bedeutet nichts anderes als die Zubilligung des Einwendungsdurchgriffs und gerade nicht des Rückforderungsdurchgriffs.

4. Ergebnis

Als Ergebnis läßt sich festhalten, daß die Vorgänge finanzierter Abzahlungskauf als Prototyp der gesetzlichen Regelung und Finanzierungsleasing wirtschaftlich gesehen ähnlich sein mögen, unter der Einordnung des Finanzierungsleasings durch die Rechtsprechung als Mietvertrag mit leasingspezifischen Besonderheiten sind sie es rechtsethisch und rechtskonstruktiv aber keinesfalls. Dies stellte ausdrücklich der Bundesgerichtshof fest, als er die bereicherungsrechtliche Rückabwicklung des Leasingvertrages zu beurteilen hatte und explizit nicht auf die dazu bereits vorhandenen Grundsätze zum finanzierten Abzahlungskauf zurückgriff (Urteil vom 25.10.1989)[519]. Damit kann festgestellt werden, daß der Bundesgerichtshof schon nach der alten Rechtslage von seinem anfänglichen Offenlassen[520] zu einer klaren Ablehnung der Gleichbehandlung von Leasingnehmer und Abzahlungskäufer gekommen war. Harmonisierung im Recht als gegenläufige Methode zur immer weiter fortschreitenden Entwicklung der Rechtszersplitterung ist zwar durchaus etwas Gewinnbringendes. Jedoch müssen die Sachverhalte auch wesensgleich oder wesensähnlich sein, damit man zu dem gewünschten Ergebnis kommen kann. Das ist hier nicht der Fall. Aus diesen Gründen verbietet sich die Übertragung der Grundsätze der Rechtsprechung vom Wegfall der Geschäftsgrundlage zum Finanzierungsleasing auf den finanzierten Abzahlungskauf[521].

---

518 So *Canaris*, Bankvertragsrecht, RdNr. 1451 als Hauptvertreter der Geschäftsgrundlagenkonstruktion für die alte Rechtslage und MüKo-*Habersack*, § 9 VerbrKrG, RdNr. 132 für die neue Rechtslage.

519 BGH WM 1990, 25, 27 (bereits angedeutet von BGH WM 1986, 591, 593).

520 BGH WM 1977, 447 ff.

521 Nochmals zu unterstreichen ist, daß mit diesem Ergebnis nicht zugleich ausgedrückt ist, daß nicht auch § 9 Abs. 3 VerbrKrG (evtl. analog) auf Leasingverträge angewendet werden kann.

IX. Stellungnahme zur Anwendung von § 813 Abs. 1 S. 1 BGB

1. *Die Anwendung von § 813 Abs. 1 S. 1 BGB im Falle der Wandelung des Kaufvertrages (sog. kaufrechtlicher Rückforderungsdurchgriff)*

Entgegen der Ansicht von *Emmerich*[522] ist § 813 Abs. 1 S. 1 BGB bei Wandelung des Kaufvertrages als Anspruchsgrundlage des Verbrauchers gegen den Kreditgeber nicht anwendbar[523]. Zwar ist *Emmerich* zuzugeben, daß der Wortlaut der Norm einer Erstreckung auf die Fälle des Einwendungsdurchgriffs gemäß § 9 Abs. 3 S. 1 VerbrKrG von vornherein nicht entgegensteht[524]. Jedoch ergibt sich die Unanwendbarkeit der Norm schon isoliert aus allgemeinen bereicherungsrechtlichen Grundsätzen. Nach ganz herrschender Meinung setzt die Leistungskondiktion nach § 813 Abs. 1 S. 1 BGB das Bestehen einer Einrede im Zeitpunkt der Leistung voraus[525]. Genau das ist aber bei der Wandelung nicht der Fall: Die Wandelung führt zu einer Umgestaltung des Kaufvertrages mit ex-nunc-Wirkung und begründet damit beim finanzierten Abzahlungskauf erst von diesem Zeitpunkt an ein Leistungsverweigerungsrecht gegenüber der Inanspruchnahme durch den Kreditgeber[526]. Vor Vollzug der Wandelung erbrachte Raten leistet der Verbraucher mit Rechtsgrund, eine Einrede besteht in diesem Zeitpunkt überhaupt noch nicht[527]. Diese gefestigten Grundsätze sind auch nicht mit einer ex-post-Sicht-Korrektur zu sprengen[528].

---

522 In: Hadding/Hopt, Das neue Verbraucherkreditgesetz, S. 67, 82 f.; *ders.*, in: Graf v. Westphalen/ Emmerich/Kessler, § 9 VerbrKrG, RdNr. 101 ff.

523 So vor allem *Lieb*, in: Hadding/Hopt, Das neue Verbraucherkreditgesetz, S. 115, 120 f. Ablehnend ferner *Reinking/Nießen*, ZIP 1991, 79, 84; *Canaris*, EuZW 1991, 257; *Larenz/Canaris*, SchuldR II/2, § 68 I 5 a (S. 156 f.); MüKo-*Habersack*, § 9 VerbrKrG, RdNr. 131; *Scholz*, Verbraucherkreditverträge, RdNr. 374 (S. 178); *Coester*, Jura 1992, 617, 624 und Staudinger-*Lorenz*, § 813 BGB, RdNr. 5.

524 So auch *Scholz*, Verbraucherkreditverträge, RdNr. 374 (S. 178).

525 S. nur Staudinger-*Lorenz*, § 813 BGB, RdNr. 7 und RGRK-*Heimann=Trosien*, § 813 BGB, RdNr. 3 unter Berufung auf RG SächsArch. 1908, 266, 267.

526 Staudinger-*Lorenz*, § 813 BGB, RdNr. 5.

527 Die allgemeine Mängeleinrede soll hier einmal außen vor bleiben, da auch *Emmerich* den Rückforderungsdurchgriff aus § 813 Abs. 1 S. 1 BGB nur bei vollzogener Wandelung gibt.

528 So aber *Emmerich*, in: Hadding/Hopt, Das neue Verbraucherkreditgesetz, S. 67, 82 f. Dabei hat er selbst Zweifel, ob § 813 Abs. 1 S. 1 BGB auch bei nachträglichem Entstehen einer peremptorischen Einrede anwendbar ist (s. auch *dens.*, in: Graf v. Westphalen/Emmerich/Kessler, RdNr. 101, Fn. 134), bejaht dies aber letztlich aus "Notwendigkeit" unter Bezugnahme auf einen Teil der Literatur. Diese, vor allem der von *Emmerich* zitierte Staudinger-*Lorenz*, § 813 BGB, RdNr. 7; daneben RGRK-*Heimann=Trosien*, § 813 BGB, RdNr. 3; *Reuter/Martinek*, Ungerechtfertigte Bereicherung, § 5 IV (S. 173); Erman-*H.P. Westermann*, § 813 BGB, RdNr. 1 f. und Soergel-*Mühl*, § 813 BGB, RdNr. 3 und 11, steht *Emmerichs* Auffassung geschlossen entgegen und folgt nur in einem Extremfall der Entscheidung BGH MDR 1954, 286 ff. Dort wurde ausnahmsweise einmal der Anspruch aus § 813 Abs. 1 S. 1 BGB gegeben, obwohl die Einrede (dort war es § 242 BGB !) zur Zeit der Leistung noch nicht bestand, gleichwohl aber die die Einrede begründenden

Besonders deutlich wird die Richtigkeit dieser Auffassung aus dem Vergleich mit der Situation im Zweipersonenverhältnis: Ist die Wandelung dort vollzogen, hat der Käufer nur Ansprüche aus §§ 346 ff. BGB. Das Bereicherungsrecht wird vollständig verdrängt, weil die §§ 346 ff. BGB die spezielleren Rückabwicklungsregeln zu §§ 812 ff. BGB darstellen und der Kaufvertrag Rechtsgrund für geleistete Zahlungen ist und bleibt, er sich nur von nun an in ein Rückgewährschuldverhältnis umwandelt[529]. Ist die Wandelung im Zweipersonenverhältnis nicht vollzogen, weil der Käufer eine rechtzeitige (§ 477 BGB) Klage auf Abgabe der Einverständniserklärung in die Wandelung (§ 465 BGB) versäumt hat, hat er aber den Mangel dem Verkäufer gleichwohl angezeigt, so kann er die weitere Ratenzahlung des Kaufpreises gemäß § 478 Abs. 1 S. 1 BGB verweigern. Bereits geleistete Raten kann er dagegen nicht zurückfordern, und zwar deshalb nicht, weil nach einhelliger Meinung gerade die Mängeleinrede des § 478 Abs. 1 S. 1 BGB trotz ihres peremptorischen Charakters aus dem Anwendungsbereich des § 813 Abs. 1 S. 1 BGB herauszunehmen ist[530]. Der Käufer soll den bereits gezahlten Kaufpreis allein mit der Wandelungsklage zurückverlangen können, nicht nach rechtzeitiger Mängelanzeige über den Umweg der § 478 Abs. 1 S. 1, § 813 Abs. 1 S. 1 BGB, gleich, ob der Kaufpreis vor oder erst nach der Mängelanzeige gezahlt worden ist. Eine gegenteilige Entscheidung würde dem rechtspolitischen Zweck des § 477 BGB, im Interesse der Verkehrssicherheit für eine stabile Rechtslage nach Verjährung der Gewährleistungsansprüche zu sorgen, vollständig unterlaufen[531], vor allem, weil die Norm des § 478 BGB schon eine Ausnahme von der Verjährungsvorschrift des § 477 BGB ist und der einmal begründete Anspruch aus § 813 Abs. 1 S. 1 BGB der regelmäßigen dreißigjährigen Verjährungsfrist des § 195 BGB unterliegen würde.

Diese Gedanken aus dem Zweipersonenverhältnis sind für den finanzierten Abzahlungskauf als Dreipersonenverhältnis fruchtbar zu machen: Wenn schon das dauerhafte Leistungsverweigerungsrecht des § 478 Abs. 1 S. 1 BGB dem Käufer im Zweipersonenverhältnis keine Rückforderungsmöglichkeit verschafft und er auf den Wandelungsprozeß

Tatbestandsmerkmale zur Zeit der Leistung schon in ihrem Kern vorhanden waren und sich erst später, infolge der weiteren Entwicklung in der damaligen sowjetischen Besatzungszone (!) zu der peremptorischen Einrede verdichteten. Dieser extreme Sonderfall ist auf den alltäglichen Fall der Wandelung beim finanzierten Abzahlungskauf keinesfalls übertragbar. Die Kommentierung von MüKo-*Lieb*, § 813 BGB, RdNr. 2, auf die sich *Emmerich*, aaO., beruft, ist hier nicht genau genug, was *Lieb* in: Hadding/Hopt, Das neue Verbraucherkreditgesetz, S. 115, 120, Fn. 24 selbst zugibt.

529 Heute hM, s. nur Palandt-*Heinrichs*, Einf. vor § 346 BGB, RdNr. 2 m.w.N.

530 S. nur Staudinger-*Lorenz*, § 813 BGB, RdNr. 13 m.w.N., insbes. auf die drei Urteile RGZ 74, 292, 293; RGZ 128, 211, 215 und RGZ 144, 93, 95.

531 *Reuter/Martinek*, Ungerechtfertigte Bereicherung, § 5 IV (S. 174) und Staudinger-*Lorenz*, § 813 BGB, RdNr. 13.

verwiesen wird, so kann erst recht nicht der Einwendungsdurchgriff als Einrede beim finanzierten Abzahlungskauf eine Rückforderungsmöglichkeit gegen den Kreditgeber eröffnen. Das gilt für alle kaufrechtlichen Einreden, nicht nur für peremptorische, sondern gerade auch für dilatorische wie die allgemeine Mängeleinrede, mit der der Verbraucher berechtigterweise die Rückzahlung des Kredits verweigern kann. Denn die allgemeine Mängeleinrede kann nicht weiterreichen als die peremptorische Einrede des § 478 Abs. 1 S. 1 BGB, die nicht über den Weg des § 813 Abs. 1 S. 1 BGB kondiktionsbegründend ist[532].

Im übrigen ist *Emmerich* wie schon die Anhänger der Geschäftsgrundlagenkonstruktion dem Vorwurf ausgesetzt, daß die Vorgehensweise, die Lösung einer speziellen Rechtsfrage aus dem Verbraucherkreditgesetz in allgemeinen Normen wie denen des Bereicherungsrechts finden zu wollen, im höchsten Maße konstruktiv und zufällig erscheint, zumal dann noch ein dort gefestigter Grundsatz, nämlich der Bestand der Einrede bei Vornahme der Leistung für den finanzierten Abzahlungskauf abgeändert werden muß[533]. Auch *Emmerichs* Hilfserwägungen, das Ergebnis eines kaufrechtlichen Rückforderungsdurchgriffs lasse sich auch auf eine condictio ob causam finitam gemäß § 812 Abs. 1 S. 2 1. Alt. BGB oder den Wegfall der Geschäftsgrundlage stützen[534], sind kaum noch nachvollziehbar. Der spätere Wegfall der rechtlichen Grundes (des Kreditvertrages !) müßte ausgehend von der Trennungstheorie bei Wandelung des Kaufvertrages erst einmal begründet werden und steht im krassen Gegensatz zu der von *Emmerich* primär anzuwendenden Norm des § 813 Abs. 1 S. 1 BGB, bei der ja gerade der rechtliche Grund bestehen bleibt[535]. Hier muß man sich entscheiden. Zur Kritik an der Geschäftsgrundlage kann auf die bereits gemachten Ausführungen verwiesen werden[536]. Man kann sich insgesamt des Eindrucks nicht erwehren, daß auch *Emmerich* (wie schon *Ott*) ein gewünschtes und deshalb wohl vorgegebenes Ergebnis, nämlich die Bejahung des Rückforderungsdurchgriffs, mit allen denkbaren Mitteln zu erreichen versucht[537].

---

532 Zutreffend MüKo-*Habersack*, § 9 VerbrKrG, RdNr. 131.

533 Völlig zutreffend *Lieb*, in: Hadding/Hopt, Das neue Verbraucherkreditgesetz, S. 115, 121.

534 In: Graf v. Westphalen/Emmerich/Kessler, § 9 VerbrKrG, RdNr. 101.

535 *Lieb*, in: Hadding/Hopt, Das neue Verbraucherkreditgesetz, S. 115, 121 f.

536 S.o. S. 291 ff.

537 Dies manifestiert jedenfalls *Emmerichs* Äußerung in: Graf v. Westphalen/Emmerich/Kessler, Einl. zum VerbrKrG, RdNr. 58, wonach bei allen Zweifelsfragen der vom Gesetzgeber bewußt oder unbewußt offengelassenen Fragen der umfassend verstandene Verbraucherschutz für die Auslegung maßgeblich sein müsse.

2. *Die Anwendung von § 813 Abs. 1 S. 1 BGB im Falle der Nichtigkeit des Kaufvertrages (sog. bereicherungsrechtlicher Rückforderungsdurchgriff)*

Anders ist es dagegen bei der Nichtigkeit des Kaufvertrages, wegen ihrer Rückwirkung gemäß § 142 Abs. 1 BGB auch im Falle der späteren Anfechtung. Hier könnte die Vorschrift des § 813 Abs. 1 S. 1 BGB wirklich anwendbar sein und zu einem Rückforderungsdurchgriff führen. Bereicherungsrechtliche Einwände bestehen im Unterschied zur Wandelung des Kaufvertrages nicht. In der Tat leistet der Verbraucher an den Kreditgeber Raten, obwohl ihm von Anfang an ein dauerndes Leistungsverweigerungsrecht zusteht[538].

Fraglich ist aber, ob § 813 Abs. 1 S. 1 BGB überhaupt auf das Dreipersonenverhältnis des finanzierten Abzahlungskaufs mit dem besonderen Leistungsverweigerungsrecht des Einwendungsdurchgriffs zugeschnitten ist. Bejahte man den Rückforderungsdurchgriff für jeden Fall der Nichtigkeit, müßte auch die Anfechtung wegen Irrtums über verkehrswesentliche Eigenschaften gemäß § 119 Abs. 2 BGB darunter fallen[539]. Das wäre aber, wenn man wie diese Autoren gleichzeitig den kaufrechtlichen Rückforderungsdurchgriff ablehnte, ein schwerer Wertungswiderspruch, liegen doch die Fälle des § 119 Abs. 2 BGB und die §§ 459 ff. BGB dicht beieinander. So wird von der ganz hM § 119 Abs. 2 BGB nach Gefahrübergang von den insoweit spezielleren §§ 459 ff. BGB verdrängt[540]. Würde man dagegen den Fall des § 119 Abs. 2 BGB vom Rückforderungsdurchgriff ausklammern und letzteren nur bei schwerwiegenden Nichtigkeitsgründen wie bei der Sittenwidrigkeit des Kaufvertrages oder der Anfechtung wegen arglistiger Täuschung bzw. widerrechtlicher Drohung annehmen[541], käme man ebenfalls, jetzt innerhalb der Nichtigkeitsgründe, in einen Wertungskonflikt. Denn was sind schon schwerwiegende Nichtigkeitsgründe ? Das BGB kennt diese Unterscheidung nicht, sondern behandelt alle Nichtigkeitsfälle gleich. Wie wäre z.B. der Fall der mangelnden Geschäftsfähigkeit zu entscheiden ? Hätte der Minderjährige den Rückforderungsdurchgriff ? Wäre § 306 BGB

---

538 A.A. zur alten Rechtslage Erman-*Weitnauer/Klingsporn* (7. Aufl.), Vorbem. III zum AbzG, RdNr. 33 a: keine Bereicherung des Kreditgebers.

539 So noch *Reinking/Nießen*, ZIP 1991, 79, 84 ausdrücklich. Bei den übrigen Befürwortern des bereicherungsrechtlichen Rückforderungsdurchgriffs fehlt es hier an einer ausdrücklichen Stellungnahme, s. *Coester*, Jura 1992, 617, 623 f. und MüKo-*Habersack*, § 9 VerbrKrG, RdNr. 118 einerseits, RdNr. 86 andererseits.

540 Dazu Palandt-*Putzo*, Vorb. vor § 459 BGB, RdNr. 9.

541 So jetzt *Reinking/Eggert*, Der Autokauf, RdNr. 300 (S. 89 f.); *Reinking*, FLF 1993, 174, 175 ff. und die Empfehlung des 31. Deutschen Verkehrsgerichtstages vom 27. bis 29.1.1993 in Goslar, DAR 1993, 112, 113 (Anm.: *Reinking* war dort Teilnehmer und scheint mit seinem in der FLF abgedrucken Vortrag den Verkehrsgerichtstag maßgeblich beeinflußt zu haben).

ein schwerwiegender oder ein leichterer Nichtigkeitsgrund ? Man merkt sofort, daß mit derartigen Differenzierungen der Rechtsunsicherheit Tür und Tor geöffnet wird[542].

Diese Fragen können aber offenbleiben. Denn die Ablehnung des bereicherungsrechtlichen Rückforderungsdurchgriffs ergibt sich allein aus dem Umstand, daß der Gesetzgeber dem Verbraucher diesen in keinem denkbaren Fall zugebilligt und das Problem auch nicht offengelassen hat[543]. Schon gar nicht hat er den möglichen Regelungszusammenhang zwischen der speziellen Einrede des Einwendungsdurchgriffs aus dem Sondergesetz des Verbraucherkreditgesetzes, das nur unter besonderen persönlichen und sachlichen Voraussetzungen anwendbar ist, und der allgemeinen schuldrechtlichen Norm des § 813 Abs. 1 S. 1 BGB zur Bejahung des bereicherungsrechtlichen Rückforderungsdurchgriffs gesehen. Der Ansicht von *Canaris*, die Zuerkennung des Rückforderungsdurchgriffs über die Norm des § 813 BGB wäre ein "plumper Subsumtionsschematismus"[544], ist voll zuzustimmen. *Vielmehr ist auch hier die Beschränkung auf den Einwendungsdurchgriff so hinzunehmen und geht den allgemeinen Vorschriften, wozu auch § 813 Abs. 1 S. 1 BGB gehört, im Sinne einer abschließenden Regelung in diesem Bereich vor*[545]. Schranke ist demnach § 9 Abs. 3 VerbrKrG.

Es sei an dieser Stelle nochmals daran erinnert, daß es dem Gesetzgeber mit der Regelung des Einwendungsdurchgriffs um die Verhinderung des Aufspaltungsrisikos und der Schlechterstellung des Verbrauchers im Vergleich zum normalen Abzahlungskäufer ging. Gerade bei Nichtigkeit des Kaufvertrages hat nun aber der Verbraucher *rechtlich* die Möglichkeit, über den sofortigen Einwendungsdurchgriff die Ratenzahlung von Anfang an zu verweigern, zumal auch die partielle Subsidiarität des § 9 Abs. 3 S. 3 VerbrKrG

542 I.ü. muß sich *Reinking* auch methodische Kritik gefallen lassen. In FLF 1993, 174 ff. begründet er den Rückforderungsdurchgriff für die schwerwiegenden Nichtigkeitsgründe vor allem damit, daß die Rechtsprechung zur alten Rechtslage den Rückforderungsdurchgriff in diesen Fällen zugelassen habe und diese Grundsätze auch außerhalb des VerbrKrG für Minderkaufleute und Freiberufler weitergelten müßten. Deshalb dürfe der Verbraucher nach dem VerbrKrG nicht schlechter stehen als die Minderkaufleute.
Bereits die erste Annahme ist falsch: Der BGH hat den Rückforderungsdurchgriff nur ein einziges Mal bei der Sittenwidrigkeit des Kaufvertrages und unter ganz besonderen Voraussetzungen gewährt (dazu unten S. 311 ff.), dagegen nicht ein einziges Mal bei der arglistigen Täuschung. Zentrale Frage ist aber vor allem, ob die bisherigen Grundsätze der Rechtsprechung (in welchem Umfang auch immer) wirklich für die Minderkaufleute und Freiberufler weitergelten können. Diese Frage ist bereits jetzt heftig umstritten (s.o. § 2, S. 68, Fn 26); es fehlt an einer ausreichenden dogmatischen Untersuchung, die auch von *Reinking*, aaO., nicht geleistet wird, so daß mit Spannung die Rechtsprechung abgewartet werden muß. Keinesfalls läßt sich aber mit diesen Behauptungen und Unterstellungen ein Rückschluß auf den Rückforderungsdurchgriff nach dem Verbraucherkreditgesetz ziehen.

543 S.o. S. 271 ff.

544 EuZW 1991, 257.

545 So vor allem *Reinicke/Tiedtke*, Kaufrecht, S. 461 ff.; *dies.*, ZIP 1992, 217, 223 ff.

nur für die Fälle der Schlecht- und Nichtlieferung vorgesehen ist, bei Nichtigkeit aber nie eingreift. Wann das *tatsächlich* der Fall ist, hängt von seiner Kenntnis vom Nichtigkeitsgrund und der Geltendmachung des Einwendungsdurchgriffs ab bzw. bei der Anfechtung zusätzlich von ihrer Ausübung. Zwar lassen sich dadurch gewisse Zufallsergebnisse nicht vermeiden. Entscheidend ist aber, daß eine rechtliche Schlechterstellung im Vergleich zum normalen Abzahlungskäufer in diesen Fällen nicht denkbar ist. Auch der normale Abzahlungskäufer kann von Anfang an die Ratenzahlung verweigern. Tut er das nicht, weil der den konkreten Nichtigkeitsgrund nicht kennt bzw. weil er die Anfechtung erst später ausübt, sind die bereits geleisteten Raten im Verkäuferkonkurs ebenfalls verloren. Auch im bilateralen Verhältnis treten also Zufallsergebnisse auf.

X. Die Zubilligung des Rückforderungsdurchgriffs in Extremfällen

Der Rückforderungsdurchgriff kann nach diesen Ausführungen nur in wenigen Extremfällen bejaht werden. Dies könnte über einen Rückgriff auf § 242 BGB geschehen, etwa in dem von *Reinicke/Tiedtke* geschilderten Fall, daß der Kreditgeber "(die Sittenwidrigkeit des Kaufvertrages oder) den Mangel der Kaufsache und damit das Einwendungsrecht des Verbrauchers kennt, vom unerfahrenen Verbraucher aber gleichwohl die Zahlung der Darlehensraten fordert und ihm vorgaukelt, der Umstand, daß die Kaufsache mangelhaft sei, berühre ausschließlich seine Rechtsstellung zum Verkäufer; er, der Kreditgeber, habe ihm Geld geliehen, und das Geld sei mangelfrei gewesen."[546] Oder aber in dem Fall, in dem Verkäufer und Kreditgeber arglistig zum Nachteil des Verbrauchers zusammenarbeiten, der Verkäufer auf Anweisung des Kreditgebers eine von vornherein aussichtslose (z.B. wegen eines anstehenden Konkurses) Nachbesserung/Ersatzlieferung in die Länge zieht, und der Verbraucher für diese Zeit wegen § 9 Abs. 3 S. 3 VerbrKrG zur weiteren Kreditrückzahlung verpflichtet ist. Allein bei diesen positiven (arglistigen) Handlungen des Kreditgebers könnte in der Zahlungsaufforderung ein Verstoß gegen Treu und Glauben gesehen werden, auf Grund dessen, nicht aber auf Grund § 9 Abs. 3 S. 1 VerbrKrG der Kreditgeber auch zur Rückzahlung bereits geleisteter Raten verpflichtet wäre. Dies würde aber allein die vom Verbraucher nach dem arglistigen Verhalten des Kreditgebers geleisteten Raten betreffen. Als extreme Ausnahmetatbestände können und dürfen diese Fälle die im folgenden darzustellende Rückabwicklung indes nicht beeinflussen[547].

546 Kaufrecht, S. 464; *dies.*, ZIP 1992, 217, 225.
547 S.u. S. 315 ff.

In den übrigen von *Reinicke/Tiedtke* geschilderten Fällen, wonach sich der Kreditgeber schon dann arglistig verhalte, wenn er den Verbraucher über sein Leistungsverweigerungsrecht nicht aufklärt, obwohl er selbst den Mangel der Kaufsache kennt bzw. mit der naheliegenden Möglichkeit des Vorliegens eines Mangels rechnet[548], kann entgegen der Auffassung der Autoren ein Rückforderungsdurchgriff nicht zugebilligt werden[549]. Diese Ansicht läuft nämlich auf eine Wiederbelebung des zweiten Standbeins der Rechtsprechung zur Begründung des Einwendungsdurchgriffs hinaus: Der Schadensersatzpflicht aus culpa in contrahendo wegen Verletzung der Pflicht, den Verbraucher über die Aufspaltungsrisiken ausreichend aufzuklären. Diese Aufklärungspflicht ist aber, wie bereits gesehen, angesichts der positivrechtlichen Regelung des Einwendungsdurchgriffs in § 9 Abs. 3 VerbrKrG weder notwendig noch mehr konstruierbar[550]. Auch der von einem Teil der Literatur vorgeschlagene[551] und unter dem Vorbehalt des § 814 BGB stehende Rückforderungsdurchgriff für die lediglich nach der Erhebung der Mängeleinrede bzw. Entdeckung des Mangels infolge eines Rechtsirrtums gezahlten Raten ist abzulehnen. Vielmehr ist es Sache des Verbrauchers, sich über die Rechtslage kundig zu machen. Zahlt er dennoch in Unkenntnis seines Leistungsverweigerungsrechts aus § 9 Abs. 3 S. 1 VerbrKrG, kann der Kreditgeber diese Raten behalten. Das Verbraucherkreditgesetz bzw. der nach wie vor wirksam bestehende Kreditvertrag gibt ihm ein Recht dazu[552].

Zwar ist *Reinicke/Tiedtke*[553] zuzustimmen, daß es in diesen Fällen zu einer *faktischen* Schlechterstellung des Verbrauchers im Vergleich zum normalen Abzahlungskäufer kommen kann. Denn während sich der Verbraucher trotz Kenntnis von der Einwendung

---

548 Kaufrecht, S. 464; *dies.*, ZIP 1992, 217, 225. Offengelassen von *Reinking*, FLF 1993, 174, 178, der der Ansicht ist, daß die Rechtsprechung den Bestand einer Hinweispflicht fallweise überprüfen müsse.

549 Fraglich ist, ob ein der Fall der positiven Kenntnis überhaupt einmal eintritt. Regelmäßig beschränkt sich der Kreditgeber auf die Finanzierung und stellt keine Nachforschungen darüber an, ob die Sache auch mangelfrei geliefert wurde. Und auch der Verkäufer wird wenig Anlaß haben, den Kreditgeber über das Vorliegen eines Mangels zu informieren. Insofern wird der Kreditgeber vom Bestand einer Einwendung erst dann erfahren, wenn der Verbraucher die Ratenzahlung einstellt. Deshalb dürfte allein die Fallgruppe übrigbleiben, daß der Kreditgeber mit der naheliegenden Möglichkeit einer Einwendung rechnet.

550 S.o. § 5, S. 127 f.

551 *Vortmann*, § 9 VerbrKrG, RdNr. 56; MüKo-*Habersack*, § 9 VerbrKrG, RdNr. 132; *Coester*, Jura 1992, 617, 624, Fn. 97; *Karollus*, JuS 1993, 820, 821; *Larenz/Canaris*, SchuldR II/2, § 68 I 5 a (S. 157) und Staudinger-*Lorenz*, § 813 BGB, RdNr. 5.

552 Ganz anders ist aber zu entscheiden, wenn der Kreditgeber von Mängeln Kenntnis hat, gleichwohl aber den Kredit an den Verkäufer auszahlt. Dann hat der Kreditgeber eine vertragliche Pflicht gegenüber dem Verbraucher verletzt und haftet auf Schadensersatz aus culpa in contrahendo, so BGH WM 1984, 986, 987 für den finanzierten Werkvertrag über ein Fertighaus, bei dem der Kredit zeitabschnittsweise nach Baufortschritt und in Raten an den Werkunternehmer direkt ausgezahlt wurde. Dies ist aber nicht die Situation des Einwendungs- bzw. Rückforderungsdurchgriffs, weil dort die Valuta regelmäßig vorher ausgezahlt wird.

553 Kaufrecht, S. 464; *dies.*, ZIP 1992, 217, 225.

aus dem Kaufvertrag regelmäßig zur weiteren Kredittilgung verpflichtet fühlt, wird das beim normalen Abzahlungskäufer kaum der Fall sein. Jener wird vielmehr sofort seine Ratenzahlung einstellen, weil er weiß, daß er für eine Sache, die nichts taugt, auch nicht den Kaufpreis zahlen muß. Diese Frage, nämlich die Unkenntnis von seinem Recht, bei einer mangelhaften Sache wegen des sofortigen Einwendungsdurchgriffs auch den Kreditvertrag nicht weiterbedienen zu müssen, ist aber kein rechtlich relevanter Tatbestand, sondern bloßer Rechtsirrtum, auch wenn seine Berücksichtigung unter Verbraucherschutzgedanken hätte wünschenswert gewesen sein mögen. Um diese Fehlvorstellung bei den Verbrauchern zu vermeiden, ist verstärkte Aufklärungsarbeit (durch Verbraucherverbände etc.) vonnöten. Im übrigen wird diese faktische Schlechterstellung nur beim Einwendungsdurchgriff wegen Mangelhaftigkeit der finanzierten Sache vorkommen, da nur dort eine entsprechende Parallelwertung in der Laiensphäre feststellbar sein wird. Andere Einwendungen, insbesondere die Nichtigkeit des Kaufvertrages, stellen sich oft erst im Prozeß oder jedenfalls dann heraus, wenn es zu spät ist, der Verbraucher gezahlt hat, und der Verkäufer in Konkurs gefallen ist. Das ist aber auch beim normalen Abzahlungskauf der Fall.

XI. Ergebnis und Vergleich der neuen mit der alten Rechtslage

Das Verbraucherkreditgesetz beschränkt sich bei den Regelungen über die verbundenen Geschäfte gemäß § 9 Abs. 3 S. 1 auf die Zuerkennung des Einwendungsdurchgriffs als Leistungsverweigerungsrecht des Verbrauchers gegenüber der weiteren Inanspruchnahme durch den Kreditgeber. Ein Rückforderungsdurchgriff bei einseitigen Störungen aus dem Kaufvertrag, gleich welcher Art, sieht das Gesetz dagegen nicht vor. Das gilt auch für die beschränkte Zeit, in der die partielle Subsidiarität des § 9 Abs. 3 S. 3 VerbrKrG eingreift. Die für diese Zeit geleisteten Raten kann der Verbraucher im Falle des Fehlschlagens von Nachbesserung/Ersatzlieferung und der nun eingetretenen Insolvenz des Verkäufers vom Kreditgeber nicht zurückverlangen. Causa für alle bereits geleisteten Zahlungen ist und bleibt der ungestörte Kreditvertrag. Der Rückforderungsdurchgriff kann nur in ganz seltenen, hier aber nicht entscheidungserheblichen Fällen bejaht werden. Insbesondere ist allen bisher aufgetauchten bzw. wieder hervorgeholten Konstruktionen zu seiner Begründung eine eindeutige Absage zu erteilen. Ihnen ist gemeinsam, daß sie teilweise schon aus sich selbst heraus widerlegbar sind, vor allem aber, daß sie der neuen Konzeption der finanzierten Rechtsgeschäfte im Rahmen des Verbraucherkreditgesetzes mit seiner an dieser Stelle *abschließenden Regelung* nicht gerecht werden und den objektiv-normativen Willen des Gesetzgebers vollständig mißachten. Mit *Reinicke/Tiedtke*[554] ist § 9 Abs. 3 VerbrKrG so zu lesen, wie wenn er einen vierten Satz enthielte, der wie folgt lautete: "Einwendungen aus dem Kaufvertrag berechtigen den Verbraucher nicht, vom Kreditgeber die Darlehensraten zurückzufordern, die er ihm bereits gezahlt hat". Das Ergebnis für den Ausgangspunkt, daß der Verkäufer insolvent ist, ist eindeutig: *Der Kreditgeber trägt das Verkäuferkonkursrisiko in Höhe der noch zu erbringenden Raten, der Verbraucher in Höhe der bereits geleisteten Raten und in Höhe der Anzahlung.*

Damit hat sich die Rechtslage im Vergleich zur bisherigen Rechtsprechung an dieser Stelle scheinbar verschlechtert[555]. Doch der Schein trügt. Der kaufrechtliche Rückforderungsdurchgriff wurde von den Instanzgerichten wegen des Besserstelllungsverbotes grundsätzlich nicht gewährt[556], vom Bundesgerichtshof nie entschieden. Nur ein einziges Mal[557], nämlich bei der Sittenwidrigkeit des Kaufvertrages wegen eines wucherähnlichen Tatbestandes, erkannte der Bundesgerichtshof im Urteil vom 7.2.1980 den Käufern/Kreditnehmern den bereicherungsrechtlichen Rückforderungsdurchgriff zu[558]. Diese Auffassung wurde von einem großen Teil der Literatur so übernommen und schnell auf alle bzw. die schwerwiegendsten Nichtigkeitsgründe ausgedehnt[559].

Liest man die Entscheidung des Bundesgerichtshofes genauer, so wird deutlich, daß es sich dort um einen extremen Sonderfall handelte und mitnichten der bereicherungsrechtliche Rückforderungsdurchgriff für alle Fälle des Nichtigkeit des Kaufvertrages bejaht würde[560]. Das Gericht hatte nämlich nach Feststellung der wirtschaftlichen Einheit zwischen Kauf- und Kreditvertrag bei der Beurteilung eines objektiven Mißverhältnisses zwischen Verkäufer- und Käuferleistung nicht nur die Belastungen aus dem Kaufvertrag (der Kaufpreis für eine Heißmangel war mehr als doppelt so hoch als der handelsübliche Endabnehmerpreis), sondern im Wege einer Gesamtbetrachtung gerade auch die Bela-

554 Kaufrecht, S. 464; *dies.*, ZIP 1992, 217, 224 f.

555 So *Klauss/Ose*, Verbraucherkreditgeschäfte, Einl. zum AbzG, RdNr. 24 (S. 127); *Reinking/Bexen*, DAR 1990, 289, 292; *Reinicke/Tiedtke*, Kaufrecht, S. 463; *dies.*, ZIP 1992, 217, 224 und 228, die alle den Gesetzgeber wegen des vermeintlichen Rückschrittes heftig kritisieren.

556 LG Augsburg NJW 1973, 1704, 1705 (finanzierter Fernkurs) und LG Oldenburg NJW 1975, 172, 173. Einen begrenzten Rückforderungsdurchgriff hatte nur das OLG Stuttgart WM 1977, 1294, 1295 in Realisierung des Gleichstellungsgebotes gewährt, was aber höchstrichterlich nicht bestätigt wurde (s. bereits oben S. 208).

557 Und nicht gelegentlich, wie das *Emmerich*, in: Graf v. Westphalen/Emmerich/Kessler, § 9 VerbrKrG, RdNr. 81 behauptet, bzw. immer und seit langem für die Fälle der Nichtigkeit gemäß §§ 134, 138 BGB, wie dies *Vollkommer*, in: FS für Merz, S. 595, 606 behauptet.

558 BGH WM 1980, 327, 329.

559 S. nur *Canaris*, Bankvertragsrecht, RdNr. 1452 f.; Soergel-*Hönn*, Anhang zu § 6 AbzG, RdNr. 72 und *Hopt/Mülbert*, Kreditrecht, Vorb. zu §§ 607 ff. BGB, RdNr. 548.

560 A.A. *Melsheimer*, Verbraucherschutz, S. 168 ff.

stungen aus dem Kreditvertrag (der effektive Jahreszins war 45, 5 % höher als marktüblich) miteinfließen lassen. So kam das Gericht zu der einfachen Rechnung, daß die Käufer/Kreditnehmer für den finanzierten Erwerb der Heißmangel statt 4.330,-- DM (regulärer Kaufpreis zuzüglich regulärer Kreditkosten) jetzt insgesamt 10.519, 40 DM aufzubringen hatten, und bejahte *deshalb* die Sittenwidrigkeit des Kaufvertrages wegen eines wucherähnlichen Tatbestandes[561]. Ausdrücklich ließ das Gericht die Frage offen, ob wegen der wirtschaftlichen Einheit nicht auch der Kreditvertrag selbst sittenwidrig sei, eine Zurechnung der Kenntnis der sittenwidrigen Umstände nach dem Gedanken des § 166 BGB in Betracht käme und so ein typischer Fall des Doppelmangels vorgelegen hätte[562]. Die Käufer/Kreditnehmer seien nämlich, so das Gericht, deshalb ausreichend geschützt, weil sie dem weiteren Rückzahlungsverlangen des Kreditgebers unter Berufung auf § 242 BGB den sofortigen (!) Einwendungsdurchgriff entgegensetzen können. Die bisher geleisteten Rückzahlungsraten habe der Kreditgeber ohne Rechtsgrund erhalten, weil dem Rückzahlungsanspruch des Kreditgebers von Anfang an "dauernd die Sittenwidrigkeit des mit dem Darlehen zu einem wirtschaftlich einheitlichen Abzahlungsgeschäft verbundenen Kaufvertrages" entgegenstünde, so daß die Käufer/Kreditnehmer diese ohne Berufung des Kreditgebers auf einen Wegfall der Bereicherung wegen Auszahlung der Valuta an den Verkäufer (Stichwort Schutzzweck des Abzahlungsgesetzes und der Nichtigkeitsnorm) nach Bereicherungsrecht herausverlangen könnten[563].

Diese eigentlich diametral gegen den Trennungsgrundsatz verstoßende Vorgehensweise[564] mochte unter der mangels gesetzlicher Regelung unter Treu und Glauben stehenden Rechtsprechung noch zu billigen sein, ist aber jetzt nicht mehr möglich[565]. Das Verbraucherkreditgesetz geht vom Trennungsgrundsatz aus und gestattet eine Verbindung der zwei Verträge nur für den Widerrufs-, Rücknahme- und den Einwendungsdurch-

561 Die Richtigkeit dieser Vorgehensweise bestätigte der BGH in einer Entscheidung aus demselben Jahr, s. BGH WM 1980, 1111, 1113. Dort lehnte er aber die Sittenwidrigkeit des Kaufvertrages ab, weil dem Verkäufer ein sittenwidriges Handeln subjektiv nicht vorzuwerfen war. Deswegen blieb es allein und umgekehrt zu BGH WM 1980, 327 ff. bei der isolierten Sittenwidrigkeit des Kreditvertrages.

562 BGH WM 1980, 327, 328.

563 *Canaris*, ZIP 1980, 709, 721 wandte hier kritisch ein, daß der BGH die Saldotheorie bzw. als deren Alternative die Zweikondiktionentheorie überhaupt nicht erwähnte. Wegen der Sittenwidrigkeit des finanzierten Geschäftes konnte diese aber zurücktreten, so auch *Canaris*, aaO.

564 *Emmerich*, JuS 1980, 448 sprach zutreffend davon, daß hier der BGH erstmals ausdrücklich zumindest für die Frage der Sittenwidrigkeit die Trennungstheorie aufgegeben hatte und zur Einheitstheorie übergegangen war. *Canaris*, Bankvertragsrecht, RdNr. 1519 sprach von einer "Additionsklausel". Ebenfalls kritisch, im Ergebnis wegen der eigenen Konzeption von der Vertragsverbindung aber begrüßend *Gernhuber*, Das Schuldverhältnis, § 31 III 4 (S. 732 f.).

565 Gleichwohl hegen nach Auskunft des Justitiars der WKV-Bank München die Kreditgeber die Befürchtung, daß auch unter der neuen Rechtslage eine Gesamtbetrachtung aller Belastungen des Verbrauchers von der Rechtsprechung angestellt wird.

griffsfall. Ob ein Vertrag sittenwidrig ist und damit überhaupt eine Einwendung besteht, kann sich allein aus ihm heraus ergeben, nicht durch eine Gesamtbetrachtung und Addition aller vom Verbraucher zu erbringenden Leistungen. Hätte der Gesetzgeber dieses gewollt, so hätte er auch hier (entsprechend § 9 Abs. 2 S. 1 VerbrKrG) einen genetischen "Nichtigkeitsverbund" geregelt. Darüber hinaus ist es vom Standpunkt der Trennungstheorie unrichtig zu sagen, daß immer dann, wenn die Einwendung zur Nichtigkeit des Kaufvertrages führe, damit gleichzeitig die Rechtsgrundlage im Verhältnis des Käufers/Kreditnehmers zum Kreditgeber für die von ihm bisher erbrachten Raten entfiele[566]. Rechtsgrund für diese Zahlungen ist und bleibt der insoweit ungestörte Kreditvertrag[567].

Entscheidend ist am Ende, daß der vom Bundesgerichtshof entschiedene Fall von vornherein in die Nähe der viel häufigeren Fälle rückt, in denen der Kreditvertrag selbst wegen Sittenwidrigkeit, Gesetzeswidrigkeit oder infolge der erweiterten Arglistanfechtung nichtig war[568]. Denn das Gericht hielt vor allem auch den Bankzins für anstößig[569]. Deshalb kann man davon sprechen, daß der Bundesgerichtshof hier von der Regel, den Rückforderungsdurchgriff mit dem Argument des Besserstellungsverbotes in allen Fällen abzulehnen, eigentlich keine Ausnahme machte[570].

566 So aber BGH WM 1980, 327, 329 und auch *Emmerich*, JuS 1980, 448, 449.

567 *Reinicke/Tiedtke*, Kaufrecht S. 463 f.; *dies*., ZIP 1992, 217, 224.

568 BGH WM 1979, 429 ff.; BGH WM 1979, 550 ff. und BGH WM 1980, 1111 ff.

569 S. BGH WM 1980, 327, 328: "Der Zinssatz für den von ihm vermittelten und von der Beklagten gewährten Kredit lag nach den Verhältnissen des Kapitalmarkts zum Zeitpunkt der Kreditaufnahme gleichfalls erheblich über den vom Berufungsgericht festgestellten üblichen Sätzen."

570 So völlig zu Recht bereits *Denck*, MDR 1980, 709, 710 als vehementester Befürworter eines umfassenden Rückforderungsdurchgriffs unter der alten Rechtslage und *Scholz*, Ratenkreditverträge, RdNr. 345 (S. 155); *ders*., Verbraucherkreditverträge, RdNr. 373 (S. 177 f.). *Canaris*, Bankvertragsrecht, RdNr. 1432 sprach davon, daß es sich in diesem Fall nicht um einen Einwendungsdurchgriff, sondern um einen unmittelbaren Mangel des Kreditvertrages gehandelt habe.

F. Die Rückabwicklung bei Insolvenz des Verkäufers im übrigen (Sachmängelgewährleistung)

I. Grundsätzliches

Ist der Verkäufer in Konkurs gefallen, kann der Verbraucher eine Entscheidung des Konkursverwalters nach § 17 Abs. 2 S. 1 KO über die Ausübung des Wahlrechtes gemäß § 17 Abs. 1 KO herbeiführen[571]. Wenn der Konkursverwalter Erfüllung wählt, richtet sich die Rückabwicklung nach den zur Solvenz des Verkäufers aufzustellenden Regeln[572]. Verlangt der Konkursverwalter beispielsweise Herausgabe der Sache, dann liegt darin eine Einverständniserklärung in die Wandelung. Er muß dem Verbraucher dessen Rückgewähransprüche in Höhe der Anzahlung und der Valuta voll erfüllen[573].

Wenn der Konkursverwalter keine Erfüllung wählt bzw. in allen Fällen, in denen der Verkäufer sonst insolvent, unerreichbar, flüchtig oder in Haft ist, kommt nur eine bilaterale Rückabwicklung zwischen Verbraucher und Kreditgeber in Betracht. Der Verbraucher kann die allgemeine Mängeleinrede und damit den sofortigen Einwendungsdurchgriff gemäß § 9 Abs. 3 S. 1 VerbrKrG gegenüber dem Kreditgeber geltend machen und die weitere Ratenzahlung verweigern, seinerseits aber nicht die an den Kreditgeber bisher geleisteten Raten oder gar noch die an den Verkäufer geleistete Anzahlung herausverlangen.

II. Herausgabeanspruch des Kreditgebers ?

Es bleibt nur noch die Frage offen, ob der Verbraucher bei Zahlungseinstellung auch die finanzierte Sache behalten kann. Das wird vor allem dann relevant, wenn diese wertvoller als alle bisher von ihm geleisteten Raten einschließlich der Anzahlung ist und insofern der Kreditgeber ein erhebliches Interesse an ihrer Herausgabe mit der Möglichkeit der anschließenden Verwertung hat.

---

571 *Dauner-Lieb*, WM-Sonderbeilage 6/1991, S. 23 und MüKo-*Habersack*, § 9 VerbrKrG, RdNr. 127 und 114 (insbes. Fn. 323 m.w.N.).

572 Dazu unten §§ 8 - 10, S. 321 ff.

573 *Dauner-Lieb*, WM-Sonderbeilage 6/1991, S. 23.

Hier muß unterschieden werden: Ist der Kreditgeber nicht Sicherungseigentümer der finanzierten Sache, hat er keinen Herausgabeanspruch gegen den Verbraucher[574]. Ein vertraglicher Herausgabeanspruch scheidet deshalb aus, weil der Kreditgeber eine Durchführung der Wandelung von sich aus nicht erzwingen kann. Nur beim Widerruf tritt er gemäß § 9 Abs. 2 S. 4 VerbrKrG in die Rolle des Verkäufers ein und kann dort Rückgewähransprüche selbständig geltend machen. Eine Analogie zu dieser Norm ist hier ebenso wie beim Rückforderungsdurchgriff ausgeschlossen[575]. Diesmal wirkt sich das Fehlen einer § 9 Abs. 2 S. 4 VerbrKrG entsprechenden Regelung beim Einwendungsdurchgriff für den Kreditgeber nachteilig aus, weil er nicht die Herausgabe der Sache verlangen kann[576]. Auch ein Herausgabeanspruch aus ungerechtfertigter Bereicherung scheidet aus, da der Verkäufer die Sache an den Verbraucher geleistet hat und insofern eine vorrangige Leistungsbeziehung besteht, die auch nicht unter Wertungsgesichtspunkten mit der Eingriffskondiktion durchbrochen werden darf[577].

Aber auch dann, wenn der Kreditgeber Sicherungseigentümer der Sache ist, steht ihm ein Herausgabeanspruch aus seinem Sicherungseigentum nicht zu[578]. Denn der Verbraucher hat aus der Sicherungsabrede ein Besitzrecht, das nach dem typischen Inhalt dieser Vereinbarung allein bei eigenem vertragwidrigen Verhalten entfällt. Ein vertragswidriges Verhalten ist dem Verbraucher bei seiner Rateneinstellung aber nicht vorzuwerfen, weil er sich zu Recht auf sein gesetzliches Leistungsverweigerungsrecht aus § 9 Abs. 3 S. 1 VerbrKrG beruft[579] und damit auch gleichzeitig jeglichen Verzugseintritt als mögliches eigenes vertragswidriges Verhalten ausschließt[580]. Kommt es dennoch zur Herausgabe der finanzierten Sache, wird in dem Herausgabeverlangen des Kreditgebers regelmäßig

574 Zutreffend *Dauner-Lieb*, WM-Sonderbeilage 6/1991, S. 23; MüKo-*Habersack*, § 9 VerbrKrG, RdNr. 130 und *Vortmann*, Aktuelle Rechtsfragen, RdNr. 251.

575 MüKo-*Habersack*, § 9 VerbrKrG, RdNr. 130.

576 *Dauner-Lieb*, aaO., S. 23.

577 *Dauner-Lieb*, aaO., stellt allein darauf ab, daß der nach wie vor bestehende Kaufvertrag Rechtsgrund für die Übereignung der Sache an den Verbraucher sei. Entscheidend dürfte aber die vorrangige Leistungsbeziehung zwischen Verkäufer und Verbraucher sein.

578 Zutreffend MüKo-*Habersack*, § 9 VerbrKrG, RdNr. 130; *Vortmann*, Aktuelle Rechtsfragen, RdNr. 252 und *Melsheimer*, Verbraucherschutz, S. 202 (bei Solvenz des Verkäufers). Unentschieden *Dauner-Lieb*, WM-Sonderbeilage 6/1991, S. 23; *Coester*, Jura 1992, 617, 624 und *Karollus*, JuS 1993, 820, 822, Fn. 11.
A.A. *Emmerich*, in: Hadding/Hopt, Das neue Verbraucherkreditgesetz, S. 67, 83; *ders.*, in: Graf v. Westphalen/Emmerich/Kessler, § 9 VerbrKrG, RdNr. 103; *Bülow*, § 9 VerbrKrG, RdNr. 58 (für die Nichtigkeit des Kaufvertrages) sowie *Lwowski/Peters/Gößmann*, Verbraucherkreditgesetz, S. 210, alle allerdings, ohne die notwendige Differenzierung in Solvenz/Insolvenz des Verkäufers vorzunehmen.

579 *Dauner-Lieb*, WM-Sonderbeilage 6/1991, S. 23 und MüKo-*Habersack*, § 9 VerbrKrG, RdNr. 130.

580 Schon der Bestand einer peremptorischen wie einer dilatorischen Einrede schließt den Verzugseintritt aus, s. nur Palandt-*Heinrichs*, § 284 BGB, RdNr. 11.

ein fingierter Rücktritt vom Kreditvertrag gemäß § 13 Abs. 3 S. 2 1. Hs. VerbrKrG zu sehen sein, der dann das bereits dargestellte[581] bilaterale Rückabwicklungsverhältnis zwischen Kreditgeber und Verbraucher auslöst[582].

In den neuen, ab 1.1.1993 geltenden AGB-Banken und AGB-Sparkassen[583] finden sich zur Verwertung des Sicherungseigentums im Unterschied zu Nr. 20 AGB-Banken a.F. und Nr. 22 AGB-Sparkassen a.F. keine Klauseln mehr, so daß die einschlägigen Verwertungsbestimmungen nur im jeweiligen Besicherungsformular zu finden sind[584]. Aus diesem Grund soll nicht mehr auf die Frage eingegangen werden, ob Nr. 20 AGB-Banken a.F. bzw. Nr. 22 AGB-Sparkassen a.F. im Fall der Zahlungseinstellung des Verbrauchers auf Grund des Einwendungsdurchgriffs den Kreditgeber zur Herausgabe der finanzierten Sache berechtigt hätte[585].

III. Weiterzahlungspflicht beim vom Verbraucher miterklärten Minderungsverlangen ?

1. Konzeption

Dauner-Lieb[586] und ihr folgend *Habersack*[587] wollen dem Verbraucher für den Fall des Verkäuferkonkurses die Sache nur belassen, wenn er mit dem Einwendungsdurchgriff gleichzeitig die Wandelung erkläre. Liege dagegen in der Erklärung des Einwendungsdurchgriffs gleichzeitig ein Minderungsverlangen, müsse er den Kredit teilweise weiterzahlen. Entscheidend dafür spreche ein Vergleich mit der Rechtslage beim normalen Abzahlungskauf: In diesem Zweipersonenverhältnis könne der Verbraucher ebenfalls mit der

---

581 S.o. S. 242 ff.

582 Zutreffend *Dauner-Lieb*, WM-Sonderbeilage 6/1991, S. 23 und *Emmerich*, in: Hadding/Hopt, Das neue Verbraucherkreditgesetz, S. 67, 83; *ders.*, in: Graf v. Westphalen/Emmerich/Kessler, § 9 VerbrKrG, RdNr. 103. MüKo-*Habersack*, § 9 VerbrKrG, RdNr. 130 folgert einen Rückzahlungsanspruch bei Herausgabe der Sache an den Kreditgeber aus den zu § 478 BGB im Zweipersonenverhältnis geltenden Grundsätzen (dazu gleich). *Coester*, Jura 1992, 617, 624 läßt beide Wege gelten.

583 Beide in Form einer Synopse abgedruckt in WM 1993, 711 ff.

584 *Merkel*, WM 1993, 725, 732. In Nr. 17 AGB-Banken ist nur noch das Wahlrecht der Bank bei der Sicherheitenverwertung und die umsatzsteuerliche Behandlung von Erlösgutschriften geregelt. Nr. 21 V AGB-Sparkassen regelt nur noch die Verwertung der Sicherheiten i.S.v. Nr. 21 I (Pfandrechte), s. dazu *Aden*, NJW 1993, 832, 838.

585 Verneinend *Dauner-Lieb*, WM-Sonderbeilage 6/1991, S. 23 und MüKo-*Habersack*, § 9 VerbrKrG, RdNr. 103 (Voraufl.), wohl beide zu Recht.

586 WM-Sonderbeilage 6/1991, S. 23.

587 In: MüKo, § 9 VerbrKrG, RdNr. 129 f.

allgemeinen Mängeleinrede die weitere Rückzahlung der Raten verweigern, müsse sich aber bei der klageweisen Geltendmachung der noch offenen Kaufpreisforderung durch den Abzahlungsverkäufer spätestens in der letzten mündlichen Verhandlung entscheiden, ob er wandeln oder bloß mindern wolle[588]. Wähle er die Minderung, könne er die Sache behalten, müsse aber den geminderten Kaufpreis entrichten, soweit er ihn noch nicht getilgt habe. Wähle er dagegen die Wandelung, dann müsse er die Sache Zug-um-Zug gegen die Erfüllung seiner Rückzahlungsansprüche herausgeben. Letzteres gelte auch für den Fall des § 478 Abs. 1 S. 1 BGB, wenn der Käufer dem Verkäufer den Mangel vor Eintritt der Verjährung angezeigt habe und deshalb die weitere Kaufpreiszahlung verweigern könne. Wenn hier der Verkäufer gleichwohl die Herausgabe der Sache verlange, müsse er dem Käufer die bereits erbrachten Teilzahlungen ersetzen, so daß im Ergebnis auch die Wandelung durchgeführt werde[589]. Auf dieses Rückabwicklungsschuldverhältnis fände für den Verkäuferkonkursfall § 17 KO Anwendung.

Übertragen auf das Dreipersonenverhältnis des finanzierten Abzahlungskaufs würde das nach Ansicht von *Dauner-Lieb*[590] und *Habersack*[591] bedeuten, daß danach zu fragen sei, ob in dem vom Verbraucher geltend gemachten Einwendungsdurchgriff eine Wandelung oder eine Minderung miterklärt werde. Sei dies für den Kreditgeber zweifelhaft, so könne er sich in entsprechender Anwendung des § 466 BGB darüber Klarheit verschaffen[592]. Stehe danach fest, daß der Verbraucher Minderung wolle, könne er die finanzierte Sache behalten, müsse aber dem Kreditgeber den noch offenen Teil der gekürzten Kreditverpflichtung zahlen. Dies ergebe sich aus dem Wortlaut der Norm des § 9 Abs. 3 S. 1 VerbrKrG. Denn danach sei der Verbraucher zur Leistung gegenüber dem Kreditgeber nur berechtigt, "soweit" er die Leistung auch gegenüber dem Verkäufer verweigern könnte[593]. Anders sehe es bei der Wandelung aus. Hier könne der Verbraucher die gesamte weitere Rückzahlung über den Einwendungsdurchgriff einstellen. Denn der

588 MüKo-*H.P. Westermann*, § 465 BGB, RdNr. 11 und 18 m.w.N.

589 HM, s. nur MüKo-*H.P. Westermann*, § 478 BGB, RdNr. 6.

590 WM-Sonderbeilage 6/1991, S. 23.

591 In: MüKo, § 9 VerbrKrG, RdNr. 129 f.

592 MüKo-*Habersack*, § 9 VerbrKrG, RdNr. 128.

593 *Dauner-Lieb*, aaO., S. 23. Vom Verfasser erdachtes Beispiel in Anlehnung an diesen Vorschlag: Der Verbraucher hat für einen Kaufpreis i.H.v. 10.000,-- DM einen Kredit i.H.v. 12.000,-- DM aufgenommen. Eine Anzahlung wurde nicht geleistet (der Einfachkeit halber, wobei *Dauner-Lieb*, aaO., zutreffend darauf hinweist, daß bei einer an den Verkäufer geleisteten Anzahlung auch diese gegenüber dem Kreditgeber als Abzugsposten zu berücksichtigen wäre). Der Verbraucher hat aber bereits 2.000,-- DM in Raten zurückgezahlt. Die Sache ist mangelbedingt nur noch die Hälfte wert. Der Verkäufer ist in Konkurs gefallen. Der Verbraucher will die Sache behalten und spricht sich damit konkludent für die Minderung aus. Nach dieser Ansicht wird dann der Kredit entsprechend § 472 BGB auf 6.000,-- DM herabgesetzt (dazu im einzelnen unten S. 365 ff.), so daß der Verbraucher noch 4.000,-- DM zu tilgen habe. Insoweit könne er den Einwendungsdurchgriff nicht erheben.

Kreditgeber habe weder bei Sicherungseigentum noch in den übrigen Fällen eine Zugriffsmöglichkeit auf die Sache[594].

2. *Stellungnahme und Ergebnis*

Diese Konzeption ist nicht überzeugend und abzulehnen. Denn wenn man das Ergebnis für die Wandelung mit dem der Minderung vergleicht, so überrascht sofort, daß in beiden Fällen ein Herausgabeanspruch des Kreditgebers nicht existiert, der Verbracher also in jedem Fall die Sache behalten kann, dies im Falle des miterklärten Minderungsverlangens dagegen nur gegen eine teilweise Weiterzahlung. Der Vorschlag ist vor allem deshalb abzulehnen, weil er der Rechtsunsicherheit und Willkür Tür und Tor öffnet: Jeder geschicktere Verbraucher würde nämlich bei Kenntnis vom Konkurs des Verkäufers versuchen, mit seinem Einwendungsdurchgriff immer eine Wandelung miterzuklären, um ja keine weiteren Raten mehr an den Kreditgeber bezahlen zu müssen, obwohl er von vornherein vorgehabt hatte, die Sache zu behalten und bei Solvenz des Verkäufers auch eindeutig sein Minderungsverlangen zum Ausdruck gebracht hätte. *Deshalb sollte in einem couragierten Akt festgestellt werden, daß im Verkäuferkonkursfall (und ähnlichen Fällen) abgesehen von der Einschaltung des Konkursverwalters gemäß § 17 Abs. 1 KO keine Rückabwicklung stattfindet, sondern die Rechtsverhältnisse mit der Erhebung der allgemeinen Mängeleinrede und des Einwendungsdurchgriffs durch den Verbraucher endgültig stillstehen.*

Allein dieses Ergebnis wird dem Willen des Gesetzgebers gerecht. Denn er schreibt nicht ohne Grund zur Begründung des Zurückdrängens des Subsidiaritätsprinzips: "Bei Insolvenz des Verkäufers trägt der Kreditgeber ohnehin das Risiko des Geschäfts."[595] und differenziert an dieser Stelle nicht danach, ob der Verbraucher im Zweipersonenverhältnis (bzw. im Dreipersonenverhältnis bei Solvenz des Verkäufers) Wandelung oder Minderung gewählt hätte. Das Ergebnis überzeugt auch durch seine Einfachheit und zeigt eine durchaus sachgerechte Risikoverteilung zwischen den verbliebenen Parteien Kreditgeber und Verbraucher: Die Gestaltung des Einwendungsdurchgriffs als Leistungsverweigerungsrecht bedeutet einerseits zugunsten des Verbrauchers, daß dieser die weitere Ratenzahlung in jedem Fall sofort einstellen kann und die finanzierte Sache endgültig und ohne jede Weiterzahlung behalten kann, auch wenn sie erheblich wertvoller ist als alle

---

594 *Dauner-Lieb*, WM-Sonderbeilage 6/1991, S. 23; MüKo-*Habersack*, § 9 VerbrKrG, RdNr. 130 und bereits oben S. 315 ff.

595 Begr. RegE, BT-DS 11/5462, S. 24 (= Anhang, S. 434).

vom ihm bisher erbrachten Leistungen und der Kreditgeber gar Sicherungseigentümer ist, andererseits zugunsten des Kreditgebers, daß jener die bereits geleisteten Raten und die Anzahlung dem Verbraucher nicht erstatten muß.

Das hier vertretene Ergebnis kann auch unterstützt werden durch die Fälle der Nichtigkeit des Kaufvertrages. Denn in diesen Fällen ist eine Differenzierung und damit ein unterschiedliches Ergebnis, wie für Wandelung und Minderung vorgeschlagen, von vornherein ausgeschlossen, so daß dort der Verbraucher die finanzierte Sache immer behalten kann. Hier wird der Kreditgeber regelmäßig sogar noch viel tiefer getroffen, weil bei Nichtigkeit die partielle Subsidiarität des § 9 Abs. 3 S. 3 VerbrKrG von vornherein ausscheidet, und der Verbraucher den Einwendungsdurchgriff in den meisten Fällen sofort erheben kann, so daß der Kreditgeber deswegen kaum eine Rate vom Verbraucher gesehen haben dürfte. Das kann im Störungsfall der mangelhaften Leistung ganz anders sein. Man denke etwa an versteckte, aber noch vor Ablauf der Verjährungsfrist entdeckte Mängel. Oder an den Fall, in dem die partielle Subsidiarität eingreift, weil der Verkäufer Wandelung/Minderung vorläufig ausgeschlossen hat, in dieser Zeit aber noch nicht in Konkurs gefallen ist, obgleich die drohende Zahlungsunfähigkeit schon sichtbar ist und er den Verbraucher mit angeblichen Nachbesserungen bzw. Nachbesserungsversuchen hinhält. In allen diesen Fällen wird der Verbraucher mit seiner Ratenzahlung an den Kreditgeber begonnen haben. Insofern läge sogar ein Erst-recht-Schluß nahe, mit dem man die Weiterzahlungspflicht für den Fall der im Einwendungsdurchgriff miterklärten Minderung zu Fall bringen könnte.

Somit ergibt sich für alle Fälle (Sachmängelgewährleistung, Nichtigkeit des Kaufvertrages und Nichtlieferung der Kaufsache usw.) das gleiche Ergebnis: Im Fall des Konkurses kann der Verbraucher, abgesehen von den Fällen des § 17 Abs. 1 KO, seine Ratenzahlung sofort und in voller Höhe einstellen. Der Kreditgeber trägt das Konkursrisiko des Verkäufers in Höhe der noch ausstehenden Raten, der Verbraucher in Höhe der Anzahlung und der bereits geleisteten Raten. Ein Herausgabeanspruch bezüglich der finanzierten Sache steht dem Kreditgeber in keinem Fall zu[596].

---

596 Wobei noch zu ergänzen ist, daß sich diese letzte Frage bei der Nichtlieferung der finanzierten Sache von vornherein nicht stellt.

§ 8 Die direkte Rückabwicklung zwischen Kreditgeber und Verkäufer

A. Ausgangspunkt

Nachdem die Rechtslage für den Fall der Insolvenz des Verkäufers geklärt ist, muß die Rückabwicklung für den Fall der Solvenz des Verkäufers untersucht werden. Eine vorrangige bilaterale Rückabwicklung zwischen Kreditgeber und Verbraucher entsprechend dem Gedanken der Rückabwicklung nach erfolgtem Widerruf gemäß § 9 Abs. 2 S. 4 VerbrKrG mit erst anschließendem Regreß des Kreditgebers beim Verkäufer scheidet aus. Dies ergibt sich daraus, daß der Gesetzgeber dem Verbraucher den Rückforderungsdurchgriff nicht zur Verfügung gestellt hat, ein solcher aber inzident in jeder vorrangigen bilateralen Rückabwicklung mitenthalten wäre[1]. Insbesondere die Konzeptionen der Verbundlehre von *Vollkommer*[2], der Geschäftsgrundlagenlehre von *Ott*[3] sowie der bereicherungsrechtlichen Rückabwicklung von *Emmerich*[4] sind deshalb vollständig abzulehnen[5]. Gleiches gilt für diejenigen, die nach der Art der Einwendung differenzieren und den Rückforderungsdurchgriff für die Fälle der Nichtigkeit des Kaufvertrages bejahen[6].

Wenn man eine vorrangige bilaterale Rückabwicklung analog § 9 Abs. 2 S. 4 VerbrKrG ablehnt, bleibt aber nicht nur die gedankliche Möglichkeit übrig, daß sich der Verbraucher wie bisher sowohl mit dem Verkäufer als auch mit dem Kreditgeber übers Dreieck auseinanderzusetzen hat. Man könnte auch versuchen, ihn mit der Erhebung des Einwendungsdurchgriffs aus der Rückabwicklung völlig herauszuhalten und eine direkte Rückabwicklung zwischen Kreditgeber und Verkäufer zu konstruieren. Zwar bekäme der Verbraucher hier nicht, jedenfalls nicht in erster Linie seine bisher an den Kreditgeber geleisteten Raten und seine an den Verkäufer geleistete Anzahlung wieder. Dafür trüge er aber auch nicht mehr die Prozeßführungslast und wäre beim wirklichen und nicht nur wegen finanzieller Schwierigkeiten vorgeschobenen Bestand der Einwendung mit der Erhebung des Einwendungsdurchgriffs gleichsam "aus dem Schneider" und könnte alles

---

1 S.o. der Ausgangspunkt § 7, S. 214.
2 S.o. § 7, S. 215 ff.
3 S.o. § 7, S. 252 ff.
4 S.o. § 7, S. 254 ff.
5 Weil hier eine ganz andere Konzeption vertreten und von vornherein eine andere Schaltstelle bejaht wird, kann und muß auf die Einzelheiten eines Regresses zwischen Kreditgeber und Verkäufer nach den Rückabwicklungsmodellen von *Ott* und *Emmerich* nicht mehr eingegangen werden.
6 S.o. § 7, S. 257 ff.

weitere den übrigen Parteien Kreditgeber und Verkäufer überlassen. Ein solches Modell entspräche damit jedenfalls dann, wenn der Einwendungsdurchgriff sofort erhoben wurde und noch keine bzw. wenige Raten an den Kreditgeber gezahlt wurden, auch einem verstärkten Verbraucherschutz.

B. Vorstellung des Gesetzgebers: Bürgschaft

Der Gesetzgeber hat nur den Weg einer solchen Direktabwicklung zwischen Kreditgeber und Verkäufer gesehen[7]. Er geht bei der Gestaltung des finanzierten Abzahlungskaufs von einer vertraglichen Beziehung zwischen Kreditgeber und Verkäufer in Form eines Rahmenvertrages aus[8]. Es soll nochmals an die einzige Aussage zur Rückabwicklungsproblematik in der Begründung zum Regierungsentwurf erinnert werden[9]: "Der Entwurf drängt den Grundsatz der Subsidiarität weiter zurück; die sofortige Geltendmachung des Leistungsverweigerungsrechts gegenüber dem Kreditgeber dient nämlich *der ökonomischen Vertragsabwicklung: Der Kreditgeber kann sein Vertragsverhältnis zum Verkäufer von vornherein so gestalten, daß er leicht Regreß nehmen kann (z.B. indem er sich eine Bürgschaft einräumen läßt).* Bei Insolvenz des Verkäufers trägt der Kreditgeber ohnehin das Risiko des Geschäfts." Mit dieser Aussage hat der Gesetzgeber unter dem Gesichtspunkt einer "ökonomischen" Vertragsabwicklung eindeutig die Möglichkeit einer Direktabwicklung zwischen Kreditgeber und Verkäufer am Beispiel des Sicherungsmittels der Bürgschaft favorisiert. Entgegen der früheren Rechtslage soll damit der Verbraucher nicht mehr gezwungen werden, seine Gewährleistungsrechte beim Verkäufer durchsetzen zu müssen, sondern vielmehr das Recht haben, sich mit der Erhebung des Einwendungsdurchgriffs aus dem weiteren Geschehen zurückziehen zu können. Der Einwendungsdurchgriff wäre danach nicht nur, wie bereits dargestellt, Risikoverlagerungs- und Nivellierungsnorm, sondern würde gleichzeitig eine Verlagerung der Abwicklung gegenüber dem solventen Verkäufer vom Verbraucher auf den Kreditgeber bewirken[10].

---

7 Zutreffend *Dauner-Lieb*, WM-Sonderbeilage 6/1991, S. 24.

8 S. § 9 Abs. 1 S. 2 VerbrKrG. Ausführlich zu den Beziehungen zwischen Verkäufer und Kreditgeber auf der Basis eines Rahmenvertrages für die neue Rechtslage *Scholz*, Verbraucherkreditverträge, RdNr. 378 - 387 (S. 180 - 185) m.w.N.; *Langbein u.a.*, Das Verbraucherkreditgesetz, RdNr. 569 ff. (mit Vertragsmuster) sowie *Hopt/Mülbert*, Kreditrecht, Vorb. zu §§ 607 ff. BGB, RdNr. 570 - 578 und *Canaris*, Bankvertragsrecht, RdNr. 1507 - 1515 für die alte Rechtslage.

9 BT-DS 11/5462, S. 23 f. (= Anhang, S. 434; Hervorhebungen vom Verfasser).

10 *Dauner-Lieb*, WM-Sonderbeilage 6/1991, S. 24.

Die Bürgschaft ist jedoch für den vorliegenden Fall[11] ein denkbar ungeeignetes Instrument[12]. Mag sie den Kreditgeber noch in den Fällen der Zahlungsunfähigkeit und der Zahlungsunwilligkeit des Verbrauchers ausreichend schützen, so ist dies beim Einwendungsdurchgriff gerade nicht der Fall. Da besteht zum ersten die bereits aufgezeigte Akzessorietätsproblematik mit § 768 Abs. 1 S. 1 BGB, wonach sich der Verkäufer gegenüber der Inanspruchnahme durch den Kreditgeber eigentlich auf die Einrede des Einwendungsdurchgriffs und damit auf die eigene mangelhafte Erfüllung des Kaufvertrages berufen könnte[13]. Wie gesehen bestehen aber Möglichkeiten, die Akzessorietät zu überwinden, sei es über einen Verzicht, eine Auslegung der Bürgenverpflichtung, eine Anwendung des § 242 BGB, eine teleologische Reduktion des § 768 Abs. 1 S. 1 BGB oder über eine analoge Anwendung des § 425 Abs. 1 BGB[14].

Folgenreichere Probleme stellen sich aber erst jetzt. Denn auch hier liegt ein nächstes kurioses Ergebnis für den Fall auf der Hand, daß der Bestand des Sachmangels und damit der Einwendungsdurchgriff überhaupt unsicher ist, weil der Verbraucher diesen möglicherweise nur wegen eigener Zahlungsschwierigkeiten vorgeschoben hat: Um nicht zwei Prozesse führen zu müssen, erst einen gegen den Verbraucher als Hauptschuldner und danach gegen den Verkäufer als Bürgen, wird sich der Kreditgeber möglichst eine selbstschuldnerische Bürgschaft des Verkäufers gemäß § 773 Abs. 1 Nr. 1 BGB einräumen lassen, um diesen ohne Einrede der Vorausklage gemäß § 771 BGB sofort verklagen zu können. Unabhängig davon wird der Verkäufer in vielen Fällen nicht bloßer Minderkaufmann i.S.v. § 4 Abs. 1 HGB, sondern Vollkaufmann sein, so daß ihm das Recht der Einrede der Vorausklage gemäß §§ 349, 351 HGB von vornherein nicht zusteht[15]. Gewinnt der Kreditgeber nun den Prozeß gegen den Verkäufer, so geht die Hauptschuld aus § 607 Abs. 1 BGB gemäß § 774 Abs. 1 S. 1 BGB auf den Verkäufer als Bürgen über[16]. Dieser wird nun den Verbraucher aus abgetretenem Recht in Anspruch nehmen,

---

11 Die folgenden Überlegungen sind nicht auf einen Sachmangel als Einwendung beschränkt, sondern gelten generell für alle Einwendungen/Einreden.

12 So vor allem *Dauner-Lieb*, WM-Sonderbeilage 6/1991, S. 24 f. und MüKo-*Habersack*, § 9 VerbrKrG, RdNr. 122. Erstaunlich ist, daß nicht unerhebliche Stimmen aus der Literatur die folgende Problematik vollständig übersehen wie *Vortmann*, § 9 VerbrKrG, RdNr. 64 und *Bülow*, § 9 VerbrKrG, RdNr. 58 bzw. darüber hinaus sogar die Problemlosigkeit der Inanspruchnahme des Verkäufers durch den Kreditgeber bei vertraglicher Mithaftung betonen wie *Scholz*, Verbraucherkreditverträge, RdNr. 385 und 388 (S. 184 f.).

13 S.o. § 5, S. 154 f.

14 S.o. § 5, S. 155. Übersehen von *Dauner-Lieb*, WM-Sonderbeilage 6/1991, S. 25.

15 So in der "1. Waschsalonentscheidung" BGH WM 1978, 459.

16 So auch *Scholz*, Verbraucherkreditverträge, RdNr. 385 (S. 184) und *Vortmann*, § 9 VerbrKrG, RdNr. 65, beide allerdings, ohne die einschlägige Norm zu zitieren. In der "1. Waschsalonentscheidung" BGH WM 1978, 459 ff. ließ das Gericht offen, ob ein Übergang kraft Gesetzes gemäß § 774 Abs. 1 S. 1 BGB stattgefunden hatte. Denn der Kreditgeber hatte seine Darlehensforderung jedenfalls an den klagenden Großhändler des Verkäufers, der die Rückzahlung des Kredits

weil er den Bestand eines Sachmangels bestreitet und für vorgeschoben hält. In diesem Prozeß müßte nun *erstmals* der Einwendungsdurchgriff, d.h. der konkrete Sachmangel, der gemäß §§ 404, 412 BGB auch gegenüber dem Verkäufer wirken würde, geklärt werden[17]. Denn in dem Rechtsstreit Kreditgeber - Verkäufer aus der (selbstschuldnerischen) Bürgschaft wird allein der wirksame Bestand der Bürgenverpflichtung für eine Hauptverbindlichkeit sowie die Nichtleistung des Hauptschuldners gleich aus welchem Grund geklärt. Die durch den Einwendungsdurchgriff hervorgerufene Akzessorietätsproblematik könnte dagegen mit den oben gezeigten Möglichkeiten überwunden werden, so daß das Gericht im Erstprozeß Kreditgeber - Verkäufer den tatsächlichen Bestand des Einwendungsdurchgriffs von vornherein offenlassen könnte. Dieses dargestellte Regreßkarussell ist in keinster Weise verfahrensökonomisch und kann der Gesetzgeber kaum gewollt haben, jedenfalls hat er es ebensowenig wie die Akzessorietätsproblematik ausweislich der Begründung des Regierungsentwurfs gesehen[18].

Neben diesen Unsicherheiten und Unpraktikabilitäten spricht gegen die Bürgschaft, daß sie von vornherein nur einen Ausschnitt der Rückabwicklung des Dreipersonenverhältnisses regeln kann und insbesondere den beiderseits erfüllten, wegen eines Sachmangels aber doch allein gestörten Kaufvertrag völlig unberührt läßt[19]. Denn die Bürgschaft ist nur ein akzessorisches Sicherungsmittel bezüglich des eigentlich ungestörten Kreditvertrages. Sollte man einer Zahlungsklage des Kreditgebers gegen den Verkäufer in Höhe der noch ausstehenden Raten stattgegeben haben, ist über das Schicksal der mangelhaften Sache noch nichts gesagt, und erst recht nichts über das Schicksal der an den Verkäufer geleisteten Anzahlung[20]. Den Kreditgeber wird die finanzierte Sache bei vollständiger Befriedigung durch den Verkäufer nicht mehr interessieren. Er hat mangels einer § 9 Abs. 2 S. 4 VerbrKrG entsprechenden Regelung auch gar keine Zugriffsmöglichkeit auf die Sache, so daß er bei der erfolgreichen Inanspruchnahme des Verkäufers als Bürgen diesem Zug-um-Zug weder die Sache herausgeben noch einen Herausgabeanspruch gegen den Verbraucher abtreten könnte. Dagegen wird der Verkäufer, sofern die Sache noch einen gewissen Wert hat, an ihrer Herausgabe vom Verbraucher zweifel-

---

"garantierte" und vom Kreditgeber in Anspruch genommen wurde, durch Vertrag abgetreten, so daß letzterer gegenüber dem Käufer/Kreditnehmer in jedem Fall aktivlegitimiert war. Ausdrücklich zitiert wird § 774 BGB für die Aktivlegitimation des vom Kreditgeber in Anspruch genommenen Verkäufers aus selbstschuldnerischer Bürgschaft aber von BGH WM 1972, 698, 699.

17 So war es in der "1. Waschsalonentscheidung" BGH WM 1978, 459 ff. In der "2. Waschsalonentscheidung" BGH WM 1981, 869 f. betonte das Gericht: "... denn gemäß den §§ 774 Abs. 1 Satz 1, 404 BGB kann er die Einwendungen, die ihm gegen die Bank zustanden, nunmehr gegen die Klägerin geltend machen."

18 BT-DS 11/5462, S. 23 f. (= Anhang, S. 434).

19 *Dauner-Lieb*, WM-Sonderbeilage 6/1991, S. 24 und MüKo-*Habersack*, § 9 VerbrKrG, RdNr. 122.

20 Auf letzteres weist besonders MüKo-*Habersack*, § 9 VerbrKrG, RdNr. 122 hin.

los interessiert sein. Er selbst hat aber im Unterschied zum Abzahlungsverkäufer wegen der vollständigen Kaufpreistilgung keine rechtliche Handhabe gegen den Verbraucher, die Wandelung zu erzwingen, und zwar auch dann nicht, wenn er nun gegen ihn auf Grund des kraft Gesetzes abgetretenen Darlehensrückzahlungsanspruches vorgeht. Hier kann er deshalb die Wandelung nicht vollziehen, weil er in seiner Eigenschaft als in Anspruch genommener Bürge und nicht als Verkäufer vom Verbraucher als dem Hauptschuldner Regreß verlangt. Die Nichtvollziehbarkeit der Wandelung in diesem Regreßprozeß ist um so mißlicher, als hier erstmals der Bestand der Einwendung, d.h. der konkrete Sachmangel geklärt wird. Anderes wäre nur für den Fall möglich, daß der Verbraucher aktiv die Wandelung betreibt, z.B. weil er eine nicht unerhebliche Anzahlung (und u.U. an den Kreditgeber geleistete Raten) vom Verkäufer zurückhaben möchte und deshalb Widerklage gegen den Verkäufer erhebt. Diese Widerklage hinge aber von der freien Entscheidung des Verbrauchers ab; der Verkäufer könnte diese Situation von sich aus nicht erzwingen.

Darüber hinaus geht das Regreßkarussell noch weiter, wenn der Kreditgeber Sicherungseigentümer ist. Als nicht akzessorische Sicherheit würde das Sicherungseigentum bei einer erfolgreichen Rückbelastung des Verkäufers zwar nicht kraft Gesetzes gemäß §§ 401, 412 BGB auf diesen übergehen. Es müßte aber entsprechend dem Rechtsgedanken der §§ 401, 412 BGB auf Grund einer schuldrechtlichen Verpflichtung des Kreditgebers an den Verkäufer übertragen werden[21]. Jetzt ergäbe sich das Ergebnis, daß der Verkäufer zwar formal Sicherungseigentümer der mangelhaften Sache wäre, einen Herausgabeanspruch aber ebensowenig wie der Kreditgeber realisieren könnte. Denn der Verbraucher macht ein ihm zustehendes gesetzliches Leistungsverweigerungsrecht geltend und nicht zahlungsunwillig bzw. zahlungsunfähig[22]. Diese Grundsätze müßten entsprechend gegenüber dem Verkäufer als Rechtsnachfolger des Kreditgebers gelten.

Entscheidend gegen die vom Gesetzgeber favorisierte Möglichkeit einer Direktabwicklung über eine Bürgschaft spricht am Ende, daß sie nur durch eine vertragliche Vereinbarung zustande kommt[23]. Der finanzierte Abzahlungskauf hat aber, wie oben gesehen[24], einen viel weiteren Anwendungsbereich als das klassische B-Geschäft. Ein Rahmenvertrag zwischen Kreditgeber und Verkäufer ist für die Bejahung der wirtschaft-

---

21 BGH WM 1990, 260, 261 m.w.N. auf die frühere Rechtsprechung des Bundesgerichtshofs sowie *Scholz*, Verbraucherkreditverträge, RdNr. 385 (S. 184) und *Vortmann*, § 9 VerbrKrG, RdNr. 65.

22 Siehe näher die Ausführungen zur Insolvenz des Verkäufers § 7, S. 315 ff.

23 *Dauner-Lieb*, WM-Sonderbeilage 6/1991, S. 24 und MüKo-*Habersack*, § 9 VerbrKrG, RdNr. 122.

24 S. § 3, S. 83 ff.

lichen Einheit nicht erforderlich. Häufig arbeiten Kreditgeber und Verkäufer nur faktisch zusammen, d.h. verfügen gerade nicht über einen Rahmenvertrag und eine darin enthaltene vertragliche Regreßregelung. Insofern beruht der vom Gesetzgeber vorgeschlagene Weg von vornherein auf einer groben Fehleinschätzung der tatsächlichen Gegebenheiten[25]. Und selbst in den Fällen, in denen der Kreditgeber mit dem Verkäufer planmäßig zusammenarbeitet, muß berücksichtigt werden, daß wegen der Konkurrenz der Kreditinstitute untereinander und der (noch bestehenden) Präferenz der Verbraucher für freie Ratenkredite die Vereinbarung eines Rahmenvertrages, soweit sie mit einer schuldrechtlichen Mitverpflichtung des Verkäufers verbunden ist, in den letzten Jahren an erheblicher Bedeutung verloren hat[26]. Auch das spricht gegen den vom Gesetzgeber vorgeschlagenen Weg[27]. Deshalb muß eine Lösung gefunden werden, die von einer vertraglichen Vereinbarung völlig unabhängig ist, und die sich widerspruchsfrei aus der gesetzlichen Regelung und ihrer Fortentwicklung ergeben kann. Denn es geht hier um eine Frage des objektiven Rechts, dessen Geltung und Inhalt nicht davon abhängt, ob und wie die Parteien das betreffende Schutzproblem selbst durch privatautonome Regelungen befriedigend lösen oder nicht. Nur ein solches *gesetzliches Rückabwicklungsmodell* wird für alle Fälle des finanzierten Abzahlungskaufs grundsätzliche Geltung beanspruchen können. Von diesem können die Parteien dann im Rahmen der Vertragsfreiheit im Einzelfall abweichen.

---

25 Zutreffend *Scholz*, MDR 1989, 1054, 1056 f.; *ders.*, in: Hadding/Hopt, Verbraucherkreditrecht, AGB-Gesetz und Kreditwirtschaft, S. 63, 66 und *Dauner-Lieb*, WM-Sonderbeilage 6/1991, S. 7 und 24. Kritisch auch schon der Bankenfachverband in seiner unveröffentlichten Stellungnahme vom 14.9.1988 zum 1. RefE, S. 10 (= Anhang, S. 421 f.) sowie nochmals in seiner in FLF 1990, 31, 32 veröffentlichten Stellungnahme zum RegE vom 22.12.1989, S. 2, 6 (= Anh., S. 435 ff.). Daß der Gesetzgeber von falschen Tatsachen ausging, bestätigt der (damalige) Vorsitzende des Rechtsausschusses des Deutschen Bundestages *Helmrich* (Helmrich/Seeliger), AnwBl. 1992, 103, 104, wenn er schreibt, daß vor der Schaffung einer gesetzlichen Anspruchsgrundlage des Kreditgebers gegen den Verkäufer zunächst einmal die Parteien dieses Vertragsverhältnisses aufgerufen seien, eine Lösung zu finden.

26 *Scholz*, Verbraucherkreditverträge, RdNr. 378 (S. 180); *Münstermann/Hannes*, Verbraucherkreditgesetz, RdNr. 458 und bereits unter der alten Rechtslage *Marschall v. Bieberstein*, Gutachten, S. 16, Fn. 31 und *Holzscheck/Hörmann/Daviter*, Die Praxis des Konsumentenkredits, S. 267. Daß heutzutage weder eine umfassende Händlerhaftung (einschließlich des Risikos der Zahlungsunfähigkeit des Verbrauchers) noch eine Absicherung durch Sperrkonten praktisch durchsetzbar ist, wurde dem Verfasser vom Justitiar der WKV-Bank München bestätigt.

27 Kritisch deshalb bereits der ZKA und der BDI in ihren unveröffentlichten Stellungnahmen vom 5.10.1988, S. 15 f. bzw. 14.10.1988, S. 6 zum 1. RefE (= Anhang, S. 427 und S. 423 f.).

C. Schuldbeitritt und selbständiger Garantievertrag

Auch andere vertragliche Haftungsvereinbarungen zwischen Kreditgeber und Verkäufer können die Problematik nicht umfassend bewältigen[28]. Zwar bestehen weder bei einem vertraglichen Schuldbeitritt noch bei einem selbständigen Garantievertrag die bei der Bürgschaft aufgezeigten Akzessorietätsprobleme; insbesondere kommen dem Verkäufer bei einem Schuldbeitritt nicht die Regelungen des Verbraucherkreditgesetzes und damit der Einwendungsdurchgriff zugute, da diese Tatsachen Einzelwirkung gemäß § 425 Abs. 1 BGB haben[29]. Deshalb würde der Kreditgeber ohne weiteres seine Zahlungsklage gegen den Verkäufer gewinnen, so daß den Kreditgebern insofern empfohlen werden könnte, in einem Rahmenvertrag auf eine derartige Mithaft des Verkäufers zu bestehen (soweit durchsetzbar)[30]. Bei Zweifeln über die Art der Mitverpflichtung kommt wegen des regelmäßig vorliegenden unmittelbaren eigenen wirtschaftlichen Interesses des Verkäufers am Zustandekommen des finanzierten Abzahlungskaufs insgesamt ohnehin immer ein Schuldbeitritt in Betracht[31].

Gleichwohl haben auch diese vertraglichen Vereinbarungen die nachteilige Folge, daß sie von vornherein nur einen Ausschnitt der Rückabwicklung, nämlich allein die Ansprüche des Kreditgebers gegen den Verkäufer für den Fall der Zahlungseinstellung des Verbrauchers regeln können. Zu einer Rückabwicklung des in erster Linie gestörten Kaufvertrages kommt es dagegen nie. Darüber hinaus kann es auch bei diesen Gestaltungen jeweils zu einem Regreßprozeß des vom Kreditgeber bereits in Anspruch genommenen Verkäufers gegen den Verbraucher kommen, also wie bei der Bürgschaft ein richtiges Regreßkarussell provoziert werden[32]: Beim Schuldbeitritt wird der in Anspruch genommene Verkäufer aus eigenem und aus abgetretenem Recht gemäß §§ 426 Abs. 1, Abs. 2 i.V.m.

---

28 Ausführlich die Abwicklung über einen Garantievertrag untersuchend *Dauner-Lieb*, WM-Sonderbeilage 6/1991, S. 25.

29 S. bereits oben § 5, S. 156 f. ausführlich.

30 So eigentlich auch *Dauner-Lieb*, WM-Sonderbeilage 6/1991, S. 25.
Im Rahmenvertrag der WKV-Bank München (s. Anhang, S. 450 ff.) ist in Nr. 7 eine Garantiehaftung des Verkäufers für die Fälle des Widerrufs und des Einwendungsdurchgriffs bei Mängeln enthalten, wonach der Verkäufer die an ihn ausgezahlte Valuta und die evtl. vom Verbraucher geleistete Anzahlung an die Bank zurückzuzahlen hat. Eine sonstige Haftung besteht in Nr. 8 nur für Schäden im Zusammenhang mit einem Kreditvermittlungsvertrag. Eine darüber hinausgehende Garantiehaftung, also gerade bezüglich des Delkredererisikos besteht nicht (vgl. die Überschrift: "Rahmenvereinbarung zur Finanzierung ohne Händlerhaftung"). Auch *Langbein u.a.*, Das Verbraucherkreditgesetz, RdNr. 569 ff. empfehlen ein garantieartige Freistellungsvereinbarung für die Fälle des §§ 9 Abs. 2, Abs. 3 VerbrKrG mit einer Abtretungspflicht des Kreditgebers hinsichtlich sämtlicher Ansprüche gegen den Verbraucher, sobald seine Ansprüche vom Verkäufer erfüllt worden sind.

31 Siehe bereits oben § 5, S. 159 ausführlich.

32 Zutreffend *Dauner-Lieb*, WM-Sonderbeilage 6/1991, S. 25 für den Garantievertrag.

§ 607 Abs. 1 BGB gegen den Verbraucher vorgehen, da dort Verbraucher und Verkäufer Gesamtschuldner bezüglich der Kreditforderungen sind[33]. Beim selbständigen Garantievertrag kann der Verkäufer Ersatzansprüche gegen den Verbraucher aus Auftrags- oder Bereicherungsrecht haben[34]; jedenfalls wird er aber aus abgetretenem Recht gegen den Verbraucher vorgehen[35]. Natürlich kann der Verbraucher auch gegenüber dem abgetretenen Anspruch den Einwendungsdurchgriff über § 404 BGB entgegensetzen[36]. Letzten Endes gelten die gleichen grundsätzlichen Bedenken wie bei der Bürgschaft. Sie alle beruhen auf einer vertraglichen Vereinbarung zwischen Kreditgeber und Verkäufer auf der Basis eines Rahmenvertrages. Weil aber der finanzierte Abzahlungskauf völlig unabhängig von Rahmenvertrag und dauernder Geschäftsverbindung ist, können diese Institute niemals allgemeine Gültigkeit für die Rückabwicklung beanspruchen[37].

D. Die direkte Rückabwicklung zwischen Kreditgeber und Verkäufer ohne Rahmenvertrag (sog. "Kreditgebermodell")

Einen an der vom Gesetzgeber favorisierten Direktabwicklung zwischen Kreditgeber und Verkäufer orientierten Weg hat *Dauner-Lieb* ausführlich dargestellt und als "Kreditgebermodell" bezeichnet[38]. Unabhängig von einer vertraglichen Regelung zwischen

33 So auch *Scholz*, Verbraucherkreditverträge, RdNr. 385 (S. 184) und *Vortmann*, § 9 VerbrKrG, RdNr. 65, beide allgemein für jede Rückbelastungsregelung und ohne Bezeichnung der einschlägigen Normen. S. auch die Sachverhalte bei BGH WM 1973, 328 f. und BGH WM 1984, 1128 ff. Dort wurde der Verkäufer vom Kreditgeber jeweils aus Schuldbeitritt in Anspruch genommen. Es fand dann allerdings zusätzlich eine vertragliche Abtretung des § 607 - Anspruches statt. Das OLG Düsseldorf MDR 1972, 322 (Vorinstanz der 1. Entscheidung) bejahte die Aktivlegitimation des Verkäufers auch auf Grund des gesetzlichen Forderungsübergangs gemäß § 426 Abs. 2 BGB.

34 Offengelassen von der "1. Waschsalonentscheidung" BGH WM 1978, 459 (unter I.).

35 *Dauner-Lieb*, WM-Sonderbeilage 6/1991, S. 25 weist zu Recht darauf hin, daß ein formularmäßig abgeschlossener selbständiger Garantievertrag durch den Verkäufer als ein kein Bankgeschäfte betreibender Kaufmann nach der neuesten Rechtsprechung des Bundesgerichtshofs zur "Bürgschaft auf erstes Anfordern" (s. etwa BGH WM 1990, 1410 ff.) kaum zulässig sein dürfte, jedenfalls aber der Inhaltskontrolle nach § 9 AGBG nur dann standhalten würde, wenn er unter der Voraussetzung der Abtretung der Darlehensrückzahlungsansprüche an den Verkäufer stünde.

36 Bereits BGH WM 1984, 1128, 1130 bejahte die Anwendung des § 404 BGB, als der Verkäufer, nachdem er vom Kreditgeber als Mithaftender in Anspruch genommen wurde, gegen den Käufer/Kreditnehmer vorging (dort ging es allerdings um die Rücknahme des finanzierten Gegenstands durch den Kreditgeber, § 5 AbzG).

37 *Dauner-Lieb*, WM-Sonderbeilage 6/1991, S. 25.
Zutreffend sind auch die Überlegungen von *Melsheimer*, Verbraucherschutz, S. 204 f., der in dem Verhalten des Verkäufers beim Zustandekommen des Kredits einen Geschäftsbesorgungsvertrag gemäß § 675 BGB sieht, jedoch die mangelhafte Lieferung, die zur Erhebung des Einwendungsdurchgriffs durch den Verbraucher führt, mangels Pflichtverletzung gegenüber dem Kreditgeber, jedenfalls aber mangels Verschuldens des Verkäufers nicht als pVV dieses Geschäftsbesorgungsvertrages einordnet.

38 WM-Sonderbeilage 6/1991, S. 25 ff.

Kreditgeber und Verkäufer müsse der Kreditgeber in die Lage versetzt werden, die Gewährleistungsansprüche aus dem Kaufvertrag gegenüber dem Verkäufer selbständig geltend zu machen[39]. Als Konstruktion bietet sie für den Fall der Geltendmachung des Einwendungsdurchgriffs durch den Verbraucher eine konkludente Abtretung der §§ 459 ff. BGB oder eine § 9 Abs. 3 VerbrKrG ergänzende Auslegung an, daß der Kreditgeber im Verhältnis zum Verkäufer in die Rechte und Pflichten des Verbrauchers eintrete. Damit habe der Kreditgeber die Möglichkeit, gegenüber dem Verkäufer Wandelung oder Minderung geltend zu machen, d.h. den Kaufpreis ganz oder teilweise herauszuverlangen[40].

Mit der Autorin[41] und dem LG Kleve[42] ist dieser Weg indes abzulehnen. Eine erste Schwierigkeit besteht darin, daß der Kreditgeber mangels Sachbesitzes das tatsächliche Vorliegen eines Sachmangels überhaupt nicht beurteilen kann und insofern einzig und allein auf Informationen des Verbrauchers angewiesen ist[43], zumal der Verkäufer als kompetenter Beteiligter das Vorliegen eines Sachmangels aus eigenem Interesse regelmäßig abstreiten wird[44]. So steht meist Aussage gegen Aussage[45]. Bei Zweifeln an der Glaubwürdigkeit des Verbrauchers, d.h. insbesondere dann, wenn der Kreditgeber davon ausgeht, daß der Verbraucher wegen Zahlungsschwierigkeiten Einwendungen nur vorschiebt, wird er letzteren auf Rückzahlung verklagen, so daß hier das Vorliegen des Sachmangels und der Bestand des Einwendungsdurchgriffs geklärt werden müßte[46]. Gleichzeitig wird der Kreditgeber wegen der Verjährungsunterbrechung gemäß § 209

---

39 Allein deshalb der Name "Kreditgebermodell".

40 Überraschenderweise wird dieses Modell in der Literatur mit Ausnahme von *Lieb*, in: Hadding/ Hopt, Das neue Verbraucherkreditgesetz, S. 91, 104 (= WM 1991, 1533, 1538); *ders.*, ebenda, S. 115, 119 kaum beachtet, geschweige denn eingehend diskutiert. Allein *Bülow*, § 9 VerbrKrG, RdNr. 57a und *Emmerich*, in: Hadding/Hopt, Das neue Verbraucherkreditgesetz, S. 67, 83 f.; *ders.*, in: Graf v. Westphalen/Emmerich/Kessler, § 9 VerbrKrG, RdNr. 104 f. denken in einem Teilbereich an das "Kreditgebermodell", weil ihrer Ansicht nach im Fall der Erhebung der allgemeinen Mängeleinrede durch den Verbraucher ohne Durchsetzung der Gewährleistungsansprüche daran zu denken sei, dem Kreditgeber den Eintritt in die Rechte des Verbrauchers zuzubilligen (entsprechend § 466 BGB, so *Bülow*, aaO.), bzw. der Kreditgeber dem Verbraucher eine Frist setzen könne, mit deren fruchtlosem Ablauf er vom Kreditvertrag zurücktreten könne und das Wandelungsrecht auf ihn analog § 264 Abs. 2 S. 2 BGB übergehe (so *Emmerich*, aaO.; ihm folgend *Lwowski/Peters/Gößmann*, Verbraucherkreditgesetz, S. 209).

41 WM-Sonderbeilage 6/1991, S. 27 und auch *Lieb*, in: Hadding/Hopt, Das neue Verbraucherkreditgesetz, S. 91, 104 (= WM 1991, 1533, 1538).

42 FLF 1993, 228. Das Gericht spricht zwar nicht ausdrücklich vom "Kreditgebermodell", untersucht aber ein Rückabwicklungsmodell zwischen Kreditgeber und Verkäufer, das es schließlich mangels gesetzlicher Regelung und vieler praktischer Durchführungsschwierigkeiten ablehnt.

43 So bereits der Bankenfachverband in seiner kritischen Stellungnahme zum Regierungsentwurf, FLF 1990, 31, 32 (= Anhang, S. 435, 436).

44 *Lieb*, in: Hadding/Hopt, Das neue Verbraucherkreditgesetz, S. 91, 104 (= WM 1991, 1533, 1538).

45 Dies bestätigte der Justitiar der WKV-Bank München.

46 *Dauner-Lieb*, WM-Sonderbeilage 6/1991, S. 26.

Abs. 2 Nr. 4 BGB, wegen der sachlichen Unterstützung für den Beweis, daß kein Sachmangel und damit kein Einwendungsdurchgriff vorliegt, und am Ende wegen der Bindungswirkung für einen Nachfolgeprozeß (Interventionswirkung gemäß § 68 ZPO) dem Verkäufer gemäß §§ 72 ff. ZPO den Streit verkünden. Nur wenn er mit einiger Sicherheit von einem Sachmangel ausgeht, wird er unter Übernahme der Mängelbehauptung des Verbrauchers direkt den Verkäufer auf Rückzahlung verklagen. In diesem Prozeß wird er jetzt dem Verbraucher den Streit verkünden, um sich einerseits seiner Unterstützung für den Beweis des Vorliegens eines Sachmangels zu sichern, andererseits für den Fall des Unterliegens eine Bindungswirkung für einen nachfolgenden Darlehensrückzahlungsprozeß gegen ihn zu erwirken[47].

Für die Durchführung der Wandelung[48] stellt sich dann das Problem, daß der Verkäufer zur Rückzahlung nur Zug-um-Zug gegen Herausgabe und Rückübereignung der finanzierten Sache verpflichtet ist, der Kreditgeber aber keinen Besitz an ihr hat und in vielen Fällen auch nicht Sicherungseigentümer ist[49]. Und selbst wenn er Sicherungseigentümer ist, kann er entsprechend den zur Insolvenz des Verkäufers aufgezeigten Grundsätzen[50] die Sache vom Verbraucher nicht herausverlangen. Anders als bei der Rückabwicklung nach erfolgtem Widerruf gemäß § 9 Abs. 2 S. 4 VerbrKrG tritt der Kreditgeber mit Erhebung des Einwendungsdurchgriffs gerade nicht in die Rolle des Verkäufers ein und hat keine Zugriffsmöglichkeit auf die Sache.

Auch die von der Autorin vorgeschlagene, letztendlich aber auch von ihr abgelehnte Verpflichtung, daß der Verbraucher mit der Erhebung des Einwendungsdurchgriffs zur Herausgabe/Rückübereignung an den Kreditgeber verpflichtet sei bzw. seine Zustimmung gemäß § 185 BGB zur Rückübereignung an den Verkäufer abgeben müsse[51], kann

47 *Lieb*, in: Hadding/Hopt, Das neue Verbraucherkreditgesetz, S. 91, 104 (= WM 1991, 1533, 1538) bezeichnet dieses Problem für den Kreditgeber als unzumutbares "Lotteriespiel". Daneben ist er aaO., S. 104, und ebenda, S. 115, 119 der Ansicht, daß diese Prozeßführungslasten ein für den Kreditgeber unverhältnismäßiges Ausmaß annehmen würden.

48 Ein vorrangiges Problem ergibt sich für *Dauner-Lieb*, WM-Sonderbeilage 6/1991, S. 26 deshalb, weil ihrer Ansicht nach der Verbraucher mit dem Einwendungsdurchgriff ein Wandelungs- oder Minderungsbegehren ausdrücke (s.o. § 7, S. 317 ff. für den Fall der Insolvenz des Verkäufers) und der Kreditgeber deswegen von dieser Entscheidung bei seinem Vorgehen gegen den Verkäufer abhängig sei. Nach der hier vertretenen Auffassung stellt sich dieses Problem dagegen nicht, d.h. der Kreditgeber könnte nach dem "Kreditgebermodell" als Inhaber der §§ 459 ff. BGB selbst entscheiden, ob er Wandelung oder bloß Minderung geltend machen will. Dabei ist aber wohl kaum ein Fall vorstellbar, bei dem der Kreditgeber an dem Behalten der finanzierten Sache und damit an der Minderung interessiert sein wird.

49 *Dauner-Lieb*, WM-Sonderbeilage 6/1991, S. 26; LG Kleve FLF 1993, 228 und oben § 3, S. 88, Fn. 121.

50 S.o. § 7, S. 315 ff.

51 *Dauner-Lieb*, WM-Sonderbeilage 6/1991, S. 26.

nicht überzeugen. Eine solche Pflicht des Verbrauchers kann nämlich entsprechend der Rückabwicklung bei der Rücknahme der finanzierten Sache durch den Kreditgeber gemäß § 13 Abs. 3 und 2 VerbrKrG i.V.m. §§ 346 ff. BGB[52] nur eine Verpflichtung des Kreditgebers nach sich ziehen, ihm sowohl Anzahlung als auch die bisher geleistete Raten zu ersetzen. Denn der Kreditgeber darf sich nicht noch über diese Konstruktion bereichern, d.h. vom Verkäufer den Kaufpreis (die von ihm hingegebene Valuta zuzüglich der Anzahlung) bekommen und gleichzeitig die bisher vom Verbraucher geleisteten Raten behalten[53]. Zustehen kann ihm allein die noch offene Kreditforderung.

Konsequenterweise müßte man also, um alle Schwierigkeiten zu bereinigen, den Kreditgeber im Verhältnis zum Verkäufer nicht nur in die Rechte und und Pflichten des Verbrauchers eintreten lassen, sondern gleichzeitig sicherstellen, daß der Kreditgeber im Verhältnis zum Verbraucher die Rechte und Pflichten des Verkäufers übernimmt[54]. Damit könnte der Verbraucher letztendlich vom Kreditgeber die Durchführung der Wandelung erzwingen. Dies führt im Ergebnis zu einer § 9 Abs. 2 S. 4 VerbrKrG entsprechenden Regelung und damit zu einer qualitativen Werteverschiebung, die der Gesetzgeber für den Einwendungsdurchgriffsfall gerade nicht gewollt hat[55]. Insbesondere die dargestellte Pflicht des Kreditgebers, dem Verbraucher gegen Herausgabe/Rückübereignung (oder Zustimmung dazu) die bereits geleisteten Raten und die Anzahlung zu erstatten, entlarvt sich als nichts anderes als der vom Gesetzgeber gerade nicht vorgesehene Rückforderungsdurchgriff[56]. Vor allem wegen dieser Konsequenz muß das "Kreditgebermodell" abgelehnt werden.

---

52 S.o. § 7, S. 242 ff.

53 Zutreffend *Dauner-Lieb*, WM-Sonderbeilage 6/1991, S. 26.

54 So auch der Vorschlag von *Reinking/Eggert*, Der Autokauf, RdNr. 310 (S. 92), nach denen der Kreditgeber dem Verbraucher die Anzahlung abzüglich der Gebrauchsvorteile Zug-um-Zug gegen Abtretung der Kaufpreisrückzahlungsansprüche erstatten solle, die Sache entgegennehme, und anschließend den Kaufvertrag mit dem Verkäufer abwickele.

55 Völlig zu Recht *Dauner-Lieb*, WM-Sonderbeilage 6/1991, S. 27.

56 Das übersehen *Reinking/Eggert*, Der Autokauf, RdNr. 310 (S. 92), die den Rückforderungsdurchgriff für den Fall der Wandelung gerade ablehnen (aaO., RdNr. 307).

E. Die bereicherungsrechtliche Direktabwicklung zwischen Kreditgeber und Verkäufer

Ein nicht unerheblicher Teil der Literatur schlägt faute de mieux bei Nichtvorliegen einer vertraglichen Vereinbarung in einem Rahmenvertrag den Weg über eine bereicherungsrechtliche Direktabwicklung vor[57]. Diese Ausführungen der genannten Autoren sind aber derart kurz, daß man sie kaum als eigenes Modell bezeichnen kann. Kritisch ist nur insoweit anzumerken, daß auch das Bereicherungsrecht die Rückabwicklungsproblematik nicht umfassend bewältigen kann und mehr neue Probleme hervorruft als es löst. Die Leistungskondiktion zwischen Kreditgeber und Verkäufer scheidet von vornherein aus, weil unter Geltung der Trennungstheorie Leistungsbeziehungen allein zwischen Verbraucher - Kreditgeber einerseits und Verbraucher - Verkäufer andererseits vorliegen[58]. Bleibt nur noch die Eingriffskondiktion. Hier gilt aber der Grundsatz vom Vorrang der Leistungskondiktion, d.h. die Eingriffskondiktion ist grundsätzlich ausgeschlossen, wenn das "etwas" von einem anderen an den Anspruchsgegner geleistet wurde[59]. Genau das ist aber hier der Fall[60]: Der Verbraucher leistet die Valuta über den vom ihm angewiesenen Kreditgeber an den Verkäufer. Inwieweit dieser Grundsatz *bei einseitigen Störungen aus dem Kaufvertrag* mit Hilfe der Durchgriffskondiktion durchbrochen werden kann, ist äußerst problematisch. Es geht, darauf ist deutlich hinzuweisen, nicht um einen Fall des Doppelmangels[61].

Die gleiche Problematik stellt sich im übrigen beim Regreß des Kreditgebers beim Verkäufer, nachdem der Verbraucher den Kreditgeber auf Grund § 9 Abs. 2 S. 4 VerbrKrG nach erfolgtem Widerruf in Anspruch genommen hat. Auch hier meint die wohl überwiegende Meinung in der Literatur bei Fehlen einer vertraglichen Vereinbarung des Rätsels Lösung im Bereicherungsrecht gefunden zu haben[62]. Zwar entschied der Bundes-

---

57 *Bülow*, § 9 VerbrKrG, RdNr. 55 und 52 ff. (der zusätzlich noch auf Ansprüche aus Geschäftsführung ohne Auftrag verweist); *Münstermann/Hannes*, Verbraucherkreditgesetz, RdNr. 543; *Reinicke/Tiedtke*, Kaufrecht, S. 465; *Ollmann*, WM 1992, 2005, 2011 und *Drescher*, Verbraucherkreditgesetz, RdNr. 273 f.

58 S.o. das Ergebnis § 7, S. 250 f. und auch *Melsheimer*, Verbraucherschutz, S. 205 f.

59 S. nur Palandt-*Thomas*, § 812 BGB, RdNr. 2.

60 So auch *Melsheimer*, Verbraucherschutz, S. 206.

61 S. aber zur alten Rechtslage *Hopt/Mülbert*, Kreditrecht, Vorb. zu §§ 607 ff. BGB, RdNr. 543 ff. m.w.N. Nach ihnen entstand im Verhältnis Kreditgeber - Käufer/Kreditnehmer ein bereicherungsrechtliches Rückabwicklungsverhältnis beim Vorliegen der Vorraussetzungen des Einwendungsdurchgriffs. Die Durchgriffskondiktion wurde bei schwerwiegenden Einwendungen gebilligt (aaO., RdNr. 560). Nach der neuen Rechtslage führt hingegen der Einwendungsdurchgriff nicht zur Unwirksamkeit des Kreditvertrags. Dieser bleibt vielmehr (allerdings einredebehaftet) bestehen.

62 *Münstermann/Hannes*, Verbraucherkreditgesetz, RdNr. 509; *Bülow*, § 9 VerbrKrG, RdNr. 52a; *Ott*, in: Bruchner/Ott/Wagner-Wieduwilt, § 9 VerbrKrG, RdNr. 88 ff., insbes. 93 ff.; *Emmerich*,

gerichtshof mit seinem Urteil vom 6.12.1979 zur alten Rechtslage, daß der rechtzeitige Widerruf des Käufers/Kreditnehmers vom finanzierten Abzahlungskauf auch die Anweisung erfasse und billigte über diesen Weg dem Kreditgeber unter Hinzuziehung des Schutzzweckes des Abzahlungsgesetzes und der Intention, den Käufer/Kreditnehmer möglichst aus einer Rückabwicklung herauszuhalten, die Direktkondiktion zu[63]. Dieser Fall betraf aber allein den Widerruf, der im Unterschied zum Einwendungsdurchgriff nach der alten wie nach der neuen Rechtslage beide Verträge erfaßt, so daß ein echter Doppelmangel vorlag. Auf den Fall des Einwendungsdurchgriffs ist er deswegen kaum übertragbar. Denn wie wollte man begründen, daß z.B. allein die Berufung des Verbrauchers auf die allgemeine Mängeleinrede und den Einwendungsdurchgriff die von ihm abgegebene Anweisung an den Kreditgeber unwirksam machen könne ?[64]

Im übrigen könnte das Bereicherungsrecht in erster Linie nur zu einem Zahlungsanspruch des Kreditgebers gegen den Verkäufer verhelfen. Kaum überwindbare Schwierigkeiten würden sich bei der Frage nach der finanzierten Sache[65] und der Anzahlung ergeben[66]. Aus diesen kurz angedeuteten Gründen sollte das Bereicherungsrecht beim Einwendungsdurchgriff am besten sofort beiseite geschoben werden: Wie bereits oben zum Rückforderungsdurchgriff über die Norm des § 813 Abs. 1 S. 1 BGB ausgeführt[67] ist das Bereicherungsrecht als allgemeines Rechtsinstitut nicht in der Lage, die speziellen Rechtsfragen aus den Sondergesetz des Verbraucherkreditgesetzes zu lösen. Zu betonen

---

in: Hadding/Hopt, Das neue Verbraucherkreditgesetz, S. 67, 76 f.; *ders.*, in: Graf v. Westphalen/ Emmerich/Kessler, § 9 VerbrKrG, RdNr. 71; *Reinking/Eggert*, Der Autokauf, RdNr. 294 (S. 88); *Reinicke/Tiedtke*, Kaufrecht, S. 456 und *Groß*, FLF 1993, 132, 135.

Anders dagegen *Scholz*, MDR 1989, 1054, 1057 (zum RegE) und *Dauner-Lieb*, WM-Sonderbeilage 6/1991, S. 21, die einen interessanten, systemkonformen Regreßvorschlag zur Vermeidung einer möglichen Berufung des Verkäufers auf § 818 Abs. 3 BGB und zur Schaffung einer eindeutigen Anspruchsgrundlage des Verkäufer gegen den Kreditgeber bzgl. der Sache bzw. eines Wertersatzes und einer Nutzungsentschädigung entwickeln, wonach nunmehr in Rechtsfortbildung des § 9 Abs. 2 S. 4 VerbrKrG der Kreditgeber im Verhältnis zum Verkäufer in die Rolle des Verbrauchers einrücken solle. Ihnen folgend MüKo-*Habersack*, § 9 VerbrKrG, RdNr. 72; *Vortmann*, Aktuelle Rechtsfragen RdNr. 245; *Coester*, Jura 1992, 617, 622; *v. Rottenburg*, WuB IV C. § 1 b AbzG 4.9; *Drescher*, Verbraucherkreditgesetz, RdNr. 263 und wohl auch Erman-*Klingsporn/Rebmann*, § 9 VerbrKrG, RdNr. 16.

Ein dritter Weg in Form einer Kombination von Bereicherungsrecht und Ansprüchen aus gesetzlichem Verwahrungsvertrag wird von *Pickert*, Widerrufsrecht, S. 161 ff. (166 ff.) vertreten.

63 BGH WM 1980, 159, 161. Bestätigt von BGH WM 1984, 649, 651.

64 Das Problem wird auch nicht entschärft, wenn die Einwendung des Verbraucher aus der Nichtigkeit des Kaufvertrages resultiert. Der Kreditvertrag und damit erst recht die Anweisung bleibt davon grundsätzlich unberührt.

65 Könnte sich der Verkäufer wegen der Weggabe der finanzierten Sache etwa auf einen Wegfall der Bereicherung gemäß § 818 Abs. 3 BGB berufen ?

66 Es stellt sich auch die Frage, ob damit nicht ebenso ein Regreßkarussel provoziert wird, weil jetzt der Verkäufer gegen den Verbraucher vorgehen wird und auf die u.U. werthaltige Sache zurückgreifen will (mit welcher Anspruchsgrundlage nun ?).

67 S.o. § 7, S. 304 ff.

ist aber der Unterschied, daß es sich im Gegensatz zu der Frage des Rückforderungsdurchgriffs (Rechtsbeziehung zwischen Kreditgeber und Verbraucher) nicht um ein Konkurrenzproblem handelt. Denn hier geht es allein um die Rechtsbeziehung zwischen Kreditgeber und Verkäufer, die der Gesetzgeber überhaupt nicht geregelt hat, so daß insofern das Bereicherungsrecht grundsätzlich anwendbar sein könnte.

Allein in dem wohl selten vorkommenden Fall, daß nur der Kreditgeber seine Leistung erbracht hat (regelmäßig durch Auszahlung der Valuta an den Verkäufer), d.h. weder der Verbraucher eine Anzahlung an den Verkäufer oder Raten an den Kreditgeber noch der Verkäufer die Sache an den Verbraucher geleistet hat, könnte man an eine direkte Rückabwicklung zwischen Kreditgeber und Verkäufer über das Bereicherungsrecht denken[68]. In diesem Fall ist der Verbraucher, der den Einwendungsdurchgriff erhebt, nicht besonders schutzwürdig. Gleichfalls werden die Interessen des Verkäufers gewahrt.

68 Zutreffend *Reinking/Eggert*, Der Autokauf, RdNr. 309 (S. 92). Ähnlich *Reinicke/Tiedtke*, Kaufrecht, S. 465, allerdings wohl auch noch dann, wenn der Verkäufer seine Leistung erbracht hat.

§ 9 Die Rückabwicklung zwischen Verbraucher und Verkäufer

Da eine Direktabwicklung zwischen Kreditgeber und Verkäufer, und zwar weder der vom Gesetzgeber favorisierte Weg über eine Bürgschaft noch der Weg über Schuldbeitritt und Garantievertrag, weder das dargestellte "Kreditgebermodell" noch die bereicherungsrechtliche Lösung eine überzeugende Rückabwicklungskonstruktion darstellen, ist an den anderen Weg zu denken, daß sich der Verbraucher als Inhaber der Gewährleistungsrechte vorrangig mit dem Verkäufer auseinanderzusetzen hat.

A. Der Einwendungsdurchgriff nur bei gleichzeitiger Geltendmachung der §§ 459 ff. BGB (sog. "Verbrauchermodell")

Hier hat wieder *Dauner-Lieb* ein Lösungsmodell erarbeitet, das sie als "Verbrauchermodell" bezeichnet[1]. Wegen aller aufgezeigten Schwierigkeiten will sie die Norm des § 9 Abs. 3 VerbrKrG lückenfüllend um die Voraussetzung ergänzen, daß dem Verbraucher die Berufung auf den Einwendungsdurchgriff bei Solvenz des Verkäufers nur dann zu gestatten sei, wenn er *gleichzeitig* seine kaufrechtlichen Gewährleistungsrechte, notfalls klageweise beim Verkäufer geltend mache[2]. Bleibe er untätig, erlösche sein Leistungsverweigerungsrecht gegenüber dem Kreditgeber[3]. Habe der Verbraucher im Prozeß

1 WM-Sonderbeilage 6/1991, S. 27 f. Ihr ausdrücklich folgend *Lieb*, in: Hadding/Hopt, Das neue Verbraucherkreditgesetz, S. 91, 103 ff. (= WM 1991, 1533, 1538 f.); *ders.*, ebenda, S. 115, 117 ff. und wohl auch das LG Kleve FLF 1993, 228 f. Sympatisierend *Larenz/Canaris*, SchuldR II/2, § 66 IV 3 b Fn. 52 (S. 117); *Reinking/Nießen*, ZIP 1991, 79, 84; *dies.*, ZIP 1991, 634, 636 kommen zum gleichen Rückabwicklungsmodell. Später will sich *Reinking* auf dieses Modell nicht mehr festlegen, s. *Reinking/Eggert*, Der Autokauf, RdNr. 321 mit Fn. 182 (S. 95) und *Reinking*, FLF 1993, 174, 178.

2 Insofern ist der Name "Verbrauchermodell" irreführend, als er den Anschein erwecken könnte, hierdurch werde der Verbraucher besonders geschützt. Genau das ist aber nicht der Fall. Gemeint ist mit "Verbrauchermodell", daß der Verbraucher und nicht der Kreditgeber (dann "Kreditgebermodell", s.o. § 8, S. 328 ff.) aktiv die Rückabwicklung des Kaufvertrages betreiben müsse.

3 *Dauner-Lieb*, WM-Sonderbeilage 6/1991, S. 27 und *Reinking/Nießen*, ZIP 1991, 634, 636. Auch *Marloth-Sauerwein*, Leasing und das Verbraucherkreditgesetz, S. 127 ff. vertritt die Ansicht, daß der Verbraucher sein Leistungsverweigerungsrecht nach einer gewissen Zeit (wann ?) verwirke, wenn er seine Ansprüche gegenüber dem Verkäufer nicht verfolge.
Über das "Verbrauchermodell" hinausgehend *Drescher*, Verbraucherkreditgesetz, RdNr. 268 ff., der für die Fälle der Minderung und der Wandelung den Verbraucher für verpflichtet hält, zuerst beim Verkäufer Rückzahlung des Minderungs- bzw. Wandelungsbetrages einzufordern. Erst bei Unmöglichkeit bzw. Unzumutbarkeit könne der Verbraucher dem Kreditgeber den Einwendungsdurchgriff entgegenhalten. Dabei stützt sich *Drescher* vor allem auf das Argument, daß anderenfalls das Problem entstünde, daß der Verbraucher gegenüber dem Kreditgeber hinsichtlich der noch offenen Kreditraten den Minderungseinwand entgegenhalten und eine Anpassung der noch offenen Raten verlangen könne, dann aber eine doppelte Minderung erhielte, wenn er zugleich als Inhaber der Gewährleistungsansprüche gegenüber dem Verkäufer in voller Höhe

gegen den Verkäufer Erfolg, könne er sich problemlos zwischen den Gewährleistungsrechten entscheiden. Bei Wandelung fände eine Rückabwicklung des Kaufvertrages statt: Der Verbraucher bekäme vom Verkäufer seine Anzahlung wieder, die er behalten könne, sowie die Valuta, die er abzüglich der bereits an den Kreditgeber geleisteten Raten an jenen abzuführen hätte[4]. Im Gegenzug müsse er dem Verkäufer die Sache herausgeben, bei Sicherungseigentum des Kreditgebers mit dessen Ermächtigung gemäß § 185 BGB. Bei durchgeführter Rückabwicklung wäre der Einwendungsdurchgriff darüber hinaus gegenstandslos, weil der Kreditgeber die Valuta abzüglich der bereits gezahlten Raten vom Verbraucher wiederbekäme und der Kreditvertrag insoweit "erfüllt würde". Habe der Verbraucher mit dem Wandelungsprozeß keinen Erfolg, entfiele das Leistungsverweigerungsrecht wieder, und er müsse den Kredit bis zum Ende bedienen. In jedem Fall könne ein schon vom Kreditgeber gegen den Verbraucher angestrengter Prozeß bei Nachweis der Klageerhebung gegen den Verkäufer ausgesetzt werden, da der Gewährleistungsanspruch vorgreiflich sei[5]. Damit würde der Einwendungsdurchgriff letztlich nur zur *vorläufigen*, wenngleich *sofortigen* Leistungsverweigerung berechtigen. Deswegen und wegen der Möglichkeit der Aussetzung eines Darlehensrückzahlungsprozesses und der Ermächtigung zur Rückübereignung an den Verkäufer betont *Dauner-Lieb* die Parallele zur Rückabwicklung beim Finanzierungsleasing[6]. Allein bei Obsiegen des Verbrauchers und nachfolgender Undurchsetzbarkeit der Gewährleistungsrechte beim Verkäufer (wegen Insolvenz o.ä.) bleibe der Einwendungsdurchgriff als dauerndes Leistungsverweigerungsrecht bestehen[7].

Rückzahlung des Minderungsbetrages verlange. Mit dieser Argumentation hat *Drescher* das Subsidiaritätsprinzip contra legem im bisher gewohnten Umfang wiedereingeführt.

4 Wobei *Dauner-Lieb*, WM-Sonderbeilage 6/1991, S. 27 auch eine Verpflichtung des Verbrauchers erwägt, direkt auf Zahlung an den Kreditgeber bezüglich des diesem zustehenden Teils der Valuta zu klagen.

5 So auch *Reinking/Nießen*, ZIP 1991, 634, 636 und *Reinking/Eggert*, Der Autokauf, RdNr. 322 (S. 95). Offengelassen dagegen von *Reinking*, FLF 1993, 174, 179.

6 WM-Sonderbeilage 6/1991, S. 28 (s. dazu auch oben § 7, S. 295 ff. ausführlich).

7 Möglicherweise vertreten auch *Lwowski/Peters/Gößmann*, Verbraucherkreditgesetz, S. 210 das "Verbrauchermodell", weil nach ihnen eine Rückabwicklung ausschließlich zwischen den Kaufvertragsparteien erfolgen müsse. Zum gleichen Ergebnis kommt letztlich auch *M. Wolf*, in: FS für Heinsius, S. 967 ff. (s. bereits oben § 6, S. 189 ff. ausführlich), weil er von der Geltung des strengen Subsidiaritätsprinzips ausgeht und damit dem Verbraucher den Einwendungsdurchgriff erst nach der erfolglosen Geltendmachung der Gewährleistungsrechte beim Verkäufer zubilligt. Widersprüchlich ist *Vortmann*, Aktuelle Rechtsfragen, RdNr. 235 ff. und 253: Während er anfangs das "Verbrauchermodell" noch entschieden ablehnt, will er einen Streit über das Vorliegen einer Einwendung durch einen Prozeß zwischen Verbraucher und Verkäufer klären lassen und später wegen der größeren Sachnähe den Verbraucher generell verpflichten, seine Gewährleistungsansprüche beim (solventen) Verkäufer geltend zu machen.
Für das Finanzierungsleasing vertritt *Graf v. Westphalen*, Der Leasingvertrag, RdNr. 1299 dieses Modell. Dieses falle i.d.R. unter § 9 Abs. 1 VerbrKrG, so daß der Leasingnehmer unter Verbesserung der bisherigen Rechtslage mit Fehlschlagen der Nachbesserung die Leasingratenzahlung gemäß § 9 Abs. 3 S. 1 VerbrKrG sofort einstellen könne (ohne Nachweis der erhobenen Wande-

Mit dieser Konstruktion werde einerseits der Kreditgeber von einem Prozeß gegen den Verkäufer entlastet, andererseits wegen des Kostenrisikos jedem mißbräuchlichen Vorschieben von Einwendungen bei Zahlungsschwierigkeiten ein Riegel vorgeschoben[8] und gewährleistet, daß der Verbraucher im eigenen Interesse die realisierbaren Ansprüche gegen den Verkäufer auch durchsetze, da doch das Kreditverhältnis schwerlich im Schwebezustand der bloßen Rückzahlungsverweigerung bleiben könne[9]. Vor allem aber sei dieser Weg deshalb zu bevorzugen, weil er der *einzige verfahrensökonomische* sei[10]. Denn hier werde regelmäßig nur ein Verfahren des Verbrauchers gegen den Verkäufer herausgefordert, in dem alle Beziehungen zwischen den Beteiligten befriedigend und abschließend geklärt werden könnten. Darüber hinaus entspräche allein diese Konstruktion der gesetzlichen Regelung[11]. Denn § 9 Abs. 3 VerbrKrG sei nur Risikoverlagerungsnorm bezüglich des Insolvenzrisikos des Verkäufers. Das bedeute, daß der Kreditgeber und nicht der Verbraucher den wirtschaftlichen Schaden der Insolvenz des Verkäufers trage, wegen des nicht enthaltenen Rückforderungsdurchgriffs allerdings begrenzt auf die noch ausstehenden Kreditraten. Das habe aber mit der Feststellung der *Voraussetzungen* für die Risikoverlagerungsnorm nichts zu tun. Diese Angelegenheit müsse beim Verbraucher verbleiben, und zwar deshalb, weil der Gesetzgeber den Verbraucher hier von der Prozeßführungslast nicht befreit habe.

B. Der Einwendungsdurchgriff unter der auflösenden Bedingung der rechtzeitigen und erfolgreichen Geltendmachung der §§ 459 ff. BGB

Ganz stark an diesem Modell orientiert hat sich *Habersack*, der ebenfalls bei der Wandelung und Solvenz des Verkäufers die Rückabwicklung auf das Verhältnis Verbraucher - Verkäufer konzentrieren will[12]. Dies begründet er damit, daß der Verkäufer im Vergleich zum Kreditgeber die sachnähere Person für die Prüfung der Gewährleistungsvoraussetzungen sei und eine Rückabwicklung zwischen Verbraucher und Verkäufer

---

lungsklage). Dennoch sei er gezwungen, "den Fortfall des Leasingvertrages durch Vollziehung von Wandelung oder Minderung herbeizuführen".

8 Das betonen *Lieb*, in: Hadding/Hopt, Das neue Verbraucherkreditgesetz, S. 91, 103 (= WM 1991, 1533, 1538) und *Marloth-Sauerwein*, Leasing und das Verbraucherkreditgesetz, S. 127 ff.

9 *Lieb*, in: Hadding/Hopt, Das neue Verbraucherkreditgesetz, S. 115, 119, Fn. 20.

10 Das betont *Dauner-Lieb*, WM-Sonderbeilage 6/1991, S. 28 unter Berufung auf die Begr. RegE, BT-DS 11/5462, S. 23 f. (= Anhang, S. 433 ff.).

11 *Lieb*, in: Hadding/Hopt, Das neue Verbraucherkreditgesetz, S. 91, 104 f. (= WM 1991, 1533, 1538 f.); *ders.*, ebenda, S. 115, 119. Ihm folgend *Marloth-Sauerwein*, Leasing und das Verbraucherkreditgesetz, S. 128.

12 In: MüKo, § 9 VerbrKrG, RdNr. 120 ff.; *ders.*, DStR 1994, 1853, 1856 f.

auch in der partiellen Subsidiarität des § 9 Abs. 3 S. 3 VerbrKrG zum Ausdruck komme[13]. Darüber hinaus lasse sich diese Grundentscheidung mit einem Blick auf das Finanzierungsleasing begründen: Wenn dort der Leasinggeber den Leasingnehmer auf die Rechtsverfolgung gegenüber dem Lieferanten verweisen könne, dann dürfe dies der Kreditgeber beim finanzierten Abzahlungskauf erst recht, hat doch dort der Verbraucher sogar eigene Rechte gegen den Verkäufer (und nicht bloß abgetretene)[14].

Der Unterschied seiner Konstruktion zum eben gezeigten "Verbrauchermodell" besteht darin, daß er die Wirkungen des Einwendungsdurchgriffs nicht von der gleichzeitigen Klageerhebung gegen den Verkäufer, sondern von der *auflösenden Bedingung* der rechtzeitigen und erfolgreichen Geltendmachung der Gewährleistungsansprüche gegen den Verkäufer abhängig machen will. Damit könne der Verbraucher seine Ratenzahlung sofort einstellen, ohne Klage gegen den Verkäufer erheben zu müssen. Allerdings müsse er den Kredit weiterbedienen und die in der Zwischenzeit fällig gewordenen Raten rückwirkend nachzahlen, wenn die auflösende Bedingung nach in der Regel 6 Monaten gemäß § 477 Abs. 1 S. 1 BGB eintrete[15]. Etwas anderes gelte nur für den Fall des § 478 Abs. 1 S. 1 BGB, wenn der Verbraucher dem Verkäufer den Mangel rechtzeitig vor Eintritt der Verjährung angezeigt habe. Im letzteren Fall finde keine Rückabwicklung mehr statt[16]. Sichergestellt sei damit sowohl, daß der Verbraucher seine Ansprüche gegen den Verkäufer auch aktiv verfolge, als auch, daß dem Verbraucher ein mißbräuchliches Behaupten von Sachmängeln wegen eigener Zahlungsschwierigkeiten letztendlich nichts nütze.

Die Rückabwicklung finde dann im Verhältnis Verbraucher - Verkäufer statt: Bei der Wandelung bekäme der Verbraucher seine Anzahlung und die Valuta wieder und müsse dem Verkäufer die finanzierte Sache rückübereignen, bei Sicherungseigentum mit der Zustimmung des Kreditgebers gemäß § 185 BGB. Dabei könne der Kreditgeber die nachträgliche Genehmigung gemäß § 185 Abs. 2 S. 1 BGB davon abhängig machen, daß ihm der Verbraucher die Valuta abzüglich der bereits auf das Darlehen geleisteten Tilgungsraten (allerdings nicht der Zinsanteile) auszahle. Die vorherige Einwilligung gemäß § 185 Abs. 1 BGB könne der Kreditgeber von der Bedingung abhängig machen, daß der Verbraucher den Verkäufer unwiderruflich zur Direktauszahlung des entsprechenden Teils der Valuta an ihn (den Kreditgeber) anweise[17]. Entscheide sich der Verbraucher für die Minderung, schulde er dem Kreditgeber mit dem Vollzug der Minderung entspre-

13 MüKo-*Habersack*, § 9 VerbrKrG, RdNr. 122.
14 MüKo-*Habersack*, § 9 VerbrKrG, RdNr. 122.
15 MüKo-*Habersack*, § 9 VerbrKrG, RdNr. 123.
16 MüKo-*Habersack*, § 9 VerbrKrG, RdNr. 126.
17 MüKo-*Habersack*, § 9 VerbrKrG, RdNr. 124.

chend herabgesetzte Raten[18]. Beschränke sich der Verbraucher auf die Erhebung der allgemeinen Mängeleinrede, könne der Kreditgeber dem Verbraucher entsprechend § 466 BGB eine angemessene Frist setzen und damit den Schwebezustand beenden und die Rückabwicklung einleiten[19]. Mit fruchtlosem Ablauf der Frist entfalle entsprechend § 466 S. 2 BGB das Recht des Verbrauchers, sich gegenüber dem Kreditgeber auf die Rechtslage bei der Wandelung zu berufen[20]. Vielmehr müsse er entsprechend den Grundsätzen zur Minderung die geminderten Kreditraten weiterzahlen[21].

C. Stellungnahme zu diesen Modellen

I. Grundsätzliches

Vom Ergebnis her unterscheiden sich die beiden Modelle kaum. Sowohl *Dauner-Lieb* als auch *Habersack* wollen die Rückabwicklung auf das Verhältnis Verbraucher - Verkäufer konzentrieren und damit den Kreditgeber von allen Prozeßführungslasten befreien. Nach beiden Modellen verliert der Verbraucher den Einwendungsdurchgriff bzw. dessen Wirkungen, wenn er im Verhältnis zum Verkäufer die Wandelung nicht herbeiführt und schlicht untätig bleibt. Es ergibt sich einzig ein *zeitlicher Unterschied*, da der Einwendungsdurchgriff nach *Dauner-Liebs* "Verbrauchermodell" schon sofort ausgeschlossen ist, wenn der Verbraucher nicht die Klageerhebung gegen den Verkäufer nachweist, während er nach *Habersacks* Modell im Rahmen des § 477 Abs. 1 S. 1 BGB sechs Monate Zeit hat, Klage zu erheben und erst bei weiterem Untätigsein die Wirkungen des Einwendungsdurchgriffs rückwirkend für die ganze Zeit verliert[22]. Beide Modelle laufen damit auf eine *Obliegenheit* des Verbrauchers hinaus, Klage gegen den Verkäufer zu erheben[23]. Wegen dieser Ähnlichkeit sollen sie im folgenden zusammengefaßt als "Verbrauchermodell" kritisiert werden.

---

18 MüKo-*Habersack*, § 9 VerbrKrG, RdNr. 125.

19 MüKo-*Habersack*, § 9 VerbrKrG, RdNr. 123.

20 MüKo-*Habersack*, § 9 VerbrKrG, RdNr. 128.

21 MüKo-*Habersack*, § 9 VerbrKrG, RdNr. 125.

22 Insofern ist die von MüKo-*Habersack*, § 9 VerbrKrG, RdNr. 120, Fn. 333 und RdNr. 123, Fn. 340 vorgenommene betonte Abgrenzung seines Modells von *Dauner-Liebs* "Verbrauchermodell" wenig überzeugend.

23 Richtige Interpretation von Erman-*Klingsporn/Rebmann*, § 9 VerbrKrG, RdNr. 19, während dagegen *Emmerich*, in: Hadding/Hopt, Das neue Verbraucherkreditgesetz, S. 67, 84; *ders.*, in: Graf v. Westphalen/Emmerich/Kessler, § 9 VerbrKrG, RdNr. 98 unzutreffend von einer "Nebenpflicht" des Verbrauchers spricht.

II. Methodische Kritik

Für die beiden Lösungsmodelle spricht auf den ersten Blick und nach Untersuchung der bisherigen Alternativen zweifellos eine nicht unwesentliche Praktikabilität und Verfahrensökonomie[24]. Sie fügen sich auch in die Vorgabe der EG-Richtlinie ein[25], weil danach das strenge Subsidiaritätsprinzip galt, also die erfolglose Geltendmachung der Gewährleistungsrechte beim Verkäufer Voraussetzung des Einwendungsdurchgriffs war[26].

Trotzdem ist beiden Modellen eine eindeutige Absage zu erteilen[27]. Zum ersten ist zu kritisieren, daß die Autoren methodisch mit einer teleologischen Restriktion[28] des § 9 Abs. 3 S. 1 VerbrKrG arbeiten, ohne das offen und ehrlich zuzugeben, geschweige denn in wissenschaftlicher Manier ausreichend herzuleiten: *Von einem Verlust des Einwendungsdurchgriffs bei unterlassener Geltendmachung der §§ 459 ff. BGB steht in § 9 Abs. 3 VerbrKrG überhaupt nichts.* Allein Praktikabilitätsgesichtspunkte, nämlich die beim "Verbrauchermodell" eindeutig im Vordergrund stehende Verfahrensökonomie, reichen für eine teleologische Restriktion der Norm kaum aus. Zwar ist *Dauner-Lieb*[29] zuzugeben, daß der Gesetzgeber die Zurückdrängung des Subsidiaritätsprinzips und seine favorisierte Direktabwicklung zwischen Kreditgeber und Verkäufer über eine Bürgschaft allein aus verfahrensökonomischen Gründen, nicht aber auf Grund eines verstärkten Verbraucherschutzes angeordnet hat[30]. Das kann aber keinesfalls bedeuten, daß man sich dann, wenn man festgestellt hat, daß der vom Gesetzgeber favorisierte Weg nicht sehr funktionsfähig ist[31], einfach über die damit gleichzeitig ausgedrückte Wertung hinwegsetzen und einen ganz anderen, nämlich diametral entgegengesetzten Weg einschlagen kann[32].

---

24 Zutreffend *Dauner-Lieb*, WM-Sonderbeilage 6/1991, S. 28.

25 Zutreffend MüKo-*Habersack*, § 9 VerbrKrG, RdNr. 122.

26 S. oben § 6, S. 176 f.

27 So vor allem *Reinicke/Tiedtke*, ZIP 1992, 217, 223; *dies.*, Kaufrecht, S. 460 f.; *Coester*, Jura 1992, 617, 623; Erman-*Klingsporn/Rebmann*, § 9 VerbrKrG, RdNr. 19 und 27 und *Dürbeck*, Einwendungsdurchgriff, S. 101 ff. Ablehnend ferner *Bülow*, § 9 VerbrKrG, RdNr. 55; *Emmerich*, in: Hadding/Hopt, Das neue Verbraucherkreditgesetz, S. 67, 84; *ders.*, in: Graf v. Westphalen/ Emmerich/Kessler, § 9 VerbrKrG, RdNr. 98 und 102; *Ott*, in: Bruchner/Ott/WagnerWieduwilt, § 9 VerbrKrG, RdNr. 116 f.; *Melsheimer*, Verbraucherschutz, S. 207 ff.; *Giesen*, Jura 1994, 194, 202 und *Pietzcker*, Rückabwicklung, S. 22 ff. Bewußt offenlassend, weil die Anwendbarkeit des § 9 Abs. 3 VerbrKrG auf das Finanzierungsleasing untersuchend, *Canaris*, ZIP 1993, 401, 408.

28 Richtige Interpretation von *Canaris*, ZIP 1993, 401, 408.

29 WM-Sonderbeilage 6/1991, S. 24 und 28.

30 Begr. RegE BT-DS 11/5462, S. 23 f. (= Anhang, S. 434).

31 S.o. § 8, S. 321 ff.

32 So ist es auch bezeichnend, daß *Dauner-Lieb*, WM-Sonderbeilage 6/1991, S. 28 die Begründung des Regierungsentwurf als nicht bindend ansieht.

III. Normativ-historische Kritik

Richtig ist, daß das "Verbrauchermodell" nicht zu einer Subsidiarität im herkömmlichen Sinne führt[33]. Subsidiarität unter der alten Rechtslage bedeutete, daß der Verbraucher den Einwendungsdurchgriff erst mit dem Nachweis der *erfolglosen Geltendmachung* seiner Rechte beim Verkäufer erheben konnte[34]. Dagegen kann er nach dem "Verbrauchermodell" die Ratenzahlung sofort, d.h. auch im Stadium der bloßen Mängelbehauptung unter Nachweis der Klageerhebung einstellen. Und dennoch wird eine zentrale Aussage des Subsidiaritätsprinzips insofern wiederbelebt, als nämlich weiterhin eine Obliegenheit für den Verbraucher besteht, seine Gewährleistungsansprüche gegenüber dem Verkäufer geltend zu machen. Dies unterläuft aber vollständig die fundamentale gesetzgeberische Entscheidung, nach der *an die Erhebung und die Wirkungen des Einwendungsdurchgriffs keine weiteren als die in § 9 Abs. 3 VerbrKrG festgesetzten Voraussetzungen geknüpft sind*[35]. Der Einwendungsdurchgriff gilt nach der neuen Rechtslage grundsätzlich unmittelbar (Unmittelbarkeitsprinzip). Der Gesetzgeber hat das Subsidiaritätsprinzip bewußt und unter deutlicher Verbesserung der Rechtsposition des Verbrauchers auf die Fälle des § 9 Abs. 3 S. 3 VerbrKrG zurückgedrängt. Er wollte den Verbraucher gerade nicht mehr zur Klageerhebung gegen den Verkäufer zwingen[36].

Auch unter systematischen Gesichtspunkten ist das "Verbrauchermodell" unhaltbar. Denn nach der neuen Rechtslage gilt das Subsidiaritätsprinzip nur noch ausnahmsweise in den gesetzlich fixierten Fällen des § 9 Abs. 3 S. 3 VerbrKrG. Nur hier ist eine Verpflichtung des Verbrauchers zur Geltendmachung seiner Rechte beim Verkäufer angeordnet worden, ansonsten gerade nicht. I.ü. findet sich auch in der Begründung des Regierungsentwurfs[37] nichts, was das "Verbrauchermodell" stützen könnte. Hätte der Gesetzgeber wirklich eine Verpflichtung des Verbrauchers zur Klageerhebung gegen den Verkäufer gewollt, hätte er gleichzeitig anordnen müssen, daß das Urteil, das im Rechtsstreit Verbraucher - Verkäufer ergeht, auch gegenüber dem Kreditgeber wirke[38]. Dies ist aber nicht geschehen. Insgesamt kann man sich des Eindrucks kaum erwehren, daß die Vertreter des "Verbrauchermodells" die bereits geschlagene Schlacht um das Subsidiaritätsprinzip in geschickter Weise über den "Neben- bzw. Hauptkriegsschauplatz" der Rückabwicklungsproblematik nachträglich noch für sich entscheiden wollen.

---

33 *Dauner-Lieb*, WM-Sond. 6/1991, S. 28; *Lieb*, in: Hadding/Hopt, Das neue Verbraucherkreditgesetz, S. 91, 105 f. (= WM 1991, 1533, 1539) und MüKo-*Habersack*, § 9 VerbrKrG, RdNr. 123.
34 S.o. § 6, S. 167 ff. ausführlich.
35 *Seibert*, § 9 VerbrKrG, RdNr. 9.
36 Ausführlich zur Gesetzesgeschichte bezüglich des Subsidiaritätsprinzips oben § 6, S. 176 ff.
37 BT-DS 11/5462, S. 23 f. (= Anhang, S. 433 ff.).
38 Zutreffend erkannt von *Reinicke/Tiedtke*, Kaufrecht, S. 460.

IV. Die Verteilung von Prozeßführungslasten nach der neuen Rechtslage

Abzulehnen ist insbesondere auch die Ansicht von *Lieb*[39], daß der Gesetzgeber den Verbraucher bezüglich der Feststellung der Voraussetzungen des Einwendungsdurchgriffs nicht von der Prozeßführungslast gegenüber dem Verkäufer befreit habe. Der Einwendungsdurchgriff ist ein Schutzinstrument des Verbrauchers gegenüber der weiteren bzw. erstmaligen Inanspruchnahme durch den Kreditgeber. Erhebt der Verbraucher dieses Recht, und hier ist nochmals zu betonen, daß der Einwendungsdurchgriff ein bloßes Leistungsverweigerungsrecht ist, d.h. der Verbraucher kann sich darauf berufen, muß es aber nicht, geschweige denn, daß dieses Recht gar von selbst im Sinne einer rechtsvernichtenden Einwendung wirkte[40], und hält der Kreditgeber den Einwendungsdurchgriff für unbegründet oder für vorgeschoben, dann muß ein Rechtsstreit zwischen den Beteiligten Klärung bringen. *Beteiligt sind hier aber ausschließlich der Verbraucher, der den Einwendungsdurchgriff erhebt, und der Kreditgeber, demgegenüber er erhoben wird*[41]. Es ist völlig unerheblich, woher die Einwendung stammt, auf die sich der Verbraucher beruft, ob aus dem Kreditvertrag selbst (z.B. § 138 BGB) oder aus dem mit diesem verbundenen Kaufvertrag[42]. Entscheidend ist allein, daß die Einwendung gegenüber dem Kreditgeber geltend gemacht werden kann. Mit der materiell-rechtlichen Gestaltung des Einwendungsdurchgriffs als rechtstechnische Einrede und als unmittelbares Leistungsverweigerungsrecht hat der Gesetzgeber den Verbraucher gleichzeitig von der Prozeßführungslast entlastet. Mehr konnte und mußte er in dieser prozessualen Frage auch nicht tun. Ein Satz wie etwa: "Der Streit über den Bestand einer Einwendung ist im Verhältnis zwischen Kreditgeber und Verbraucher zu führen." wäre an dieser Stelle völlig überflüssig gewesen. Der Kreditgeber muß demzufolge Zahlungsklage erheben, wenn er die Berechtigung des Verbrauchers zur Erhebung des Einwendungsdurchgriffs bestreitet. *Insoweit trägt er nach der neuen Rechtslage die Prozeßführungslast.*

Wer wie *Lieb* anderes behauptet, muß sich mit der Frage beschäftigen, warum der Gesetzgeber nach § 9 Abs. 3 S. 1 VerbrKrG nicht einen zusätzlichen Satz aufgenommen hat, der wie folgt hätte lauten können: "Der Verbraucher ist zur Erhebung des Einwendungsdurchgriffs nur berechtigt, wenn er dem Kreditgeber die Rechtsverfolgung gegen den Verkäufer nachweist.", oder: "Der Verbraucher kann sich auf Einwendungen aus

---

39 In: Hadding/Hopt, Das neue Verbraucherkreditgesetz, S. 91, 104 f. (= WM 1991, 1533, 1538 f.); *ders.*, ebenda, S. 115, 119; *Marloth-Sauerwein*, Leasing und das Verbraucherkreditgesetz, S. 128.

40 Dazu oben § 5, S. 122 f.

41 *Reinicke/Tiedtke*, ZIP 1992, 217, 223; *Emmerich*, in: Graf v. Westphalen/Emmerich/Kessler, § 9 VerbrKrG, RdNr. 102; *Ott*, in: Bruchner/Ott/Wagner-Wieduwilt, § 9 VerbrKrG, RdNr. 117 und jetzt auch *Reinking*, FLF 1993, 174, 178.

42 Zutreffend *Reinicke/Tiedtke*, ZIP 1992, 217, 223.

dem mit dem Kreditvertrag verbundenen Kaufvertrag nicht berufen, wenn er seine Rechte gegen den Verkäufer nicht unverzüglich geltend macht.", oder: "Der Streit über den Bestand einer Einwendung ist im Verhältnis zwischen Verkäufer und Verbraucher zu führen." Nur mit einer derartigen Klarstellung hätte der Gesetzgeber den Verbraucher nicht von der Prozeßführungslast bezüglich der Feststellung der Voraussetzungen des Einwendungsdurchgriffs befreit. Da dies aber nicht geschehen ist, bleibt dem Kreditgeber nichts anderes übrig, als den Verbraucher zu verklagen[43].

Entgegen der Ansicht von *Lieb*[44] ist die Belastung mit einem Rechtsstreit gegen den Verbraucher für den Kreditgeber auch nicht völlig unzumutbar oder unverhältnismäßig[45]. Zwar hat er Schwierigkeiten, aus eigener Kenntnis heraus den Bestand einer Einwendung aus dem Kaufvertrag beurteilen zu können[46]. Selbst wenn er mit dem Verkäufer in ständigen Geschäftsbeziehungen steht, wird jener regelmäßig das Vorliegen eines Sachmangels bestreiten, so daß Aussage gegen Aussage steht. Der Kreditgeber kann aber in einem Prozeß gegen den Verbraucher den Bestand eines Sachmangels und damit den Bestand des Einwendungsdurchgriffs substantiiert bestreiten und den Verkäufer als Zeugen[47] heranziehen oder ihm den Streit verkünden[48]. Dieser wird dann auch regelmäßig mitarbeiten, da er befürchten muß, seinen bereits erhaltenen Kaufpreis (einschließlich des Geschäftsgewinns) nachträglich herausgeben zu müssen, sollte sich die Behauptung des Verbrauchers als wahr erweisen. Dabei kann noch offenbleiben, an wen er den Kaufpreis letztendlich herausgeben muß[49]. Gegenüber dieser personalen Doppelkoalition zwischen dem Kreditgeber als dem Kläger und dem Verkäufer als dem vom Kreditgeber benannten Zeugen oder Streitverkündungsempfänger steht der Verbraucher alleine da[50]. Und nicht nur das: Nach der Darlegungs- und Beweislastverteilung

---

43 So wird i.ü. nach Auskunft des Justitiars der WKV-Bank München bei Zahlungseinstellung des Verbrauchers auch vorgegangen: Zuerst verklagt die WKV-Bank den Verbraucher und verkündet, sofern sie von § 9 VerbrKrG ausgeht, dem Verkäufer den Streit. Stellt sich der Einwendungsdurchgriff als berechtigt heraus, verliert die WKV-Bank den Prozeß und ersetzt dem Verbraucher die bisher geleisteten Raten (nicht aber die Anzahlung). Erst danach geht sie gegen den Verkäufer aus der im Rahmenvertrag (s. Anhang, S. 450 ff.) enthaltenen garantieähnlichen Haftung vor (bisher ohne Prozesse), i.d.R. im Wege der Aufrechnung unter Einschluß der Prozeßkosten. Dabei muß auf die Tatsache hingewiesen werden, daß in den bisher aufgetauchten Fällen eine Rahmenvereinbarung zwischen der WKV-Bank und dem Verkäufer bestand und die Bank vom unerwarteten Vorliegen eines verbundenen Geschäfts noch nicht überrascht worden ist.

44 In: Hadding/Hopt, Das neue Verbraucherkreditgesetz, S. 91, 104 (= WM 1991, 1533, 1538).

45 Wie hier *Reinicke/Tiedtke*, Kaufrecht S. 461; *dies.*, ZIP 1992, 217, 223.

46 Siehe bereits oben § 8, S. 329 f.

47 So *Reinicke/Tiedtke*, aaO.

48 So *Coester*, Jura 1992, 617, 623, Fn. 83; *Scholz*, Verbraucherkreditverträge, RdNr. 390 (S. 187) und *Reinking*, FLF 1993, 174, 178.

49 Siehe das eigene Lösungsmodell unten § 10, S. 348 ff.

50 Nur ganz nebenbei soll erwähnt werden, daß die Kreditgeber den Verbrauchern in personeller und finanzieller Hinsicht erdrückend überlegen sind.

der ZPO, die der Gesetzgeber in § 9 Abs. 3 VerbrKrG nicht angetastet hat, ist der Verbraucher verpflichtet, den Bestand einer Einwendung darzulegen und zu beweisen, weil es eine ihm günstige Tatsache ist, mit der er den Darlehensrückzahlungsanspruch des Kreditgebers zu Fall bringen kann[51]. Das kann nicht immer einfach sein. Darüber hinaus muß er, bevor sich die Frage des Einwendungsdurchgriffs überhaupt stellt, die objektiven Verbindungsvoraussetzungen, die nach einer Wertung durch das Gericht zur Vertragsverbindung gemäß § 9 Abs. 1 VerbrKrG führen, darlegen und beweisen[52]. Ein non liquet geht dann zu seinen Lasten, so daß er den Kredit weitertilgen muß. *Insofern trägt nämlich der Verbraucher das Prozeßrisiko als Beklagter*[53].

V. Vergleich mit dem normalen Abzahlungskauf

Am Ende führen alle diese restringierenden Versuche doch zu einer deutlichen Schlechterstellung des Verbrauchers im Vergleich zum normalen Abzahlungskäufer[54]. Denn dieser wird bei Einwendungen aus dem Kaufvertrag von niemanden gezwungen, die Wandelung durch einen Prozeß herbeizuführen[55]. Vielmehr kann er die weitere Ratenzahlung unter Berufung auf die allgemeine Mängeleinrede sofort einstellen und das weitere Geschehen abwarten. Bleiben beide Seiten untätig, verjähren die Gewährleistungsansprüche des Abzahlungskäufers gemäß § 477 Abs. 1 S. 1 BGB nach sechs Monaten. Die noch ausstehenden Raten kann er gemäß § 478 Abs. 1 S. 1 BGB auch danach verweigern, wenn er dem Abzahlungsverkäufer den Mangel angezeigt hat. Eine Rückforderung der bereits geleisteten Raten kommt nicht in Betracht, auch nicht über die Verbindung mit

---

51 *Reinking*, FLF 1993, 174, 178.

52 S. bereits oben § 3, S. 115 f.

53 Diese Verteilung von Prozeßführungslasten und Prozeßrisiken beschränkt sich allein auf den Fall, in dem der Verbraucher unter Berufung auf die allgemeine Mängeleinrede nur die weitere Ratenzahlung einstellt und unter Verzicht auf Rückforderungsansprüche untätig bleiben will.

54 *Coester*, Jura 1992, 617, 622 f.; *Dürbeck*, Einwendungsdurchgriff, S. 102 f. und selbst MüKo-*Habersack*, § 9 VerbrKrG, RdNr. 123 mit Fn. 340 in seiner Kritik gegen *Dauner-Lieb*.
Völlig verfehlt *Marloth-Sauerwein*, Leasing und das Verbraucherkreditgesetz, S. 129, die einen Vergleich mit dem Barkäufer anstellt und argumentiert, daß dort der Verbraucher Wandelungsklage gegen den Verkäufer erheben müsse und insofern eine Besserstellung des Verbrauchers beim finanzierten Abzahlungskauf nicht in Betracht käme. Schon unter der alten Rechtslage war der Barkauf nie zutreffender Vergleichsmaßstab, sondern immer nur der normale Abzahlungskauf. Allein dieser Vergleichsmaßstab liegt der Norm des ganzen § 9 VerbrKrG zugrunde.

55 Das verkennen *Dauner-Lieb*, WM-Sonderbeilage 6/1991, S. 28 und *Lieb*, in: Hadding/Hopt, Das neue Verbraucherkreditgesetz, S. 91, 104 f., Fn. 45 (= WM 1991, 1533, 1538, Fn. 45). *Lieb*, aaO., unterstellt einfach, daß sich die Verbraucher in den meisten Fällen nicht mit einer Minderung (= Zahlungseinstellung bezüglich der zukünftigen Raten, die faktisch auf eine Minderung hinausläuft) begnügen werden, sondern Wandelung erreichen wollen und deshalb auch im Zweipersonenverhältnis des normalen Abzahlungskaufs einen Aktivprozeß gegen den Verkäufer hätten führen müssen. Diese Auffassung ist angesichts der bei den Verbrauchern vorzufindenden enorm hohen Zugangsbarrieren zu den Gerichten reines Wunschdenken (dazu gleich S. 346).

§ 813 Abs. 1 S. 1 BGB[56], es sei denn, der Abzahlungsverkäufer verlangt die Kaufsache heraus. Will sich im bilateralen Verhältnis der Abzahlungsverkäufer nicht damit abfinden, muß er Klage auf weitere Zahlungen erheben und trägt insoweit die Prozeßführungslast[57]. Nur in diesem Fall bzw. in dem Fall, in dem der Verkäufer dem Abzahlungskäufer eine Frist gemäß § 466 BGB setzt, muß sich letzterer entscheiden.

Wenn sich nach diesen Grundsätzen der normale Abzahlungskäufer auf die Erhebung der Mängeleinrede und die Verweigerung künftiger Zahlungen beschränken und danach passiv bleiben kann, wenn es ihm so beliebt, so muß gleiches für den Verbraucher beim finanzierten Abzahlungskauf gelten[58]. Denn hier hat der Gesetzgeber ein Gleichstellung gewollt und auch vom Wortlaut der Norm angeordnet. Aber nicht nur der Verbraucher, sondern erst recht auch der Kreditgeber kann sich mit der Erhebung des Einwendungsdurchgriffs zufriedengeben und die noch ausstehenden Raten abschreiben. Damit läßt sich die Feststellung treffen, *daß eine Rückabwicklung von der gesetzgeberischen Konzeption nicht erzwingbar ist, wenn keine Partei dieses will*. Nur dann, wenn der Kreditgeber sich nicht mit der Zahlungseinstellung durch den Verbraucher abfinden will, muß eine Rückabwicklung stattfinden.

VI. Sonderkritik gegen das 2. Lösungsmodell

Abgesehen von den grundsätzlichen Bedenken gegen die Ansicht von *Habersack* besteht bei seinem Modell genau eine Gefahr, die von Kreditgeberseite schon bei der Entstehung des Gesetzes gesehen wurde[59]: Zwar ist der Verbraucher auch nach seinem Modell grundsätzlich gehalten, zur Wahrung der Wirkungen des Einwendungsdurchgriffs die §§ 459 ff. BGB vor Ablauf der Verjährung gegenüber dem Verkäufer erfolgreich geltend zu machen, anderenfalls der Einwendungsdurchgriff im Wege einer auflösenden Bedingung erlösche[60]. Gleichwohl wird ihm trotz unterlassener Geltendmachung der Einwendungsdurchgriff dann zuerkannt, wenn er vor Verjährung dem Verkäufer eine Mängel-

56 Dazu oben § 7, S. 304 ff.

57 Allerdings kann dieser Aspekt wegen der Personenverschiedenheit der Anbieterseite nicht auf den fin. Abzahlungskauf übertragen werden. Denn dort ist der Verkäufer durch Auszahlung der Valuta durch den Kreditgeber und die Anzahlung des Verbrauchers bereits vollständig befriedigt, so daß er keinen Anlaß (und auch keine rechtl. Grundlage) hat, den Verbraucher zu verklagen.

58 So insbes. *Coester*, Jura 1992, 617, 622 f.; *Melsheimer*, Verbraucherschutz, S. 208 f. und jetzt auch *Reinking*, FLF 1993 174, 178. Auch das LG Kleve FLF 1993, 228 geht bei seiner Untersuchung eines tragfähigen Rückabwicklungsmodells zwischen Kreditgeber und Verkäufer davon aus, daß sich der Verbraucher auf die Erhebung der allg. Mängeleinrede beschränken kann.

59 S. *Steppeler*, Sparkasse 1989, 76, 78.

60 MüKo-*Habersack*, § 9 VerbrKrG, RdNr. 123.

anzeige gemäß § 478 Abs. 1 S. 1 BGB gemacht habe[61]. Jetzt könne er diese Einrede dem Kreditgeber dauerhaft entgegensetzen. Dies führt zu einem nicht unerheblichen inneren Widerspruch dieses Modells: Auf der einen Seite soll die Rückabwicklung auf das Verhältnis Verbraucher - Verkäufer konzentriert werden und der Verbraucher zur Geltendmachung der §§ 459 ff. BGB gezwungen werden. Wenn es aber um ein Druckmittel zur Durchsetzung dieser Konstruktion geht, entpuppt sich das Modell als "heiße Luft", genügt doch letztendlich die Absendung der Mängelanzeige vor Eintritt der Verjährung. So führen *Habersacks* Überlegungen zu einer unhaltbaren Belastung des Kreditgebers: Sehendes Auges soll er sich damit begnügen müssen, wie sich der Verbraucher, wenn er es so will, auf die Erhebung des Einwendungsdurchgriff beschränkt, dem Verkäufer eine Mängelanzeige schickt, und ansonsten keinerlei Anstalten zur Durchsetzung der Gewährleistungsansprüche macht, so daß diese schon nach sechs Monaten verjähren.

Dem kann auch nicht entgegengehalten werden, daß der Verbraucher nur vom Verkäufer die Anzahlung und die bisher geleistete Raten wiederbekäme und auf Grund dieses Eigeninteresses schon die Rückabwicklung betreiben werde[62]. Denn oftmals handelt es sich bei den kreditaufnehmenden Verbrauchern um Käuferschichten, bei denen infolge eines geringen Einkommens enorme faktische Zugangsbarrieren und psychologische Schwellenängste zum Gang zu den Gerichten bestehen, wenn man an Umstände wie Gerichtskostenvorschuß, faktische Vorschußpflicht Zahlungsschwacher beim Anwalt, Prozeßkostenrisiko, Prozeßdauer, Beweislastverteilung usw. denkt[63], so daß sie bei einer Weigerung des Verkäufers zur Rückabwicklung nur selten den Prozeßweg beschreiten und sich oftmals mit der Zahlungseinstellung gegenüber dem Kreditgeber begnügen werden.

Auch die von *Habersack* in der 3. Auflage des Münchener Kommentars mittlerweile eingebaute Korrektur, der Kreditgeber könne dem Verbraucher entsprechend § 466 BGB eine angemessene Frist setzen, mit deren fruchtlosem Ablauf er sein Wandelungsrecht verliere mit der Folge, daß er dem Kreditgeber die gemäß der Minderung herabgesetzten Raten weiterzahlen müsse[64], kann das unhaltbare Ergebnis nur abmildern, dagegen nicht ausräumen. Denn es bleibt dabei, daß der Kreditgeber einen teilweisen Ausfall erleidet; der Verkäufer, der von niemanden in Anspruch genommen wird, bleibt "lachender Dritter". Aus diesem Grund muß ein tragbares Rückabwicklungsmodell gefunden werden, das sich in jedem Fall, gerade auch in Krisenfällen bewährt.

---

61 MüKo-*Habersack*, § 9 VerbrKrG, RdNr. 123, 126.

62 So MüKo-*Habersack*, § 9 VerbrKrG, RdNr. 124.

63 S. nur *Reifner*, Alternatives Wirtschaftsrecht, S. 155 und S. 255 sowie *Hopt/Mülbert*, Kreditrecht, Vorb. zu §§ 607 BGB, RdNr. 489.

64 § 9 VerbrKrG, RdNr. 123, 125.

§ 10 Die Auseinandersetzung des Kreditgebers mit Verbraucher und Verkäufer

A. Die Aufspaltung der Ansprüche des Verbrauchers

I. Konzeption

Ausgehend von der These, daß es einen Rückforderungsdurchgriff beim finanzierten Abzahlungskauf nicht gebe, ist *Karollus* der Ansicht, daß der Einwendungsdurchgriff dogmatisch nur damit zu erklären sei, daß der Kreditvertrag ab Geltendmachung des Mangels mit ex-nunc-Wirkung wegfalle[1]. Damit sei die Auszahlung der Valuta, die unter der Geltung der Trennungstheorie als Leistung des Kreditgebers an den Verbraucher zu qualifizieren sei, insoweit rechtsgrundlos erfolgt, so daß es im Verhältnis Kreditgeber - Verbraucher zu einer bereicherungsrechtlichen Rückabwicklung komme. Da aber nach der Wertung des § 9 Abs. 3 VerbrKrG der Kreditgeber das Insolvenzrisiko des Verkäufers trage, habe er gegen den Verbraucher keinen unbedingten Anspruch auf den Wert der Valuta, sondern bloß einen Anspruch auf Abtretung des dem Verbraucher gegen den Verkäufer zustehenden Anspruchs[2], und dies auch nur im Ausmaß der vom Einwendungsdurchgriff betroffenen *künftigen Raten*. Nach der erfolgten (Teil-) Abtretung könne der Kreditgeber dann gegen den Verkäufer vorgehen, während sich der Verbraucher bezüglich der bereits geleisteten Raten und der Anzahlung an den Verkäufer zu halten habe.

II. Kritik

Auch dieses Modell ist abzulehnen. Zwar ist der Ausgangspunkt von der Ablehnung des Rückforderungsdurchgriff durchaus zutreffend. Jedoch ist die dogmatische Begründung des Einwendungsdurchgriffs, daß der Kreditvertrag ab Geltendmachung des Mangels mit ex-nunc-Wirkung wegfalle, unhaltbar, und dies nicht nur, weil diese Konstruktion in die

---

1 JuS 1993, 820, 821 f. Dagegen bejaht *Karollus*, aaO. einen eingeschränkten Rückforderungsdurchgriff bezüglich der Raten, die der Verbraucher irrtümlich nach Erhebung der Mängeleinrede an den Kreditgeber gezahlt hat.

2 Was *Karollus*, aaO., als sog. "Kondiktion auf die Kondiktion" bezeichnet, eine angesichts des auch bei ihm zugrunde liegenden Falles der Wandelung des Kaufvertrages mißverständliche und im übrigen auch von keinem gebrauchte Formulierung (man spricht immer nur von "Kondiktion der Kondiktion").

kaum noch zu unterscheidende Nähe von der bereits abgelehnten Lehre vom Wegfall der Geschäftsgrundlage rückt[3], sondern vor allem, weil sie eine Grundkonzeption des Gesetzes vollständig ignoriert: Der Einwendungsdurchgriff ist als Leistungsverweigerungsrecht eine Einrede des Verbrauchers; er führt lediglich zur Nichtdurchsetzbarkeit der Rückzahlungsforderung, aber gerade nicht zu einem automatischen, und sei es auch nur teilweisen Wegfall des Kreditvertrages. Dieser bleibt vielmehr bestehen[4].

B. Ausgangspunkt für das eigene Modell

Keines der von der Literatur bisher angebotenen und dargestellten Lösungsmodelle kann überzeugen. Sie leiden alle darunter, daß sie die gesetzliche Regelung des Einwendungsdurchgriffs mißverstehen und in unzulässiger Weise auslegen. Da sind auf der einen Seite diejenigen, die den Verbraucherschutz dadurch weitertreiben wollen, daß sie sich über den Wortlaut der Norm einfach hinwegsetzen und in Analogie zu § 9 Abs. 2 S. 4 VerbrKrG eine vorrangige bilaterale Rückabwicklung zwischen Kreditgeber und Verbraucher unter Einschluß des Rückforderungsdurchgriffs konzipieren, die der Gesetzgeber beim Einwendungsdurchgriff gerade nicht vorgesehen hat[5]. Diametral entgegengesetzt stehen diejenigen, die sich zu stark an die bisherige Rechtslage unter dem Abzahlungsgesetz anlehnen, die Veränderungen im neuen Gesetz nicht wahrhaben wollen und mit (den Kreditgeber schützenden) Ergänzungen der Norm arbeiten, die aber deshalb unzulässig sind, weil sie der Gesetzgeber ebenfalls nicht vorgesehen hat[6]. Auch gibt es kein allgemein tragfähiges und befriedigendes Direktabwicklungsmodell zwischen Kreditgeber und Verkäufer[7].

---

3 Auffallend beruft sich auch *Karollus*, JuS 1993, 820, 821, Fn. 8 auf die Hauptvertreter, die den Wegfall der Geschäftsgrundlage für den Fall der Wandelung mit ex-nunc-Wirkung bejahen, nämlich MüKo-*Habersack*, § 9 VerbrKrG, RdNr. 105 (Voraufl.) und *Canaris*, Bankvertragsrecht, RdNr. 1451, ohne aber selbst die Lehre vom Wegfall der Geschäftsgrundlage zu erwähnen.

4 I.ü. ergeben sich auch noch innere Unstimmigkeiten bei *Karollus*, JuS 1993, 820, 821 f. Der Ausgangsfall wird von ihm so gebildet, daß ein Sachmangel besteht und der Verkäufer zahlungsunfähig ist. Nach Darstellung des Einwendungsdurchgriffs und Ablehnung des Rückforderungsdurchgriffs unter Bejahung des Grundsatzes, daß der Kreditgeber das Insolvenzrisiko nur bezüglich der noch ausstehenden Raten zu tragen habe, greift er die Rückabwicklungsproblematik mit dem oben dargestellten Modell auf. Hier stellt sich aber die Frage, was die Rückabwicklung überhaupt noch interessiert, wenn der Verkäufer zahlungsunfähig ist. In diesem Fall nützen dem Kreditgeber seine vom Verbraucher abgetretenen Teilansprüche gegen den Verkäufer nichts mehr.

5 So insbes. die Modelle von *Vollkommer* (s.o. § 7, S. 215 ff.), *Ott* (s.o. § 7, S. 252 ff.) und *Emmerich* (s.o. § 7, S. 254 ff.).

6 So insbes. das "Verbrauchermodell" von *Dauner-Lieb* (s.o. § 9, S. 335 ff.) und *Habersacks* Modell (s.o. § 9, S. 337 f.).

7 S.o. § 8, S. 321 ff.

Deshalb soll an dieser Stelle ein bisher unbeachtet gebliebenes Lösungsmodell von *Scholz*[8] und *Klingsporn/Rebmann*[9] aufgegriffen und am Beispiel der Wandelung erheblich weiterentwickelt werden. Es wird sich zeigen, daß allein dieses der gesetzlichen Regelung entspricht und als Mittelweg zwischen den dargestellten Extrempositionen den Interessen der beteiligten Personen für alle Fälle gerecht werden kann.

Ausgangspunkt aller Überlegungen muß das allen Interessen gerecht werdende Ergebnis der möglichst vollständigen Rückabwicklung des gesamten finanzierten Abzahlungskaufs sein, wenn die betroffenen Parteien dies wünschen: Der Verbraucher erhält seine an den Verkäufer geleistete Anzahlung und die an den Kreditgeber geleisteten Raten zurück, der Kreditgeber die Darlehensvaluta, und der Verkäufer muß den Kaufpreis zurückzahlen und die mangelhafte Sache zurücknehmen.

C. Eigenes Modell: Nebenpflicht des Verbrauchers zur Abtretung seiner Ansprüche am Beispiel der Wandelung

I. Grundsätzliches

Dem Kreditgeber drohen immer dann erhebliche Nachteile, wenn der Verbraucher ihm gegenüber den Einwendungsdurchgriff geltend macht und sich unter Einstellung der weiteren Ratenzahlung allein auf dieses Recht beschränkt. Denn der Kreditgeber kann weder den Verbraucher zur Durchsetzung der §§ 459 ff. BGB gegenüber dem Verkäufer zwingen, so daß dieser sich in der Tat vom weiteren Geschehen zurückziehen kann, noch kann er selbst im Wege einer Direktabwicklung gegen den Verkäufer vorgehen, abgesehen von den Fällen einer Mithaftung in einem Rahmenvertrag. Mit diesen Feststellungen darf man sich aber keinesfalls begnügen und zu dem Ergebnis kommen, daß bei Untätigbleiben des Verbrauchers der Verkäufer trotz seiner vertragswidrigen Leistung den vollen Kaufpreis behalten könne, und deswegen allein der Kreditgeber mit Ausnahme der vom Verbraucher geleisteten Anzahlung und der bisher geleisteten Raten die nachteiligen Folgen aus der Störung des finanzierten Geschäftes zu tragen habe. Ein solches Ergebnis

8 Verbraucherkreditverträge, RdNr. 389 (S. 186); s. auch schon *dens.*, Ratenkreditverträge, RdNr. 363 (S. 164 f.) zur alten Rechtslage.

9 In: Erman, § 9 VerbrKrG, RdNr. 20.
Auch *Melsheimer*, Verbraucherschutz, S. 210 ff. vertritt ein Abtretungsmodell, allerdings in Kombination mit der hier abgelehnten Geschäftsgrundlagenlehre (Wandelung des Kaufvertrages durch den Kreditgeber nach Abtretung der §§ 459 ff. BGB durch den Verbraucher führe zur Unwirksamkeit des Kreditvertrages). Deswegen soll es nicht näher dargestellt werden.

ist, wie gesehen, allein bei der Insolvenz der Verkäufers akzeptabel[10]. Vielmehr sollte sich aus dem Kreditvertrag eine Verpflichtung des Verbrauchers ergeben, in zumutbarer Weise dazu beizutragen, daß diese unbillige Benachteiligung und einseitige Belastung des Kreditgebers vermieden wird. *Der Beitrag des Verbrauchers dazu besteht in der Nebenpflicht aus § 242 BGB, seine ihm gegenüber dem Verkäufer zustehenden Rechte an den Kreditgeber abzutreten, wenn er sie nicht selbst geltend macht*[11]. Diese Abtretungspflicht ließe sich auch mit dem Rechtsgedanken des § 255 BGB[12] oder einer ergänzenden Vertragsauslegung entsprechend § 281 BGB[13] erklären. Der Verbraucher hat sich in erster Linie zu entscheiden, ob und wenn ja mit welchem Rechtsbehelf er gegen den Verkäufer vorgehen will oder nicht[14]. Diese Entscheidung muß er dem Kreditgeber unverzüglich mitteilen. Das gilt erst recht für den Fall, in dem er ein echtes Wahlrecht aus dem Kaufvertrag hat (z.B. aus § 480 Abs. 1 BGB) und auch Nachbesserung oder Ersatzlieferung vom Verkäufer verlangen kann. Denn wenn er diese Rechte wählt, ist der Einwendungsdurchgriff von vornherein gemäß § 9 Abs. 3 S. 3 VerbrKrG ausgeschlossen[15]. Insbesondere um die drohende Verjährung der §§ 459 ff. BGB zu verhindern, kann der Kreditgeber dem Verbraucher eine Frist über die Entscheidung setzen[16]. Rechtsgrundlage für dieses Recht zur Fristsetzung ist ebenso wie die Abtretungspflicht eine Nebenpflicht aus dem Kreditvertrag[17]. Die Dauer der Frist bestimmt sich nach den Umständen des Einzelfalls, wird aber regelmäßig nicht sehr lange sein. Entscheidend ist dabei, um welche Einwendung aus dem Kaufvertrag es sich konkret handelt. Bei Sachmängeln muß wegen der kurzen Verjährungsfrist des § 477 Abs. 1 S. 1 BGB schnell gehandelt werden, während bei Nichtigkeit des Kaufvertrages wegen § 195 BGB Zeit bleibt[18].

---

10 S.o. § 7, S. 315 ff.

11 *Scholz*, Verbraucherkreditverträge, RdNr. 389 (S. 186) und Erman-*Klingsporn/Rebmann*, § 9 VerbrKrG, RdNr. 20. Letztere weisen zur Begründung der Abtretungspflicht neben § 242 BGB auf eine analoge Anwendung des § 426 Abs. 2 BGB hin. Dies dürfte nur unter dem Aspekt gerechtfertigt sein, daß dem Verbraucher die Einwendungen, die er gegen den Verkäufer hat, auch gegen den Kreditgeber zustehen, und insofern, nämlich allein im Defensivbereich zwischen Verkäufer und Kreditgeber, eine "Art von Gesamtschuld" besteht.

12 So schon RGRK-*Kessler*, Anh. nach § 455 BGB, § 6 AbzG, RdNr. 51 a.E. zur alten Rechtslage.

13 So *Melsheimer*, Verbraucherschutz, S. 220 f.

14 Erman-*Klingsporn/Rebmann*, § 9 VerbrKrG, RdNr. 26 und 28.

15 Ausführlich oben § 6, S. 172 ff.

16 Nach Erman-*Klingsporn/Rebmann*, § 9 VerbrKrG, RdNr. 28 f. kommt es allein darauf an, ob der Verbraucher seine Rechte *unverzüglich* geltend macht.

17 Nach *Emmerichs* Modell in: Hadding/Hopt, Das neue Verbraucherkreditgesetz, S. 67, 83 f. und in: Graf v. Westphalen/Emmerich/Kessler, § 9 VerbrKrG, RdNr. 104 f. (s.o. § 7, S. 254 ff.; ähnlich auch *Bülow*, § 9 VerbrKrG, RdNr. 57a und *Reinking/Eggert*, Der Autokauf, RdNr. 320, S. 95) war Rechtsgrundlage ein allgemeines, in den §§ 322, 326, 466, 634 Abs. 4, §§ 636 BGB, 376 Abs. 1 HGB ausgedrücktes Rechtsprinzip, wonach der Gläubiger den für ihn unzumutbaren Schwebezustand durch Fristsetzung beenden könnte. Auch dieser Gedanke könnte hier fruchtbar gemacht werden.

18 Hier wäre auch an die von *Reinking*, FLF 1993, 174, 178 vorgeschlagene Idee zu denken, daß der durch den Verbraucher gegenüber dem Kreditgeber geltend gemachte Einwendungsdurchgriffs

II. 1. Alternative: Rechtsverfolgung durch den Verbraucher

1. Prozessuales

Wenn der Verbraucher vor Ablauf der ihm gesetzten Frist Wandelung beim Verkäufer geltend macht, dann muß Kreditgeber den Ausgang dieses Prozesses abwarten. Ein eventuell bereits in Gang gesetzter Rückzahlungsprozeß kann gemäß § 148 ZPO ausgesetzt werden, weil der Wandelungsprozeß vorgreiflich ist[19]. Dabei ist zu beachten, daß ein zusprechendes Wandelungsurteil nur inter partes wirkt. Folglich ist das Gericht, das den Rückzahlungsanspruch des Kreditgebers zu prüfen hat, an diese Entscheidung nicht gebunden, sondern hat vielmehr selbständig die Voraussetzungen des Einwendungsdurchgriffs zu überprüfen[20]. Denn es fehlt (leider) an einer gesetzlichen Regelung, nach der das Urteil, das im Verhältnis zwischen Verkäufer und Verbraucher ergeht, auch Bindungswirkung gegenüber dem Kreditgeber hat[21]. Dieses Problem könnte allein die Interventionswirkung gemäß §§ 68, 74 Abs. 3 ZPO lösen, wenn der Verbraucher dem Kreditgeber im Wandelungsprozeß gegen den Verkäufer den Streit verkünden könnte[22]. Ein Streitverkündungsgrund gemäß § 72 Abs. 1 ZPO ist auch gegeben. Zwar hat der Verbraucher für den Fall des Unterliegens keinen Anspruch gegen den Kreditgeber als Dritten auf Gewährleistung oder Schadloshaltung, sondern muß ganz im Gegenteil den Kredit weiter- und nachzahlen. Man wird aber davon sprechen können, daß der Verbraucher im Sinne der 3. Alternative des § 72 Abs. 1 ZPO "den Anspruch des Dritten besorgt". Denn darunter fallen nicht nur die Fälle, in denen der Streitverkünder den Hauptprozeß über ein fremdes Recht führt, sondern alle diejenigen Situationen, in denen die streitverkündende Partei einem Dritten für den Ausgang des Hauptprozesses verantwortlich ist und deshalb bei Prozeßverlust einen Anspruch des Dritten befürchten muß[23]. Genau diese Situation ist hier beim finanzierten Abzahlungskauf gegeben: Unterliegt der

---

die kaufrechtlichen Verjährungsfristen unterbricht. Dann würde die kurze Fristdauer lediglich bedeuten, daß der Kreditgeber in seinem Interesse schnell Rechtsklarheit erhält und nach Fristablauf die Abtretung der Rechte vom Verbraucher verlangen kann. Eines schnellen Handelns gegenüber dem Verkäufer nach Abtretung der Verbraucherrechte wäre dann entbehrlich.

19 So auch *Dauner-Lieb*, WM-Sonderbeilage 6/1991, S. 28; *Reinking/Nießen*, ZIP 1991, 634, 636 und *Reinking/Eggert*, Der Autokauf, RdNr. 322 (S. 95).

20 Zutreffend MüKo-*Habersack*, § 9 VerbrKrG, RdNr. 98. Das gilt nicht nur für ein zusprechendes streitiges Urteil, sondern erst recht für ein Einverständnis des Verkäufers in die Wandelung oder einen zwischen Verbraucher und Verkäufer geschlossenen Vergleich.

21 *Reinicke/Tiedtke*, Kaufrecht, S. 460.

22 Dies wird überraschenderweise von allen Vertretern des "Verbrauchermodells", die ja den Verbraucher zur Geltendmachung seiner Rechte gegenüber dem Verkäufer zwingen wollen, nicht angesprochen (s.o. § 9, S. 335 ff.).

23 MüKo-ZPO-*Schilken*, § 72 ZPO, RdNr. 14. Auch der BGH ist der Meinung, daß der Wortlaut des § 72 Abs. 1 ZPO zu eng sei und fordert eine weite Auslegung, s. BGHZ 116, 100, 101.

Verbraucher mit seinem Wandelungsprozeß im Verhältnis zum Verkäufer, muß er befürchten, sofort vom Kreditgeber in Anspruch genommen zu werden. Deshalb kann der Verbraucher dem Kreditgeber im Wandelungsprozeß gegen den Verkäufer den Streit verkünden mit der Folge, daß ein erfolgreiches Wandelungsurteil auch im Verhältnis zum Kreditgeber bindend feststeht[24].

2. *Durchführung der Wandelung*

Die Durchführung der Wandelung kann nach den bereits aufgezeigten Grundsätzen des "Verbrauchermodells" bestimmt werden[25]: Der Verbraucher erhält vom Verkäufer die Anzahlung und die Valuta, also den gesamten Kaufpreis Zug-um-Zug gegen Rückgabe der mangelhaften Sache. Wie jeder Verkäufer muß auch der Verkäufer beim finanzierten Abzahlungskauf diesen Rückzahlungsanspruch insgesamt gemäß §§ 347 S. 3, 288 BGB mit 4 % verzinsen[26], während der Verbraucher gemäß § 347 S. 2 BGB eine Nutzungsentschädigung zu zahlen hat. Dies hat das LG Kleve mit seinem Urteil vom 3.8.1993 zutreffend entschieden[27].

Anschließend muß der Verbraucher den dem Kreditgeber zustehenden Teil der Valuta, also abzüglich der bereits erbrachten Raten an diesen abführen. Der Kreditgeber hat seinerseits keinen Anspruch auf die Verzinsung dieser Restvaluta. Denn das wäre Erfüllung, die der Kreditgeber seit der Erhebung des Einwendungsdurchgriffs durch den Verbraucher nicht mehr verlangen kann. Hingegen kann er den in den bisher vom Verbraucher geleisteten Raten enthaltenen Zins- und Kostenanteil behalten[28].

Im letzteren Sinne entschieden auch indirekt, nämlich unter Betrachtung des Rechtsverhältnisses Verbraucher - Verkäufer, das LG Bonn mit Urteil vom 14.4.1993[29] und das

---

24 Es ist aber darauf hinzuweisen, daß die Voraussetzungen einer zulässigen Streitverkündung nicht im Hauptprozeß, sondern erst im Folgeverfahren zwischen Streitverkünder und Streitverkündungsempfänger geprüft werden, s. nur MüKo-ZPO-*Schilken*, § 72 ZPO, RdNr. 17.

25 S.o. § 9, S. 335 ff.

26 A.A. *Reinking/Eggert*, Der Autokauf, RdNr. 307 f. (S. 91 f.) für die parallele Rückabwicklung beim Rücktritt und *Reinking*, FLF 1993, 174, 178: 5% Zinsen gemäß § 352 Abs. 1 S. 1 HGB. Da aber zwischen Verbraucher und Verkäufer kein beiderseitiges Handelsgeschäft besteht, ist diese Ansicht unzutreffend.

27 FLF 1993, 228 f. Auch das LG Hagen WM 1994, 607, 608 geht mit Urteil vom 23.7.1993 inzident davon aus, daß der Verbraucher gegen den Verkäufer einen 4 % igen Zinsanspruch habe.

28 MüKo-*Habersack*, § 9 VerbrKrG, RdNr. 124; *Reinking/Eggert*, Der Autokauf, RdNr. 307 (S. 92); *Reinking*, FLF 1993, 174, 178 und bereits zur alten Rechtslage *Canaris*, Bankvertragsrecht, RdNr. 1521. Nicht eindeutig *Scholz*, Verbraucherkreditverträge, RdNr. 389 (S. 186) und wohl übersehen von Erman-*Klingsporn/Rebmann*, § 9 VerbrKrG, RdNr. 29.

29 BB 1993, 1319 f. (= DB 1993, 1280).

LG Hagen mit Urteil vom 23.7.1993[30], beide mit etwas zweifelhafter Begründung. Die Landgerichte stellten auf das Argument ab, daß nicht einzusehen sei, warum der Käufer, der den Kaufpreis über einen Verbundkredit aufbringe, im Fall einer Wandelung überhaupt nichts dafür bezahlen soll, daß er bis dahin fremdes Kapital eingesetzt hat. Der Verbraucher dürfe nicht besserstehen als derjenige, der den Kauf mit eigenem Geld finanziere, dem bei Wandelung auch niemand die bis dahin entgangenen Zinsen erstatte. Auch dürfe der Verbraucher nicht besserstehen als der Käufer, der den Kaufpreis mit einem freien Personalkredit finanziert habe, der bei Wandelung weiterhin an den Kredit gebunden sei und die Kosten dafür zu tragen habe. I.ü. bekäme der Verbraucher auch im Rahmen der Rückabwicklung des Kaufvertrages 4 % Zinsen auf den Kaufpreisbetrag, obwohl er überhaupt keine Barmittel zur Verfügung hatte. Insofern dürfe er nicht belohnt und der Kreditgeber nicht bestraft werden. Deshalb habe der Verbraucher gegen den Verkäufer keinen Anspruch auf Zahlung der zeitanteiligen Kreditkosten (d.h. der Kreditgeber kann diese behalten), insbesondere auch nicht gemäß § 467 S. 2 BGB unter dem Gesichtspunkt der Erstattung von "Vertragskosten"[31].

Diese wirtschaftlich betrachtet überzeugenden Ausführungen sind rechtlich angreifbar. Denn Vergleichsmaßstab ist allein der normale Abzahlungskauf, nicht der Barkauf mit Eigenmitteln oder mit einem "Kredit auf eigene Faust". Beim bilateralen Abzahlungskauf müßte der Abzahlungsverkäufer dem Verbraucher aber gemäß § 346 S. 1 BGB die gesamten Raten erstatten und könnte die in den bereits geleisteten Raten enthaltenen Zinsanteile für die teilweise gewährte entgeltliche Stundung nicht behalten. Dort hätte der Verkäufer allein Ansprüche auf Nutzungsersatz gemäß § 347 S. 2 BGB.

Im Ergebnis ist den Landgerichten aber zuzustimmen[32]. Denn zum einen hätte auch der normale Abzahlungskäufer keinen 4 % igen Zinsanspruch bezüglich des *gesamten* Kaufpreises, sondern allein bezüglich seiner bereits geleisteten Raten (§ 347 S. 3 BGB). Insofern wird der Verbraucher beim finanzierten Abzahlungskauf eindeutig bessergestellt. Zum anderen fügt sich diese Ansicht nahtlos in das Verbot des Rückforderungsdurchgriffs ein[33]. Das, was der Verbraucher an den Kreditgeber bereits geleistet hat, kann er

30 WM 1994, 607 f. (= FLF 1993, 227 f.).

31 Darauf stellte das LG Bonn BB 1993, 1319 f. ab. Ebenso Soergel-*Huber*, § 467 BGB, RdNr. 114 und *Reinking/Eggert*, Der Autokauf, RdNr. 779 m.w.N. auf die Gegenansicht zur alten Rechtslage.

32 Ebenso *Drescher*, WuB I E 2 c. - 3.94 (s. auch *dens.*, Verbraucherkreditgesetz, RdNr. 272) und *Brink*, EWiR 1994, 713 f. in ihren Anmerkungen zum Urteil des LG Hagen sowie Palandt-*Putzo*, § 9 VerbrKrG, RdNr. 14.

33 Zutreffend *Reinking/Eggert*, Der Autokauf, RdNr. 307 (S. 92) und *Reinking*, FLF 1993, 174, 178, die allerdings das Verbot des Rückforderungsdurchgriffs nur für den Fall der Wandelung und der Irrtumsanfechtung vertreten.

von diesem nicht mehr zurückfordern bzw. in dieser Konstellation verrechnen. Er bleibt allein auf seine Ansprüche gegen den Verkäufer verwiesen. Von diesem bekommt er aber, wie gesehen, nur die Valuta und die Anzahlung mit 4 % verzinst wieder. Bezüglich der in den bereits geleisteten Raten enthaltenen Zinsanteile hat der Verbraucher keinen Anspruch gegen den Verkäufer. Auch das LG Kleve verneinte mit seinem Urteil vom 3.8.1993 einen Anspruch des Verbrauchers gegen den Verkäufer[34]. Das Gericht lehnte vor allem § 286 Abs. 1 BGB als Anspruchsgrundlage ab, weil der Verbraucher im Zeitpunkt eines möglichen Verzugs des Verkäufers mit der Wandelung wegen § 9 Abs. 3 S. 1 VerbrKrG i.V.m. der allgemeinen Mängeleinrede keine Raten und Zinsen mehr an den Kreditgeber gezahlt hatte, und ihm insofern überhaupt kein kausaler Schaden entstanden sei.

Die nach dieser Konzeption eintretende geringfügige Schlechterstellung des Verbrauchers im Vergleich mit dem normalen Abzahlungskäufer ist hinzunehmen. Wie bereits mehrfach gesehen hat selbst der Gesetzgeber in § 9 VerbrKrG das von ihm proklamierte Postulat von der Gleichstellung nicht überall durchgehalten[35]. Reicht die vom Verkäufer an den Verbraucher geleistete Summe zur Ablösung des noch offenen Nettokreditbetrages (ohne Zinsen und Bearbeitungskosten) nicht aus, insbesondere, weil der Verbraucher vornehmlich beim Kauf eines mangelhaften, aber doch benutzbaren Autos erhebliche Nutzungsersatzansprüche zu zahlen hatte, muß der Verbraucher den Differenzbetrag ausgleichen[36]. Auch das ist nicht unbillig, weil er für eine gewisse Zeit fremdfinanzierte Gebrauchsvorteile hatte, die er ohne die Einschaltung des Kreditgebers nicht gehabt hätte[37].

Sichergestellt ist mit dieser Konzeption, daß das in erster Linie gestörte Rechtsverhältnis, nämlich der Kaufvertrag vollständig rückabgewickelt wird[38], während der ungestörte Kreditvertrag bis zur Erhebung des Einwendungsdurchgriffs erfüllt wird (der Kreditgeber kann die bereits geleisteten Zinsanteile behalten) und erst im nachfolgenden an dem Schicksal des Kaufvertrages teilnimmt. Der Kreditvertrag endet erst mit dem Erlöschen der Rückzahlungsverpflichtung des Verbrauchers[39]. *Insofern kann man davon sprechen,*

---

34 FLF 1993, 228 f. Damit geht auch das LG Kleve inzident davon aus, daß der Verbraucher dem Kreditgeber die zeitanteiligen Kreditkosten erstatten müsse.

35 "Einwendungen aus dem Kaufvertrag", s.o. § 5, S. 145 ff.; partielle Subsidiarität gemäß § 9 Abs. 3 S. 3 VerbrKrG, s.o. § 6, S. 182 f.; kein Rückforderungsdurchgriff für die in dieser Zeit geleisteten Raten, s.o. § 7, S. 309 ff.

36 *Reinking/Eggert*, Der Autokauf, RdNr. 307 (S. 91 f.) und *Reinking*, FLF 1993, 174, 178.

37 In diesem Sinne auch das LG Hagen WM 1994, 607 f.

38 Das fordert insoweit zutreffend auch *Dauner-Lieb*, WM-Sonderbeilage 6/1991, S. 24.

39 *Reinking/Eggert*, Der Autokauf, RdNr. 306 (S. 91, allerdings unter Betonung der Aufgabe der Trennungstheorie).

daß die ex-nunc-Wirkung des Einwendungsdurchgriffs auf die Rückabwicklung des Kreditvertrages sinngemäß übertragen wird.

Die Rückgabe der mangelhaften Sache an den Verkäufer ist unproblematisch, wenn der Verbraucher selbst Eigentümer der finanzierten Sache ist. Ist dagegen der Kreditgeber Sicherungseigentümer, muß er seine Ermächtigung gemäß § 185 BGB zur Rückübereignung an den Verkäufer abgeben. Dabei ist zum Schutz des Kreditgebers davon auszugehen, daß dieser seine vorherige Einwilligung gemäß § 185 Abs. 1 BGB von der Bedingung abhängig machen kann, daß der Verbraucher den Verkäufer unwiderruflich zur Direktauszahlung der Valuta abzüglich der vom Verbraucher an den Kreditgeber bereits geleisteten Raten anweist. Die nachträgliche Genehmigung gemäß § 185 Abs. 2 S. 1 BGB kann der Kreditgeber dagegen von der Bedingung abhängig machen, daß ihm jetzt der Verbraucher den entsprechenden Kreditteil auszahlt[40]. Damit ist dem legitimen Sicherungsinteresse des Kreditgebers genüge getan[41]. Ist der Kreditgeber nicht Sicherungseigentümer, trägt er insofern ein erhöhtes Risiko, als der Verbraucher vom Verkäufer die gesamte Valuta gegen Übergabe der mangelhaften Sache zurückerhält und nicht sichergestellt ist, daß dieser die Valuta auch ordnungsgemäß an den Kreditgeber abführt. Dieses Risiko muß der Kreditgeber hinnehmen, kann er sich durch die Vereinbarung des Sicherungseigentums von vornherein dagegen schützen.

3. *Zusammenfassendes Abrechnungsbeispiel*[42]

Der Kaufpreis für ein PKW beträgt 22.000,-- DM. Der Verbraucher zahlt eine Anzahlung i.H.v. 2.000,-- DM. Der Rest wird über einen Kredit finanziert, der in 50 Monatsraten zu 500,-- DM zurückzuzahlen ist (25.000,-- DM). Der Kreditgeber überweist an den Verkäufer die Valuta i.H.v. 20.000,-- DM. Nachdem der Verbraucher bereits 3 Raten gezahlt hat, macht er die Wandelung beim Verkäufer geltend und stellt sofort die weitere Zahlung an den Kreditgeber ein. Mit der Wandelungsklage hat er Erfolg. Der Verkäufer muß ihm 22.000,-- DM mit 4 % Zinsen zurückgeben (= 220,-- DM für 3 Monate), hat aber seinerseits Nutzungsersatzansprüche für 3 Monate i.H.v. 600,-- DM und einen Anspruch auf Rückgabe des Wagens. Der Verbraucher erhält insgesamt 21.620,-- DM.

---

40 Zutreffend MüKo-*Habersack*, § 9 VerbrKrG, RdNr. 124.

41 A.A. *Reinking/Eggert*, Der Autokauf, RdNr. 310 (S. 92).

42 S. auch das Abrechnungsbeispiel von *Reinking/Eggert*, Der Autokauf, RdNr. 308 (S. 92) für die parallele Situation des Rücktritts des Verbrauchers auf Grund Nichtlieferung.

Jetzt muß der Verbraucher die Valuta i.H.v. 20.000,-- DM an den Kreditgeber abführen. Von dieser Summe kann er seine bereits geleisteten Raten abziehen, aber nicht in voller Höhe (1.500,-- DM), sondern nur in Höhe der Tilgungsanteile (1.200,-- DM). Der Kreditgeber kann folglich 18.800,-- DM fordern. Ist er Sicherungseigentümer des Wagens, kann er seine Einwilligung zur Rückübereignung an den Verkäufer gemäß § 185 Abs. 1 BGB von der Bedingung abhängig machen, daß der Verbraucher den Verkäufer unwiderruflich zur Auszahlung der 18.800,-- DM anweist.

Ergebnis: Der Verbraucher muß für die dreimonatige Kapitalnutzung 300,-- DM bezahlen, eine Summe, die durch die 4 % ige Verzinsung der 22.000,-- DM (220,-- DM) durch den Verkäufer fast kompensiert wird. Darüber hinaus muß er die 600,-- DM für die Gebrauchsvorteile des Wagens zahlen. Damit trägt der Verbraucher bei Scheitern dieses finanzierten Abzahlungskaufs summa summarum 680,-- DM.

Zum Vergleich die Abrechnung im bilateralen Verhältnis[43]: Hier müßte der Verkäufer dem Verbraucher lediglich die Anzahlung i.H.v. 2.000,-- DM sowie die bereits geleisteten Raten i.H.v. 1.500,-- DM zuzüglich 4 % Zinsen auf 3.500,-- DM (= 35,-- DM für 3 Monate) erstatten. Der Verbraucher wäre im Gegenzug zur Zahlung von 600,-- DM Nutzungsersatz sowie zur Herausgabe des regelmäßig unter Eigentumsvorbehalt stehenden Wagens verpflichtet. Der normale Abzahlungskäufer trägt beim Scheitern dieses bilateralen Abzahlungskaufs insgesamt 565,-- DM.

III. 2. Alternative: Rechtsverfolgung durch den Kreditgeber

1. Prozessuales

Weist der Verbraucher innerhalb der vom Kreditgeber gesetzten Frist die Klageerhebung gegen den Verkäufer nicht nach, hat er damit deutlich zu erkennen gegeben, daß er untätig bleiben will. In diesem Fall ist er auf Verlangen des Kreditgebers gemäß § 242 BGB zur Abtretung der §§ 459 ff. BGB verpflichtet. Verbraucher und Kreditgeber müssen einen wirksamen Abtretungsvertrag bezüglich der §§ 459 ff. BGB abschließen[44], mit

43 Zur exakten Gegenüberstellung müssen die Kreditbedingungen gleichbleiben, auch wenn sie kaum realisitisch sind, d.h. der Barzahlungspreis beträgt weiterhin 22.000,-- DM und der Teilzahlungspreis 25.000,-- DM.

44 An dieser Stelle wäre zu überlegen, ob die Kreditgeber nicht von vornherein eine Vorausabtretung der §§ 459 ff. BGB für den Fall, daß ein verbundenes Geschäft vorliegt und der Verbraucher

dem der Kreditgeber alleiniger Rechtsinhaber der Gewährleistungsrechte wird. Es unterliegt folglich seiner freien Entscheidungsgewalt, ob und wie er gegen den Verkäufer vorgeht. Erhebt er Wandelungsklage, sollte er in jedem Fall dem Verbraucher den Streit verkünden[45]. Damit bekommt er nicht nur dessen Unterstützung für den Beweis, daß ein Sachmangel besteht, sondern hat auch die Gewähr, daß ein solcher für sein Rechtsverhältnis zum Verbraucher bindend feststeht (Interventionswirkung gemäß §§ 68, 74 Abs. 3 ZPO). Auch hier ist ein Streitverkündungsgrund i.S.v. § 72 Abs. 1 ZPO gegeben. Zwar hat der Kreditgeber für den Fall des Unterliegens im Prozeß gegen den Verkäufer keinen Anspruch gegen den Verbraucher als Streitverkündungsempfänger "auf Gewährleistung oder Schadloshaltung", wie vom Wortlaut des § 72 Abs. 1 ZPO vorausgesetzt, sondern lediglich den Darlehensrückzahlungsanspruch, also den ursprünglichen Erfüllungsanspruch aus dem Kreditvertrag. Es besteht jedoch Einigkeit darüber, daß die weite Formulierung der 3. Alternative ("Anspruch eines Dritten besorgt") in extensiver Auslegung auch für die Aktivseite, also die ersten beiden genannten Alternativen des § 72 Abs. 1 ZPO zu gelten hat[46], und man deshalb den Erfüllungsanspruch des Kreditgebers als "Regreßanspruch" unter die Norm subsumieren kann[47]. Ausreichend und maßgeblich ist nämlich, daß der Drittanspruch des Streitverkünders zu dessen Rechtsposition im Hauptprozeß in einem Alternativverhältnis im Sinne wechselseitiger Ausschließung steht, also nur bei ungünstigem Ausgang des Hauptprozesses geltend gemacht werden kann[48]. Genau das ist hier der Fall: Verliert der Kreditgeber den Wandelungsprozeß gegen den Verkäufer, insbesondere deshalb, weil sich ein Sachmangel und damit ein Einwendungsdurchgriff nicht erweisen läßt, hat er einen Anspruch gegen den Verbraucher auf Rück- und Nachzahlung des Kredits.

---

nach Erhebung des Einwendungsdurchgriffs diese Rechte nicht verfolgt, durch eine besondere Klausel im Kreditvertrag vereinbaren sollten. Als AGB wäre eine solche Klausel wohl zulässig. Denn wegen der aufgezeigten Schwierigkeiten mit den Alternativmodellen bzw. wegen der grundsätzlichen Kritik an ihnen wäre sie weder überraschend i.S.v. § 3 AGBG noch eine unangemessene Benachteiligung des Verbrauchers i.S.v. § 9 AGBG.

45 So auch *Dauner-Lieb*, WM-Sonderbeilage 6/1991, S. 26 in ihrem "Kreditgebermodell" und *Melsheimer*, Verbraucherschutz, S. 215.

46 MüKo-ZPO-*Schilken*, § 72 ZPO, RdNr. 8.

47 MüKo-ZPO-*Schilken*, § 72 ZPO, RdNr. 12 erwähnt ausdrücklich vertragliche Erfüllungsansprüche als mögliche Ansprüche gegen den Streitverkündungsempfänger. Dagegen ginge eine Subsumtion dieses Falles unter die 3. Alternative des § 72 Abs. 1 ZPO zu weit. Denn der Kreditgeber ist nach der hier vertretenen Konzeption nach erfolgter Abtretung wahrer Rechtsinhaber der §§ 459 ff. BGB und besorgt deshalb keinen Anspruch des Verbrauchers. Er muß insbes. bei Unterliegen im Hauptprozeß zum Verkäufer nicht befürchten, vom Verbraucher als Streitverkündungsempfänger in Anspruch genommen zu werden, sondern kann vielmehr selbst gegen diesen vorgehen.

48 MüKo-ZPO-*Schilken*, § 72 ZPO, RdNr. 9. Die Streitverkündung scheidet insbes. dann aus, wenn die Ansprüche des Streitverkünders kumulativ oder in einem Gesamtschuldverhältnis bestehen. Das ist hier nicht der Fall.

2. *Durchführung der Wandelung*

Geht der Prozeß erfolgreich aus, bekommt der Kreditgeber vom Verkäufer die Anzahlung und die Valuta zuzüglich des gesetzlichen Zinssatzes gemäß §§ 347 S. 3, 288 BGB und abzüglich des Nutzungsersatzanspruches gemäß § 347 S. 2 BGB heraus. Auch hier beträgt der Zinssatz nur 4 %, da der Kreditgeber nur die vom Verbraucher abgetretenen Ansprüche geltend macht, und insofern kein beiderseitiges Handelsgeschäft i.S.v. § 352 Abs. 1 S. 1 HGB vorliegt. Seinerseits muß er aber die finanzierte Sache zurückgeben. Deshalb muß die Abtretungspflicht des Verbrauchers aus § 242 BGB auch die Pflicht zur Herausgabe (bei Sicherungseigentum des Kreditgebers) bzw. zur direkten Rückübereignung oder Ermächtigung gemäß § 185 BGB (bei Volleigentum des Verbrauchers) an den Verkäufer umfassen[49]. Dieser Weg dürfte praktischer sein als eine Herausgabe/Rückübereignung an den Kreditgeber, der sich ansonsten ein Warenlager zulegen müßte, was bei der Rückabwicklung nach erfolgtem Widerruf gemäß § 9 Abs. 2 S. 4 VerbrKrG bereits vom Gesetz so angeordnet worden ist, nach diesem Rückabwicklungsmodell aber nicht auch noch gefordert werden sollte. Allein in dem Fall, daß der Verkäufer kurz vor dem Konkurs steht bzw. seine Leistungsfähigkeit unsicher ist, sollte der Kreditgeber vom Verbraucher Herausgabe an sich verlangen, um sicherzustellen, daß der Verkäufer die mangelhafte Ware nur Zug-um-Zug gegen Herausgabe des Geldes erhält.

Ist die Rückabwicklung im Verhältnis Kreditgeber - Verkäufer abgeschlossen, muß der Kreditgeber natürlich dem Verbraucher alle bisher geleisteten Raten und die Anzahlung erstatten (abzüglich eines anteiligen Zins- und Kostenanteils[50]), weil er ansonsten mehr erhielte als ihm zusteht[51]. Das ist in keinster Weise ein Widerspruch zu dem vom Gesetz nicht vorgesehenen Rückforderungsdurchgriff. Eher entspricht diese Konzeption § 13 Abs. 3 S. 1 a.E. VerbrKrG, wonach die Wegnahme der finanzierten Sache durch den Kreditgeber dann nicht als Rücktritt vom Kreditvertrag anzusehen ist, wenn sich der Kreditgeber mit dem Verbraucher über eine Vergütung des gewöhnlichen Verkaufswerts der Sache einigen[52]. Der zentrale Unterschied zum Rückforderungsdurchgriff ist nämlich, daß der Kreditgeber nach dem hier vertretenen Modell zu einer Abführung der Anzahlung und der bisher geleisteten Raten an den Verbraucher nur dann verpflichtet ist, *wenn er (nach seiner Wahl) die Wandelung gegen den Verkäufer aktiv betreibt und von*

49 Erman-*Klingsporn/Rebmann*, § 9 VerbrKrG, RdNr. 20 und 29.

50 Diesen kann er bezüglich der bereits geleisteten Raten behalten, s.o. S. 352 ff.

51 Konsequent *Scholz*, Verbraucherkreditverträge, RdNr. 389 (S. 186) und Erman-*Klingsporn/Rebmann*, § 9 VerbrKrG, Rdnr. 21 und 29 (letztere unter Bejahung einer analogen Anwendung des § 9 Abs. 2 S. 4 VerbrKrG).

52 Hier: im Abtretungsvertrag bezüglich der Gewährleistungsansprüche.

diesem auch tatsächlich befriedigt wurde[53]. Dagegen ist der Rückforderungsdurchgriff ein vom Verbraucher geltend zu machendes Angriffsmittel in Form einer Anspruchsgrundlage[54]. Liegt der Fall so, daß der Kreditgeber zwar ein zusprechendes Wandelungsurteil erstritten hat, gleichwohl aber der Verkäufer nicht leistet, weil er inzwischen in Konkurs gefallen ist, richtet sich die Rückabwicklung nach den bereits oben gezeigten Grundsätzen, nach denen ein Rückforderungsdurchgriff nicht stattfindet und die Rechtsverhältnisse mit Erhebung des Einwendungsdurchgriffs durch den Verbraucher endgültig stillstehen[55]. Der Verbraucher kann also nicht durch sein Passivbleiben nach Erhebung der allgemeinen Mängeleinrede und des Einwendungsdurchgriffs die Abtretung der §§ 459 ff. BGB einschließlich der Herausgabe der finanzierten Sache provozieren *und allein deswegen* Rückzahlungsansprüche in Höhe der Anzahlung und der bereits geleisteten Raten gegenüber dem Kreditgeber geltend machen. Das wäre eine durch nichts gerechtfertigte Besserstellung im Vergleich zum normalen Abzahlungskäufer. Vielmehr muß er die Rückabwicklung zwischen Kreditgeber und Verkäufer, sollte sie überhaupt erfolgen, abwarten. Erst nach erfolgreicher Befriedigung des Kreditgebers stehen ihm (einklagbare) Ansprüche gegen diesen zu. Dieses Ergebnis ist deshalb nicht unbillig, weil es der Verbraucher von Anfang an in der Hand hat, selbst unter Inkaufnahme des Prozeßrisikos gegen den Verkäufer vorzugehen[56].

IV. Problemfälle

1. Unsicherheit über den Bestand des Einwendungsdurchgriffs

Ein erster Problemfall entsteht dann, wenn der Verbraucher den Einwendungsdurchgriff wegen eigener Zahlungsschwierigkeiten nur vorgeschoben und dem Kreditgeber nach Fristablauf insofern nur angebliche Gewährleistungsansprüche abgetreten hat. Macht der Kreditgeber diese angeblichen Ansprüche gegen den Verkäufer geltend, wird er den Pro-

---

53 Nicht ganz eindeutig *Scholz*, Verbraucherkreditverträge, RdNr. 389 (S. 186), und Erman-*Klingsporn/Rebmann*, § 9 VerbrKrG, RdNr. 21 und 29, die den Fall der Leistungsunfähigkeit des Verkäufers in ihrer Konzeption nicht behandeln, und den Kreditgeber zur Rückzahlung der bereits geleisteten Raten einschließlich der Anzahlung schon mit der erfolgten Abtretung verpflichten wollen.

54 S.o. § 7, S. 211 ff.

55 S.o. § 7, S. 315 ff. Hat der Verbraucher in diesem Fall die mangelhafte Sache bereits an den Kreditgeber herausgegeben, muß er sie wieder zurückbekommen. Denn dieser Fall des zwischenzeitlich eingetretenen Konkurses des Verkäufers im Unterschied zum anfänglichen kann ein anderes Ergebnis als das oben geschilderte nicht rechtfertigen. Eine Weiterzahlungspflicht besteht nicht.

56 S.o. die 1. Alternative S. 351 ff.

zeß verlieren. Der Kreditgeber sollte deshalb dem Verbraucher jedenfalls bei Mißbrauchsverdacht, am besten aber immer[57] den Streit verkünden. Hat sich ein derartiger Mißbrauch des Einwendungsdurchgriffs rechtskräftig herausgestellt, kann der Kreditgeber wieder (unter Nachzahlung) gegen den Verbraucher aus § 607 Abs. 1 BGB vorgehen, erforderlichenfalls im Prozeßwege, der wegen der Bindungswirkung gemäß §§ 68, 74 Abs. 3 ZPO leicht zu gewinnen sein wird. Die durch den verlorengegangenen Prozeß gegen den Verkäufer entstandenen Prozeßkosten muß ihm der Verbraucher vollständig ersetzen. Anspruchsgrundlage ist pVV des Kreditvertrages[58].

Hält der Kreditgeber die Mängeleinrede und den Einwendungsdurchgriff von vornherein für eine bloße Schutzbehauptung, wird er den Verbraucher auf Weiterzahlung verklagen. In diesem Prozeß wird der Bestand des Einwendungsdurchgriffs und damit der Bestand des Sachmangels geklärt. Deshalb sollte der Kreditgeber hier dem Verkäufer den Streit verkünden, insbesondere wegen der Verjährungsunterbrechung gemäß § 209 Abs. 2 Nr. 4 BGB[59]. Hier ist ebenfalls die 1. Alternative des § 72 Abs. 1 ZPO gegeben, weil der Kreditgeber für den Fall seines Unterliegens im Verhältnis zum Verbraucher einen (abgetretenen) Gewährleistungsanspruch gegen den Verkäufer geltend machen kann. Bewahrheitet sich die Vermutung des Kreditgebers, wird der Verbraucher unter voller Prozeßkostentragung zur Weiter- und Nachzahlung des Kredits verurteilt. Stellt sich während der Beweisaufnahme wider Erwarten doch ein Sachmangel heraus, kann der Kreditgeber seine Klage sofort umstellen auf Abtretung der §§ 459 ff. BGB. Dieser Fall dürfte eine zulässige Klageänderung gemäß § 264 Nr. 2 oder Nr. 3 ZPO darstellen bzw. jedenfalls vom Gericht als sachdienlich i.S.v. § 263 ZPO anerkannt werden[60]. Die Fristsetzung muß diesmal im Prozeß erfolgen. Läßt der Verbraucher klar erkennen, daß er gegen den Verkäufer vorgehen will (Nachweis durch Klageerhebung gegen den Verkäufer), wird der angestrengte Darlehensrückzahlungsprozeß für diese Zeit ausgesetzt. Nach

---

57 S. bereits oben S. 356 ff.

58 Mit dem Verschuldenserfordernis wäre gleichzeitig ein Filter im Sinne eines ausreichenden Verbraucherschutzes bewerkstelligt, da Fälle denkbar sind, in denen der Bestand eines Sachmangels nicht leicht zu beurteilen ist und der Verbraucher irrtümlich, aber unverschuldet von einem solchen ausging. Hat der Kreditgeber diese Ansicht des Verbrauchers (mit oder ohne eigene Überprüfung) übernommen und den Verkäufer nach Abtretung der (angeblichen) §§ 459 ff. BGB verklagt, ist das insofern sein Risiko, als er die Prozeßkosten tragen muß. Nachdrücklich zu betonen ist, daß es seine freie Entscheidung ist, ob er gegen den Verkäufer oder gegen den Verbraucher vorgeht oder gar nichts unternimmt. Das viel größere Risiko verbleibt jedenfalls beim Verbraucher, weil er jetzt die Raten weiter- und nachzahlen muß: Der Einwendungsdurchgriff hat sich als haltlos herausgestellt, und das gilt wegen der Streitverkündung bindend für das Rechtsverhältnis zwischen Kreditgeber und Verbraucher.

59 *Scholz*, Verbraucherkreditverträge, RdNr. 390 (S. 187); *Dauner-Lieb*, WM-Sonderbeilage 6/1991, S. 26 in ihrem "Kreditgebermodell"; *Coester*, Jura 1992, 617, 623, Fn. 83 und 86 und *Reinking*, FLF 1993, 174, 178.

60 Daneben wäre auch von vornherein an eine Eventual-Klagehäufung zu denken.

erfolgreicher Durchsetzung der Rechte beim Verkäufer wird die Klage des Kreditgebers endgültig abgewiesen[61]. Geht der Verbraucher nicht gegen den Verkäufer vor, wird der geänderten Klage des Kreditgebers auf Abtretung der §§ 459 ff. BGB stattgegeben[62], so daß dieser den Verkäufer verklagen und wegen der Bindungswirkung diesen Prozeß schnell gewinnen wird.

2. *Weigerung des Verbrauchers zur Abtretung seiner Gewährleistungsrechte*

Der andere Problemfall ist der, daß der Verbraucher sich standhaft weigert, zur Verhinderung der einseitigen Belastung des Kreditgebers beizutragen, indem er dem Kreditgeber seine Gewährleistungsrechte nach Fristablauf und Aufforderung durch den Kreditgeber nicht abtritt[63]. Hier wäre in erster Linie daran zu denken, daß der Kreditgeber Klage gegen den Verbraucher auf Abtretung der §§ 459 ff. BGB erheben muß. Schutzwürdige Belange des Verbrauchers, die eine Weigerung zur Abtretung bei gleichzeitiger Untätigkeit gegenüber dem Verkäufer rechtfertigen könnten, sind kaum ersichtlich. Besser erscheint es jedoch, daß der Kreditgeber Zahlungsklage gegen den Verbraucher erhebt mit der Möglichkeit, die Klage beim tatsächlichen Bestand des Einwendungsdurchgriffs sofort auf Abtretung der §§ 459 ff. BGB umstellen zu können[64]. Der hier vorgeschlagene Weg ergibt sich aus einem Problem mit der Streitverkündungsmöglichkeit gegenüber dem Verkäufer: Während der Kreditgeber diese bei einer Zahlungs-

---

61 In diesem Fall müßte der Kreditgeber die vollen Prozeßkosten tragen. Das ist dann nicht unbillig, wenn der Kreditgeber ohne eigene Nachforschungen sofort Rückzahlungsklage gegen den Verbraucher erhoben hat. Liegt der Fall dagegen so, daß der Verbraucher seine Ratenzahlung einstellt und trotz Verlangens des Kreditgebers jegliche Mithilfe und Unterstützung zur Feststellung der Einwendung verweigert, könnte man an eine Verletzung von Nebenpflichten aus dem Kreditvertrag denken, die den Kreditgeber zur erfolglosen Klageerhebung geradezu herausgefordert hat. Dann wäre ein Ersatzanspruch in Höhe der Prozeßkosten aus pVV des Kreditvertrages zu erwägen. Auf jeden Fall scheidet aber die Möglichkeit einer einseitigen Erledigterklärung der Hauptsache zugunsten des Kreditgebers aus. Denn in diesem Fall war die Klage des Kreditgebers von Anfang an wegen des tatsächlichen Vorliegens eines Sachmangels und damit des Einwendungsdurchgriffs unbegründet und ist nicht nachträglich durch ein bestimmtes Ereignis nach Rechtshängigkeit unbegründet geworden.

62 Hier trägt jetzt der Verbraucher die Prozeßkosten. Das ist dann unbillig, wenn er den Rückzahlungsprozeß des Kreditgebers in keinster Weise herausgefordert hatte. In diesem Fall hat er die Möglichkeit zu einem sofortigen Anerkenntnis zur Abtretung der §§ 459 ff. BGB mit der Folge, daß der Kreditgeber gemäß § 93 ZPO die Prozeßkosten zu tragen hätte. Hat er den Prozeß dagegen durch Verweigerung jeglicher Mithilfe und Information herausgefordert (s. vorherige Fn.), dürfte ein Berufen auf § 93 ZPO gemäß § 242 BGB rechtsmißbräuchlich sein.

63 Ein Problem, das sich erübrigen würde, wenn, wie oben (S. 357, Fn. 44) vorgeschlagen, eine Vorausabtretung der §§ 459 ff. BGB nach Fristablauf im Kreditvertrag bereits vereinbart worden ist.

64 Eine wohl zulässige Klageänderung, s.o. S. 361. Oder der Kreditgeber macht die Ansprüche in einem Eventualverhältnis geltend.

klage gegen den Verbraucher hat, weil er beim Unterliegen einen (abgetretenen) Anspruch gegen den Verkäufer auf Gewährleistung geltend machen könnte[65], wäre dies nicht der Fall, wenn er von vornherein den Verbraucher auf Abtretung der §§ 459 ff. BGB verklagen würde. Denn hier hätte er einen Regreßanspruch gegen den Verkäufer bei *Obsiegen* und gerade nicht bei Unterliegen im Hauptprozeß, und für diesen Fall gilt die Streitverkündung gerade nicht[66].

Der Kreditgeber gewinnt diesen Prozeß unter voller Kostentragungspflicht des Verbrauchers, wenn überhaupt keine Einwendung besteht, der Verbraucher den Einwendungsdurchgriff also nur wegen eigener Zahlungsschwierigkeiten vorgeschoben hat, aber nicht, wie bereits dargestellt, so skrupellos war, dem Kreditgeber angebliche Rechte abzutreten[67]. Der Kreditgeber gewinnt den Prozeß aber auch, wenn feststeht, daß der Verbraucher Gewährleistungsrechte hat und diese bisher nicht beim Verkäufer geltend gemacht hat. Dann werden ihm durch das Urteil die §§ 459 ff. BGB zugesprochen, so daß er gegen den Verkäufer vorgehen kann und diesen Prozeß wegen der Bindungswirkung schnell gewinnt. Auch hier ist die Belastung des Verbrauchers mit den Prozeßkosten voll gerechtfertigt.

Hat der Verbraucher zwischenzeitlich seine Rechte gegenüber dem Verkäufer doch geltend gemacht, dann verliert der Kreditgeber unter voller Kostentragungspflicht diesen Prozeß, kann sich aber beim Verbraucher insoweit erholen, als dieser ihn über die Geltendmachung der §§ 459 ff. BGB vor oder nach Ablauf der Frist nicht informiert und insofern zur Zahlungs- bzw. Abtretungsklage herausgefordert hat. Auch hier wäre Anspruchsgrundlage pVV des Kreditvertrages wegen Verletzung von Informationspflichten. Zur Vermeidung eines notwendigen Regreßprozesses bestünde auch die Möglichkeit, daß der Kreditgeber den Rechtsstreit gegen den Verbraucher für einseitig erledigt erklärt. Die Kosten trüge dann der Verbraucher[68].

---

65 S.o. S. 360 f.

66 MüKo-ZPO-*Schilken*, § 72 ZPO, RdNr. 6 m.w.N.

67 S.o. S. 360 f.

68 Die einseitige Erledigterklärung wäre allerdings dann nicht möglich, wenn der Verbraucher seine Rechte gegenüber dem Verkäufer schon vor Rechtshängigkeit der Zahlungsklage des Kreditgebers geltend gemacht hatte.

V. Vorteile und Selbstkritik

Zuzugeben ist, daß dieses Modell in die Nähe des bereits abgelehnten "Kreditgebermodells" von *Dauner-Lieb*[69] rückt. Der zentrale Unterschied ist aber, daß dort mit Erhebung des Einwendungsdurchgriffs durch den Verbraucher eine Von-Selbst-Abtretung der §§ 459 ff. BGB stattfinden soll, und der Kreditgeber deswegen effektive Schwierigkeiten hat, den Bestand des Sachmangels selbst richtig einschätzen zu können. Ein mißbräuchliches Vorschieben des Einwendungsdurchgriffs durch den Verbraucher konnte der Kreditgeber dort erst im Prozeß gegen den Verkäufer feststellen, also dann, wenn es zu spät ist. Nach dem hier vertretenen Modell findet dagegen keine Von-Selbst-Abtretung statt. Vielmehr muß der Kreditgeber dem Verbraucher erst einmal eine Frist setzen und ihn fragen, ob er seine Rechte gegen den Verkäufer geltend macht oder nicht. Gerade wegen dieser Fristsetzung ist im Unterschied zum "Kreditgebermodell" gewährleistet, daß der Kreditgeber das Risiko eines Prozesses gegen den Verkäufer erheblich besser einschätzen kann. Jeder Kreditgeber wird mißtrauisch werden, wenn der Verbraucher bereits erhebliche Raten an ihn und eine Anzahlung an den Verkäufer geleistet hat, gleichwohl aber nach Erhebung des Einwendungsdurchgriffs untätig bleibt, und ihn fragen, warum er sich so verhält.

Dafür hat dieses Modell im Vergleich zu allen anderen bisher gezeigten erhebliche Vorteile, vor allem, weil es die gesetzliche Regelung in ihrer Unvollkommenheit so hinnimmt wie sie besteht und nichts hinzudichtet: Zum einen ist sichergestellt, daß keine vorrangige bilaterale Rückabwicklung analog § 9 Abs. 2 S. 4 VerbrKrG stattfindet und damit gleichzeitig, daß es einen Rückforderungsdurchgriff nicht gibt[70]. Eine Abführungspflicht des Kreditgebers bezüglich der Anzahlung und der vom Verbraucher bereits geleisteten Raten besteht nur in dem Fall, in dem er mit der Wandelung beim Verkäufer erfolgreich war und von diesem auch tatsächlich befriedigt wurde. Zum anderen ist sichergestellt, daß nicht doch über die Hintertür wieder das Subsidiaritätsprinzip eingeführt wird, und der Verbraucher seine Gewährleistungsrechte aktiv verfolgen muß, wenn er dieses nicht will. Der Verbraucher kann sich, wie vom Wortlaut der Norm ausgedrückt und vom Gesetzgeber auch gewollt, auf die Erhebung des Einwendungsdurchgriffs beschränken und vom weiteren Geschehen zurückziehen. In diesem Fall besteht seine einzige Beteili-

---

69 S.o. § 8, S. 328 ff.

70 Die dagegen gerichtete Kritik von MüKo-*Habersack*, § 9 VerbrKrG, RdNr. 122, dieses Modell würde in die Nähe einer analogen Anwendung von § 9 Abs. 2 S. 4 VerbrKrG kommen, ist nicht stichhaltig. Bei § 9 Abs. 2 S. 4 VerbrKrG kann der Verbraucher selbst gegen den Kreditgeber vorgehen und die Rückabwicklung erzwingen; das ist hier dagegen unmöglich.

gung in der Abtretung seiner Rechte an den Kreditgeber auf dessen Verlangen hin, eine zweifellos zumutbare Nebenpflicht.

Konsequenz dieser Konzeption ist, daß der Kreditgeber, will er sich mit der Beschränkung des Verbrauchers auf die Erhebung des Einwendungsdurchgriff nicht abfinden, aktiv werden muß (Fristsetzung gegen den Verbraucher, Klageerhebung gegen den Verkäufer). Damit kann er gleichzeitig aus eigener Macht verhindern, untätig und hilflos zusehen zu müssen, wie die §§ 459 ff. BGB einseitig zu seinen Lasten verjähren. Hier ist aber zu betonen, daß dieses Aktivwerden seine freie Entscheidung ist. Genauso wie der Verbraucher kann auch er sich aus dem Geschehen zurückziehen und den noch ausstehenden Darlehensbetrag abschreiben[71]. Jedenfalls entspricht dieses Aktivwerden auch dem ausdrücklichen Willen des Gesetzgebers, der eine Direktabwicklung über eine Bürgschaft im Sinne hatte. Will dagegen der Verbraucher aktiv werden und auf jeden Fall seine bereits geleisteten Raten und die Anzahlung zurückhaben, so hat er auch nach dem hier vertretenen Modell weiterhin alle Möglichkeiten dazu. In diesem Fall muß er als Rechtsinhaber der §§ 459 ff. BGB gegenüber dem Verkäufer Klage erheben und trägt dann die Prozeßführungslast.

Sichergestellt wird mit diesem Modell auch, daß in 1. Linie der gestörte Kaufvertrag abgewickelt wird. Der Kreditvertrag bleibt bis zur Erhebung des Einwendungsdurchgriffs erfüllt und nimmt erst danach am Schicksal der Wandelung des Kaufvertrages teil. *Insofern wird die ex-nunc-Wirkung des Einwendungsdurchgriffs auf die Rückabwicklung des ungestörten Kreditvertrages übertragen.*

Nicht zu verkennen ist allerdings, daß in den geschilderten Problemfällen möglicherweise zwei Prozesse vom Kreditgeber geführt werden müssen. Daß dann die Verfahrensökonomie nicht voll berücksichtigt werden kann, fällt weniger ins Gewicht. Zum einen handelt es sich, das ist zu betonen, um Problem- und nicht um Regelfälle. Grundsätzlich ist auch mit diesem Modell gewährleistet, daß nur ein Prozeß angestrengt wird, in dem alle Rechtsbeziehungen umfassend geklärt werden können, nämlich entweder ein Prozeß des Verbrauchers gegen den Verkäufer oder aber nach Ablauf der Frist und Abtretung der §§ 459 ff. BGB ein Prozeß des Kreditgebers gegen den Verkäufer. Zum anderen wird der Kreditgeber wegen der jederzeit bestehenden Streitverkündungsmöglichkeit und der

---

71 Nutznießer wäre dann der Verkäufer. Das ist aber hinzunehmen und keine spezielle Folge aus der Dreiecksbeziehung des finanzierten Abzahlungskaufs, sondern auch bei jedem normalen, d.h. bilateralen Vertrag möglich.

damit verbundenen Bindungswirkung jeden Zweitprozeß leicht gewinnen, gleich gegen wen.

Damit beinhaltet § 9 Abs. 3 VerbrKrG in Höhe der noch ausstehenden Raten nicht nur eine Risikoverlagerung bezüglich des Konkursrisikos des Verkäufers, sondern auch eine Verlagerung der Prozeßführungslast auf den Kreditgeber, wenn dieser

- *den Bestand des Einwendungsdurchgriffs generell bestreitet,*
- *oder sich mit der Zahlungseinstellung durch den Verbraucher und dessen weiterem Passivbleiben nicht abfinden will.*

Will der Verbraucher dagegen auf jeden Fall seine an den Verkäufer geleistete Anzahlung und die bisher an den Kreditgeber geleisteten Raten wiederhaben, muß er seine Rechte gegenüber dem Verkäufer aktiv verfolgen. Insofern trägt er wie in jedem bilateralen Rechtsverhältnis die Prozeßführungslast und das Konkursrisiko des Verkäufers.

D. Minderung

Orientiert an diesem Modell ist der Fall, daß der Verbraucher die Sache behalten und Minderung verlangen will, leicht zu lösen. Hier hat sich der Verbraucher in erster Linie dem Kreditgeber zu erklären, daß er Minderung geltend machen, also die finanzierte Sache behalten will[72]. Der Kreditgeber kann dem Verbraucher mit Erhebung des Einwendungsdurchgriffs unter Berufung auf seinen Minderungsanspruch eine Frist setzen, den Anspruch geltend zu machen. Macht der Verbraucher seinen Minderungsanspruch beim Verkäufer im Wege eines (u.U. langwierigen) Prozesses geltend, muß die Rückzahlung des Kredits für die Zeit ausgesetzt werden[73]. Das folgt daraus, daß eine Minderung theoretisch bis zu einem Betrag von Null gehen kann und insofern der Kreditgeber gegen den Verbraucher überhaupt keinen Anspruch mehr hätte[74]. Bleibt der Verbraucher untätig, ist er zur Abtretung des Minderungsanspruchs an den Kreditgeber auf dessen Ver-

---

72 Erman-*Klingsporn/Rebmann*, § 9 VerbrKrG, RdNr. 28.

73 S.o. zur Wandelung S. 351.

74 Bei der Minderung auf Null würde der Kreditgeber nichts mehr erhalten, so daß der Verbraucher besserstehen würde als bei der Wandelung, bei der er wie gesehen (s.o. S. 352 ff.) die zeitanteiligen Kreditkosten tragen muß. Deswegen hatte auch das LG Hagen WM 1994, 607 f. Bedenken an seiner Entscheidung. Diese können aber deswegen zerstreut werden, weil der Verbraucher bei der Minderung keinen Zinsanspruch gegen den Verkäufer in Höhe des Kaufpreises hat.

langen verpflichtet[75]. Diesen Anspruch kann der Kreditgeber dann beim Verkäufer, wie bereits zur Wandelung geschildert[76], geltend machen.

Zum Vollzug der Minderung ist der Nettokreditbetrag des Darlehens entsprechend § 472 BGB auf den geminderten Kaufpreis herabzusetzen. Zinsen schuldet der Verbraucher nur noch auf diesen geminderten Betrag[77]. Auch dies war der Wunsch des Gesetzgebers. In der Begründung zum Regierungsentwurf heißt es nämlich[78]: "Absatz 3 Satz 1 gewährt dem Verbraucher das Recht, die Rückzahlung des Darlehens - *einschließlich der Zinsen* - zu verweigern." Wenn also bei einem Anschaffungspreis von 20.000,-- DM der Gesamtkredit 25.000,-- DM beträgt, darf der Verbraucher im Falle der Geltendmachung der Kaufpreisminderung i.H.v. 5.000,-- DM einen anteiligen Kreditbetrag von 6.250,-- DM einbehalten[79]. Diese 6.250,-- DM Verlust im Vergleich zur ordnungsgemäßen Erfüllung sind so zu verteilen, daß der Kreditgeber 1.250,-- DM und der Verkäufer 5.000,-- DM zu tragen hat.

Macht der Verbraucher den Anspruch gegen den Verkäufer i.H.v. 5.000,-- DM nicht geltend, sondern tritt seine Rechte an den Kreditgeber ab, ist dieser Inhaber der §§ 459 ff. BGB und könnte sich insofern auch für die Wandelung entscheiden. Die Minderung hat jedoch für den Kreditgeber den Vorteil, daß er dort noch einen teilweisen Geschäftsgewinn machen kann[80]. Liegt der Fall dagegen so, daß der Minderungsanspruch hoch und damit der noch verbleibende Geschäftsgewinn sehr klein ist, wird der Kreditgeber vor allem auch wegen der anschließenden Abwicklungsmühen im Verhältnis zum Verbraucher (Neuberechnung der einzelnen Raten) direkt zur Wandelung schreiten. Diese Entscheidungsfreiheit hat er nach dem hier vertretenen Modell. Der Verbraucher wird dadurch nicht unbillig belastet. Will er sichergestellt haben, daß er die Sache behalten kann, hat er es in jedem Fall selbst in der Hand, vor der Verpflichtung zur Abtretung an den Kreditgeber aktiv die Minderung gegenüber dem Verkäufer zu betreiben.

Hat der Kreditgeber den abgetretenen Minderungsanspruch i.H.v. 5.000,-- DM beim Verkäufer erfolgreich durchgesetzt, stellt sich das nachfolgende Problem, wie sich die

---

75 Erman-*Klingsporn/Rebmann*, § 9 VerbrKrG, RdNr. 28.

76 S.o. S. 356 ff.

77 HM, s. nur *Reinking/Nießen*, ZIP 1991, 634, 636; MüKo-*Habersack*, § 9 VerbrKrG, RdNr. 125, 92 und Palandt-*Putzo*, § 9 VerbrKrG, RdNr. 14.

78 BT-DS 11/5462, S. 24 (= Anhang, S. 434; Hervorhebungen vom Verfasser).

79 Beispiel von *Reinking/Nießen*, ZIP 1991, 634, 636. Zur Vereinfachung wurde hier und in allen weiteren Fällen eine Anzahlung weggelassen. Ein Beispiel mit einer Anzahlung schildern *Reinking/Eggert*, Der Autokauf, RdNr. 323 (S. 95 f.).

80 Nach dem o.g. Beispiel würde er für eine hingegebene Valuta i.H.v. 20.000,-- DM zwar nicht mehr 5.000,-- DM, aber immerhin noch 3.750,-- DM für Zinsen, Kosten etc. erhalten.

Minderung des Gesamtkredits i.H.v. 6.250,-- DM technisch auf die einzelnen Kreditraten auswirken soll. Man könnte daran denken, eine absolute Kürzung des Kreditschuld vorzunehmen und die weitere Ratenzahlung bis zum Erreichen dieser Summe auszusetzen[81] bzw. ein entsprechend früheres Tilgungsende anzuordnen, indem die letzten Raten einfach entfallen[82]. Besser erscheint es jedoch, eine verhältnismäßige Herabsetzung aller noch zukünftigen Raten vorzunehmen, diese unter Einschluß der bereits geleisteten neu zu berechnen, und vom Verbraucher die sofortige Weiterzahlung zu verlangen[83]. Denn auch im bilateralen Kaufverhältnis wäre der geminderte Kaufpreis bei Fälligkeit sofort in bar zu entrichten gewesen, so daß der Verbraucher bei der Finanzierung des Kaufpreises durch einen Dritten nur verlangen kann, daß die Raten in ihrer Höhe, nicht aber in ihrer Laufzeit angepaßt werden[84]. Dabei werden aber nur die künftigen Raten neu berechnet; der in der Vergangenheit gezahlte zu hohe Teil der Raten fließt in diese Neuberechnung lediglich rechnerisch mit ein[85].

Macht der Verbraucher seinen Anspruch i.H.v. 5.000,-- DM erfolgreich beim Verkäufer geltend, kann er diese Summe behalten und aus diesen Mitteln den Kredit weiterbezahlen[86]. Natürlich muß er sich im Verhältnis zum Kreditgeber dieses Geld anrechnen las-

---

81 So noch *Reinking/Nießen*, ZIP 1991, 634, 636.

82 Diskutiert, aber abgelehnt z.B. von *Emmerich*, in: Graf v. Westphalen/Emmerich/Kessler, § 9 VerbrKrG, RdNr. 100.

83 So die hM: *Münstermann/Hannes*, Verbraucherkreditgesetz, RdNr. 527; *Ott*, in: Bruchner/Ott/Wagner-Wieduwilt, § 9 VerbrKrG, RdNr. 123; *Emmerich*, in: Hadding/Hopt, Das neue Verbraucherkreditgesetz, S. 67, 82, *ders.*, in: Graf v. Westphalen/Emmerich/Kessler, § 9 VerbrKrG, RdNr. 100; MüKo-*Habersack*, 9 VerbrKrG, RdNr. 125, 92; *Coester*, Jura 1992, 617, 623, Fn. 87; Erman-*Klingsporn/Rebmann*, § 9 VerbrKrG, RdNr. 28; *Lwowski/Peters/Gößmann*, Verbraucherkreditgesetz, S. 209 und jetzt auch *Reinking/Eggert*, Der Autokauf, RdNr. 316 und 323 (S. 94 f.) und *Reinking*, FLF 1993, 174, 177.

84 Zutreffend *Münstermann/Hannes*, Verbraucherkreditgesetz, RdNr. 527.

85 Übertragen auf das obige Beispiel eines Gesamtkredites von 25.000,-- DM, einer monatlichen Ratenzahlung i.H.v. 500,-- DM (50 Raten) und einem Minderungsanspruch i.H.v. 6.250,-- DM würde das für den Fall bedeuten, bei dem der Verbraucher bereits 5 Raten i.H.v. je 500,-- DM erbracht hat: Neuer Gesamtkredit: 25.000,-- DM abzüglich 6.250,-- DM macht 18.750,-- DM. Verteilt auf 50 Monatsraten beträgt die neue monatliche Rate eigentlich 375,-- DM. Da aber bereits 2.500,-- DM gezahlt wurden, müssen auch diese von dem neuen Gesamtkredit in Höhe von 18.750,-- DM abgezogen werden, also 16.250,-- DM. Die noch ausstehende Summe wird auf die verbleibenden 45 Monate verteilt, so daß die zukünftige (und sofortige) Ratenzahlung wie folgt aussehen könnte: eine Rate i.H.v. 361, 16 DM und 44 Raten i.H.v. 361, 11 DM (Aufteilung in eine und 44 Raten zur Vermeidung von Auf- bzw. Abrundungen).
Anderer Ansicht ist *Bülow*, § 9 VerbrKrG, RdNr. 57, der meint, daß dem Verbraucher wegen der in der Vergangenheit zu hoch geleisteten Ratenzahlung gegen den Kreditgeber einen Rückzahlungsanspruch zustehe, den er in voller Höhe dem Anspruch des Kreditgebers auf die zukünftigen Raten aufrechnungsweise, also außerhalb von § 9 Abs. 3 VerbrKrG als eigene Einwendung entgegensetzen könne. Diese Konstruktion ist zum einen viel zu kompliziert und i.ü. auch nicht haltbar, da sie einen Rückforderungsdurchgriff impliziert, den es aber nicht gibt.

86 Eine Abführungspflicht an den Kreditgeber kann kaum gefordert werden (möglicherweise nur bei Sicherungseigentum des Kreditgebers, da dieses ebenfalls mangelbedingt weniger wert ist, was sich bei einer Verwertung infolge Zahlungsunfähigkeit des Verbrauchers niederschlägt).

sen, anderenfalls er doppelt begünstigt werden würde. Deshalb hat er in Zukunft einen Gesamtkredit i.H.v. 23.750,-- DM zu zahlen. Bei der technischen Durchführung hat auch hier eine verhältnismäßige Herabsetzung aller noch zukünftigen Raten unter lediglich rechnerischen Einfluß der bereits gezahlten Raten zu erfolgen[87].

Bei der Minderung stellt sich noch ein zusätzliches Problem: Es kann vorkommen, daß der Verbraucher insgesamt schon mehr gezahlt hat, als er nach dem berechtigten Minderungsverlangen für die mangelhafte Sache zu zahlen verpflichtet gewesen wäre[88]. Hier bleibt festzuhalten, daß ihm kein Rückforderungsdurchgriff gegen den Kreditgeber zusteht. In diesem Verhältnis bleibt es beim endgültigen Einwendungsdurchgriff. Rückzahlungsansprüche muß er deswegen beim Verkäufer geltend machen[89].

---

87 S. Fn. 85. In diesem Beispiel käme man dazu, daß der neue Kredit i.H.v. 23.750,-- DM abzüglich der bereits geleisteten 5 Raten i.H.v. 500,-- DM, also 21.250,-- DM auf die restlichen 45 Monatsraten zu verteilen wären. Es ergäbe sich ein Aufteilung von 44 Monatsraten i.H.v. 472, 22 DM und einer Rate i.H.v. 472, 32 DM. Zu beiden Beispielen ist zu ergänzen, daß dort jeweils von einer zügigen Geltendmachung der Minderungsansprüche gegenüber dem Verkäufer ausgegangen wurde. Kommt es zu Verzögerungen und langwierigen Prozessen, kann bzw. muß die zukünftige Ratenzahlung unter Umständen anders verteilt werden.

88 Ein solcher Fall ist wegen der kurzen Verjährungsfrist eigentlich nur denkbar, wenn der Verbraucher hohe monatliche Raten zu zahlen hatte und jetzt einen extrem hohen Minderungsanspruch hat, der fast an einen Gesamtrückzahlungsanspruch aus Wandelung heranreicht. Beispiel: Für einen Kaufpreis i.H.v. 25.000,-- DM wird ein Gesamtkredit i.H.v. 30.000,-- DM benötigt, der mit 10 Raten à 3.000,-- DM abzuzahlen ist. Der Verbraucher hat bereits 5 Raten, also 15.000,-- DM erbracht, als er den Sachmangel nach 5 Monaten feststellt. Sein Minderungsanspruch gegenüber dem Verkäufer beträgt 20.000,-- DM, so daß sich der Gesamtkredit um 24.000,-- DM auf 6.000,-- DM ermäßigt. Es zeigt sich, daß der Verbraucher im Verhältnis zum Kreditgeber insgesamt 9.000,-- DM zu viel erbracht hat.

89 In Fortführung des Beispiels von Fn. 88 würde das bedeuten, daß der Verbraucher vom Verkäufer 20.000,-- DM verlangen könnte und nach der erfolgreichen Durchsetzung an den Kreditgeber 11.000,-- DM abzuführen hätte, dagegen 9.000,-- DM behalten könnte. Dann käme man nämlich zu dem Ergebnis, daß er tatsächlich für die mangelhafte Sache 6.000,-- DM aufgebracht hätte und der Kreditgeber für die hingegebene Valuta i.H.v. 25.000,-- DM 15.000,-- DM (bisher geleistete Raten vom Verbraucher) plus 11.000,-- DM, also 26.000,-- DM erhalten hätte (immer noch 1.000,-- DM für Kosten und Gewinn).

E. Schadensersatz

Wenn der Verbraucher in Ausübung seines ius variandi den Schadensersatzanspruch gemäß §§ 463, 480 Abs. 2 BGB geltend macht, will ihm ein großer Teil der Literatur das Recht zur Aufrechnung gegenüber dem Kreditgeber gemäß §§ 387 ff. BGB zubilligen[90]. Zwar setze § 387 BGB voraus, daß die zur Aufrechnung stehenden Forderungen in einem Gegenseitigkeitsverhältnis stehen, was eigentlich nicht gegeben sei, wenn dem Verbraucher Schadensersatzansprüche gegenüber dem Verkäufer, die Forderungen aus dem Kreditvertrag aber dem Kreditgeber gegenüber dem Verbraucher zustünden. Wegen der wirtschaftlichen Einheit zwischen Kreditgeber und Verkäufer und der vom Gesetzgeber intendierten Gleichstellung des Verbrauchers mit dem normalen Abzahlungskäufer müsse er beim finanzierten Abzahlungskauf aber diese Aufrechnungsbefugnis gegenüber dem Kreditgeber haben[91]. Denn im bilateralen Verhältnis könnte der Verbraucher gegen die noch offene Kaufpreisforderung des Abzahlungsverkäufers aufrechnen. Auch sei die Gegenseitigkeit der Ansprüche keine unabdingbare Voraussetzung für eine Aufrechnung[92]. So werde z.B. bei § 406 BGB aus Gründen des Schuldnerschutzes darauf verzichtet. Schließlich laufe die endgültige Zurückbehaltung einer Geldforderung im Ergebnis auch auf eine Aufrechnung hinaus[93].

Dieser Ansicht ist nicht zu folgen[94]. Zwar wird wegen der maßgeblichen hypothetischen Rechtslage die Erfüllung des Kaufvertrages hinweggedacht[95], so daß man insofern eine Aufrechnungslage als weiterbestehend annehmen könnte. Eine echte Aufrechnungsbefugnis gegenüber dem Kreditgeber würde dem System des § 9 Abs. 3 S. 1 VerbrKrG zuwiderlaufen[96]: Der Einwendungsdurchgriff ist als bloßes Leistungsverweigerungsrecht

---

90 *Seibert*, § 9 VerbrKrG, RdNr. 9; *Münstermann/Hannes*, Verbraucherkreditgesetz, RdNr. 528; *Emmerich*, FLF 1989, 168, 173 (zum 3. RefE); *ders.*, in: Emmerich/Münstermann/Wagner-Wieduwilt, Praktische Umsetzung, S. 93, 102; *ders.*, JuS 1991, 705, 709; Erman-*Klingsporn/Rebmann*, § 9 VerbrKrG, RdNr. 30 (allerdings bezogen auf Schadensersatzansprüche gegen den Verkäufer aus c.i.c. oder pVV des Kaufvertrages; Ausführungen zu den gewährleistungsrechtlichen Schadensersatzansprüchen gemäß §§ 463, 480 Abs. 2 BGB finden sich dort nicht) und RA-Handbuch-*S. Ott*, B XVII, RdNr. 48 (S. 663).
Nicht eindeutig *Coester*, Jura 1992, 617, 624, nach dem der Verbraucher seine Schadensersatzansprüche dem Zahlungsverlangen des Kreditgebers "verrechnungsweise" (= Aufrechnung ?) entgegensetzen könne.

91 *Münstermann/Hannes*, Verbraucherkreditgesetz, RdNr. 528.

92 Erman-*Klingsporn/Rebmann*, § 9 VerbrKrG, RdNr. 30.

93 Erman-*Klingsporn/Rebmann*, aaO. Weitere Einzelheiten zum technischen Vollzug, insbesondere zum Problem der Fälligkeit der Gegenforderung (d.h. der einzelnen Kreditraten) *Münstermann/Hannes*, Verbraucherkreditgesetz, RdNr. 528.

94 So auch MüKo-*Habersack*, § 9 VerbrKrG, RdNr. 93; *ders.*, ZHR 156 (1992) 45, 57 f., Fn. 45; *Reinking/Eggert*, Der Autokauf, RdNr. 314 (S. 93) und *Reinking*, FLF 1993, 174, 177 f.

95 S. bereits oben § 5, S. 125 f.

96 So insbes. MüKo-*Habersack*, § 9 VerbrKrG, RdNr. 93.

ausgestaltet. Die Möglichkeit zur Aufrechnung würde darüber hinausreichen, da sie den Darlehensrückzahlungsanspruch des Kreditgebers nicht bloß dauerhaft hemmt, sondern vollständig (oder teilweise) vernichtet. Die gesetzliche Regelung in § 9 Abs. 3 VerbrKrG ist aber als abschließende Regelung hinzunehmen und darf nicht mit wagen Verbraucherschutzargumenten ausgehebelt werden. Einer Aufrechnungsbefugnis zugunsten des Verbrauchers bedarf es auch nicht, da er mit der Erhebung des Einwendungsdurchgriffs gegenüber dem Rückzahlungsverlangen des Kreditgebers ausreichend geschützt ist[97]. I.ü. läuft der von der Literatur gemachte Vorschlag in bedenklicher Weise auf die Einheitstheorie hinaus: Dort könnte man in der Tat wegen der auch rechtlichen Einheit von Kauf- und Kreditvertrag die Gegenseitigkeit der Forderungen bejahen. Der Regelung des § 9 Abs. 3 VerbrKrG liegt aber eindeutig die Trennungstheorie zugrunde; rechtliche Durchbrechungen dürfen nur ausnahmsweise, d.h. nur in den gesetzlich angeordneten Fällen vorgenommen werden[98].

Letztendlich fügt sich diese Ansicht nicht in das hier vertretene Rückabwicklungsmodell ein[99]. Denn danach hat auch hier der Kreditgeber dem Verbraucher, nachdem er sich ihm gegenüber auf einen Schadensersatzanspruch und den Einwendungsdurchgriff berufen hat, eine Frist zu setzen, ob er seine Ansprüche beim Verkäufer geltend machen will oder nicht. Verfolgt der Verbraucher seine Rechte gegenüber dem Verkäufer, wird ein bereits in Gang gesetzter Prozeß des Kreditgebers gegen ihn ausgesetzt. Die Rückabwicklung richtet sich danach, welchen Schadensersatzanspruch der Verbraucher geltend macht. Will er den kleinen Schadensersatzanspruch geltend machen, behält er die finanzierte Sache und bekommt vom Verkäufer die Differenz zwischen mangelfreier und mangelhafter Sache ausbezahlt. Hier haben die gleichen Grundsätze wie bei der Minderung zu gelten, d.h., daß diese Wertdifferenz auch zu einem entsprechend geminderten Kredit führt und dieser neu berechnet werden muß. Bekommt er das Geld vom Verkäufer, muß er den neu berechneten Kredit unter Anrechnung des vom Verkäufer erhaltenen Summe weiterbedienen[100]. Macht er den großen Schadensersatzanspruch geltend, wird der ganze finanzierte Abzahlungskauf abgewickelt. Dieses richtet sich nach den Ausführungen zur Wandelung[101].

---

97 Zutreffend *Reinking*, FLF 1993, 174, 178.

98 S.o. § 7, S. 250 f. das Ergebnis des Streits zwischen Einheits- und Trennungstheorie.

99 Um so überraschender ist es, daß ausgerechnet Erman-*Klingsporn/Rebmann*, § 9 VerbrKrG, RdNr. 30 bei Schadensersatzansprüchen von ihrem i.ü. so konsequent durchgehaltenen Vorschlag abweichen.

100 Einzelheiten s.o. S. 365 ff.

101 Einzelheiten s.o. S. 349 ff.

Beruft sich der Verbraucher lediglich auf den Schadensersatzanspruch, ohne diesen innerhalb der gesetzten Frist beim Verkäufer geltend zu machen, ist er auf Verlangen des Kreditgebers zur Abtretung der Ansprüche verpflichtet. Der Kreditgeber kann in diesem Fall gegen den Verkäufer vorgehen und die Rückabwicklung der Verträge vollziehen. Auch hier gilt, daß das Wahlrecht zwischen großem und kleinem Schadensersatzanspruch sowie zwischen den einzelnen Gewährleistungsrechten komplett auf den Kreditgeber übergeht. Dies ist keine unbillige Benachteiligung des Verbrauchers, da er es immer in der Hand hat, durch aktive Verfolgung seiner Rechte beim Verkäufer alle Wahlrechte so auszuüben, wie es ihm beliebt.

F. Nichtigkeit des Kaufvertrages

Bei isolierter Nichtigkeit des Kaufvertrages stehen dem Verbraucher Bereicherungsansprüche gegen den Verkäufer zu. Das gilt auch dann, wenn der Verbraucher weder eine Anzahlung an den Verkäufer noch überhaupt eine Rate an den Kreditgeber gezahlt hat. Denn die Auszahlung der Valuta vom Kreditgeber an den Verkäufer muß unter Geltung der Trennungstheorie als Leistung des Verbrauchers an den Verkäufer angesehen werden[102]. Dennoch ist in dem Extremfall, in dem weder Verbraucher noch Verkäufer ihre Leistungen erbracht haben, sondern nur der Kreditgeber die Valuta ausgezahlt hat, an eine Direktkondiktion Kreditgeber - Verkäufer zu denken[103].

In allen anderen Fällen richtet sich die Rückabwicklung nach den zur Wandelung aufgezeigten Grundsätzen[104]: Der Verbraucher bekommt vom Verkäufer die Valuta und seine Anzahlung gegen Übereignung und Übergabe der finanzierten Sache. Die Valuta muß er dann abzüglich der bereits geleisteten Raten in Höhe des Tilgungsanteils an den Kreditgeber abführen. Ist der Kreditgeber Sicherungseigentümer, kann er seine Zustimmung zur Rückübereignung an den Verkäufer von der Bedingung der Direktauszahlung des ihm zustehenden Teils der Valuta abhängig machen.

Beruft sich der Verbraucher auf die Nichtigkeit und den Einwendungsdurchgriff, und führt er die Rückabwicklung im Verhältnis zum Verkäufer nicht durch, kann ihm der Kreditgeber eine Frist setzen und nach fruchtlosem Ablauf die Abtretung der Ansprüche

---

102 S.o. § 7, S. 250 f.
103 S.o. § 8, S. 334.
104 S.o. S. 349 ff. und auch Erman-*Klingsporn/Rebmann*, § 9 VerbrKrG, RdNr. 22.

verlangen. Damit ist er in der Lage, den Schwebezustand zu beenden und die Rückabwicklung herbeizuführen Gleichzeitig muß der Verbraucher die finanzierte Sache an den Verkäufer herausgeben bzw. rückübereignen. Wird der Kreditgeber vom Verkäufer tatsächlich befriedigt, muß er dem Verbraucher dessen bereits geleisteten Raten (abzüglich des Zinsanteils) und die Anzahlung erstatten.

G. Nichtlieferung der Kaufsache

Auch bei der Nichtlieferung der Kaufsache sollte man dem Kreditgeber die Möglichkeit zu einer Direktkondiktion verschaffen, wenn allein er seine Leistung durch Auszahlung der Valuta an den Verkäufer erbracht hat, und der Verbraucher weder Anzahlung noch Raten geleistet hat. Ansonsten bestimmt sich die Rückabwicklung nach dem hier vertretenen Modell. Entscheidend ist also, ob der Verbraucher seine Rechte gegenüber dem Verkäufer geltend macht, z.B. ihm eine Frist mit Ablehnungsandrohung gemäß § 326 Abs. 1 S. 1 BGB setzt und mit fruchtlosem Ablauf dieser Frist gemäß § 326 Abs. 1 S. 2 BGB vom Vertrag zurücktritt oder Schadensersatz wegen Nichterfüllung fordert oder weiterhin untätig bleibt. Zur Beendigung des Schwebezustandes kann der Kreditgeber dem Verbraucher dazu eine Frist setzen, danach Abtretung der Rechte verlangen und nach erfolgter Abtretung gegen den Verkäufer vorgehen, um sich anschließend mit dem Verbraucher auseinanderzusetzen[105].

---

105 Zum reinen Verzugsschadensfall gemäß § 286 Abs. 1 BGB ausführlich *Reinking/Eggert*, Der Autokauf, RdNr. 312 ff. (S. 93 f.).

§ 11 Die genetische Verknüpfung von Kauf- und Kreditvertrag außerhalb des Widerrufs (Exkurs)

A. Literaturvorschläge

Auch unter der neuen Rechtslage wird weiterhin versucht, aus der wirtschaftlichen Einheit von Kauf- und Kreditvertrag gemäß § 9 Abs. 1 VerbrKrG einen weitreichenden, schicksalhaften[1] Entstehungszusammenhang insoweit zu folgern, daß das Nichtzustandekommen des einen Vertrages oder seine Unwirksamkeit auch den anderen, bereits abgeschlossenen und wirksamen Vertrag hinfällig mache[2]. Diese genetische Verknüpfung geschieht etwa in Anlehnung an einige Instanzgerichte[3] über einen Bedingungszusammenhang dergestalt, daß nach dem mutmaßlichen Willen der Parteien das Nichtzustandekommen des Kreditvertrages immer zur auflösenden Bedingung des zuvor abgeschlossenen Kaufvertrags gemacht werde und umgekehrt[4] bzw. zum Wegfall der Geschäftsgrundlage führe[5]. Bei Nichtigkeit des Kreditvertrages auf Grund wirksamer Anfechtung oder Sittenwidrigkeit bzw. Wucher vor Auszahlung der Valuta führe der Gedanke der Vertragsverbindung[6], des § 9 Abs. 2 S. 1 VerbrKrG bzw. des § 139 BGB[7] oder die Regeln vom Wegfall der Geschäftsgrundlage[8] auch zur Nichtigkeit des mit ihm verbundenen Kaufvertrages. Dagegen bleibt es nach dieser Meinung in den Fällen der §§ 134, 138 BGB bei der isolierten Nichtigkeit des Kreditvertrages, wenn die Valuta bereits ausgezahlt worden ist. Denn hier müsse der Verbraucher nicht besonders geschützt werden, weil der Kreditgeber die Valuta nur pro rata temporis und ohne Vergütung für die Kapi-

---

1 Ausdruck von *Lwowski/Peters/Gößmann*, Verbraucherkreditgesetz, S. 205.

2 S. dazu zur alten Rechtslage *Hopt/Mülbert*, Kreditrecht, Vorb. zu §§ 607 ff. BGB, RdNr. 477 - 483.

3 OLG Celle BB 1969, 558, 559 (Nichtzustandekommen des Kreditvertrags); KG NJW 1971, 1139 f. (Nichtzustandekommens des Kreditvertrags); OLG Köln ZIP 1985, 22, 25 f. (Nichtigkeit des Kreditvertrages gemäß § 138 Abs. 1 BGB). Ähnlich, aber unter Anwendung der Geschäftsgrundlagenlehre OLG Frankfurt BB 1977, 1573, 1574 (Nichtzustandekommen des Kreditvertrags) und OLG Köln OLGZ 77, 313, 314 (Nichtzustandekommen des Kaufvertrags).

4 MüKo-*Habersack*, § 9 VerbrKrG, RdNr. 81; *Schwintowski*, JA 1992, 33, 37; *Tempel*, Materielles Recht im Zivilprozeß, S. 116 und *Reinking/Eggert*, Der Autokauf, RdNr. 270 f. (S. 82, allerdings nur für den finanzierten Abzahlungskauf außerhalb des VerbrKrG).

5 *Ott*, in: Bruchner/Ott/Wagner-Wieduwilt, § 9 VerbrKrG, RdNr. 129 und 132. *Lwowski/Peters/Gößmann*, Verbraucherkreditgesetz, S. 205 entscheiden sich nicht zwischen einer auflösenden Bedingung i.S.v. § 158 Abs. 2 BGB und dem Wegfall der Geschäftsgrundlage.

6 So *Emmerich*, in: Graf v. Westphalen/Emmerich/Kessler, § 9 VerbrKrG, RdNr. 92 und *Tempel*, Materielles Recht im Zivilprozeß, S. 118 ("wirtschaftliche Verknüpfung").

7 So Erman-*Klingsporn/Rebmann*, § 9 VerbrKrG, RdNr. 17.

8 So MüKo-*Habersack*, § 9 VerbrKrG, RdNr. 82 und *Lwowski/Peters/Gößmann*, Verbraucherkreditgesetz, S. 205.

talnutzung zurückverlangen könne[9]. Dagegen ziehe die Nichtigkeit des Kaufvertrages wegen Verstoßes gegen § 138 Abs. 2 BGB[10] bzw. wegen Dissenses[11] infolge des engen Verbundes dieses Vertrages mit dem Kreditvertrag wiederum auch dessen Nichtigkeit nach sich[12].

Für den Fall der arglistigen Täuschung durch den Verkäufer bzw. dessen Verhandlungsgehilfen lehnt sich ein großer Teil der Literatur[13] an die bisherige gefestigte Rechtsprechung des Bundesgerichtshofs an, nach der der Verkäufer bzw. dessen Verhandlungsgehilfe beim finanzierten Abzahlungskauf nicht Dritter i.S.v. § 123 Abs. 2 S. 1 BGB war[14], und folgert, daß der Verbraucher wie bisher selbständig auch den Kreditvertrag unabhängig von der Kenntnis des Kreditgebers von der Täuschung anfechten könne. Das gelte nicht nur bezüglich darlehensrelevanter Umstände, sondern auch bei einer arglistigen Täuschung durch den Verkäufer über Eigenschaften der Kaufsache, sofern nur diese für den Abschluß des Kreditvertrages kausal geworden sei, was aber wegen der engen Verbindung regelmäßig der Fall sei[15]. Bei bereits ausgetauschten Leistungen habe dann eine bereicherungsrechtliche Rückabwicklung wegen Doppelmangels im Dreipersonenverhältnis zu erfolgen[16]. Ausgangspunkt ist dabei immer, das ist zu betonen, die Trennungstheorie[17].

---

9 S. nur MüKo-*Habersack*, § 9 VerbrKrG, RdNr. 82.

10 Staudinger-*Lorenz*, § 812 BGB, RdNr. 58.

11 *Tempel*, Materielles Recht im Zivilprozeß, S. 116.

12 MüKo-*Habersack*, § 9 VerbrKrG, RdNr. 83 und *Lwowski/Peters/Gößmann*, Verbraucherkreditgesetz, S. 205 wollen den Kreditvertrag nur dann aufrechterhalten, wenn es dem Verbraucher gelingt, einen anderen, für den Kreditgeber zumutbaren Kaufvertrag abzuschließen. Ansonsten ruhe der Kreditvertrag mit der Folge eines Leistungsverweigerungsrechts für den Kreditgeber.

13 *Vortmann*, § 9 VerbrKrG, RdNr. 51; *Emmerich*, in: Hadding/Hopt, Das neue Verbraucherkreditgesetz, S. 67, 80; *ders.*, in: Graf v. Westphalen/Emmerich/Kessler, § 9 VerbrKrG, RdNr. 92; *ders.*, SchuldR BT § 6 III 3 a (S. 82); *Reinicke/Tiedtke*, Kaufrecht, S. 457; MüKo-*Habersack*, § 9 VerbrKrG, RdNr. 84; *Bülow*, § 9 VerbrKrG, RdNr. 32a; *Lwowski/Peters/Gößmann*, Verbraucherkreditgesetz, S. 205 f.; *Larenz/Canaris*, SchuldR II/2, § 68 I 5 a (S. 157) und Staudinger-*Lorenz*, § 812 BGB, RdNr. 58. Wohl auch *Scholz*, Verbraucherkreditverträge, RdNr. 373 (S. 177) und *Coester*, Jura 1992, 617, 623.

14 BGH WM 1956, 358 ff.; BGH WM 1960, 1351, 1352 f.; BGH WM 1962, 761, 763; BGH WM 1967, 450, 452 f.; BGH WM 1978, 1154, 1155 und BGH WM 1979, 429, 431. Dazu bereits oben § 1, S. 38 f.

15 Allein MüKo-*Habersack*, § 9 VerbrKrG, RdNr. 84 (ihm folgend *Lwowski/Peters/Gößmann*, Verbraucherkreditgesetz, S. 206) nimmt diese Differenzierung in darlehens- und kaufrelevante Umstände unter Berufung auf die beiden "Folienschweißgerät-Entscheidungen" BGH WM 1978, 1154, 1155 und BGH WM 1979, 429, 430 vor.

16 Dazu ausführlich MüKo-*Habersack*, § 9 VerbrKrG, RdNr. 107 ff.

17 Zur Verbundlehre *Vollkommers* als umfassendstem Einheitsmodell bereits oben § 7, S. 215 ff. Daß die Nichtigkeit des einen Vertrages zur Nichtigkeit des anderen Vertrages führt, ist für die Einheitstheorie eine Selbstverständlichkeit, ohne daß es noch darauf ankäme, ob sich bei erfolgter Anfechtung des Kaufvertrages der Anfechtungsgrund auch auf den Kreditvertrag erstrecke, so konsequent *Vollkommer*, in: FS für Merz, S. 595, 607 und Jauernig-*Vollkommer*, § 607 BGB, Anm. 8 d.

B. Kritik und eigene Lösungsvorschläge

I. Grundsätzliche Kritik

Allen diesen Versuchen ist in dieser generalisierenden und zu sehr an die alte Rechtslage anlehnenden Weise eine deutliche Absage zu erteilen[18]. Dies ergibt sich aus den bereits gefundenen Ergebnissen, daß das Gesetz auf dem Boden der Trennungstheorie steht und sich die wirtschaftliche Einheit nach dem eindeutigen Willen des Gesetzgebers in den rechtlichen Verklammerungen der §§ 9 Abs. 2 und 3, § 13 Abs. 3 S. 2 1. Hs. VerbrKrG erschöpft[19]. Diese Normen stellen eine abschließende Sonderregelung dar[20]. Bezüglich der genetischen Verknüpfung hielt der Gesetzgeber den Verbraucher nur im Störungsfall des Widerrufs für besonders schützenswert und ordnete hier in Durchbrechung des Trennungsgrundsatzes eine Erstreckung der Widerrufsfolgen auf den mit dem Kreditvertrag verbundenen Kaufvertrag an (§ 9 Abs. 2 S. 1 VerbrKrG). In anderen Fällen der Unwirksamkeit bzw. des Nichtzustandekommens des Kreditvertrages hat er das dagegen nicht getan. Diese gesetzgeberische Entscheidung ist so hinzunehmen. Regelmäßig wird das Zustandekommen des Kreditvertrages auch mehr im Bereich der (mehr oder weniger bewußten) bloßen Voraussetzungen und Motive verbleiben, als daß es wirklich ein Umstand ist, der auf der Ebene des Vertragsinhalts liegt[21]. Unübersehbar ist weiterhin, daß alle diese Versuche in bedenklicher Weise auf die Einheitstheorie zugehen und sich nicht mehr deutlich genug von dieser abgrenzen lassen.

Der entscheidende Kritikpunkt an diesen Literaturvorschlägen ist aber, daß sie auf eine teilweise Entwertung des Einwendungsdurchgriffs hinauslaufen[22]. Genau dieser ist dem Verbraucher aber gemäß § 9 Abs. 3 VerbrKrG unter deutlicher Verbesserung im Vergleich zur alten Rechtslage als zentrales Rechtsinstitut zuerkannt worden. Darüber hinaus liegt dem Einwendungsdurchgriff das Prinzip der Gleichwertigkeit der Einwendungen zugrunde; § 9 Abs. 3 S. 1 VerbrKrG differenziert nicht zwischen den verschiedenen

---

18 So auch *Dauner-Lieb*, WM-Sonderbeilage 6/1991, S. 29 und *Reinking/Eggert*, Der Autokauf, RdNr. 272 (S. 82) für den Fall der arglistigen Täuschung durch den Verkäufer (letztere allerdings nur für den finanzierten Abzahlungskauf außerhalb des VerbrKrG) und wohl auch *Münstermann/Hannes*, Verbraucherkreditgesetz, RdNr. 516 für die Anfechtung und RdNr. 515, 521 für die Nichtigkeit des Kaufvertrags generell.

19 S. das Ergebnis § 7, S. 250 f.

20 Insbes. *Coester*, Jura 1992, 617, 618 und auch *Lieb*, in: Hadding/Hopt, Das neue Verbraucherkreditgesetz, S. 91, 103 (= WM 1991, 1533, 1538); *ders.*, ebenda, S. 115, 119.

21 Zutreffend bereits *Canaris*, Bankvertragsrecht, RdNr. 1518 für die alte Rechtslage (der deshalb statt § 158 Abs. 2 BGB die Geschäftsgrundlagenlehre anwendete).

22 Letzteres konzediert selbst MüKo-*Habersack*, § 9 VerbrKrG, RdNr. 80, der mit der genetischen Verknüpfung am meisten arbeitet.

denkbaren Einwendungen[23]. Deshalb kann der Verbraucher nach der neuen Rechtslage sofort sowohl das Nichtzustandekommen als auch die Nichtigkeit des Kaufvertrages auf Grund wirksamer Anfechtung oder sonstiger Gründe dem Kreditgeber entgegenhalten. Die Anfechtung des Kaufvertrages beeinträchtigt aber nicht die Wirksamkeit des Kreditvertrages[24].

Am Ende stimmt es von der Rechtsfolge her bedenklich, daß die weitgehende genetische Verknüpfung von Kauf- und Kreditvertrag über das Gesetz hinaus auch zu einem jederzeitigen Rückforderungsdurchgriff führen würde, wenn der Verbraucher z.B. wegen einer arglistigen Täuschung durch den Verkäufer über kaufrelevante Umstände lange Zeit (vgl. die Anfechtungsfrist des § 124 BGB) nach Abschluß der Rechtsgeschäfte und erheblicher Kredittilgung ebenfalls den Kreditvertrag anfechten und sämtliche bisher geleisteten Raten vom Kreditgeber aus § 812 BGB herausverlangen könnte[25]. Den Rückforderungsdurchgriff als Anspruchsgrundlage des Verbrauchers gegen den Kreditgeber wegen Störungen aus dem Kaufvertrag hat der Gesetzgeber aber bewußt nicht vorgesehen[26]. Insofern ist nicht einzusehen, warum die Rechtslage bei der Anfechtung eine andere sein sollte als bei anderen Nichtigkeitsgründen oder bei der Wandelung des Kaufvertrages[27].

II. Nichtzustandekommen eines Vertrages

Aus diesen Gründen gilt für die neue Rechtslage: Wenn die Parteien nicht ausdrücklich einen besonderen rechtlichen Bedingungszusammenhang herstellen, und das bleibt ihnen selbstverständlich jederzeit unbenommen, bzw. wenn sich nicht tatsächlich aus einem objektiven Verbindungselement ein Bedingungszusammenhang feststellen läßt[28], führt das Nichtzustandekommen des einen Vertrages nicht zur Auflösung des anderen Vertrages[29]. Beim Nichtzustandekommen des Kaufvertrages wird aus tatsächlichen Gründen

---

23 *Dauner-Lieb*, WM-Sonderbeilage 6/1991, S. 29 und bereits oben § 5, S. 124 f.

24 *Münstermann/Hannes*, Verbraucherkreditgesetz, RdNr. 516.

25 Darauf weist zutreffend *Dauner-Lieb*, WM-Sonderbeilage 6/1991, S. 29 hin.

26 S.o. § 7, S. 271 ff. ausführlich.

27 *Dauner-Lieb*, WM-Sonderbeilage 6/1991, S. 29.

28 Z.B. aus der Tatsache, daß der Verbraucher beim Verkäufer ein einheitliches Vertragsformular unterzeichnet (Kaufkreditantrag) oder aus einer eindeutigen Finanzierungsabrede, s.u.

29 In diesem Sinne, d.h. auf die Umstände des Einzelfall abstellend bereits BGH WM 1972, 698, 699 (allerdings zur unterstellten Nichtigkeit des Kreditvertrags mangels vormundschaftsgerichtlicher Genehmigung); *Hopt/Mülbert*, Kreditrecht, Vorb. zu §§ 607 BGB, RdNr. 477 und generell *Canaris*, Bankvertragsrecht, RdNr. 1518 zur alten Rechtslage.

ein Kreditvertrag regelmäßig nicht vereinbart werden[30]. Ist dies ausnahmsweise einmal der Fall[31], kann der Verbraucher das Nichtzustandekommen des Kaufvertrages dem Kreditgeber über den sofortigen Einwendungsdurchgriff entgegenhalten[32]. Kommt umgekehrt der Kreditvertrag nicht zustande, so bleibt der Verbraucher grundsätzlich an den bereits abgeschlossenen Kaufvertrag gebunden und muß sich um eine Finanzierungsalternative bemühen, notfalls den Kaufpreis sofort aus Eigenmitteln begleichen. Schätzt er den Abschluß des Kreditvertrages (in der Regel wegen seiner eigenen Kreditunwürdigkeit !) von vornherein als unsicher ein, sollte er den Kaufvertrag mit dem Verkäufer nur unter der ausdrücklichen Bedingung des Zustandekommens des Kreditvertrages abschließen. Jeder seriöse Verkäufer wird sich darauf einlassen, wenn er schon "Finanzkäufe" anbietet. Nur darf diese Vereinbarung nicht generell aus den objektiven Verbindungsvoraussetzungen des § 9 Abs. 1 VerbrKrG bzw. aus dem die wirtschaftliche Einheit konkretisierenden Gedanken gefolgert werden, daß kein Vertrag ohne den anderen abgeschlossen worden wäre. Es bedarf vielmehr der sorgfältigen Einzelfallprüfung.

Eine einfache Finanzierungsklausel unter den Zahlungsbedingungen in der Kaufvertragsurkunde wie etwa in dem vom Kammergericht am 11.1.1971 entschiedenen Fall "Zahlungsbedingungen: Anz. 2000 DM am 6.5.1969. Rest durch Finanzierung."[33] oder in dem vom OLG Köln am 31.10.1984 entschiedenen Fall "DM 5.200,-- werden gestundet, Rest finanz."[34] reicht entgegen der Ansicht dieser Gerichte für die Annahme eines rechtlichen Bedingungszusammenhangs nicht aus[35]. Denn solche Klauseln haben durchaus eine eigenständige Bedeutung. So wird mit ihnen im vom Kammergericht entschiedenen Fall für die Anzahlung eine Fälligkeit mit Vorleistungspflicht des Verbrauchers begründet, und im vom OLG Köln entschiedenen Fall eine besondere Stundungsvereinbarung, während für den Restkaufpreis die allgemeinen Regeln der §§ 320, 322 BGB

30 Zutreffend bereits *Ose*, ZAP Fach 3, S. 31 und Soergel-*Hönn*, Anhang zu § 6 AbzG, RdNr. 50 zur alten Rechtslage.

31 So vorgekommen bei OLG Köln OLGZ 1977, 313.

32 So eigentlich auch das OLG Köln OLGZ 1977, 313, 314, das aber dann doch noch zusätzlich die Geschäftsgrundlagenlehre anwandte mit der Folge, daß wegen des Nichtzustandekommens des Kaufvertrages der Kreditvertrag seine Grundlage verloren hatte.

33 NJW 1971, 1139 f. Dort hieß es aber noch zusätzlich "Diese (d.h. die Finanzierung) ist alleinige Sache des Käufers." Wegen dieses Zusatzes waren die Vertragsverbindungsvoraussetzungen eindeutig nicht gegeben. Das ist an dieser Stelle aber unerheblich, da auch Kaufvertrag und freier Personalkredit in einen genetischen Zusammenhang über § 158 Abs. 2 BGB gebracht werden können, was das KG bejahte.

34 ZIP 1985, 22, 25 f.

35 So auch *Hereth*, NJW 1971, 1704; *Rutkowsky*, NJW 1971, 1705 und *Reinking/Eggert*, Der Autokauf, RdNr. 215 (S. 66) gegen die Entscheidung KG NJW 1971, 1139 f. Die Entscheidung des OLG Köln ZIP 1985, 22, 25 f. ist umso zweifelhafter, als es dort nicht bloß um die Auswirkung des Nichtzustandekommens des Kreditvertrages, sondern um die Auswirkung seiner (isolierten) Nichtigkeit gemäß § 138 Abs. 1 BGB ging.

gelten sollen. Darüber hinaus wird dem Verbraucher in beiden Fällen die Möglichkeit verschafft, entgegen § 266 BGB seine Leistung in Teilbeträgen an den Verkäufer zu erbringen, der seinerseits der Überweisung des Restkaufpreises durch den Kreditgeber als Dritten gemäß § 267 BGB nicht widersprechen darf[36].

Haben solche (einfache) Finanzierungsklauseln also durchaus eine eigenständige Bedeutung, wird für die Annahme eines rechtlichen Bedingungszusammenhangs allein eine darüber hinausgehende und eindeutige Klausel ausreichend sein wie etwa: *"Die Finanzierung des Kaufpreises erfolgt über die F-Bank. Bei Nichtzustandekommen des Kreditvertrages entfallen alle Rechtswirkungen aus dem Kaufvertrag."*[37] Eine derartige "Verbundklausel" im Sinne einer gegenseitigen Abhängigkeit wäre natürlich zugleich ein wichtiges objektives Verbindungselement i.S.v. § 9 Abs. 1 VerbrKrG[38].

III. Die Anfechtung wegen arglistiger Täuschung

Die erweiterte Arglistanfechtung kommt für den Verbraucher nach der neuen Rechtslage bei der Täuschung über Eigenschaften der Kaufsache aus den oben genannten Gründen nicht mehr in Betracht[39]. Dabei soll offenbleiben, ob man in diesen Fällen die Kausalität verneint, oder ob man den Verkäufer entsprechend dem Trennungsprinzip nunmehr als Dritten ansieht, weil sich der Kreditgeber des Verkäufers nur bezüglich des Abschlusses

36 Zutreffend *Hereth*, NJW 1971, 1704, 1705. So auch BGH WM 1980, 79, 80 unter ausdrücklicher Berufung auf *Hereth* für die parallele Situation beim Finanzierungsleasing. Dort wurde ein Kaufvertrag mit einer Zusatzklausel "Zahlung: über Leasingmiete 54 Monate" abgeschlossen. Der Leasingvertrag kam nicht zustande. Der BGH hat diese Klausel nicht als Bedingung i.S.v. § 158 Abs. 2 BGB eingeordnet, sondern die Bedeutung lediglich darin gesehen, daß der Verkäufer im Hinblick auf § 267 BGB auf die Befugnis verzichtete, der Leistung des Barkaufpreises durch einen Leasinggeber widersprechen zu können. So wurde der Käufer zur Zahlung verurteilt.
Dies ließ ebenso wie die mögliche Deutung einer Leasingklausel als auflösende Bedingung BGH WM 1990, 1241, 1244 in einem ähnlichen Fall offen. Dort gab der BGH der Zahlungsklage des Verkäufers deshalb statt, weil selbst unter Annahme einer Bedingung der Käufer deren Eintritt wider Treu und Glauben herbeigeführt hatte (§ 162 Abs. 2 BGB), indem er sich ohne rechtfertigenden Grund weigerte, einen Leasingvertrag abzuschließen.

37 Ähnlich auch das OLG Celle BB 1969, 558, 559. Dort hieß es in der Auftragsbestätigung: "Die Finanzierung gilt vorbehaltlich Zustimmung des Kreditinstituts.", woraus das Gericht eine auflösende Bedingung entnahm. Oder auch BGH WM 1988, 1328 ff. Dort war im Kaufvertrag u.a. der Abschluß eines Kreditvertrags als ausdrückliche Gültigkeitsvoraussetzung genannt. Bei OLG Stuttgart NJW-RR 1989, 887 f. wurde der Kaufvertrag "vorbehaltlich der Finanzierungszusage" abgeschlossen.

38 So auch der BGH, aaO. und das OLG Stuttgart, aaO.

39 *Dauner-Lieb*, WM-Sonderbeilage 6/1991, S. 29; *Tempel*, Materielles Recht im Zivilprozeß, S. 117 f. und wohl auch *Münstermann/Hannes*, Verbraucherkreditgesetz, RdNr. 516. Für den finanzierten Abzahlungskauf außerhalb des VerbrKrG ebenso *Reinking/Eggert*, Der Autokauf, RdNr. 272 (S. 82).

des Kreditvertrages bedient, hier aber eine Täuschung nicht stattgefunden hat. Diese Regeln der Rechtsprechung können nur noch dann aufrechterhalten bleiben, wenn der Verbraucher vom Verkäufer über darlehensrelevante Umstände getäuscht wurde[40]. Dann kann der Verbraucher aber nur den Kreditvertrag und nicht gleichzeitig auch den Kaufvertrag anfechten[41]. Letzteres ist nur möglich, wenn wirklich ein Fall der Fehleridentität vorliegt, z.B. wenn der Verbraucher über bevorstehende Erhöhungen des Preis- *und* Zinsniveaus getäuscht wurde[42]. Hier muß er aber zwei Anfechtungserklärungen gegenüber den richtigen Anfechtungsgegnern abgeben[43]. Nachdrücklich zu betonen ist, daß die Fehleridentität nach der grundsätzlichen Anerkennung der Trennungstheorie mit äußerster Sorgfalt zu untersuchen und regelmäßig nicht anzunehmen ist[44]. In jedem Fall verbleibt den Parteien aber die Möglichkeit, ausdrücklich einen "Unwirksamkeitsverbund" im Vertrag festzuhalten, in Ergänzung zu der oben vorgeschlagenen "Verbundklausel" etwa: *"Bei Nichtzustandekommen oder Nichtigkeit des Kreditvertrages, gleich aus welchem Grund, entfallen alle Rechtswirkungen aus dem Kaufvertrag."*

Nun könnte man dagegen einwenden, daß sich damit die neue Rechtslage im Vergleich zur alten verschlechtert hätte, was kaum in der Intention des Gesetzgebers gelegen haben könne. Aber diese These wäre nicht richtig. Denn der Verbraucher hat bei arglistiger Täuschung des Verkäufers über kaufrelevante Umstände nach der neuen Rechtslage den sofortigen Einwendungsdurchgriff und kann die Ratenrückzahlung nach Ausübung des Anfechtungsrechts sofort einstellen. Die partielle Subsidiarität des § 9 Abs. 3 S. 3 VerbrKrG greift hier nie ein. Deshalb ist der Umweg über die Anfechtung des Kreditvertrages mit der § 123 Abs. 2 - Problematik von vornherein überflüssig.

---

40 In diesem Fall bleiben dem Verbraucher aber regelmäßig Schadensersatzansprüche gegen den Verkäufer aus culpa in contrahendo, die er ebenfalls über den Einwendungsdurchgriff dem Kreditgeber entgegenhalten könnte (s.o. § 5, S. 129 f.), so daß sich wirklich die Frage stellt, ob es nicht besser wäre, die gesamte Rechtsprechung zu § 123 Abs. 2 BGB fallenzulassen, und den Verkäufer entsprechend den Grundsätzen der Trennungstheorie nur noch als Dritten im Sinne dieser Vorschrift anzusehen.

41 *Reinking/Eggert*, Der Autokauf, RdNr. 272 (S. 82, für den fin. Abzahlungskauf außerhalb des VerbrKrG), die i.ü. aaO., Fn. 123 zutreffend anmerken, daß in Rechtsprechung und Schrifttum bezüglich kauf- und darlehensrelevanter Umstände nicht genügend differenziert werde.

42 Beispiel von MüKo-*H.P. Westermann*, § 6 AbzG, RdNr. 52, der ebenso wie Soergel-*Hönn*, Anhang zu § 6 AbzG, RdNr. 51 die erweiterte Arglistanfechtung des Kreditvertrages bei Täuschung über kaufrelevante Tatsachen schon unter der alten Rechtslage ablehnte.

43 Der Kreditgeber ist nicht allein auf Grund der wirtschaftlichen Einheit Empfangsvertreter des Verkäufers, s.o. § 5, S. 150 ff.

44 Diese Sorgfalt läßt vor allem *Emmerich* vermissen, wenn er in: Graf v. Westphalen/Emmerich/Kessler, § 9 VerbrKrG, RdNr. 92 schreibt, daß sich die Nichtigkeit des Kaufvertrages meistens infolge der Verbindung beider Verträge auf den Kreditvertrag erstrecke. Konkretere Ausführungen finden sich bei *Emmerich*, aaO., nicht.

Auch eine Verschlechterung hinsichtlich der Rückforderungsansprüche des Verbrauchers gegen den Kreditgeber, die unter Bejahung der Anfechtung des Kreditvertrages über § 123 Abs. 2 BGB aus § 812 BGB grundsätzlich eine Selbstverständlichkeit wären, dagegen nach der hier vertretenen Konzeption wegen der Verneinung des Rückforderungsdurchgriffs vollständig ausgeschlossen werden müssen, ist nicht zu erkennen. Denn der Bundesgerichtshof hat in keinem einzigen Fall zur § 123 Abs. 2 - Problematik einen solchen Anspruch zuerkannt, entweder deshalb nicht, weil die Käufer/Kreditnehmer an den Kreditgeber noch keine einzige Rate gezahlt und sofort die Anfechtung des Kreditvertrages erklärt hatten[45], oder deshalb nicht, weil solche Ansprüche nicht im Streit waren[46]. Ob der Bundesgerichtshof den Käufern/Kreditnehmern Rückzahlungsansprüche in diesen Fällen zuerkannt hätte, ist deshalb reine Spekulation[47]. Das Entscheidende ist nämlich, daß es dem Bundesgerichtshof mit der erweiterten Arglistanfechtung überhaupt nicht um die Begründung des Rückforderungsdurchgriffs ging, sondern allein um einen dritten Weg, speziell für die Fälle der arglistigen Täuschung neben dem Einwendungsdurchgriff aus § 242 BGB und der Schadensersatzverpflichtung aus culpa in contrahendo ein Leistungsverweigerungsrecht für den Käufer/Kreditnehmer zu schaffen[48]. Möglicherweise deshalb, weil er meinte, mit § 123 BGB auf festerem Boden zu stehen als auf dem mit § 242 BGB oder der c.i.c.-Haftung begründeten Einwendungsdurchgriff. Diese These verdeutlichen die beiden "Folienschweißgerät-Entscheidungen" vom 6.7.1978 und vom 8.2.1979, in denen es jeweils um eine arglistige Täuschung des Käufers/Kreditnehmers durch den Verkäufer über die Wirtschaftlichkeit des gekauften Folienschweißgerätes und damit die Höhe des Nebenverdienstes in Heimarbeit ging (kaufrelevante Umstände)[49]. Das Gericht betonte jeweils nach Bejahung der zulässigen Anfechtung des Kreditvertrages und der Ablehnung von Ansprüchen aus ungerechtfertigter Bereicherung, daß es nicht mehr darauf ankomme, ob sich die Bank die Anfechtung des finanzierten Pro-

---

45 BGH WM 1956, 358; BGH WM 1978, 1154 und BGH WM 1979, 429, 430. Bei BGH WM 1967, 450, 451 hatten die Käufer/Kreditnehmer irrtümlich Raten an den Verkäufer geleistet.

46 BGH WM 1960, 1351. Bei BGH WM 1962, 761 ging es um ein C-Geschäft, bei dem der Käufer/Kreditnehmer die von ihm noch nicht eingelösten Wechsel vom Kreditgeber herausverlangte, nicht aber Rückzahlung wegen des bereits eingelösten Wechsels.

47 S. z.B. *Reinking*, FLF 1993, 174, 176 mit Nachweisen auf die BGH-Rechtsprechung, die aber so nicht existiert: "Weiterhin wird der Rückforderungsdurchgriff auf den für den Kfz.-Bereich bedeutsamen Fall der Vertragsnichtigkeit infolge Arglistanfechtung unter Hinweis darauf erstreckt, der Verkäufer/Leistungserbringer sei im Verhältnis zum Kreditgeber nicht Dritter i.S.v. § 123 Abs. 2 Satz 1 BGB, so daß der Verbraucher auch den Darlehensvertrag gemäß § 123 BGB anfechten könne."

48 S. auch die zutreffende Analyse von *Gernhuber*, in: FS für Larenz 1973, S. 455, 479: "Was den §§ 123, 142 entgeht, fällt dennoch § 242 zum Opfer. Die Begründung wechselt; das Ergebnis bleibt gleich." *Hopt*, in: FS für Stimpel, S. 265, 272 sprach von einer Einebnung der Unterschiede zwischen Anfechtung wegen arglistiger Täuschung und Arglisteinrede gemäß § 242 BGB.

49 BGH WM 1978, 1154 ff. und BGH WM 1979, 429 ff., s. § 5, S. 139 f.

duktions- und Kaufvertrags nach den Grundsätzen des Einwendungsdurchgriffs beim drittfinanzierten Abzahlungskauf entgegenhalten lassen müsse[50].

Erwähnenswert sind in diesem Zusammenhang auch die drei früheren Entscheidungen des Bundesgerichtshofs, bei denen es ebenfalls um eine arglistige Täuschung des Käufers/Kreditnehmers durch den Verkäufer bezüglich kaufrelevanter Umstände ging[51]. Das Gericht betonte dort jeweils und genau umgekehrt zu den eben genannten Entscheidungen, daß die Anfechtbarkeit des Kreditvertrags und die § 123 Abs. 2 - Problematik offenbleiben könne, weil der Käufer/Kreditnehmer bereits über den Einwendungsdurchgriff wegen wirksamer Anfechtung des Kaufvertrags ausreichend geschützt sei[52]. Dem ist für die neue Rechtslage nichts hinzuzufügen.

IV. Sonstige Nichtigkeit eines Vertrages

Auch in den anderen Fällen führt die Nichtigkeit des einen Vertrages nicht zur Nichtigkeit des anderen Vertrages[53]. Das gilt gerade auch für die Sittenwidrigkeit. Ausgehend vom Trennungsgrundsatz ist die vom Bundesgerichtshof vorgenommene Addition der wucherähnlichen Bedingungen in Kauf- und Kreditvertrag nach heutiger Rechtslage nicht mehr haltbar[54]. Ob ein Vertrag sittenwidrig ist, darf allein aus seinen Bedingungen heraus bestimmt werden. Ist dies beim Kaufvertrag der Fall, kann der Verbraucher auf das Institut des sofortigen Einwendungsdurchgriffs zurückgreifen[55]. Ist der Kreditvertrag isoliert nichtig, bleibt der Kaufvertrag davon unberührt. Insbesondere soll der Verbraucher die Unwirksamkeit des Kreditvertrages nicht zum Anlaß nehmen können, von dem verbundenen Kaufvertrag und damit vom finanzierten Abzahlungskauf insgesamt loszukommen. Der Verbraucher muß in diesen Fällen auch nicht besonders geschützt werden.

---

50 BGH WM 1978, 1154, 1156 (unter III.) und BGH WM 1979, 429, 432 (unter IV.).

51 BGH WM 1967, 455 ff.; BGH WM 1971, 1265 ff. und BGH WM 1971, 1297 ff. Ein Unterschied bestand allein darin, daß in den Entscheidungen BGH WM 1978, 1154 ff. und BGH WM 1979, 429 ff. zusätzlich zum Kaufvertrag ein Produktionsvertrag abgeschlossen worden war.

52 BGH WM 1967, 455, 457; BGH WM 1971, 1265, 1267 und BGH WM 1971, 1297, 1299. Bei BGH WM 1971, 1265 ff. kam sogar noch hinzu, daß der Käufer/Kreditnehmer beide Verträge selbständig mit Anwaltsschreiben angefochten hatte. Gleichwohl ließ das Gericht die Frage der Anfechtbarkeit des Kreditvertrags und die § 123 Abs. 2 - Problematik offen.

53 Im Ergebnis auch BGH WM 1980, 327, 328 für den Fall der Nichtigkeit des Kaufvertrages gemäß § 138 Abs. 1 BGB (Nichtigkeit des Kreditvertrages offengelassen); BGH WM 1972, 698, 699 bei unterstellter Nichtigkeit des Kreditvertrages mangels vormundschaftsgerichtlicher Genehmigung und BGH WM 1980, 1111, 1113 für den Fall der Nichtigkeit des Kreditvertrages auf Grund § 138 Abs. 1 BGB. In den letzten beiden Fällen wurde sogar jeweils ausdrücklich die Wirksamkeit des Kaufvertrages beschieden.

54 S. bereits oben § 7, S. 313 f.

55 *Münstermann/Hannes*, Verbraucherkreditgesetz, RdNr. 515 und 521.

Zum einen hat er den finanzierten Gegenstand mangelfrei erhalten. Zum anderen erfolgt eine bilaterale bereicherungsrechtliche Rückabwicklung zwischen Verbraucher und Kreditgeber, und zwar bei den Nichtigkeitsgründen der §§ 134, 138 BGB pro rata temporis abgestimmt auf die Kreditlaufzeit, die bei Wirksamkeit des Kreditvertrages gelten würde, und ohne Zinsanteil[56]. Kommt es kumulativ zu einer Störung aus dem Kaufvertrag, z.B. bei später auftretenden Mängeln der Kaufsache, kann der Verbraucher auch gegenüber der bereicherungsrechtlichen Inanspruchnahme den Einwendungsdurchgriff erheben, weil der Kreditgeber bei der Unwirksamkeit des Kreditvertrages nicht besserstehen darf als bei dessen Wirksamkeit[57].

V. Vertragsaufhebung

Wird ein Vertrag einverständlich aufgehoben, berührt dies den Fortbestand des anderen Vertrages in keinster Weise[58]. Darüber hinaus ist bei nachträglicher Aufhebung des Kaufvertrages der Einwendungsdurchgriff für den Verbraucher gemäß § 9 Abs. 3 S. 2 2. Alt. VerbrKrG (Einwendung auf Grund nachträglich vereinbarter Vertragsänderung) ausgeschlossen[59].

VI. "Nichtigkeitsverbund" nur bei Formmängeln nach dem Verbraucherkreditgesetz

Nur ausnahmsweise darf diese mehr oder weniger strenge Trennungsregel durchbrochen werden, wenn sich aus dem Verbraucherkreditgesetz selbst heraus eine echte Schutzlücke und innere Unstimmigkeit ergibt. Dies trifft in dem von *Coester*[60] geschilderten

---

56 So auch Erman-*Klingsporn/Rebmann*, § 9 VerbrKrG, RdNr. 17 und MüKo-*Habersack*, § 9 VerbrKrG, RdNr. 82 m.w.N., insbes. auf die Rechtsprechung des Bundesgerichtshofs zur Rückabwicklung sittenwidriger Kreditverträge. Beide verneinen deshalb einen "Nichtigkeitsverbund" für den Fall nach Auszahlung der Valuta. Indes kann das Ergebnis, d.h. "Nichtigkeitsverbund" oder bloß isolierte Nichtigkeit des Kreditvertrages nicht davon abhängen, ob die Valuta bereits ausgezahlt worden ist oder nicht.

57 Zutreffend MüKo-*Habersack*, § 9 VerbrKrG, RdNr. 117. Diese Möglichkeit hatte bereits BGH WM 1980, 1111, 1113 angedeutet.

58 So auch *Hopt/Mülbert*, Kreditrecht, Vorb. zu §§ 607 ff. BGB, RdNr. 477 und 478 für die alte Rechtslage. Einschränkend für die neue Rechtslage MüKo-*Habersack*, § 9 VerbrKrG, RdNr. 87, nach dem die Aufhebung des Kaufvertrages den Kreditgeber zur Verweigerung der Valutaauszahlung an den Verkäufer berechtigen könne, wenn auch für ihn der Abschluß des Kaufvertrages Geschäftsgrundlage des Kreditvertrages war. Ansonsten habe die Aufhebung des einen Vertrages keinen Einfluß auf den anderen Vertrag.

59 Dazu oben § 6, S. 163 ff.

60 Jura 1992, 617, 620.

Fall der Nichtigkeit des Kreditvertrages wegen Formverstoßes gemäß § 6 Abs. 1 VerbrKrG zu. Zwar ist dies ein praktisch selten vorkommender Fall, da regelmäßig Heilung gemäß § 6 Abs. 2 S. 1 VerbrKrG durch Auszahlung der Valuta an den Verkäufer eintreten wird, was als Empfangnahme des Darlehens bzw. Kreditinanspruchnahme durch den Verbraucher im Sinne der Norm zu gelten hätte[61]. Gleichwohl besteht eine echte Schutzlücke dann, wenn diese Heilung einmal nicht eintritt, der Kreditvertrag folglich formnichtig ist, und der Verbraucher an den davon unberührten Kaufvertrag gebunden bleibt. Hier ist zutreffend davon auszugehen, daß die Formnichtigkeit entsprechend dem Grundgedanken des § 9 Abs. 2 S. 1 VerbrKrG auf den Kaufvertrag durchschlagen muß[62], weil sowohl der Formzwang als auch die Widerruflichkeit des Kreditvertrages die volle Entscheidungsfreiheit des Verbrauchers sichern sollte[63]. Dieses Problem hat der Gesetzgeber bei der Regelung der verbundenen Geschäfte aber offensichtlich übersehen[64].

61 Zutreffend *Münstermann/Hannes*, Verbraucherkreditgesetz, RdNr. 485.

62 *Coester*, Jura 1992, 617, 620. Ihm folgend Erman-*Klingsporn/Rebmann*, § 9 VerbrKrG, RdNr. 17 und im Ergebnis auch *Bülow*, § 9 VerbrKrG, RdNr. 30 (allerdings unter der abzulehnenden Anwendung des § 139 BGB) sowie MüKo-*Habersack*, § 9 VerbrKrG, RdNr. 82 (allerdings unter der abzulehnenden Anwendung der Geschäftsgrundlagenlehre).

63 Begr. RegE, BT-DS 11/5462, S. 12.

64 In der Einzelbegründung zu den verbundenen Geschäften, aaO., S. 23 f. (= Anhang, S. 433 ff.), insbes. bei der Erläuterung des "Unwirksamkeitsverbundes" gemäß § 9 Abs. 2 S. 1 VerbrKrG finden sich dazu keine Ausführungen.

VIERTER TEIL

ZUSAMMENFASSUNG

§ 12 Die wesentlichen Ergebnisse der Arbeit

A. Die Voraussetzungen des Einwendungsdurchgriffs (Erster Teil)

I. § 9 Abs. 1 VerbrKrG verlangt als Voraussetzung des Einwendungsdurchgriffs das kumulative Vorliegen einer Zweckbestimmung und einer wirtschaftlichen Einheit zwischen Kauf- und Kreditvertrag. Die Zweckbestimmung ist lediglich ein deskriptives Merkmal mit dem Inhalt, daß der Kredit zur Erfüllung eines bereits abgeschlossenen oder noch abzuschließenden Bargeschäftes eingesetzt wird. Dieses Merkmal ergibt sich allein aus dem Kreditvertrag ohne Beteiligung des Verkäufers und ist keinesfalls gleichzusetzen mit dem Ausschluß von der freien Verfügbarkeit über die Valuta.

II. Beim zentralen Merkmal der wirtschaftlichen Einheit ist vor allem an die Rechtsprechung des Bundesgerichtshofs anzuknüpfen. Entscheidend ist für jede Auslegungsfrage und Zuordnung eines konkreten Falles unter § 9 Abs. 1 VerbrKrG, daß sowohl Kreditgeber als auch Verkäufer vor Überraschungen geschützt werden und die Möglichkeit haben müssen, auf die mit diesem Begriff verbundenen Risiken (§§ 9 Abs. 2 und 3 VerbrKrG) Einfluß nehmen zu können. Das gesetzliche Regelbeispiel gemäß § 9 Abs. 1 S. 2 VerbrKrG ist eine unwiderlegbare Vermutung und kann nur dann bejaht werden, wenn zwischen Kreditgeber und Verkäufer ein Rahmenvertrag (klassisches B-Geschäft), ein Konzernverbund oder eine dauerhafte faktische Geschäftsbeziehung vorliegt. Das erstmalige Zuführen eines Kunden genügt dagegen nicht. In diesen und in den übrigen Fällen ist für die Bestimmung der wirtschaftlichen Einheit vorrangig auf die Merkmale zurückzugreifen, die sich aus der Gesamtheit von Kauf- und Kreditvertrag bzw. den tatsächlichen Umständen, insbesondere aus dem Zustandekommen der Verträge ergeben. Dem Merkmal des Ausschlusses von der freien Verfügbarkeit kommt hier in Anlehnung an die jüngste Rechtsprechung des Bundesgerichtshofs zentrale Bedeutung zu. Das bedeutet, daß nicht in jedem Fall ein arbeitsteiliges Zusammenwirken von Kreditgeber und Verkäufer vorliegen muß. Anschaffungsdarlehen mit einem entsprechenden Ausschluß von der freien Verfügbarkeit fallen aber nur dann unter § 9 Abs. 1 VerbrKrG, wenn sie in irgendeiner Weise über eine Mitwirkung des Verkäufers zustande gekommen sind. Keinesfalls darf die erweiterte Widerrufsbelehrung gemäß § 9 Abs. 2 S. 2 VerbrKrG als Indiz oder gar als verbindliche Rechtsauffassung zur Bejahung einer wirtschaftlichen Einheit herangezogen werden. Hat der Kreditgeber entsprechend belehrt, ist allein an eine Beweislastumkehr zu denken.

III. Auf den subjektiven Eindruck vom Vorliegen eines verbundenen Geschäfts bzw. einer wirtschaftlichen Einheit kommt es nach der neuen Rechtslage nicht mehr an. Verzicht, Trennungsklauseln und entgegenstehende individuelle Abreden sind gemäß § 18 S. 1 VerbrKrG nichtig. Damit ist die bereits unter der alten Rechtslage subsidiär gewordene Schadensersatzpflicht des Kreditgebers aus culpa in contrahendo wegen Verletzung der Aufklärungspflicht unter der neuen Rechtslage obsolet: Der Kreditgeber muß den Verbraucher nicht mehr über das spezifische Aufspaltungsrisiko aufklären, daß die beiden Verträge rechtlich getrennt seien und er den Kredit auch bei Störungen aus dem Kaufverhältnis zurückzahlen müsse. Schadensersatzansprüche bleiben nur insoweit bestehen, als der Kreditgeber allgemein bestehende oder spezielle, mit der Gefährlichkeit des finanzierten Abzahlungskaufs zusammenhängende Aufklärungspflichten wie etwa bei der Zahlung vor Lieferung verletzt hat.

IV. Im Darlehensrückzahlungsprozeß muß der Verbraucher die Umstände, die zu einer Bejahung des § 9 Abs. 1 VerbrKrG durch das Gericht führen können (Wertungsfrage) sowie das Vorliegen von Einwendungen aus dem Kaufvertrag darlegen und beweisen.

B. Die gesetzliche Regelung des Einwendungsdurchgriffs (Zweiter Teil)

I. Der gesetzlich geregelte Einwendungsdurchgriff gemäß § 9 Abs. 3 S. 1 VerbrKrG verlagert das Verwendungsrisiko der Valuta vom Verbraucher auf den Kreditgeber. Er ist als Einrede gestaltet und wirkt ex nunc auf die zukünftige Zahlungsverpflichtung ein. Der Verbraucher muß sich dementsprechend auf den Einwendungsdurchgriff berufen und kann ab diesem Zeitpunkt die weitere Ratenzahlung einstellen. Geprägt wird der Einwendungsdurchgriff vom Prinzip der Akzessorietät, vom Grundsatz der Unmittelbarkeit und vom Grundsatz der Gleichwertigkeit der Einwendungen. Entscheidend ist dabei immer die hypothetische Rechtslage, d.h. der Verbraucher kann alle die Einwendungen und Einreden peremptorischer oder bloß dilatorischer Art gegenüber dem Kreditgeber geltend machen, die er in einem normalen Abzahlungskauf gegenüber dem

Abzahlungsverkäufer gehabt hätte. Dazu zählt auch die allgemeine und die spezielle Mängeleinrede gemäß § 478 Abs. 1 S. 1 BGB sowie die kurze Verjährung gemäß § 196 Abs. 1 Nr. 1 BGB. Dagegen kann der Verbraucher gegenüber dem Kreditgeber nicht die Einwendungen geltend machen, die nicht aus dem Kaufvertrag resultieren wie Ansprüche aus unerlaubter Handlung, Produzentenhaftung oder aus den Kaufvertrag begleitenden Verträgen. In diesen Fällen realisiert sich nicht das spezifische Aufspaltungsrisiko. Hängt der Bestand der Einwendung von einer Willenserklärung oder geschäftsähnlichen Handlung des Verbraucher ab, insbesondere bei der Anfechtung, muß er diese gegenüber dem Verkäufer als seinem Vertragspartner erklärt haben. Der Kreditgeber ist allein auf Grund der wirtschaftlichen Einheit nicht (Empfangs-) Vertreter des Verkäufers.

II. Mit dem Einwendungsdurchgriff werden ebenfalls mithaftende Dritte (Bürgen, Schuldbeitretende) geschützt, sofern sie aus rein privaten Gründen zugunsten des Verbrauchers die Mithaft übernommen haben. Dies gilt insbesondere für Ehegatten, Verwandte und Freunde des Verbrauchers. Dies ergibt sich für die Bürgschaft aus dem dort bestimmenden Akzessorietätsprinzip, beim vertraglichen Schuldbeitritt aus der Gesamtwirkung i.S.v. § 425 Abs. 1 BGB. Ist der Dritte dagegen wie z.B. der Verkäufer am Zustandekommen des Geschäftes aus wirtschaftlichen Gründen interessiert, bleibt seine Haftung unberührt. Bei der Bürgschaft kann er sich entgegen § 768 Abs. 1 S. 1 BGB nicht auf den Einwendungsdurchgriff des Verbrauchers berufen; beim Schuldbeitritt hat der Einwendungsdurchgriff Einzelwirkung i.S.v. § 425 Abs. 1 BGB. Hat ein Verbraucher eine Mithaft für einen gewerblichen Kredit übernommen, kann er sich auf den Einwendungsdurchgriff gemäß § 9 Abs. 3 VerbrKrG nicht berufen.

III. Vom grundsätzlich sofort gegebenen Einwendungsdurchgriff gibt es mit § 9 Abs. 3 S. 2 1. und 2. Alt. und S. 3 VerbrKrG drei gesetzliche Ausnahmen. Die partielle Subsidiarität gemäß § 9 Abs. 3 S. 3 VerbrKrG kommt nur in dem vom Wortlaut zugelassenen Umfang zur Anwendung, d.h. nur dann, wenn der Verbraucher tatsächlich Nachbesserung/Ersatzlieferung verlangt. Hat der Verbraucher aus dem Kaufvertrag ein echtes Wahlrecht, insbesondere im Fall des § 480 BGB, kann er sofort Wandelung usw. geltend machen und die weitere Zahlung an den Kreditgeber einstellen. § 9 Abs. 3 S. 3 VerbrKrG kommt in ähnlichen Fallgestaltungen, in denen der Verbraucher am Vertrag festhält wie beim kleinen Schadensersatzanspruch und bei der Nichtlieferung der Kaufsache nicht zur Anwendung. Der grundsätzlich sofort gegebene Einwendungsdurchgriff mit seiner Beschränkung auf die partielle Subsidiarität gemäß § 9 Abs. 3 S. 1 und 3 VerbrKrG ist gemeinschaftskonformes Recht.

IV. Ausnahmen darüber hinaus sind nur zuzulassen, wenn dem Verbraucher gegenüber dem Kreditgeber ein echtes Verschulden nachgewiesen werden kann. Dies ist vor allem zu bejahen, wenn der Verbraucher mit dem Verkäufer gemeinsame Sache macht. Gleiches gilt aber auch für die unrichtige Empfangsbestätigung, sofern der Kreditgeber den Verbraucher hinreichend über dieses Risiko aufgeklärt hat. Dagegen bleibt dem Verbraucher der Einwendungsdurchgriff erhalten, wenn er den Kreditgeber zur Auszahlung der Valuta vor Erhalt der Ware angewiesen hat oder in Annahmeverzug geraten ist, und nun infolge des Konkurses des Verkäufers die Sache ausbleibt. Der Kreditgeber kann sich gegen das Eintreten dieser Situationen ausreichend dadurch schützen, daß er die Valuta nur bei Nachweis der Lieferung durch eine korrekte Empfangsbestätigung des Verbrauchers auszahlt.

C. Die Rechtsfolgen des Einwendungsdurchgriffs und die Rückabwicklung (Dritter Teil)

I. Mit der Zurückdrängung des Subsidiaritätsprinzips auf die in § 9 Abs. 3 S. 3 VerbrKrG beschriebenen Fälle hat der Gesetzgeber erhebliche Rückabwicklungsschwierigkeiten geschaffen. Denn dieses Prinzip war nach der bisherigen Rechtsprechung des Bundesgerichtshofs abgesehen von ganz wenigen Ausnahmefällen eindeutige Schaltstelle für jede Rückabwicklung. Nach der neuen Rechtslage kann der Verbraucher dagegen grundsätzlich auch dann den sofortigen Einwendungsdurchgriff erheben, wenn der Verkäufer leistungsfähig und leistungsbereit ist. Neue Schaltstelle für die Rückabwicklung nach Erhebung des Einwendungsdurchgriffs ist die Frage der Zulassung des Rückforderungsdurchgriffs, die deshalb an der Spitze der Rückabwicklungsproblematik steht.

II. Das Gesetz steht mit § 9 VerbrKrG auf dem Boden des Trennungsgrundsatzes. Dieser wird nur in den Fällen des Widerrufs gemäß § 9 Abs. 2 S. 1 VerbrKrG und des Einwendungsdurchgriffs gemäß § 9 Abs. 3 S. 1 VerbrKrG durchbrochen. Vor allem hat der Gesetzgeber mit den Regelungen über die verbundenen Geschäfte keine neue Verbundqualität im Sinne der Lehre von den Vertragsverbindungen geschaffen, sondern sich eng an die bisherigen Ergebnisse der Rechtsprechung des Bundesgerichtshofs zum finanzierten Abzahlungskauf angelehnt. Deshalb muß auch der Rückforderungsdurchgriff unter dem Gesichtspunkt der Einheitstheorie abgelehnt werden.

III. Gleichzeitig ist das Gesetz zu einer wesentlichen Systemverschiebung gekommen. Anknüpfungspunkt für den finanzierten Abzahlungskauf ist nicht mehr wie unter dem Abzahlungsgesetz der Kaufvertrag, sondern der Kreditvertrag, der damit nach der neuen Rechtslage das führende Rechtsverhältnis darstellt. Daraus folgt, daß allein der Kreditvertrag gegenüber dem Kreditgeber widerruflich ist und nur die Formvorschrift des § 4 Abs. 1 S. 2 Nr. 1 VerbrKrG über die Kreditverträge im allgemeinen eingehalten werden muß.

IV. Beim Einwendungsdurchgriff handelt es sich um eine Norm, die das Verwendungsrisiko der Valuta vom Verbraucher auf den Kreditgeber verlagert und dem Verbraucher grundsätzlich die gleichen Rechte gibt, die der normale Abzahlungskäufer hat (Risikoverlagerungs- und Nivellierungsnorm). Dagegen ist eine Besserstellung bewußt nicht angeordnet worden, so daß bis auf wenige extreme Ausnahmefälle der Rückforderungsdurchgriff auch unter Geltung des Trennungsgrundsatzes ausgeschlossen werden muß. Das gilt nicht nur für die Wandelung, sondern vor allem auch für die Nichtigkeit des Kaufvertrages, und zwar für alle Nichtigkeitsgründe gleichermaßen. § 9 Abs. 3 VerbrKrG ist insofern als abschließende Sonderregelung zu begreifen, die den allgemeinen Vorschriften des Zivilrechts vorgeht. Damit ist allen wieder hervorgeholten und neuen Theorien zur Begründung des Rückforderungsdurchgriffs, die teilweise auch schon aus sich selbst heraus widerlegbar sind, eine eindeutige Absage zu erteilen. Dies gilt insbesondere für die Lehre von der Anwendung des § 813 Abs. 1 S. 1 BGB und für die Theorie vom Wegfall der Geschäftsgrundlage, mit oder ohne Harmonisierung zu den Grundsätzen der Rechtsprechung zum Finanzierungsleasing.

V. Mit dem Ausschluß des Rückforderungsdurchgriffs ist gleichzeitig verbunden, daß eine vorrangige bilaterale Rückabwicklung zwischen Kreditgeber und Verbraucher analog § 9 Abs. 2 S. 4 VerbrKrG nicht stattfinden kann. Für den Fall der Insolvenz des Verkäufers bedeutet das, daß die Rechtsverhältnisse mit der Erhebung des Einwendungsdurchgriffs durch den Verbraucher vollständig stillstehen. Eine Weiterzahlungspflicht im Falle eines vom Verbraucher miterklärten Minderungsverlangens kann nicht konstituiert werden. Der Kreditgeber kann auch nicht auf die u.U. werthaltigere Sache zurückgreifen. Das gilt selbst für den Fall, daß er Sicherungseigentümer ist. Das Verkäuferkonkursrisiko wird deshalb auf die verbliebenen Beteiligten Verbraucher und Kreditgeber angemessen verteilt, und zwar dergestalt, daß es der Verbraucher in Höhe der Anzahlung und der bereits geleisteten Raten und der Kreditgeber in Höhe der noch ausstehenden Raten trägt.

VI. Bei Solvenz des Verkäufers vermag eine Direktabwicklung zwischen Kreditgeber und Verkäufer die Rückabwicklung der Rechtsverhältnisse nicht befriedigend und umfassend zu lösen. Das gilt nicht nur für den Fall, daß keine vertragliche Regelung in einem Rahmenvertrag zwischen den Beteiligten besteht ("Kreditgebermodell" und bereicherungsrechtliche Lösung), sondern auch dann, wenn der Verkäufer gegenüber dem Kreditgeber auf Grund einer Bürgschaft, eines Schuldbeitritts oder eines Garantievertrages haftet. Allen diesen Mithaftungsformen ist gemeinsam, daß sie ein Regreßkarussell provozieren und den eigentlich gestörten Kaufvertrag nicht zur Abwicklung bringen. Gleichwohl ist jedem Kreditgeber im Falle eines Geschäftskontaktes zum Verkäufer dringend zu raten, mit diesem eine vertragliche Regelung für den Fall des Einwendungsdurchgriffs zu vereinbaren.

VII. Die aus dieser (angeblichen) Not heraus vertretenen Meinungen, den Verbraucher zur Geltendmachung seiner Rechte gegenüber den Verkäufer zu verpflichten, und zwar dergestalt, daß der Einwendungsdurchgriff von der gleichzeitigen Geltendmachung der §§ 459 ff. BGB gegenüber dem Verkäufer abhängig sei ("Verbrauchermodell"), bzw. daß er durch die rechtzeitige und erfolgreiche Geltendmachung der §§ 459 ff. BGB auflösend bedingt sei, müssen ebenfalls abgelehnt werden. Ihnen ist gemeinsam, daß sie das vom Gesetzgeber bewußt zurückgedrängte Subsidiaritätsprinzip in einem bestimmten Umfang wiederaufleben lassen und zu einer eindeutigen Schlechterstellung des Verbrauchers im Vergleich zum normalen Abzahlungskäufer führen. Vor allem aber verkennen sie, daß in der materiell-rechtlichen Gestaltung des Einwendungsdurchgriffs als Einrede gegenüber dem Kreditgeber gleichzeitig eine prozessuale Regelung dergestalt enthalten ist, daß der Kreditgeber den Verbraucher verklagen muß, wenn er die Voraussetzungen eines Einwendungsdurchgriffs bestreitet.

VIII. Die gesetzliche Regelung führt vielmehr dazu, daß die Rechtsverhältnisse auch bei Solvenz des Verkäufers ruhen, wenn der Verbraucher sich auf die Erhebung der allgemeinen Mängeleinrede und den Einwendungsdurchgriff beschränkt und nicht gegen den Verkäufer vorgehen möchte. Will der Kreditgeber sich mit diesem Ergebnis nicht abfinden, muß er aktiv werden. Bestreitet er den Bestand des Einwendungsdurchgriffs überhaupt, muß er den Verbraucher auf Rückzahlung des Darlehens verklagen. Stellt sich der Einwendungsdurchgriff als berechtigt heraus, kann der Kreditgeber dem Verbraucher nach dem hier vertretenen Rückabwicklungsmodell eine Frist zur Geltendmachung seiner Rechte gegenüber dem Verkäufer setzen, nach deren fruchtlosen Ablauf er die Abtretung der Rechte vom Verbraucher verlangen kann, um mit diesen gegen den Verkäufer vorgehen zu können. Damit beinhaltet § 9 Abs. 3 VerbrKrG gleichzeitig eine

Verlagerung der Prozeßführungslast auf den Kreditgeber, wenn dieser sich nicht mit dem Ruhen der Rechtsverhältnisse abfinden will. In allen möglichen Prozessen besteht eine Streitverkündungsmöglichkeit, so daß ein Folgeprozeß stets schnell zu gewinnen sein wird. Die Rückabwicklung hängt im Detail davon ab, ob der Verbraucher oder der Kreditgeber nach erfolgter Abtretung die Rechte gegenüber dem Verkäufer geltend macht. In beiden Fällen wird in erster Linie der gestörte Kaufvertrag rückabgewickelt, während der eigentliche ungestörte Kreditvertrag bis zur Erhebung des Einwendungsdurchgriffs erfüllt wird. Erst danach nimmt er mit ex-nunc-Wirkung am Schicksal des Kaufvertrages teil. Dies gilt für alle Einwendungen gleichermaßen. Eine Aufrechnungsbefugnis des Verbrauchers gegenüber dem Kreditgeber bei Schadensersatzansprüchen kommt nicht in Betracht.

IX. Ausgehend von der Trennungstheorie und zur Vermeidung einer Entwertung des Einwendungsdurchgriffs führt allein das Vorliegen einer wirtschaftlichen Einheit zwischen Kauf- und Kreditvertrag nicht zu einem weitreichenden, schicksalhaften Entstehungszusammenhang der beiden Verträge. Das Nichtzustandekommen und die Nichtigkeit des einen Vertrages hat regelmäßig nur bei Vorliegen einer eindeutigen "Verbundklausel" Einfluß auf den anderen, ungestörten Vertrag. Eine Ausnahme muß für den Fall der Formnichtigkeit auf Grund § 6 Abs. 1 VerbrKrG gemacht werden. Die erweiterte Arglistanfechtung des Kreditvertrages gemäß § 123 Abs. 2 BGB bei Täuschung über kaufrelevante Eigenschaften durch den Verkäufer kommt nach der neuen Rechtslage nicht mehr in Betracht.

LITERATURVERZEICHNIS

Abeltshauser, Thomas E., Der Einwendungsdurchgriff zwischen Rechtsgeschäftslehre und Vertrauenshaftung, ZIP 1990, 693

Aden, Menno, Die neuen AGB-Sparkassen 1993, NJW 1993, 832

Alternativkommentare zum BGB, Gesamtherausgeber: Rudolf Wassermann, 6 Bände (zit. AK-Bearbeiter),
Band 3, Besonderes Schuldrecht (§§ 433 - 853), Neuwied und Darmstadt 1979

Auge, Michael, Entwicklungen auf dem Markt für Konsumkredite, FLF 1990, 94

Baudenbacher, Carl, Einwendungsdurchgriff beim finanzierten Immobilienerwerb ?, JZ 1985, 661

Baumbach, Adolf/Hopt, Klaus J., Handelsgesetzbuch mit GmbH & Co., Handelsklauseln, Bank- und Börsenrecht, Transportrecht (ohne Seerecht), 29. Auflage, München 1995

Baumgärtel, Gottfried, Handbuch der Beweislast im Privatrecht, Band 4 (AbzG, CMR, BinnSchG, HGB), Köln u.a. 1988 (zit. Baumgärtel, Beweislast)

Baur, Werner, Rückzahlungsanspruch des Abzahlungskäufers gegen die Finanzierungsbank bei nicht ordnungsgemäßer Leistung durch den Verkäufer ?, NJW 1975, 2008

Becker, Christoph, Beschränkung des Widerrufs auf den Darlehnsantrag beim verbundenen Verbraucherkreditgeschäft ?, ZBB 1992, 214

Beck'sches Rechtsanwaltshandbuch 1995/96, herausgegeben von Hans-Ulrich Büchting und Benno Heussen, München 1995 (zit. RA-Handbuch-Bearbeiter)

Beier, Joachim/Jacob, Klaus-Dieter, Der Konsumentenkredit in der Bundesrepublik Deutschland, Frankfurt a.M. 1987 (zit. Beier/Jacob, Konsumentenkredit)

Bender, Rolf, Probleme des Konsumentenkredits, NJW 1980, 1129

ders., Das Verbraucherkreditgesetz, VuR 1991, 197

Böhner, Reinhard, Schriftform und Widerrufsrecht bei Franchiseverträgen nach dem Verbraucherkreditgesetz, NJW 1992, 3135

Brandner, Hans Erich, Verhaltenspflichten der Kreditinstitute bei der Vergabe von Verbraucherkrediten - Leitlinien der Rechtsprechung, ZHR 153 (1989) 147

Bräunig, Günther, Der Konsumentenkredit im französischen Recht - Das französische Gesetz Nr. 78 - 22 vom 10. Januar 1978 betreffend die Information und den Schutz der Verbraucher im Bereich bestimmter Kreditgeschäfte aus rechtsvergleichender Sicht, Berlin 1982 (zit. Bräunig, Der Konsumentenkredit im französischen Recht)

Brink, Ulrich, Kurzkommentar zu LG Hagen, EWiR 1994, 713 (§ 9 VerbrKrG 1/94)

Bruchner, Helmut/Ott, Claus/Wagner-Wieduwilt, Klaus, Verbraucherkreditgesetz, Kommentar, 1. Auflage, München 1992, 2. Auflage, München 1994 (zit. Bearbeiter, in: Bruchner/Ott/Wagner-Wieduwilt)

Bülow, Peter, Verbraucherkreditgesetz, Kommentar, 2. Auflage, Köln 1993 (zit. Bülow)

ders., Kurzkommentar zu BGH, EWiR 1992, 1223 (§ 1 PAngV 2/92)

ders., Änderung des Verbraucherkreditgesetzes durch das Bauhandwerkersicherungsgesetz, NJW 1993, 1617

ders., Fernunterrichtsvertrag und Verbraucherkreditgesetz, NJW 1993, 2837

Canaris, Claus-Wilhelm, Der Bereicherungsausgleich im Dreipersonenverhältnis, 1. Festschrift für Karl Larenz, München 1973, S. 799

ders., Die Rückgewähr von Gesellschaftereinlagen durch Zuwendungen an Dritte, Festschrift für Robert Fischer, Berlin/New York 1979, S. 31

ders., Schranken der Privatautonomie zum Schutze des Kreditnehmers, ZIP 1980, 709

ders., Bankvertragsrecht, Sonderausgabe der Kommentierung des Bankvertragsrechts aus Handelsgesetzbuch, Großkommentar, 2. Auflage, Berlin/NewYork 1981 (zit. Canaris, Bankvertragsrecht)

ders., Finanzierungsleasing und Wandelung, NJW 1982, 305

ders., Interessenlage, Grundprinzipien und Rechtsnatur des Finanzierungsleasing, AcP 190 (1990) 410

ders., Das Informations- und das Inhaltsschrankenmodell beim Konsumentenkredit - dargestellt an drei Grundproblemen, ÖBA 1990, 882

ders., Hektik bei der Verabschiedung des Verbraucherkreditgesetzes und ihre Folgen, Editorial, EuZW 1991, 257

ders., Grundprobleme des Finanzierungsleasing im Lichte des Verbraucherkreditgesetzes, ZIP 1993, 401

Chiotellis, Aristide/Fikentscher, Wolfgang (Hrsg.), Rechtstatsachenforschung - Methodische Probleme und Beispiele aus dem Schuld- und Wirtschaftsrecht, Köln 1985 (zit. Verfasser, in: Chiotellis/Fikentscher, Rechtstatsachenforschung)

Claussen, Lorenz, Finanzierter Wertpapierkauf und Verbraucherkreditgesetz, NJW 1993, 564

Coester, Michael, Anmerkung zu BGH, NJW 1973, 1042

ders., Verbraucherschutz bei drittfinanzierten Geschäften (§ 9 VerbrKrG), Jura 1992, 616

Compensis, Ulrike/Reiserer, Kerstin, Partnerschaftsvermittlung und Verbraucherkreditgesetz 1991, BB 1991, 2457

Dauner-Lieb, Barbara, Verbraucherschutz durch Ausbildung eines Sonderprivatrechts für systemkonforme Weiterentwicklung oder Schrittmacher der Systemveränderung ?, Berlin 1983 (zit. Dauner-Lieb, Verbraucherschutz)

dies., Verbraucherschutz bei verbundenen Geschäften (§ 9 VerbrKrG), WM-Sonderbeilage 6/1991

dies., Kurzkommentar zu OLG Köln, EWiR 1995, 305 (§ 9 VerbrKrG 1/95)

Denck, Johannes, Der Rückforderungsdurchgriff beim finanzierten Abzahlungskauf, MDR 1980, 709

Derleder, Peter, Zins als Rente - Zur neueren Geschichte, Theorie und Praxis des Verbraucherkreditrechts, KJ 1991, 275

Diederichs, Petra/Rixecker, Roland, Die neuere Rechtsprechung des Bundesgerichtshofs zum Darlehensrecht, WM-Sonderbeilage 7/1985

Dittmers, Ralf, Anmerkung zu BGH, NJW 1980, 177

Drescher, Jochen, Die "Technische Novelle" des Verbraucherkreditgesetzes, WM 1993, 1445

ders., Anmerkung zu LG Hagen, WuB I E 2 c. - 3.94

ders., Verbraucherkreditgesetz und Bankenpraxis, München 1994 (zit. Drescher, Verbraucherkreditgesetz)

Driessen, Franz-Leo, Verbraucherkreditgesetz, ZKW 1991, 202

Dürbeck, Werner, Der Einwendungsdurchgriff nach § 9 Absatz 3 Verbraucherkreditgesetz, München 1994 (zit. Dürbeck, Einwendungsdurchgriff)

Eckert, Jörn, Anmerkung zu BGH, WuB I E 1. - 13.92

Emmerich, Volker, Der finanzierte Abzahlungskauf, JuS 1971, 273

ders., Anmerkung zu BGH, JuS 1980, 448

ders., Auswirkungen des Verbraucherkreditgesetzes auf die Kreditwirtschaft, FLF 1989, 168

ders., Anmerkung zu BGH, WuB I E 2 c. - 3.90

ders., Das Verbraucherkreditgesetz, JuS 1991, 705

ders., Die Verbraucherkreditrichtlinie und die nationalen Verbraucherkreditgesetze, FLF 1991, 140

ders., Das Recht der Leistungsstörungen, 3. Auflage, München 1991

ders., Schuldrecht Besonderer Teil, 6. Auflage, Heidelberg 1992

ders., Anmerkungen zu LG Braunschweig, JuS 1995, 73

Emmerich, Volker/Münstermann, Walter, Wagner-Wieduwilt, Klaus, Praktische Umsetzung des Verbraucherkreditgesetzes, WM-Script, Frankfurt 1991 (zit. Bearbeiter, in: Emmerich/Münstermann/Wagner-Wieduwilt, Praktische Umsetzung)

Erman, Walter (Begr.), Handkommentar zum Bürgerlichen Gesetzbuch in zwei Bänden, herausgegeben von Harm Peter Westermann unter redaktioneller Mitwirkung von Klaus Küchenhoff (zit. Erman-Bearbeiter),
1. Band (§§ 1 - 853, AbzG, AGBG), 7. Auflage, Münster 1981;
1. Band (§§ 1 - 853, AbzG, HausTWG, AGBG), 8. Auflage, Münster 1989;
1. Band (§§ 1 - 853, MHG, ProdHaftG, VerbrKrG, HausTWG, AGBG), 9. Auflage, Münster 1993

Esser, Josef, Das Verhältnis von Kaufvertrag und Darlehensvertrag beim B-Geschäft des finanzierten Teilzahlungsgeschäfts, Festschrift für Eduard Kern, Tübingen 1968, S. 87

Esser, Josef/Weyers, Hans-Leo, Schuldrecht Band II, Besonderer Teil, 7. Auflage, Heidelberg 1991

Eyrich, Heinz, Rechtspolitik im Spannungsfeld zwischen Verbraucherschutz und Wirtschaftlichkeit, TZW 1979, 239

Ferid, Murad/Sonnenberger, Hans Jürgen, Das französische Zivilrecht, Band 4/1. Teil, Ergänzungen, 2. Auflage. Heidelberg 1993

Fikentscher, Wolfgang, Schuldrecht, 4. Auflage, Berlin/NewYork 1973 und 8. Auflage, Berlin/NewYork 1992

Funke, Rainer, Zum Verbraucherkreditgesetz, AnwBl. 1992, 108

Gaul, Hans Friedhelm, Rezension von Gundlach, Konsumentenkredit und Einwendungsdurchgriff, AcP 180 (1980) 307

Gernhuber, Joachim, Austausch und Kredit im rechtsgeschäftlichen Verbund - Zur Lehre von den Vertragsverbindungen, 1. Festschrift für Karl Larenz, München 1973, S. 455

ders., Das Schuldverhältnis - Begründung und Änderung, Pflichten und Strukturen, Drittwirkungen, Handbuch des Schuldrechts in Einzeldarstellungen, herausgegeben von Joachim Gernhuber, Band 8, Tübingen 1989 (zit. Gernhuber, Das Schuldverhältnis)

ders., Bürgerliches Recht - Ein systematisches Repititorium für Fortgeschrittene, 3. Auflage, München 1991 (zit. Gernhuber, BürgR)

Giesen, Dieter, Grundsätze der Konfliktlösung im Besonderen Schuldrecht - Das Recht des Kaufvertrags: Spezialfälle des Kaufs, Jura 1994, 194

Gilles, Peter, Der sog. Einwendungsdurchgriff bei finanzierten Umsatz- und Dienstleistungsgeschäften als rechtspolitisches und methodisches Problem, JZ 1975, 305

ders., "Das B-Geschäft lebt" - Anmerkungen zu dem verfrühten Nachruf von Scholz auf eine noch weithin praktizierte Form des Konsumentenkredits, JZ 1975, 729

Gilles, Peter (Forts.), Verbraucherpolitische Vertragsrechtsreformen im Bürgerlichen Gesetzbuch - Zu dem Gesetzentwurf über finanzierte Rechtsgeschäfte und Maklerverträge, ZRP 1979, 265

ders., Auf dem Weg zu einem Verbraucherkreditgesetz, ZRP 1989, 299

Grimm, Andreas, Das neue Verbraucherkreditgesetz - Ein verbraucherpolitischer Beitrag zur Umsetzung der EG-Richtlinie in nationales Recht, München 1993 (zit. Grimm, Das neue Verbraucherkreditgesetz)

Groß, Werner, Das Verbraucherkreditgesetz bei Kfz-Leasing und finanziertem Kfz-Kauf -Widerruf, Kündigung, Rücktritt und die jeweilige Abwicklung, FLF 1993, 132

ders., Anmerkung zu OLG Düsseldorf, ZIP 1993, 1071

Grziwotz, Herbert, Gaststättenkauf und Verbraucherkreditgesetz, MittBayNot 1993, 263

Gundlach, Bernd, Konsumentenkredit und Einwendungsdurchgriff, Berlin 1979 (zit. Gundlach, Konsumentenkredit)

Habersack, Mathias, Das neue Verbraucherkreditgesetz - Vortrags- und Diskussionsveranstaltung der Bankrechtlichen Vereinigung e.V. am 28. Juni 1991 in Frankfurt a.M., WM 1991, 1449

ders., Drittfinanzierter Immobilien- und Beteiligungserwerb unter Geltung des § 9 VerbrKrG, ZHR 156 (1992) 45

ders., Verbundene Geschäfte nach § 9 Verbraucherkreditgesetz - eine Zwischenbilanz, DStR 1994, 1853

Hadding, Walther, Welche Maßnahmen empfehlen sich zum Schutz des Verbrauchers auf dem Gebiet des Konsumentenkredits ?, Gutachten zum 53. Deutschen Juristentag Berlin 1980, München 1980 (zit. Hadding, Gutachten)

Hadding, Walther/Hopt, Klaus J. (Hrsg.), Verbraucherkreditrecht, AGB-Gesetz und Kreditwirtschaft - Bankrechtstag 1990, Bankrechtliche Vereinigung, Band 1, WM-Script, Frankfurt a.M. 1991 (zit. Verfasser, in: Hadding/Hopt, Verbraucherkreditrecht, AGB-Gesetz und Kreditwirtschaft)

dies., (Hrsg.), Das neue Verbraucherkreditgesetz - Erste Erfahrungen und Probleme, Bankrechtliche Vereinigung, Band 2, WM-Script, Frankfurt a.M. 1991 (zit. Verfasser, in: Hadding/Hopt, Das neue Verbraucherkreditgesetz)

Halstenberg, Gerhard, Die neuere Rechtsprechung des Bundesgerichtshofs zum Darlehensrecht, WM-Sonderbeilage 4/1988

Heinrichsmeier, Paul, Die Einbeziehung des Ehegatten in die Haftung für Geldkredite - Schlüsselgewalt, vertragliche Gesamtschuld und Bürgschaft im Bankkreditrecht, Bielefeld 1993 (zit. Heinrichsmeier, Haftung für Geldkredite)

Heise, Gabriele, Das Verbraucherkreditgesetz - Versuch einer ersten Bilanz, JA 1993, 65

Helmrich, Herbert/Seeliger, Per, Das Verbraucherkreditgesetz, AnwBl. 1992, 103

Hereth, Hannjörg, Anmerkung zu KG, NJW 1971, 1704

Heß, Burkhard, Urlaubsfreuden - europaweit, Jura 1994, 423

Heymann, Ekkehardt von, Zum neuen Verbraucherkreditgesetz, WM 1991, 1285

ders., Bankenhaftung bei Immobilienanlagen, WM-Script, 8. Auflage, Frankfurt a.M. 1994

Holzscheck, Knut/Hörmann, Günter/Daviter, Jürgen, Die Praxis des Konsumentenkredits in der Bundesrepublik Deutschland: Eine empirische Untersuchung zur Rechtssoziologie und Ökonomie des Konsumentenkredits, herausgegeben vom Bundesminister der Justiz, Köln 1982 (zit. Holzscheck/Hörmann/Daviter, Die Praxis des Konsumentenkredits)

Hopt, Klaus J., Haftung der Banken bei der Finanzierung von Publikumsgesellschaften und Bauherrenmodellen - Zur Grenzziehung bei § 123 Abs. 2 BGB, Einwendungsdurchgriff, culpa in contrahendo und Prospekthaftung, Festschrift für Walter Stimpel, Berlin/NewYork 1985, S. 265

ders. (Hrsg.), Europäische Integration als Herausforderung des Rechts: Mehr Marktrecht - weniger Einzelgesetze, Referate und Diskussionsbeiträge auf dem Kongreß Junge Juristen und Wirtschaft der Hanns Martin Schleyer-Stiftung, Essen 1991 (zit. Verfasser, in: Hopt, Europäische Integration)

ders., Funktion, Dogmatik und Reichweite der Aufklärungs-, Warn- und Beratungspflichten der Kreditinstitute, Festschrift für Joachim Gernhuber, Tübingen 1993, S. 169

ders. (Hrsg.), Vertrags- und Formularbuch zum Handels-, Gesellschafts-, Bank- und Transportrecht, München 1995 (zit. Hopt-Bearbeiter, Form)

Hopt, Klaus J./Mülbert Peter O., Kreditrecht - Bankkredit und Darlehen im deutschen Recht, Sonderausgabe der Vorbemerkungen zu §§ 607 ff. BGB (Bankkreditrecht) und §§ 607 - 610 BGB (Darlehen) aus J. von Staudingers Kommentar zum Bürgerlichen Gesetzbuch, 12. Auflage, Berlin 1989 (zit. Hopt/Mülbert, Kreditrecht)

Hörmann, Günter (Hrsg.), Verbraucherkredit und Verbraucherinsolvenz - Perspektiven für die Rechtspolitik aus Europa und USA, Tagung des Zentrums für Europäische Rechtspolitik (ZERP), Bremen, 18. und 19. April 1985, Bremen 1986, (zit. Verfasser, in: Hörmann, Verbraucherkredit und Verbraucherinsolvenz)

ders., Verbraucherschutz im Kreditgewerbe - eine Einschätzung aus Sicht der Verbraucherverbände, S. 23, in: Verbraucherschutz im Kreditgewerbe - Gesetzestexte und

Materialien, herausgegeben von Hans E. Büschgen und Hilmar Kopper, Frankfurt a.M. 1991 (zit. Hörmann, in: Verbraucherschutz im Kreditgewerbe)

Horn, Detlef, Die Aufklärungspflichten der Banken beim finanzierten Abzahlungskauf, FLF 1985, 90

Hörter, Klaus, Der finanzierte Abzahlungskauf - Geschäftsformen und Rechtsfragen der bankmäßigen Teilzahlungsfinanzierung, Bad Homburg u.a. 1969 (zit. Hörter, Der finanzierte Abzahlungskauf)

Hoyningen-Huene, Gerrick von, Der praktische Fall - Bürgerliches Recht: Die unerfreuliche Partnerschaftsvermittlung, JuS 1995, 41

Huff, Martin W., Das Verbraucherkreditgesetz - Hektische Verabschiedung am Ende der Legislaturperiode, WM 1990, 1988

Jauernig, Othmar (Hrsg.), Bürgerliches Gesetzbuch mit Gesetz zur Regelung der Allgemeinen Geschäftsbedingungen, 7. Auflage, München 1994 (zit. Jauernig-Bearbeiter)

Joerges, Christian, Verbraucherschutz als Rechtsproblem - Eine Untersuchung zum Stand der Theorie und zu den Entwicklungsperspektiven des Verbraucherrechts, Heidelberg 1981 (zit. Joerges, Verbraucherschutz als Rechtsproblem)

Jung, Harald, Zur erneuten Teilnovellierung des Abzahlungsrechtes, BB 1979, 1690

Karollus, Martin, Grundfälle zum Verbraucherkreditgesetz, JuS 1993, 820

Kiefer, Heinz W., Autobanken kamen erfolgreich durch 1993, FLF 1994, 129

Kilimann, Ralf, Das neue Verbraucherkreditgesetz, Deutsche Rechtsprechung, Beilage zu Heft 6/1991

Kirschen, Etienne-Sadi, Les avatars d'une double directive de la CEE - A propos de l'harmonisation du crédit à la consommation, RevMC 1990, 621

Klaas, Christoph, Die Risikoverteilung bei neueren Finanzierungsmethoden - Globalzession, Abzahlungskauf, Factoring, Leasing, NJW 1968, 1502

Klauss, Herbert/Ose, Ludwig, Verbraucherkreditgeschäfte, Kommentar zu § 13 a UWG, zum Gesetz über den Widerruf von Haustürgeschäften und ähnlichen Geschäften, zum Gesetz betreffend die Abzahlungsgeschäfte, 2. Auflage, Herne/Berlin 1988 (zit. Klauss/Ose, Verbraucherkreditgeschäfte)

Knauth, Klaus-Wilhelm, 53. Deutscher Juristentag - Zivilrechtliche Abteilung, Die Bank 1980, 480

ders., Vorvertragliche Aufklärungspflichten beim Konsumentenkreditgeschäft, Die Bank 1981, 618

ders., Einwendungsdurchgriff bei finanzierten Rechtsgeschäften, Die Bank 1982, 31

Koeppen, Herbert G., Kreditkarten und Verbraucherkreditgesetz, FLF 1992, 86

Kohls, Rainer M., Bankrecht, München 1994

Koller, Ingo, Die Risikozurechnung bei Vertragsstörungen in Austauschverträgen - Eine Untersuchung zur Rechtsfortbildung auf dem Gebiet der materiellen Leistungserschwerung, Zweckstörung sowie Schadensersatzhaftung bei Sach- und Dienstleistungen, München 1979 (zit. Koller, Risikozurechnung)

Köndgen, Johannes, Die Entwicklung des Bankkreditrechts in den Jahren 1991 - 93, NJW 1994, 1508

König, Detlef, Anmerkung zu BGH, JZ 1972, 54

Krämer, Ludwig, EWG-Verbraucherrecht, 1. Auflage, Baden-Baden 1985

Kümpel, Siegfried, Bank- und Kapitalmarktrecht, Köln 1995.

Kupisch, Berthold, Gesetzespositivismus im Bereicherungsrecht, Zur Leistungskondiktion im Drei-Personen-Verhältnis, Berlin 1978 (zit. Kupisch, Bereicherungsrecht)

Langbein, Heike/Bauer, Heinrich/Breutel, Rainer/Hofstetter, Erich/Krespach, Hans-Jürgen, Das Verbraucherkreditgesetz, Herausgeber: Bundesverband der Deutschen Volksbanken und Raiffeisenbanken, 2. Auflage, Wiesbaden 1993 (zit. Langbein u.a.)

Lanzke, Uwe, Angleichung der Rechtsvorschriften über den Verbraucherkredit, ZKW 1985, 500

Larenz, Karl, Das Zurückbehaltungsrecht im dreiseitigen Rechtsverhältnis - Zur Rechtslage des Käufers beim "finanzierten Ratenkauf", Festschrift für Karl Michaelis, Göttingen 1972, S. 193

ders., Lehrbuch des Schuldrechts, Zweiter Band, Besonderer Teil, 10. Auflage, München 1972 und 12. Auflage, München 1981 (zit. Larenz, SchuldR II)

ders., Methodenlehre der Rechtswissenschaft, 6. Auflage, Berlin u.a. 1991 (zit. Larenz, Methodenlehre)

Larenz, Karl/Canaris, Claus-Wilhelm, Lehrbuch des Schuldrechts, Zweiter Band, Besonderer Teil, 2. Halbband, 13. Auflage, München 1994 (zit. Larenz/Canaris, SchuldR II/2)

Latham, Patrick, Dispositions communautaires relatives au crédit à la consommation: La directive 87/102/CEE du 22. décembre 1986, RevMC 1988, 219

Leenen, Detlef, Typus und Rechtsfindung - Die Bedeutung der typologischen Methode für die Rechtsfindung, dargestellt am Vertragsrecht des BGB, Berlin 1971 (zit. Leenen, Typus und Rechtsfindung)

Lieb, Manfred, Anmerkung zu BGH, JZ 1982, 561

ders., Gewährleistung beim reinen Finanzierungsleasing, DB 1988, 2495

ders., § 9 Verbraucherkreditgesetz und Finanzierungsleasing, WM 1991, 1533

Löwe, Walter, Anmerkungen zu BGH, NJW 1971, 2303

Lwowski, Hans-Jürgen/Peters, Bernd/Gößmann, Wolfgang, Verbraucherkreditgesetz, Kreditverträge - Leasing - verbundenes Geschäft, 2. Auflage, Berlin 1994 (zit. Lwowski/Peters/Gößmann, Verbraucherkreditgesetz)

Marloth-Sauerwein, Birgit, Leasing und das Verbraucherkreditgesetz, Frankfurt am Main u.a. 1992

Marschall von Bieberstein, Wolfgang Freiherr, Das Abzahlungsgeschäft und seine Finanzierung - Die Rechte des Käufers gegenüber dem Finanzierungsgeschäft, München und Berlin 1959 (zit. Marschall v. Bieberstein, Das Abzahlungsgeschäft)

ders., Gutachten zur Reform des finanzierten Abzahlungskaufs für das Bundesministerium der Justiz, Köln 1978 (zit. Marschall v. Bieberstein, Gutachten)

ders., Der finanzierte Abzahlungskauf: Rechtsprechung und Reformprobleme, Vortrag vor der Juristischen Studiengesellschaft am 6.11.1979, Heidelberg/Karlsruhe 1980 (zit. Marschall v. Bieberstein, Der finanzierte Abzahlungskauf)

Medicus, Dieter, Schuldrecht II, Besonderer Teil, 5. Auflage, München 1991

ders., Das Verbraucherkreditgesetz, Jura 1991, 561

ders., Bürgerliches Recht - Eine nach Anspruchsgrundlagen geordnete Darstellung zur Examensvorbereitung, 16. Auflage, Köln u.a. 1993 (zit. Medicus, BürgR)

Melsheimer, Horst-Otto, Verbraucherschutz durch § 9 Abs. 3 VerbrKrG im Finanzierungsleasing, Frankfurt a.M. u.a. 1994 (zit. Melsheimer, Verbraucherschutz)

Merkel, Helmut, Die neuen Allgemeinen Geschäftsbedingungen der Banken, Teil II (Nr. 11 - 20), WM 1993, 725

Metz, Rainer, Aktuelle Rechtsfragen der Kreditkartenpraxis, NJW 1991, 2804

Möllers, Elmar, Der Bundesgerichtshof zur Teilzahlungsfinanzierung, NJW 1967, 1782

ders., Der Bundesgerichtshof zur Teilzahlungsfinanzierung - Ein Wandel ?, NJW 1973, 1919

Mülbert, Peter O., Die 1. EG-Richtlinie über den Verbraucherkredit und ihre Umsetzung durch das geplante Verbraucherkreditgesetz, WM 1990, 1357

ders., Die höchstrichterliche Rechtsprechung zum Darlehen vor dem Hintergrund des neuen Verbraucherkreditgesetzes, ÖBA 1993, 105 (Teil I), 186 (Teil II)

Müller-Laube, Hans-Martin, Teilzahlungskredit und Umsatzgeschäft - Ein Beitrag zur Lehre vom atypischen Vertrag, Baden-Baden 1973 (zit. Müller-Laube, Teilzahlungskredit)

Münchener Kommentar zum Bürgerlichen Gesetzbuch, 10 Bände in der 3. Auflage, herausgegeben von Kurt Rebmann und Franz Jürgen Säcker (zit. MüKo-Bearbeiter), Band 1, Allgemeiner Teil (§§ 1 - 240), AGBG, 3. Auflage, München 1993;

Band 3, Schuldrecht, Besonderer Teil, 1. Halbband (§§ 433 - 651 k), AbzG, HaustürWG, MHG, 2. Auflage, München 1988;

Ergänzungsband zur 2. Auflage, 3. Lieferung, ausgegeben im Februar 1992 (VerbrKrG);

Band 3, Schuldrecht, Besonderer Teil I (§§ 433 - 606), Finanzierungsleasing, Verbraucherkreditgesetz, Haustürwiderrufsgesetz, Erbschafts- und Schenkungssteuergesetz, Gesetz zur Regelung der Miethöhe, Heizkostenverordnung, 3. Auflage, München 1995;

Band 3, Schuldrecht, Besonderer Teil, 2. Halbband (§§ 652 - 853), 2. Auflage, München 1986

Münchener Kommentar zur Zivilprozeßordnung mit Gerichtsverfassungsgesetz und Nebengesetzen, 3 Bände, herausgegeben von Gerhard Lüke und Alfred Walchshöfer (zit. MüKo-ZPO-Bearbeiter),

Band 1 (§§ 1 - 354), München 1992

Münstermann, Walter, Verbraucherschutz, insbesondere Rechtsprobleme des Verbraucherkredites in der EWG, TZW 1978/4, 30

ders., Auswirkungen eines Gesetzes über finanzierte Rechtsgeschäfte - § 607 a BGB - für die Kreditwirtschaft, TZW 1979, 97

ders., Regierungsentwurf eines Gesetzes über finanzierte Rechtsgeschäfte und über Maklerverträge, TZW 1980, 48

Münstermann, Walter/Hannes, Rudi, Verbraucherkreditgesetz, Kommentar, Münster 1991 (zit. Münstermann/Hannes, Verbraucherkreditgesetz)

Neumayer, Karl H., Das finanzierte Abzahlungsgeschäft, in: Deutsche zivil- und kollisionsrechtliche Beiträge zum IX. Internationalen Kongreß für Rechtsvergleichung in Teheran 1974, Tübingen 1974, S. 28

Nöcker, Klaus, Finanzierter Abzahlungskauf und Betrugstatbestand, DB 1972, 370

Ollmann, Horst, Die schwebende Unwirksamkeit des Verbraucherkreditvertrages, WM 1992, 2005

Ose, Ludwig, Zum Entwurf eines Verbraucherkreditgesetzes, FLF 1990, 28

ders., Der Einwendungsdurchgriff bei drittfinanzierten Geschäften, ZAP Fach 3, S. 27 (1990, 155)

ders., Kurzkommentar zu BGH, EWiR 1993, 747 (§ 157 BGB 1/93)

Ostler, Fritz/Weidner, Jochen, Abzahlungsgesetz, 6. Auflage, Berlin/NewYork 1971

Ott, Claus, Anmerkung zu OLG Köln, WuB I E 2. § 9 VerbrKrG 1.95

Otto, Peter, Stellung der Bank bei der Finanzierung von Immobilienanlagen, Berlin 1988

Pagendarm, Kurt, Das finanzierte Abzahlungsgeschäft, WM 1967, 434

Palandt, Otto (Begr.), Bürgerliches Gesetzbuch, 50. Auflage, München 1991 und 54. Auflage, München 1995 (zit. Palandt-Bearbeiter)

Pander, Michael, Einwendungsdurchgriff bei Hard- und Software-Verträgen, Informatik und Recht 1987, 408

Peters, Bernd, Leasing und Verbraucherkreditgesetz, WM 1992, 1797

ders., Anmerkung zu OLG Düsseldorf, WuB I E 2 c. - 1. 93

ders., Anmerkung zu LG Trier, WuB I E 2 c. - 2.94

Peters, Butz, Anmerkung zu BGH, NJW 1990, 2552

Pickert, Stefan, Das Widerrufsrecht nach dem Verbraucherkreditgesetz, Regensburg 1995 (zit. Pickert, Widerrufsrecht)

Pietzcker, Sören, Die Rückabwicklung der verbundenen Geschäfte beim Einwendungsdurchgriff nach dem Verbraucherkreditgesetz, Berlin 1994 (zit. Pietzcker, Rückabwicklung)

Raiser, Thomas, Einwendungen aus dem Kaufvertrag gegenüber dem Finanzierungsinstitut beim finanzierten Abzahlungskauf, RabelsZ 33 (1969), 457

Rehberg, Jürgen, Der Rückforderungsdurchgriff als Instrument des Verbraucherschutzes beim drittfinanzierten Abzahlungskauf, juristische Dissertation, Mainz 1990 (zit. Rehberg, Rückforderungsdurchgriff)

Reich, Norbert, Reform des Rechts des Konsumentenkredites, JZ 1980, 329

ders., Der Deutsche Juristentag und die Reform des Konsumentenkreditrechtes, ZVP 1980, 335

Reich, Norbert/Micklitz, Hans - W., Verbraucherschutz in den EG-Staaten - Eine vergleichende Analyse, Eine Studie im Auftrage der EG-Kommission, NewYork u.a. 1981 (zit. Reich/Micklitz, Verbraucherschutz in den EG-Staaten)

Reich, Norbert/Tonner, Klaus, Neue Tendenzen im Verbraucherschutz gegenüber Allgemeinen Geschäftsbedingungen (AGB) (I) - dargestellt am finanzierten Abzahlungskauf, am Maklerrecht und am Reiseveranstaltervertrag, DB 1974, 1146

Reich, Norbert/Tonner, Klaus/Wegener, Hartmut, Verbraucher und Recht - Überholte Konzeptionen, Lücken und Mängel in wichtigsten Verbrauchergesetzen und die Praxis der Rechtsprechung, Göttingen 1976 (zit. Reich/Tonner/Wegener, Verbraucher und Recht)

Reichsgerichtsrätekommentar zum BGB, Das Bürgerliche Gesetzbuch mit besonderer Berücksichtigung der Rechtsprechung des Reichsgerichts und des Bundesgerichtshofs, Kommentar in 5 Bänden, herausgegeben von den Mitgliedern des Bundesgerichtshofs, (zit. RGRK-Bearbeiter),

Band II, 2. Teil, §§ 414 - 610 (Anhang nach § 455: Abzahlungsgesetz), 12. Auflage, Berlin/NewYork 1978;
Band II, 5. Teil, §§ 812 - 831 (Anhang nach § 823: I. Verletzung des Persönlichkeitsrechts, II. Arzthaftungsrecht), 12. Auflage, Berlin/NewYork 1989

Reifner, Udo, Alternatives Wirtschaftsrecht am Beispiel der Verbraucherverschuldung - Realitätsverleugnung oder soziale Auslegung im Zivilrecht, Neuwied/Darmstadt 1979 (zit. Reifner, Alternatives Wirtschaftsrecht)

ders., Konsumentenkredit - aktuell, EG-Richtlinie verabschiedet, VuR 1987, 82

ders., Der Entwurf eines Verbraucherkreditgesetzes, VuR 1988, 183

ders., Mündliche Ausführungen in der Anhörung des Rechtsausschusses des Deutschen Bundestages zum Entwurf eines Gesetzes über Verbraucherkredite, zur Änderung der Zivilprozeßordnung und anderer Gesetze (Drucksache 11/5462) am 1. Juni 1990, VuR 1990, 185

ders., Kreditanbahnung im Wohnzimmer - Ist die Öffentlichkeit bei der Abschaffung des Verbraucherschutzes gegen aggressive Kundenwerbung durch Banken (§ 56 Abs. 1 Nr. 6 GewO) getäuscht worden ?, VuR 1991, 91

ders., Handbuch des Kreditrechts - Verbraucherkredit und Realkredit, München 1991 (zit. Reifner, Handbuch des Kreditrechts)

Reinersdorff, Wolfgang von, Zur Dogmatik des Einwendungsdurchgriffs, Berlin 1984 (zit. v. Reinersdorff, Einwendungsdurchgriff)

Reinicke, Dietrich/Tiedtke, Klaus, Finanzierungsleasing und Sachmängelhaftung, BB 1982, 1142

dies., Kaufrecht einschließlich Abzahlungsgeschäfte, AGB-Gesetz, Eigentumsvorbehalt, Factoring, finanzierte Kaufverträge, Haustürgeschäfte, Leasing, Pool-Verträge, Produzentenhaftung, UN-Kaufrecht und Verbraucherkreditgesetz, 4. Auflage, Neuwied und Frankfurt 1989 und 5. Auflage, Neuwied und Frankfurt 1992 (zit. Reinicke/ Tiedtke, Kaufrecht)

dies., Zweifelsfragen bei der Anwendung des Verbraucherkreditgesetzes, ZIP 1992, 217

Reinking, Kurt, Das Verbraucherkreditgesetz bei Kfz-Leasing und finanziertem Kfz-Kauf - Verbundene Geschäfte, FLF 1993, 174

Reinking, Kurt/Bexen, Martin, Der finanzierte Autokauf heute und in Zukunft - Der Gesetzentwurf über Verbraucherkredite (VerbrKrG-Entw) - ein kritischer Befund, DAR 1990, 289

Reinking, Kurt/Eggert, Christoph, Der Autokauf: Rechtsfragen beim Kauf neuer und gebrauchter Kraftfahrzeuge sowie beim Leasing, 5. Auflage, Düsseldorf 1992 (zit. Reinking/Eggert, Der Autokauf)

Reinking, Kurt/Nießen, Thomas, Das Verbraucherkreditgesetz, ZIP 1991, 79

Reinking/Nießen (Forts.), Problemschwerpunkte im Verbraucherkreditgesetz - Eine erste Bilanz, ZIP 1991, 634
Reuter, Dieter/Martinek, Michael, Ungerechtfertigte Bereicherung, Handbuch des Schuldrechts in Einzeldarstellungen, herausgegeben von J. Gernhuber, Band 4, Tübingen 1983
Rottenburg, Franz von, Verhaltenspflichten der Kreditinstitute bei der Vergabe von Verbraucherkrediten - Aspekte der Bankenpraxis, ZHR 153 (1989) 162
ders., Anmerkung zu AG Halle/Westfalen, WuB I E 2 b. - 1.93
ders., Anmerkung zu BGH, WuB IV C. § 1 b AbzG 4.93
Rutkowsky, Stefan, Anmerkung zu KG, NJW 1971, 1705

Schebesta, Michael, Referentenentwurf eines Verbraucherkreditgesetzes, BI 1989, 23
Schildge, Abzahlungsgeschäft, LSW Gruppe 4/7 (1991), S. 1
Schlechtriem, Peter, Schuldrecht, Besonderer Teil, 2. Auflage, Tübingen 1991
Schlosser, Peter, Der finanzierte Abzahlungskauf, Jura 1985, 89
Schmelz, Karl-Joachim/Bender, Ulrich, Das neue Verbraucherkreditgesetz, ZAP Fach 8, S. 77 (1991, 707)
Schmelz, Karl-Joachim/Klute, Sabine, Zum Gesetzentwurf für ein Verbraucherkreditgesetzes ZIP 1989, 1509
Schmelz, Karl-Joachim/Klute, Sabine/Bender, Ulrich, Der Verbraucherkredit, München 1989
Schmitz, Winfried F., Das rechtliche Verhältnis von Kaufvertrag und Darlehensvertrag beim finanzierten Abzahlungskauf im deutschen und französischen Recht, FLF 1988, 31
Scholz, Franz-Josef, Das B-Geschäft ist tot - Neuabgrenzung des Käuferschutzes beim AbzG erforderlich, JZ 1975, 727
ders., Gesetzentwurf zum finanzierten Abzahlungsgeschäft und Neugestaltung des Maklerrechts, TZW 1978/4, 26
ders., Finanzierte Rechtsgeschäfte - Neuere Rechtsprechung des BGH und Gesetzentwurf der Bundesregierung, MDR 1980, 184
ders., Nochmals: Zur erneuten Teilnovellierung des Abzahlungsrechts, BB 1980, 556
ders., Die Reform des Konsumentenkreditrechts auf dem 53. Deutschen Juristentag - Zu Reichs Bericht in ZVP 1980/4, ZVP 1981, 134
ders., Ratenkreditverträge: Abzahlungskauf, finanziertes Abzahlungsgeschäft, Barkredite, Mietkauf und Finanzierungsleasing, Kreditvermittlung, München 1983 (zit. Scholz, Ratenkreditverträge)
ders., Finanzierungsleasing und Abzahlungsgesetz, ZIP 1984, 914

Scholz, Franz-Josef (Forts.), Verbraucherkredit in der Europäischen Gemeinschaft, FLF 1987, 83

ders., Schwerpunkte der EG-Verbraucherkreditrichtlinie - unter Berücksichtigung des geltenden deutschen Rechts, MDR 1988, 730

ders., Zum Entwurf eines Verbraucherkreditgesetzes, MDR 1989, 1054

ders., Verbraucherkreditgesetz: Ein erster Überblick, FLF 1991, 8

ders., Verbraucherkreditgesetz: Eine kritische Betrachtung, FLF 1991, 47

ders., Das Verbraucherkreditgesetz, DB 1991, 215

ders., Anmerkungen zum neuen Verbraucherkreditgesetz, MDR 1991, 191

ders., Verbraucherkreditverträge - Geldkredite, Abzahlungskauf, finanziertes Abzahlungsgeschäft, Finanzierungsleasing, Kreditvermittlung u.a., 2. Auflage, München 1992 mit Nachtrag Stand Mai 1993 (zit. Scholz, Verbraucherkreditverträge)

ders., Erste Novellierung des Verbraucherkreditgesetzes, BB 1993, 1161

ders., (Fast) 100 Jahre Abzahlungsgesetz, FLF 1994, 148

Schröder, Albert, Rückabwicklung des Leasingvertrages bei entfallener Geschäftsgrundlage und Wegfall der Bereicherung, JZ 1989, 717

Schuberth, Klaus H., Der Konsumentenkredit im Spannungsfeld von Ersparnisbildung und Nachfrage, FLF 1991, 27

Schwintowski, H.-P., Das neue Verbraucherkreditgesetz - sozialpolitische Instrumentierung des Privatrechts ?, JA 1992, 33

Seibert, Ulrich, Handbuch zum Verbraucherkreditgesetz, Köln 1991 (zit. Seibert)

ders., Verbraucherkreditgesetz und Kreditkarte, DB 1991, 429

ders., Das Verbraucherkreditgesetz, insbesondere die erfaßten Geschäfte aus dem Blickwinkel der Gesetzgebung, WM 1991, 1445

Sendler, Horst, Juristentag mit preußischem Charme, ZRP 1980, 289

Slama, Dietmar, Das Verbraucherkreditgesetz in seinen Auswirkungen auf Kfz-Leasing und finanzierte Kaufverträge - Anwendungsbereich, Formvorschriften mit Pflichtangaben und Sanktionen bei Verstößen (§§ 1, 3, 4 und 6 VerbrKrG), FLF 1993, 83

Soergel, Hans Theodor (Begr.), Bürgerliches Gesetzbuch mit Einführungsgesetz und Nebengesetzen, herausgegeben von W. Siebert, 7 Bände in der 11. Auflage, 10 Bände in der 12. Auflage (zit. Soergel-Bearbeiter),

Band 2/2, Schuldrecht I/2 (§§ 433 - 515, AGBG, AbzG, EKG, EKAG), 11. Auflage, Stuttgart u.a. 1986;

Band 3, Schuldrecht II (§§ 433 - 515, AGBG, AbzG, EAG, EKG, Un-KaufAbk), 12. Auflage, Stuttgart u.a. 1991;

Band 4, Schuldrecht III (§§ 705 - 853), 11. Auflage, Stuttgart u.a. 1985

Sperl, Gerhard, Grenzen des Verbraucherschutzes beim finanzierten Abzahlungskauf, ZKW 1978, 759

Stauder, Bernd, Vom Abzahlungsgesetz zum Konsumentenkredit, ZRP 1980, 217

Staudinger, Julius von Staudingers Kommentar zum Bürgerlichen Gesetzbuch mit Einführungsgesetz und Nebengesetzen, (zit. Staudinger-Bearbeiter),
Zweites Buch, Recht der Schuldverhältnisse, §§ 741 - 822, 12. Auflage, Berlin 1986;
Zweites Buch, Recht der Schuldverhältnisse, §§ 812 - 822, 13. Auflage, Berlin 1994

Steppeler, Wolfgang, Aus der Rechtsprechung - Neues BGH-Urteil zum Einwendungsdurchgriff bei finanzierten Abzahlungsgeschäften - Zur Wirkung formularmäßiger Hinweise auf die rechtliche Selbständigkeit des Kreditgeschäfts, Sparkasse 1982, 469

ders., Verbraucherschutz und Konsumentenkredit - Teil 1: Überlegungen zum vorgesehenen Verbraucherkreditgesetz, Sparkasse 1989, 76

ders., Verbraucherkreditgesetz verabschiedet, Sparkasse 1990, 547

ders. (u.a.), Vordruck-Leitfaden Verbraucherkreditgesetz, Deutscher Sparkassenverlag, Stuttgart 1991 (zit. Steppeler, Vordruck-Leitfaden)

Strätz, Hans-Wolfgang, Aushöhlung des Käuferschutzes beim finanzierten Abzahlungskauf, JR 1972, 95

Tempel, Otto, Materielles Recht im Zivilprozeß - Schwerpunkte der zivilrichterlichen Praxis, 2. Auflage, München 1992

Tiedtke, Klaus, Bürgschaft für ein sittenwidriges Darlehen - Zugleich eine Besprechung des BGH-Urteils vom 12.2.1987 - III ZR 178/85, JZ 1987, 853

Tonner, Klaus, Reform des Konsumentenkredits - Bericht über die zivilrechtliche Abteilung des 53. Deutschen Juristentages, DuR 1981, 81

ders., Verbraucherrecht und Selbstregulierungskonzepte, KJ 1985, 107

Ulmer, Peter/Brandner, Hans Erich/Hensen, Horst-Diether, AGB-Gesetz, Kommentar zum Gesetz zur Regelung des Rechts der Allgemeinen Geschäftsbedingungen, 7. Auflage, Köln 1993 (zit. Bearbeiter, in: Ulmer/Brandner/Hensen)

Ulmer, Peter/Timmann, Henrik, Zur Anwendbarkeit des Verbraucherkreditgesetzes auf die Mitverpflichtung Dritter, Festschrift für Heinz Rowedder, München 1994, S. 503

Verhandlungen des dreiundfünfzigsten Deutschen Juristentages, Berlin 1980, herausgegeben von der ständigen Deputation des Deutschen Juristentages, Band II (Sitzungsberichte), München 1980

Vollkommer, Max, Der Schutz des Käufers beim B-Geschäft des "finanzierten Abzahlungskaufs", 1. Festschrift für Karl Larenz, München 1973, S. 703

Vollkommer, Max (Forts.), Zum Rückforderungsdurchgriff bei "verbundenen Geschäften", Festschrift für Franz Merz, Köln 1992, S. 595

Vollkommer, Max/Koch, Ernst-Gerald, Der Einwendungsdurchgriff bei drittfinanzierten Rechtsgeschäften, Jura 1980, 469

Vortmann, Jürgen, Kurzkommentar zu BGH, EWiR 1990, 671 (§ 607 BGB 6/90)

ders., Verbraucherkreditgesetz, Kommentar, Stuttgart u.a. 1991 (zit. Vortmann)

ders., Fallen Effektenlombardkredite unter das Verbraucherkreditgesetz ?, NJW 1992, 1865

ders., Aktuelle Rechtsfragen zum Verbraucherkreditgesetz, Köln 1992 (zit. Vortmann, Aktuelle Rechtsfragen)

ders., Kurzkommentar zu OLG Düsseldorf, EWiR 1993, 187 (§ 9 VerbrKrG, 1/93)

Wagner-Wieduwilt, Klaus, Verbraucherkreditgesetz begegnet Vorbehalten, Die Bank 1988, 685

ders., Kritische Anmerkungen zum Regierungsentwurf eines Verbraucherkreditgesetzes, Die Bank 1989, 566

ders., Erfahrungen mit dem Verbraucherkreditgesetz, Die Bank 1992, 338

Weber, Hansjörg, Die Problematik des finanzierten Abzahlungskaufs - Akzessorietät statt Einwendungsdurchgriff, ZRP 1982, 305

Weber, Johann-Ahrendt, Entwurf eines Gesetzes über finanzierte Rechtsgeschäfte, Die Bank 1978, 451

Weick, Günter, Bewertung typischer Geschäftsformen oder Schutz in Härtefällen ? - Zur neuen Entwicklung der Rechtsprechung auf dem Gebiet des finanzierten Teilzahlungskaufs, JZ 1974, 13

Weitnauer, Hermann, Neue Entscheidungen zum Abzahlungsrecht, JZ 1968, 201

Wenzel, Frank, Anmerkung zu OLG Stuttgart, WuB I E 2 b. - 3.94

Westermann, Harm Peter, Verhaltenspflichten der Kreditinstitute bei der Vergabe von Verbraucherdarlehen - Dogmatische Grundlagen, ZHR 153 (1989) 123

Westphalen, Friedrich Graf von, Finanzierter Abzahlungskauf und § 9 AGBG, WM 1983, 1230

ders., Marginalien zum Verbraucherkreditgesetz, WM 1990, 624

ders., Der Leasingvertrag, 4. Auflage, Köln 1992

Westphalen, Friedrich Graf von/Emmerich, Volker/Kessler, Ronald, Verbraucherkreditgesetz, Kommentar, Köln 1991 (zit. Bearbeiter, in: Graf v. Westphalen/Emmerich/Kessler)

Wolf, Eckard, Die neuere Rechtsprechung des Bundesgerichtshofs zum finanzierten Abzahlungsgeschäft, WM 1980, 998

Wolf, Ernst, Lehrbuch des Schuldrechts, 2. Band, Besonderer Teil, Köln u.a. 1978
Wolf, Manfred, Störungen des Binnenmarkts durch das Verbraucherkreditgesetz, Festschrift für Theodor Heinsius, Berlin/NewYork 1991, S. 967

Zahn, Herbert, Leasingpraxis nach Inkrafttreten des Verbraucherkreditgesetzes, DB 1991, 2171
ders., Schuldbeitritt zum Leasingvertrag nach dem Verbraucherkreditgesetz, DB 1992, 1029
Zimmer, Daniel, Die Werbung mit oder Gewährung von Niedrigzinssätzen beim "B-Geschäft" - ein Verstoß gegen § 1 UWG, die Zugabeverordnung, das Rabattgesetz oder § 15 GWB ?, ZHR 157 (1993) 400

ANHANG

I. Zur EG-Richtlinie

II. Nationale Reformvorschläge

III. Zur Entstehung des Verbraucherkreditgesetzes

II

(Vorbereitende Rechtsakte)

KOMMISSION

Vorschlag für eine Richtlinie des Rates zur Angleichung der Rechts- und Verwaltungsvorschriften der Mitgliedstaaten über den Verbraucherkredit

(Von der Kommission dem Rat vorgelegt am 27. Februar 1979)

Artikel 1

(1) Diese Richtlinie findet auf Kreditverträge Anwendung.

(2) Im Sinne dieser Richtlinie bedeutet

a) »Verbraucher« eine natürliche Person, die überwiegend nicht im Rahmen einer gewerblichen oder beruflichen Tätigkeit handelt;

b) »Kreditgeber« eine natürliche oder juristische Person, die in Ausübung ihrer gewerblichen oder beruflichen Tätigkeit einen Kredit gewährt;

c) »Kreditvertrag« einen Vertrag, bei dem ein Kreditgeber einem Verbraucher einen Kredit in Form eines Zahlungsaufschubs, eines Darlehens oder Versprechens eines Darlehens oder einer sonstigen Finanzierungshilfe gewährt und der Verbraucher den Kredit einschließlich etwaiger Zinsen und Kosten in mehr als einem Betrag zu bezahlen hat;

d) »effektiver Jahreszins« den in einem Vomhundertsatz pro Jahr ausgedrückten, unter Einschluß der Zinsen und sämtlicher Kosten berechneten Gesamtpreis des gewährten Kredits; die Berechnung des effektiven Jahreszinses erfolgt gemäß den von den Mitgliedstaaten festgelegten Regeln.

(3) Als Kreditvertrag nach Absatz 2 Buchstabe c) gilt auch ein Vertrag mit einem Verbraucher über die Lieferung von Sachen oder Leistungen,

a) der durch einen Kreditvertrag zwischen einem Lieferer und einem Verbraucher finanziert wird;

b) der durch einen Kreditvertrag zwischen einem Kreditgeber und einem Verbraucher finanziert wird, sofern der Kreditgeber mit dem Lieferer hinsichtlich des Vertrages über die Lieferung von Sachen oder Leistungen zusammenarbeitet.

(4) Die Mitgliedstaaten passen die Vorschriften dieser Richtlinie an die von einem Kreditvermittler mit einem Verbraucher abgeschlossenen Verträge an.

Artikel 13

(1) Erbringt der Verbraucher den Beweis einer Zusammenarbeit gemäß Artikel 1 Absatz 3 Buchstabe b) und wurde die Sache oder Leistung nicht geliefert, ohne daß er hierfür verantwortlich ist, und kann der Verbraucher nach dem anwendbaren Recht eines Mitgliedstaats von dem Lieferer die geleisteten Zahlungen zurückverlangen und weitere Zahlungen verweigern, so steht ihm ein gleiches Recht gegen den Kreditgeber zu.

(2) Unter den in Absatz 1 genannten Voraussetzungen stehen dem Verbraucher die gleichen Rechte zu, falls eine Sache oder Leistung geliefert wird, die nicht von der vertraglich vorausgesetzten Beschaffenheit ist.

(3) In den Fällen der Absätze 1 und 2 haften Lieferer und Kreditgeber dem Verbraucher für die eventuelle Rückzahlung bezahlter Beträge als Gesamtschuldner.

(4) Weitergehende Ansprüche des Verbrauchers gegen den Lieferer sowie Ansprüche des Kreditgebers gegen den Lieferer bleiben unberührt.

Deutscher Bundestag
8. Wahlperiode

Drucksache 8/2953

Sachgebiet 76

Unterrichtung

durch die Bundesregierung

Richtlinie des Rates zur Angleichung der Rechts- und Verwaltungsvorschriften der Mitgliedstaaten über den Verbraucherkredit

»EG-Dok. 5147/79«

Artikel 13

Diese Vorschrift betrifft den Fall der Zusammenarbeit zwischen einem Kreditgeber und einem Lieferer (Artikel 1 Nr. 2 Buchstabe b). Sie gibt dem Verbraucher in zwei Fällen das Recht, Zahlungen an den Kreditgeber zu verweigern und geleistete Zahlungen – mögen sie auch an den Lieferer geleistet worden sein – zurückzuverlangen. Wird eine Sache oder Leistung nicht geliefert, oder wird sie zwar geliefert, ist aber nicht von der vertraglich vereinbarten Beschaffenheit, so kann der Verbraucher Zahlungen an den Kreditgeber, der mit dem Lieferer zusammenarbeitet, verweigern und geleistete Zahlungen zurückverlangen, sofern er ein gleiches Recht gegen den Lieferer besitzt. Der Kreditgeber kann sich daher in diesen Fällen nicht auf die juristische Trennung des Liefervertrages und des Kreditvertrages berufen. Die begrenzte Haftung des Kreditgebers ist gerechtfertigt, weil der Kreditgeber neben dem Lieferer auch wirtschaftlichen Gewinn aus den Rechtsbeziehungen zu dem Verbraucher zieht.
Der Kreditgeber haftet dagegen nach der Richtlinie nicht für Schäden, die die gelieferte Sache an dem Vermögen des Verbrauchers anrichtet. Insoweit hat sich der Verbraucher an den Lieferer zu halten.

II

(Vorbereitende Rechtsakte)

KOMMISSION

Änderung des Vorschlags für eine Richtlinie des Rates zur Angleichung der Rechts- und Verwaltungsvorschriften der Mitgliedstaaten über den Verbraucherkredit
KOM(84) 342 endg.

(Von der Kommission dem Rat vorgelegte Änderung aufgrund von Artikel 149 Absatz 2 des EWG-Vertrags am 22. Juni 1984)
(84/C 183/05)

URSPRÜNGLICHER VORSCHLAG	GEÄNDERTER VORSCHLAG
Artikel 13	*Artikel 13*
(1) Erbringt der Verbraucher den Beweis einer Zusammenarbeit gemäß Artikel 1 Absatz 3 Buchstabe b) und wurde die Sache oder Leistung nicht geliefert, ohne daß er hierfür verantwortlich ist, und kann der Verbraucher nach dem anwendbaren Recht eines Mitgliedstaats von dem Lieferer die geleisteten Zahlungen zurückverlangen und weitere Zahlungen verweigern, so steht ihm ein gleiches Recht gegen den Kreditgeber zu.	(1) Besteht eine Vereinbarung zwischen dem Lieferer von Sachen und Leistungen und einem Kreditgeber, wonach die Lieferung durch einen oder mehrere Kredite an den Verbraucher finanziert werden sollen, so ist der Verbraucher berechtigt, von dem Lieferer oder dem Kreditgeber oder von beiden alle von ihm aufgrund des Vertrages über die Lieferung der Sachen oder Erbringung der Leistungen oder des Kreditvertrags geleisteten Zahlungen zurückzufordern und diesbezügliche weitere Zahlungen an den Lieferer und/oder den Kreditgeber zu verweigern, wenn die Sachen nicht geliefert oder die Leistungen nicht erbracht worden sind und der Verbraucher für diesen Umstand nicht haftet
(2) Unter den in Absatz 1 genannten Voraussetzungen stehen den Verbrauchern die gleichen Rechte zu, falls eine Sache oder Leistung geliefert wird, die nicht von der vertraglich vorausgesetzten Beschaffenheit ist.	(2) Unter den in Absatz 1 genannten Voraussetzungen stehen den Verbrauchern die gleichen Rechte zu, falls eine Sache oder Leistung geliefert wird, die nicht von der vertraglich vorausgesetzten Beschaffenheit ist; dies gilt für Fälle, in denen eine derartige Nichterfüllung den Verbraucher gemäß geltenden einzelstaatlichen Rechtsvorschriften zum Rücktritt von dem Vertrag berechtigen würde.
(3) In den Fällen der Absätze 1 und 2 haften Lieferer und Kreditgeber dem Verbraucher für die eventuelle Rückzahlung bezahlter Beträge als Gesamtschuldner.	(3) In den Fällen der Absätze 1 und 2 haften Lieferer und Kreditgeber dem Verbraucher als Gesamtschuldner.

(4) Weitergehende Ansprüche des Verbrauchers gegen den Lieferer sowie Ansprüche des Kreditgebers gegen den Lieferer bleiben unberührt.

(4) Weitergehende Ansprüche des Verbrauchers gegen den Lieferer sowie Ansprüche des Kreditgebers gegen den Lieferer bleiben unberührt.
Vorbehaltlich gegenteiliger Abmachungen hat der Kreditgeber gegenüber dem Lieferer Anspruch auf Entschädigung für alle Verluste, die sich aus der Anwendung dieses Artikels ergeben.

RICHTLINIE DES RATES
vom 22. Dezember 1986
zur Angleichung der Rechts- und Verwaltungsvorschriften der Mitgliedstaaten über den Verbraucherkredit

(87/102/EWG)

Artikel 11

(1) Die Mitgliedstaaten tragen dafür Sorge, daß das Bestehen eines Kreditvertrages in keiner Weise die Rechte des Verbrauchers gegenüber dem Lieferanten von Waren bzw. Erbringer von Dienstleistungen beeinträchtigt, falls die betreffenden Waren bzw. Dienstleistungen, die mit Hilfe dieses Kreditvertrages erworben werden, nicht geliefert bzw. erbracht werden oder in anderer Weise nicht vertragsmäßig sind.
(2) Wenn
a) für den Bezug von Waren oder Dienstleistungen ein Kredit mit einer anderen Person als dem Lieferanten vereinbart worden ist und
b) zwischen dem Kreditgeber und dem Lieferanten der Waren oder Dienstleistungen eine vorherige Abmachung besteht, wonach Kredite an Kunden dieses Lieferanten zum Zwecke des Erwerbs von Waren oder der Inanspruchnahme von Dienstleistungen des betreffenden Lieferanten ausschließlich von dem betreffenden Kreditgeber bereitgestellt werden, und
c) der unter Buchstabe a) genannte Verbraucher seinen Kredit im Rahmen dieser vorherigen Abmachung erhält und
d) die unter den Kreditvertrag fallenden Waren oder Dienstleistungen nicht oder nur teilweise geliefert werden oder dem Liefervertrag nicht entsprechen und
e) der Verbraucher seine Rechte gegen den Lieferanten erfolglos geltend gemacht hat,

ist der Verbraucher berechtigt, Rechte gegen den Kreditgeber geltend zu machen. Die Mitgliedstaaten bestimmen, wie weit und unter welchen Bedingungen diese Rechte geltend gemacht werden können.
(3) Absatz 2 gilt nicht, wenn der Betrag des betreffenden Einzelgeschäfts unter einem Gegenwert von 200 ECU liegt.

Artikel 15

Diese Richtlinie hindert die Mitgliedstaaten nicht, in Übereinstimmung mit ihren Verpflichtungen aus dem Vertrag weitergehende Vorschriften zum Schutz der Verbraucher aufrechtzuerhalten oder zu erlassen.

Artikel 16

(1) Die Mitgliedstaaten treffen die erforderlichen Maßnahmen, um dieser Richtlinie spätestens am 1. Januar 1990 nachzukommen. Sie setzen die Kommission unverzüglich davon in Kenntnis.
(2) Die Mitgliedstaaten teilen der Kommission den Wortlaut der wichtigsten innerstaatlichen Rechtsvorschriften mit, die sie auf dem unter diese Richtlinie fallenden Gebiet erlassen.

Deutscher Bundestag
7. Wahlperiode

Drucksache 7/1398

11. 12. 73

Sachgebiet 402

Bericht und Antrag

des Rechtsausschusses (6. Ausschuß)

zu dem vom Bundesrat eingebrachten Entwurf eines Zweiten Gesetzes zur Änderung des Abzahlungsgesetzes
— Drucksache 7/598 —

§ 1 c

Dient ein Kreditvertrag mit Wissen des Darlehensgebers und des Verkäufers der Abwicklung eines bestimmten Kaufvertrages, so sind der Kreditvertrag und der Kaufvertrag für die Anwendung dieses Gesetzes wie ein einheitlicher Vertrag zu behandeln.

Zu § 1 c
Der dem Abzahlungsgesetz zugrunde liegende Prototyp des Abzahlungsgeschäftes, bei dem der Verkäufer selbst dem Käufer den Kaufpreis nach Maßgabe der vereinbarten Ratenzahlung kreditiert, ist in den Jahrzehnten seit der Schaffung dieses Gesetzes immer mehr in den Hintergrund getreten. In der modernen Teilzahlungswirtschaft spielen die maßgebende Rolle Geschäftsformen, bei denen die Kreditgewährung vom Kaufvertrag getrennt und durch einen Dritten übernommen wird. Bei aller Vielfalt der Ausgestaltung im einzelnen ist aber auch hier insgesamt betrachtet die wirtschaftliche Zielsetzung jeweils dieselbe wie bei einem Abzahlungsgeschäft im eigentlichen Sinn, nämlich der Käufer soll sofort in den Besitz und Genuß der Sache kommen, die Gegenleistung hierfür aber erst nach und nach entrichten müssen. Die Rechtsprechung hat diese Entwicklung berücksichtigt und unterstellt in Anwendung des § 6 AbzG diese sogenannten finanzierten Abzahlungskäufe unbeschadet der Aufspaltung in einen Kauf- und einen Darlehensvertrag in ihrer Gesamtheit weitgehend den zwingenden Bestimmungen des Abzahlungsgesetzes. Im Einzelfall können sich allerdings aus der konkreten Vertragsgestaltung und je nach dem Grad der Einbeziehung der einzelnen Beteiligten in den wirtschaftlichen Gesamtsachverhalt Abgrenzungsfragen ergeben. Dem Ausschuß war nachdrücklich daran gelegen, eindeutig sicherzustellen, daß jedenfalls immer dann, wenn mit Wissen des Darlehensgebers und mit Wissen des Verkäufers ein Kredit der Abwicklung eines bestimmten Kaufvertrages dienen soll, das durch § 1 b eingeführte Widerrufsredit dem Käufer in derselben Weise zustehen und ihm eine Rückgängigmachung der von ihm abgegebenen Willenserklärungen ermöglichen soll, wie wenn es sich um den Abschluß eines Abzahlungsgeschäftes im engen Sinn des Wortes handeln würde.
Diesem Zweck soll § 1 c dienen. Im übrigen will diese Vorschrift weder abschließend regeln, auf welche Fälle des finanzierten Abzahlungskaufs die Vorschriften des Abzahlungsgesetzes anzuwenden sind, noch generell die Auswirkung der in § 6 AbzG vorgesehenen »entsprechenden Anwendung« der Vorschriften des Abzahlungsgesetzes präjudizieren. Es soll damit auch nicht der Frage vorgegriffen werden, inwieweit der Käufer dem Kreditgeber gegenüber Ein-

wendungen aus dem Kaufvertrag entgegenhalten kann, die sich nicht aus dem Abzahlungsgesetz ergeben. Alle diese Fragen bleiben weiterhin der Rechtsprechung überlassen, die in diesem Bereich bereits einen wesentlichen Beitrag zur Rechtsauslegung und -fortbildung geleistet hat.

Deutscher Bundestag
8. Wahlperiode

Drucksache 8/3212

27.09.79

Sachgebiet 402

Gesetzentwurf

der Bundesregierung

Entwurf eines Gesetzes über finanzierte Rechtsgeschäfte und über Maklerverträge

»§ 607 a

(1) Dient ein Darlehen dem Kauf eines Gegenstandes, so kann der Darlehensnehmer Einwendungen oder Ansprüche aus dem Kaufvertrag, soweit sie ihn gegenüber dem Verkäufer zur Verweigerung oder Rückforderung seiner Leistung berechtigen würden, auch gegenüber dem Darlehensgeber geltend machen, wenn nach den Umständen die Verträge über den Kauf des Gegenstandes und das Darlehen als Teile eines einheitlichen wirtschaftlichen Vorgangs anzusehen sind. Dies gilt nicht für Einwendungen oder Ansprüche, die auf einer zwischen dem Verkäufer und Käufer nach Abschluß des Darlehensvertrages getroffenen Vereinbarung beruhen. Der Anspruch auf Rückforderung kann nur bis zur Höhe der auf das Darlehen bereits zurückerstatteten Tilgungsbeträge geltend gemacht werden.

(2) Ein einheitlicher wirtschaftlicher Vorgang ist insbesondere anzunehmen, wenn das Darlehen dem Käufer auf Grund eines Zusammenwirkens zwischen dem Darlehensgeber und dem Verkäufer im Einzelfall oder auf Grund dauernder Geschäftsverbindung zwischen diesen zum Zwecke der Kaufpreiszahlung gewährt wird.

(3) Auf ein Darlehen, das durch eine Hypothek oder eine Grundschuld gesichert ist oder gesichert werden soll, finden die Absätze 1 und 2 keine Anwendung.

(4) Die Absätze 1 bis 3 gelten entsprechend für Darlehen, die zum Zwecke der Erlangung einer anderen Leistung als des Kaufes eines Gegenstandes gewährt werden.

(5) Eine zum Nachteil des Darlehensnehmers abweichende Vereinbarung ist unwirksam.«

Stand: 10. Juni 1988

Entwurf eines Verbraucherkreditgesetzes (VerbrKrG)

Der Bundestag hat folgendes Gesetz beschlossen:

§ 8
Verbundene Geschäfte

(1) Ein Kaufvertrag bildet ein mit dem Kreditvertrag verbundenes Geschäft, wenn der Kredit der Finanzierung des Kaufpreises dient und beide Verträge als wirtschaftliche Einheit anzusehen sind. Eine wirtschaftliche Einheit ist insbesondere anzunehmen, wenn der Kreditgeber sich bei der Vorbereitung oder dem Abschluß des Kreditvertrages der Mitwirkung des Verkäufers bedient.
(2) Die auf den Abschluß des verbundenen Kaufvertrags gerichtete Willenserklärung des Verbrauchers wird erst wirksam, wenn der Verbraucher seine auf den Abschluß des Kreditvertrages gerichtete Willenserklärung nicht gemäß § 6 Abs. 1 widerruft. Die nach § 6 Abs. 2 Satz 2 erforderliche Belehrung über das Widerrufsrecht hat den Hinweis zu enthalten, daß im Falle des Widerrufs auch der verbundene Kaufvertrag nicht wirksam zustande kommt. § 6 Abs. 3 findet keine Anwendung. Die Rechtsfolgen des Widerrufs bestimmen sich nach § 6 Abs. 4 mit der Maßgabe, daß der Kreditgeber in die Rechte und Pflichte des Verkäufers eintritt.
(3) Der Verbraucher kann die Rückzahlung des Kredits verweigern, soweit Einwendungen aus dem verbundenen Kaufvertrag ihn gegenüber dem Verkäufer zur Verweigerung seiner Leistung berechtigen würden. Dies gilt nicht, wenn der finanzierte Kaufpreis vierhundert Deutsche Mark nicht überschreitet, sowie bei Einwendungen, die auf einer zwischen dem Verkäufer und dem Verbraucher nach Abschluß des Kreditvertrages getroffenen Vereinbarung beruhen.
(4) Die Absätze 1 bis 3 gelten entsprechend für Kredite, die zur Finanzierung des Entgelts für eine andere Leistung als die Lieferung einer Sache gewährt werden.
(5) Eine zum Nachteil des Verbrauchers abweichende Vereinbarung ist unwirksam.

c) Der Entwurf regelt in Anlehnung an die höchstrichterliche Rechtsprechung zu den finanzierten Abzahlungsgeschäften wichtige Probleme bei Abwicklung verbundener Geschäfte (z.B. Kreditvertrag und Kaufvertrag), wozu insbesondere die Ausgestaltung des Widerrufsrechts in § 8 Abs. 2 zu zählen ist.
Eine wichtige Neuerung stellt die durch Artikel 11 der Richtlinie vorgegebene Regelung des Einwendungsdurchgriffs in § 8 Abs. 3 des Entwurfs dar. Bei Krediten, die der Finanzierung eines Liefer- oder Dienstleistungsgeschäfts dienen und eng mit diesem verbunden. sind, soll der Kreditnehmer bei Störungen des Liefer- oder Dienstleistungsgeschäfts auch Rechte gegen den Kreditgeber erhalten. Die Richtlinie hat die nähere Ausgestaltung des Einwendungsdurchgriffs weitgehend den Mitgliedstaaten überlassen. Der Entwurf lehnt sich an die bisher schon praktizierte und bewährte Rechtsprechung an. Dies gilt zunächst für den Begriff der wirtschaftlichen Einheit als wesentliche Voraussetzung für einen Haftungsdurchgriff. Der Entwurf beschränkt sich des weiteren darauf, dem Kreditnehmer ein Zurückbehaltungsrecht einzuräumen, ein Forderungsdurchgriff (Rückforderungsanspruch) gegen den Kreditgeber ist nicht vorgesehen. Andererseits wird darauf verzichtet, den Einwendungsdurchgriff subsidiär zu gestalten, nachdem die Rechtsprechung dieses Merkmal bis zur Inhaltslosigkeit abgeschwächt hat.

Zu § 8 (Verbundene Geschäfte)

Die Vorschrift regelt besondere Probleme drittfinanzierter Geschäfte, bei denen die Kreditgewährung vom Kauf- oder sonstigen Dienstleistungsvertrag getrennt von einer Finanzierungsbank übernommen wird.

Bei der Verabschiedung des Zweiten Änderungsgesetzes zum Abzahlungsgesetz hat der Deutsche Bundestag die Bundesregierung aufgefordert, über den finanzierten Abzahlungskauf einen Gesetzesentwurf zu erarbeiten (Niederschrift über die 70. Sitzung vom 12. Dezember 1973, S. 4286, 4291). Dieser Entschließung hatte der Gesetzentwurf eines Gesetzes über finanzierte Rechtsgeschäfte und über Maklerverträge (BT-Drucksache 8/3212) Rechnung getragen. Der Entwurf hat jedoch keine Gesetzeskraft erlangt. Rechtsprechung und Literatur haben die Vorschriften des Abzahlungsgesetzes (§ 6 AbzG) entsprechend angewendet und zu angemessenen Lösungen gefunden. Die aufgrund der Einarbeitung in das Verbraucherkreditgesetz angestrebte Aufhebung des Abzahlungsgesetzes erzeugt nunmehr gesetzgeberischen Regelungsbedarf. Dabei müssen wegen der Personenverschiedenheit von Kreditgeber und Verkäufer das Widerrufsrecht und die anknüpfenden Rechtsfolgen modifiziert werden.
Artikel 11 Abs. 2 der Richtlinie verpflichtet die Mitgliedstaaten der EG zu einer gesetzlichen Regelung der Rechte, die einem Verbraucher gegenüber dem Kreditgeber zustehen, wenn der Kredit der Finanzierung eines Warenlieferungs- oder Dienstleistungsgeschäftes dient und die finanzierte Leistung nicht oder nicht vertragsgemäß erbracht wird. Der Verbraucher läuft in diesen Fällen Gefahr, den Kredit in voller Höhe zurückzahlen zu müssen, obwohl er dem Warenlieferanten oder Dienstleistungserbringer zugeflossen ist und dieser an den Verbraucher keine oder keine vertragsgemäße Leistung erbracht hat. Die Richtlinie überläßt die nähere Ausgestaltung der Verbraucherrechte in solchen Fällen – sowohl hinsichtlich der Voraussetzungen als auch der Folgen den Mitgliedstaaten.
In der deutschen Rechtsprechung und Rechtsliteratur wurde hierfür das Institut des sogenannten »Einwendungsdurchgriffs« entwickelt. Voraussetzung für den Einwendungsdurchgriff ist, daß sich das finanzierte Geschäft (z.B. Kauf) und der Kreditvertrag aus der Sicht des Verbrauchers als eine »wirtschaftliche Einheit« darstellen. Hieran wird die Folgerung geknüpft, daß der Verbraucher durch die rechtliche Aufspaltung eines »einheitlichen wirtschaftlichen Vorgangs« in ein Liefergeschäft und ein Kreditgeschäft nicht schlechter gestellt werden soll, als wenn ihm – wie bei einem einfachen Abzahlungskauf nur – ein Vertragspartner gegenüberstünde (Palandt-Putzo, Bürgerlichen Gesetzbuch, 47. Aufl., Anhang zu § 6 AbzG, Anm. 3, 4 m.w.N.).
Soweit allerdings in der höchstrichterlichen Rechtsprechung noch verlangt wird, daß der Verbraucher vor Geltendmachung seines Leistungsverweigerungsrechts gegenüber dem Kreditgeber seine Rechte in zumutbarer Weise gegen den Verkäufer bzw. Erbringer der finanzierten Dienstleistung durchzusetzen versucht (Subsidiarität des Einwendungsdurchgriffs), wird dieses Erfordernis nicht aufrechterhalten. Denn in bestimmten Fällen (Nichtigkeit des finanzierten Geschäfts, BGH, WM 1980, 327) hat der Bundesgerichtshof auf die vorherige Inanspruchnahme des Lieferanten gänzlich verzichtet, in anderen Fällen hat er sie schon bei ernsthafter Erfüllungsverweigerung als dem Verbraucher unzumutbar erachtet (BGH, WM 1979, 489). Die sofortige Geltendmachung des Leistungsverweigerungsrechtes gegenüber dem Kreditgeber dient ferner einer ökonomischen Vertragsabwicklung: Bei Insolvenz des Leistungserbringers haftet der Kreditgeber ohnehin; ist der Leistungserbringer noch solvent, so wird es dem Kreditgeber aufgrund der in der Regel bestehenden Bürgschaft des Leistungserbringers leicht fallen, den Regreß gegen ihn durchzusetzen. Schließlich ist das Erfordernis der Subsidiarität mit dem Grundgedanken, daß der Verbraucher durch die rechtliche Aufspaltung eines einheitlichen wirtschaftlichen Vorgangs nicht schlechtergestellt werden soll, nicht vereinbar.
Andererseits gewährt der Entwurf dem Verbraucher auch keinen Forderungsdurchgriff (Rückforderungsanspruch). Eine Haftung des Kreditgebers für einen Rückforderungsanspruch des Verbrauchers gegenüber dem Verkäufer ist ausgeschlossen. Dies verkürzt keineswegs die Rechte des Verbrauchers, der nach wie vor seinen Rückforderungsanspruch gegenüber dem Verkäufer behält. Ein Rückforderungsanspruch zu Lasten der Finanzierungsbank würde zudem über das Ziel der Gleichstellung hinausschießen und im wirtschaftlichen Ergebnis allein den Kreditgebern das Insolvenzrisiko des Verkäufers auferlegen. Damit wäre der Verbraucher im Falle des finanzierten Kaufs ohne ersichtlichen Grund bessergestellt als ein Verbraucher, dem der Kaufpreis vom Verkäufer kreditiert wird.
§ 8 Abs. 1 Satz 1 definiert den Begriff des verbundenen Geschäfts in Übereinstimmung mit der

höchstrichtlichen Rechtsprechung. Danach liegt ein verbundenes Geschäft vor, wenn der Kreditvertrag und der finanzierte Vertrag als »wirtschaftliche Einheit« anzusehen sind. Kauf- und Darlehensvertrag müssen eine so enge Verbindung aufweisen, daß sich beide als Teilstücke einer rechtlichen oder wenigstens wirtschaftlich – tatsächlichen Einheit eng ergänzen (BGH, Urteil vom 6. Dezember 1979 – III ZR 46/87 –). Satz 2 enthält ein Regelbeispiel für das Vorliegen einer »wirtschaftlichen Einheit« von Kreditvertrag und finanziertem Vertrag, nämlich für den Fall, daß der Verkäufer – möglicherweise aufgrund eines Einreichervertrages mit der Finanzierungsbank bei der Vorbereitung oder dem Abschluß des Kaufvertrages mitwirkt. Beispielhaft hierfür ist insbesondere das sogenannte »B-Geschäft« zu nennen, bei dem der Verkäufer beim Kreditantrag an einen von ihm bestimmten Kreditgeber mitwirkt und in aller Regel den kreditierten Kaufpreis direkt vom Kreditgeber ausgezahlt erhält.

Absatz 2 enthält Sonderregeln für das Widerrufsrecht, die aufgrund der Personenverschiedenheit erforderlich sind und eng an die zu § 1 b AbzG entwickelte Rechtsprechung des Bundesgerichtshofs angelehnt sind. Die Wirksamkeit der auf den Abschluß des Kaufvertrags gerichteten Willenserklärung des Verbrauchers wird verknüpft mit der Wirksamkeit, der Kreditvertragserklärung (Absatz 2 Satz 1). Widerruft der Verbraucher seine Kreditvertragserklärung gemäß § 6 Abs. 1, so ist auch der Kaufvertrag nicht wirksam zustande gekommen (BGH, JZ 1984, 748). Über diese Rechtsfolge des Widerrufs muß der Verbraucher im Rahmen der nach § 6 Abs. 2 Satz 2 erforderlichen Belehrung aufgeklärt werden (Satz 3) (BGHZ 9l, 338; BGH, Urteil vom 15. Januar 1987 – III ZR 222/85 –). Durch die umfängliche Belehrungspflicht soll der möglichen Fehleinschätzung des Verbrauchers entgegengewirkt werden, der Kreditvertrag sei zwar durch Widerruf nicht wirksam geworden, gleichwohl sei er aber an den Kaufvertrag gebunden.

Die Widerrufsfrist und deren Beginn bestimmen sich nach der allgemeinen Regel des § 6 Abs. 2. Da diese Vorschrift ausdrücklich offen läßt, wer die Urkunde mit der Belehrung des Kreditgebers auszuhändigen hat, kann zur Vereinfachung der Abwicklung die Aushändigung dem Verkäufer übertragen werden. Die Rechtsbeständigkeit des Widerrufs ist nicht von der alsbaldigen Rückzahlung des Darlehens (§ 6 Abs. 3) abhängig (Abs. 2 Satz 3). Der Kreditbetrag ist dem Verkäufer zugeflossen, so daß der Verbraucher zur Rückzahlung nicht in der Lage ist. Die Rückabwicklung der gescheiterten Verträge vollzieht sich in der Weise, daß der Kreditgeber in sämtliche Rechte und Pflichten des Verkäufers eintritt (Abs. 2 Satz 4). Die Aufhebung der Personenidentität von Kreditgeber und Verkäufer beim verbundenen Vertrag geht damit nicht zu Lasten des Verbrauchers.

Absatz 3 regelt den Einwendungsdurchgriff. Satz 1 gewährt dem Verbraucher gegenüber dem Kreditgeber ein Leistungsverweigerungsrecht, d.h. das Recht, die Rückzahlung des Darlehens – einschließlich der Zinsen – zu verweigern. Ein Rückforderungsanspruch ist hingegen nicht vorgesehen. Die Einwendungen, derentwegen die Leistung verweigert werden kann, sind nicht auf bestimmte Fälle (z.B. Nichtlieferung, mangelhafte Lieferung) beschränkt, in Betracht können z.B. auch die Nichtigkeit oder Anfechtbarkeit des finanzierten Geschäfts kommen. Nach Absatz l Satz 2 ist der Einwendungsdurchgriff in zwei Fällen ausgeschlossen: Einmal dann, wenn das finanzierte Entgelt unter 400,– Deutsche Mark liegt. Diese Ausnahme betrifft z.B. Fälle des finanzierten Kaufs, bei denen unter Ausnutzung eines höheren Kreditrahmens (z.B. bei Kreditkartenkonten mit echtem Kreditcharakter) eine Vielzahl von kleineren Geschäften abgewickelt wird, von denen jedes einzelne die Bagatellgrenze von 400,– Deutsche Mark nicht überschreitet. Des weiteren ist der Einwendungsdurchgriff ausgeschlossen, wenn sich die Einwendung aus einer nachträglichen Absprache zwischen dem Verbraucher und dem Verkäufer bzw. Erbringer der Dienstleistung ergibt, weil der Kreditgeber mit solchen Belastungen bei Abschluß des Kreditvertrages nicht zu rechnen braucht (BGH, MDR 1956, 597).

Absatz 4 erstreckt den Regelungsgehalt der Absätze 1 bis 3 auf alle fremdfinanzierten Leistungsverträge.

Absatz 5 verleiht der Regelung im Interesse des Verbraucherschutzes zwingenden Charakter, abweichende Vereinbarungen sind danach unwirksam.

Bankenfachverband
Konsumenten- und
gewerbliche Spezialkredite (BKG) e.V.

STELLUNGNAHME

ZUM

REFERENTENENTWURF EINES VERBRAUCHERKREDITGESETZES
– Stand: 10. Juni 1988 –

7. Zu § 8: Verbundene Geschäfte

Die Kodifizierung der sog. verbundenen Geschäfte und des von der Rechtsprechung entwickelten sog. Einwendungsdurchgriffs ist aus Gründen der Rechtssicherheit grundsätzlich zu begrüßen. Allerdings sind wir der Auffassung, daß das Gesetz nicht über die von der Rechtsprechung aufgestellten Grundsätze hinausgehen sollte.

a) Nach der Begründung (S. 32) definiert Absatz 1 den Begriff des verbundenen Geschäfts in Übereinstimmung mit der höchstrichterlichen Rechtsprechung. Aus den zahlreichen Einzelfallentscheidungen des Bundesgerichtshofes zu diesem Problemkreis läßt sich jedoch eine strenge Definition des verbundenen Geschäfts nicht ableiten. Dem trägt der Gesetzentwurf Rechnung, indem lediglich ein Regelbeispiel für das Vorliegen einer wirtschaftlichen Einheit von Kreditvertrag und finanziertem Vertrag genannt wird. Damit bleibt aber weiterhin eine richterliche Gestaltungsfreiheit und damit verbunden auch eine gewisse Rechtsunsicherheit bestehen.
Im Interesse der Rechtsklarheit schlagen wir deshalb vor, die in Artikel 11 Abs. 2 der EG-Richtlinie genannten Kriterien für die Annahme eines verbundenen Geschäftes zu übernehmen.

b) Gemäß Abs. 2 Satz 4 bestimmen sich die Rechtsfolgen des Widerrufs über die Verweisung in § 6 Abs. 4 nach § 3 HausTWG mit der Maßgabe, daß der Kreditgeber in die Rechte und Pflichten des Verkäufers eintritt. Für die Rückabwicklung im Verhältnis Kreditgeber – Verbraucher bedeutet dies, daß der Kreditgeber dem Verbraucher eine gegebenenfalls von diesem an den Verkäufer geleistete Anzahlung zurückzahlen müßte. Soweit die Verträge vor Ablauf der Widerrufsfrist bereits vollzogen wurden, müßte der Kreditgeber dem Verbraucher auch etwaige Darlehensraten zurückerstatten. Im Gegenzug erhielte der Kreditgeber vom Verbraucher lediglich die von ihm zwar finanzierte, aber nicht verkaufte Ware (als Eigentum?) ausgehändigt. Damit wird dem Kreditgeber das Risiko des Widerrufs, insbesondere hinsichtlich der Anzahlung und einer etwaigen Wertminderung der Ware aufgebürdet. Den verbraucherschützenden Zweck der vorgesehenen Regelung steht aber nicht entgegen, auch den berechtigten Interessen des Kreditgebers Rechnung zu tragen. Wünschenswert wäre daher eine Regelung, die den Kreditgeber einen Rückgriff auf den Verkäufer gewährleistet, zumindest sollte aber klargestellt werden, daß das Risiko des Widerrufs letztlich nicht kraft Gesetzes beim Kreditgeber verbleiben soll. Die Regelung einer Rückgriffsmöglichkeit des Kreditgebers erscheint erforderlich, weil sich in der Praxis auf diesem Gebiet bereicherungsrechtliche Probleme ergeben haben und es aufgrund der weiten Definition des verbundenen Geschäfts in Abs. 1 eher die Ausnahme sein dürfte, daß zwischen Kreditgeber und Verkäufer ein Rahmenvertrag besteht, in dem die Frage eines Rückgriffs gegebenenfalls geregelt werden könnte.

c) Der uneingeschränkte Einwendungsdurchgriff bzw. die Aufgabe des Prinzips der Subsidiarität in § 8 Abs. 3 widerspricht der bisherigen Rechtsprechung des BGH, die dieses Recht einem

Kreditnehmer nur zugebilligt hat, wenn dessen Ansprüche gegenüber dem Vertragspartner des der Kreditgewährung zugrunde liegenden Geschäfts zweifelhaft oder wertlos sind. Der BGH (vgl. Urt. v. 19.11.1981, WM 1982, 150 u. jüngst die Darstellung bei Halstenberg, Die neuere Rechtsprechung des BGH zum Darlehensrecht, WM – Sonderbeilage Nr. 4/1988, S. 14) hat den Einwendungsdurchgriff nach Treu und Glauben nur als gerechtfertigt angesehen, wenn anderenfalls die Trennung eines an sich einheitlichen Geschäftes in zwei rechtlich selbständige Teile einseitig zu Lasten des Darlehensnehmers ginge und damit die Risiken dieses Gesamtgeschäftes nicht angemessen verteilt wären.
Die völlige Abnahme des Risikos für den Kreditnehmer und die Übernahme betriebsfremder Risiken durch den Kreditgeber würden dem Kreditnehmer beim verbundenen Geschäft einseitige, unangemessene Vorteile verschaffen und ihn gegenüber einem einfachen Abzahlungskauf in nicht gerechtfertigter Weise besserstellen, während durch die Zulassung des Einwendungsdurchgriffes lediglich eine Schlechterstellung infolge der Aufspaltung eines einheitlichen wirtschaftlichen Vorganges verhindert werden soll. Bei einem einfachen Abzahlungskauf könnte sich der Käufer auch nur an den Verkäufer halten, so daß er in keiner Weise schlechtergestellt wird, wenn er sich auch bei einem verbundenen Geschäft primär an den Verkäufer halten muß. Dabei darf nicht verkannt werden, daß es sich in der Regel um solche Einwendungen des Verbrauchers handelt, die in der Qualität des Kaufgegenstandes begründet sind. Diese Einwendungen kann die finanzierende Bank weder unmittelbar überprüfen noch kann sie diesen in einem etwaigen Rechtsstreit selbst begegnen. Die uneingeschränkte Übertragung solcher betriebsfremder Risiken auf die finanzierende Bank kann daher nicht akzeptiert werden.
Im übrigen trifft auch die Annahme der Begründung (S. 32), dem Kreditgeber falle es aufgrund der in der Regel bestehenden Bürgschaft des Leistungserbringers leicht, den Regreß gegen ihn durchzusetzen, so nicht zu, da eine Bürgschaft des Verkäufers nicht der Regelfall ist. Insbesondere aufgrund der weiten Definition des verbundenen Geschäfts in Abs. 1 dürfte in der Praxis in der Mehrzahl der Fälle zwischen Kreditgeber und Verkäufer kein Rahmenvertrag vorliegen. Daß dem Verkäufer kein Forderungsdurchgriff gegen den Kreditgeber gewährt wird, versteht sich unter dem Gesichtspunkt der Gleichstellung von selbst, so daß hierin kein Entgegenkommen gegenüber den finanzierenden Banken gesehen werden kann.
Schließlich darf zur Stützung der hier vertretenen Auffassung auf die Beschlußempfehlung des 53. Deutschen Juristentages 1980 (Sitzungsbericht K, S.K. 258) verwiesen werden, die nach eingehender Diskussion zu diesem Punkt gefaßt wurde und wie folgt lautet:

> »Der Einwendungsdurchgriff ist nur zuzulassen, wenn das Darlehen dem Käufer aufgrund eines Zusammenwirkens zwischen dem Darlehensgeber und dem Verkäufer im Einzelfall oder aufgrund dauernder Geschäftsverbindung zwischen diesen zum Zwecke der Kaufpreiszahlung gewährt wird, und dem Darlehensnehmer die Dispositionsbefugnis über die Kreditvaluta genommen ist.
> Ein Einwendungsdurchgriff des Kreditnehmers gegen den Kreditgeber kommt nur in Betracht bei Aussichtslosigkeit eines Vorgehens gegen den Verkäufer bzw. die sonstige Partei des finanzierten Geschäfts.«

Bundesverband der Deutschen Industrie e.V.

S t e l l u n g n a h m e

z u m

Referentenentwurf eines Verbraucherkreditgesetzes

. . .

Gustav-Heinemann-Ufer 84–88
Postfach 51 05 48
D-5000 Köln 51 (Bayenthal)

Telefon (02 21) 3708-00
Telex 8 882 601
Teletex (17) 2214058

Bildschirmtext 54 600 #
Telefax (02 21) 37 08-730
Telegramme Bundesindustrie

Zu § 8:

Die Regelung des Einwendungsdurchgriffs in § 8 sollte eingeschränkt werden. Die EG-Richtlinie sieht in Art. 11 Abs. 2 e ausdrücklich vor, daß der Verbraucher seine Rechte gegen den Kreditgeber geltend machen kann, wenn er zuvor insoweit gegenüber dem Lieferanten erfolglos war. An dem Subsidiaritätsgrundsatz sollte festgehalten werden. Auch die Rechtsprechung hat trotz mancher Einschränkungen diesen Grundsatz nicht aufgegeben (vgl. BGH NJW 1986, 43 und Beschluß vom 17. September 1987 – III ZR 198/86).
Der Begründung des Gesetzentwurfs zur Aufhebung des Subsidiaritätsprinzips können wir nicht zustimmen. Die sofortige Geltendmachung von Leistungsverweigerungsrechten gegenüber dem Kreditgeber führt nicht zu einer wirtschaftlicheren Vertragsabwicklung, denn die Behandlung technischer Fragen, z.B. bei der Geltendmachung von Mängeln wird auf das Kreditinstitut verlagert. Ob in diesen Punkten zwischen Verbraucher und Kreditinstitut sachgerechte Lösungen gefunden werden können, wird bezweifelt. Vielmehr werden zusätzliche Abwicklungsschwierigkeiten bei Gewährleistungsfällen hervorgerufen. Zusätzlicher Abwicklungsaufwand wird von den Kreditinstituten in ihrer Kalkulation berücksichtigt, so daß sich die vorgesehene Fassung des Leistungsverweigerungsrechtes des Verbrauchers zu seinen Ungunsten auswirken wird. Denn die entsprechenden Kosten werden an ihn weitergeleitet. Zu korrigieren wäre auch die Begründung (S. 32), denn es trifft nicht zu, daß der Kreditgeber sich in der Regel durch Bürgschaften gegenüber dem Leistungserbringer absichert.
Wir regen eine Vorschrift an, die das Subsidiaritätsprinzip auf der Grundlage der Rechtsprechung zum Abzahlungsgesetz beibehält.
In § 8 Abs. 2 wird auf § 6 Abs. 4 verwiesen, so daß auch bei verbundenen Geschäften das Gesetz über den Widerruf von Haustürgeschäften anzuwenden ist. In Verbindung mit diesen Vorschriften soll »der Kreditgeber in die Rechte und Pflichten des Verkäufers« eintreten. Es sollte klargestellt werden, daß es sich nur um Rechtspositionen aus dem konkreten Geschäft handeln kann. Es wäre nicht gerechtfertigt, den Kreditgeber mit Gegenrechten zu konfrontieren, die in anderem Zusammenhang entstanden sind.

DEUTSCHER INDUSTRIE- UND HANDELSTAG

DIHT

POSTFACH 1446
ADENAUERALLEE 148
5300 BONN 1
TELEFON 0228/104-0

STELLUNGNAHME

ZUM

REFERENTENENTWURF EINES VERBRAUCHERKREDITGESETZES

BONN, DEN 4. OKTOBER 1988

Telex 886805 dihd
Telefax (0228) 104158
Teletex 228301 diht
Telegramm-Anschrift Handelstag
Btx *69010 #
Postgirokonto Frankfurt/M 1846-606
Commerzbank AG Bonn (BLZ 380 400 07) 2510006
Deutsche Bank AG Bonn (BLZ 380 700 59) 0251439

Zu § 8 (Verbundene Geschäfte)

In § 8 Abs. 2 und 3 werden die Folgen einer Kreditgewährung durch einen mit dem Verkäufer wirtschaftlich verbundenen Darlehensgeber geschildert. Dabei fällt auf, daß entgegen Art. 11 Abs. 2 e) der zugrundeliegenden EG-Richtlinie der Grundsatz der Subsidiarität des Einwendungsdurchgriffs nicht enthalten ist. In Art. 11 Abs. 2 e) heißt es: »Wenn . . . e) der Verbraucher seine Rechte gegen den Lieferanten erfolglos geltend gemacht hat, ist der Verbraucher berechtigt, Rechte auch gegen den Kreditgeber geltend zu machen. Die Mitgliedstaaten bestimmen, wie weit und unter welchen Bedingungen diese Rechte geltend gemacht werden können«. Begründet wird dieser Verzicht auf die Subsidiarität des Einwendungsdurchgriffs damit, daß dieses Erfordernis von der Rechtsprechung erheblich eingeschränkt worden sei und nur noch geringe Bedeutung habe. Im übrigen bestünde in der Regel eine Bürgschaft des Leistungserbringers zu Gunsten des Kreditgebers. Auch werde lediglich ein Zurückbehaltungsrecht und kein Forderungsdurchgriff eingeräumt.
Bislang hat die Rechtsprechung jedoch trotz mancher Einschränkungen am Grundsatz der Subsidiarität festgehalten, was durch BGH NJW 1986, S. 43 und den Beschluß vom 17.09.1987 - III ZR 198/86 bestätigt wird. Es ist zwar richtig, daß In § 8 Abs. 3 VerbrKrG gegenüber dem Kreditgeber für Einwendungen aus dem Kaufvertrag lediglich ein Zurückbehaltungsrecht vorgesehen ist, jedoch bestimmt § 8 Abs. 2 letzter Satz, daß der Kreditgeber im Falle eines Widerrufs in die Rechte und Pflichten des Verkäufers eintritt. Dies bedeutet, daß der Kreditgeber gemäß §§ 8 Abs. 2 Satz 4, 6 Abs. 4 VerbrKrG i.V.m. § 2 Abs. 1 Satz 4 und § 3 des Haustürgeschäftewiderrufsgesetzes zur Erstattung von Leistungen verpflichtet wird, die der Verkäufer erhalten hat, ohne daß sich der Verbraucher vorher an diesen wenden müßte. Insoweit ist also doch ein Forderungsdurchgriff vorgesehen, der gemäß Seite 32 der Begründung zum VerbrKrG »über das Ziel der Gleichstellung hinausschießen« würde.
Der zweite Halbsatz in § 8 Abs. 2 Satz 4 sollte daher entfallen und zu Beginn von § 8 Abs. 3 Art. 11 Abs. 2 e) der EG-Richtlinie Rechnung getragen und die erfolglose Geltendmachung von Rechten gegenüber dem Lieferanten zur Voraussetzung für ein Zurückbehaltungsrecht gegenüber dem Kreditpartner gemacht werden.
In § 8 sollte ein Verweis auf § 7 aufgenommen werden. Es sind auch verbundene Geschäfte im Versandhandel denkbar, die letztlich dem Privileg des § 7 zu unterstellen sind.

ZENTRALER KREDITAUSSCHUSS

MITGLIEDER: BUNDESVERBAND DER DEUTSCHEN VOLKSBANKEN UND RAIFFEISENBANKEN E.V. BONN · BUNDESVERBAND DEUTSCHER BANKEN E.V. KÖLN · DEUTSCHER SPARKASSEN- UND GIROVERBAND E.V. BONN · VERBAND DEUTSCHER HYPOTHEKENBANKEN E.V. BONN-BAD GODESBERG · VERBAND ÖFFENTLICHER BANKEN E.V. BONN-BAD GODESBERG ·

Bonn, den 5. Oktober 1988
Scheb/Kn
AZ.: 761-VerbrKredG

6. **<u>Verbundene Geschäfte (§ 8 des Entwurfs)</u>**

Die in § 8 Abs. 3 des Entwurfs vorgesehene generelle Beseitigung des Subsidiaritätsprinzips halten wir nicht für gerechtfertigt. Abgesehen davon, daß das Bestehen einer Bürgschaft des Leistungserbringers in der Praxis keinesfalls den Regelfall bildet (so aber die Gesetzesbegründung auf S. 32), darf nicht verkannt werden, daß es in der Vielzahl der Fälle um Einwendungen geht, die in der Qualität des Kaufgegenstandes begründet liegen, so daß der Verbraucher u.E. nicht in unzumutbarer Weise belastet wird, wenn er sich auch bei einem finanzierten Abzahlungskauf <u>primär</u> an den Verkäufer wenden muß.

Arbeits-
gemeinschaft
der
Verbraucherverbände e.V.

Heilsbachstraße 20
5300 Bonn 1
Tel. (02 28) 64 10 11
Telefax
(02 28) 6 42 05 98
Telex 8 86 9674
Btx *20200#
(02 28) 64 10 16

AgV

Pressekonferenz am 30.6.1988

Stellungnahme der AgV zu dem Entwurf eines Verbraucherkreditgesetzes

<u>Abzahlungsgesetz</u>

Die Überführung des Abzahlungsgesetzes in das neue Gesetz bringt als Verbesserung für den Abzahlungskäufer:

- Der Abzahlungskäufer kann in Zukunft die Zahlung gegenüber der Bank verweigern, wenn er eine mangelhafte Sache geliefert bekommen und die Bank den Kauf finanziert hat. Er braucht nicht zunächst seine Rechte gegenüber dem Verkäufer durchzusetzen.

Zu den Akten

Der Bundesminister der Justiz
I B 2 - 3430/13 - 3 11 0471/89
(Geschäftszeichen: bei Antwort bitte angeben)

5300 Bonn 2, den 13. April 1989
Heinemannstraße 6, Postfach 20 03 65
Telefon: (02 28) 58-1
bei Durchwahl 58 4102
Teletex: 228 37 59 = BMJ
Telefax: (02 28) 58 45 25

An die
Landesjustizverwaltungen

Betr.: Entwurf eines Verbraucherkreditgesetzes (Stand: 12.April 1989)
hier: Vorbereitung der Besprechung im Bundesministerium der Justiz am 20. April 1989

Am 4. April 1989 hat im Bundesministerium der Justiz die Anhörung der Verbände stattgefunden. Aufgrund dieser Anhörung, die insgesamt positiv verlaufen ist, habe ich in dem Entwurf eines Verbraucherkreditgesetzes einige Änderungen vorgenommen, die ich Ihnen zur Vorbereitung der Besprechung vom 20. April noch zur Kenntnis geben möchte. Die neuerlichen Änderungen sind am Textrand jeweils durch doppelten Strich gekennzeichnet.

Im Auftrag
Dr. Seibert

Beglaubigt
Eberl
Regierungsangestellte

DER BUNDESMINISTER DER JUSTIZ 10

§ 8

Verbundene Geschäfte

(1) Ein Kaufvertrag bildet ein mit dem Kreditvertrag verbundenes Geschäft, wenn der Kredit der Finanzierung des Kaufpreises dient und beide Verträge als wirtschaftliche Einheit anzusehen sind. Eine wirtschaftliche Einheit ist insbesondere anzunehmen, wenn der Kreditgeber sich bei der Vorbereitung oder dem Abschluß des Kreditvertrages der Mitwirkung des Verkäufers bedient.

(2) Die auf den Abschluß des verbundenen Kaufvertrags gerichtete Willenserklärung des Verbrauchers wird erst wirksam, wenn der Verbraucher seine auf den Abschluß des Kreditvertrages gerichtete Willenserklärung nicht gemäß § 6 Abs. 1 widerruft. Die nach § 6 Abs. 2 Satz 2 erforderliche Belehrung über das Widerrufsrecht hat den Hinweis zu enthalten, daß im Falle des Widerrufs auch der verbundene Kaufvertrag nicht wirksam zustande kommt. § 6 Abs. 3 findet keine Anwendung. Ist der Nettokreditbetrag dem Verkäufer bereits zugeflossen, so tritt der Kreditgeber im Verhältnis zum Verbraucher hinsichtlich der Rechtsfolgen des Widerrufs (§ 6 Abs. 4) in die Rechte und Pflichten des Verkäufers aus dem Kaufvertrag ein.

(3) Der Verbraucher kann die Rückzahlung des Kredits verweigern, soweit Einwendungen aus dem verbundenen Kaufvertrag ihn gegenüber dem Verkäufer zur Verweigerung seiner Leistung berechtigen würden. Dies gilt nicht, wenn der finanzierte Kaufpreis vierhundert Deutsche Mark nicht überschreitet, sowie bei Einwendungen, die auf einer zwischen dem Verkäufer und dem Verbraucher nach Abschluß des Kreditvertrages vereinbarten Vertragsänderung beruhen.
Beruht die Einwendung des Verbrauchers auf einem Mangel der gelieferten Sache und verlangt der Verbraucher aufgrund vertraglicher oder gesetzlicher Bestimmungen Nachbesserung oder Ersatzlieferung, so kann er die Rückzahlung des Kredits erst verweigern, wenn die Nachbesserung oder Ersatzlieferung fehlgeschlagen ist.

(4) Die Absätze 1 bis 3 gelten entsprechend für Kredite, die zur Finanzierung des Entgelts für eine andere Leistung als die Lieferung einer Sache gewährt werden.

Arbeitsgemeinschaft der Verbraucherverbände e.V.

Heilsbachstraße 20
5300 Bonn 1
Tel. (02 28) 64 10 11
Telefax
(02 28) 6 42 05 98
Telex 8 86 9674
Btx *20200#
(02 28) 64 10 16

STELLUNGNAHME
zu den Veränderungen in dem überarbeiteten Entwurf eines
VERBRAUCHERKREDITGESETZES
vom März 1989

Zu § 8 E:

– Eine aus Verbrauchersicht entscheidende Verschlechterung erfährt der Einwendungsdurchgriff mit der geplanten Einführung der Subsidiaritätsklausel für den größten Bereich der Verbrauchereinwendungen gegen den Lieferanten, nämlich die Mängelgewährleistungsansprüche.
Hiergegen lassen wir die Begründung des BMJ zu dem Entwurf vom Juni 1988, in dem die Subsidiarität nicht vorgesehen war, sprechen: Die Subsidiarität widerspricht sowohl der BGH-Rechtsprechung als auch einer ökonomischen Vertragsabwicklung. Außerdem ist sie mit dem Grundgedanken, den Verbraucher durch die rechtliche Aufspaltung eines einheitlichen wirtschaftlichen Vorgangs nicht schlechterzustellen, nicht vereinbar.

Bankenfachverband
Konsumenten- und
gewerbliche Spezialkredite (BKG) e.V.

Bankenfachverband Bonn-Center H I 1104 Bundeskanzlerplatz D 5300 Bonn 1

Bundesminister der Justiz
Heinemannstr. 6

5300 Bonn 2

Bonn, den 24. April 1989
Wa/ja/be

Entwurf eines Verbraucherkreditgesetzes (Stand: März 1989.) – 1 B 2 - 3430/13 - 3 - 11 0352/89 –

Sehr geehrte Damen und Herren,

unter Bezugnahme auf die am 4. April 1989 stattgefundene Besprechung nehmen wir zu dem überarbeiteten Entwurf zusammenfassend nochmals wie folgt Stellung:

6. Zu S 8 - Verbundene Geschäfte

a) Hinsichtlich der Definition des verbundenen Geschäfts in Absatz 1 halten wir unsere in der Stellungnahme vom 14.9.1988 geäußerten Vorbehalte aufrecht. Wir betonen nochmals, daß angesichts der umfangreichen, unübersichtlichen und vor allem unpräzisen Rechtsprechung zu § 6 AbzG hier die Gelegenheit wahrgenommen werden sollte, im Interesse der Rechtssicherheit eine eindeutige gesetzliche Regelung der tatbestandlichen Voraussetzungen des verbundenen Geschäfts vorzunehmen, zumal an das Vorliegen eines verbundenen Geschäfts weitreichende Folgen geknüpft werden.
b) Absatz 2 Satz 5 sollte dahingehend eingeschränkt werden, daß der Kreditgeber im Verhältnis zum Verbraucher lediglich in die Rechte und Pflichten des Verkäufers aus dem Rückabwicklungsverhältnis eintritt, da sicherlich eine Haftung des Kreditgebers für alle erdenklichen Ansprüche aus dem Kaufvertrag beabsichtigt ist.
c) Wir betonen nochmals, daß wir es für unbedingt erforderlich halten, daß dem Kreditgeber ein ausdrücklicher Anspruch auf Rückzahlung der Darlehensvaluta gegenüber dem Verkäufer eingeräumt wird. Insoweit ergeben sich in der Praxis bereicherungsrechtliche Probleme. Diese werden durch die weite Definition des verbundenen Geschäfts verstärkt. Denn nur dann, wenn zwischen Kreditgeber und Verkäufer ein Rahmenvertrag besteht, was allerdings in der Praxis nicht den Regelfall darstellt, ist eine vertragliche Vereinbarung über die Rückabwicklung zwischen Kreditgeber und Verkäufer möglich. Da aber die Definition des verbundenen Geschäfts weit über die Fälle hinausgeht, in denen ein Rahmenvertrag vorliegt, sollte insoweit eine gesetzliche Regelung erfolgen. Nach der derzeitigen Fassung dürfte die Durchsetzbarkeit eines Rückzahlungsanspruches – die Abtretung durch den Kunden an die Bank vorausgesetzt – mangels Bereicherung des Verkäufers fraglich sein, wenn der Kunde die Ware an die Bank herausgegeben hat.
d) Die neu eingeführte Bestimmung in Absatz 3 Satz 3 halten wir für einen Schritt in die richtige Richtung. Darüber hinaus sollte der Einwendungsdurchgriff jedoch weitergehend subsidiär ausgestattet werden. Wir dürfen insoweit auf unsere Eingabe vom 14.09.1988 verweisen. Die neue Regelung lehnt sich offensichtlich an die Rechtsprechung zu § 11 Nr. 10 b) AGBG an. Danach gilt die Nachbesserung/Ersatzlieferung beispielsweise bei endgültiger Verweigerung oder unzumutbarer Verzögerung durch den Verkäufer bereits als fehlgeschlagen.
   Mithin wäre der Kunde nach der derzeitigen Regelung nicht gezwungen, seine Erfüllungs- oder Gewährleistungsansprüche gegenüber dem Käufer durchzusetzen, obwohl ihm dies bei Leistungsfähigkeit des Verkäufers möglich und zumutbar wäre. Die neue Regelung geht damit über die ständige Rechtsprechung des BGH zum sog. Einwendungsdurchgriff (vgl. z.B. BGH NJW 1986, 43) hinaus und ist daher aus den bereits genannten Gründen abzulehnen.

Deutscher Bundestag
11. Wahlperiode

Drucksache 11/5462

25. 10. 89

Sachgebiet 761

Gesetzentwurf

der Bundesregierung

Entwurf eines Gesetzes über Verbraucherkredite, zur Änderung der Zivilprozeßordnung und anderer Gesetze

§ 8
Verbundene Geschäfte

(1) Ein Kaufvertrag bildet ein mit dem Kreditvertrag verbundenes Geschäft, wenn der Kredit der Finanzierung des Kaufpreises dient und beide Verträge als wirtschaftliche Einheit anzusehen sind. Eine wirtschaftliche Einheit ist insbesondere anzunehmen, wenn der Kreditgeber sich bei der Vorbereitung oder dem Abschluß des Kreditvertrages der Mitwirkung des Verkäufers bedient.

(2) Die auf den Abschluß des verbundenen Kaufvertrags gerichtete Willenserklärung des Verbrauchers wird erst wirksam, wenn der Verbraucher seine auf den Abschluß des Kreditvertrages gerichtete Willenserklärung nicht gemäß § 6 Abs. 1 widerruft. Die nach § 6 Abs. 2 Satz 2 erforderliche Belehrung über das Widerrufsrecht hat den Hinweis zu enthalten, daß im Falle des Widerrufs auch der verbundene Kaufvertrag nicht wirksam zustande kommt. § 6 Abs. 3 findet keine Anwendung. Ist der Nettokreditbetrag dem Verkäufer bereits zugeflossen, so tritt der Kreditgeber im Verhältnis zum Verbraucher hinsichtlich der Rechtsfolgen des Widerrufs (§ 6 Abs. 4) in die Rechte und Pflichten des Verkäufers aus dem Kaufvertrag ein.

(3) Der Verbraucher kann die Rückzahlung des Kredits verweigern, soweit Einwendungen aus dem verbundenen Kaufvertrag ihn gegenüber dem Verkäufer zur Verweigerung seiner Leistung berechtigen würden. Dies gilt nicht, wenn der finanzierte Kaufpreis vierhundert Deutsche Mark nicht überschreitet sowie bei Einwendungen, die auf einer zwischen dem Verkäufer und dem Verbraucher nach Abschluß des Kreditvertrages vereinbarten Vertragsänderung beruhen. Beruht die Einwendung des Verbrauchers auf einem Mangel der gelieferten Sache und verlangt der Verbraucher aufgrund vertraglicher oder gesetzlicher Bestimmungen Nachbesserung oder Ersatzlieferung, so kann er die Rückzahlung des Kredits erst verweigern, wenn die Nachbesserung oder Ersatzlieferung fehlgeschlagen ist.

(4) Die Absätze 1 bis 3 gelten entsprechend für Kredite, die zur Finanzierung des Entgelts für eine andere Leistung als die Lieferung einer Sache gewährt werden.

c) Der Entwurf regelt in Anlehnung an die höchstrichterliche Rechtsprechung zu den finanzierten Abzahlungsgeschäften wichtige Probleme bei Abwicklung verbundener Geschäfte (z. B. Kreditvertrag und Kaufvertrag), wozu insbesondere die Ausgestaltung des Widerrufsrechts in § 8 Abs. 2 zu zählen ist.

Eine wichtige Neuerung stellt die durch Artikel 11 der Richtlinie vorgegebene Regelung des Einwendungsdurchgriffs in § 8 Abs. 3 des Entwurfs dar. Bei Krediten, die der Finanzierung eines Liefer- oder Dienstleistungsgeschäfts dienen und eng mit diesem verbunden sind, soll der Kreditnehmer bei Störungen des Liefer- oder Dienstleistungsgeschäfts auch Rechte gegen den Kreditgeber erhalten. Die Richtlinie hat die nähere Ausgestaltung des Einwendungsdurchgriffs weitgehend den Mitgliedstaaten überlassen. Der Entwurf lehnt sich an die bisher schon praktizierte und bewährte Rechtsprechung an. Dies gilt zunächst für den Begriff der wirtschaftlichen Einheit als wesentliche Voraussetzung für einen Haftungsdurchgriff. Der Entwurf beschränkt sich des weiteren darauf, dem Kreditnehmer ein Zurückbehaltungsrecht einzuräumen, verzichtet aber im Grundsatz auf die Subsidiarität dieses Einwendungsdurchgriffs.

Zu § 8 (Verbundene Geschäfte)

Die Vorschrift regelt besondere Probleme drittfinanzierter Geschäfte, bei denen die Kreditgewährung vom Kauf- oder sonstigen Dienstleistungsvertrag getrennt von einer Finanzierungsbank übernommen wird.
Bei der Verabschiedung des Zweiten Änderungsgesetzes zum Abzahlungsgesetz hat der Deutsche Bundestag die Bundesregierung aufgefordert, über den finanzierten Abzahlungskauf einen Gesetzentwurf zu erarbeiten (Niederschrift über die 70. Sitzung vom 12. Dezember 1973, S. 4286, 4291). Dieser Entschließung hat der Entwurf eines Gesetzes über finanzierte Rechtsgeschäfte und über Maklerverträge (BT-Drucksache 8/3212) Rechnung getragen, der jedoch keine Gesetzeskraft erlangt hat.
Die Rechtsprechung hat die Vorschriften des Abzahlungsgesetzes (§ 6 AbzG) auf solche Geschäfte entsprechend angewendet und zu angemessenen Lösungen gefunden. Die angestrebte Einarbeitung des Abzahlungsgesetzes in das Verbraucherkreditgesetz und die seinerzeitige Entschließung des Deutschen Bundestages sprechen dafür, nunmehr eine gesetzliche Regelung vorzusehen. Hinzu kommt, daß auch Artikel 11 Abs. 2 der Richtlinie die Mitgliedstaaten verpflichtet, eine gesetzliche Regelung der Rechte vorzusehen, die dem Verbraucher gegenüber dem Kreditgeber zustehen, wenn der Kredit der Finanzierung eines Warenlieferungs- oder Dienstleistungsgeschäftes dient und die finanzierte Leistung nicht oder nicht vertragsgemäß erbracht wird. Der Verbraucher soll davor geschützt werden, den Kredit in voller Höhe zurückzahlen zu müssen, wenn er dem Warenlieferanten oder dem Dienstleistungserbringer zugeflossen ist und dieser an den Verbraucher keine oder keine vertragsmäßige Leistung erbracht hat. Die Richtlinie überläßt die nähere Ausgestaltung der Verbraucherrechte in solchen Fällen – sowohl hinsichtlich der Voraussetzungen als auch der Folgen – den Mitgliedstaaten.
In der Bundesrepublik Deutschland haben Rechtsprechung und Literatur für diese Fallgestaltung das Institut des sogenannten Einwendungsdurchgriffs entwickelt. Dies bedeutet, daß der Käufer und Kreditnehmer in den Fällen einer Nicht- oder Schlechterfüllung des Lieferungsvertrags usw. gegenüber dem Kreditgeber ein Zurückhaltungsrecht geltend machen kann. Dies ist jedoch an die Voraussetzung geknüpft, daß sich das finanzierte Geschäft (z. B. Kauf) und der Kreditvertrag aus der Sicht des Verbrauchers als eine »wirtschaftliche Einheit« darstellen. Der Verbraucher soll durch die rechtliche Aufspaltung nicht schlechter gestellt werden, als wenn ihm – wie bei einem einfachen Abzahlungskauf – nur ein Vertragspartner gegenüberstünde (Palandt-Putzo, Bürgerliches Gesetzbuch, 48. Aufl, Anhang zu § 6 AbzG, Anm. 3 ff. m.w.N.).
§ 8 Abs. 1 Satz 1 definiert den Begriff des verbundenen Geschäfts in Übereinstimmung mit der höchstrichterlichen Rechtsprechung. Kauf- und Darlehensvertrag müssen eine so enge Verbindung aufweisen, daß sich beide als Teilstücke einer rechtlichen oder wenigstens wirtschaftlich-tatsächlichen Einheit eng ergänzen (BGH, WM 1980, 159). Satz 2 enthält ein Regelbeispiel für das Vorliegen einer »wirtschaftlichen Einheit« von Kreditvertrag und finanziertem Vertrag, nämlich für den Fall, daß der Verkäufer – möglicherweise aufgrund eines Einreichervertrages mit der Finanzierungsbank – bei der Vorbereitung oder dem Abschluß des Kaufvertrages mit-

wirkt. Beispielhaft hierfür ist insbesondere das sogenannte »B-Geschäft« zu nennen, bei dem der Verkäufer beim Kreditantrag an einen von ihm bestimmten Kreditgeber mitwirkt und in aller Regel den kreditierten Kaufpreis direkt vom Kreditgeber ausgezahlt erhält.
Die höchstrichterliche Rechtsprechung zum Einwendungsdurchgriff verlangt allerdings, daß der Verbraucher vor Geltendmachung seines Leistungsverweigerungsrechts gegenüber dem Kreditgeber seine Rechte in zumutbarer Weise gegen den Verkäufer bzw. Erbringer der finanzierten Dienstleistung durchzusetzen versucht (Subsidiarität des Einwendungsdurchgriffs). Allerdings hat der Bundesgerichtshof in bestimmten Fällen (Nichtigkeit des finanzierten Geschäfts, BGH, WM 1980, 327) auf die vorherige Inanspruchnahme des Lieferanten gänzlich verzichtet; auch hat er diese in Fällen einer ernsthaften Erfüllungsverweigerung des Verkäufers als dem Verbraucher unzumutbar erachtet (BGH, WM 1979, 489). Der Entwurf drängt den Grundsatz der Subsidiarität weiter zurück; die sofortige Geltendmachung des Leistungsverweigerungsrechts gegenüber dem Kreditgeber dient nämlich einer ökonomischen Vertragsabwicklung: Der Kreditgeber kann sein Vertragsverhältnis zum Verkäufer von vornherein so gestalten, daß er leicht Regreß nehmen kann (z. B. indem er sich eine Bürgschaft einräumen läßt). Bei Insolvenz des Verkäufers trägt der Kreditgeber ohnehin das Risiko des Geschäfts.
Der Entwurf regelt den Einwendungsdurchgriff in Absatz 3. Er hält den Gedanken der Subsidiarität nur insoweit aufrecht, als der Verkäufer sich bei Sachmängeln die Ersatzlieferung oder die Nachbesserung vorbehalten hat. Dasselbe gilt, wo diese Rechtsbehelfe gesetzlich vorgesehen sind. Hier muß der Verbraucher zunächst das Ergebnis der Nachbesserung abwarten, bevor er sein Leistungsverweigerungsrecht gegenüber dem Kreditgeber geltend machen kann. In den Fällen nämlich, in denen der Verbraucher selbst das Festhalten am Vertrag und die Behebung des Mangels wünscht oder in denen der Vertrag vorsieht, daß dem Leistungserbringer die Möglichkeit hierzu zu gewähren ist, kann dem Verbraucher zugemutet werden, bis zum Scheitern dieses Versuchs seine Raten weiter zu entrichten. Der Begriff des »Fehlschlagens« ist dem § 11 Nr. 10 Buchstabe b des Gesetzes zur Regelung der Allgemeinen Geschäftsbedingungen entlehnt und auf die zu dieser Vorschrift ergangene Rechtsprechung kann für seine Definition zurückgegriffen werden. Die Dauer der vorübergehenden Einschränkung des Einwendungsdurchgriffs ist dadurch dem jeweiligen Einzelfall angemessen begrenzt und die rechtlichen Voraussetzungen ihrer Beendigung sind für die Beteiligten hinreichend klar bestimmt.
Absatz 3 Satz 1 gewährt dem Verbraucher das Recht, die Rückzahlung des Darlehens – einschließlich der Zinsen – zu verweigern. Nach Absatz 1 Satz 2 ist der Einwendungsdurchgriff in zwei Fällen ausgeschlossen: Einmal dann, wenn das finanzierte Entgelt unter 400 Deutsche Mark liegt. Diese Ausnahme betrifft z. B. Fälle des finanzierten Kaufs, bei denen unter Ausnutzung eines höheren Kreditrahmens (z. B. bei Kreditkartenkonten mit echtem Kreditcharakter) eine Vielzahl von kleineren Geschäften abgewickelt wird, von denen jedes einzelne die Bagatellgrenze von 400 Deutsche Mark nicht überschreitet (§ 2 Abs. 1 Nr. 1). Des weiteren ist der Einwendungsdurchgriff ausgeschlossen, wenn sich die Einwendung aus einer nachträglich zwischen dem Verbraucher und dem Verkäufer bzw. Erbringer der Dienstleistung vereinbarten Vertragsänderung ergibt, weil der Kreditgeber mit solchen Belastungen bei Abschluß des Kreditvertrages nicht zu rechnen braucht (BGH, MDR 1956, 597). Eine Vereinbarung über die Wandelung des finanzierten Geschäfts, die Minderung des Kaufpreises oder der vereinbarten Vergütung fällt nicht hierunter, da damit keine nachträgliche Vertragsänderung verbunden ist.
Absatz 2 enthält Sonderregelungen für das Widerrufsrecht, die aufgrund der Personenverschiedenheit erforderlich und eng an die zu § 1 b AbzG entwickelte Rechtsprechung des Bundesgerichtshofs angelehnt sind. Die Wirksamkeit der auf den Abschluß des Kaufvertrags gerichteten Willenserklärung des Verbrauchers wird verknüpft mit der Wirksamkeit der Kreditvertragserklärung (Absatz 2 Satz 1). Widerruft der Verbraucher das Kreditgeschäft gemäß § 6 Abs. 1, so ist auch der Kaufvertrag nicht wirksam zustande gekommen (BGH, JZ 1984, 748). Über diese Rechtsfolge des Widerrufs muß der Verbraucher im Rahmen der nach § 6 Abs. 2 Satz 2 erforderlichen Belehrung aufgeklärt werden (Satz 3) (BGHZ 91, 338; BGH WM 1987, 365). Durch die umfängliche Belehrungspflicht soll der möglichen Fehleinschätzung des Verbrauchers entgegengewirkt werden, der Kreditvertrag sei zwar durch Widerruf nicht wirksam geworden, gleichwohl sei er aber an den Kaufvertrag gebunden.

Die Widerrufsfrist und deren Beginn bestimmen sich nach der allgemeinen Regel des § 6 Abs. 2. Da diese Vorschrift ausdrücklich offenläßt, wer die Urkunde mit der Belehrung des Kreditgebers auszuhändigen hat, kann zur Vereinfachung der Abwicklung die Aushändigung dem Verkäufer übertragen werden. Die Rechtsbeständigkeit des Widerrufs ist nicht von der alsbaldigen Rückzahlung des Darlehens (§ 6 Abs. 3) abhängig (Absatz 2 Satz 3); der Kreditbetrag ist hier dem Verkäufer zugeflossen, so daß der Verbraucher oft zu seiner Rückzahlung nicht in der Lage sein wird. Die Gefahr einer anderweitigen Verwendung besteht hier nicht. Die Rechtsfolgen bei Untergang oder Beschädigung der gelieferten Sache ergeben sich aus § 3 Abs. 1 Sätze 2 und 3 des Gesetzes über den Widerruf von Haustürgeschäften und ähnlichen Geschäften. Da der Kreditgeber im Verhältnis zum Verbraucher die Folgen von Leistungsstörungen grundsätzlich trägt, erscheint es angemessen, ihm und nicht dem Verkäufer in dem Abwicklungsverhältnis die beherrschende Rolle zu übertragen. Dies geschieht in der Weise, daß der Kreditgeber in sämtliche Rechte und Pflichten des Verkäufers hinsichtlich der Rückabwicklung des Vertrages eintritt (Absatz 2 Satz 4); das gilt jedoch nicht für den Ersatz von Begleitschäden, die sich aus Mängeln der Kaufsache ergeben.
Absatz 4 erstreckt den Regelungsgehalt der Absätze 1 bis 3 auf alle anderen fremdfinanzierten Leistungsverträge.

Bankenfachverband e. V.

Stellungnahme
zum
Regierungsentwurf eines Gesetzes über Verbraucherkredite, zur Änderung der Zivilprozeßordnung und anderer Gesetze (Bundestags-Drucksache 11/5462 vom 25.10.89)

4. Zu § 8 VerbrKrG – Verbundene Geschäfte

a) § 8 Abs. 1

Der Regierungsentwurf enthält in § 8 Abs. 1 keine klare Definition des verbundenen Geschäfts. Das Vorliegen einer sogenannten wirtschaftlichen Einheit zwischen Kaufvertrag und Kreditvertrag wird lediglich an einem Beispielsfall erläutert. Der Entwurf geht damit weit über die konkreten Vorgaben des Art. 11 Abs. 2 der EG-Verbraucherkreditrichtlinie hinaus. Angesichts der umfangreichen, unübersichtlichen und vor allem unpräzisen Einzelfallrechtsprechung zu § 6 AbzG, an deren Grundsatz sich der Entwurf anlehnt, ist der Gesetzgeber hier aufgerufen, im Interesse der Rechtsklarheit eine eindeutige gesetzliche Regelung der tatbestandlichen Voraussetzungen des verbundenen Geschäfts vorzunehmen, wie sie beispielsweise die EG-Verbraucherkreditrichtlinie in Art. 11 Abs. 2 vorsieht. Das Erfordernis einer eindeutigen gesetzlichen Regelung wird vor allem deutlich, wenn man sich die an das Vorliegen eines verbundenen Geschäfts geknüpften Konsequenzen (Einwendungsdurchgriff, Rückabwicklungspflicht bei Widerruf) vor Augen hält. Die Rechtssicherheit erfordert es, daß sich die Vertragsbeteiligten bei Abschluß des Vertrages über die Anwendbarkeit des Gesetzes und die daraus resultierenden Belastungen und Risiken Klarheit verschaffen können.

b) § 8 Abs. 2 Satz 4

Nach dieser Vorschrift tritt der Kreditgeber im Verhältnis zum Verbraucher hinsichtlich der Rechtsfolgen des Widerrufs in die Rechte und Pflichten des Verkäufers aus dem Kaufvertrag ein, wenn die Valuta dem Käufer bereits zugeflossen ist. Nicht ausdrücklich geregelt werden dagegen die Rechte des Kreditgebers gegenüber dem Verkäufer, insbesondere der Anspruch auf Rückzahlung der Darlehensvaluta. Insoweit ergeben sich jedoch in der Praxis bereicherungsrechtliche Probleme. Diese werden durch die weite Definition des verbundenen Geschäfts verstärkt. Denn nur dann, wenn zwischen Kreditgeber und Verkäufer ein Rahmenvertrag besteht, was entgegen der Annahme der amtlichen Begründung in der Praxis nicht den Regelfall darstellt, ist eine vertragliche Vereinbarung über die Rückabwicklung zwischen Kreditgeber und Verkäufer möglich. Da aber die im Gesetzentwurf enthaltene Regelung des verbundenen Geschäfts weit über die Fälle hinausgeht, in denen in der Praxis zwischen Verkäufer und Kreditgeber eine dauernde Geschäftsverbindung oder gar ein Rahmenvertrag besteht, sollte insoweit zumindest eine gesetzliche Regelung der Rückabwicklung zwischen Kreditgeber und Verkäufer erfolgen. Nach der derzeitigen Fassung dürfte die Durchsetzbarkeit eines Rückzahlungsanspruches – die Abtretung durch den Käufer an den Kreditgeber vorausgesetzt – mangels Bereicherung des Verkäufers fraglich sein, wenn der Käufer wie im Gesetzentwurf vorgesehen die Kaufsache an den Kreditgeber herausgegeben hat.

c) § 8 Abs. 3

Die Regelung in § 8 Abs. 3 hebt den Grundsatz der Subsidiarität des Einwendungsdurchgriffs, den die Rechtsprechung nur unter ganz engen Voraussetzungen durchbrochen hat, weitgehend auf. Im Falle der Nichtigkeit oder Anfechtbarkeit des Kaufvertrages soll der Verbraucher zur sofortigen Geltendmachung seiner Einwendungen gegenüber dem Kreditgeber berechtigt sein. Lediglich bei Mangelhaftigkeit der gelieferten Sache wird der Grundsatz der Subsidiarität, allerdings nur in sehr beschränktem Maße, aufrechterhalten. So kann der Verbraucher die Rückzahlung des Kredits bereits verweigern, wenn die Nachbesserung der gelieferten Sache »fehlgeschlagen« ist. Das ist nach der Rechtsprechung zu § 11 Nr. 10 b AGBG beispielsweise bereits dann der Fall, wenn der Verkäufer die Nachbesserung verweigert. Kann der Verbraucher dagegen die gesetzlichen Mängelrechte Wandlung, Minderung oder Schadensersatz verlangen, so gilt der Grundsatz der Subsidiarität nicht; der Verbraucher kann diese Rechte dem Kreditgeber in Zukunft sofort entgegenhalten.
Damit wird der Verbraucher von jeglichem Risiko des Geschäfts entbunden. Dem Kreditgeber werden dagegen einseitig betriebsfremde Risiken angelastet. Bei dieser Sachlage kann im Gegensatz zur Auffassung der amtlichen Begründung von einer ökonomischen Vertragsabwicklung keine Rede sein. Vielmehr wird der Kreditgeber sowohl gegenüber dem Verbraucher als auch im Rahmen des Regresses gegenüber dem Verkäufer in eine Prozeßsituation hineingedrängt, in der er sich gegen die erhobenen Einwendungen, die in der Regel in der Qualität des Kaufgegenstandes begründet sind, aus eigener Kenntnis nicht verteidigen kann. Entgegen der amtlichen Begründung besteht für den Kreditgeber in der Regel auch nicht die Möglichkeit, Regreßansprüche gegenüber dem Verkäufer vertraglich zu regeln, da die Definition des »verbundenen Geschäfts« weit über die Fälle hinausgeht, in denen zwischen Kreditgeber und Verkäufer ein Rahmenvertrag besteht, in welchem eine entsprechende Regelung getroffen werden könnte.
Wir halten es daher im Sinne eines angemessenen Interessenausgleichs für sachgerecht, den Grundsatz der Subsidiarität zumindest für die Fälle der Nicht- oder Schlechterfüllung beizubehalten. Dies entspricht der Rechtsprechung des Bundesgerichtshofes, wonach der Einwendungsdurchgriff nicht zugelassen und der Käufer auf die vorrangige Inanspruchnahme des Verkäufers verwiesen wird, wenn der Käufer auf der Grundlage eines bestehenden Vertrages in zumutbarer Weise, d. h. auch in Form einer gerichtlichen Geltendmachung, Ansprüche auf Vertragserfüllung und Gewährleistung gegen den Verkäufer verwirklichen kann (vgl. BGH NJW

1973, 452; 1984, 2818 u. 1987, 1813). Auch Art. 11 Abs. 2 e) der EG-Verbraucherkreditrichtlinie sieht vor, daß der Einwendungsdurchgriff zuzulassen ist, wenn der Verbraucher seine Rechte gegen den Lieferanten erfolglos geltend gemacht hat. Es kann nicht als unangemessene Risikoverteilung angesehen werden, wenn der Kreditgeber den Käufer zunächst an den Verkäufer verweist und die Abwicklung des Kaufvertrages den daran Beteiligten überläßt. Damit würde der Verbraucher beim verbundenen Geschäft nicht schlechtergestellt als der Käufer eines einfachen Abzahlungsgeschäftes, der ebenfalls das Risiko eines Prozesses mit dem Verkäufer trägt, so daß dem Grundanliegen und Schutzzweck des von der Rechtsprechung entwickelten Einwendungsdurchgriffs Rechnung getragen wäre.
Der unmittelbare Einwendungsdurchgriff sollte daher auf die Fälle beschränkt werden, in denen es dem Käufer unmöglich ist, seine Rechte gegen den Verkäufer tatsächlich durchzusetzen, beispielsweise wenn der Verkäufer sich im Konkurs befindet oder sonst in Vermögensverfall geraten ist.

Deutscher Bundestag
11. Wahlperiode 1987
6. Ausschuß

Protokoll Nr. 86

Stenographisches
Protokoll
der 86. Sitzung
des Rechtsausschusses
am Freitag, dem 1. Juni 1990, 9.40 Uhr
Bonn, Bundeshaus

Stellv. Vorsitz: Abg. Stiegler

Tagesordnung

Öffentliche Anhörung

FRAGENKATALOG
zum
Entwurf eines Gesetzes über Verbraucherkredite, zur Änderung der Zivilprozeßordnung und anderer Gesetze
– Drucksache 11/5462 –

1. Schöpft der Gesetzentwurf der Bundesregierung den Handlungsspielraum für den Verbraucherschutz aus, wie er in der vom Rat der Europäischen Gemeinschaften am 22.12.1986 erlassenen Richtlinie zur Angleichung der Rechts- und Verwaltungsvorschriften der Mitgliedstaaten über den Verbraucherkredit gezogen wird?

2. Sollte das Verbraucherkreditgesetz in das Bürgerliche Gesetzbuch eingearbeitet werden und auch dem Schuldner nahestehende Personen, die sich als Mitschuldner oder Bürgen verpflichtet haben, erfassen?
3. Ist eine gesetzliche Regelung (Absicherung) der Schuldnerberatung notwendig und gegebenenfalls in den Gesetzentwurf zu integrieren?
4. Sind die Einführung eines Verbraucherinsolvenzverfahrens und dessen Integrierung in ein Verbraucherkreditgesetz sinnvoll?
5. Teilen Sie die Auffassung der Bundesregierung, daß durch § 1 Abs. 2 Satz 2 des Entwurfes eine Gleichstellung des Finanzierungs-Leasings mit dem Fall der endgültigen Substanzübertragung nicht ausgeschlossen wird?
   Sollte die Regelung beibehalten werden, oder ist sie überflüssig?
6. Sollten auch grundpfandrechtlich gesicherte Kredite in den Geltungsbereich des Gesetzes aufgenommen werden?
7. Halten Sie die in § 2 (vor allem in Abs. 1, Nr. 4) vorgesehenen Ausnahmeregelungen für sachgerecht?
8, Sollten die abzahlungsähnlichen Gesetze im Sinne von § 1 c Abzahlungsgesetz in den Geltungsbereich des Verbraucherkreditgesetzes übernommen werden?
9. Sollte eine Regelung über den Ausschluß oder zumindest eine Milderung der schwerwiegenden Folgen einer Bürgschaft für nahe Angehörige im Gesetz geregelt werden?
10. Sollte der Tatbestand des Wuchers in das Verbraucherkreditgesetz selbst übernommen oder im BGB – mit Geltung auch für das Verbraucherkreditgesetz – gesetzlich definiert werden?
11. a) Sollte für den persönlichen Anwendungsbereich des Verbraucherkreditgesetzes die Regelung des § 8 Abzahlungsgesetz beibehalten werden?
    b) Ist die Regelung des sog. Einwendungsdurchgriffs in § 8 sachgerecht und entspricht vor allem der Abs. 3 dem Stand der Rechtsprechung?
12. Sehen Sie bei einem Inkrafttreten des Verbraucherkreditgesetzes und der Außerkraftsetzung des Abzahlungsgesetzes mögliche Nachteile für die Verbraucher?
13. Sollten einige Schutzvorschriften des Gesetzes, wie z.B. Schriftformerfordernis, Widerrufsrecht auch für wiederkehrende Leistungen (z.B. sog. Lexikonverträge, Zeitschriftenabonnements) gelten, soweit sie nicht unter die sog. Haustürgeschäfte fallen?
14. Sollte das Gesetz auf gerichtiche Protokolle und notarielle Urkunden generell Anwendung finden?
15. Befürchten Sie, daß die vom Bundesrat vorgeschlagen Herabsetzung der Überziehungszinsen auf den gesetzlichen Zinssatz zu einer erheblichen Verteuerung der Kontoführungsgebühren führen würde, so daß Sie sich gegen die Einfügung der Absätze 5 und 6 in § 5 des Entwurfes aussprechen?
16. Reichen die Rechtsfolgen von Formmängeln bei Kreditverträgen in §§ 5 und 6 des Gesetzes aus?
17. Halten Sie den Vorschlag des Bundesrates zur Beweislasterleichterung (zu § 6 Abs. 2 Satz 4) für geeignet, den Verbraucher in der Praxis wirkungsvoller zu schützen?
18. Führt die Einschränkung des Widerrufsrechts in § 6 Abs. 3 möglicherweise zu Härten, weil der Kreditnehmer nicht in der Lage ist, das Darlehen in der vorgeschriebenen Frist zurückzuzahlen, er den Kredit z.B. zur Ablösung eines anderen Darlehens verwendet hat?
19. Halten Sie die in § 10 Abs. 1 des Gesetzentwurfs enthaltene pauschalierte Bemessung des Verzugszinses mit 5 v.H. über dem Bundesbankdiskontsatz für angemessen?
20. Halten Sie ein Verbot der Kündigung durch den Verbraucher im Falle unverschuldeter Notlage für notwendig?
21. Ist die Gesamtfälligstellung unter den in § 11 Abs. 1 Nrn. 1 und 2 bestimmten Voraussetzungen sachgerecht?
22. Ist die vom Bundesrat vorgeschlagene zusätzliche Begrenzung des Vertragszinses, wonach neben die betragsmäßige Begrenzung nach § 11 Abs. 3 Satz 2 des Gesetzentwurfs noch eine feste zeitliche Grenze treten soll, sachgerecht und notwendig?
23. Sollte beim Rücktritt des Kreditgebers in § 12 Abs. 2 des Gesetzentwurfs anstelle einer Verweisung auf das Rücktrittsrecht des BGB die Regelung des § 2 Abs. 1 Satz 2 Abzahlungsgesetz übernommen werden?
24. Halten Sie ein Verbot der gewerblichen »Schuldenregulierung« für sachgerecht?

25. Ist die Forderung des Bundesrates, Leasingverträge (z.B. beim Autokauf) auszunehmen sachgerecht oder sollten alle Leasingverträge dem Schutzbereich des Verbraucherkreditgesetzes unterstellt werden?
26. Ist die in Art. 2 des Gesetzentwurfes vorgeschlagene Koppelung der Kündigungsrechte des Schuldners nach § 609 a BGB an die alsbaldige Rückzahlung des Darlehens nach der Rechtsprechung des BGH sachgerecht und notwendig?
    Welche Veränderung der Rechtslage bringt sie aus der Sicht der Verbraucher?
27. Halten Sie es für geboten, neben § 138 BGB für Darlehensverträge eine an objektiven Kriterien orientierte Sittenwidrigkeitsgrenze im Gesetz zu normieren?
28. Wäre es zweckmäßig, bereits dem Rechtspfleger im Mahnverfahren die Kompetenz einzuräumen. Anträge auf Erlaß eines Mahnbescheides, die Kredite mit Zinsen von 12 v.H. über dem Diskontsatz erfassen, zurückzuweisen?
29. Kann auf die Erinnerung gegen die Zurückweisung des Antrages auf Erlaß des Mahnbescheides verzichtet werden?
30. Was ist vom Vorschlag des Bundesrates zu halten, das Wohnungsvermittlungsgesetz insoweit zu ändern, als die Rückforderung zu Unrecht gezahlter Maklergebühren künftig erst in vier Jahren statt nach einem Jahr verjähren soll?
31. Sollten in den Gesetzentwurf auch Bestimmungen aufgenommen werden, die die Verarbeitung von personenbezogenen Daten der Kreditnehmer bei Abschluß und Abwicklung von Kreditverträgen sowie zur Kreditinformation und Bonitätskontrolle regeln?

Dr. Scholz: Ich möchte etwas zur Frage 11 b nachtragen. Es wird gefragt, ob die Regelung dem Stand der Rechtsprechung entspricht. Ich möchte darauf hinweisen, daß die Frage des Einwendungsdurchgriffs über die Rechtsprechung hinausgeht. Das wird auch in der Begründung erwähnt. Ich bin der Meinung, daß man, nachdem der BGH trotz aller fallweisen Abweichungen im Einzelfall immer daran festgehalten hat, nicht darüber hinausgehen sollte, insbesondere da die Frage, was ein wirtschaftlich verbundenes Geschäft ist, nach Absatz 1 ebenso unklar bleibt, wie sie in der Rechtsprechung bisher ist. Man sollte versuchen, eine Präzisierung vorzunehmen. Ich erinnere daran, daß in der Untersuchung, die Herr Hörmann und Kollegen vor einigen Jahren im Auftrag des Justizministeriums vorgenommen haben, sehr große Meinungsverschiedenheiten zwischen den Beteiligten in der Frage zu Tage getreten sind, was ein verbundenes – sprich: finanziertes – Abzahlungsgeschäft ist. Es wurde dargelegt, daß in der Kreditwirtschaft 6 % der untersuchten Fälle und von den Autoren 24 % der untersuchten Fälle unter diesen Begriff gelegt wurden. Man sollte sich schon von Anfang an darüber im klaren sein, was unter diesen Begriff fällt, weil davon in viel größerem Umfang als bisher abhängt, ob und welche Formvorschriften und andere Dinge zu beachten sind.
Ferner möchte ich auf eine Frage hinweisen, die mir unklar ist und auch in Gesprächen mit anderen nicht klar geworden ist. Absatz 2, der das Widerrufsrecht bei verbundenen Geschäften betrifft, regelt zwar die Rückabwicklung zwischen Kreditnehmer und Kreditgeber, aber nicht zwischen Kreditgeber und etwa einem Verkäufer, Warenlieferanten oder ähnlichem. In der Begründung heißt es nur, es sei möglich, daß aufgrund der bestehenden Verträge zwischen diesen beiden Partnern eine Regelung getroffen werde. Man geht von dem früheren B-Geschäft aus und meint, das sei heute noch das herrschende. Das ist aber auf eine marginale Bedeutung zurückgegangen. Die Masse der Geschäfte wird, gerade wenn man wie in Absatz 1 den Begriff des verbundenen Geschäfts zugrunde legt, nicht aufgrund vertraglicher Vereinbarungen zwischen Kreditgeber und Verkäufer abgeschlossen. Es stellt sich also die Frage, wie zwischen diesen beiden ein Ausgleich erfolgen soll. Nach dem jetzigen Ergebnis hat der Kreditgeber das Auto, die Möbel oder was auch immer auf dem Hof stehen. Der Verkäufer hat den Barpreis erhalten. Für ihn ist das Geschäft abgewickelt. Es scheint fraglich, ob man nach den Grundsätzen der ungerechtfertigten Bereicherung vorgehen kann, denn der Verkäufer ist nicht bereichert. Er hat nämlich einen ganz normalen Kauf abgeschlossen. Zumindest sollte eine Klarstellung erfolgen, wie zwischen Verkäufer und Kreditgeber die Rückabwicklung zu erfolgen hat.

Stellv. Vors. Stiegler: Ich gehe ungern zurück. Vor allem haben Sie alles, was Sie jetzt gesagt haben, schon schriftlich niedergelegt. – Aber Professor Pick hat sich dazu noch einmal gemeldet.

Abg. Prof. Dr. Pick (SPD): Die Frage 11 b bezieht sich auf den letzten Halbsatz von § 8 Abs. 3 Satz 3. Dort wird nach meiner Auffassung eine neue Subsidiaritätsklausel eingeführt, die hinter den Stand der derzeitigen Rechtsprechung geht. Das ist die konkrete Frage gewesen. Daran schließt sich natürlich die Frage an, ob dies sachgerecht und angemessen ist, denn der Gesetzentwurf erschwert hier die Rechtsposition des Käufers in nicht unerheblichem Maße.

Wacket: Ich darf direkt auf das antworten, was Herr Professor Pick gesagt hat. Ich sehe es nicht so, daß der Gesetzentwurf hinter die Rechtsposition der derzeitigen Rechtsprechung zurückgeht. Vielmehr löst sich der Gesetzentwurf davon und geht zugunsten den Käufers über die Rechtsprechung hinaus. Man muß sich klarmachen, daß der Käufer bei Gewährleistungsrechten aus Wandlung und Minderung sofort Einwendungen gegenüber der finanzierenden Bank geltend machen kann. Nur bei Nachbesserungen gilt die Subsidiarität, und zwar nur in eingeschränkten Umfang. Nach der bisherigen Rechtsprechung war der direkte Durchgriff auf das finanzierende Institut nur zugelassen, wenn dem Verbraucher die Geltendmachung gegenüber dem Verkäufer unzumutbar war. Er ist also auf die vorherige gerichtliche Geltendmachung verwiesen worden. Nur wenn der Verkäufer in Vermögensverfall geraten war, konnten die Einwendungen direkt gegenüber dem finanzierenden Institut geltend gemacht werden. Ich kann die Nachweise gern bringen. Ich habe sie auch in unserer Stellungnahme an den Rechtsausschuß dargelegt.

Stellv. Vors. Stiegler: Ich schaue auf die Uhr. Uns stehen noch 60 Minuten zur Verfügung. Ich bitte, alles das, was in den Papieren steht, nicht noch einmal vorzutragen, sondern auf das einzugehen, was ergänzend vorgetragen werden soll.

Arbeits-
gemeinschaft
der
Verbraucherverbände e.V.

Heilsbachstraße 20
5300 Bonn 1
Tel. (02 28) 64 10 11
Telefax
(02 28) 6 42 05 98
Telex 8 86 9674
Btx *20200#
(02 28) 64 10 16

Bonn, den 22. Mai 1990

Stellungnahme zum Fragenkatalog der öffentlichen Anhörung
des Rechtsausschusses des Deutschen Bundestages
zum Gesetzentwurf der Bundesregierung über

VERBRAUCHERKREDITE

– Drucksache 11/5462 –

11.

b) Die Regelung des Abs. 3 ist nicht sachgerecht und widerspricht der EG-Richtlinie. Die – anders als im ersten Referentenentwurf – vorgesehene Subsidiaritätsklausel für den größten Bereich der Verbrauchereinwendungen, nämlich die Mängelgewährleistungsansprüche, ist nicht sachgerecht. Die Subsidiarität widerspricht einer ökonomischen Vertragsabwicklung und ist mit den Grundgedanken, den Verbraucher durch die Aufspaltung eines einheitlichen wirtschaftlichen Vorgangs nicht schlechterzustellen, nicht vereinbar.
Nach Art. 11 RL darf das Bestehen eines Kreditvertrages in keiner Weise die Rechte des Verbrauchers beeinträchtigen.

Bankenfachverband e. V.

Fragen-/Antwortkatalog
zum
Entwurf eines Gesetzes über Verbraucherkredite, zur Änderung
der Zivilprozeßordnung und anderer Gesetze

– Drucksache 11/5462 –

11. a) Sollte für den persönlichen Anwendungsbereich des Verbraucherkreditgesetzes die Regelung des § 8 Abzahlungsgesetz beibehalten werden?
b) Ist die Regelung des sog. Einwendungsdurchgriffs in 9 8 sachgerecht, und entspricht vor allem der Abs. 3 dem Stand der Rechtsprechung?

a) Die Abgrenzung des persönlichen Anwendungsbereichs in § 8 AbzG ist von der Rechtsprechung wiederholt als nicht mehr zeitgemäß angesehen worden. Die im Gesetzentwurf gewählte Abgrenzung ist daher als sachgerecht und im Interesse einer weitergehenden Harmonisierung des persönlichen Anwendungsbereichs verbraucherschützender Vorschriften zu begrüßen. Demgegenüber würde die vom Bundesrat geforderte Abgrenzung zu einer nicht vertretbaren Verzeichnung und Überdehnung des Begriffes »Verbraucherkredit« führen. Das gleiche gilt für die von der Bundesregierung in Erwägung gezogene Einbeziehung von Existenzgründungsdarlehen.

b) Nach unserer Auffassung ist die Regelung des Einwendungsdurchgriffs in § 8 schon deshalb nicht sachgerecht, weil die Vorschrift keine eindeutige Definition des »verbundenen Geschäfts« enthält; in § 8 Abs. 1 Satz 2 sollte daher das Wort »insbesondere« gestrichen werden oder eine Enumeration erfolgen, wie sie Art. 11 Abs. 2 EG-Verbraucherkreditrichtlinie enthält. Im übrigen ist zu kritisieren, daß die Regelung in § 8 Abs. 3 die Risiken des verbundenen Geschäfts einseitig auf den nicht am Kaufvertrag beteiligten Kreditgeber abwälzt. Die vorgeschlagene Regelung geht zum Nachteil des Kreditgebers über die bisherige Rechtsprechung des Bundesgerichtshofes hinaus, wonach der Käufer auf die vorrangige Inanspruchnahme des Verkäufers verwiesen wird, wenn der Käufer auf der Grundlage eines bestehenden Vertrages in zumutbarer Weise, d. h. auch in Form einer gerichtlichen Geltendmachung, Ansprüche auf Vertragserfüllung und Gewährleistung gegenüber dem Verkäufer verwirklichen kann. Eine solche Regelung entspräche einer ökonomischen Vertragsabwicklung. Der direkte Durchgriff auf den Kreditgeber sollte in den Fällen der Nicht- oder Schlechtlieferung daher nur zugelassen werden, wenn dem Verbraucher die Geltendmachung seiner Rechte gegenüber dem Verkäufer unmöglich ist, beispielsweise wenn sich der Verkäufer in Konkurs befindet oder sonst in Vermögensverfall geraten ist.

c) In diesem Zusammenhang müssen wir nochmals darauf hinweisen, daß der Entwurf in § 8 Abs. 2 keine Regelung über die Rückabwicklung zwischen Kreditgeber und Verkäufer im Falle des Widerrufs enthält. Im Interesse einer ausgewogenen Regelung halten wir daher die Einführung eines gesetzlichen Anspruchs des Kreditgebers auf Rückzahlung der Darlehensvaluta gegenüber dem Verkäufer für unbedingt erforderlich. Die in der amtlichen Begründung vorgeschlagene vertragliche Regelung zwischen Kreditgeber und Verkäufer geht in der Praxis ins Leere, da aufgrund der weiten Definition des verbundenen Geschäfts in einer Vielzahl von Fällen zwischen Kreditgeber und Verkäufer kein entsprechender Rahmenvertrag besteht.

ZENTRALER KREDITAUSSCHUSS

BUNDESVERBAND DER DEUTSCHEN VOLKSBANKEN UND RAIFFEISENBANKEN EV BONN / BUNDESVERBAND DEUTSCHER BANKEN EV KÖLN / DEUTSCHER SPARKASSEN- UND GIROVERBAND EV BONN / VERBAND DEUTSCHER HYPOTHEKENBANKEN EV BONN-BAD GODESBERG / VERBAND ÖFFENTLICHER BANKEN EV BONN-BAD GODESBERG

Stellungnahme

zum Fragenkatalog betreffend den Entwurf eines Gesetzen über Verbraucherkredite, zur Änderung der Zivilprozeßordnung und anderer Gesetze (Bundestag-Drucksache 11/5462 vom 25. Oktober 1989)

b) Ist die Regelung des sogenannten Einwendungsdurchgriffs in § 8 sachgerecht und entspricht vor allem dem Abs. 3 dem Stand der Rechtsprechung?

Mit den geplanten Regelungen werden den Kreditinstituten Verpflichtungen auferlegt, die vom Grundgeschäft her Sache des Verkäufers sind und im Verhältnis des Verbrauchers zu diesem besser abgewickelt werden könnten. Insoweit gehen die Regelungsvorschläge sogar deutlich über den Stand der Rechtsprechung hinaus.

Bundesarbeitsgemeinschaft Schuldnerberatung e.V.

BAG -SB

b) Die Regelung des Einwendungsdurchgriffs in § 8 des Entwurfs ist im großen und ganzen sachgerecht und entspricht im wesentlichen der geltenden Rechtsprechung. Es ist nach unserer Auffassung zur Klarstellung auch durchaus sinnvoll, sogenanntes Richterrecht nach entsprechender Stabilisierung in gesetzliche Vorschriften umzusetzen. Warum aber der Einwendungsdurchgriff nicht für Abzahlungsgeschäfte unterhalb DM 400,00 gelten soll, ist kaum begründbar. Auch derartigen Bagatellgeschäften braucht der Schutz nicht entzogen zu werden. Warum soll hier der Kreditnehmer und Käufer schlechter stehen, als wenn er die Finanzierung unmittelbar über den Verkäufer abgewickelt hätte?

INSTITUT FÜR BANKWIRTSCHAFT UND BANKRECHT
AN DER UNIVERSITÄT ZU KÖLN · ABTEILUNG BANKRECHT
Univ.-Professor Dr. Norbert Horn

POSTANSCHRIFT: INSTITUT FÜR BANKRECHT
5000 KÖLN 41 (LINDENTHAL)
UNIVERSITÄT
ALBERTUS-MAGNUS-PLATZ 1
TELEFON: 0221/470-2327
TELEFAX: 0221/470-5151

25. Mai 1990 Ho/Th

b) Die bisherige Rechtssprechung geht von einer Subsidiarität des Einwendungsdurchgriffs aus, während der Entwurf in § 8 III generell die Subsidiarität aufgibt (S. 1) und nur für bestimmte Fälle beibehält (S. 2 und 3).
Die Regelung ist insofern sachgerecht, als sie den Schutz des Verbrauchers als Abzahlungskäufers wirksam verstärkt. Zwar können sich grundsätzliche Bedenken daraus ergeben, daß der Einwendungsdurchgriff selbst eine systemwidrige Ausnahmeregelung darstellt, indem er Einwendungen außerhalb der Sonderbeziehung der Vertragspartner untereinander zuläßt. Aus diesem Ausnahmecharakter läßt sich auch die Subsidiarität begründen: Der Einwendungsdurchgriff soll nur gelten, wenn der Abzahlungskäufer vom Verkäufer keine Abhilfe erlangen kann. Die Verschärfung des Verbraucherschutzes durch teilweisen Wegfall der Subsidiarität ist jedoch sachgerecht, da der Einwendungsdurchgriff ohnehin an die besonderen Voraussetzungen des wirtschaftlichen Zusammenhangs gebunden sind, die in § 8 I GesE besonders normiert sind. Im Ergebnis bestehen daher gegen § 8 III keine Bedenken.

Univ.-Prof. Dr. Walther Hadding

Institut für internationales Recht des Spar-, Giro- und Kreditwesens an der Johannes Gutenberg-Universität
Direktoren:
Prof. Dr. Walther Hadding - Prof. Dr. Uwe H. Schneider

Postanschrift: Institut für internationales Kreditrecht
Universität Mainz · Saarstraße 21 · D-6500 Mainz 1

Wallstraße 11 · Mainz
Telefon: (0 61 31) 39 26 71/3 17 09

Stellungnahme
zu dem Fragenkatalog
zum Entwurf eines Gesetzes über Verbraucherkredite, zur Änderung der Zivilprozeßordnung und anderer Gesetze – Drucksache 11/5462

Zu Frage 1

Zu Frage 11 b)

Die Regelung des sogenannten Einwendungsdurchgriffs in § 11 E-VerbrKrG beschränkt sich nach ihrem Wortlaut auf Verbraucherkreditgeschäfte im Sinne von §§ 1, 2 E-VerbrKrG, obwohl der Einwendungsdurchgriff nicht nur ein verbraucherschutzrechtliches Instrument ist. Dieser Durchgriff beruht nämlich auf der allgemein geltenden Einsicht, daß die Aufspaltung eines wirtschaftlich einheitlichen Geschäfts in zwei rechtlich selbständige Verträge, nicht einseitig zu Lasten des Kreditnehmers gehen darf, wenn er kein Interesse an der Aufspaltung hat. Die vorgeschlagene Fassung des VerbrKrG erfaßt den Einwendungsdurchgriff dann nicht, wenn der Kreditnehmer die Anschaffung zu gewerblichen oder selbständigen beruflichen Zwecken vornimmt, obwohl es für seine Interessenlage ohne Bedeutung ist, ob er das Geschäft aus den genannten oder aus privaten Gründen abschließt. Durch die Vermischung beider Gesichtspunkte in § 1 und § 11 E-VerbrKrG wird in der Zukunft die Beantwortung der Frage erschwert, ob der Einwendungsdurchgriff bei drittfinanzierten Geschäften auch jenseits des VerbrKrG Platz greifen kann (vgl. z.B. BGH WN 1979, 1054 f.: Finanzierter Vertrag über die Verschaffung und Erstellung einer Eigentumswohnung).

Prof. Dr. Norbert Reich ZERP Bremen, den 22.5.90

Antworten zum Fragenkatalog des Rechtsausschusses des Deutschen Bundestages anläßlich der Sachverständigenanhörung am 1. 6. 1990 zum Entwurf eines G über Verbraucherkredite, BT-Drucks. 11/5462

b) § 8 (3) E geht insoweit über die Rspr. hinaus, als er die Subsidiarität des Einwendungsdurchgriffs abschafft. Dies entspricht Art. 11 der RiLi, die die Verpflichtung der Mitgliedsstaaten enthält, daß das »Bestehen eines Kreditvertrages *in keiner Weise* (Hervorhebung NR) die Rechte des Verbrauchers . . . beeinträchtigt . . .« Nicht gemeinschaftsrechtskonform ist allerdings § 8 (3) S. 3 E, der dem Verbraucher das Recht auf Verweigerung der Rückzahlung erst dann gibt, wenn die Nachbesserung oder Ersatzlieferung fehlgeschlagen ist. Der Verbraucher kann also die Verweigerung der Kreditrückzahlung nicht zu dem Zweck einsetzen, um seine einwandfreie Lieferung zu sicherzustellen, was Art. 11 (1) RiLi aber gerade bezweckt.

Prof. Dr. Udo Reifner
Institut für Finanzdienstleistungen, Hamburg

Schriftliche Stellungnahme zum
Fragenkatalog
des Rechtsausschusses des Deutschen Bundestages zum
Entwurf eines Gesetzes über Verbraucherkredite,
zur Änderung der Zivilprozeßordnung und anderer Gesetze
– Drucksache 11/5462 –

b) (Einwendungsdurchgriff) § 8 Abs. 3 S. 2 E-VKG ist ersatzlos zu streichen, weil er das Recht des Verbrauchers, mit der Zahlung Druck auszuüben, entwertet.

Die entsprechende Einschränkung der Rechtsprechung ist wenig sinnvoll und bürdet letztlich doch dem Kreditnehmer das Prozeßrisiko auf. § 8 Abs. S. 2 E-VKG sollte eindeutig Kreditkartenkäufe, soweit daraus ein entgeltlicher Kreditkauf entsteht, umfassen. (z.B. durch Einfügung des Satzes »oder der Veräußerer damit wirbt, daß bei ihm unter Inanspruchnahme eines von Dritten gewährten oder vermittelten Kredites Erwerbsgeschäfte getätigt werden können.

Dr. FRANZ JOSEF SCHOLZ

Christhahlenweg 21
7800 Freiburg 35 (Waltershofen)
Tel. 07665 / 86 60

19.5.90

Rechtsausschuß
Ein 4/138
21. MAI 1990

An den Rechtsausschuß des
Deutschen Bundestages
Bundeshaus

5300 Bonn 1

Betr.: Anhörung zum Entwurf eines Gesetzes über Verbraucherkredite u.a.

b) Die Regelung des Einwendungsdurchgriffs in § 8 ist nicht in allen Punkten sachgerecht; sie geht teilweise noch über die höchstrichterliche Rechtsprechung hinaus:

aa) § 8 1 behält die bisherige Unsicherheit bezüglich der sachlichen Abgrenzung der wirtschaftlich verbundenen Geschäfte bei, statt hier mehr Klarheit zu schaffen, die nach dem erweiterten Anwendungsbereich des Gesetzes gegenüber dem AbzG noch dringlicher ist. Nach der Entwurfsbegründung geht der Gesetzgeber davon aus, daß primärer Anwendungsbereich das sog. B-Geschäft (vertragliche Beziehungen zwischen Verkäufer und Bank zwecks Ermöglichung der Finanzierung) ist; diese Art von Geschäften stellt jedoch seit Jahren nur noch einen verhältnismäßig unbedeutenden Unterfall der »verbundenen Geschäfte« i.S. der BGH-Rechtsprechung dar. Nach der letzteren ist im vorhinein in vielen Fällen nicht sicher, ob ein »verbundenes Geschäft« vorliegt oder nicht. Die Unsicherheit wird auch belegt durch die Studie von Holzscheck u.a., derzufolge von den damals untersuchten Konsumentenkrediten nach Ansicht der Kreditwirtschaft 6 %, nach Ansicht der Autoren auf Grund ihrer Rechtsprechungsanalyse aber 24 % dem AbzG unterfallen (S. 265 ff.).

Sachgerecht wäre es, wenn das Gesetz sich insoweit streng an die Voraussetzungen des Art. 11 II der EG-Richtlinie halten würde.

Alternativ wird vorgeschlagen, wenigstens in § 8 I S. 2 das Wort »insbesondere« zu streichen.

Bezüglich weiterer Einzelheiten darf auf den Beitrag in MDR 1989, 1056 (linke Spalte) verwiesen werden.

bb) Der Gesetzentwurf gibt in § 8 III den vom BGH – trotz mancher Abweichungen im Einzelfall – bisher stets aufrechterhaltenen Grundsatz der Subsidiarität (vgl. insbes. auch Halstenberg in WM-Sonderbeilage Nr. 4/1988, S. 14, rechte Spalte unten) des Einwendungsdurchgriffs auf und vergrößert damit ohne zwingenden Grund die Risiken des Kreditgebers aus verbundenen Geschäften; dem sollte nicht stattgegeben werden, sondern mindestens die Subsidiarität beibehalten werden. Einzelheiten auch hierzu in MDR 1989, 1056.

cc) Da entgegen der Auffassung der Entwurfsverfasser in der großen Mehrzahl der verbundenen Geschäfte keine vertraglichen Abmachungen zwischen Verkäufer usw. und Kreditinstitut bestehen, fehlt in der Praxis auch die von den Entwurfsverfassern (S. 24 linke Spalte oben der BT-Drucksache) vorgesehene Möglichkeit, zwischen Verkäufer und Kreditinstitut eine vertragliche Regelung vorzusehen, wie sich die gegenseitigen Ansprüche regeln, wenn ein Verbraucher wirksam widerruft, die Sache aber bereits geliefert ist (vgl. MDR 1989, 1057, linke Spalte). Es müßte zumindest eine Regelung vorgesehen werden, derzufolge in solchen Fällen der Kreditgeber gegen Aushändigung der ihm vom Verbraucher zurückgegebenen Sache einen gesetzlichen Anspruch auf Rückerstattung der Darlehensvaluta/Restkaufpreis und evtl. Aufwendungen gegenüber dem Verkäufer hat, für den sich das Geschäft sonst trotz des Widerrufs als Barverkauf realisiert hätte.

Firmenstempel / Unterschrift Verkäufer

WKV-Bank GmbH München
Schwanthalerstraße 31, 8000 München 2
Telefon (0 89) 5 51 13-0

Kreditvertrag E

WKV-Kontonummer 6 1 9 0 ______ Einreicher-Nr ______

Bitte bei allen Zahlungen und Zuschriften angeben

Hiermit schließe/n ich/wir mit der WKV-Bank GmbH (nachfolgend WKV) einen Kreditvertrag ausschließlich zur Bezahlung der bei der Verkäuferfirma bestellten Gegenstände zu folgenden Konditionen ab:

Kredit-nehmer 1	Familienname	Nation	Vorname	Geburtsdatum	
	Straße und Hausnummer	O/W. PLZ	Ort		
Kredit-nehmer 2	Familienname	Nation	Vorname	Geburtsdatum	
	Straße und Hausnummer	O/W. PLZ	Ort		

Wohnhaft seit / Familienstand / Unter-haltspfl. Kinder / Tätig als	Wohnhaft seit / Familienstand / Unter-haltspfl. Kinder / Tätig als
Beschäftigt bei / seit	Beschäftigt bei / seit
Ort / Straße	Ort / Straße
Miete DM / Sonst. Verpfl. / PKW ☐ ja ☐ nein / Einkommen mtl. netto	Miete DM / Sonst. Verpfl. / PKW ☐ ja ☐ nein / Einkommen mtl. netto
☐ Personalausweis-Nr. / ☐ Paß-Nr. (1): / Ausgestellt am: in	☐ Personalausweis-Nr. / ☐ Paß-Nr. (2): / Ausgestellt am: in
Arbeitserlaubnis gültig bis: / Aufenthaltsgenehmigung gültig bis:	Arbeitserlaubnis gültig bis: / Aufenthaltsgenehmigung gültig bis:

Blatt 1 weiß Original
Blatt 2 grün Daten-Erfassung
Blatt 3 gelb Kunde
Blatt 4 rosa Händler
Blatt 5 weiß Schufa
Blatt 6 chamois Empfangsbescheinigung

Gegenstände (bitte genau bezeichnen; ggf. Rechnungsdurchschrift beifügen)

______ DM ______

______ DM ______

Kreditberechnung

Kaufpreis/Barzahlungspreis DM ______

./. Anzahlung DM ______

808 Restkaufpreis = Nettokreditbetrag = Nennbetrag DM ______

818 + Kreditgebühr für ___ Monate

______ % per Monat DM ______

819 + Bearbeitungsgebühr ___ % DM ______

Bruttokreditbetrag DM ______

Anzahlung + Bruttokreditbetrag = Teilzahlungspreis =

= DM ______ Effektiver Jahreszins = ______ v.H.

Zahlungsplan:

fällig jeweils am 1. ☐ 15. ☐ des Monats ab ______

Zahl der Raten: ______

1. Rate DM ______ und ___ Folgeraten à DM ______

Die Zahlungen haben unter Angabe der Kontonummer zu erfolgen auf Postgirokonto München 7 41 56-809 (BLZ 700 100 80) der WKV

Einzugsermächtigung:

Die WKV ist berechtigt, fällige Beträge im Lastschriftverfahren von meinem Konto abzubuchen:

Bank: ______

BLZ: ______ Kto.-Nr.: ______

Reicht das Guthaben nicht aus, besteht für die kontoführende Bank keine Verpflichtung zur Einlösung.

______ X
Unterschrift Kreditnehmer 1 oder 2

Für den Fall der Annahme des Antrags, der der WKV durch die obenstehende Verkäuferfirma vorgelegt wird, verpflichten wir uns, den Bruttokreditbetrag **als Gesamtschuldner** gemäß dem Zahlungsplan an die WKV unter Angabe der Kontonummer zurückzuzahlen.

Wir beauftragen die WKV unwiderruflich, den Restkaufpreis an die Verkäuferfirma auszuzahlen, sobald der Kreditantrag von der WKV angenommen und die Lieferung der gekauften Gegenstände von der Verkäuferfirma nachgewiesen worden ist.

Jeder Kreditnehmer tritt hiermit nach Maßgabe der umseitigen Kreditbedingungen (C. 1. – 4.) den pfändbaren Teil seiner gegenwärtigen und zukünftigen Ansprüche gegen den jeweiligen Arbeitgeber, Dienstherrn bzw. Leistungsverpflichteten auf Lohn, Gehalt, Ruhegeld, Pension, Abfindung, Provision, Tantiemen und Gewinnbeteiligungen und gegen den jeweiligen Leistungsträger bzw. sonstigen Zahlungspflichtigen auf Übergangsgeld, Krankengeld, Krankentagegeld, Ausbildungsförderung, Kurzarbeiter- und Schlechtwettergeld, Arbeitslosen- und Konkursausfallgeld, Rente wegen Erwerbsunfähigkeit und Berufsunfähigkeit, Alters-, Hinterbliebenen- und Unfallrente – soweit gem. § 53 Abs. III SGB I. Buch abtretbar – an die WKV ab. Bezieht der einzelne Kreditnehmer mehrere Renten, werden diese zur Ermittlung eines pfändbaren Betrages zusammengerechnet.

WIDERRUFSBELEHRUNG WIDERRUFSBELEHRUNG WIDERRUFSBELEHRUNG

Die auf den Abschluß des Kreditvertrags gerichtete Willenserklärung des Kreditnehmers wird erst wirksam, wenn er sie nicht gegenüber der WKV binnen einer Frist von einer Woche schriftlich widerruft. Zur Wahrung der Frist genügt die rechtzeitige Absendung des Widerrufs. Der Lauf der Frist beginnt, sobald dem Kreditnehmer die Abschrift der Widerrufsbelehrung ausgehändigt worden ist. Der Widerruf ist zu richten an die WKV-Bank GmbH, Schwanthalerstr. 31, 8000 München 2. Wird das Widerrufsrecht ausgeübt, wird auch der mit der Verkäuferfirma abgeschlossene Kaufvertrag nicht wirksam.

______ Unterschrift Kreditnehmer 1 ______ Unterschrift Kreditnehmer 2 X

Bestandteil des Vertrages sind auch die umseitig aufgeführten Kreditbedingungen der WKV, die die Kreditnehmer durch Unterschrift ausdrücklich anerkennen.

WKV-Bank GmbH X

Ort

Unterschrift WKV — X Datum — X Unterschrift Kreditnehmer 1 — X Unterschrift Kreditnehmer 2

Empfangsbestätigung Vertragskopie: Die Kreditnehmer bestätigen hiermit, eine Kopie dieses Vertrages erhalten zu haben.

Name des Mitarbeiters — MA-Nummer — X Unterschrift Kreditnehmer 1 oder 2

5000 03 93

EMPFANGSBESTÄTIGUNG

Zu- und Vorname ______________________________

Ich/Wir bestätige/n, alle im Kreditvertrag bzw. laut beigefügter Rechnung

vom ______________________ genannten Gegenstände

von der Firma

erhalten zu haben.

Die erwähnten Gegenstände befinden sich in einwandfreiem Zustand und wurden von mir ohne jede Mängelrüge in Besitz genommen. **Ich bin einverstanden, daß die WKV den Restkaufpreis an den Verkäufer bzw. Einreicher des Kreditvertrages sofort auszahlt.**

In meiner Gegenwart ausgefüllt, durchgelesen und eigenhändig unterschrieben.

ACHTUNG! Erst nach erfolgter Lieferung unterschreiben!

______________________, den ______________

____

Unterschrift Kreditnehmer 1 oder 2

RAHMENVEREINBARUNG
zur Finanzierung ohne Händlerhaftung

zwischen der

WKV – BANK GMBH, Schwanthalerstr. 31, 80336 München
– nachstehend WKV genannt –

und der Firma

– nachstehend Firma genannt –

wird folgende Vereinbarung geschlossen:

1. Die WKV erklärt sich entsprechend den Bestimmungen dieser Vereinbarung bereit, kreditwürdigen Kunden der Firma Kredite zum Kauf von Gegenständen für private oder berufliche Zwecke zu gewähren, durch welche der vom Kunden geschuldete Restkaufpreis getilgt wird. Die Kreditgewährung erfolgt unter Zugrundelegung der jeweils gültigen Allgemeinen Kreditbedingungen der WKV, sowie der jeweils geltenden Finanzierungssätze.
2. Die Kreditgewährung erfolgt ausschließlich zur Finanzierung des Restkaufpreises von Warenlieferungen unter der Verwendung von Formularen, welche die WKV der Firma zur Verfügung stellt.
   Die Kreditverträge sind von der Firma vollständig und richtig auszufallen. Hinsichtlich der Einzelheiten der bei der Ausführung zu beachtenden Punkte, wird die WKV der Firma ggf. Merkblätter zur Verfügung stellen. Im übrigen sind etwaige von der Bankenaufsichtsbehörde oder der Bundesbank entlassene Anordnungen und Richtlinien für Teilzahlungsgeschäfte, z.B. hinsichtlich der Laufzeit, Anzahlung, Gebührengestaltung, sowie die Bestimmungen des Verbraucherkreditgesetzes, der Gewerbeordnung usw. von der Firma zu beachten. Die WKV erteilt jederzeit Auskunft über Bestimmungen dieser Art.
   Die Firma verpflichtet sich, bei Ausfüllung des Kreditvertrages die Angaben des Kunden und sonstiger Mitverpflichteter, insbesondere auch hinsichtlich ihrer Identität, durch Einsichtnahme in die Ausweispapiere, mit der Sorgfalt eines ordentlichen Kaufmanns auf ihre Richtigkeit zu überprüfen. Die WKV ist ihrerseits berechtigt, zusätzliche Kontrollauskünfte einzuholen. Will die Firma den Abschluß eines Verkaufs von der Genehmigung des Kreditvertrages durch die WKV abhängig machen, so kann sie unter Angabe aller erforderlicher Daten die vorherige Kreditentscheidung der WKV verlangen. Diese Daten sind dann Geschäftsgrundlage für die Kreditentscheidung der WKV.
3. Nach vollständiger Ausfüllung des Kreditvertrages ist dieser vom Kunden und etwaiger Mitantragsteller zu unterzeichnen. Der Kreditvertrag ist ferner von der Firma bzw. ihren Bevollmächtigten zum Nachweis der Beachtung der Ziffer 2 zu unterzeichnen. Die ordnungsgemäß ausgefüllten und unterschriebenen Formulare werden der WKV in zweifacher Ausfertigung eingereicht. Sollte der Kunde vorn Widerrufsrecht gemäß § 9 Verbraucherkreditgesetz Gebrauch gemacht haben, ist eine Einreichung unzulässig.
4. Die WKV behält sich die Entscheidung über die Annahme oder Ablehnung eines Kreditantrages vor; sie trifft ihre Entscheidung unverzüglich nach Vorliegen aller erforderlichen Unterlagen. Die WKV informiert anschließend entsprechend die Firma telefonisch oder schriftlich. Die Annahme des Kreditantrages erfolgt durch Auszahlung des Kredites an die Firma zur Tilgung des Restkaufpreises und zwar wahlweise durch Scheck oder Überweisung. Mit Auszahlung des Kreditbetrages geht das Eigentum an den finanzierten Gegenständen auf den Käufer über, der es seinerzeit gemäß dem Kreditvertrag auf die WKV überträgt.
   Eine Ablehnung des Kreditantrages teilt die WKV der Firma ebenfalls schriftlich oder telefonisch mit. Die Ablehnung bedarf keiner Begründung; sie erfolgt insbesondere, wenn der Kunde nicht kreditwürdig erscheint.

5. Die Firma ist nicht berechtigt, außer einer etwaigen Anzahlung, Zahlungen vom Kunden entgegen zu nehmen. Die Firma hat den Kunden stets auf seine Verpflichtung zur Zahlung unmittelbar an die WKV hinzuweisen. Gehen gleichwohl Zahlungen des Kunden bei der Firma ein so ist diese verpflichtet, die Zahlungen sofort an die WKV weiterzuleiten. Leistet der Kunde trotz der Hinweise der Firma durch Übersendung von Wechseln oder Schecks an die Firma, so sind die Firma und die WKV sich schon jetzt darüber einig, daß das Eigentum an diesen Urkunden auf die Bank übergeht.
   Die Übergabe wird dadurch ersetzt, daß die Firma die Urkunden unentgeltlich für die WKV verwahrt und für den Fall, daß ein Dritter diese besitzt, ihren Herausgabeanspruch gegen Dritte schon jetzt an die WKV abtritt. Die Firma ist verpflichtet, Wechsel und Schecks an die WKV zu indossieren.
6. Die Firma verpflichtet sich, am Finanzierungsobjekt etwa vorhandene oder auftretende Mängel entsprechend der Gewährleistungsregelung unverzüglich zu beheben. Die Firma darf die finanzierten Gegenstände, solange diese Eigentum der WKV sind, ohne deren Einwilligung nicht zurücknehmen oder sonstige Verfügungen darüber treffen. Soweit aufgrund berechtigter Einwendung aus dem zugrundeliegenden Kaufvertrag (z.B. nicht behobene Mängelrügen, Verstoß gegen das Verbraucherkreditgesetz usw.) die Kreditansprüche der WKV nicht durchgesetzt werden können, wird die Firma die WKV insoweit nach Maßgabe der Ziffer 7 unverzüglich befriedigen.
7. Die Firma stellt hiermit die WKV von allen Schäden frei, die ihr dadurch entstehen, daß der Kunde entweder Kreditrückzahlung wegen Mängel aus dem Kaufgeschäft verweigert oder aber im Falle des Widerrufs des Kaufvertrages anstelle der Rückzahlung des Kredites die gekaufte Ware zurückgibt. Im letzteren Falle wird die Firma der WKV den an sie ausgezahlten Restkaufpreis zurückzahlen und die eventuell vom Kunden geleistete Anzahlung an die WKV auskehren.
8. Nach dem Verbraucherkreditgesetz ist für alle nach dem 01.01.1991 abgeschlossenen vermittelten Kreditverträge ein schriftlicher Kreditvermittlungsvertrag abzuschließen, der u.a. auch die Höhe der vom Kunden an den Vermittler direkt zu zahlenden Provision zu enthalten hat. Eine in einem derartigen Vertrag nicht ausgewiesene Provision wird vom Kunden nicht geschuldet.
   Sofern kein derartiger Vermittlungsvertrag abgeschlossen wird, wird die Firma keine Provision vom Kunden verlangen. Die Firma haftet der WKV für alle Schäden, die ihr daraus entstehen, daß Kunden die Rückzahlung des Kredites in Höhe der nicht ausgewiesenen Vermittlungsprovision verweigern.
9. Die Firma verpflichtet sich, auf Verlangen der WKV einen Handelsregisterauszug einzureichen. Veränderungen in den Firmenverhältnissen sind der WKV unverzüglich mitzuteilen.
   Jeder der Vertragschließenden ist berechtigt, diese Vereinbarung unter Einhaltung einer Kündigungsfrist von 3 Monaten zu kündigen. Hiervon unberührt bleibt das Recht zur Kündigung aus wichtigem Grund. Eine Kündigung hat durch eingeschriebenen Brief zu erfolgen. Zum Zeitpunkt der Kündigung bestehende Rechte und Verbindlichkeiten bleiben unberührt.
10. Mündliche Nebenabreden bestehen nicht. Künftige Abänderungen oder Ergänzungen bedürfen der Schriftform, zumindest der schriftlichen Bestätigung der WKV.
   Erfüllungsort und Gerichtsstand – auch für Wechsel- und Scheckklagen – ist, soweit gesetzlich zulässig, der Sitz der WKV.

Ergänzend bzw. abweichend von vorstehendem Text werden folgende Vereinbarungen getroffen:

11. Die Firma haftet nicht für die Zahlungsfähigkeit der Kunden. Die Firma übernimmt jedoch gegenüber der WKV die Garantie dafür, daß die Kunden nicht die Erfüllung der Teilzahlungskaufverträge aufgrund von Sachmängeln der Kaufgegenstände, Fehlens zugesicherter Eigenschaften oder wegen Nichtlieferung verweigern.

12. Soweit es erforderlich ist, die gemäß Ziffer 3 an die WKV übereigneten Gegenstände zu verwerten, ist die Firma verpflichtet, die WKV bei der Sicherstellung und Verwertung nachhaltig zu unterstützen, insbesondere durch eigene Verkaufsanstrengungen.

............................, den .... München, den ....

WKV – BANK GMBH

....

Zwischen der

WKV-BANK GMBH, Schwanthalerstr. 31, 80336 München
– nachstehend WKV genannt –

und der Firma

– nachstehend Firma genannt –

wird in Ergänzung der Vereinbarung vom .... folgendes vereinbart:

1. Nach den Bestimmungen des Verbraucherkreditgesetzes (VKG), tritt die WKV im Verhältnis zum Kunden, im Falle des Widerrufs des Kreditvertrages nach Auszahlung der Kreditvaluta, in die Rechte und Pflichten der Firma aus dem Kaufvertrag ein. Darüber hinaus steht dem Kunden das Recht zu, die Rückzahlung des Kredites dann zu verweigern, wenn er aufgrund des Kaufvertrages zur Leistungsverweigerung gegenüber der Firma berechtigt wäre.
   Die Firma stellt hiermit die WKV von allen Schäden frei, die ihr dadurch entstehen, daß der Kunde entweder die Kreditrückzahlung wegen etwaiger Mängel aus dem Kaufgeschäft verweigert, oder aber im Falle des Widerrufs des Kaufvertrages die gekaufte Ware zurück gibt. In diesem Fall wird die Firma der WKV den an Sie ausgezahlten Restkaufpreis zurückzahlen und die eventuell vom Kunden geleistete Anzahlung an die WKV auskehren.

2. Nach dem Verbraucherkreditgesetz ist für alle nach dem 01.01.1991 abgeschlossenen vermittelten Kreditverträge ein schriftlicher Kreditvermittlungsvertrag abzuschließen, der u.a. auch die Höhe der vom Kunden an den Vermittler direkt zu zahlenden Provision zu enthalten hat. Eine in einem derartigen Vertrag nicht ausgewiesene Provision wird vom Kunden nicht geschuldet.
   Sofern kein derartiger Vermittlungsvertrag abgeschlossen wird, wird die Firma keine Provision vom Kunden verlagen. Die Firma haftet der WKV für alle Schäden, die ihr daraus entstehen, daß Kunden die Rückzahlung des Kredites in Höhe der nicht ausgewiesenen Vermittlungsprovision verweigern.

.................................., den .... München, den ....

WKV – BANK GMBH

....